普通高等教育机电类系列教材

汽车制造工艺学

第3版

主　编　王宝玺　贾庆祥
参　编　邹　青　姚丰庭
主　审　于骏一

机 械 工 业 出 版 社

本书是根据车辆（汽车）工程专业的培养目标而编写的高等学校教材，内容注重车辆（汽车）结构设计中工艺能力的培养。全书共分八章：汽车制造工艺过程的基本概念、工件的装夹和机床夹具、汽车零件表面的加工方法、汽车零件的机械加工质量、尺寸链原理与应用、机械加工工艺规程的制定、汽车产品设计的工艺性和典型零件制造工艺。书中有关工件定位的基本规律、尺寸链原理与应用以及汽车产品设计的工艺性等内容，与同类书籍相比较为系统完整，具有独特风格。零件表面加工方法中适当介绍了当前汽车制造企业中应用的新技术和新工艺。每章后列有思考题和分析计算题。

本书除作为车辆（汽车）工程专业教材外，也可作为运载工具运用工程、热能与动力（内燃机）工程、农业机械化工程、机械设计制造及其自动化等专业的教材和教学参考书；也可供汽车、拖拉机、内燃机、工程机械、农业机械制造企业和科研院所从事机械设计与制造工艺工作的工程技术人员参考。

图书在版编目（CIP）数据

汽车制造工艺学/王宝玺，贾庆祥主编．—3版．—北京：机械工业出版社，2007.3（2026.2重印）

普通高等教育机电类系列教材

ISBN 978-7-111-02660-0

Ⅰ．汽…　Ⅱ．①王…②贾…　Ⅲ．汽车-车辆制造-工艺-高等学校-教材　Ⅳ．U466

中国版本图书馆CIP数据核字（2007）第030358号

机械工业出版社（北京市百万庄大街22号　邮政编码100037）

策划编辑：赵爱宁　责任编辑：冯　铁　版式设计：张世琴

责任校对：李秋荣　责任印制：张　博

北京机工印刷厂有限公司印刷

2026年2月第3版第29次印刷

184mm×260mm · 19.75印张 · 487千字

标准书号：ISBN 978-7-111-02660-0

定价：55.00元

电话服务

客服电话：010-88361066

010-88379833

010-68326294

网络服务

机　工　官　网：www.cmpbook.com

机　工　官　博：weibo.com/cmp1952

金　书　网：www.golden-book.com

机工教育服务网：www.cmpedu.com

前　言

“汽车制造工艺学”是车辆（汽车）工程专业设置的一门主干技术基础课程。通过该课程的学习，使学生获得汽车制造工艺（零件机械加工和装配工艺）的基本知识、基本理论，为后续专业课程的学习和相关实践教学环节——课程设计和毕业设计打下基础，初步学会在车辆（汽车）等机械结构设计中如何充分考虑制造工艺要求，并学会运用制造工艺知识分析和评价车辆（汽车）零部件结构，也为学生毕业后从事车辆（汽车）设计和制造工艺工作奠定工艺基础。

本书系《汽车拖拉机制造工艺学　第2版》的修订本，现改书名为《汽车制造工艺学　第3版》。本书的编写，是在总结教学实践的基础上进行的，主要有以下特点：

1）紧密结合车辆（汽车）制造中的生产实例，阐述汽车制造工艺的基本知识和基本理论。

2）结合专业培养目标和“汽车制造工艺学”课程的教学任务，建立了相应的教材体系。本书内容与专业课紧密配合、承上启下，为深入学好专业课打下工艺基础；突出对学生在车辆（汽车）等结构设计中工艺能力的培养；加强了工件定位原理、尺寸链原理与应用以及汽车产品设计的工艺性等章节内容。

3）结合汽车制造的特点，本书内容主要反映大批量生产的特点和制造工艺方法。在零件表面加工方法中，以工艺为基础，适当介绍了切削刀具和机床的相关内容，适量反映当前汽车制造中的新技术和新工艺。

4）每章后面列有思考题和分析计算题，便于学生理解和掌握基本内容，培养学生的思维方法，提高综合运用所学知识去解决实际问题的能力。

本书由吉林大学王宝玺教授、贾庆祥副教授任主编。参加编写的有：王宝玺（第一章），邹青、王宝玺（第二章），王宝玺、贾庆祥（第三章、第五章、第七章、各章思考题及习题），贾庆祥（第四章、第八章），贾庆祥、姚丰庭（第六章）。

在编写过程中，张孟湘和李猛提供了《汽车拖拉机制造工艺学　第2版》教材资料，给予了帮助和支持，谨此表示衷心感谢。中国第一汽车集团轿车分公司吴乃云给予了帮助，谨此致谢。

本书由吉林大学于骏一教授任主审，对书稿内容提出了许多宝贵意见，特表示衷心感谢。

限于编者水平，书中难免有错误和不足之处，恳请读者批评指正。

编　者

目　　录

第一章　汽车制造工艺过程的基本概念

第一节　汽车的生产过程和工艺过程

一、汽车的生产过程

汽车的**生产过程**是指将原材料转变为汽车产品的全过程。由于汽车是一种复杂的机械产品，汽车产品的类型繁多，组成汽车产品的零部件数量也非常多，一些零件及总成的技术要求较高，所以汽车产品的生产过程也较为复杂。图1-1和图1-2所示分别是以载货汽车和轿车为例，表示出的汽车主要生产过程的方框图。从图中可以看到，汽车的生产过程包括了毛坯（铸件、锻件等）的制造、零件的机械加工、毛坯和零件的热处理、总成㊀（或部件）的装配和汽车产品的总装配等**基本生产过程**。基本生产过程是汽车生产中的中心环节。在生产过程中，除上述所指出的基本生产过程外，还包括保证生产过程能正常进行所必需的其他一些过程，如动能（压缩空气、蒸汽、煤气等）的生产、非标准设备及工艺装备㊁的生产等，一般称为**辅助生产过程**。此外，为保证生产过程的正常进行和产品质量，还包括各生产环节之间的运输、保管、产品的销售及售后服务等**服务生产过程和生产及技术准备的生产过程**。

汽车是一个复杂的机械产品。汽车产品的生产涉及到多个行业，如机械制造行业、玻璃制造行业及橡胶轮胎制品制造行业、电子电器装置制造行业、化工制品制造行业等。一家汽车制造企业（或公司）是不可能承担全部零件及总成的生产的。一般，它只完成生产过程中的主要零件及总成的生产，如发动机、变速器、驱动桥、车架、驾驶室等总成的主要零件

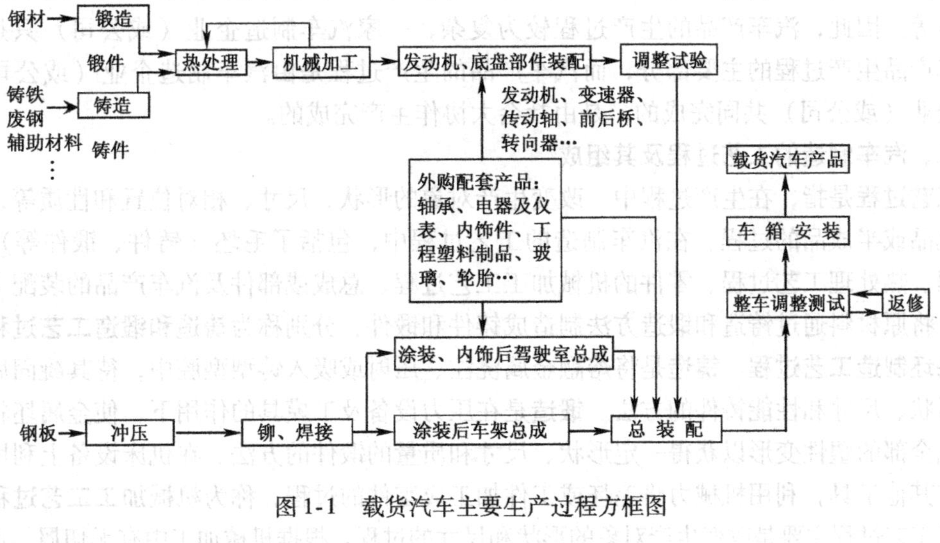

图1-1　载货汽车主要生产过程方框图

㊀ **总成**是由若干零件按规定技术要求组装的装配单元。

㊁ **工艺装备**是指产品制造时所使用的刀具、夹具、量检具、辅具、模具等各种工具的总称。

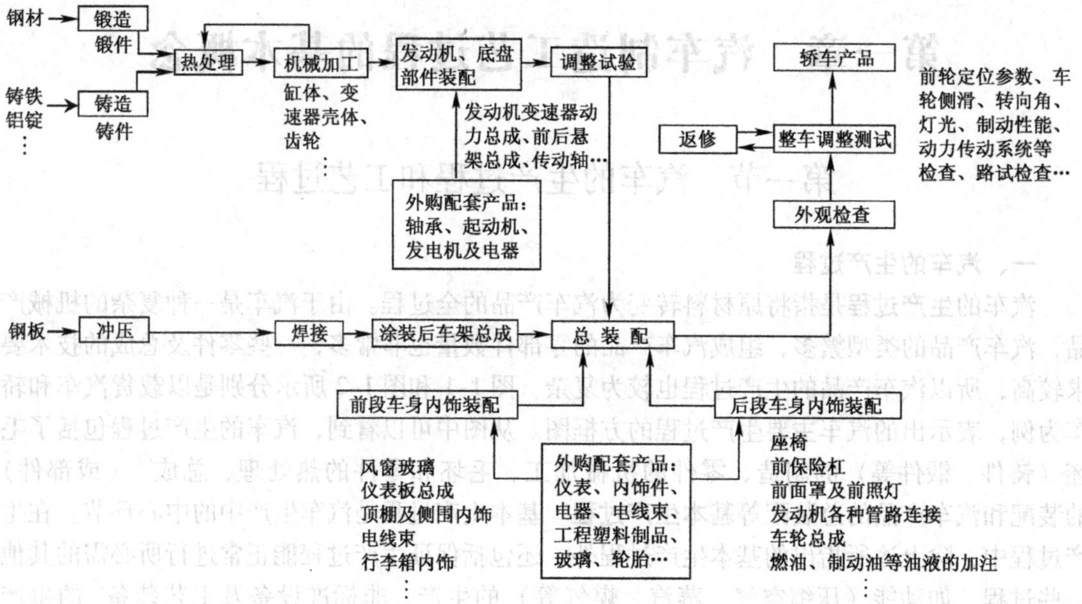

图 1-2　轿车主要生产过程方框图

制造和总成的装配。其他如橡胶轮胎制品、玻璃制品、电子电器装置等由产品专业化企业（或公司）完成生产。在汽车制造企业（或公司）内部，按产品专业化和工艺专业化原则，设置铸造、锻造、热处理、发动机（或柴油机）、变速器或传动器、驱动桥、转向器等子公司或车间，它们可以制造不同车型的多种毛坯或总成，以利于保证制品的制造质量和降低制造成本等。因此，汽车产品的生产过程较为复杂，一家汽车制造企业（或公司）只是完成了汽车产品生产过程的主要部分，而汽车产品的生产过程是由汽车制造企业（或公司）与配套企业（或公司）共同完成的，是由社会大协作生产完成的。

二、汽车制造的工艺过程及其组成

工艺过程是指，在生产过程中，改变生产对象的形状、尺寸、相对位置和性质等，使其成为成品或半成品的过程。在汽车制造的工艺过程中，包括了毛坯（铸件、锻件等）的工艺过程、热处理工艺过程、零件的机械加工工艺过程、总成或部件及汽车产品的装配工艺过程等。将原材料通过铸造和锻造方法制造成铸件和锻件，分别称为**铸造和锻造工艺过程**，统称为**毛坯制造工艺过程**。**铸造**是将熔融金属浇注、压射或吸入铸型型腔中，待其凝固后得到一定形状、尺寸和性能铸件的方法。**锻造**是在压力设备及工模具的作用下，使金属坯料产生局部或全部的塑性变形以获得一定形状、尺寸和质量的锻件的方法。在机床设备上利用切削刀具或其他工具，利用机械力将毛坯或工件加工成零件的过程，称为**机械加工工艺过程**。机械加工工艺过程主要是改变生产对象的形状和尺寸的过程。根据机械加工中有无切屑，可以分为切削加工和无屑加工两类。**切削加工**是利用切削刀具从生产对象（工件）上切除多余材料的加工方法，如在汽车零件制造中常采用的车削、钻削、铰削、铣削、拉削、镗削、磨削、研磨、抛光、超精加工和齿轮轮齿加工中的滚齿、插齿、剃齿，以及锥齿轮轮齿加工中的铣齿、拉齿等。**无屑加工**是使用滚挤压工具对生产对象施加压力，使其产生塑性变形而成形和强化表面的加工方法，如汽车零件制造中采用的热轧齿轮轮齿、冷轧和冷挤齿轮轮齿，滚挤压轴零件外圆和内孔等。按规定的装配技术要求，将零件或总成（部件）进行配合和连接，使之成为半成品或成品的工艺过程，称为**装配工艺过程**。它是改变零件、装配单元（总成或部件）间的相对位置的过程，分为总成或部件的装配（分装或部装）和汽车产品的总装配。

本书主要介绍和研究与汽车零件机械加工工艺及部件（总成）装配工艺相关的工艺理论与知识，其他内容由相关课程教材予以介绍。

机械加工和装配工艺过程，都是由若干道按一定顺序排列的工序组成的。下面以机械加工工艺过程为例，说明工艺过程的组成。在机械加工过程中，毛坯顺序通过一系列工序的机械加工，逐渐变成所需要的汽车零件。工序是组成工艺过程的最基本单元。在一道工序中，它又分为安装、工位和工步等内容。

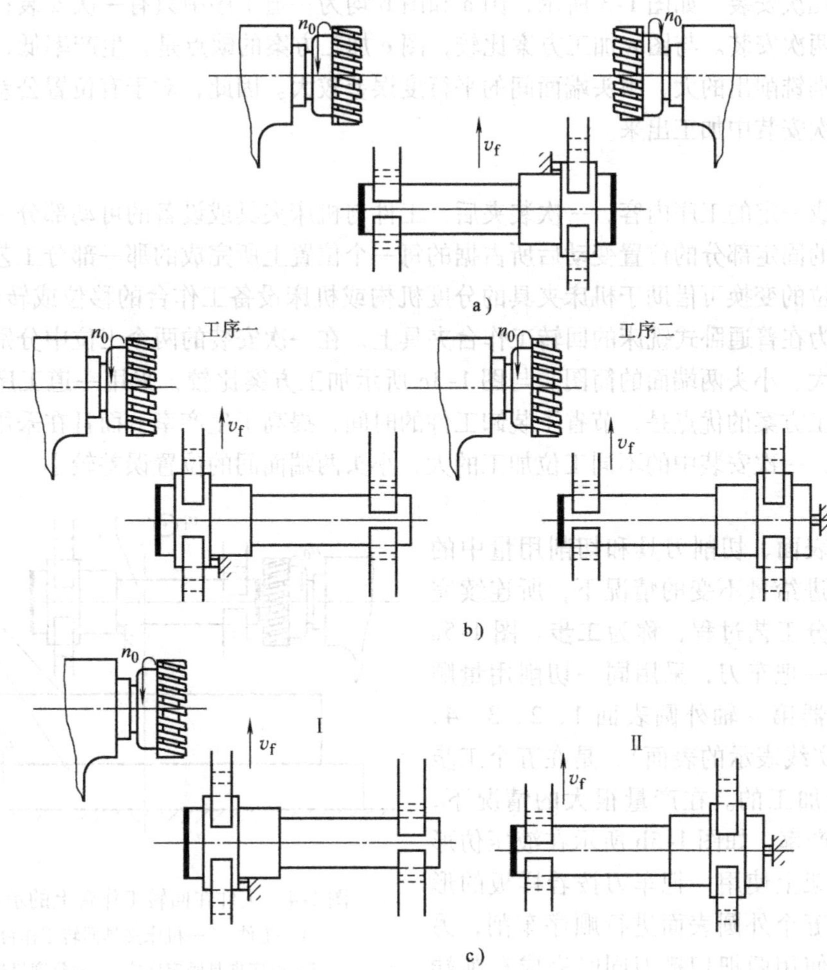

图 1-3　铣削变速器第一轴两端面简图

a）同时铣削大、小头两端面　b）在两道工序中分别铣削大、小头两端面

c）在一道工序中连续（顺序）铣削大、小头两端面

1. 工序

一个或一组工人，在一个工作地（机床设备）上，对同一个或同时对几个工件所连接完成的那一部分工艺过程，称为**工序**。工序划分的最主要依据是，工作地是否改变，对一个工件不同表面的加工是否连续（顺序或平行）完成。例如，图 1-3 所示为铣削汽车变速器第一轴毛坯大、小头两端端面简图。图 a 所示是在专用铣削轴端面机床上，使用两把面铣刀同时铣削大、小头两端面的简图，是在一道工序中平行完成两端面加工的。图 b 所示为采用普通卧式铣床，依次在两台铣床上分别铣削大、小头端面，是在两道工序中完成铣削大、小头端面的。图 c 所示为在一台普通卧式铣床上，工件在机床夹具Ⅰ上铣削大头端面，然后将工件调头装夹在同一机床夹具Ⅱ上，再次进给铣削小头端面，是在同一台铣床上连续（顺序）完成铣削大、小头两端面的，属于一道工序。

2. 安装

工件在一道工序中通过一次装夹后所完成的那一部分工艺过程称为**安装**。一道工序中可以有一次或几次安装。如图 1-3 所示，图 a 和图 b 均为一道工序中只有一次安装；图 c 为一道工序中有两次安装。与图 a 加工方案比较，图 c 加工方案的缺点是，生产率低，而且在两次装夹中分别铣削出的大、小头端面间的平行度误差较大。因此，对于有位置公差要求的表面，应在一次安装中加工出来。

3. 工位

为了完成一定的工序内容，一次装夹后，工件与机床夹具或设备的可动部分一起相对于刀具或设备的固定部分的位置变动后所占据的每一个位置上所完成的那一部分工艺过程，称为**工位**。工位的变换可借助于机床夹具的分度机构或机床设备工作台的移位或转位来实现。图 1-4 所示为在普通卧式铣床的回转工作台夹具上，在一次安装的两个工位中分别铣削出变速器第一轴大、小头两端面的简图。与图 1-3c 所示加工方案比较，采用一道工序一次安装两个工位加工方案的优点是，节省了装卸工件的时间，提高了生产率，而且在采用毛坯表面装夹条件下，一次安装中的不同工位加工的大、小头两端面间的位置误差较小。

4. 工步

在加工表面、切削刀具和切削用量中的主轴转速及进给量不变的情况下，所连续完成的那一部分工艺过程，称为**工步**。图 1-5a 所示为使用一把车刀，采用同一切削用量顺序车削变速器第一轴外圆表面 1、2、3、4、及 5（用粗实线表示的表面），是在五个工步中完成车削加工的。在产量很大的情况下，为了提高生产率，如图 1-5b 所示在液压仿形车床的上刀架上使用一把车刀按着样板的形状连续地对五个外圆表面进行顺序车削，另在下刀架上使用两把切槽刀同时完成车削端面及槽，即使用几把刀具同时加工几个表面，称为（一个）**复合工步**。

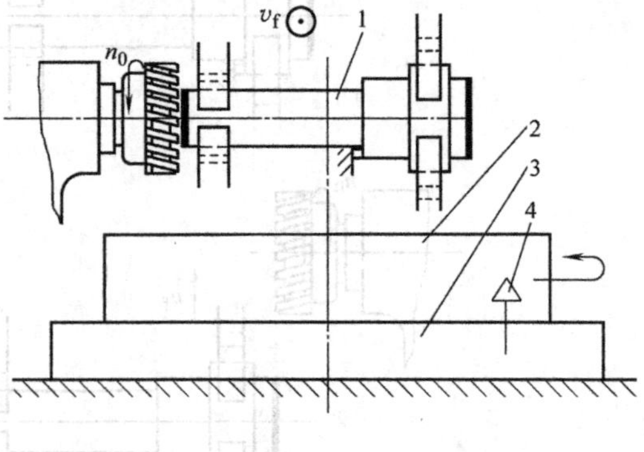

图 1-4 工件在回转工作台上的示意图
1—工件 2—机床夹具回转工作台
3—机床夹具固定底座 4—分度机构

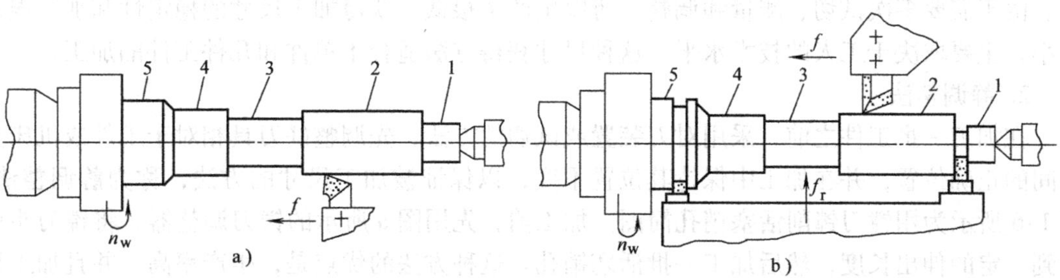

图 1-5　车削变速器第一轴阶梯外圆

a）在五个工步分别车削五个外圆表面　b）在一个复合工步车削多个外圆及端面

第二节　汽车零件尺寸及形状的获得方法和加工经济精度

汽车零件表面都有一定的尺寸、形状和位置公差要求。一般，这些加工要求都是通过切削加工获得的。在本节中，将着重介绍零件尺寸和形状的获得方法，以及简要介绍零件表面间位置公差的保证。

一、工件尺寸的获得方法

通过切削加工方法获得工件尺寸的方法有以下四种：

1. 试切法

为获得规定的工件尺寸，加工时必须保证刀具相对于工件间具有正确的相对位置。通过试切、测量、调整、再试切，经多次反复进行到被加工尺寸达到要求为止的方法，称为**试切**

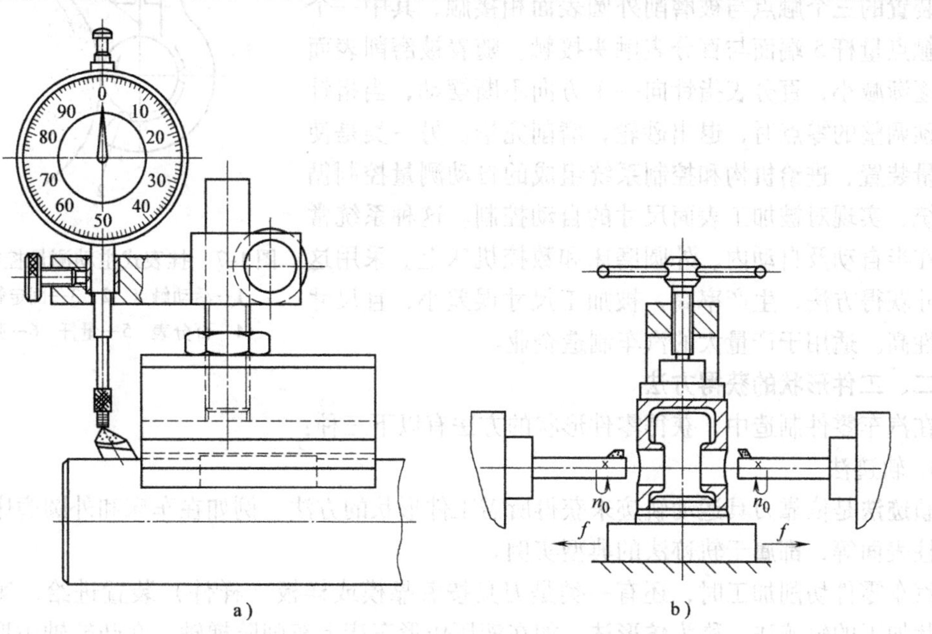

图 1-6　静调整法获得镗孔尺寸

a）镗刀调整器　b）精镗活塞销孔

法。由于需要多次试切、测量和调整，所以生产率很低。获得加工尺寸的稳定性和加工误差大小，主要取决于工人的技术水平。这种尺寸获得方法适合于单件和几件工件的加工。

2. 静调整法

在加工一批工件之前，采用对刀装置或试切的方法，先调整好刀具相对于工件或机床夹具间的正确位置，并在加工中保持其位置不变，以保证被加工尺寸的方法，称为**静调整法**。图1-6所示为用镗刀镗削活塞销孔简图。加工前，先用图a所示的镗刀调整器，将镗刀头调整到一定的伸出长度，然后加工一批活塞销孔。这种方法的优点是，生产率高，并且加工尺寸的稳定性也较高。适合于产量较大的场合，广泛用于半自动机床和自动线上的加工。

3. 定尺寸刀具法

利用刀具相应尺寸来获得被加工表面尺寸的方法，称为**定尺寸刀具法**。例如钻孔、铰孔、拉孔等均属于定尺寸刀具法获得工件尺寸的方法。这种尺寸的获得方法生产率高，被加工表面的尺寸精度主要取决于刀具的尺寸精度等因素。这种方法常应用于孔、沟槽等表面的加工，适用于各种产量的生产场合。

4. 主动及自动测量控制法

在加工的过程中，利用测量装置、进给机构及控制系统保证被加工表面尺寸的方法，称为**主动及自动测量控制法**。这种尺寸获得方法有两类。一类是使用机械式测量装置测量被加工表面尺寸，由工人操纵手动进给机构控制被加工表面尺寸。图1-7所示为在汽车轴类零件外圆磨削中常使用的挂表式主动测量控制装置。在磨削前，先将测量装置用百分表按标准样件尺寸校对成零点。在磨削外圆时，装置的三个触点与被磨削外圆表面相接触，其中一个活动触点量杆5端面与百分表触头接触。随着被磨削表面尺寸逐渐减小，百分表指针向一个方向不断摆动，当指针到达预调整的零点时，退出砂轮，磨削完毕。另一类是使用测量装置、进给机构和控制系统组成的自动测量控制循环系统，实现对被加工表面尺寸的自动控制。这种系统常应用在半自动及自动内、外圆磨床和数控机床上。采用这种尺寸获得方法，生产率高，被加工尺寸误差小，且尺寸稳定性高。适用于产量大的汽车制造企业。

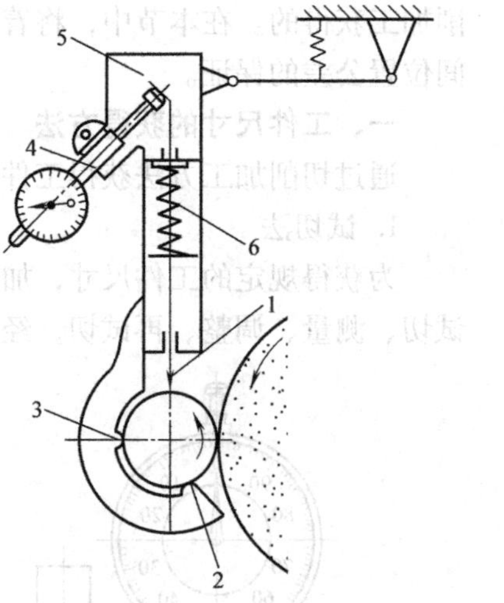

图1-7　挂表式主动测量控制装置

1—活动触点　2、3—固定触点

4—百分表　5—量杆　6—弹簧

二、工件形状的获得方法

在汽车零件制造中，获得零件形状的方法有以下三种：

1. 轨迹法

轨迹法是依靠刀具运动轨迹来获得所需工件形状的方法。例如在车床和外圆磨床上加工外圆柱表面等，都属于轨迹法的典型实例。

汽车零件切削加工时，还有一类是刀具按着靠模或样板（样件）装置进给，实现对工件形状加工的轨迹法，称为**仿形法**。如在液压仿形车床上车削阶梯轴，在凸轮轴仿形车床和仿形磨床上加工凸轮轴凸轮等。图1-8所示为采用仿形法车削凸轮轴凸轮外形的机构图。车刀2装夹在横向进给溜板7的车刀刀夹9上，车刀2的运动轨迹是由靠模凸轮3和凸轮4实现的。当凸轮3和凸轮（工件）1同步回转时，由于凸轮3曲率半径的变化，使横向进给溜板带着车刀一起实现横向进给车削凸轮轴凸轮外形。因为被加工凸轮1外形曲率半径的变化，会改变车刀切削时前、后角（称为工作角度）的大小。为保证切削时工作角度不变，机构上设置了能调整车刀工作角度恒定的凸轮4。凸轮4与凸轮3同步转动时，使摆杆5绕着支点轴摆动和带动横杆6横向移动，拉动刀夹9绕其轴心摆动，从而调整工作角度恒定。仿形法的特点是，生产率较高，工件形状精度主要取决于仿形机构的形状精度和机床主轴的回转精度等。这种形状的获得方法主要应用于产量较大、工件形状较为复杂的零件形状的切削加工。

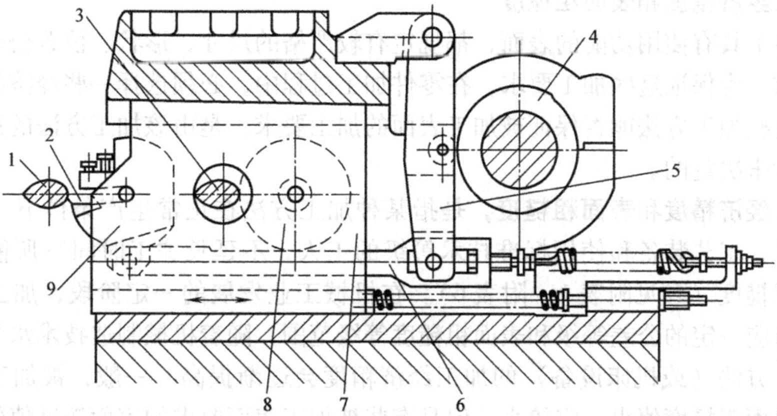

图1-8　仿形法车削凸轮外形

1—凸轮（工件）　2—车刀　3—靠模凸轮　4—调整车刀工作角度恒定的凸轮

5—摆杆　6—横杆　7—溜板　8—滚轮　9—车刀刀夹

2. 成形刀具法

使用成形刀具获得工件形状的方法，称为**成形刀具法**。例如在车床上使用螺纹车刀切削外螺纹，车刀切削刃的形状与被切削螺纹截形相同。又如在拉床上使用成形拉刀拉削制动凸轮外形和使用花键拉刀拉削花键孔等。该方法的生产率很高，其切削加工的形状精度主要取决于刀具切削刃的形状精度。

3. 包络法

在刀具与工件相对运动过程中，由刀具切削刃连续运动的轨迹包络成工件形状的方法，称为**包络法**。包络法有两类。一类称为有瞬心包络法，亦称为**展成法**。这是一种在切削加工过程中，利用刀具与工件间以一定传动比的展成运动，由刀具切削刃包络出被加工表面形状的方法。这种方法常用于圆柱齿轮和锥齿轮轮齿的切削加工。在加工中，切齿刀具（如齿轮滚刀、插齿刀、剃齿刀、锥齿轮切齿刀具等）与被切削齿轮间，以一定传动比作展成运动，在展成运动过程中，由切齿刀具切削刃的一系列包络线形成齿轮齿廓（参见图3-54、图3-58）。因为切齿刀具与工件在展成运动时，其节圆处的相对速度等于零，即为瞬时转动中心，所以该方法称为**有瞬心包络法**。采用该方法成形的被加工表面的形状精度，主要取决于切削刀具切削刃形状精度和机床展成运动的传动精度。另一类包络法称为**无瞬心包络法**，在产量较大的汽车差速器直齿锥齿轮轮齿齿面的切齿加工中常采用。参见图3-88所示，在使用圆盘拉铣刀切削直齿锥齿轮齿槽时，圆盘拉铣刀除旋转外，还沿被切削锥齿轮齿根母线作直线进给移动，圆盘拉铣刀刀齿在被切齿槽中形成刀痕线包络出被切削轮齿的齿廓和齿面。因为在切齿加工中没有瞬时转动中心，所以该包络法称为**无瞬心包络法**。

三、工件位置公差的保证

在汽车零件制造中，广泛使用专用的高生产率的机床和专用的机床夹具。被加工零件表面间位置公差的保证，与诸多因素有关。这些因素有：机床的制造精度、工件在专用机床夹具上的装夹精度、专用机床夹具本身的制造精度及其在机床上安装的准确性、切削刀具相对于专用机床夹具间对刀的准确性等。

四、加工经济精度和表面粗糙度

汽车零件上具有使用功能的表面，都规定有较严格的尺寸、形状、位置公差和一定的表面粗糙度要求。为保证这些加工要求，在零件加工过程中，必须选择一些经济的切削加工方法来保证。这些加工方法能否保证被加工表面的加工要求，是由该加工方法的加工经济精度和表面粗糙度来决定的。

所谓**加工经济精度和表面粗糙度**，是指某种加工方法在正常生产条件下（采用符合质量标准的设备、工艺装备和使用标准技术等级的工人，不延长加工时间）所能保证的公差等级和表面粗糙度（参见附表1~附表6）。在机械工业发展的一定阶段，加工经济精度和表面粗糙度对应一定的公差等级和表面粗糙度等级范围。随着机械制造技术水平的不断提高和发展，加工方法（或机床设备）的加工经济精度会逐渐提高。一般，被加工表面的尺寸公差值小，表面粗糙度值也一定较小。但是有些被加工表面要求的表面糙度值较小，不一定尺寸公差值也必须小。例如要求抗腐蚀的零件表面、要求具有高疲劳强度的零件表面等，都规定较小的表面粗糙度值，但表面尺寸公差值却可以稍大些。

第三节　汽车制造企业（公司）的生产类型及其工艺特征

汽车产品繁多，社会对不同汽车产品的需求量有较大的差别。汽车制造企业（公司）因生产汽车产品的特征和年产量的不同，其生产类型就不同。一个汽车制造企业（公司）的生产类型是由其所生产的汽车产品的特征（重型、中型、轻型货车、轿车等）和生产纲领决定的。所谓汽车产品的**生产纲领**，是指企业在计划期（如一年）内应生产的汽车产品的产量和进度计划。汽车零件的生产类型与汽车产品的生产类型有关，但是有可能不同于汽车产品的生产类型。汽车零件的生产类型是由汽车零件的结构特征（汽车零件的外形尺寸、质量要求等）和生产纲领（年产量）决定的。汽车零件的年生产纲领N可按下式计算

$$N = Qn(1 + a\%)(1 + b\%)$$

式中 Q——汽车产品的年生产纲领；

n——一辆（台）汽车产品中相同零件数量；

$a\%$——备品率；

$b\%$——废品率。

汽车产品和汽车零件的生产类型划分为：单件生产、成批生产和大量生产三种。汽车零件因零件结构特征、质量及年产量不同，具有不同的生产类型。

在汽车制造企业中，经常根据工序专业化程度确定零件的生产类型。衡量工序专业化程

度可用每台设备或工作地完成的工序数目或节拍等方法确定。

汽车零件所在流水线的**节拍**是，一条生产线上工序之间被加工零件流动的时间间隔。节拍 T（单位为 min）可按下式计算

$$T = \frac{60F_n\eta}{N}$$

式中 F_n——零件流水线年有效工作时间（h）；

η——工时利用率；

N——零件年生产纲领。

表 1-1 所示为由设备或工作地担负的工序数目和节拍确定生产类型的参考数据。

表 1-1 确定生产类型的参考数据

确定方法 / 生产类型	设备或工作地担负的工序数目	生产节拍/min
大量生产	1 ~ 2	5 以下
大批生产	2 ~ 10	5 ~ 15
中批生产	10 ~ 20	15 ~ 60
小批生产	20 ~ 40	60 以上

汽车零件的生产类型不同，其工艺特征也就不同。

(1) 大量生产　每年生产的汽车零件品种少而稳定，每个产品产量很大。一台机床设备上常年进行某一零件的某 1 ~ 2 个固定工序内容的加工，这样的生产类型称为**大量生产**。

大量生产的车间或工段，按部件或总成划分，如变速器车间、驱动桥车间、转向器车间等。一个车间生产一个部件的多个总成的零件，零件制造好后，送到部件装配线进行装配和调整试验，检验合格后送到总装线进行汽车总装配。

(2) 单件生产　每年生产的汽车产品品种很多或不确定，每个产品品种的产量很少或只有几台辆份。每台机床设备上常年不重复或很少重复制造同一种零件或相同工序内容的加工，这样的生产类型称为**单件生产**。如汽车制造企业（公司）试制车间的生产和某些特种车辆的生产，即属于单件生产。

(3) 成批生产　每年生产的汽车产品品种较多，每一种产品产量较大，汽车产品或汽车零件呈周期性地成批投入生产。每台机床设备或工作地上担负较多工序，并且成批轮番完成不同零件或同一零件的相似工序加工，这种生产类型称为**成批生产**。根据汽车产品的特征及汽车零件的结构特征、生产纲领、批量的不同和机床设备完成的工序数目等，成批生产又可以分为大批、中批和小批生产。大批生产与大量生产的工艺特征相似，小批生产与单件生产的工艺特征相似，一般分别称为大批大量生产和单件小批生产。大批大量生产亦称为大批量生产。

除了汽车新产品试制属于单件生产外，一般轿车制造多属于大量生产，中、轻型货车制造多为大批大量生产，重型货车和特种车辆制造多为中批生产。

同一汽车产品的不同零件，由于其结构特征和生产纲领的不同，有可能属于不同的生产类型。例如制造汽车变速器的企业（车间），其汽车变速器产品（部件）和变速器壳体制造均为大批大量生产类型，但汽车变速器中的拨叉类零件却可能属于中、大批生产类型。

因为不同的汽车零件制造时属于不同生产类型，所以其所在的零件生产线上，使用的机床设备、工艺装备（刀具、量检具、机床夹具等）、机床设备在其生产线上的布置、零件尺寸的获得方法、零件毛坯的制造方法等也就有所不同。一般将上述的这些特征统称为生产类型的工艺特征。

因为要求大批大量生产汽车零件的生产线具有高生产率，因此机床设备广泛使用高生产率的专用机床、组合机床、半自动及自动机床以及自动生产线，机床设备按照工艺过程流水线排列布置。近期汽车制造企业（公司）为了便于新产品更新换代和保证零件的加工质量，也采用一些数控车床、磨床、钻床和镗铣加工中心等。

在中批生产时，为了获得较高的生产率和经济性，对不同汽车产品的汽车零件，按照零件结构特征和工艺相似性分类，分别安排在不同的车间和生产线上组织生产。例如轴类和齿轮（轴齿轮和盘状齿轮）类零件组成齿轴车间和生产线，叉类和杆类等零件组成杂件车间和生产线等。不同汽车零件制造时，采取周期性的分批轮番投产，因此生产线上的机床设备和工艺装备，不仅应保证具有一定的生产率，还应具有可调性。生产线上除了使用通用机床设备外，还使用一些较高生产率的和可调性好的专用机床、组合机床、数控机床和加工中心等。

表1-2所示为中批和大批量生产时汽车零件机械加工生产线的主要工艺特征。

表1-2　不同生产类型的汽车零件机械加工的工艺特征

特征 \ 生产类型		大量大批生产	中批生产
产品		单一汽车产品或系列化汽车产品，产品数量很大	单一汽车产品或多品种汽车产品，产品数量较多，产品成批轮番投产
工艺特征	机床设备	广泛使用高生产率的专用机床、组合机床、半自动及自动机床以及自动生产线，部分使用数控机床和加工中心	使用通用机床外，部分使用较高生产率的和可调性好的专用机床、组合机床、数控机床和加工中心等
	机床设备的布置	采用零件流水生产线和自动生产线	按零件结构特征组成可调式流水生产线
	工艺装备	广泛使用高效专用机床夹具、专用刀具和量检具	广泛使用专用机床夹具，部分使用专用刀具和专用量检具
	零件尺寸获得方法	静调整法、定尺寸刀具法和主动及自动测量控制法	静调整法、定尺寸刀具法和主动测量控制法

思　考　题

1. 解释下列名词术语

生产过程、工艺过程、机械加工工艺过程、切削加工、装配工艺过程、工序、安装、工位、工步、试切法、静调整法、定尺寸刀具法、主动及自动测量控制法、轨迹法、仿形法、成形法、包络法、展成法、无瞬心包络法、加工经济精度、生产纲领。

2. 汽车零件切削加工时，零件尺寸的获得方法有哪几种？
3. 汽车零件切削加工时，零件形状的获得方法有哪几种？
4. 汽车零件表面的尺寸公差与表面粗糙度具有何种关系？
5. 汽车产品和汽车零件的生产类型由哪些条件确定？
6. 大批大量生产的汽车零件生产线上，使用的机床设备、工艺装备和机床设备的布置有何工艺特征？
7. 中批生产的汽车零件生产线上，使用的机床设备、工艺装备和机床设备的布置有何工艺特征？
8. 在大批大量和中批生产时，汽车零件尺寸是采用什么方法获得的？

第二章　工件的装夹和机床夹具

在机床上加工工件时，为了使工件在该工序所加工的表面能达到规定的尺寸和位置公差要求，在开动机床进行加工之前，必须首先使工件占有一正确位置。通常将确定工件在机床上或机床夹具中占有正确位置的过程，称为**定位**。当工件定位后，为了避免在加工中受到切削力、重力等力的作用而受到破坏，还应该用一定的机构或装置将工件固定住。工件定位后将其固定，使其在加工过程中保持定位位置不变的操作，称为**夹紧**。将工件在机床上或机床夹具中定位、夹紧的过程称为**装夹**。

在成批大量生产中，工件的装夹是通过机床夹具实现的。用以装夹工件（和引导刀具）的装置，称为**机床夹具**。机床夹具是工艺系统的组成部分之一。机床夹具在汽车零件机械加工过程中应用十分广泛。

工件装夹是否正确、迅速、方便和可靠，将直接影响工件的加工质量、生产效率、制造成本和操作安全等。因此，根据工件的加工要求和具体的生产条件，合理选择工件的装夹方法，是汽车零件机械加工工艺要研究的重要问题之一。本章将围绕工件的装夹问题，介绍有关基准的概念、工件的装夹方法、工件定位的基本规律和机床夹具等方面的工艺理论和知识。

第一节　基准的概念

机械零件是由若干几何要素（点、线、面）组成的，各几何要素之间都有一定的尺寸和位置公差要求。用来确定生产对象上几何要素间几何关系所依据的那些点、线、面，称为**基准**。根据其作用和应用场合不同，基准可分为两大类，即

- 基准
  - 设计基准
  - 工艺基准
    - 工序基准
    - 定位基准
    - 测量基准
    - 装配基准

一、设计基准

设计图样上采用的基准称为**设计基准**。如图 2-1a 所示，假想的球心 O 为球外圆 $S\phi100$mm 的设计基准，实际存在的球下点 B 是平面 A 的设计基准。图 2-1b 所示的汽车变速器拨叉图样中，孔 $\phi19$mm 和螺纹孔 M10 的设计基准分别为假想的孔轴线和螺纹孔轴线。拨叉平面 F，用尺寸 31.7mm ±0.15mm 与螺纹孔相联系，假想的螺纹孔轴线是拨叉平面 F 的设计基准；反之也可以认为实际存在的拨叉平面 F 是螺纹孔的设计基准，两者互为设计基准。螺纹孔垂直度的设计基准为 $\phi19$mm 孔的轴线和 19mm 槽的对称中心平面组成的公共轴平面 $A-B$。

从上述两个实例分析可知，设计基准可以是点、线、面，它既可以是实际存在的，也可

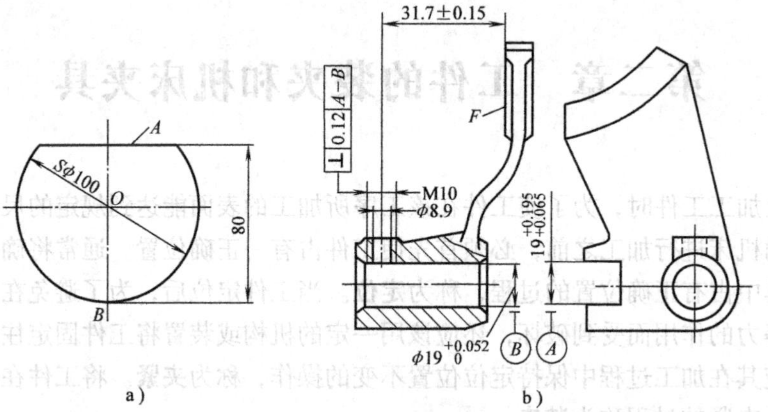

图 2-1 设计基准

以是假想的；并且有些设计基准可以是互为的。设计图样上标注的尺寸均称为**设计尺寸**。

二、工艺基准

在工艺过程中采用的基准称为**工艺基准**。工艺基准常见的有工序基准、定位基准、测量基准和装配基准等。

1. 工序基准

工序卡上用以表示工件被加工表面加工要求及工件装夹情况的简图，称为**工序图**。在工序图上用来确定本道工序被加工表面加工尺寸、位置公差的基准，称为**工序基准**。图 2-2 所示为一车削工序图，工件外圆表面 5 装夹在三爪自定心卡盘中，端面 6 靠在卡爪平面上，加工端面 F、1、2 和内孔及外圆 3、4。分别保证轴向尺寸 L_0、L_1、L_2 和外圆、内孔直径尺寸 ϕd、ϕD。端面 6 是端面 F 的工序基准，端面 F 是端面 1 和 2 的工序基准，表面 1、2 通过加工尺寸 L_1、L_2 及平行度公差与工序基准 F 相联系。外圆 ϕd 和内孔 ϕD 的工序基准为其轴线。联系被加工表面与工序基准间的加工尺寸，是本工序应直接保证的尺寸，称为**工序尺寸**。工序基准是工序图上工序尺寸、位置公差标注的起始点。

从上述分析可知，工序基准可以是实际存在的，也可以是假想的点、线、面。工序尺寸从工序基准为起点，指向被加工表面，所以工序尺寸具有方向性。多数情况下，工序基准与设计基准重合。

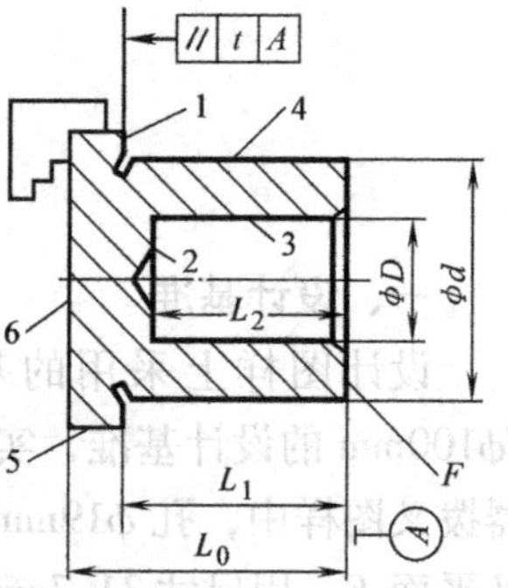

图 2-2 车削工序图

2. 定位基准

在加工中确定工件在机床上或机床夹具中占有正确位置的基准，称为**定位基准**。有时，作为定位基准的点、线、面在工件上不一定实际存在（如外圆和内孔的轴线、对称面等），而常由某些实际存在的表面来体现，这些体现假想的定位基准的表面称为**定位基面**。如图 2-2 所示工件装夹在三爪自定心卡盘中，工件外圆 5 与卡爪接触，端面 6 靠在卡盘平面上，从而实现径向（轴线）和轴向的定位。端面 6 是实际存在的定位基准，它确定了工件的轴向位置；外圆轴线是假想的定位基准，它确定了工件的径向位置；外圆 5 是径向定位的定位基面。

定位基准（基面）有粗基准和精基准之分。用未经加工过的表面作为定位基准（基面），称为**粗基准**；用已加工过的表面作为定位基准（基面），称为**精基准**。

一般情况下，定位基准应与工序基准和设计基准重合，否则将产生基准不重合误差。有关基准不重合误差问题将在本章第五节中详细介绍。

3. 测量误差

测量时所采用的基准，即用来确定被测量尺寸、形状和位置的基准，称为**测量基准**。测量基准可以是实际存在的，也可以是假想的。实际存在的测量基准亦称为**测量基面**。如图2-2中，以端面F为基准，用深度卡尺测量端面1、2的尺寸L_1、L_2，端面F就是端面1、2的测量基面。对于假想的测量基准，一定有一实际存在的测量基面来体现，如图2-3所示阶梯轴放在V形块上测量轴颈2的径向圆跳动，轴颈1的轴线3为测量基准，而轴颈1的外圆表面为测量基面。

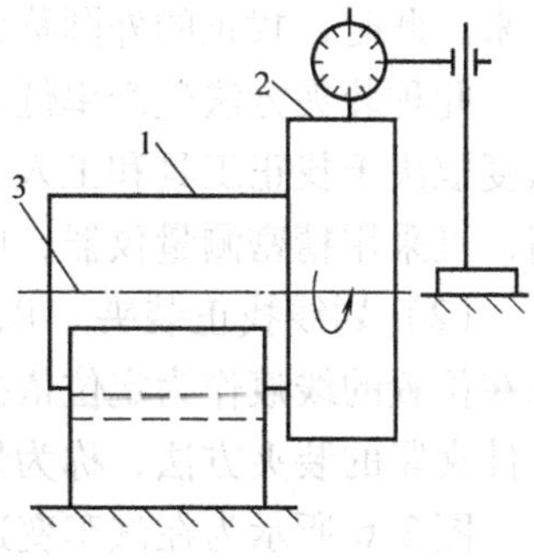

图2-3　测量基准与测量基面

4. 装配基准

装配时用来确定零件或部件在产品中的相对位置所采用的基准，称为**装配基准**。装配基准可以是实际存在的，也可以是假想的。实际存在的装配基准，亦称为**装配基面**。如图2-4所示，倒挡齿轮2轴向的装配基面是与变速器壳体1接触的右端轮毂端面，倒挡齿轮径向的装配基准为其内孔轴线，而内孔表面为装配基面。

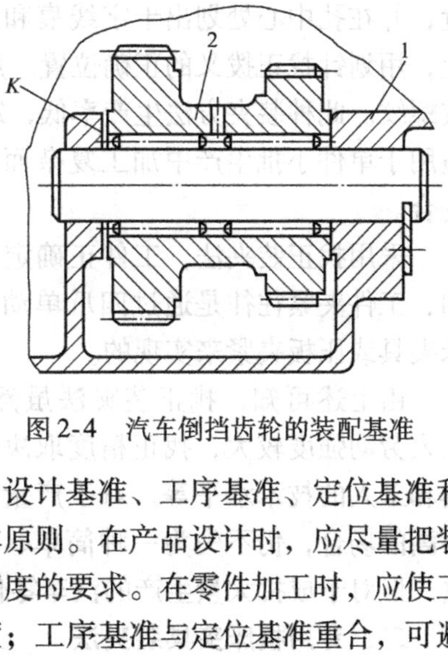

图2-4　汽车倒挡齿轮的装配基准

上述各基准应该尽可能使之重合。图2-4所示的倒挡齿轮，其零件图样设计时，把装配基准的内孔作为设计基准；在轮齿齿面加工时，将内孔轴线又作为工序基准和定位基准；在测量齿圈径向圆跳动时，也将内孔轴线作为测量基准。因此该齿轮的内孔轴线——装配基准、设计基准、工序基准、定位基准和测量基准重合。基准重合是工程设计中应遵循的一个基本原则。在产品设计时，应尽量把装配基准作为零件图样上的设计基准，以便直接保证装配精度的要求。在零件加工时，应使工序基准与设计基准重合，以便能直接保证零件的加工精度；工序基准与定位基准重合，可避免进行复杂的尺寸换算，还可以避免产生基准不重合误差。

第二节　工件的装夹方法

工件装夹时，为了保证工序尺寸和位置公差，应满足以下两项基本要求：

1）加工之前，工件必须正确定位，即工件相对于机床和刀具应占有正确位置。

2）加工过程中，工件必须合理夹紧，即保证作用于工件上的各种外力不破坏定位。

实现工件的正确装夹，有找正装夹法和专用机床夹具装夹法两种方法。

一、找正装夹法

按找正的方法，有直接找正装夹和划线找正装夹两种。

（1）直接找正装夹　以工件的实际表面作为定位的依据，用找正工具（如划针和指示表）找正工件的正确位置以实现定位，然后将工件夹紧的方法，称为**直接找正装夹**。

如图2-5所示，在内孔磨床上用四爪单动卡盘装夹套筒，欲保证磨孔后的内孔对外圆的同轴度。采用指示表（百分表）按工件外圆进行找正，使外圆轴线与磨床主轴轴线同轴，从而使工件径向在磨床上占有一正确位置，然后用四爪单动卡盘将找正获得的正确位置固定下来。此时，找正的外圆称为**定位基面**，外圆的轴线为定位基准。

此种装夹方法生产率低，一般只适用于单件小批生产。找正的精度取决于找正工具和工人的技术水平。如果操作工人的技术水平高，且采用精密测量仪器，则可以获得较高的定位精度。

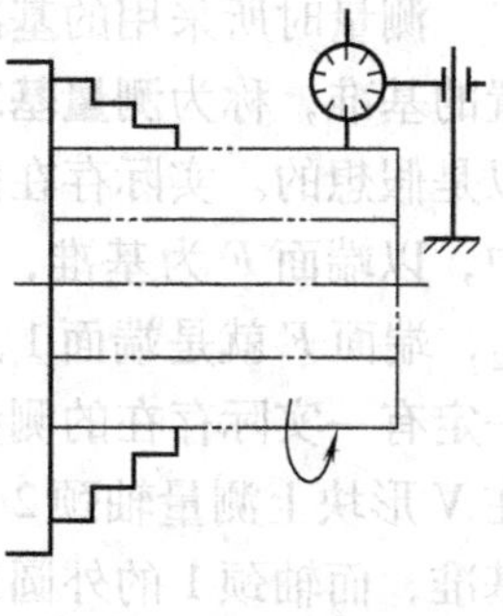

图2-5　直接找正装夹

（2）划线找正装夹　以划线工人在工件上划出的待加工表面所在位置的线痕作为定位依据，定位时用划针找正其位置，然后将工件夹紧的装夹方法，称为**划线找正装夹**。

图2-6所示为在汽车变速器拨叉上加工螺纹孔的找正装夹。若加工工件数量较少，可以按划线找正装夹。首先将拨叉安装在划线平台的方箱上，在螺纹孔处涂上颜色，按要求找出螺纹孔中心位置，并在孔中心处划出十字线痕和底孔圆线痕。然后将待加工拨叉装在图2-6所示的虎钳上，用划针找正拨叉的正确位置。加工时，将钻头对准已划出孔中心线痕的位置进行钻孔和攻螺纹。此种装夹方法生产率低，定位精度也低，而且对工人的技术水平要求较高，一般只适用于单件小批生产中加工复杂而笨重的零件，或零件不宜直接使用通用机床夹具装夹的场合。

采用找正装夹法，工件正确定位是通过找正来实现的，工件夹紧往往是通过四爪单动卡盘、虎钳等通用机床夹具或压板夹紧来实现的。

由上述可知，找正装夹法虽然简便，但效率较低，工人劳动强度较大，找正精度取决于找正方法、找正工具和工人的技术水平等，对于产量不大、加工质量要求不高的场合，仍不失为一种简单、实用、经济的装夹方法，但对于成批大量生产的汽车零件机械加工并不适用。

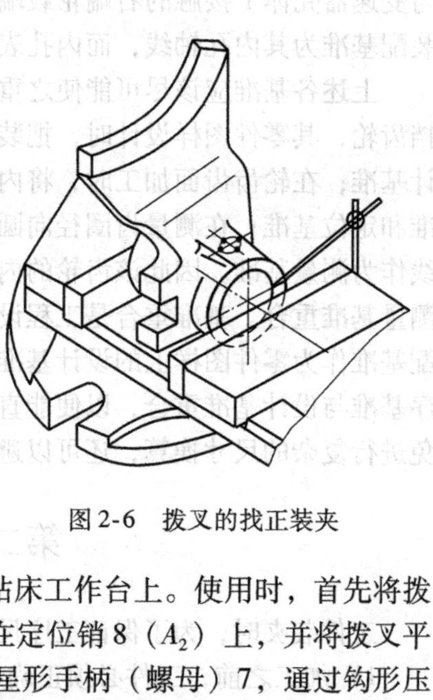

图2-6　拨叉的找正装夹

二、专用机床夹具装夹法

专用机床夹具是为某种零件在某一道工序上的装夹而专门设计和制造的机床夹具。图2-7a所示为加工拨叉工件用的专用钻床夹具。该钻床夹具安放在钻床工作台上，先将钻头对准钻套2，然后用压板将钻床夹具固定在钻床工作台上。使用时，首先将拨叉工件套入定位销3（A_1）上，同时使工件的槽对准并装在定位销8（A_2）上，并将拨叉平面F与支承钉5接触，实现工件的正确定位。然后，转动星形手柄（螺母）7，通过钩形压板6夹紧工件。这样，加工时只需将工件装夹到钻床夹具上，就可方便地进行钻孔，并保证工序尺寸及位置公差要求。为在钻孔后立即攻螺纹，可把钻模板1绕销轴翻转让出空间，丝锥就能下移加工。

专用机床夹具定位准确，装卸工件迅速，但设计与制造的周期较长，费用较高。因此，主要适用于产品相对稳定而产量较大的成批和大量生产。对于多品种、小批生产的汽车生产

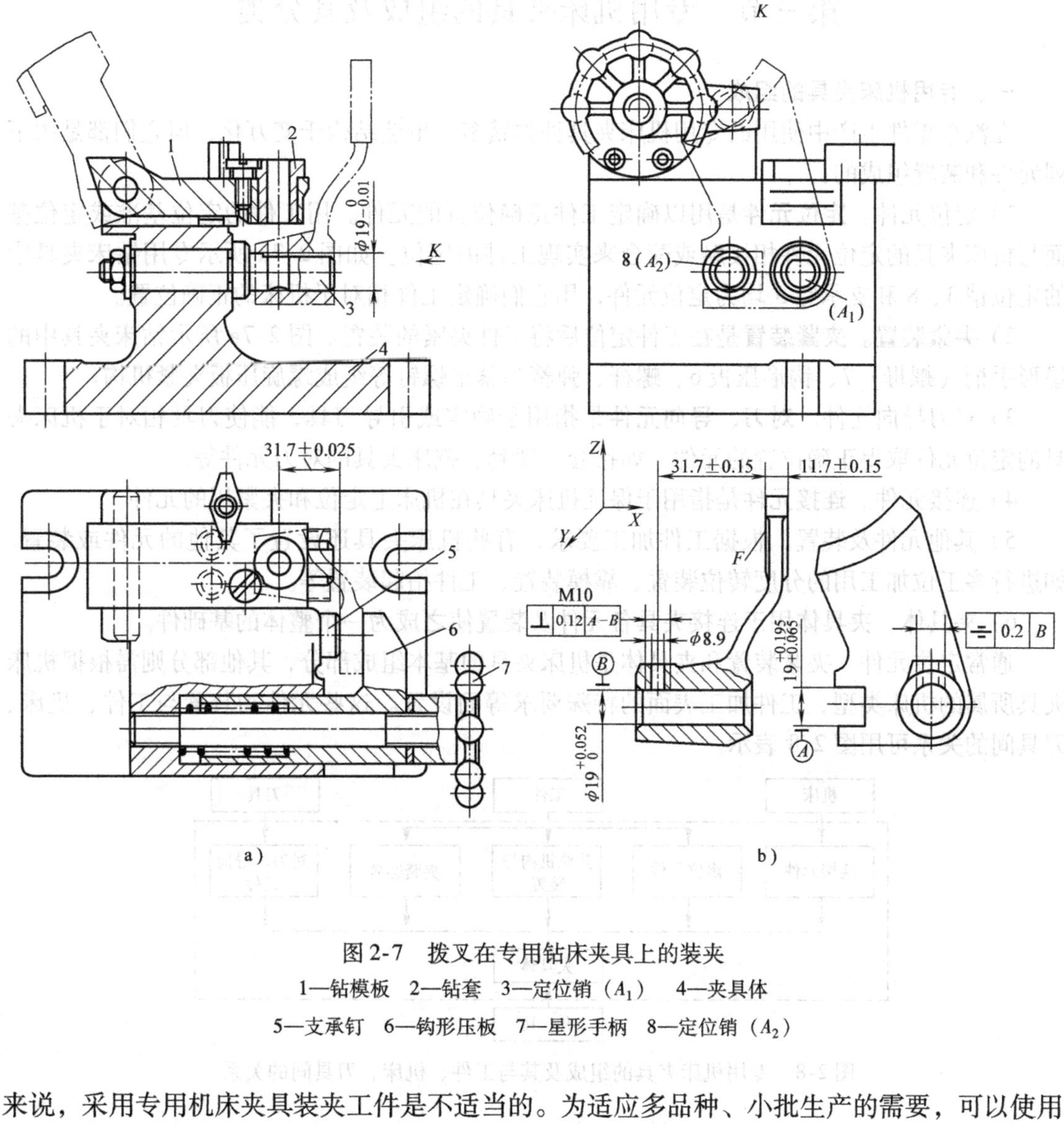

图 2-7　拨叉在专用钻床夹具上的装夹

1—钻模板　2—钻套　3—定位销（A_1）　4—夹具体

5—支承钉　6—钩形压板　7—星形手柄　8—定位销（A_2）

来说，采用专用机床夹具装夹工件是不适当的。为适应多品种、小批生产的需要，可以使用组合夹具、可调整夹具和成组夹具等。

由上述分析可知，专用机床夹具的作用有以下几方面：

1）保证加工精度。机床夹具可准确确定工件、刀具和机床之间的相对位置，从而保证被加工表面的工序尺寸和位置公差要求，加工精度的稳定性好。

2）提高生产率。专用机床夹具可快速地将工件定位和夹紧，减少装卸工件的辅助时间。

3）减轻工人的劳动强度。采用机械、气动、液压等夹紧装置，安全省力，可以减轻工人的劳动强度。

4）扩大机床的工艺范围。利用专用机床夹具，可扩大机床的加工范围。如在卧式车床刀架处安装一专用镗孔夹具，车床可对箱体轴承座孔进行加工。

第三节　专用机床夹具的组成及其分类

一、专用机床夹具的组成

在汽车零件生产中使用的专用机床夹具种类繁多，虽然结构千变万化，但它们都是由下列元件和装置组成的：

1）定位元件。**定位元件**是用以确定工件正确位置的元件。用工件的定位基准或定位基面与机床夹具的定位元件相接触或配合来实现工件的定位。如图 2-7a 所示专用钻床夹具中的定位销 3、8 和支承钉 5 均为定位元件，用它们确定工件相对于机床的正确位置。

2）夹紧装置。**夹紧装置**是在工件定位后将工件夹紧的装置。图 2-7a 所示钻床夹具中的星形手柄（螺母）7、钩形压板 6、螺杆、弹簧和紧定螺钉等组成螺旋压板夹紧机构。

3）对刀导向元件。**对刀、导向元件**是指用于确定或引导刀具，能使刀具相对于机床夹具的定位元件取得正确位置的元件。如钻套、镗套、铣床夹具的对刀元件等。

4）连接元件。**连接元件**是指用于保证机床夹具在机床上定位和夹紧用的元件。

5）其他元件及装置。根据工件加工要求，有些机床夹具还设置了其他的元件或装置。如进行多工位加工用的分度转位装置、靠模装置、工件抬起装置等。

6）夹具体。**夹具体**用于连接夹具各元件及装置使之成为一个整体的基础件。

通常定位元件、夹紧装置和夹具体是机床夹具的基本组成部分，其他部分则需根据机床夹具所属的机床类型、工件加工表面的特殊要求等而设置。这些元件和装置与工件、机床、刀具间的关系可用图 2-8 表示。

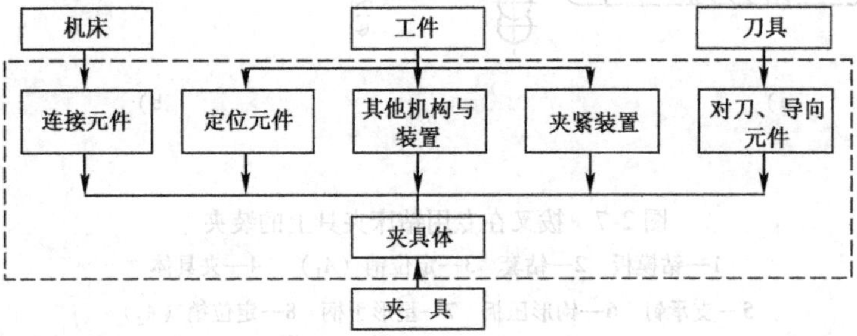

图 2-8　专用机床夹具的组成及其与工件、机床、刀具间的关系

二、专用机床夹具的分类

1. 专用机床夹具

专用机床夹具是指为某种工件在某道工序上的装夹而专门设计和制造的机床夹具，如图 2-7a 所示钻拨叉孔用的专用钻床夹具。专用机床夹具装夹工件，是用工件定位基准或定位基面与夹具定位元件接触或配合来实现定位的，用夹紧装置将工件夹紧。

这类机床夹具定位准确，装卸工件迅速，但设计与制造周期较长，费用较高。因此，主要用于产品相对稳定而产量较大的成批大量生产。在实际生产中，技术人员所设计的机床夹具通常都是专用机床夹具。

2. 组合夹具

组合夹具是指按一工件某道工序的加工要求，用预先制造好的一套系列化标准零件及组件拼装而成的专用机床夹具。其特点是使用完后可以再拆开，清洗和储存，以便多次重复使用。图 2-9b 所示为某汽车滚轮支架钻孔的工序图，图 2-9a 所示为加工该工件用的钻斜孔的组合夹具。工件以底面和两个 ϕ11mm 的孔在夹具支承板 5 和两个定位销（其中一个为菱形销）上定位。用压板 4 和 10 夹紧工件。钻孔时钻头是通过装在钻模板 7 上的钻套来保证钻头正确位置的。

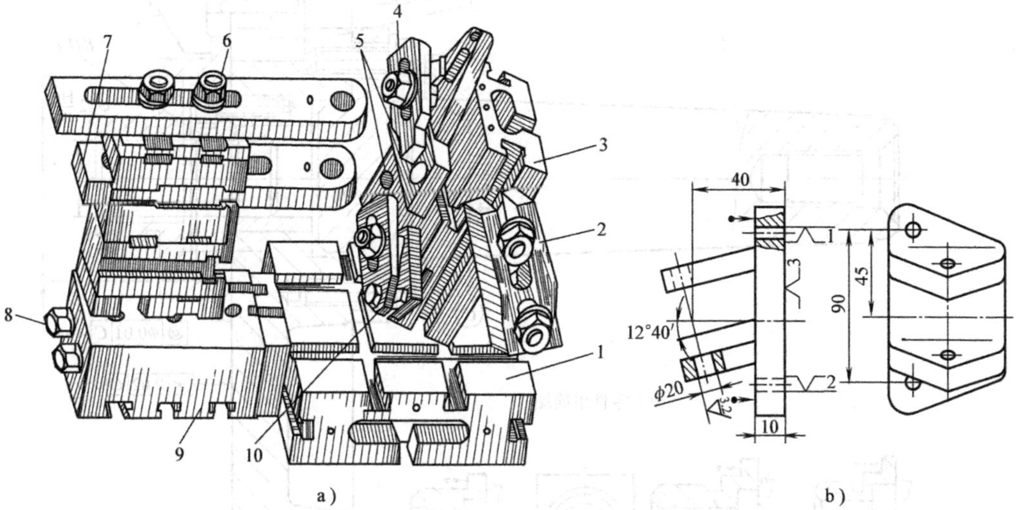

图 2-9　组合夹具

1、3—方形基础板　2—关节压板　4、10—压板

5、9—支承板　6、8—螺母　7—钻模板

组合夹具是机床夹具标准化、系列化和通用化程度最高的一种机床夹具。这类机床夹具的结构灵活多变，设计和组装周期短，夹具零组件能长期重复使用，但需要储备大量标准的零组件，而且夹具的刚性较低。

组合夹具可拼装钻床、镗床、车床、铣床等机床夹具，主要应用于单件、小批生产。不少中小型汽车制造企业都设立了组合夹具组装站，专门为生产拼装各种形式的组合夹具。

3. 成组夹具

成组夹具是指在多品种、中小批生产中采用成组加工时，为每个工件组设计制造的专用机床夹具。在机床夹具结构上，把与工件相联系的定位、夹紧和导向元件及装置，设计成可调整的或可更换的。当加工工件组中的某一种工件转换为另一种工件时，只需对成组夹具中的个别元件或装置进行调整或更换，即可进行加工。

图 2-10 所示为车削盘、套类零件内孔、外圆的成组夹具，它用于加工与端面垂直的内孔、外圆及其他端面，或两端有同轴度或垂直度（加工的内孔、外圆对止口外圆 *P*，或端面 *J* 间）要求的工件。压板座组件 *KT*1 可根据工件大小，在槽内作径向移动以调整钩形螺旋压板的夹紧位置，不用时还可拆除。钩形螺旋压板 *KH*1 可视工件大小更换。根据工件定位基面的不同，可以更换定位元件 *KH*2。

成组夹具可以避免组合夹具在生产和管理上的困难，同时成组夹具是专为一组零件而设计的，针对性强，结构较为紧凑，能弥补组合夹具结构刚性不足的缺点。因此，成组夹具适

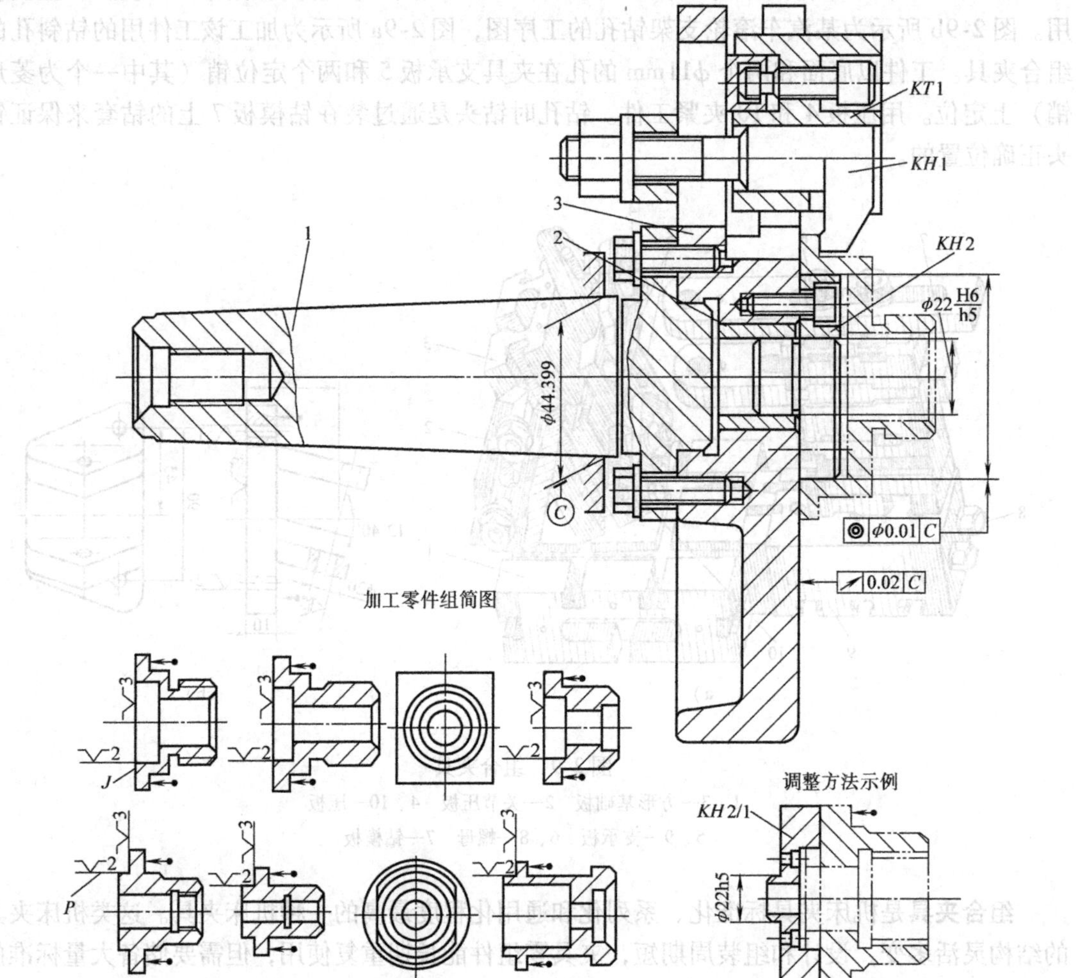

图 2-10　车削盘、套类零件内孔外圆的成组夹具

1—锥柄　2—定位衬套　3—花盘

*KH*1—钩形螺旋压板　*KH*2—定位元件　*KT*1—压板座组件

用于多品种、中小批生产。

4. 随行夹具

随行夹具是指用于组合机床自动线上的可随工件同行的一种移动式专用机床夹具。在工件进入自动线进行加工之前，先将工件装夹在随行夹具中，然后随行夹具连同工件一起沿着

自动线依次从一个工位（机床）移动到下一个工位，并在每个机床工作台上或机床的固定夹具上定位、夹紧。当工件退出自动线时，才将工件从随行夹具中卸下。

第四节　工件在机床夹具中的定位

一、工件定位的六点定位规则

一个自由刚体，在空间直角坐标系中有六个方向活动的可能性，即沿三个坐标轴方向的移动（分别用符号$\vec{X}$、$\vec{Y}$、$\vec{Z}$表示）和绕三个坐标轴方向的转动（分别用符号$\widehat{X}$、$\widehat{Y}$、$\widehat{Z}$表示）。自由刚体在空间的不同位置，就是六个方向活动的结果。一般将某个方向活动的可能性称为一个自由度，即一个自由刚体在空间共有六个自由度。

工件可以近似地看成为自由刚体。工件在没有采取定位措施时，其位置具有六个可活动的自由度。要使工件在某个方向有确定的位置，就必须限制该方向的自由度。可通过在坐标平面上适当布置支承点（实际上是一较小的支承面积）的方式来限制相应的自由度。如图2-11所示，若使一个六方体工件在空间占有唯一确定的位置，可在空间直角坐标系的三个平面上适当布置六个支承点，即在XOY平面上布置三个不在同一直线上的支承点1、2和3，相应限制工件的$\vec{Z}$、$\widehat{X}$、$\widehat{Y}$三个自由度；在YOZ平面上布置两个支承点4和5，限制$\vec{X}$、$\widehat{Z}$两个自由度；在XOZ平面上布置一个支承点6，限制工件$\vec{Y}$自由度。六个支承点实现限制工件在空间的六个自由度，使工件在空间占据了惟一确定位置。我们将在工件的适当位置上布置六个支承点，相应限制工件的六个自由度，从而确定工件惟一确定位置的规则，称为**六点定位规则**。

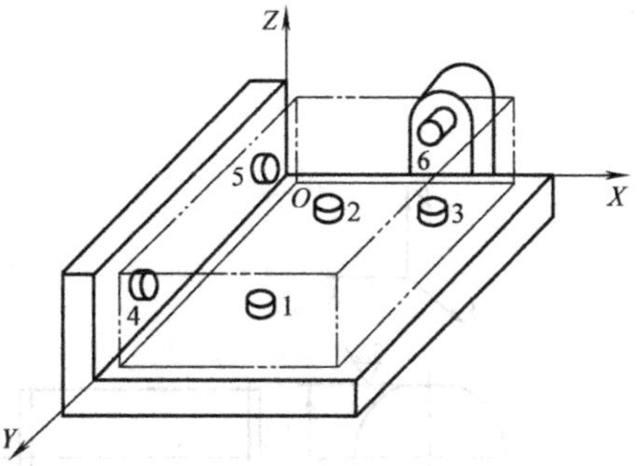

图2-11　工件在空间的六点定位

二、工件正确定位应限制的自由度

用静调整法加工一批工件之前，为保证工件的加工要求，必须先调整好机床夹具与机床、刀具间的相对位置。因此，为保证工件的加工要求，工件必须正确定位，即工件的工序基准相对于机床、刀具间保持一正确位置。工件的正确定位，就是工序基准的正确定位。工序基准的正确定位，可以转化为在直角坐标系中用限制工件工序基准的自由度来分析和保证。工件正确定位，完全由其加工要求和工序基准的形式决定。下面用静调整法加工一批工件时结合实例，用分项（加工要求）综合分析法分析加工要求应限制的自由度。

例1　在图2-12所示的一圆球上铣平面B，保证工序尺寸H。试分析为保证加工要求应限制的自由度。

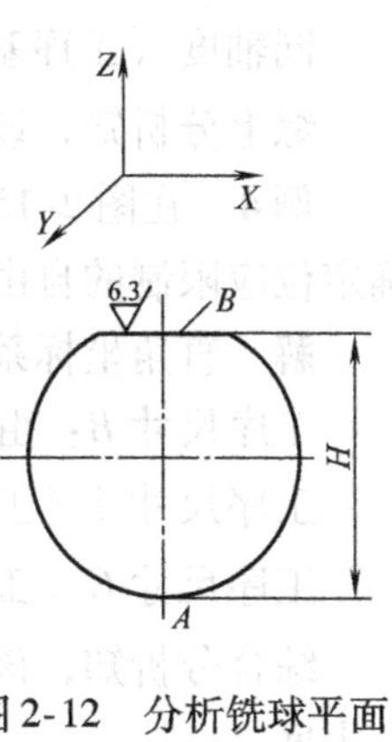

图2-12　分析铣球平面应限制的自由度

解　直角坐标系如图2-12所示，坐标轴应与工件工序基准重合或相平行。然后对应限制的自由度进行分析，凡是对加工要求有影响的自由度必须加以限制，并用分析式表示：

工序尺寸 H（工序基准为圆球下点 A），应限制的自由度 $\vec{Z}$；

该工序应限制 $\vec{Z}$ 一个自由度。

例 2 在图 2-13 所示的一圆柱体上铣平面，保证工序尺寸 H。试分析为保证加工要求应限制的自由度。

解 直角坐标系如图 2-13 所示。分析为保证加工要求应限制的自由度：

工序尺寸 H（工序基准为圆柱体下母线 A），应限制的自由度 $\vec{Z}$、$\widehat{X}$；

该工序应限制 $\vec{Z}$、$\widehat{X}$ 两个自由度。

例 3 在图 2-14 所示圆柱体上扩孔，要保证扩孔尺寸 ϕD 及内孔对外圆的同轴度公差 ϕt 的加工要求。试分析工件正确定位应限制的自由度。

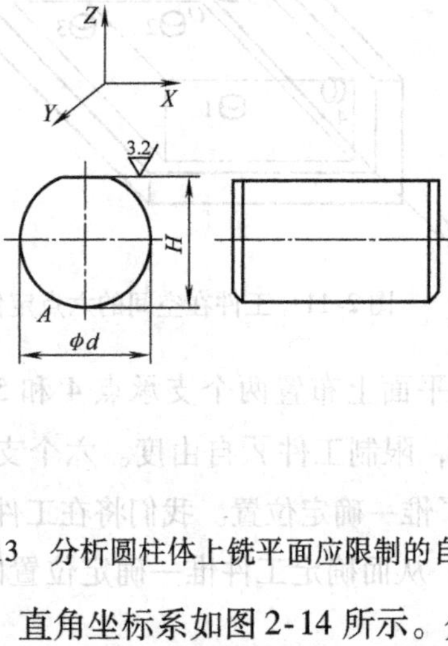

图 2-13 分析圆柱体上铣平面应限制的自由度

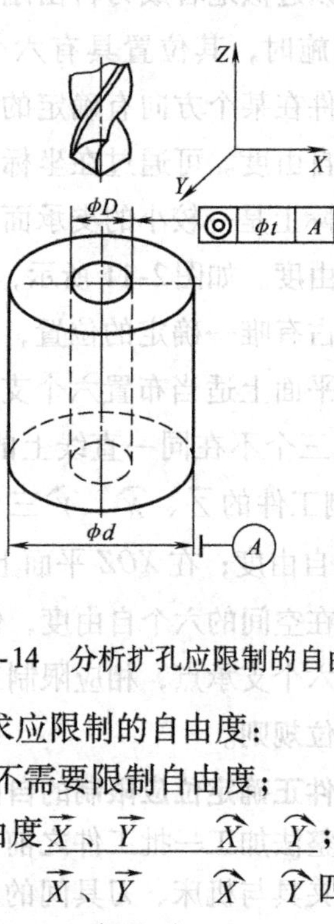

图 2-14 分析扩孔应限制的自由度

解 直角坐标系如图 2-14 所示。分析为保证加工要求应限制的自由度：

工序尺寸 ϕD：由定尺寸刀具（扩孔钻）直接保证，不需要限制自由度；

同轴度（工序基准为外圆 ϕd 的轴线），应限制的自由度 $\vec{X}$、$\vec{Y}$ $\widehat{X}$ $\widehat{Y}$；

综上分析知，该工序应限制 $\vec{X}$、$\vec{Y}$ $\widehat{X}$ $\widehat{Y}$ 四个自由度。

例 4 在图 2-15 所示的长方形铁块上铣一通槽，要保证工序尺寸 A、B、C。试分析正确定位应限制的自由度。

解 直角坐标系如图 2-15 所示。分析为保证加工要求应限制的自由度：

工序尺寸 B：由定尺寸刀具直接保证，不需要限制自由度；

工序尺寸 A（工序基准为侧平面），应限制的自由度 $\vec{X}$ $\widehat{Y}$ $\widehat{Z}$；

工序尺寸 C（工序基准为底平面），应限制的自由度 $\vec{Z}$ $\widehat{X}$ $\widehat{Y}$；

综合分析知，该工序应限制 $\vec{X}$ $\vec{Z}$ $\widehat{X}$ $\widehat{Y}$ $\widehat{Z}$ 五个自由度。

例 5 在图 2-16 所示的圆柱体上铣一槽，要保证：①槽宽尺寸 b；②槽深尺寸 H；③槽对圆柱体轴线的对称度公差 t。试分析工件正确定位应限制的自由度。

解 直角坐标系如图 2-16 所示。为保证加工要求应限制的自由度：

槽宽尺寸 b：由定尺寸刀具直接保证，不需要限制自由度；

槽深尺寸 H（工序基准为下母线 C），应限制自由度 $\overrightarrow{Z}$ $\overset{\frown}{X}$；

槽的对称度（工序基准为圆柱体轴线），应限制自由度 $\overrightarrow{X}$ $\overset{\frown}{Z}$；

综上分析知，该工序应限制 $\overrightarrow{X}$ $\overrightarrow{Z}$ $\overset{\frown}{X}$ $\overset{\frown}{Z}$ 四个自由度。

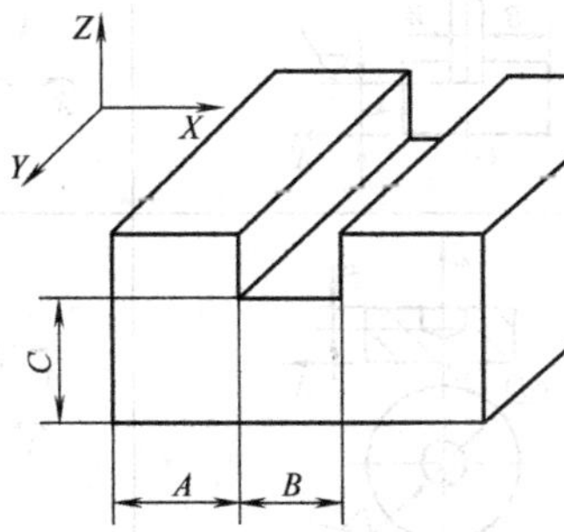

图 2-15 分析铣槽应限制的自由度

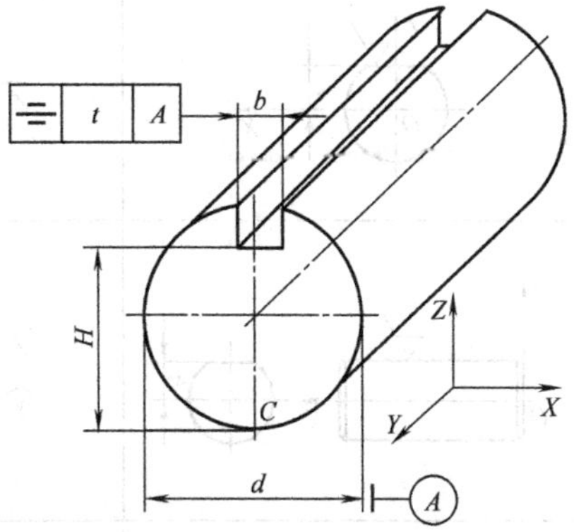

图 2-16 分析铣槽应限制的自由度

例 6 在图 2-7b 所示拨叉上钻螺纹孔底孔。要保证：①钻孔 ϕ8.9mm；②螺纹孔位置尺寸（31.7 ±0.15）mm；③孔 ϕ8.9mm 对孔 ϕ19mm 的对称度；④孔 ϕ8.9mm 对孔 ϕ19mm 及槽 19mm 的对称中心平面 A—B 的垂直度。试分析为保证加工要求应限制的自由度。

解 直角坐标系如图 2-7b 所示。为保证加工要求应限制的自由度：

钻底孔 ϕ8.9mm：由刀具直接保证，不需要限制自由度；

工序尺寸 31.7mm（工序基准为 F 平面），应限制自由度 $\overrightarrow{X}$ $\overset{\frown}{Y}$ $\overset{\frown}{Z}$；

保证垂直度（工序基准为 A—B 平面），应限制自由度 $\overset{\frown}{X}$ $\overset{\frown}{Y}$；

保证对称度（工序基准为 ϕ19mm 孔的轴线），应限制的自由度 $\overrightarrow{Y}$ $\overset{\frown}{Z}$；

综上分析知，该工序应限制 $\overrightarrow{X}$ $\overrightarrow{Y}$ $\overset{\frown}{X}$ $\overset{\frown}{Y}$ $\overset{\frown}{Z}$ 五个自由度。

通过上述实例分析可知，用静调整法加工一批工件时，为保证某一工序的加工要求，工件必须正确定位。正确定位可以用对工件工序基准限制一定的自由度来达到。但是工件应限制的自由度并不一定要将六个自由度都被限制住，只是对加工要求有影响的自由度应加以限制。由刀具直接保证的加工要求和不影响加工要求的自由度，都不必加以限制。为保证加工要求应限制的自由度，称为**第一类自由度**。而对加工要求无关的自由度称为**第二类自由度**。在工件实际定位时，第二类自由度可根据工件所承受的切削力、夹紧力等情况和刀具在工件加工表面上运行的工作行程范围，考虑是否应加以限制。

为简化分析自由度，可将对工件工序各项加工要求应限制的自由度分析，转化成对各项加工要求的工序基准的自由度分析。工序基准常见的有点、线、平面三种，它们在直角坐标系中的位置分别由：点——三个移动自由度；线——两个移动和两个转动自由度；平面——一个移动和两个转动自由度决定的。如果某些自由度对加工要求有影响，则该自由度就必须加以限制。

表2-1列举了常见加工形式为保证加工要求应限制的自由度。

表2-1　常见加工形式为保证加工要求应限制的自由度

序号	加工形式	第一类自由度①	序号	加工形式	第一类自由度
1	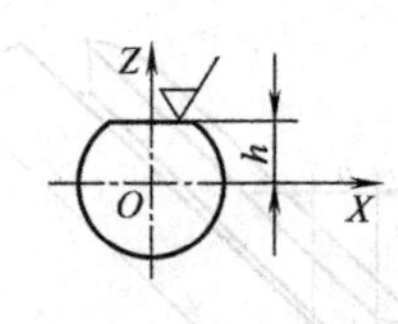	$\vec{Z}$	7	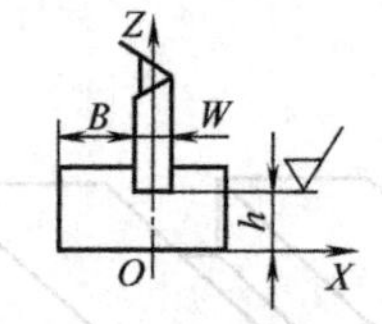	$\vec{X}$ $\vec{Z}$ $\overset{\frown}{X}$ $\overset{\frown}{Y}$ $\overset{\frown}{Z}$
2	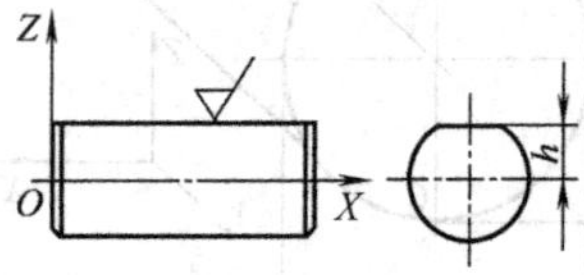	$\vec{Z}$ $\overset{\frown}{Y}$	8	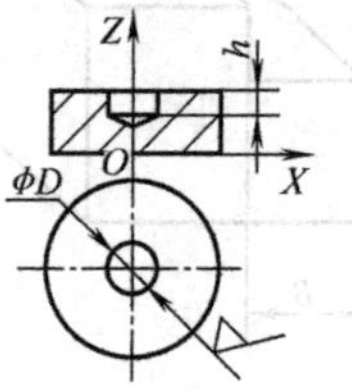	$\vec{X}$ $\vec{Y}$ $\vec{Z}$ $\overset{\frown}{X}$ $\overset{\frown}{Y}$
3	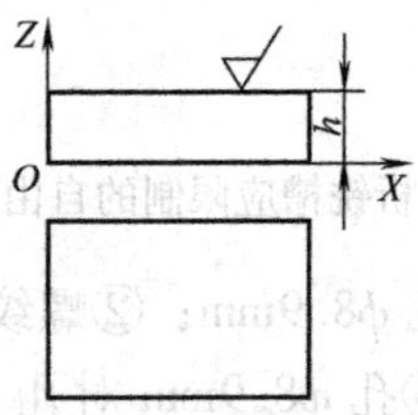	$\vec{Z}$ $\overset{\frown}{X}$ $\overset{\frown}{Y}$	9	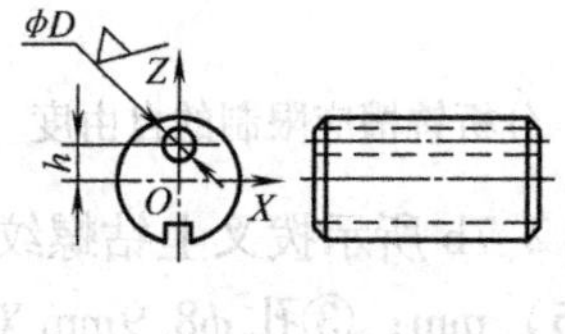	$\vec{X}$ $\vec{Z}$ $\overset{\frown}{X}$ $\overset{\frown}{Y}$ $\overset{\frown}{Z}$
4	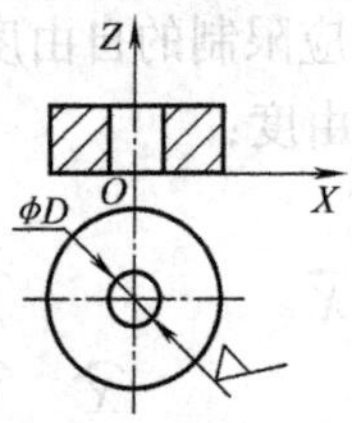	$\vec{X}$ $\vec{Y}$ $\overset{\frown}{X}$ $\overset{\frown}{Y}$	10	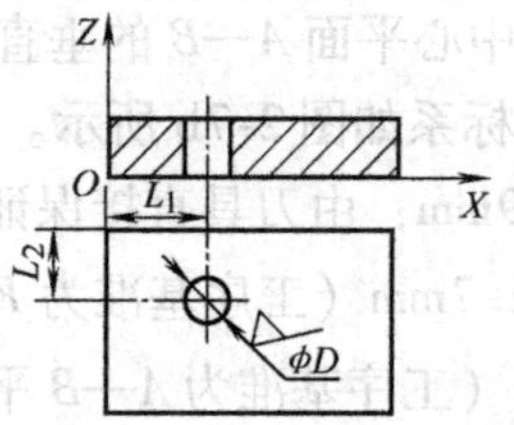	$\vec{X}$ $\vec{Y}$ $\overset{\frown}{X}$ $\overset{\frown}{Y}$ $\overset{\frown}{Z}$
5	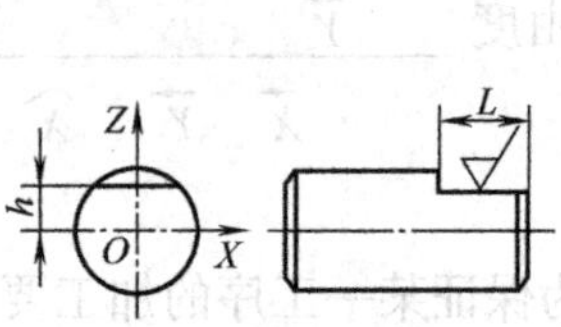	$\vec{Y}$ $\vec{Z}$ $\overset{\frown}{X}$ $\overset{\frown}{Z}$	11	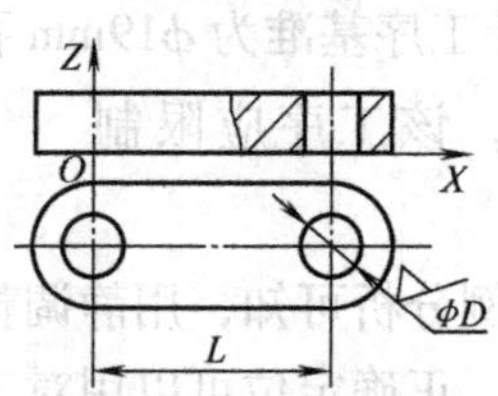	$\vec{X}$ $\vec{Y}$ $\overset{\frown}{X}$ $\overset{\frown}{Y}$ $\overset{\frown}{Z}$
6	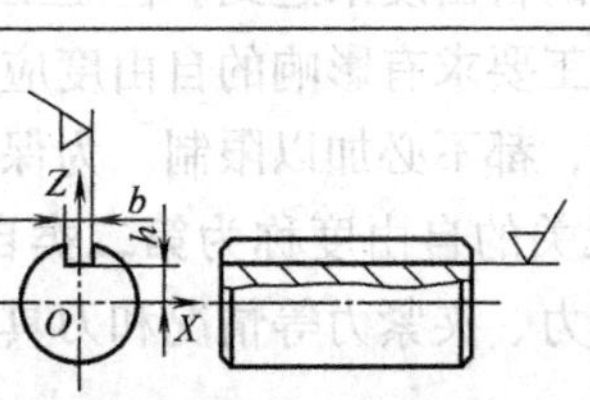	$\vec{X}$ $\vec{Z}$ $\overset{\frown}{X}$ $\overset{\frown}{Z}$	12	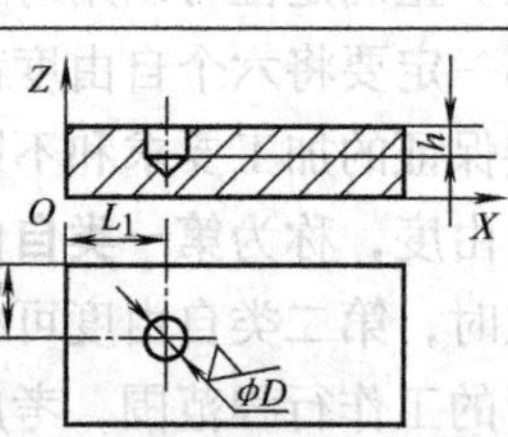	$\vec{X}$ $\vec{Y}$ $\vec{Z}$ $\overset{\frown}{X}$ $\overset{\frown}{Y}$ $\overset{\frown}{Z}$

① 为方便分析，本书中所建立的坐标系，若不特殊指明，均以左右方向为 X 轴方向；上下方向为 Z 轴方向；进出纸面方向为 Y 轴方向，并以主视图为准，即主视图为 XOZ 平面。

三、机床夹具定位元件及其所限制的自由度

在实际生产中，工件正确定位时，对工件第一类自由度的限制，是通过工件定位基准（或基面）与机床夹具定位元件的配合或接触来实现的。

工件在机床夹具中定位时，根据工件的结构特点和工序的加工要求的不同，选择的定位基准（基面）有各种形式（如平面、内孔、外圆、圆锥面和型面等），不同的定位基准（基面）选择不同类型的定位元件。定位元件限制工件定位基准（基面）的自由度情况与定位元件的结构形式、采用的数量、布置的位置等有关，也与定位元件与工件定位基面的接触及配合的面积或长度的大小等有关。

由于机床夹具定位元件是确定工件正确位置的元件，它要经常与工件定位基准（基面）接触，所以定位元件必须满足以下几点要求：

1）一定的精度。定位元件的精度直接影响工件的加工精度。除定位元件本身应具有一定尺寸精度外，定位元件间的位置尺寸及位置公差，一般应取与工件相应尺寸及位置公差的1/5～1/2。

2）良好的耐磨性。定位元件与定位基准（基面）直接接触，易引起磨损。为能较长期保持其精度，定位元件的定位表面必须具有良好的耐磨性。

3）足够的刚性。为保证在受到切削力、夹紧力等力的作用下，不致发生较大的变形而影响工件的加工精度，定位元件必须具有足够的刚性。

4）良好的工艺性。定位元件应便于制造、装配和维修。

（一）工件以平面为定位基准时常用的定位元件

使用元件的平面支承工件的定位基准，这类元件称为**支承件**。支承件有两类：一类是用来限制自由度的支承件，即起定位作用的支承件，称为**基本支承**；另一类是不起限制自由度作用的支承件，称为**辅助支承**。

1. 支承钉

常用支承钉的结构形式如图 2-17 所示，A 型平头支承钉用于支承精基准；B 型球头支承钉用于支承粗基准；C 型齿纹平面支承钉常用于要求摩擦力大的工件侧面的支承。一个支承钉相当于一点支承，限制一个自由度；在一个平面内，两个支承钉限制两个自由度；不在同一条直线上的三个支承钉限制三个自由度。

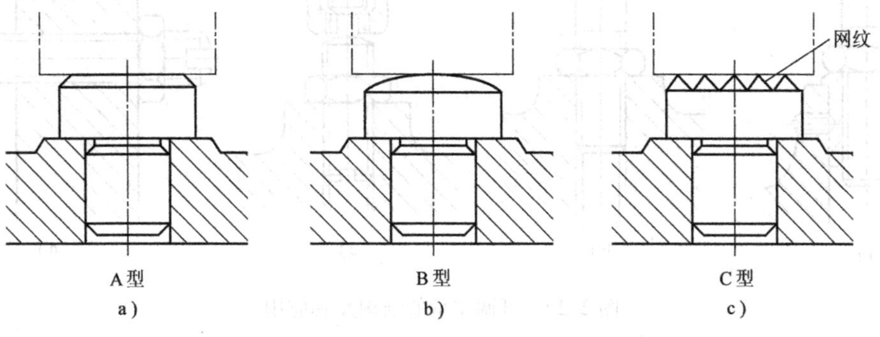

图 2-17　支承钉的结构形式

2. 支承板

常用支承板的结构形式如图 2-18 所示。图 a 所示为平面型支承板的结构简图，其缺点是埋头螺钉孔处落入切屑后不易清除，适用于作工件侧面和顶面的定位；图 b 所示为带斜槽型支承板，优点是易清除槽内落入的切屑，适用于作工件底面的定位。当支承的定位基准平面较大时，常用几块支承板组合成一个大的支承平面，各支承板组装到夹具体上后，应在平面磨床上将其支承平面一起磨平，以保证等高。限制三个自由度，一般称为主要支承；一个支承板相当于两个支承点，限制两个自由度，一般称为导向支承，如图 2-19 所示。一般将限制一个自由度的支承称为止推支承。

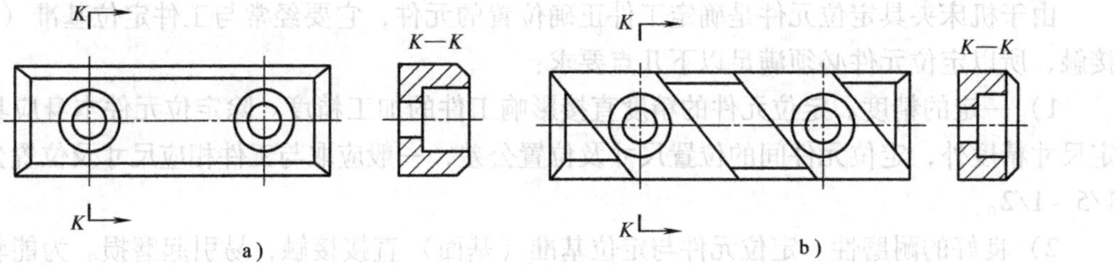

图 2-18　支承板的结构形式

3. 可调支承

可调支承常用形式如图 2-20 所示。可调支承多用于支承工件的粗基准，其支承的高度可根据需要进行调节。一般每加工一批工件时，应根据粗基准表面的状态作出相应调节，以保证加工余量均匀或保证加工面与非加工面间的位置尺寸。支承调节到位后应用螺母将其锁紧。在同一批工件加工中，一般不再进行调节，其定位作用与支承钉相同。

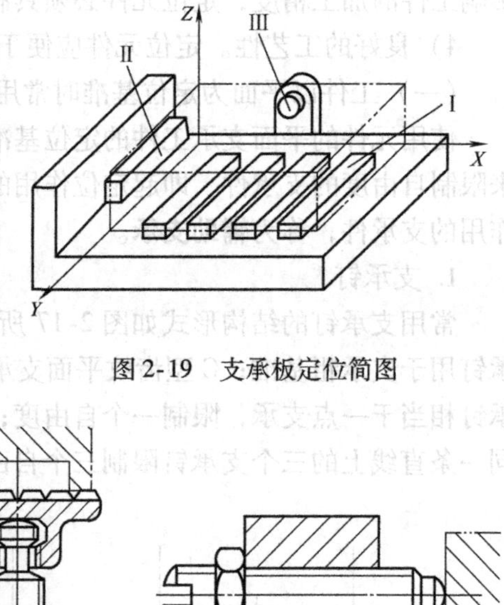

图 2-19　支承板定位简图

4. 自位支承

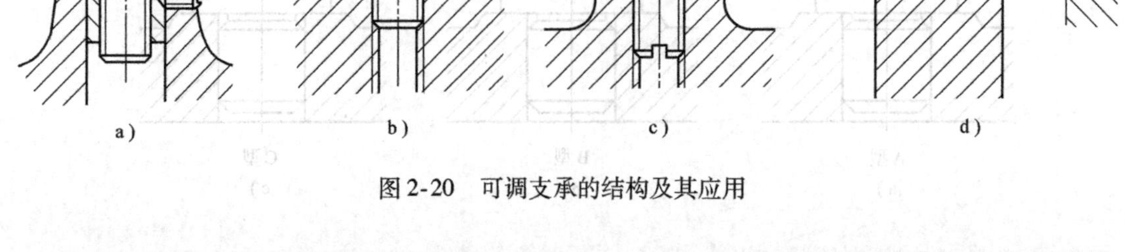

图 2-20　可调支承的结构及其应用

自位支承常用的几种结构形式如图 2-21 所示。由于自位支承是摆动的或浮动的结构，所以结构是以两点或三点与工件支承表面接触，其实质只起一个点的支承作用，限制一个自由度。自位支承用以增加与工件表面的支承点，以减小工件的变形或减小接触应力。

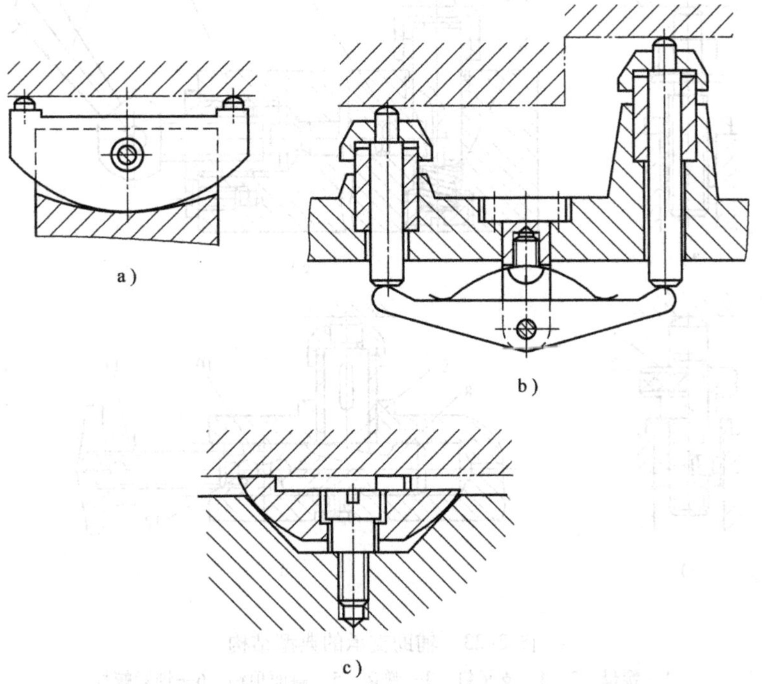

图 2-21　自位支承的结构形式

5. 辅助支承

辅助支承不是定位元件，只是用以增加工件在加工中的支承刚性作用，不能限制工件的自由度。

图 2-22 所示为工件以两个相互垂直的平面定位在支承上，并在上部夹紧，加工表面（以粗实线表示）远离定位支承面和夹紧点。由于加工面悬伸较大，刚性差，加工时工件容易发生变形和引起振动。因此，在悬伸部位设置辅助支承 2，并在辅助支承对面处施加夹紧力 F_{c2}，这样，缩短了力臂，提高了工件在加工中的刚性和稳定性。

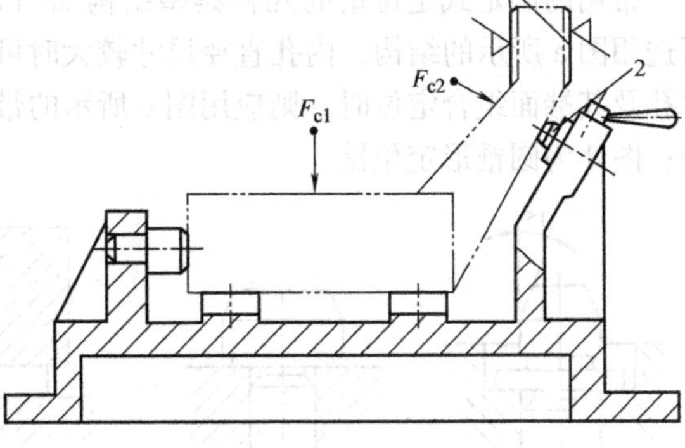

图 2-22　辅助支承的应用示例

1—加工面　2—辅助支承

图 2-23 所示为几种典型的辅助支承的结构形式。图 a 所示结构简单，但调节支承钉转动时会破坏工件的定位；图 b 所示结构调节螺母 1 旋转时，支承钉 2 作上下移动；图 c 结构为弹性辅助支承，支承钉 4 受下端弹簧 3 的作用而与工件底平面接触。当工件夹紧后，回转手柄 7 通过锁紧螺杆 6，推动斜面顶销 5，将支承钉 4 的圆柱销锁紧；图 d 所示为推力辅助支承，工作时通过推杆 8 的斜面，将支承滑柱 9 上移与工件平底面接触，然后回转手柄

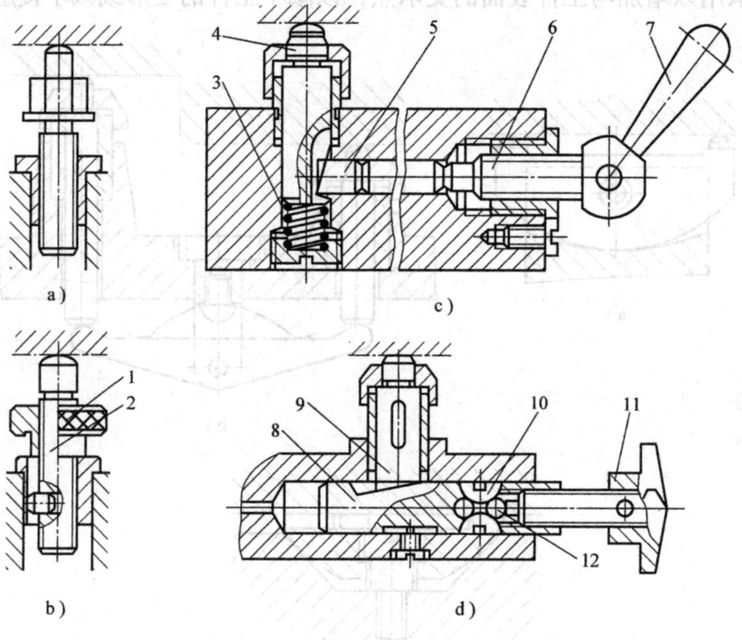

图 2-23　辅助支承的典型结构

1—螺母　2、4—支承钉　3—弹簧　5—斜面顶销　6—锁紧螺杆

7、11—手柄　8—推杆　9—支承滑柱　10—半圆键　12—钢球

11 使与之相连接的螺杆左移，通过钢球 12 使上、下半圆键 10 胀紧在孔壁上而被锁紧。

（二）工件以内孔为定位基面时常用的定位元件

以内孔作为定位基面，常用的定位元件有定位销和心轴两类。

1. 定位销

常用的固定式定位销的几种典型结构如图 2-24 所示。当工件的内孔直径尺寸较小时，可选用图 a 所示的结构；内孔直径尺寸较大时可使用图 b 所示结构的定位销；当工件同时以内孔及其端面组合定位时，则应用图 c 所示的带有支承环的结构，该结构定位销为非标准结构；图 d 为圆锥形定位销。

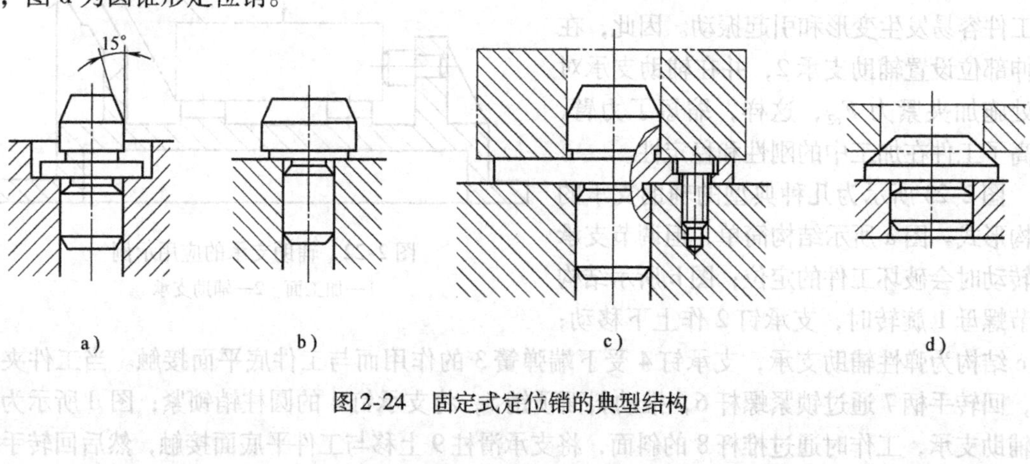

图 2-24　固定式定位销的典型结构

圆柱定位销根据与工件内孔配合的长径比，分为长圆柱销和短圆柱销。长圆柱销可限制四个自由度，短圆柱销限制两个自由度。图 d 所示圆锥销限制三个移动自由度。

2. 心轴

常用心轴有下列三种结构形式。

1）锥形心轴。图 2-25a 所示锥形心轴的锥度，一般为 1/1000～1/5000。定位时是依靠心轴的锥体定心和胀紧，可限制五个自由度。

2）过盈配合的圆柱心轴。图 2-25b 所示心轴的定位部分 3 与工件定位基面内孔为过盈配合。为了使工件易于迅速而准确地套入，在心轴的前端设置导向部分 1。这种心轴的定心精度较高，利用过盈产生的摩擦力矩传递一定的扭矩，常用于盘套类零件的精车外圆和端面等。过盈配合心轴限制四个自由度。

3）间隙配合心轴。图 2-25c 所示心轴的定位部分 3 与工件定位基面内孔为间隙配合，图示心轴左端轴肩作轴向定位，依靠心轴右端的螺母进行夹紧。间隙配合心轴装卸工件较为方便，但因存在配合间隙，定位精度较低。带轴肩的间隙配合心轴可限制五个自由度，其中心轴定位部分限制四个自由度。

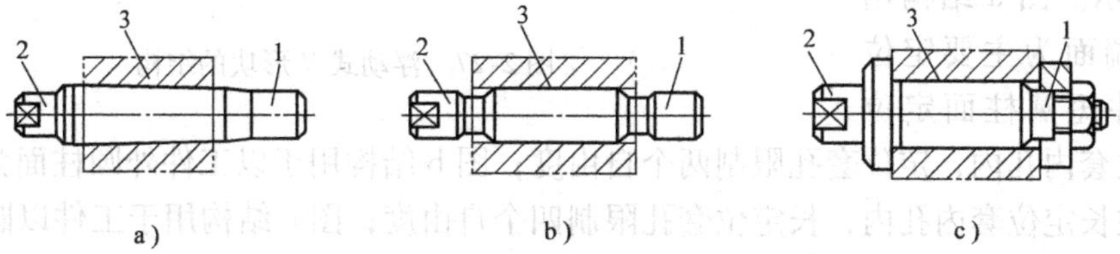

图 2-25 刚性心轴的结构

1—导向部分 2—传动部分 3—定位部分

（三）工件以外圆为定位基面时常采用的定位元件

工件以外圆作为定位基面时，常用定位元件有 V 形块、半圆定位块、定位套及定心夹紧机构等。

1. 固定式 V 形块

固定式 V 形块的几种结构形式如图 2-26 所示。其中图 a 所示为短 V 形块；图 b 所示为两个短 V 形块的组合，用于作为定位基面的外圆柱面较长或两段外圆柱面分布较远时的情况；图 c 所示为分体式结构的 V 形块，它们装在夹具体上，其 V 形块工作面上镶有淬硬钢

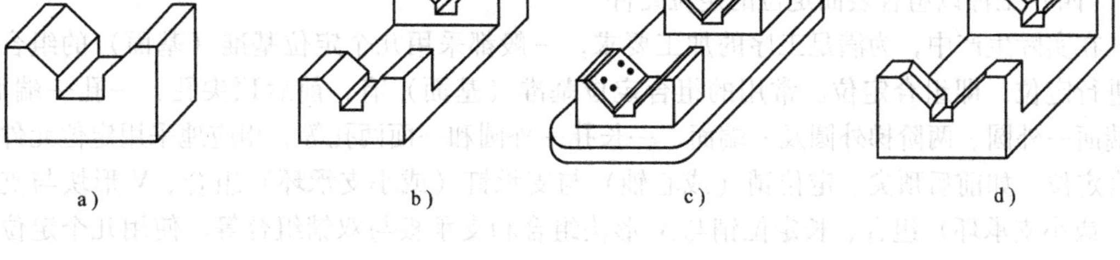

图 2-26 V 形块的结构形式

或硬质合金镶块，常用于工件定位基面外圆柱面长度和直径均较大的情况。上述V形块如用于粗基准或阶梯外圆柱面的定位时，V形块工作面的长度一般应减为2～5mm，可制造成图d的结构，以提高定位的稳定性。一个短V形块限制两个自由度；两个短V形块的组合或一个长V形块均限制四个自由度。

2. 活动式V形块

活动式V形块有浮动式V形块和移动式V形块两种。图2-27所示为两种浮动式V形块结构，V形块是依靠其后边的弹簧实现浮动的。活动式短V形块限制一个自由度。

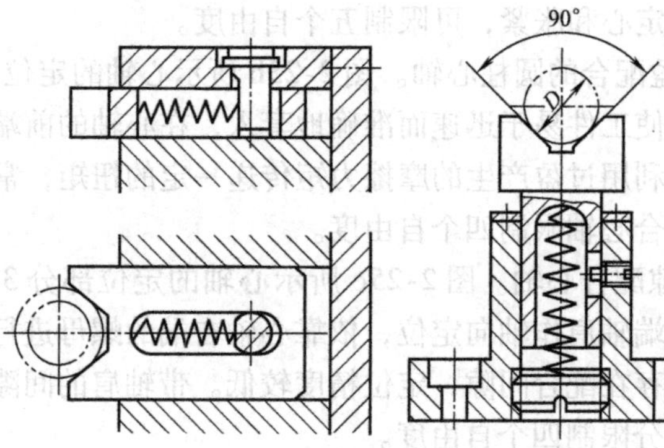

a)　　b)

图2-27　浮动式V形块的结构

3. 定位套

定位套的结构形式如图2-28所示。图a结构用于工件以端面为主要定位基准，工件短圆柱面定位于夹具定位套内孔内，定位套孔限制两个自由度；图b结构用于以工件外圆柱面为主要定位基面定位在长定位套内孔内，长定位套孔限制四个自由度；图c结构用于工件以圆柱端面外缘为定位基面定位于锥孔内，定位元件锥孔限制三个自由度。

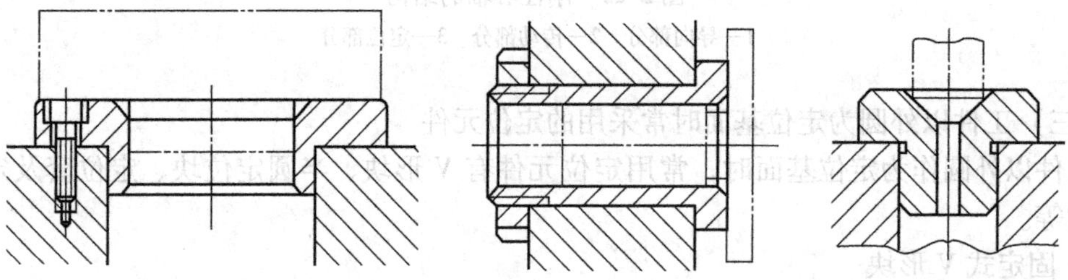

a)　　b)　　c)

图2-28　定位套的结构

表2-2列出了一些常用定位元件所能限制的自由度。

（四）工件以组合表面定位的定位元件

在实际生产中，为满足工序的加工要求，一般都采用几个定位基准（基面）的组合方式进行定位，即组合定位。常用的组合定位基准（基面）有：前后顶尖孔、一孔一端面、一端面一外圆、两阶梯外圆及一端面、一长孔一外圆和一面两孔等。相应地采用定位元件的组合定位，如前后顶尖、定位销（或心轴）与支承钉（或小支承环）组合、V形块与支承钉（或小支承环）组合、长定位销与V形块组合和支承板与双销组合等。使用几个定位元件共同限制第一类自由度，保证工件的正确定位。

表 2-2　常见定位元件限制自由度情况

工件定位基准	夹具定位元件	定位方式简图	限制的自由度
平面	小平面Ⅲ （一个支承钉）	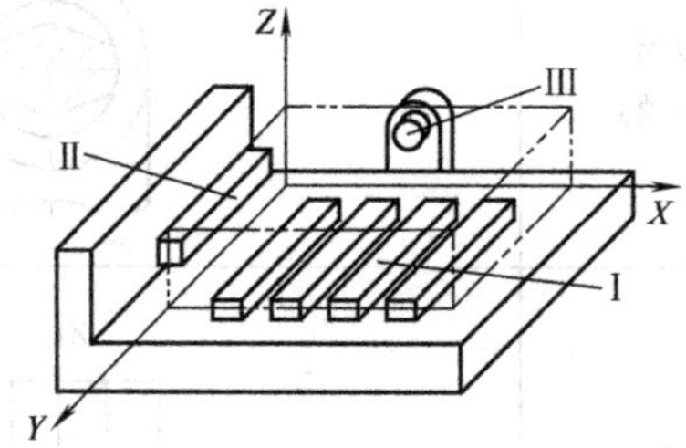	$\vec{Y}$
	支承板Ⅱ （两个支承钉）		$\vec{X}$ $\overset{\frown}{Z}$
	大平面Ⅰ （支承板组合 支承钉组合）		$\vec{Z}$ $\overset{\frown}{X}$ $\overset{\frown}{Y}$
	三点自位支承	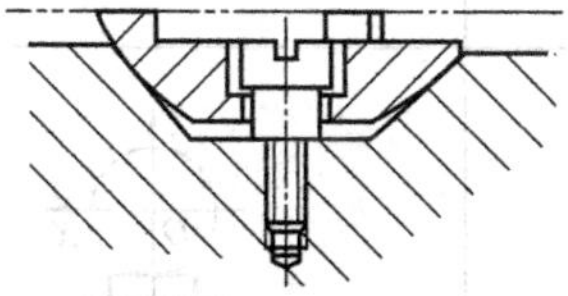	$\vec{Z}$
	两点自位支承	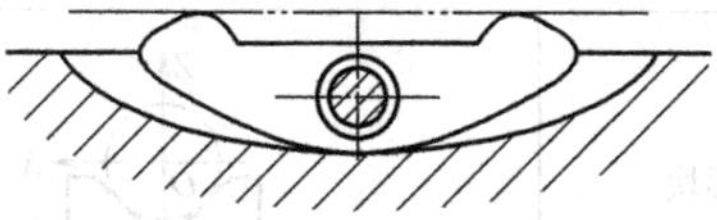	$\vec{Z}$
内孔	短心轴	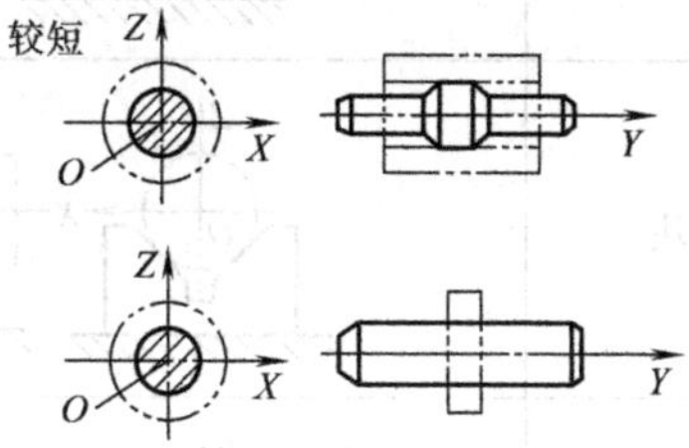	$\vec{X}$ $\vec{Z}$
	长心轴	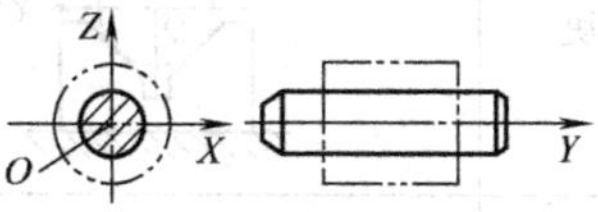	$\vec{X}$ $\vec{Z}$ $\overset{\frown}{X}$ $\overset{\frown}{Z}$
	短圆柱销	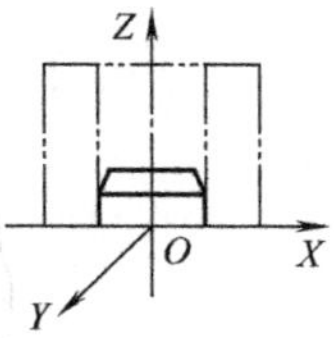	$\vec{X}$ $\vec{Y}$
	长圆柱销	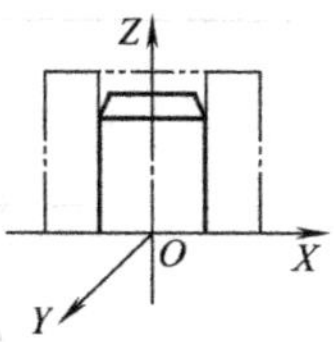	$\vec{X}$ $\vec{Y}$ $\overset{\frown}{X}$ $\overset{\frown}{Y}$

（续）

工件定位基准	夹具定位元件	定位方式简图	限制的自由度
内孔	短削边销（短菱形销）	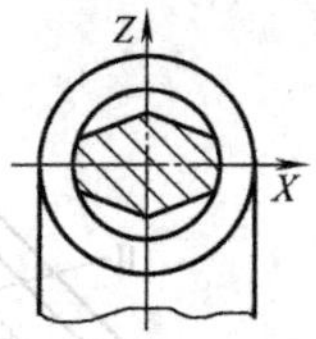	$\vec{X}$
	短锥销	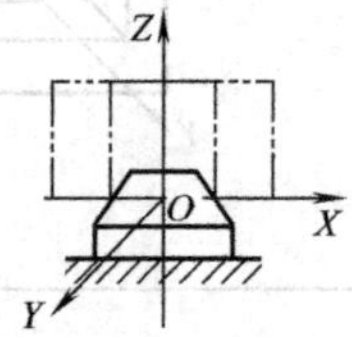	$\vec{X}$ $\vec{Y}$ $\vec{Z}$
外圆柱面	支承板	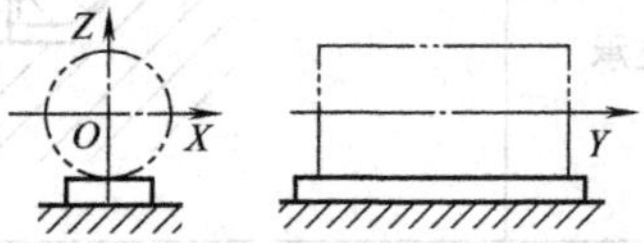	$\vec{Z}$ $\overset{\frown}{X}$
	短V形块	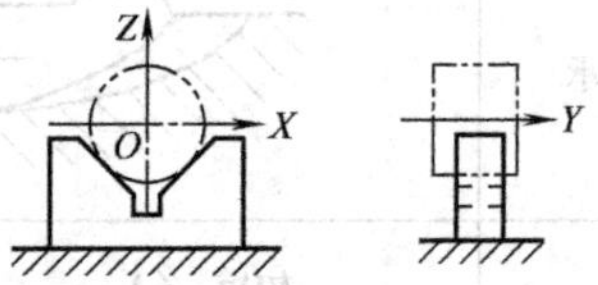	$\vec{X}$ $\vec{Z}$
	长V形块	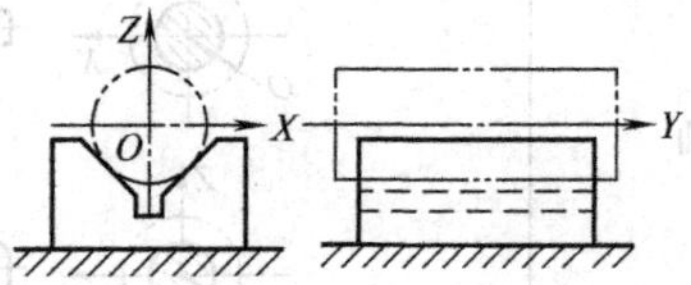	$\vec{X}$ $\vec{Z}$ $\overset{\frown}{X}$ $\overset{\frown}{Z}$
	两个短V形块	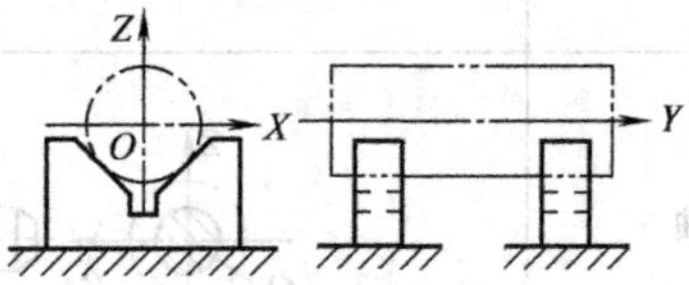	
	浮动短V形块	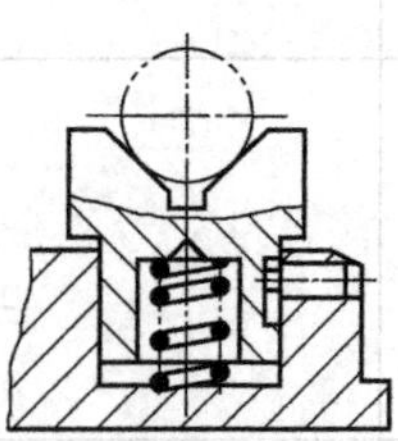	$\vec{X}$
	短定位套	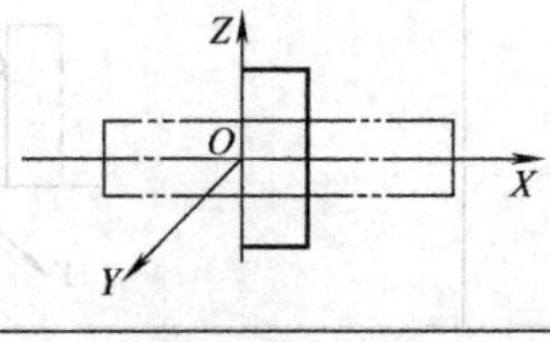	$\vec{Y}$ $\vec{Z}$

（续）

工件定位基准	夹具定位元件	定位方式简图	限制的自由度
外圆柱面	长定位套	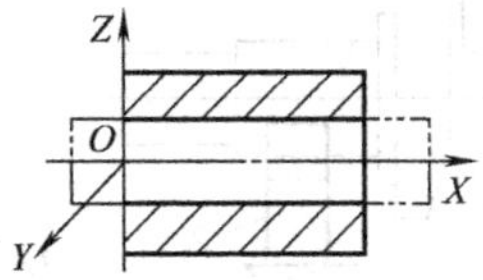	$\vec{Y}$ $\vec{Z}$ $\overset{\frown}{Y}$ $\overset{\frown}{Z}$
	短锥套	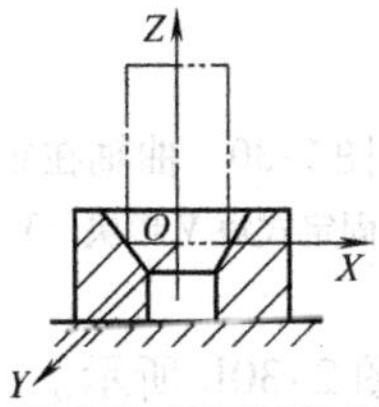	$\vec{X}$ $\vec{Y}$ $\vec{Z}$
圆锥孔	固定顶尖（前） 浮动顶尖（后）	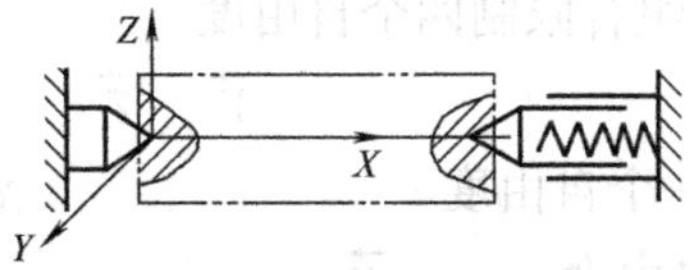	$\vec{X}$ $\vec{Y}$ $\vec{Z}$ $\overset{\frown}{Y}$ $\overset{\frown}{Z}$
	锥心轴	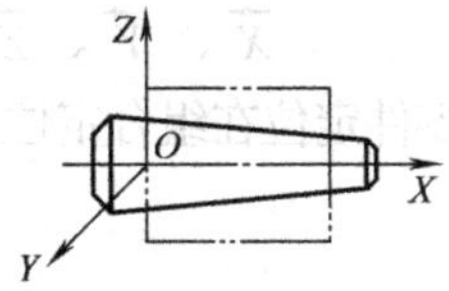	$\vec{X}$ $\vec{Y}$ $\vec{Z}$ $\overset{\frown}{Y}$ $\overset{\frown}{Z}$

下面通过几个实例，介绍定位元件组合定位时，应用“自由度坐标转化分析法”进行自由度分析。

例 7 图 2-29 所示为用前、后顶尖支承一长轴。前顶尖为固定顶尖，后顶尖为移动式顶尖。试分析定位元件所限制的自由度。

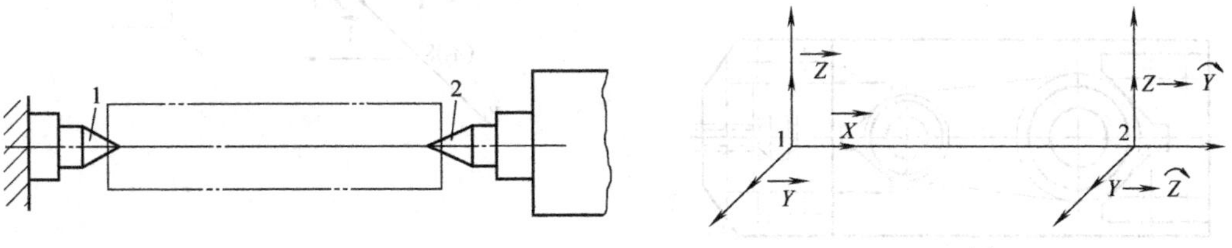

a)　　b)

图 2-29　轴在前后顶尖上的定位

1—固定顶尖　2—活动顶尖

解　坐标轴建立在定位元件上，或平行于定位元件的方向上，其原点建立在限制自由度数最多的定位元件上，即前顶尖的位置上，如图 2-29b 所示。

前顶尖限制三个自由度　$\vec{X}$　$\vec{Y}$　$\vec{Z}$；

后顶尖限制两个自由度　$\overset{\frown}{Y}$　$\overset{\frown}{Z}$；

前、后顶尖共限制　$\vec{X}$、$\vec{Y}$、$\vec{Z}$、$\overset{\frown}{Y}$、$\overset{\frown}{Z}$ 五个自由度。

例 8　图 2-30 所示为单缸曲轴定位在图示的定位元件上。试分析定位元件所限制的自由度。

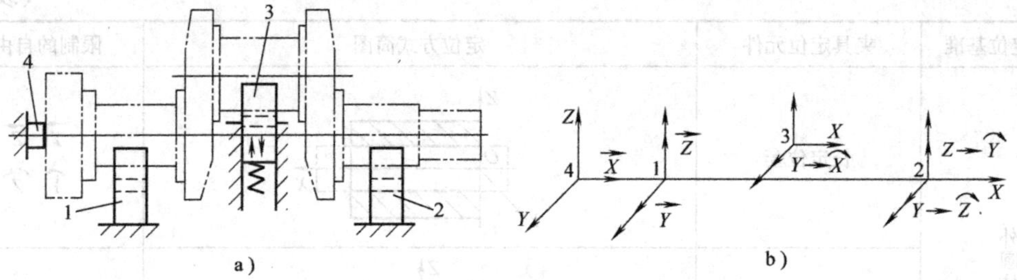

图 2-30　曲轴在定位元件上的定位

1、2—固定式短 V 形块　3—浮动 V 形块　4—支承钉

解　建立的直角坐标系如图 2-30b 所示。

两个短 V 形块 1、2 组合限制四个自由度

$\vec{Y}$　$\vec{Z}$　　$\widehat{Y}$　$\widehat{Z}$；

浮动 V 形块 3 限制一个自由度　　$\widehat{X}$；

支承钉 4 限制一个自由度　　$\vec{X}$；

组合定位元件共限制　　$\vec{X}$、$\vec{Y}$、$\vec{Z}$、$\widehat{X}$、$\widehat{Y}$、$\widehat{Z}$ 六个自由度。

例 9　图 2-31 所示为杠杆零件定位在组合定位元件上，试分析定位元件所限制的自由度。

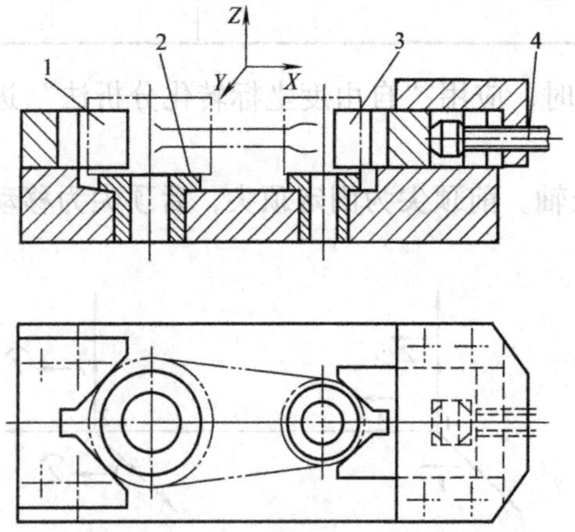

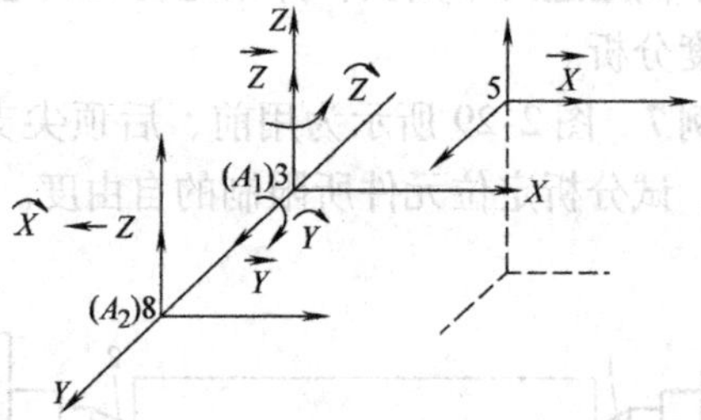

图 2-31　杠杆零件在组合定位元件上的定位

1—短 V 形块　2—支承环　3—移动式 V 形块　4—螺杆

图 2-32　拨叉定位在组合定位元件上的直角坐标系

解　建立的直角坐标系如图 2-31 所示。

两个支承环 2 组成的支承平面限制三个自由度

$\vec{Z}$　$\widehat{X}$　$\widehat{Y}$；

固定短 V 形块 1 限制两个自由度　$\vec{X}$　$\vec{Y}$；

移动式短 V 形块限制一个自由度　　$\widehat{Z}$；

组合定位元件共限制　　$\vec{X}$、$\vec{Y}$、$\vec{Z}$、$\widehat{X}$、$\widehat{Y}$、$\widehat{Z}$ 六个自由度。

例 10　如图 2-7b 所示变速器拨叉钻孔工序，组合定位在图 2-7a 所示的机床夹具定位元

件上，试分析组合定位元件所限制的自由度。

解 空间直角坐标系 XOZ 建立在主视图上，如图2-32所示。

长心轴3（A_1）限制四个自由度 $\vec{Y}$ $\vec{Z}$ $\widehat{Y}$ $\widehat{Z}$；

短定位销8（A_2）限制一个自由度 $\widehat{X}$；

支承钉5限制一个自由度 $\vec{X}$；

组合定位元件共限制 $\vec{X}$、$\vec{Y}$、$\vec{Z}$、$\widehat{X}$、$\widehat{Y}$、$\widehat{Z}$ 六个自由度。

例11 图2-33a所示变速箱体，其底面 P 及孔 ϕD 已加工完毕。本工序加工平面要保证工序尺寸 B 及 A。采用图b所示定位元件组合定位，试分析保证加工要求应限制的第一类自由度和组合定位元件实际能限制的自由度。

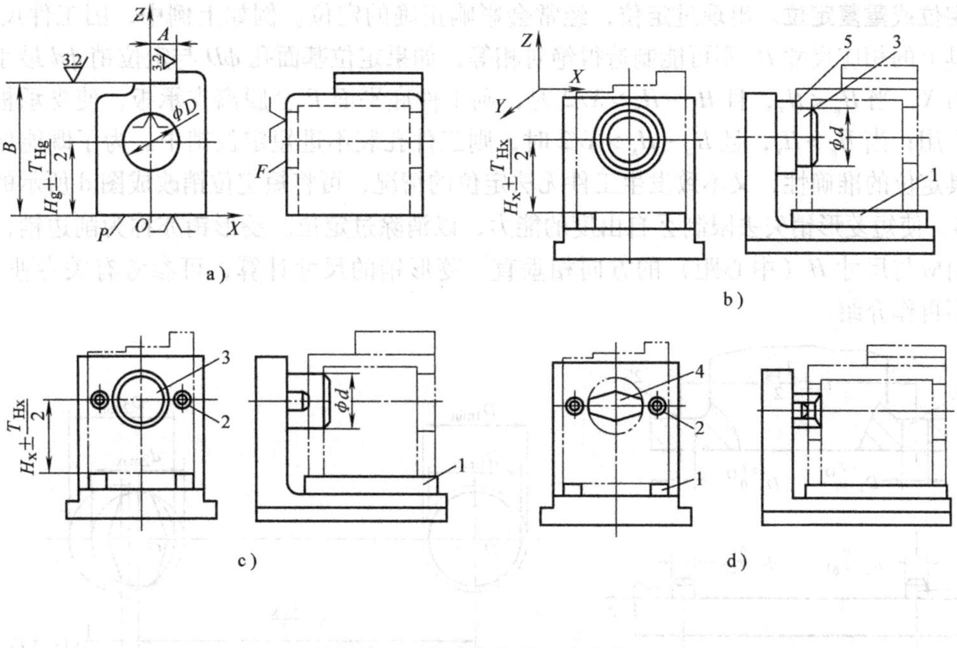

图2-33 变速箱体的组合定位

1—支承板 2—支承钉 3—短定位销 4—菱形销 5—支承环

解

（1）分析第一类自由度 空间直角坐标系如图a所示。为保证加工要求应限制的自由度：

保证工序尺寸 B（工序基准为底平面 P） $\vec{Z}$ $\widehat{X}$ $\widehat{Y}$；

保证工序尺寸 A（工序基准为 ϕD 孔轴线） $\vec{X}$ $\widehat{Z}$；

该工序应限制的第一类自由度为 $\vec{X}$、$\vec{Z}$、$\widehat{X}$、$\widehat{Y}$、$\widehat{Z}$ 五个自由度。

（2）分析图b所示组合定位元件所限制的自由度

支承板1限制三个自由度 $\vec{Z}$ $\widehat{X}$ $\widehat{Y}$；

短圆柱销3限制两个自由度 $\vec{X}$ $\vec{Z}$；

支承环5限制一个自由度 $\vec{Y}$

组合定位元件共限制 $\vec{X}$、$\vec{Y}$、$\vec{Z}$、$\widehat{X}$、$\widehat{Y}$ 五个自由度。

$\vec{Z}$

从上述分析可知，组合定位元件共限制了五个自由度，但是为保证工序尺寸 A 应限制的自由度 $\widehat{Z}$ 未被限制，工序尺寸 A 就不能得到保证。实际定位时，第一类自由度未被限制住的现象称为**欠定位**。为了解决欠定位所带来的欠缺，可以采用图 c 所示的组合定位元件定位，即将支承环 5 改换成两个支承钉 2 定位。图 c 所示组合定位元件所限制的自由度：

支承板 1 限制三个自由度　　$\vec{Z}$ $\widehat{X}$ $\widehat{Y}$；

两个支承钉 2 限制两个自由度　　$\vec{Y}$　　$\widehat{Z}$；

短定位销 3 限制两个自由度　　$\vec{X}$ $\vec{Z}$；

组合定位元件共限制了 $\vec{X}$、$\vec{Y}$、$\vec{Z}$、$\widehat{X}$、$\widehat{Y}$、$\widehat{Z}$ 六个自由度，其中自由度 $\vec{Z}$ 出　　$\vec{Z}$

现了重复限制的情况。同一个自由度被不同定位元件重复限制，这种现象称为**过定位**，亦称为**超定位**或**重复定位**。出现过定位，经常会影响正确的定位。例如上例中，因工件尺寸 H_g 与夹具上的相应尺寸 H_x 不可能制造得绝对相等，如果定位基面孔 ϕD 与定位销 ϕd 最小配合间隙为 X，当 $H_g < H_x$，且 $H_x - H_g > X/2$ 时，则工件底平面 P 会脱离支承板，使支承板失去定位作用；当 $H_g > H_x$，且 $H_g - H_x > X/2$ 时，则工件孔装不进短定位销中。为了既能保证机床夹具定位的准确性，又不致发生工件无法定位的情况，可将短定位销改成图 d 所示的短菱形销 4，使短菱形销失去限制 $\vec{Z}$ 自由度的能力，以消除过定位。菱形销亦称为削边销，其长轴方向应与尺寸 H（中心距）的方向相垂直。菱形销的尺寸计算，可参考有关专业书籍，本书不再作介绍。

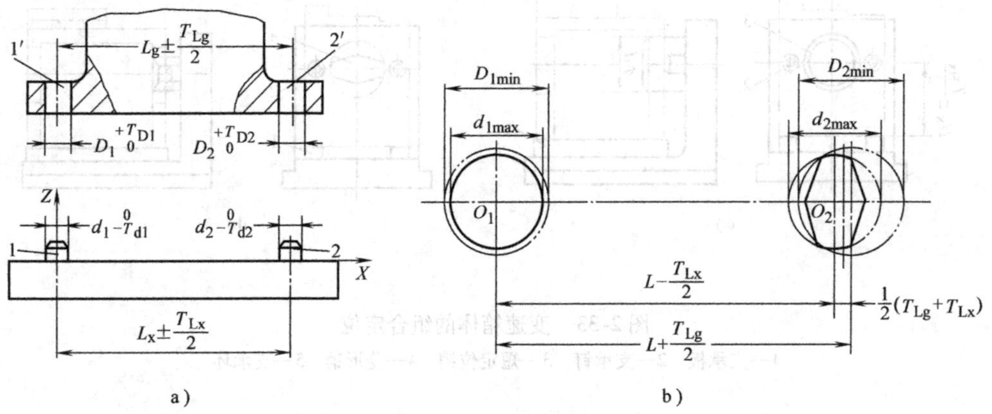

图 2-34　工件以一面两孔定位

在汽车箱体类零件中，如变速器壳体、气缸体、离合器壳体等零件加工时，常以一平面及其上的两个工艺孔组合作为定位基准，简称一面两孔定位。在机床夹具上相应地用一个大支承板（一般由多个支承板组合）和两个短销作为定位元件组合，简称为一面两销定位。如图 2-34a 所示为一箱体零件以底平面及其上的两个工艺孔 D_1、D_2 作为定位基准，在机床夹具上相应地用支承板及其上的两个短圆柱销 d_1、d_2 作为定位元件。定位时，短销 d_1 与孔 D_1、短销 d_2 与孔 D_2 的最小配合间隙分别为 X_1 和 X_2。支承平面限制 $\vec{Z}$、$\widehat{X}$ 和 $\widehat{Y}$ 三个自由度，短销 d_1 限制 $\vec{X}$ 和 $\vec{Y}$ 两个自由度，短销 d_2 限制 $\vec{X}$ 和 $\widehat{Z}$ 两个自由度。这样，$\vec{X}$ 自由度同时被短销 d_1 和 d_2 限制住，出现了过定位。当两孔和两销间的中心距都存在较大的误差时

（如图 b 所示），当销 d_1 与孔 D_1 配合且两中心重合，销 d_1 与销 d_2 中心距为 $L_X-T_{LX}/2$，孔 D_1 与孔 D_2 中心距为 $L_g+T_{Lg}/2$，（$T_{LX}+T_{Lg}$）$/2>X_{min}/2$ 时，销 d_2 与孔 D_2 将发生干涉而套不进去。为解决这一矛盾，可将短销 d_2 沿两销中心距方向削边，变成短菱形销，即将发生过定位的方向，将销 d_2 削边，短菱形销只限制 $\widehat{Z}$ 一个转动自由度。

由上述可知，组合定位时过定位将造成工件定位不稳定，或者使定位元件或工件发生干涉而影响加工精度。因此，在一般情况下，应该尽量避免出现过定位。但是，如果发生了过定位，在定位基准之间和定位元件之间的尺寸精度或位置精度很高的情况下，不发生定位不稳定或定位干涉，且对加工精度的影响不超过工件加工允许的范围时，还是允许的。

在某些刚性较差的工件粗加工时，为了增加工件支承刚性，使工件加工时变形得到控制，也能获得较好的加工精度，有时还有意识地设置过定位元件。例如汽车内燃机曲轴、凸轮轴等刚性差的零件在粗加工时，有意识地设置若干过定位元件。

第五节　定位误差的分析与计算

一、定位误差的定义及产生的原因

用静调整法加工一批工件时，工件在定位过程中会遇到工件的定位基准与工序基准不重合，以及工件的定位基准（基面）与定位元件工作表面存在制造误差等情况，这些都会引起工件的工序基准偏离理想位置而产生加工误差。**定位误差**是指由于定位的不准确原因使工件工序基准偏离理想位置，引起工序尺寸变化的加工误差。定位误差的值为工件的工序基准沿工序尺寸方向发生的最大位移量。定位误差用符号 Δ_d 表示。下面以实例说明定位误差产生的原因和定位误差的值。

在卧式铣床上用静调整法加工一批图 2-35a 所示盘形零件上的槽，要求保证工序尺寸 $b^{+T_b}_{0}$ 及 $A\pm T_A/2$。工件 1 以内孔定位（定位基准为内孔轴线）装夹在图 b 所示的机床夹具心轴 2 上，心轴直径为 $d^{\ 0}_{-T_d}$。工件工序尺寸 b 由铣刀 3 的宽度尺寸直接保证，与定位无关；工件工序尺寸 A 由工件相对于刀具正确定位保证。若工件内孔与夹具心轴配合间隙为零，工件内孔的轴线与夹具心轴的轴线重合；而刀具的位置是按心轴的轴线来调整的，在加工过程中，如不考虑其他加工误差（如刀具磨损、铣刀杆的变形……）时，其位置保持不变；假如需要保证的工序尺寸是图 2-36 所示的尺寸 C 而不是图 2-35 中的 A，这时不存在因定位不准而引起工序基准位置的变化，所以就不存在由定位引起的加工误差，即定位误差 $\Delta_{d(c)}=0$。但若加工的工序尺寸是图 2-35a 中的 A 时，工序基准与定位基准就不重合。当工件外圆直径 d_g 有尺寸误差时，工序基准在工序尺寸方向上就会产生位置变化，其最大位移值为 $T_{dg}/2$。我们将这种由于定位基准与工序基准不重合引起的加工误差称为**基准不重合误差**。基准不重合误差的值等于在工序尺寸方向上工序基准至定位基准间的尺

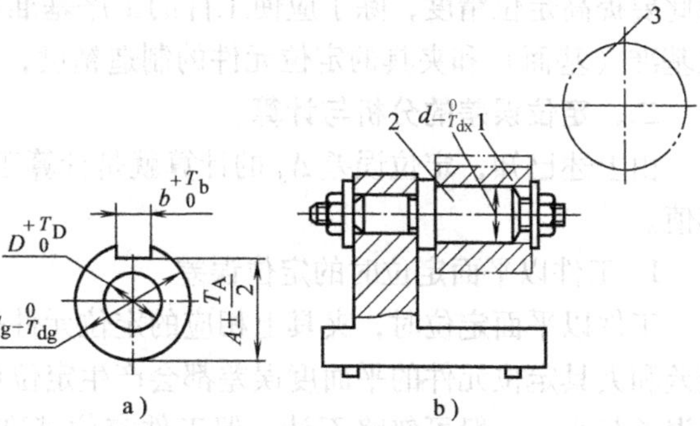

图 2-35　铣槽加工示意图

1—工件　2—心轴　3—铣刀

寸公差值，以$\Delta_{j,b}$表示

$$\Delta_{d(A)}=\Delta_{j,b(A)}=\frac{T_{dg}}{2}$$

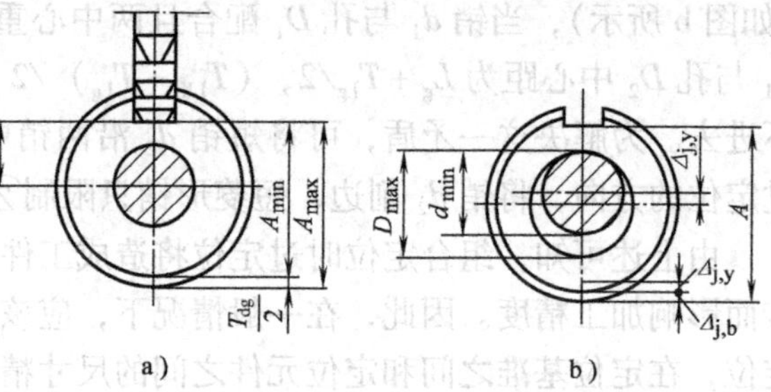

图 2-36　定位误差分析

上述定位误差是在内孔与心轴配合间隙为零的条件下分析的。实际上，内孔与心轴存在着最小配合间隙 X 和内孔及心轴本身存在制造误差。工件在重力作用影响下，内孔与心轴上母线接触会使内孔轴线偏离理想位置而下移，如图 2-36b 所示。此时，如果不考虑工件外圆 d_g 的制造误差，工序尺寸也会出现加工误差。我们将由于工件定位基面（内孔）和定位元件（心轴）制造不准确，使定位基准在工序尺寸方向上产生位置变化而引起的加工误差称为**基准位移误差**。基准位移误差的值等于在工序尺寸方向上定位基准的最大位移量，以$\Delta_{j,y}$表示

$$\Delta_{d(A)}=\Delta_{j,y(A)}=\frac{T_{Dg}+T_{dx}+X}{2}$$

由上述分析可知，产生定位误差的原因有两个方面：

1）由于工件的工序基准与定位基准不重合，引起基准不重合误差$\Delta_{j,b}$。

2）工件定位基准（基面）和夹具定位元件本身存在制造误差及最小配合间隙（心轴与内孔配合时），使定位基准偏离理想位置，产生基准位移误差$\Delta_{j,y}$。

加工时，若上述两项原因同时存在，则定位误差Δ_d为$\Delta_{j,b}$和$\Delta_{j,y}$的代数和，即

$$\Delta_d=\Delta_{j,b}+\Delta_{j,y} \tag{2-1}$$

因此要提高定位精度，除了应使工件的工序基准与定位基准重合外，还应尽量提高工件的定位基准（基面）和夹具的定位元件的制造精度，并减小配合间隙（心轴与内孔配合时）。

二、定位误差的分析与计算

由上述已知，定位误差Δ_d的计算就是计算工件的工序基准在工序尺寸方向上的最大位移值。

1. 工件以平面定位时的定位误差

工件以平面定位时，夹具上相应的定位元件是支承钉和支承板。工件定位基面的平面度误差和夹具定位元件的平面度误差都会产生定位误差。当用已加工平面作为定位基准时，此项误差甚小，一般可忽略不计；但工件定位基准之间的位置误差较大，将会产生基准位移误差。

在图 2-37 所示的一长方铁上加工槽，加工要求保证工序尺寸 b、H 和 B，其中槽宽 b 是用铣刀宽度直接保证的；尺寸 H 及 B 依靠工件相对于铣刀的正确定位来保证。当以工件定位基准 K_1 及 K_2 定位时，由于定位基准与工序基准重合，基准不重合误差等于零。当定位基准 K_1 与 K_2 之间存在垂直度误差（以 $90°\pm\Delta\alpha$ 表示），在调整好的机床上加工一批工件时，由于存在定位基准之间的位置误差，将引起工序基准 K_2 位置发生变化，所以工序尺寸 B

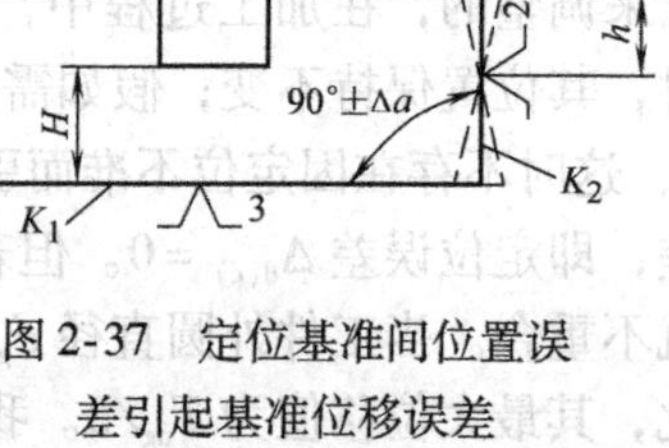

图 2-37　定位基准间位置误差引起基准位移误差

将产生加工误差——基准位移误差，定位误差 $\Delta_{d(B)}$ 为

$$\Delta_{d(B)} = \Delta_{j,y(B)} = 2h\tan\Delta\alpha$$

2. 工件以内孔定位时的定位误差

工件以内孔定位时，机床夹具上的定位元件有心轴和定位销。当工件定位基面内孔与心轴以过盈配合时，定位副间无配合间隙，内孔与心轴的轴线重合，则不会产生基准位移误差。当工件定位内孔与心轴以间隙配合时，将产生基准位移误差。下面将分两种情况进行分析。

（1）心轴（或定位销）水平放置　如图 2-38a 所示在工件上钻孔 ϕD，工序尺寸为 $A \pm T_A/2$。

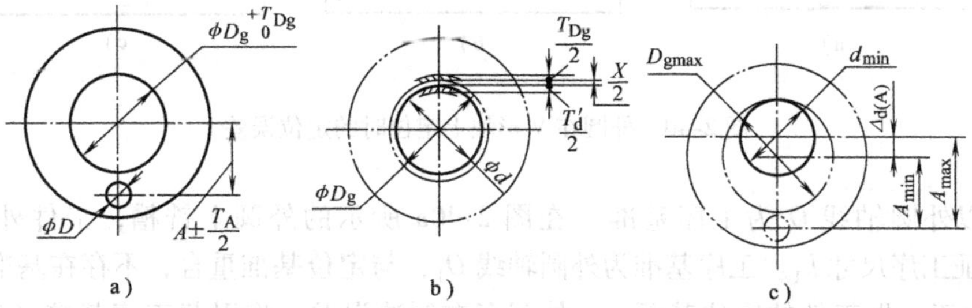

图 2-38　心轴（定位销）水平放置时的定位误差

从前述已知，因为工件定位基准与工序基准均为内孔轴线，所以基准不重合误差为零。由于内孔及心轴均存在制造误差和最小配合间隙（图 b），所以当工件装在心轴（或定位销）上时，工件定位基准因其重力影响而下移，将引起定位基准（工序基准）发生偏移，如图 c 所示基准位移误差为

$$\Delta_{d(A)} = \Delta_{j,y(A)} = \frac{1}{2}(T_{Dg} + T_{dx} + X) \tag{2-2}$$

（2）心轴（定位销）垂直放置　仍以图 2-38a 为例，在立式钻床上钻孔 ϕD，并保证工序尺寸 $A \pm T_A/2$。由图 2-39 可看出，由基准位移误差 $\Delta_{j,y}$ 引起的工序基准（定位基准）位移量，是以心轴轴线为圆心，最大配合间隙为直径的圆。因此心轴垂直放置时的基准位移误差比水平放置时的值增大一倍，即

$$\Delta_{d(A)} = \Delta_{j,y(A)} = T_{Dg} + T_{dx} + X \tag{2-3}$$

如果工序基准不是内孔轴线而是工件外圆的上母线或下母线，其定位误差还应加上基准不重合误差。

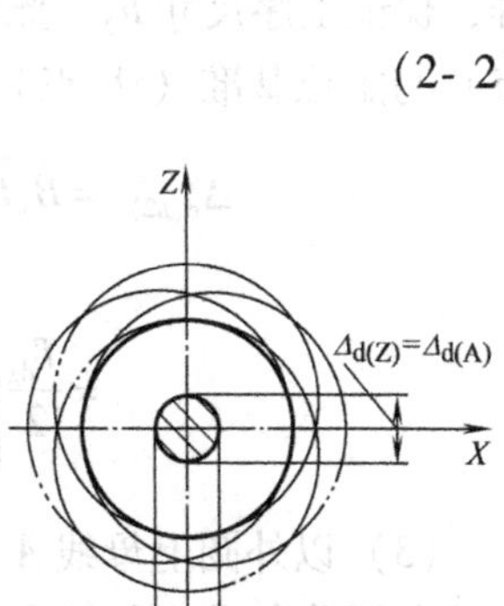

图 2-39　心轴（定位销）垂直放置时的定位误差

3. 工件以外圆定位时的定位误差

下面以工件外圆作为定位基面，将外圆放在 V 形块上定位为例，说明定位误差的计算及产生的原因。

如图 2-40 所示，在圆柱体上铣槽要保证槽宽尺寸 b、槽底尺寸 h 和槽对外圆的对称度。槽宽尺寸 b 由铣刀尺寸直接保证，与定位无关，定位误差等于零。槽对外圆轴线的对称度，因定位基准与工序基准重合，定位基面外圆尺寸的变化会引起定位基准位置变化，但不会引

起工序基准水平位移，所以对称度的定位误差等于零。槽底的工序尺寸可有三种尺寸标注方案，其工序基准不同，所产生的定位误差的原因和值不同。

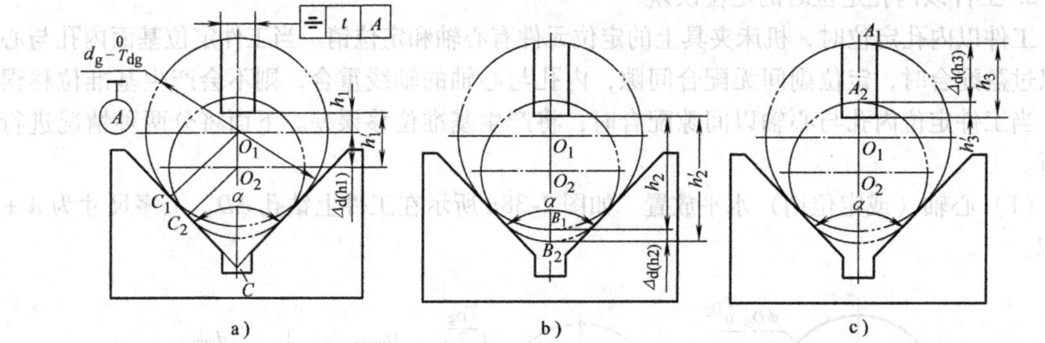

图 2-40　外圆在 V 形块上定位时的定位误差

（1）以外圆轴线 O 为工序基准　在图 2-40a 所示的外圆上铣槽，工件外圆直径为 $d_{g}{}_{-T_{dg}}^{0}$，保证工序尺寸 h_1。工序基准为外圆轴线 O_1，与定位基准重合，不存在基准不重合误差。但是由于一批工件的定位基面——外圆存在制造误差，将引起工序基准（定位基准）O_1 在 V 形块对称平面上产生位移——基准位移误差。定位误差可通过 $\triangle O_1C_1C$ 与 $\triangle O_2C_2C$ 的几何关系求出

$$\Delta_{d(h1)} = \overline{O_1O_2} = \overline{O_1C} + \overline{O_2C} = \frac{d_g}{2\sin\frac{\alpha}{2}} - \frac{d_g - T_{dg}}{2\sin\frac{\alpha}{2}} = \frac{T_{dg}}{2\sin\frac{\alpha}{2}} = \Delta_{j,y} \tag{2-4}$$

（2）以外圆下母线 B 为工序基准　铣槽时以图 2-40b 所示的外圆下母线 B_1 为工序基准，保证工序尺寸 h_2。此时，定位误差除存在基准位移误差外，还存在由于工序基准（B_1 点）与定位基准（O_1 点）不重合而产生的基准不重合误差。由图 b 可知，定位误差为

$$\Delta_{d(h2)} = \overline{B_1B_2} = \overline{O_1O_2} + \overline{O_2B_2} - \overline{O_1B_1} = \frac{T_{dg}}{2\sin\frac{\alpha}{2}} + \frac{d_g - T_{dg}}{2} - \frac{d_g}{2}$$

$$= \frac{T_{dg}}{2}\left(\frac{1}{\sin\frac{\alpha}{2}} - 1\right) = \Delta_{j,y} - \Delta_{j,b} \tag{2-5}$$

（3）以外圆上母线 A 为工序基准　如图 2-40c 所示铣槽需保证工序尺寸 h_3。定位误差由基准不重合误差和基准位移误差共同引起。定位误差为

$$\Delta_{d(h3)} = \overline{A_1A_2} = \overline{O_1A_1} + \overline{O_1O_2} - \overline{O_2A_2} = \frac{d_g}{2} + \frac{T_{dg}}{2\sin\frac{\alpha}{2}} - \frac{d_g - T_{dg}}{2}$$

$$= \frac{T_{dg}}{2}\left(\frac{1}{\sin\frac{\alpha}{2}} + 1\right) = \Delta_{j,y} + \Delta_{j,b} \tag{2-6}$$

由上述分析可知，外圆柱体在 V 形块上定位铣槽时，槽深尺寸的工序基准不同，其定位误差产生的原因不同，定位误差的值也不相等，即 $\Delta_{d(h2)} < \Delta_{d(h1)} < \Delta_{d(h3)}$。从减少定位误

差来考虑，标注尺寸 h_2 为最佳方案。定位误差大小与定位基面——外圆尺寸公差 T_{dg} 和 V 形块夹角 α 有关。α 角越大，定位误差值越小，但 α 角太大其定位的稳定性也会降低。一般 α 角取 90°、120°和 150°。用 V 形块定位铣槽时槽的对称度的定位误差等于零，即 $\Delta_{d(t)} = \Delta_{j,b} + \Delta_{j,y} = 0$，所以 V 形块定位具有良好的对中性。

4. 工件以组合表面定位时的定位误差

工件以组合表面定位形式较多，其定位误差的计算也较为复杂。下面只举出其中常见的以一面两孔组合定位为例，说明其定位误差的计算方法。

在图 2-41a 所示的箱体零件中，加工两孔 M_1 和 M_2，分别保证坐标尺寸 A、B 和 E、F。工件采用一面两孔（工艺孔 Ⅰ′及Ⅱ′）作为定位基准。工艺孔 Ⅰ′与圆柱销 Ⅰ 配合，直径尺寸分别为 $D_1{}^{+T_D}_{0}$ 和 $d_1{}^{0}_{-T_{d1}}$，最小配合间隙为 X_1；工艺孔Ⅱ′与菱形销Ⅱ配合，直径尺寸分别为 $D_2{}^{+T_{D2}}_{0}$ 和 $d_2{}^{0}_{-T_{d2}}$，最小配合间隙为 X_2，配合间隙 $X_2 > X_1$。两孔和两销的中心距分别为 $L \pm T_{Lg}/2$ 和 $L \pm T_{Lj}/2$。

从图 2-41a 中可知，孔 M_1 和孔 M_2 的工序基准分别为工艺孔Ⅰ′的中心 O_1 和孔Ⅰ′及孔Ⅱ′的中心连线 $\overline{O_1O_2}$。工件的定位基准也分别为孔Ⅰ′的中心 O_1 和孔Ⅰ′及孔Ⅱ′的中心连线 $\overline{O_1O_2}$。因此孔 M_1 孔 M_2 的工序基准与定位基准重合，基准不重合误差等于零。可以认定，工序尺寸 A、B、E 及 F 产生的定位误差，只能是由于基准位移误差引起的。计算定位误差时，只要找出定位基准产生位移的几何关系，计算在工序尺寸方向上定位基准产生的最大位移值，就可以求出定位误差值。

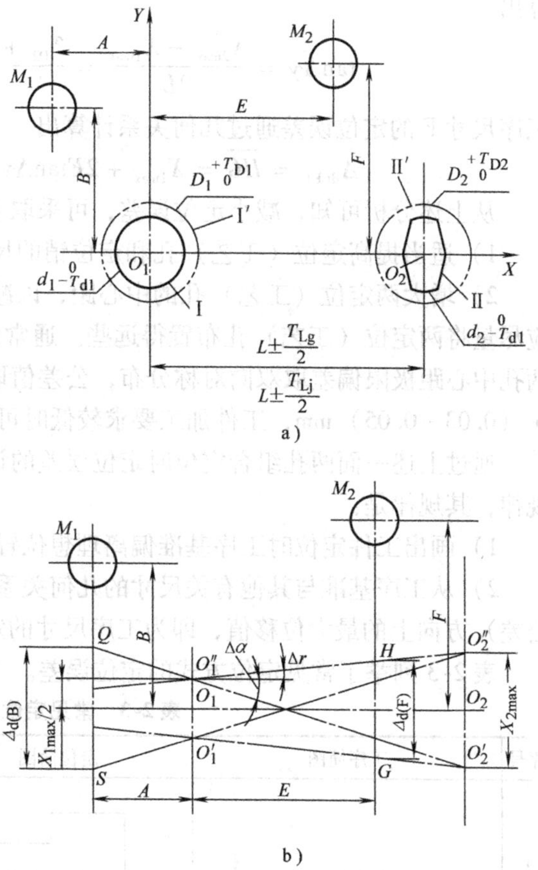

图 2-41　一面两孔组合定位时的定位误差分析

基准位移误差有两个方向的计算，即图 a 中沿工序尺寸 A 和 E 的方向（称 X 轴方向或纵向方向）和定位基准 $\overline{O_1O_2}$ 偏离理想位置的转动的基准位移（图 b 中的 $\Delta\alpha$ 及 $\Delta\gamma$）。

（1）纵向定位误差　一般加工箱体零件时，由于箱体质量较大，定位销多为垂直放置。加工孔 M_1 和孔 M_2 时，工序尺寸 A 及 E 的定位误差由工艺孔 Ⅰ′和定位销 Ⅰ 间的最大配合间隙 X_{1max} 决定。工序尺寸 A 及 E 的定位误差

$$\Delta_{d(A,E)} = \Delta_{j,y(A,E)} = X_{1max} = T_{D1} + T_{d1} + X_1$$

（2）转动的基准位移误差　实际定位时，由于两个工艺孔中心 O_1 及 O_2 有两种位置变化，即 O_1 在 O_1' 及 O_1''，O_2 在 O_2' 及 O_2'' 间变动，所以两个工艺孔中心连线 $\overline{O_1O_2}$ 也会有两种极限位置变动：一对位置为 $\overline{O_1'O_2'}$ 变动到 $\overline{O_1''O_2''}$ 和另一对位置为 $\overline{O_1'O_2''}$ 变动到 $\overline{O_1''O_2'}$。计算定位误差时，首先要分析哪种极限变动会引起工序

基准产生最大位移量，然后再根据几何关系计算定位误差的最大值。

计算孔 M_1 工序尺寸 B 的定位误差：从图2-41b可知，孔 M_1 处于两个工艺孔Ⅰ′及Ⅱ′之外，此时定位基准（工序基准）$\overline{O_1O_2}$发生的偏转最大角度值为 $\Delta\alpha$，通常将 $\Delta\alpha$ 称为**转角误差**，亦称为**角向误差**或**角度误差**。沿工序尺寸方向上工序基准（定位基准）产生的最大位移值$\overline{QS}$值为最大。通过几何关系计算出转角误差

$$\tan\Delta\alpha=\frac{X_{1\max}+X_{2\max}}{2L}=\frac{T_{D1}+T_{d1}+X_1+T_{D2}+T_{d2}+X_2}{2L} \tag{2-7}$$

工序尺寸B的定位误差通过几何关系计算出

$$\Delta_{d(B)}=\overline{SQ}=X_{1\max}+2A\tan\Delta\alpha=T_{D1}+T_{d1}+X_1+2A\tan\Delta\alpha$$

计算孔 M_2 工序尺寸F的定位误差：从图2-41b可知，孔 M_2 处于两个工艺孔Ⅰ′及Ⅱ′之间，此时两工艺孔中心连线（定位基准）$\overline{O_1O_2}$发生的偏转引起的基准位移误差最大值$\overline{HG}$为最大。工序尺寸F的定位误差可通横向转角误差 $\Delta\gamma$ 求出。横向转角误差通过几何关系计算出

$$\tan\Delta\gamma=\frac{X_{2\max}-X_{1\max}}{2L}=\frac{T_{D2}+T_{d2}+X_2-(T_{D1}+T_{d1}+X_1)}{2L}$$

工序尺寸F的定位误差通过几何关系计算出

$$\Delta_{d(F)}=\overline{HG}=X_{1\max}+2E\tan\Delta\gamma=T_{D1}+T_{d1}+X_1+2E\tan\Delta\gamma$$

从上述分析可知，减小定位误差，可采取下列措施：

1）适当提高定位（工艺）孔和定位销的尺寸精度及减小配合间隙值。

2）增大两定位（工艺）孔的中心距，以减小 $\Delta\alpha$ 和 $\Delta\gamma$ 值。为此，在产品零件设计时，应尽量将两定位（工艺）孔布置得远些。通常两定位（工艺）孔的配合性质选择 H7～H9，两孔中心距极限偏差取双向对称分布，公差值取决于工件加工要求和制造工艺水平，一般取 ±（0.03～0.05）mm，工件加工要求较低时可取 ±0.1mm。

通过上述一面两孔组合定位时定位误差的计算，可以得出组合定位误差的分析与计算的规律，其规律是：

1）画出工件定位时工序基准偏离理想位置的两个极限位置。

2）从工序基准与其他有关尺寸的几何关系中，分析计算工序基准沿工序尺寸（或位置公差）方向上的最大位移值，即为工序尺寸的定位误差。

表2-3列举了常见定位方式的定位误差。

表2-3　常见定位方式的定位误差

序号	工序简图	定位简图	工序尺寸或位置精度	定位误差
1	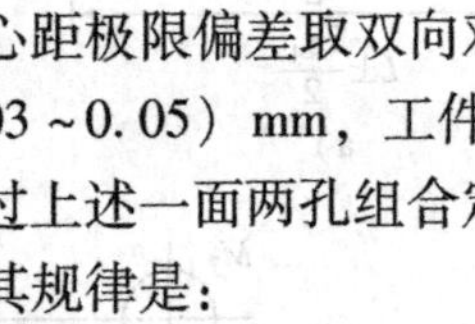	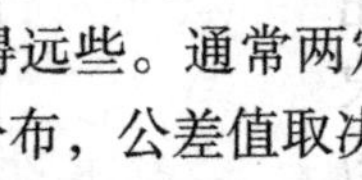	A B	$\Delta_{d(A)}=0$ $\Delta_{d(B)}=T_H$
2		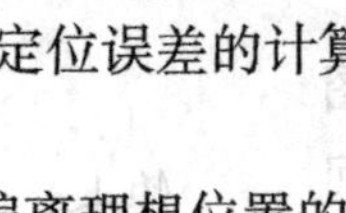	B	$\Delta_{d(B)}=0$

（续）

序号	工序简图	定位简图	工序尺寸或位置精度	定位误差
3	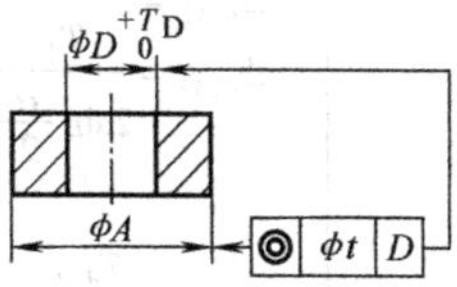	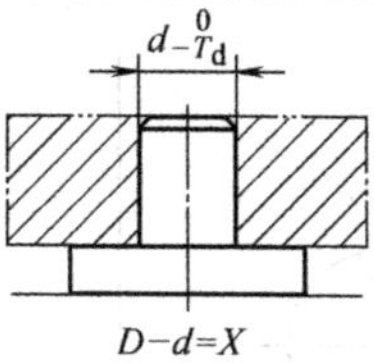	工件外圆对内孔的同轴度	$\Delta_{d(\phi t)} = T_D + T_d + X$
4	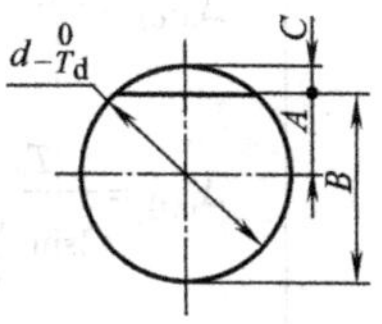	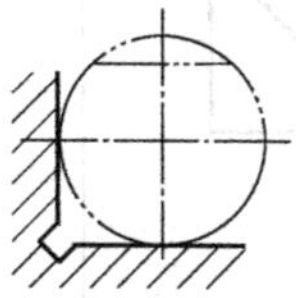	A B C	$\Delta_{d(A)} = \frac{1}{2}T_d$ $\Delta_{d(B)} = 0$ $\Delta_{d(C)} = T_d$
5		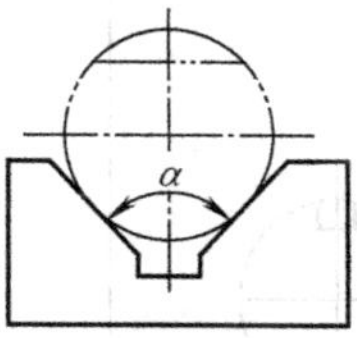	A B C	$\Delta_{d(A)} = \frac{T_d}{2\sin\frac{\alpha}{2}}$ $\Delta_{d(B)} = \frac{T_d}{2}\left(\frac{1}{\sin\frac{\alpha}{2}} - 1\right)$ $\Delta_{d(C)} = \frac{T_d}{2}\left(\frac{1}{\sin\frac{\alpha}{2}} + 1\right)$
6		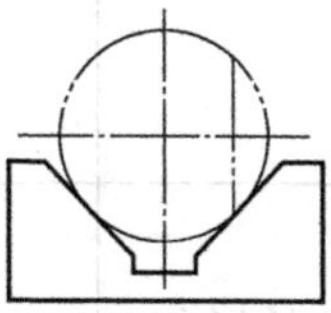	A B C	$\Delta_{d(A)} = 0$ $\Delta_{d(B)} = \frac{T_d}{2}$ $\Delta_{d(C)} = \frac{T_d}{2}$
7		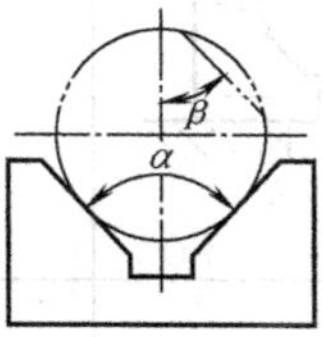	A B C	$\Delta_{d(A)} = \frac{T_d\sin\beta}{2\sin\frac{\alpha}{2}}$ $\Delta_{d(B)} = \frac{T_d}{2}\left(\frac{\sin\beta}{\sin\frac{\alpha}{2}} - 1\right)$ $\Delta_{d(C)} = \frac{T_d}{2}\left(\frac{\sin\beta}{\sin\frac{\alpha}{2}} + 1\right)$
8	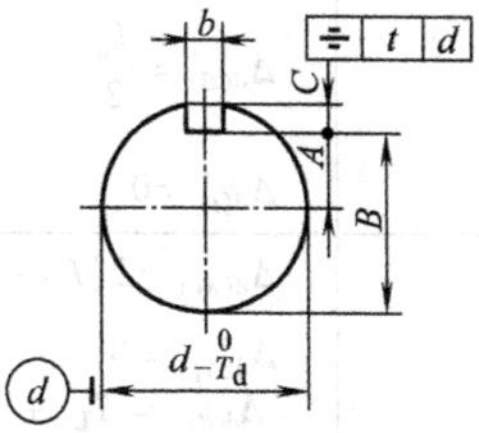	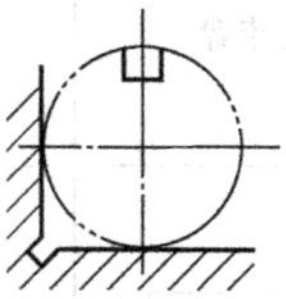	b A B C t	$\Delta_{d(b)} = 0$ $\Delta_{d(A)} = \frac{T_d}{2}$ $\Delta_{d(B)} = 0$ $\Delta_{d(C)} = T_d$ $\Delta_{d(t)} = \frac{T_d}{2}$

（续）

序号	工序简图	定位简图	工序尺寸或位置精度	定位误差
9	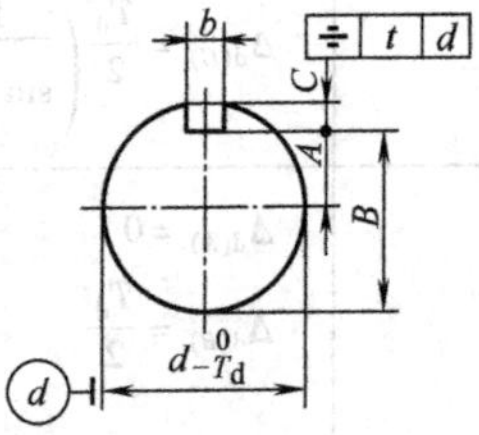	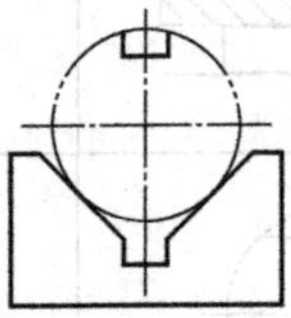	b	$\Delta_{d(b)}=0$
			A	$\Delta_{d(A)}=\dfrac{T_d}{2\sin\dfrac{\alpha}{2}}$
			B	$\Delta_{d(B)}=\dfrac{T_d}{2}\left(\dfrac{1}{\sin\dfrac{\alpha}{2}}-1\right)$
			C	$\Delta_{d(C)}=\dfrac{T_d}{2}\left(\dfrac{1}{\sin\dfrac{\alpha}{2}}+1\right)$
			t	$\Delta_{d(t)}=0$
10		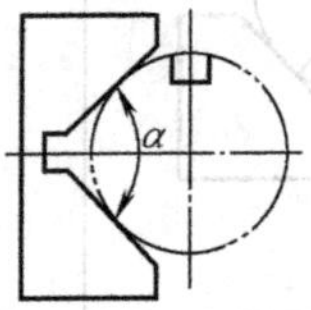	b	$\Delta_{d(b)}=0$
			A	$\Delta_{d(A)}=0$
			B	$\Delta_{d(B)}=\dfrac{T_d}{2}$
			C	$\Delta_{d(C)}=\dfrac{T_d}{2}$
			t	$\Delta_{d(t)}=\dfrac{T_d}{2\sin\dfrac{\alpha}{2}}$
11		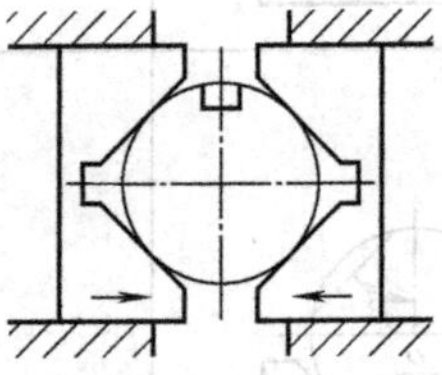	b	$\Delta_{d(b)}=0$
			A	$\Delta_{d(A)}=0$
			B	$\Delta_{d(B)}=\dfrac{T_d}{2}$
			C	$\Delta_{d(C)}=\dfrac{T_d}{2}$
			t	$\Delta_{d(t)}=0$
12		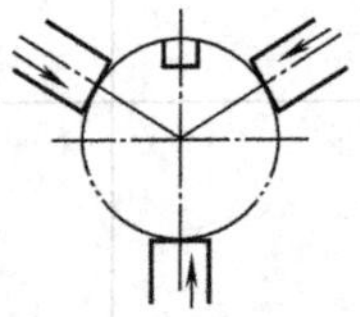 三爪自定心卡盘	b	$\Delta_{d(b)}=0$
			A	$\Delta_{d(A)}=0$
			B	$\Delta_{d(B)}=\dfrac{T_d}{2}$
			C	$\Delta_{d(C)}=\dfrac{T_d}{2}$
			t	$\Delta_{d(t)}=0$
13	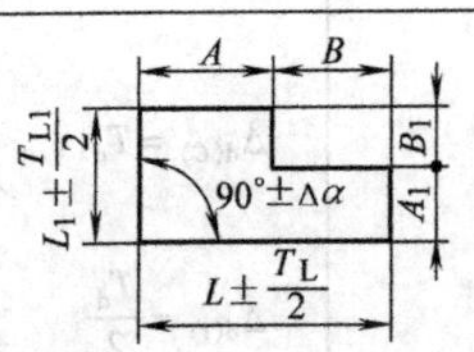	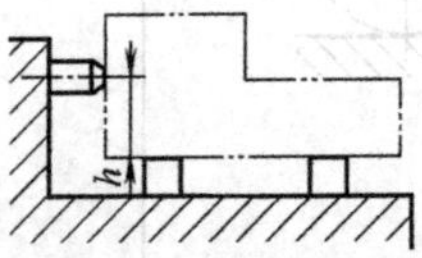	A	$\Delta_{d(A1)}=2(L_1-h)\tan\Delta\alpha$
			A_1	$\Delta_{d(A_1)}=0$
			B	$\Delta_{d(B)}=T_L+2(L_1-h)\tan\Delta\alpha$
			B_1	$\Delta_{d(B_1)}=T_{L1}$

（续）

<table>
<tr><th>序号</th><th>工序简图</th><th>定位简图</th><th>工序尺寸或位置精度</th><th>定位误差</th></tr>
<tr><td>14</td><td>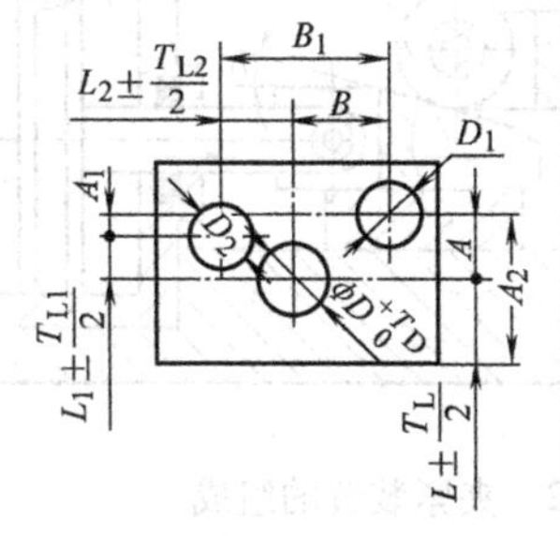
</td><td>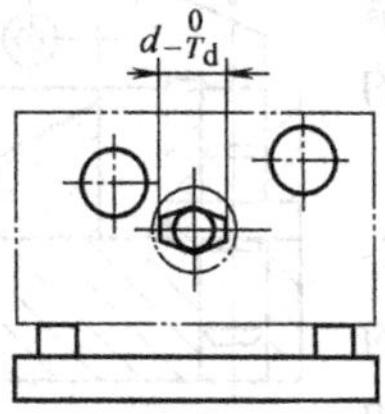

$D-d=x$
最小配合间隙</td><td>A
A_1
A_2
B
B_1
D_1D_2</td><td>$\Delta_{d(A)}=T_L$
$\Delta_{d(A_1)}=T_L+T_{L1}$
$\Delta_{d(A_2)}=0$
$\Delta_{d(B)}=T_D+T_d+X$
$\Delta_{d(B_1)}=T_D+T_d+X+T_{L2}$
$\Delta_{d(D1,D2)}=0$</td></tr>
</table>

三、加工误差不等式

机械加工中，产生加工误差的因素很多，只要加工误差总和在工序尺寸公差范围内，工件被加工要求就是合格的。机械加工过程中，产生加工误差的原因主要有以下几个方面：

1）工件在机床夹具中定位时所产生的定位误差 Δ_d。

2）机床夹具的对刀和导向元件对定位元件间的误差，以及机床夹具定位元件对夹具安装基面间的位置误差引起的对刀误差 $\Delta_{d,d}$。

3）机床夹具安装在机床上不准确而引起的安装误差 Δ_a。

4）机械加工过程中其他原因，如机床、刀具本身的制造误差，加工过程中的弹性变形及热变形等引起的加工误差 Δ_c。

为了保证工件的加工要求，上述四个方面产生的加工误差总和不应超出工件加工要求（工序尺寸和位置公差）的公差 T，即应满足下列不等式

$$\Delta_d + \Delta_{d,d} + \Delta_a + \Delta_c \leqslant T$$

机床夹具方案设计时，按着工件加工要求（工序尺寸或位置公差）的公差进行预分配，将工件加工要求之公差大体上分成三等分。定位误差 Δ_d 占 1/3，对刀误差 $\Delta_{d,d}$ 和夹具安装误差 Δ_a 占 1/3，其他误差 Δ_c 占 1/3。公差的预分配仅作为误差估算的初步方案。机床夹具设计时，应根据具体情况进行必要的适当调整。一般对机床夹具定位方案进行定位误差计算时，所求得的定位误差值不应超过工件加工要求公差的三分之一，一般可认为定位方案可行。

第六节　工件的夹紧和夹紧装置

一、夹紧装置的组成和夹紧的基本要求

1. 夹紧装置的组成

工件在机床夹具上正确定位后，由机床夹具的夹紧装置将工件牢固夹紧。将工件压紧夹牢的装置称为**夹紧装置**。图 2-42 所示为一典型的夹紧装置。一般夹紧装置由三部分组成。

（1）**力源装置**　力源装置是指产生夹紧力的动力装置，如图 2-42 中的气缸。夹紧力的动力来自气动、液压和电力等动力源的，称为**机动**（**或动力**）夹紧；夹紧力的力源来自人力的称为**手动夹紧**。

（2）**夹紧元件**　夹紧元件是指直接用于夹紧工件的元件，如图中的压板 4。

（3）**中间传力机构**　将原动力以一定的大小和方向传递给夹紧元件的机构，称为中间

传力机构，如图 2-42 中由斜楔 2、滚子 3 等组成的斜楔铰链传力机构。中间传力机构有三个使用功能：使夹紧元件获得夹紧力，改变夹紧力的大小和改变夹紧力的方向。

有些机床夹具中，夹紧元件（如图 2-42 中的压板 4）往往就是中间传力机构的一部分，难以区分，因此常将夹紧元件和中间传力机构统称为**夹紧机构**。

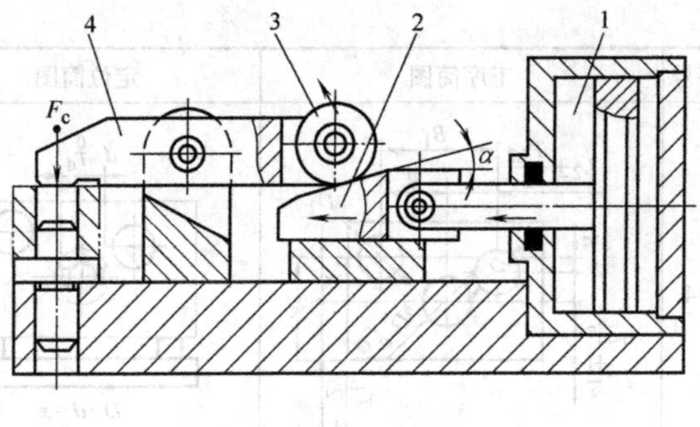

图 2-42　夹紧装置的组成

1—气缸　2—斜楔　3—滚子　4—压板

2. 对夹紧的基本要求

1）夹紧时不破坏工件在定位时所处的正确位置。

2）夹紧力大小要适当，应保证工件在机械加工中位置稳定不变，不允许产生振动、变形和表面损伤。

3）夹紧机构的复杂程度、工作效率与生产类型相适应，尽量做到结构简单，操作安全省力和方便，便于制造和维修。

4）具有良好的自锁性能。

二、夹紧力的确定

1. 夹紧力作用点的选择原则

1）夹紧力的作用点应正对定位元件或作用在定位元件所形成的支承面内。如图 2-43a 所示，当夹紧力作用点位于定位元件支承面之外，将产生转动力矩，使工件发生倾斜或变形，从而破坏工件的定位。图 b 所示夹紧力 F_c 作用点位于定位元件之上方的位置是正确的。

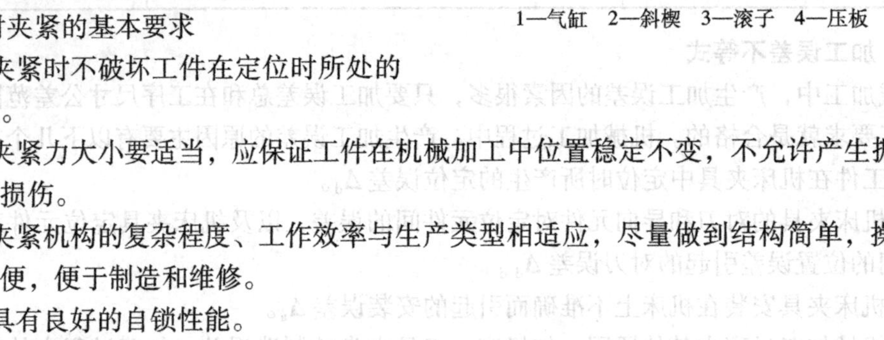

图 2-43　夹紧力作用点的选择

2）夹紧力的作用点应位于工件刚性较强的部位上，这对刚性较差的工件尤为重要。如图 2-44 所示，作用点由图 a 的刚性较差的中间部位改为图 b 刚性强的两侧点，可避免工件发生变形，且夹紧也较为可靠。

3）夹紧力的作用点应尽量靠近加工表面，以减小切削力对夹紧点的力矩，防止或减少工件加工时的振动。如图 2-45 所示，因切削力矩 $FR' < FR$，同样的夹紧力作用于 O_1 点，夹

紧更加牢固可靠。

2. 夹紧力作用方向的选择原则

1）夹紧力的方向应垂直于主要定位基面，以保证加工精度。如图 2-46 所示，在工件上镗孔要求保证内孔轴线与 *A* 平面垂直，应选择 *A* 平面为主要定位基准，这样不仅符合基准重合原则，而且定位稳定，工件夹紧和加工中的变形也小。

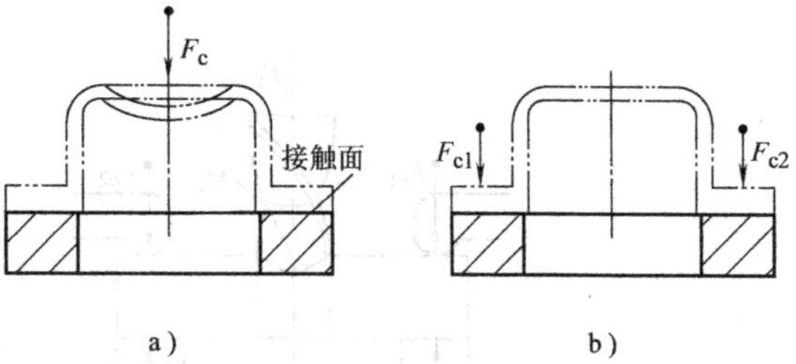

图 2-44　夹紧力作用于工件刚性强的部位

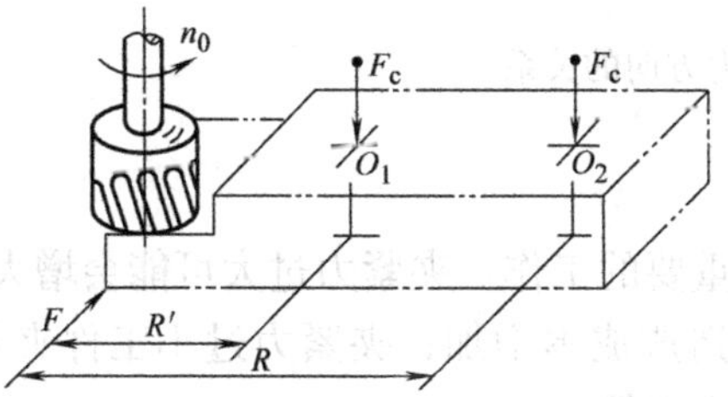

图 2-45　夹紧力作用点尽可能靠近加工面

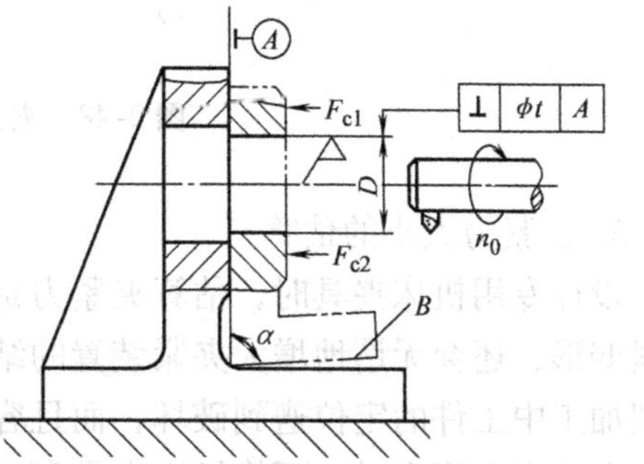

图 2-46　夹紧力作用方向垂直于主要定位基面

2）夹紧力方向应与工件刚度最大的方向一致，以减小工件的夹紧变形。如图 2-47 所示加工活塞时的两种夹紧方式：图 a 所示为夹紧力 F_c 作用在刚性较差的径向方向，活塞将产生过大的夹紧变形而无法保证加工精度。若采用图 b 所示沿活塞刚性较大的轴向夹紧，则夹紧变形较小，加工精度容易得到保证。

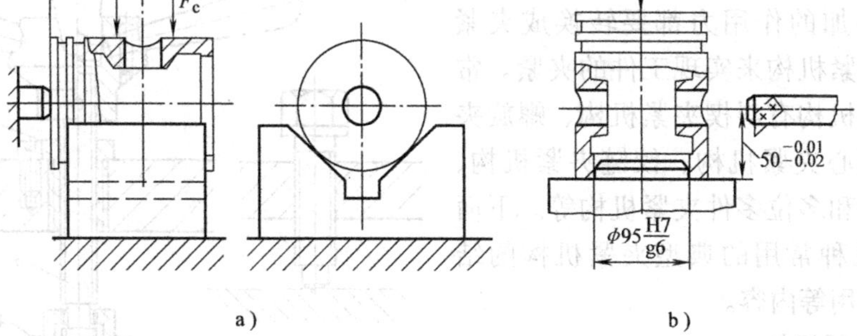

图 2-47　夹紧力方向与工件刚性关系

3）夹紧力方向应尽量与切削力、重力等力的方向一致，以减小夹紧力。如图 2-48 所示，钻孔时，图 a 中的轴向进给力、夹紧力和工件重力的方向一致，需要的夹紧力较小；图 *b* 中的夹紧力与轴向进给力、工件重力的方向相反，需要的夹紧力较大。加工时所需的夹紧力小，可以简化夹紧装置的结构和便于操作。

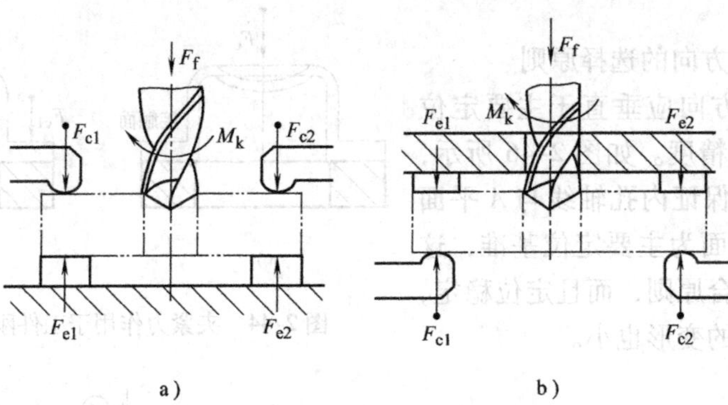

图 2-48　夹紧力与切削力方向的关系

3. 夹紧力大小的估算

设计专用机床夹具时，估算夹紧力是一件十分重要的工作。夹紧力过大可能会增大工件夹紧变形，还会无谓地增大夹紧装置的结构尺寸，造成成本增加；夹紧力过小工件夹不紧，切削加工中工件的定位遭到破坏，而且容易引发安全事故。

在确定夹紧力时，可将机床夹具和工件看成为一个整体，将作用在工件上的切削力、夹紧力、重力和惯性力等列出静力平衡方程式，求出理论夹紧力。为使夹紧可靠，应再乘以一安全系数 k。考虑到切削力的变化、切削条件的变化、夹紧装置产生的夹紧力的稳定性等因素的影响，一般在粗加工时取 $k=2.5\sim3$；精加工时可取 $k=1.5\sim2$。

在专用机床夹具的设计中，夹紧力的确定并非在所有情况下都需要理论计算。通常可根据经验或类比法估算确定所需的夹紧力。对于关键工序所使用的机床夹具，如果需要准确计算夹紧力时，通常可通过工艺试验来实测切削力的大小，然后再进行夹紧力计算。

三、常用的典型夹紧机构

各类夹紧装置中，不论采用何种动力源形式，一切外加的作用力都要转换成夹紧力，并通过夹紧机构来实现工件的夹紧。常用的典型夹紧机构有斜楔夹紧机构、螺旋夹紧机构、圆偏心夹紧机构、铰链夹紧机构、定心夹紧机构和多位多件夹紧机构等。下面将简要介绍几种常用的典型夹紧机构的结构、特点和应用等内容。

1. 螺旋夹紧机构

螺旋夹紧机构是采用螺旋直接夹紧或与其他元件（如压板）组合实现夹紧工件的机构。

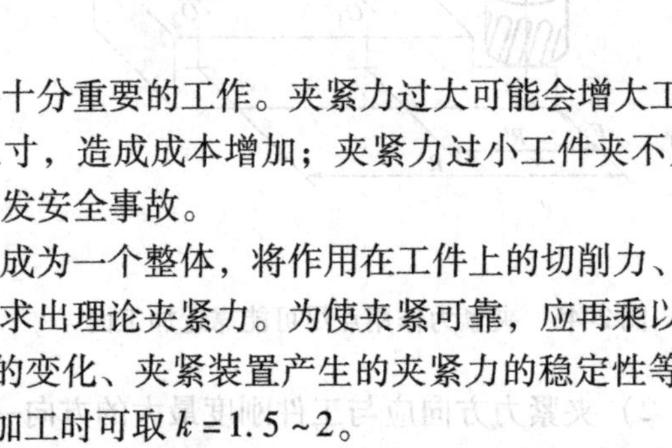

图 2-49　单螺旋夹紧机构

1—手柄　2—中间螺母　3—螺杆　4—活动压块

（1）单螺旋夹紧机构　图 2-49a 所示为一最简单的螺旋夹紧机构，可以将螺旋看成是绕在圆柱体表面上的斜面，将其展开就相当于一个斜楔。这种机构利用螺杆头部直接压紧工件，使用时容易压坏工件表面，而且拧动螺杆时又容易使工件产生转动而破坏定位。在图2-49b所示结构中，在螺杆3的头部装有活动压块4与工件夹紧表面接触。在拧动螺杆3时压块4不随螺杆转动，而只作轴向移动，可防止在夹紧时由摩擦力矩而带动工件转动，并可避免压坏工件夹紧表面。采用中间螺母2可提高夹紧机构的使用寿命，且当螺母磨损时也可更换，迅速恢复螺旋夹紧的功能。

螺旋夹紧机构结构简单，容易制造。由于螺旋升角小，机构的自锁性能好；它又是一扩力机构，夹紧力较大，夹紧行程也较大，在手动机床夹具中应用较多。

（2）螺旋压板夹紧机构　如图2-50所示的螺旋压板夹紧机构中，拧紧螺母1通过压板4压紧工件。采用螺旋压板夹紧机构夹紧时，由于被夹紧表面高度有较大尺寸差时，压板不能保持处于水平位置，所以在夹紧螺母1和压板4之间要使用球面垫圈2及锥面垫圈3，借助球面垫圈和锥面垫圈间的相互滑动，在压板倾斜时防止螺栓承受弯曲力矩作用而遭到损坏。

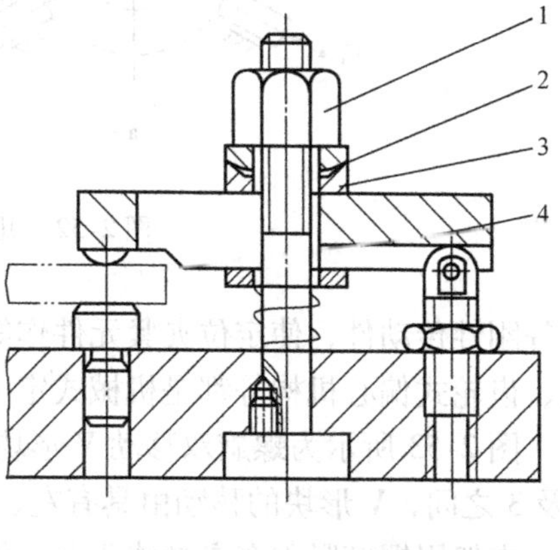

图2-50　螺旋压板夹紧机构

1—螺母　2—球面垫圈　3—锥面垫圈　4—压板

螺栓压板夹紧机构由于操作时劳动强度大、操作时间长而影响生产率的提高。在汽车零件机械加工中，经常将螺旋压板的中间传力机构与气缸或液压缸组合使用，如图2-42所示。

2. 斜楔夹紧机构

斜楔夹紧机构是利用斜楔移动所产生的力来夹紧工件的机构。在实际生产中，常利用斜楔与气缸或液压缸组合使用。图2-51所示为气动滚子斜楔夹紧机构。夹紧工件时，由气缸活塞杆1推动楔块2将装有滚子3的滑柱4向上推动，使滑柱上端的双头支承5将左、右两个压板6顶起，从而通过压板6将工件夹紧。这种夹紧机构具有增力倍数大、夹紧行程短和夹紧动作迅速等特点。适用于成批大量生产中，夹紧较大型工件的场合。

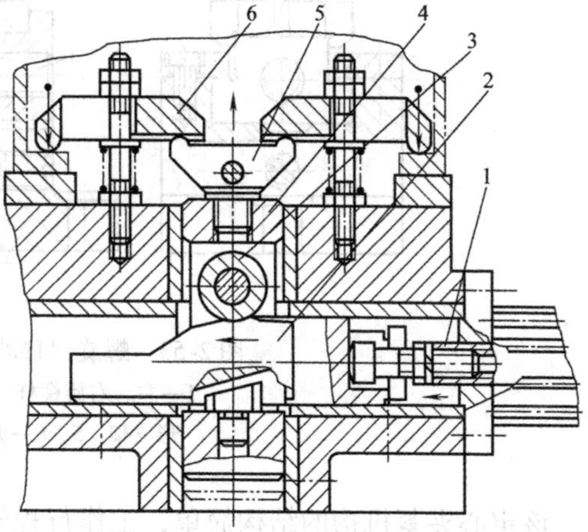

图2-51　气动滚子斜楔夹紧机构

1—活塞杆　2—斜楔　3—滚子

4—滑柱　5—双头支承　6—压板

3. 定心夹紧机构

定心夹紧机构是在实现定心作用（定位基准与工序基准重合于机床夹具定位元件的对称轴线或对称中心平面）的同时，又将工件夹紧的机构，如图2-52所示。定心夹紧机构中与工件定位基准（基面）相接触的元件，既是定位元件，又是夹紧元件。定心夹紧机构是利用定位夹紧元件的等速移动或均匀的弹性变形的方式，来实现工件的定心或对中的机构。定心夹紧机构分为机械式定心夹紧机构和弹性变形式定心夹紧机构。

（1）机械式定心夹紧机构　机械式定心夹紧机构是利用斜楔、螺旋、偏心、齿轮和齿

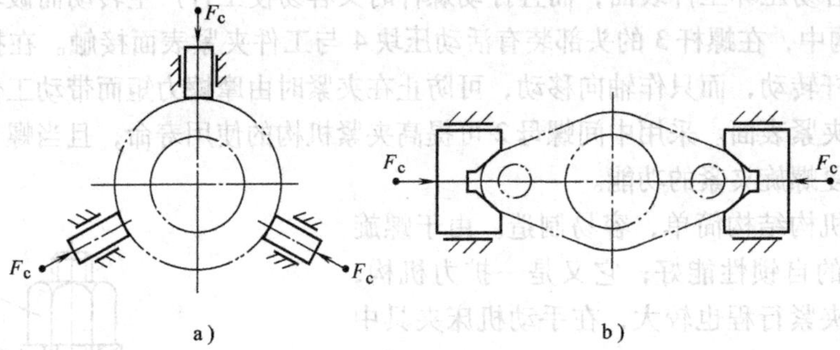

图 2-52　几何形状对称工件的定心与夹紧

条等刚性传动件，使定位夹紧元件作等速位移来实现定心夹紧的。一般常见的三爪自定心卡盘、齿轮式偏心机构等都是机械式定心夹紧机构。

图 2-53 所示为螺旋双移动 V 形块式定心夹紧机构。工件装在两个可左右移动的 V 形块 2 及 3 之间，V 形块的移动由具有左、右旋的螺杆 1 操纵。螺杆 1 的中部支承在叉形支架 4 上，支架用螺钉紧固在夹具体 7 上。借助调整螺钉 5 及 6 可调节支架 4 的位置，以保证两个 V 形块的对中性。

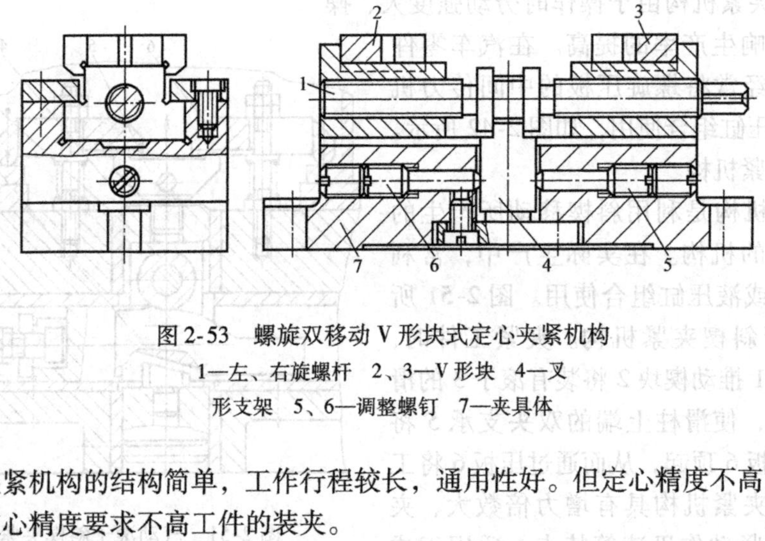

图 2-53　螺旋双移动 V 形块式定心夹紧机构

1—左、右旋螺杆　2、3—V 形块　4—叉形支架　5、6—调整螺钉　7—夹具体

该定心夹紧机构的结构简单，工作行程较长，通用性好。但定心精度不高，适用于工作行程较长、定心精度要求不高工件的装夹。

图 2-54 所示为齿轮偏心式定心夹紧机构。在三个齿轮轴 3 上方装有偏心爪 2，并与中心齿轮 4 相啮合。使用时，将手柄 1 顺时针转动使三个偏心爪张开，装入盘类工件后松开手柄，偏心爪在拉弹簧 5 的作用下同时将工件定心夹紧。

该夹具的特点是结构简单，操作方便，通用性好，夹紧力随切削扭矩增大而加大。但定心精度较低，适用于以毛坯外圆为粗基准定位的盘类（如圆柱齿轮）工件的钻孔、扩孔等工序的工件装夹。

（2）弹性变形式定心夹紧机构　**弹性变形式定心夹紧机构**是利用薄壁弹性元件受力后产生的均匀变形，而使工件定位和夹紧的机构。图 2-55 所示为磨削圆柱齿轮内孔的一种弹性膜片定心卡盘。当气缸操纵推杆6向右推压在弹性膜片1中部而变形时，卡爪2就略微径向张开而将滚柱3松开，此时可装卸被磨削的齿轮。被磨削齿轮以其齿面套在圆周上有六个滚柱3的环4内，一同装于卡盘的六个卡爪2内，工件齿圈端面靠在三个支承钉5上。当推杆6向左后退时，卡盘的弹性膜片弹性回复卡爪收拢，卡爪通过滚柱定心夹紧被磨削齿轮。这种弹性变形式定心夹紧机构的优点是定心精度高，可保证定心精度为0.005~0.01mm；操作简便，生产率高，但它的缺点是夹紧力较小，因此多用于精加工，例如热处理后磨削圆柱齿轮内孔等。

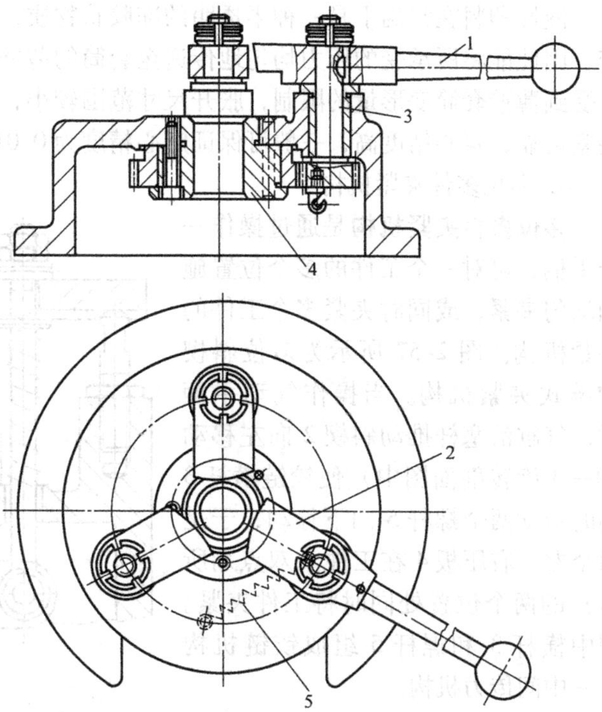

图2-54 齿轮偏心式定心夹紧机构

1—手柄 2—偏心爪 3—齿轮轴 4—中心齿轮 5—弹簧

图2-56所示为定心夹紧连杆大头孔的液性塑料夹具。弹性元件为薄壁套筒2，其内孔中部的环槽与夹具体1的主通道相联通。在通道和环槽内灌满液性塑料（网纹线表示）。手动拧紧加压螺钉3，使螺钉头部的柱塞对腔内的液性塑料施加压力，迫使薄壁套筒2产生均匀的径向弹性变形，将工件内孔胀紧而定心夹紧。这个夹具在大批大量生产时，利用气缸操纵柱塞移动来实现对腔内的液性塑料施加压力而将工件定心夹紧。

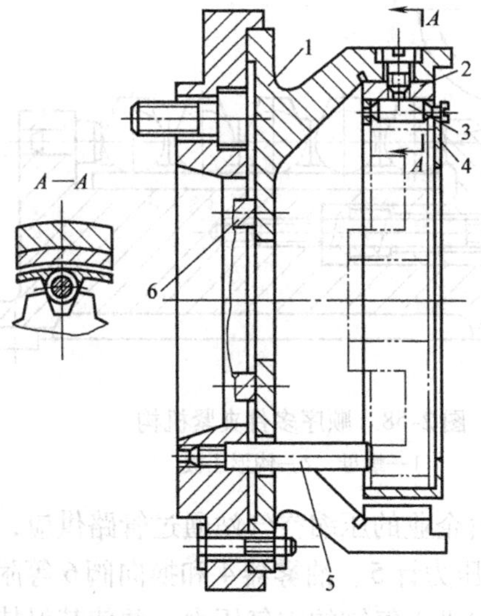

图2-55 弹性膜片定心卡盘

1—弹性膜片 2—卡爪 3—滚柱

4—环 5—支承钉 6—推杆

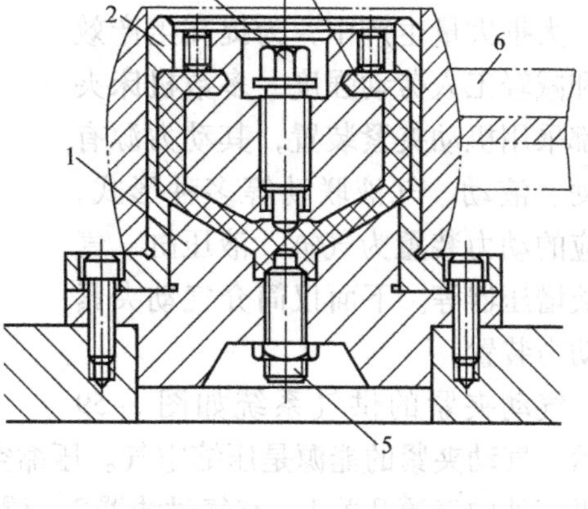

图2-56 液性塑料夹具

1—夹具体 2—薄壁套筒 3—加压螺钉

4—液性塑料 5—定程螺钉 6—连杆

液性塑料在常温下是一种半透明的冻胶状物质，具有一定的弹性和流动性，物理性能稳定，因此能将所承受的压力均匀地传递至套筒的薄壁上，使之产生均匀的径向弹性变形。由于受到薄壁套筒变形量的限制，胀开尺寸范围较小，因此定位内孔应经精加工。该机构定心夹紧可靠，定心精度高，一般可保证定心精度为0.01～0.02mm，适用于精加工工序。

4. 多位多件夹紧机构

多位多件夹紧机构是通过操作一个手柄，可对一个工件的多个位置施加均匀夹紧，或同时夹紧多个工件的夹紧机构。图2-57所示为多位斜楔铰链式夹紧机构。当操作气动手柄时，气缸活塞杆推动斜楔2向左移动（*A—A*旋转剖面图中）使铰链横杆3同时带动两个螺杆5向下移动，于是两个左、右压板4在工件（双点划所示）的两个位置处同时将工件夹紧。图中横杆3和螺杆5组成铰链机构——中间传力机构。

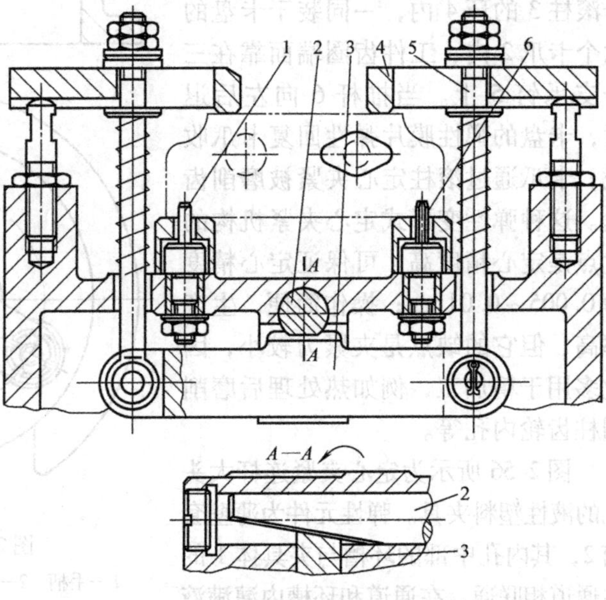

图2-57　多位斜楔铰链式夹紧机构

1—圆柱销　2—斜楔　3—铰链横杆　4—压板　5—螺杆　6—菱形销

多件夹紧机构有平行多件夹紧机构和顺序多件夹紧机构两类。图2-58所示为顺序多件夹紧机构，夹紧时拧紧左端的螺母1、推动钩形压板2，将多个工件顺序夹紧。这种顺序多件夹紧，由于工件沿夹紧方向存在尺寸误差累积，因此适用于工件加工表面与夹紧方向相平行的场合。

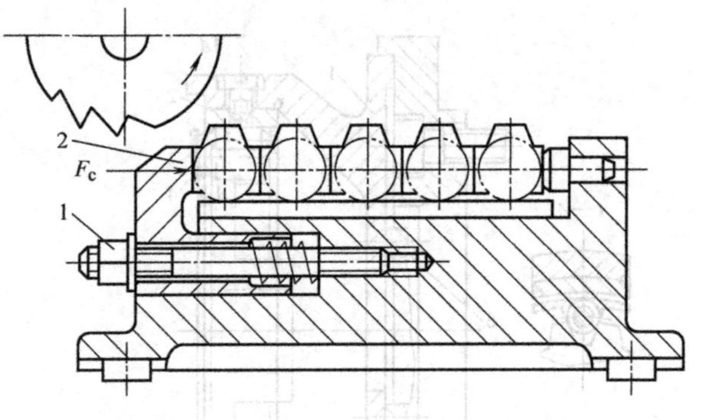

图2-58　顺序多件夹紧机构

1—螺母　2—钩形压板

5. 夹具的动力装置

大批大量生产中，为提高生产效率和减轻工人劳动强度，多数机床夹具都采用机动夹紧装置，其动力源有气动、液动、气液联动等多种形式，相应的动力装置为气缸、液压缸、气—液增压器等。下面仅简介气动夹紧的动力装置。

气动夹紧的供气系统如图2-59所示。气动夹紧的能源是压缩空气。压缩空气一般由企业的压缩空气站通过管路供应，到达各机床处的气源开关1、空气过滤器2、调压阀3及压力计5、油雾器4和换向阀6等附件进入气缸，推动气缸工作。其中调压阀3的功能是控制进入气缸的空气压力，并使其保持稳定的压力。气动夹具采用的压力值为0.4～0.6MPa。换向阀6的功能是控制压缩空气进入和排出气缸的方向，操纵气缸工作。常用气缸有两类：活塞式气缸和薄膜式气室。下面仅介绍常用的活塞式气缸。气缸按工作状态有单向作用和双向作用气缸。应用广泛的是双向作用气缸。图2-60所示为一固定式双向作用活塞式气缸。气缸前盖2和后盖3用螺钉紧固在气缸体1上，活塞4在压缩空气推动下作往复移动，活塞杆7与中间传力机构相联接或直接与夹紧元件相联接。为防止气缸前后室漏气，活塞上装有密封环6。

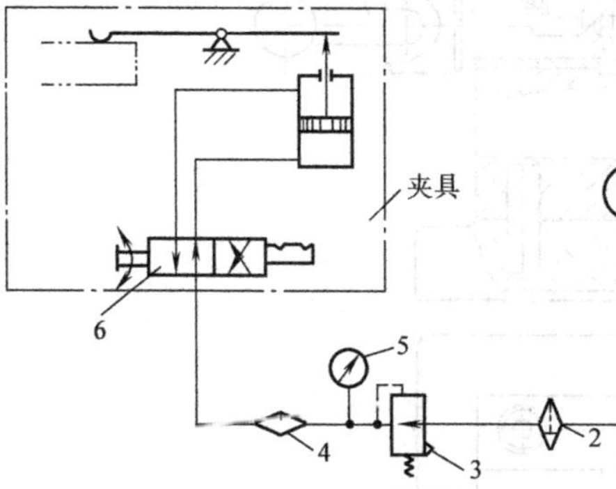

图2-59　气动夹紧的供气系统

1—气源开关　2—空气过滤器　3—调压阀　4—油雾器　5—压力计　6—换向阀

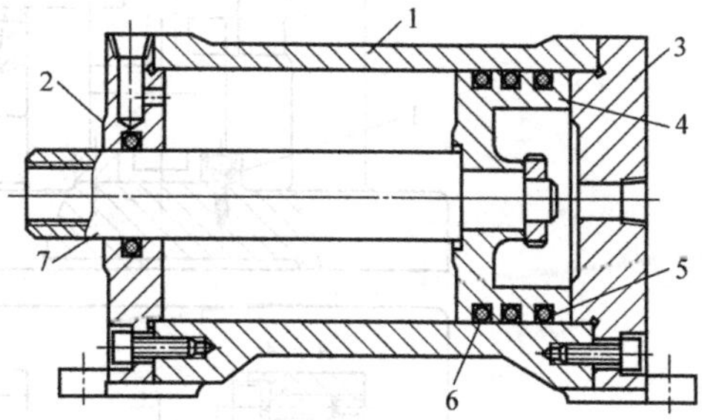

图2-60　固定式双向作用活塞式气缸

1—气缸体　2—前盖　3—后盖　4—活塞　5—密封圈　6—密封环　7—活塞杆

第七节　典型的专用机床夹具

机械加工中使用的专用机床夹具种类繁多，本书只介绍专用钻床夹具和专用铣床夹具。通过这两类机床夹具的介绍，了解专用机床夹具的组成、主要特点和应用。

一、专用钻床夹具

使用钻头、铰刀等孔加工刀具进行孔加工用的机床夹具称为**钻床夹具**，亦称为**钻模**。其特点是具有引导钻头、铰刀等孔加工刀具的导向元件——钻套和安装钻套的钻模板。钻套和钻模板是钻床夹具的特殊元件。

（一）钻床夹具的类型

根据工件被加工孔的分布情况和钻床夹具使用上的不同要求，钻床夹具有固定式、回转式和滑柱式等形式。下面仅介绍固定式和回转式钻床夹具。

1. 固定式钻床夹具

固定式钻床夹具是指钻模板与夹具体固定连接的，在加工过程中钻床夹具固定安装在钻床工作台上的钻床夹具。固定式钻床夹具可用于立式钻床、摇臂钻床和多轴组合钻床上。

图2-61所示为加工拔叉轴向孔的固定式钻床夹具。工件以底端面和外圆柱面分别定位在圆支承板1和长V形块2上，限制五个自由度；旋转手柄8由转轴7上的螺旋槽，推动V形压块5夹紧工件；钻头由安装在固定钻模板3上的钻套4导向。钻模板用螺钉紧固在夹具体上。

2. 回转式钻床夹具

在钻多孔的加工中，可在立式钻床上使用立轴多工位回轴式钻床夹具加工同一圆周上的轴向平行孔系，或者使用水平轴多工位回转式钻床夹具加工分布在同一圆周上的径向孔系。图2-62所示是立轴回转工作台与钻床夹具组合成的一多工位钻床夹具。

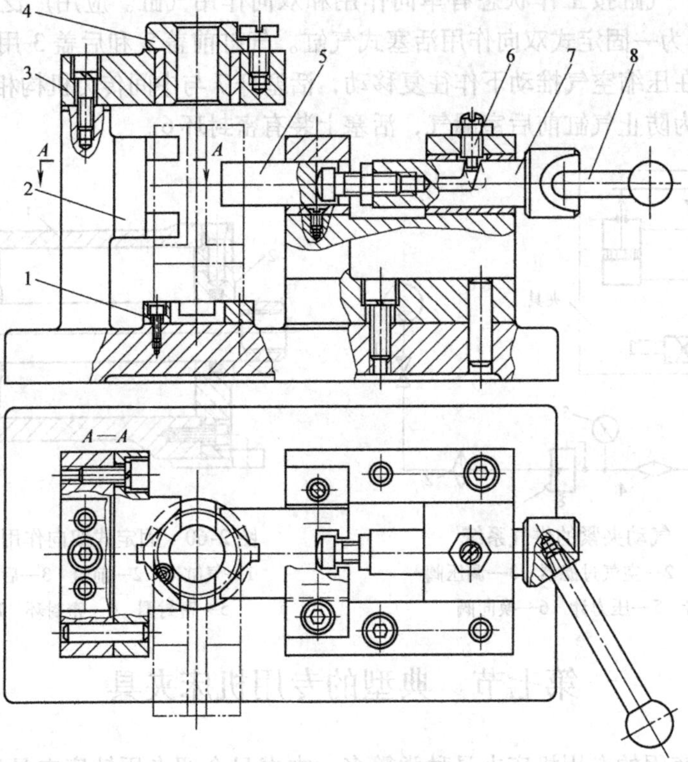

图 2-61　固定式钻床夹具

1—圆支承板　2—长 V 形块　3—钻模板　4—钻套

5—V 形压块　6—止动螺钉　7—转轴　8—手柄

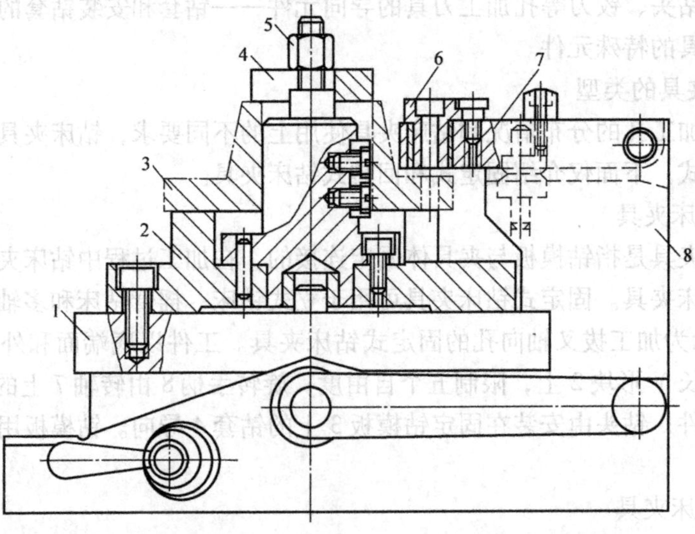

图 2-62　标准立轴回转台与钻床夹具组合成的回转式钻床夹具

1—回转工作台　2—钻床夹具　3—工件　4—开口垫圈

5—夹紧螺母　6—钻套　7—钻模板　8—支架

图 2-63 所示为用来加工扇形工件上三个等分径向孔的水平轴回转式钻床夹具。工件以内孔、键槽和端面为定位基准，在夹具上分别定位在短定位销 6、键 7 和圆支承板 3 上，限制六个自由度。用夹紧螺母 5 和开口垫圈 4 夹紧工件。多工位分度装置由分度盘 9、等分锥套 2、分度插销 1 等组成。转轴后端的螺杆和手柄螺母 11 为分度盘的锁紧和松开机构。工件分度时，首先拧松手柄螺母 11 松开分度盘 9，然后用把手 12 抽出分度插销 1，用手旋转分度盘 9 带动工件一起分度，当旋转分度盘至下一等分锥套 2 孔时，将分度插销插入，最后拧紧锁紧手柄 11 将分度盘锁紧，之后就可加工下一径向孔。钻头的导向由安装在固定式钻模板上的钻套 8 实现钻头的导向。

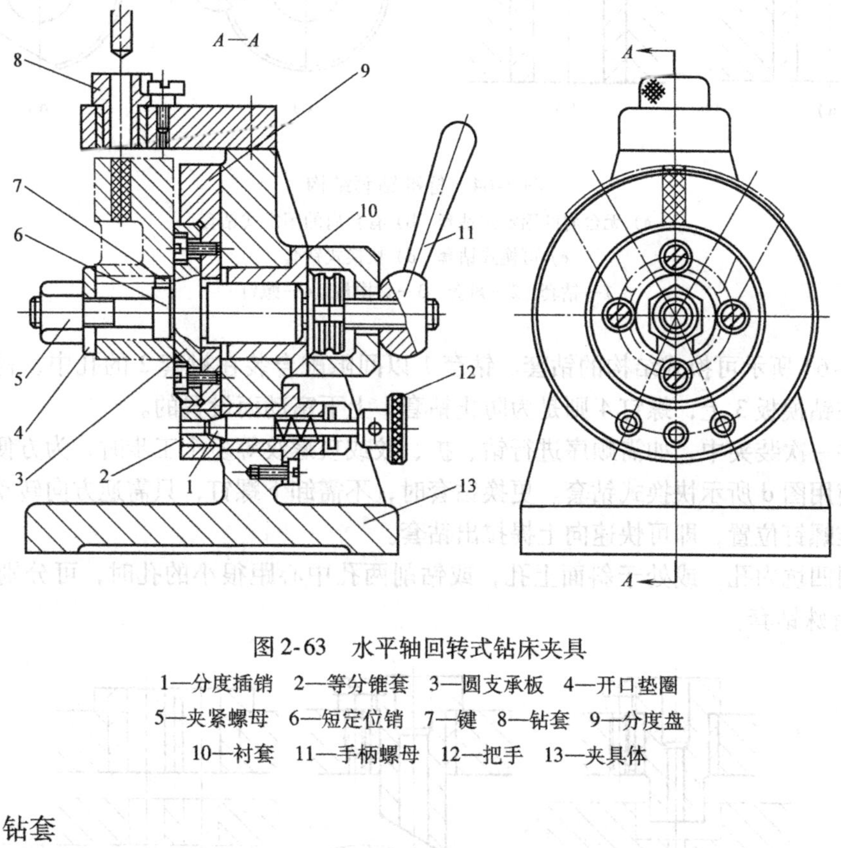

图 2-63　水平轴回转式钻床夹具

1—分度插销　2—等分锥套　3—圆支承板　4—开口垫圈　5—夹紧螺母　6—短定位销　7—键　8—钻套　9—分度盘　10—衬套　11—手柄螺母　12—把手　13—夹具体

（二）钻套

钻套是用来引导钻头、铰刀等孔加工刀具的导向元件。钻套的功能是确定孔加工刀具相对于夹具定位元件间的位置和引导孔加工刀具，提高刀具的刚性，防止其在加工中发生偏移。

1. 钻套的基本类型

按钻套的使用和结构，分为固定式、可换式、快换式和特殊结构钻套，如图 2-64 和图 2-65 所示。

（1）固定式钻套　如图 2-64a、b 所示，固定式钻套直接以过盈配合压入钻模板孔内，图 a 为无肩式结构，图 b 为有肩式结构。这种结构的缺点是导向孔磨损后被压出，破坏了钻模板上的安装孔。这种钻套主要用于中小批生产。

（2）可换式钻套和快换式钻套　在成批大量生产中，为了便于更换被磨损了的钻套，

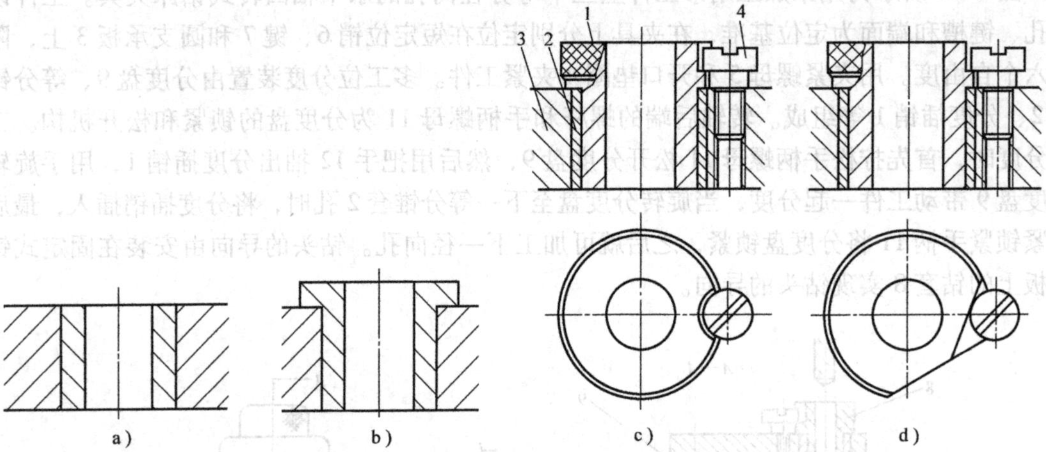

图 2-64　标准钻套结构

a）无台肩的固定式钻套　b）有台肩的固定式钻套

c）可换式钻套　d）快换式钻套

1—钻套　2—衬套　3—钻模板　4—螺钉

可使用图 2-64 所示可换式结构的钻套。钻套 1 以间隙配合装在衬套 2 的孔中，衬套 2 以过盈配合装在钻模板 3 上，螺钉 4 则是为防止钻套 1 上下窜动而设置的。

在工件一次装夹中，如需顺序进行钻、扩、铰或攻螺纹等多个工步时，为方便迅速更换钻套，可使用图 d 所示快换式钻套。更换钻套时，不需卸下螺钉，只需逆方向转动钻套至削边平面对准螺钉位置，即可快速向上提拉出钻套。

当钻削凹坑内孔，或处于斜面上孔，或钻削两孔中心距很小的孔时，可分别使用图 2-65 所示的特殊钻套。

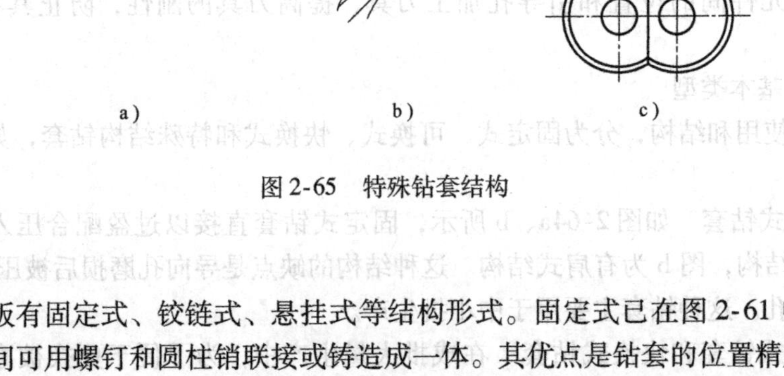

图 2-65　特殊钻套结构

2. 钻模板

常见钻模板有固定式、铰链式、悬挂式等结构形式。固定式已在图 2-61 中介绍过，钻模板与夹具体间可用螺钉和圆柱销联接或铸造成一体。其优点是钻套的位置精度较高。铰链式钻模板也在图2-7a中介绍过，为了便于在钻孔后进行攻螺纹和便于装卸工件而使用铰链式钻模板。钻模板与夹具间用销轴联接。因铰链销轴与钻模板铰链孔间存在间隙，会影响加工的位置尺寸精度。

图2-66所示为悬挂式钻模板结构。当采用多轴传动头进行平行孔系钻孔加工时，所使用的钻模板3悬挂在多轴传动箱5上。它们之间用两根导向柱2和弹簧4等联接。钻孔时钻模板将随机床主轴向下移动。当悬挂钻模板下降至钻孔位置停止下移时，钻模板利用弹簧4压紧工件上平面而实现工件的夹紧。钻头下移时继续压缩两根弹簧，夹紧力也随之增加。由于带有悬挂钻模板的钻床夹具可实现多孔加工和利用钻模板夹紧工件，所以生产率较高，适合于大批生产中平行加工盘状等中等尺寸零件的多孔。

3. 钻套的高度和排屑间隙

钻套的高度与工件材料、钻孔直径、孔深、刀具刚度、工件表面形状等因素有关。如图2-67所示，钻套高度尺寸H对孔加工刀具的导向作用和刀具与钻套内孔间的摩擦都有很大的影响。一般取$H/d=1\sim2.5$，如被加工孔的加工精度要求高、工件材料强度高、钻头刚性较差和在工件斜面上钻孔时，取较大的比值。

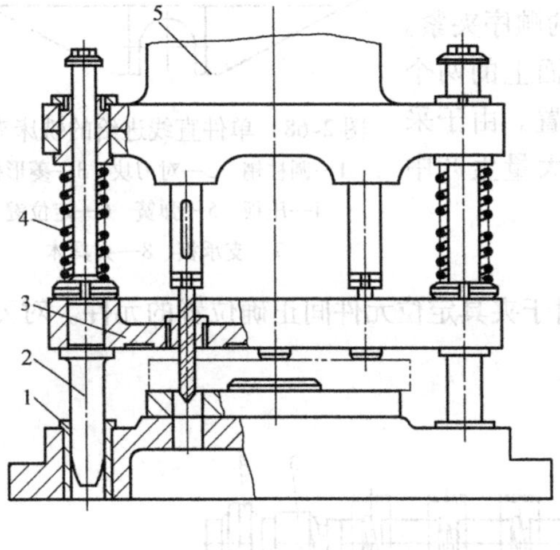

图2-66 悬挂式钻模板

1—导向套 2—导向柱 3—钻模板

4—弹簧 5—传动箱

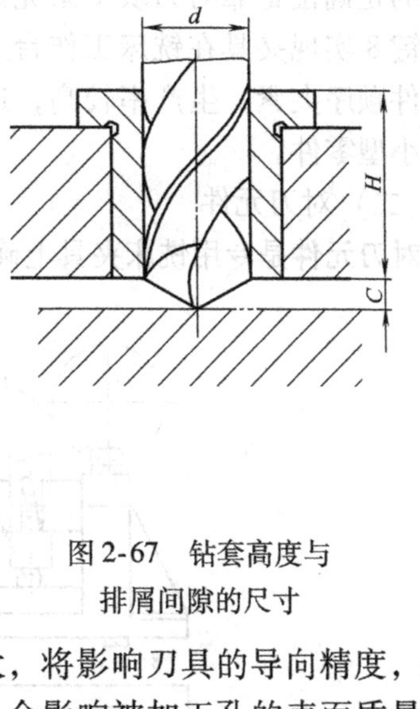

图2-67 钻套高度与排屑间隙的尺寸

钻套与工件间的间隙是排屑的空间。其间隙值C太大，将影响刀具的导向精度，进而影响孔的加工精度；如尺寸C太小，切屑难以自由排出，会影响被加工孔的表面质量，甚至会因阻力矩的增大而折断钻头。根据经验，加工钢件材料时取$C=(0.7\sim0.5)d$；加工铸铁等脆性材料时取$C=(0.3\sim0.4)d$，其中大孔取小值，小孔取大值。

二、专用铣床夹具

（一）专用铣床夹具的主要类型

专用铣床夹具是应用较为广泛的一类机床夹具。铣床夹具的结构在很大程度上取决于铣削的进给方式。常用的有直线进给的和圆周进给的铣床夹具。下面仅介绍两套直线进给的专用铣床夹具。

1. 单件加工的铣床夹具

图 2-68 所示为用于铣削工件上槽的铣床夹具。工件以一面两孔作为定位基准，在夹具上相应的定位元件为支承板 7、圆柱销 1 和菱形销 3。为减小定位误差，两销斜对角布置，定位元件共限制六个自由度。使用两个螺旋压板夹紧机构来实现工件的夹紧。夹具上设置一个对刀块 2 来进行对刀，以保证铣刀相对于夹具定位元件间的正确位置。铣床夹具相对于铣床工作台间的正确位置，依靠铣床夹具体底面上的两个定位键 6 来实现。因为这套铣床夹具的夹紧靠两个分别操作的螺旋压板夹紧机构来完成，所以生产率较低，劳动强度较大，只适用于中批生产。

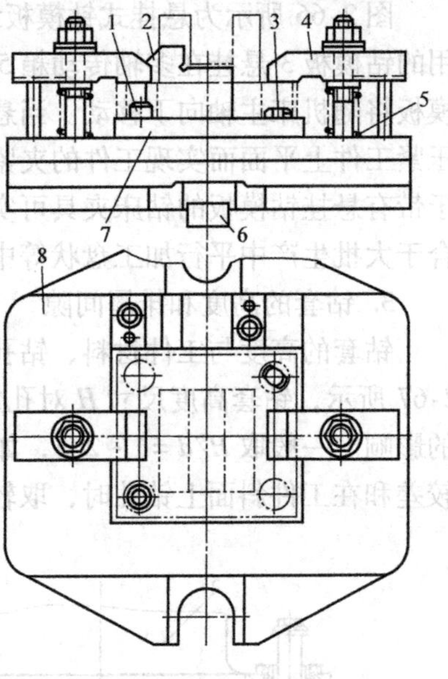

图 2-68　单件直线进给的铣床夹具

1—圆柱销　2—对刀块　3—菱形销　4—压板　5—弹簧　6—定位键　7—支承板　8—夹具体

2. 多件加工的铣床夹具

图 2-69 所示为多件加工的铣床夹具，用于在一小轴端面上铣槽。工件以小轴下端面和圆柱体作为定位基准，在夹具上相应地以支承钉 2 和 V 形块 7 定位，共限制五个自由度。利用夹具右端设置的薄膜气室 4 的动作，推动推杆 6 再顺序推动多个 V 形块 7 实现工件的顺序夹紧。铣刀的正确位置靠对刀块 1 来完成。夹具底面上的两个定位键 8 实现夹具在铣床工作台上的正确位置。由于采用多件顺序夹紧，生产率较高，适用于大批大量生产中加工小型零件。

（二）对刀元件

对刀元件是专用铣床夹具上确定铣刀相对于夹具定位元件间正确位置的元件。对刀元件

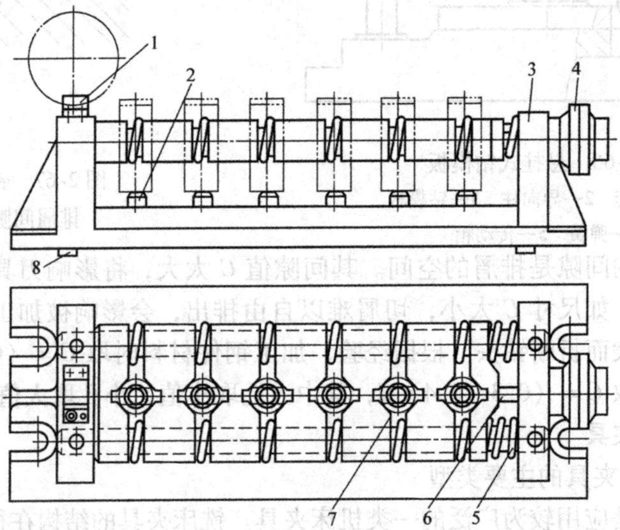

图 2-69　多件加工的铣床夹具

1—对刀块　2—支承钉　3—夹具体　4—薄膜气室　5—弹簧　6—推杆　7—V 形块　8—定位键

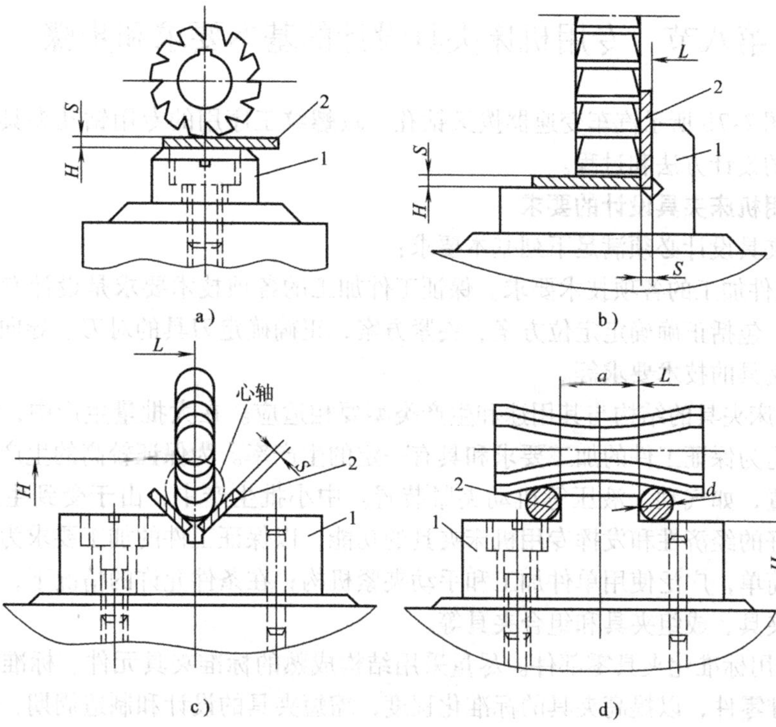

图 2-70　对刀元件

1—对刀块　2—塞尺　S—与间隙值相等的塞尺厚度

由对刀块和塞尺组成。采用对刀元件对刀时，为防止铣刀切削刃损坏和对刀块的过快磨损，铣刀切削刃与对刀块工作表面不直接接触，而是保持一定的间隙值。在调整铣刀位置时，使用塞尺塞入铣刀切削刃与对刀块工作表面的间隙内，凭与两者接触的松紧程度的感觉来判断铣刀的正确位置。图 2-70 所示为加工不同表面使用的对刀元件。图 a 为圆形对刀块，用于铣削平面的对刀；图 b 为直角形对刀块，用于对立铣刀、槽铣刀等的对刀；图 c、d 为特殊结构对刀块，用于对成形铣刀的对刀。当夹具结构上不便设置对刀块时，也可使用试切法或样件来对刀。

（三）定位键

定位键是保证铣床夹具对铣床工作台间相对位置的连接元件。如图 2-71 所示，定位键 2 安装在夹具体 1 底面的纵向槽中，在槽两端各布置一个定位键 2，并用螺钉 4 将其紧固在夹具体 1 上。将铣床夹具安装在铣床工作台上时，定位键的外露部分嵌入在铣床工作台的 T 形槽内，使铣床夹具相对于

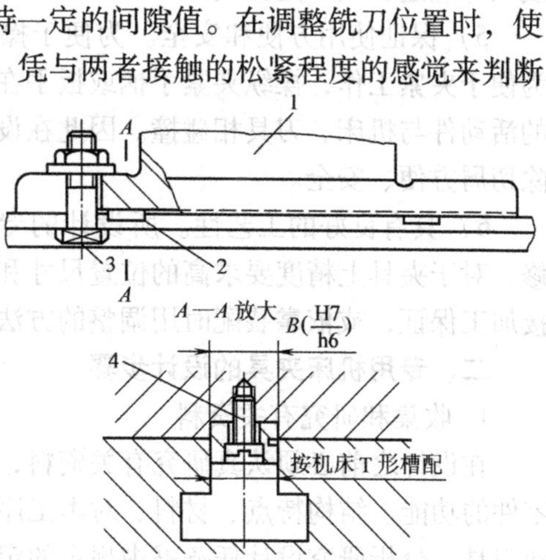

图 2-71　定位键及在铣床工作台上的安装

1—夹具体　2—定位键　3—T 形螺钉　4—螺钉

铣床工作台进给方向上占有一正确位置。

第八节 专用机床夹具设计的基本要求和步骤

本节将以图 2-7b 所示汽车变速器拨叉钻孔、攻螺纹工序用的专用钻孔夹具为例，说明专用机床夹具的设计方法和过程。

一、对专用机床夹具设计的要求

专用机床夹具设计必须满足下列基本要求：

1）保证工件加工的各项技术要求。保证工件加工的各项技术要求是设计专用机床夹具的最基本要求，包括正确确定定位方案、夹紧方案，正确确定刀具的对刀、导向方式和合理制定专用机床夹具的技术要求等。

2）专用机床夹具的结构与其用途和生产类型要相适应。在大批量生产中，专用机床夹具的主要功用是为保证工件的加工要求和具有一定的生产率。为保证较高的生产率，可以采用机动夹紧装置，如气动、液压等机动夹紧装置。中小批生产中，由于受到生产条件的限制，为达到良好的经济性和发挥专用机床夹具的功能，以保证工件的加工要求为主，应尽可能使夹具结构简单，广泛使用单件加工和手动夹紧机构；在条件允许的情况下，也可考虑采用可调整机床夹具、成组夹具和组合夹具等。

3）尽量选用标准化夹具零部件。尽量采用结构成熟的标准夹具元件、标准的夹紧机构等，减少非标准零件，以提高夹具的标准化程度，缩短夹具的设计和制造周期，提高夹具设计质量和降低夹具的制造周期及制造成本。

4）夹具结构应具有足够的刚度、强度和良好的稳定性。为保证工件加工精度要求和夹具本身的精度不受破坏，以及加工中夹具不发生振动等，夹具结构应具有较高的刚度和强度。夹具安装在机床工作台上应具有良好的稳定性，为此需注意夹具底面轮廓尺寸与夹具高度尺寸应适当成一定比例。

5）保证使用方便和安全。为便于操作，夹紧机构的操作手柄一般应放在右侧或前面。为便于夹紧工件，操纵夹紧手柄或扳手在操作范围内应有足够的活动空间。要防止夹紧机构的活动件与机床、刀具相碰撞。因此在设计时要认真查阅机床有关数据。同理，还要考虑清除切屑方便、安全。

6）具有良好的工艺性。所设计的专用机床夹具应便于制造、装配、检测、调整和维修。对于夹具上精度要求高的位置尺寸和位置公差，应考虑能否在装配后以组合件的方式直接加工保证，或依靠装配时用调整的方法得到保证。

二、专用机床夹具的设计步骤

1. 收集和研究有关资料

在设计之前必须认真研究有关资料，包括零件图样和夹具设计任务书等技术文件，了解零件的功能、结构特点、材料、对本工序的加工要求和生产类型等，以及本工序使用的机床和刀具。分析研究设计任务书中规定的定位基准和加工要求等内容。

2. 确定夹具的结构方案

确定夹具结构方案时，主要完成以下工作内容：

1）确定工件的定位方案。

2）确定刀具的对刀、导向方式。

3）确定工件的夹紧方案。

4）确定夹具其他组成部分的结构形式。

5）确定夹具体的形式和夹具的整体结构。

3. 绘制夹具的装配草图和装配图样

夹具总图绘制比例除特殊情况外，一般均应按 1∶1 绘制，以使所设计的夹具具有良好的直观性。总图的主视图，应选择与操作者正对的位置。

夹具装配图样可按如下顺序绘制：将工件视为透明体用双点划线画出工件轮廓、定位基准（基面）、夹紧面和加工表面；画出定位元件和导向元件；按夹紧状态画出夹紧装置；画出其他元件或机构；最后画出夹具体，把上述各组成部分联结成一体，形成完整的夹具；标注必要的尺寸、配合和技术条件；对零件编序号，填写零件明细表和标题栏等。

4. 绘制夹具零件图样

对装配图样上的非标准零件均要绘制零件图样，视图尽可能与装配图样上的位置一致。

5. 编写专用机床夹具设计说明书（略）。

三、专用机床夹具的制造精度

使用专用机床夹具装夹工件的目的之一，就是为保证工件被加工表面的位置尺寸和位置公差等要求。专用机床夹具的制造精度是保证上述加工要求的基础。因此在夹具设计时，应正确规定夹具的制造精度。专用机床夹具制造精度主要包括以下内容：

1）夹具各定位元件本身的制造精度。

2）夹具定位元件之间的尺寸和位置精度。

3）夹具定位元件与对刀元件、导向元件间的位置尺寸和位置精度。

4）夹具定位元件相对于机床夹具安装基面间的位置精度。

5）夹具对刀元件、导向元件相对于夹具安装基面间的位置精度。

6）铣床夹具定位元件、对刀元件相对于夹具定位键侧面间的位置精度等。

四、专用机床夹具设计实例

1. 专用机床夹具设计任务

图 2-7b 所示为汽车变速器拨叉钻孔和攻螺纹的工序简图，其加工要求为钻 $\phi8.9$mm 螺纹底孔，其轴线对孔 $\phi19^{+0.052}_{0}$ 和槽 $19^{+0.195}_{+0.065}$ 的对称中心平面 A—B 的垂直度公差；$\phi8.9$mm 螺纹底孔轴线对孔 $\phi19^{+0.052}_{0}$ 的对称度公差；距 F 平面间尺寸为（31.7±0.15）mm；攻螺纹 M10。工件材料为 45 钢，毛坯为模锻件；生产类型为成批生产；使用机床为 Z525 立式钻床。为该工序设计一专用钻床夹具。

2. 确定钻床夹具的结构方案

（1）确定定位元件　根据工序图规定的定位基准及加工要求，选用下列组合定位：定位销 3（A_1）与工件 $\phi19^{+0.052}_{0}$ 孔相配合；定位销 8（A_2）与工件 $19^{+0.195}_{+0.065}$mm 槽配合；支承钉 5 与工件 F 平面接触。上述组合定位共限制六个自由度，如图 2-72a 所示。

对于工序尺寸 $\phi8.9$mm 螺纹底孔和 M10 螺纹孔，均由刀具相应尺寸直接保证，不存在定位误差。对于工序尺寸（31.7±0.15）mm，因定位基准与工序基准重合，若不考虑定位基面 F 平面的位置误差，则工序尺寸 31.7mm 的定位误差 $\Delta_{d(31.7)}=0$。对于 $\phi8.9$mm 孔轴线对 A—B 平面的垂直度（0.12mm）要求，如图 2-73 所示，因两个定位销均处于水平布置，

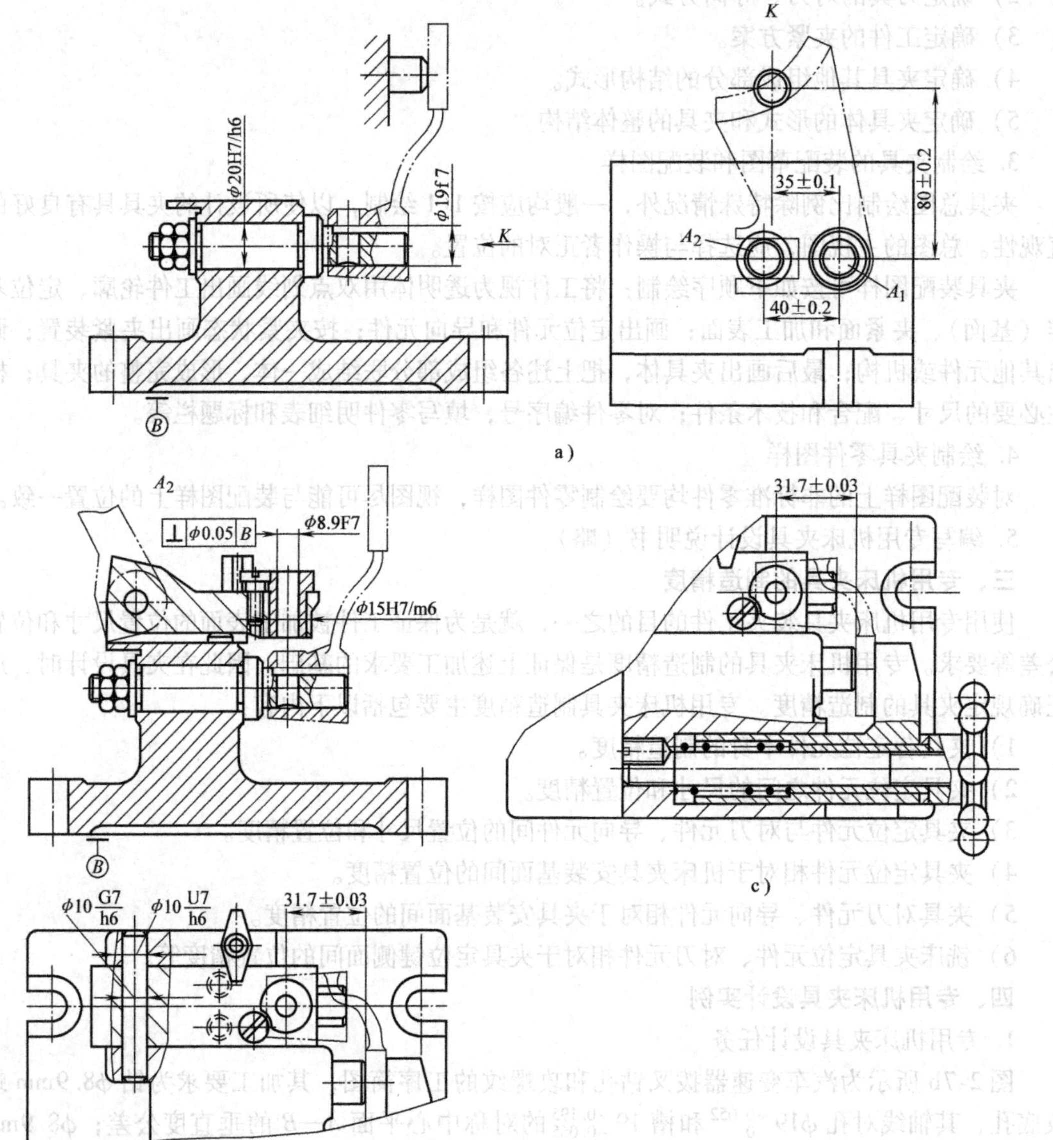

图 2-72　拨叉钻孔攻螺纹工序的专用钻床夹具设计过程

a）定位方案　b）导向方案　c）夹紧方案

所以实际定位时工件重力下沉而使对称中心平面$\overline{A_1-A_2}$下移到$\overline{A'_1-A'_2}$处，螺纹底孔轴线偏转至$\overline{A'_1-B'}$处。此时 ϕ8.9mm 螺纹底孔全长 9.5mm 上的垂直度定位误差 $\Delta_{d(\perp)}$ 可通过如下方法计算：横向转角误差

$$\tan\Delta\gamma=\frac{X_{2\max}-X_{1\max}}{2L}=\left(\frac{0.187-0.093}{2\times40}\right)\text{mm}=1.175\times10^{-3}\text{mm}$$

垂直度定位误差

$$\Delta_{d(\perp)} = \overline{MN} = 9.5\tan\Delta\gamma = 0.0112\text{mm} < \frac{0.12}{3} = 0.04\text{mm}$$

能可靠保证垂直度公差要求。

螺纹底孔 $\phi8.9$mm 对孔 $\phi19$mm 的对称度要求，从图 2-73 中看到，当对称中心平面偏转到 $\overline{A'_1A'_2}$ 位置处时，孔 $\phi19$mm 轴线也偏转至 $\overline{A'_1B'}$ 位置处，对称度定位误差值可用以下方法计算

$$\Delta_{d(\div)} = \overline{MP} = 19\tan\Delta\gamma = 0.022325\text{mm} < \frac{0.2}{3} = 0.067\text{mm}$$

能可靠保证对称度公差 0.2mm 的要求。综上分析可以得出结论，采用上述定位方案可行。

（2）确定导向装置　考虑到本工序分两个工步连续完成钻孔和攻螺纹，为装卸工件和攻螺纹方便，采用铰链式钻模板。又考虑到钻套磨损后便于更换，选用可换式钻套作为导向元件，如图 2-72b 所示。

（3）确定夹紧机构　选用星形手轮、双头螺栓和钩形压板等组成的螺旋压板夹紧机构，如图 2-72c 所示。

3. 绘制夹具装配图样

拨叉钻孔工序的钻床夹具装配图如图 2-7a 所示。

4. 标注夹具装配图样上的相关尺寸、配合和位置公差等技术要求

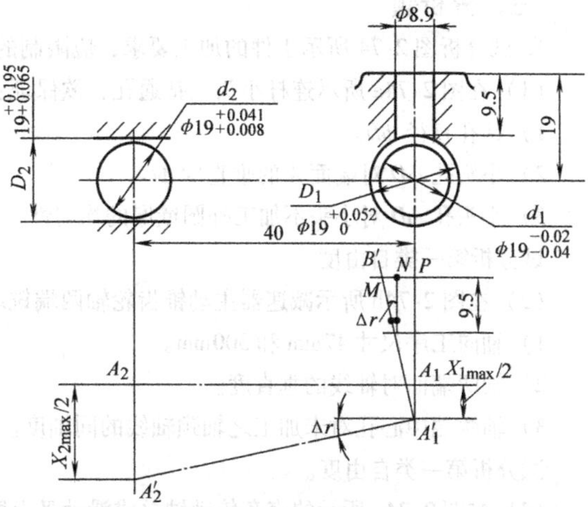

图 2-73　垂直度定位误差和对称度定位误差的计算图解

1）根据工件加工要求，确定钻套轴线至支承钉间尺寸（31.7 ±0.03）mm（公差值取工件相应尺寸公差的 1/2 ~ 1/5）；钻套轴线对夹具体底平面的垂直度公差为 $\phi0.05$mm。

2）定位销 3（A_1）和 8（A_2）的对称中心平面对夹具体底平面的平行度公差为 0.02mm。

至此，汽车变速器拨叉钻孔和攻螺纹用专用钻床夹具设计完毕。

思考题及习题

一、解释下列名词术语

定位、夹紧、装夹、机床夹具、基准、设计基准、工艺基准、工序基准、定位基准、测量基准、装配基准、找正装夹法、专用机床夹具、六点定位规则、第一类自由度、第二类自由度、定位误差、基准不重合误差、基准位移误差、夹紧装置、定心夹紧装置。

二、思考题

1. 常用工艺基准有哪几种？
2. 专用机床夹具装夹法有何特点？应用于何种场合？
3. 专用机床夹具是由哪些元件和装置组成的？它们都起着何种作用？
4. 用静调整法加工一批工件时，为何工件必须正确定位？怎样才能正确定位？
5. 何谓过定位？在何条件下允许存在过定位？

6. 箱壳体类工件采用一面两孔（工艺孔）作为定位基准时，为何夹具定位元件中的一个短圆柱销要采用短菱形销？短菱形销削边方向如何？

7. 何谓定位误差？定位误差产生的原因是什么？

8. 采用外圆柱体在V形块上定位时，采取哪些措施可以减少定位误差值？

9. 工件采用一面两孔作为定位基准，机床夹具相应采用一面两销作为定位元件时，采取何措施可以减少定位误差值？

10. 定心夹紧机构有哪两类？它们各具有何特点？

11. 专用钻床夹具由哪些元件和装置构成？它们各起何作用？

12. 专用铣床夹具由哪些元件和装置构成？铣床夹具的特殊元件是什么？起何作用？

三、分析题

1. 试分析图2-74所示工件的加工要求，应限制的第一类自由度。

（1）在图2-74a所示连杆小头上钻通孔，欲保证：

1）钻孔直径 ϕD。

2）小头孔 ϕD 对端面 A 的垂直度 ϕt。

3）小头孔 ϕD 对小头不加工外圆壁厚的均匀性。

试分析第一类自由度。

（2）在图2-74b所示减速器主动锥齿轮轴两端铣端面和钻中心孔，欲保证：

1）轴向工序尺寸47mm和300mm。

2）轴两端面对轴线的垂直度。

3）轴两端中心孔对未加工之轴颈轴线的同轴度。

试分析第一类自由度。

（3）在图2-74c所示的汽车传动轴总成滑动叉上磨削两个平面，欲保证：

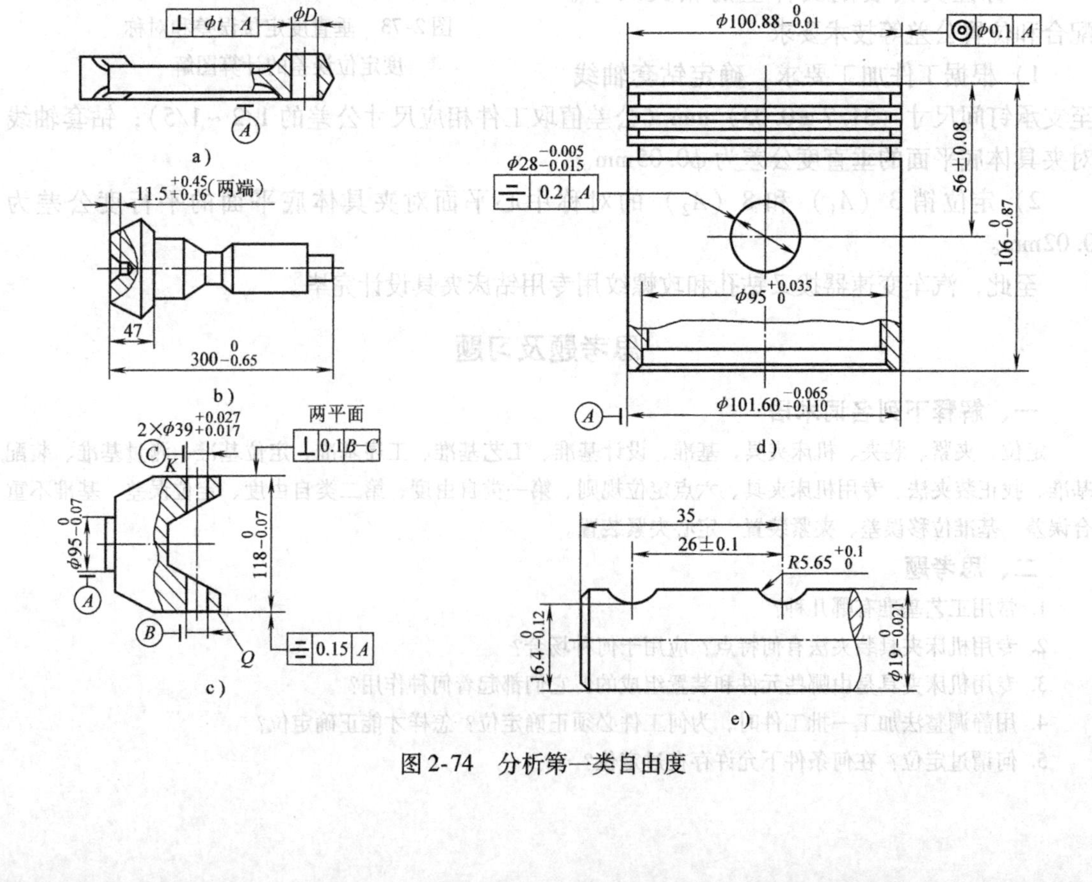

图2-74　分析第一类自由度

1）两个平面 K 及 Q 间的工序尺寸为 $118_{-0.07}^{\ 0}$mm。

2）两平面 K、Q 对孔 $2\times\phi39_{-0.017}^{+0.027}$mm 轴线 B 的垂直度公差 0.1mm。

3）两平面 K、Q 的对称中心平面对外圆 $\phi95_{-0.07}^{\ 0}$mm 轴线 A 的对称度公差 0.15mm。试分析第一类自由度。

（4）在图 2-74d 所示活塞上镗削活塞销孔，欲保证：

1）销孔直径 $\phi28_{-0.015}^{-0.005}$mm。

2）销孔至活塞顶面间工序尺寸（56 ±0.08）mm。

3）销孔对活塞裙部外圆的对称度公差 0.2mm。

试分析第一类自由度。

（5）在图 2-74e 所示汽车变速器拨叉轴上铣削两个半圆凹槽，欲保证：

1）两个半圆凹槽半径 $R5.65_{\ 0}^{+0.1}$mm。

2）两个半圆凹槽轴向工序尺寸分别为 35mm 及（26 ±0.1）mm。

3）凹槽底工序尺寸 $16.4_{-0.12}^{\ 0}$mm。

试分析第一类自由度。

2. 分析下列各专用机床夹具定位元件所限制的自由度情况。

1）试分析图 2-75a 所示工件：传动轴总成滑动叉在两个短圆柱销 1 和一个短 V 形块 4 上定位时，定位元件所限制的自由度。

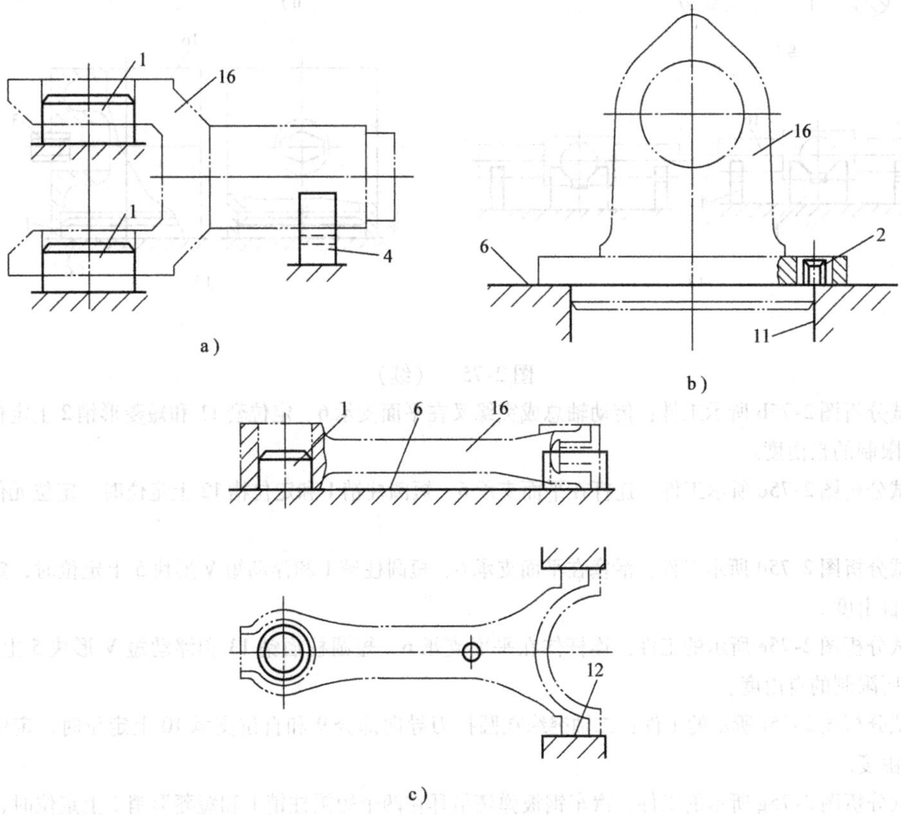

图 2-75　定位元件所限制的自由度分析

1—短圆柱销　2—短菱形销　3—短菱形插销　4—短 V 形块　5—浮动短 V 形块　6—平面支承　7—圆锥销　8—移动式圆锥销　9—圆拉刀导向部分　10—自位支承　11—定位套　12—定位槽　13—短圆柱插销　14—菱形圆锥销　15—移动式菱形圆锥销　16—工件

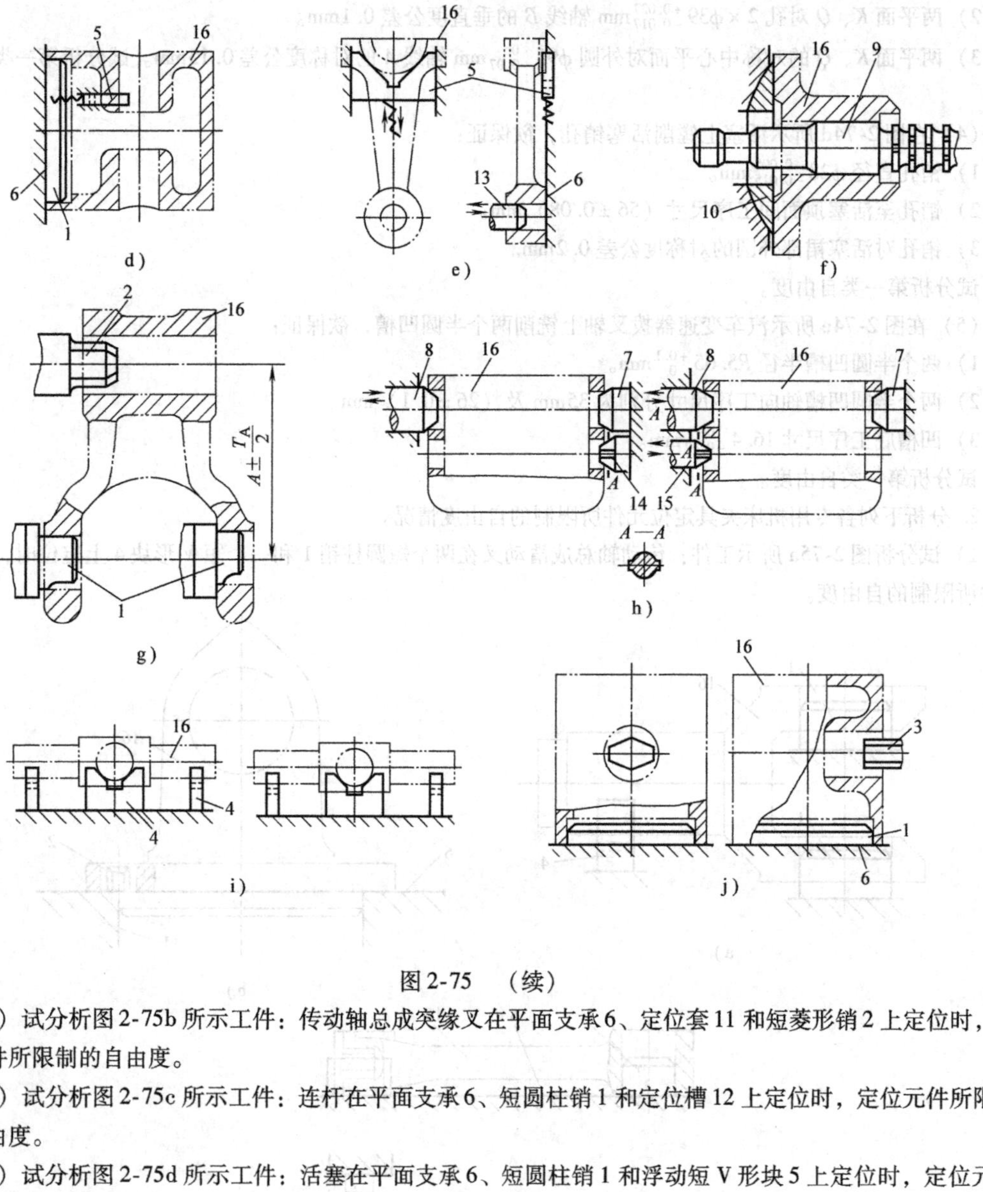

图 2-75 （续）

2）试分析图 2-75b 所示工件：传动轴总成突缘叉在平面支承 6、定位套 11 和短菱形销 2 上定位时，定位元件所限制的自由度。

3）试分析图 2-75c 所示工件：连杆在平面支承 6、短圆柱销 1 和定位槽 12 上定位时，定位元件所限制的自由度。

4）试分析图 2-75d 所示工件：活塞在平面支承 6、短圆柱销 1 和浮动短 V 形块 5 上定位时，定位元件所限制的自由度。

5）试分析图 2-75e 所示的工件：连杆体在平面支承 6、短圆柱插销 13 和浮动短 V 形块 5 上定位时，定位元件所限制的自由度。

6）试分析图 2-75f 所示的工件：二轴突缘在圆拉刀导向部分 9 和自位支承 10 上定位时，定位元件所限制的自由度。

7）试分析图 2-75g 所示的工件：汽车钢板弹簧吊耳在两个短圆柱销 1 和短菱形销 2 上定位时，定位元件所限制的自由度。

8）试分析图 2-75h 所示工件：汽车变速器壳体采用两种定位方案：方案Ⅰ在圆锥销 7、菱形圆锥销 14 和移动式圆锥销 8 上定位；方案Ⅱ在圆锥销 7、移动式圆锥销 8 和移动式菱形圆锥销 15 上定位时，定位元件所限制的自由度，并说明哪种方案较好。

9）试分析图 2-75i 所示的工件：十字轴在四个短 V 形块 4 上定位时，定位元件所限制的自由度情况，并指出过定位自由度，提出解决过定位的定位方案。

10）试分析图 2-75j 所示的工件：活塞在平面支承 6、短圆柱销 1 和短菱形插销 3 上定位时，定位元件所限制的自由度。

四、定位误差的分析计算题

1. 在图 2-76 所示阶梯轴（双点划线表示）上铣削一平面，其工序尺寸为 $30_{-0.28}^{\ 0}$ mm，有图 a、b、c、d、e 所示五种定位方案。试计算：

1）如果不考虑阶梯轴两外圆柱同轴度公差时，五种定位方案的定位误差。

2）如果考虑阶梯轴两外圆柱的同轴度公差 ϕ0.03mm 时，五种定位方案的定位误差。并指出哪几种定位方案能可靠保证加工要求。

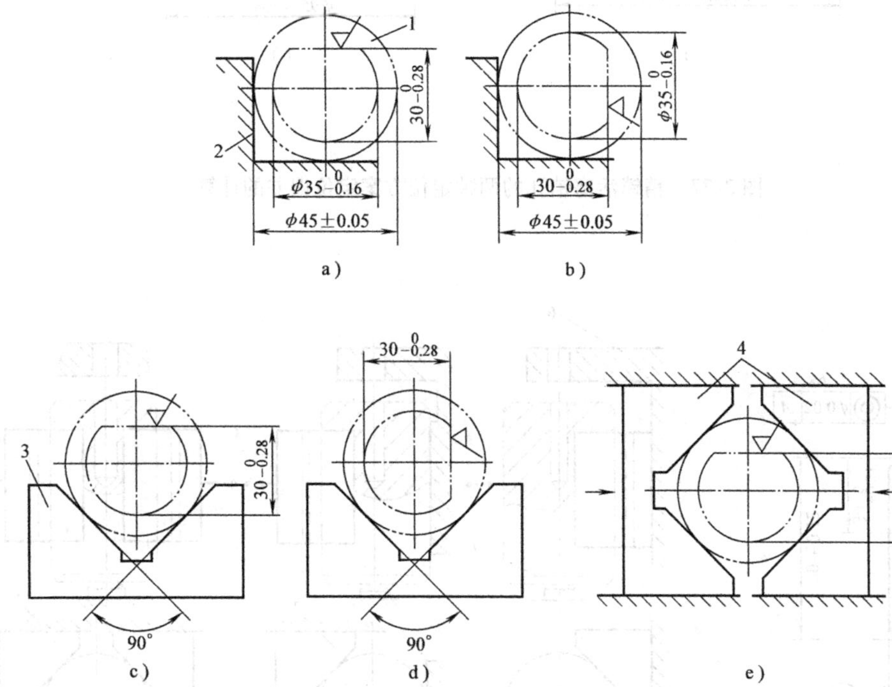

图 2-76 阶梯轴上铣削平面的定位误差计算

1—阶梯轴 2—直角铁 3—V 形块 4—双移动式 V 形块

2. 图 2-74d 所示为活塞图样及主要设计尺寸。现欲精镗活塞销孔，保证销孔尺寸 $\phi28_{-0.015}^{-0.005}$ mm、活塞销孔轴线至活塞顶面的工序尺寸（56 ± 0.08）mm 和活塞销孔轴线对活塞裙部外圆轴线 A 的对称度公差 0.2mm（假设内止口与活塞裙部同轴度误差为零）。如果采用图 2-77a、b 所示的两种定位方案定位，试分析计算工序尺寸（56 ± 0.08）mm 和对称度的定位误差，并指出能否可靠保证加工要求。如果不能可靠保证加工要求，试提出解决措施。

3. 在图 2-78a 所示的圆柱体上钻轴向孔，加工要求如图 a 所示。如果采用图 b、c、d 所示三种定位方案，V 形块夹角 $\alpha = 90°$，试分析计算三种定位方案加工要求的定位误差。

4. 在图 2-79 所示箱体上铣削平面 P 和镗孔。加工要求：镗孔直径为 $\phi107_{\ 0}^{+0.07}$（H7）mm，孔位置尺

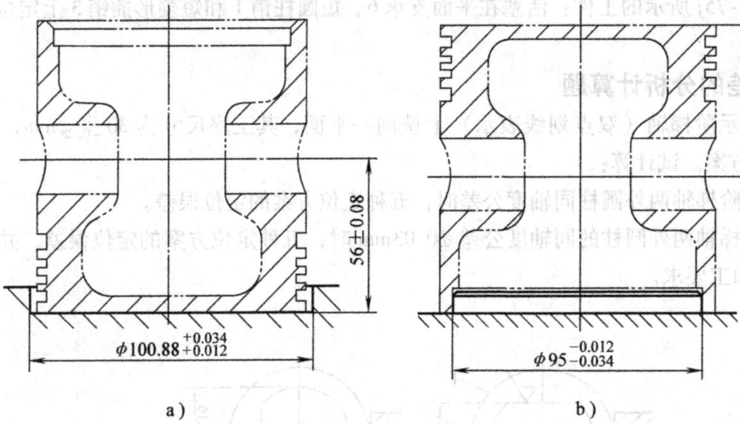

图 2-77　精镗活塞销孔的两种定位方案定位误差的计算

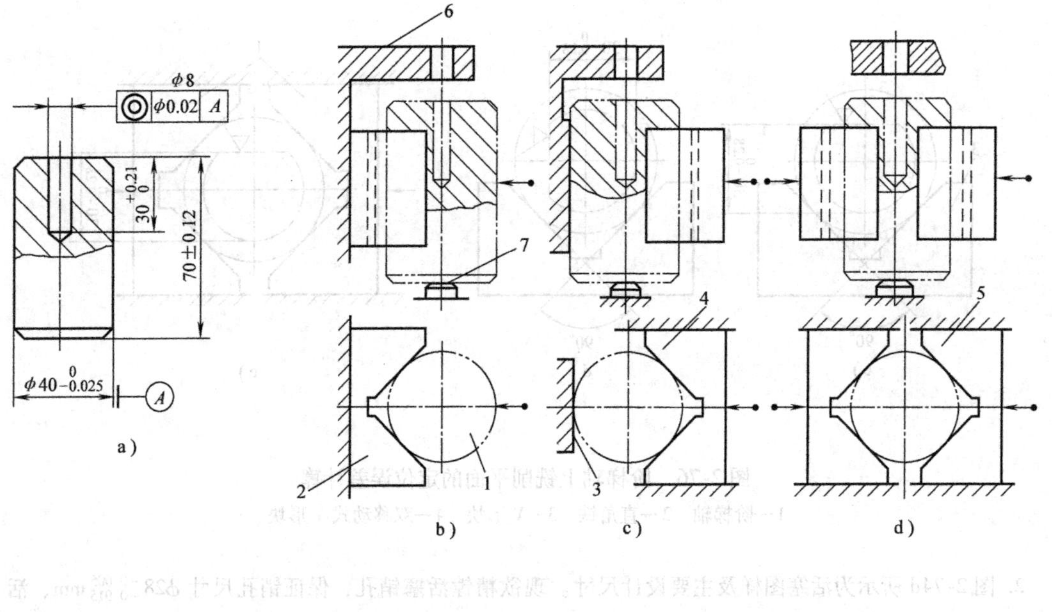

图 2-78　圆柱体上钻轴向孔的三种定位方案定位误差的计算

1—工件　2—固定式 V 形块　3—平面支承　4—移动式 V 形块

5—双移动式 V 形块　6—钻模板及钻套　7—支承钉

寸为（160.5±0.05）mm 和（115±0.05）mm；平面 P 的工序尺寸为（200±0.5）mm。加工时采用一面两孔作为定位基准：两孔直径为 $\phi16^{+0.027}_{0}$mm，两孔中心距为（336±0.04）mm；机床夹具定位元件采用一面两销：圆柱销直径为 $\phi16_{-0.017}^{-0.006}$mm，菱形销直径为 $\phi16_{-0.036}^{-0.025}$mm。试分析计算加工要求的定位误差，并指出哪个孔与圆柱销配合较好，为什么？

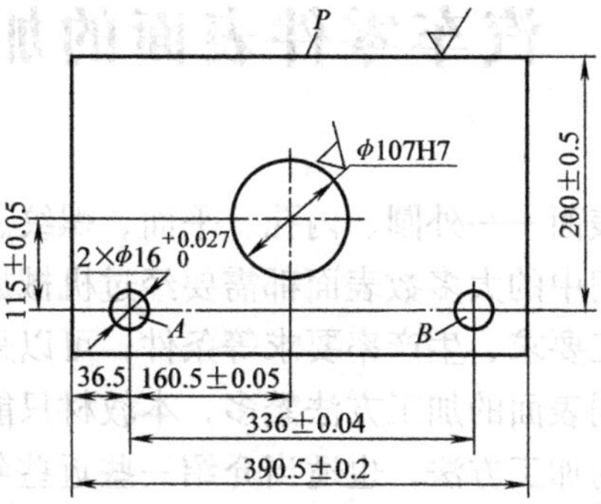

图 2-79　一面两孔定位时的定位误差

第三章 汽车零件表面的加工方法

汽车零件由不同的典型表面——外圆、内孔、平面、螺纹、花键和轮齿齿面等构成。它们都有一定的加工要求。它们中的大多数表面都需要经过机械加工来获得。根据零件的结构特征、加工表面形式及其加工要求、生产率要求等条件，可以采用不同的加工方法及工艺过程来保证加工要求。由于不同表面的加工方法繁多，本教材只能介绍一些在汽车零件制造中应用较为广泛的和高生产率的加工方法，也适当介绍一些近些年来新引进的新工艺。表 3-1 列举了汽车零件外圆和内孔表面加工中常采用的加工方法和机床设备。

表 3-1 汽车零件外圆和内孔加工时所采用的加工方法和设备

加工表面	加工方法	使用的机床设备	典型零件
外圆表面	车削	液压仿形车床	阶梯轴、齿轮轴（变速器三轴、主减速器齿轮轴等）、半轴、曲轴、凸轮轴和盘齿轮齿坯等
		数控（CNC）车床	
		转塔式数控车床	
		双轴立式数控车床	
		双轴卧式数控车床	
		专用车床（曲轴车床、凸轮轴车床）等	
		数控（CNC）曲轴车拉机床	曲轴
	铣削	数控（CNC）曲轴铣床	曲轴
	外圆磨削	普通外圆磨床	阶梯轴、齿轮轴（变速器三轴、主减速器齿轮轴等）、半轴、曲轴、凸轮轴、十字轴、活塞销、气门等
		端面外圆磨床	
		宽砂轮外圆磨床	
		多砂轮外圆磨床	
		无心外圆磨床	
		曲轴、凸轮轴外圆磨床	
		立方氮化硼（CBN）砂轮外圆磨床	
	超精加工	超精加工机床	曲轴等
	抛光	纸带抛光机床	曲轴、凸轮轴等
内孔表面	钻、扩、铰	立式单轴钻床	杆叉类零件（拨叉、摇臂等）、盘类零件（突缘、差速器壳体）和箱体类零件（气缸体、变速器（壳）箱体、主减速器壳体等）等
		摇臂钻床	
		多轴组合钻床	
		数控钻削中心	
	镗削	组合镗床	变速器（壳）箱体、离合器壳体、主减速器壳体、气缸体、连杆、活塞等
		缸孔镗床	
		单轴及多轴金刚镗床	
		数控镗铣加工中心等	

（续）

加工表面	加工方法	使用的机床设备	典型零件
内孔表面	内孔磨削	内圆磨床	盘状齿轮等
	拉削（光孔、键槽、花键孔）	卧式拉床	盘状齿轮等
		立式拉床	

第一节　车削、钻削和铰削

一、车削

（一）普通车削

汽车发动机、变速器、转向机、主减速器等总成中诸多零件——各种传动轴、齿轮、曲轴和凸轮轴等的回转体表面，都需要进行车削加工。零件表面切削加工时，切削刀具必须与被加工零件之间保持一定的相对运动——切削运动。例如车削外圆时，如图 3-1 所示工件绕其轴线旋转（主运动），车刀沿工件轴线移动（进给运动）。切削运动中的主运动是工件与刀具产生相对运动以进行切削的基本运动；进给运动是使切削持续进行以形成所需要的工件表面的运动。因此，**车削**是以工件的旋转作为主运动，车刀的移动作为进给运动的切削加工方法。

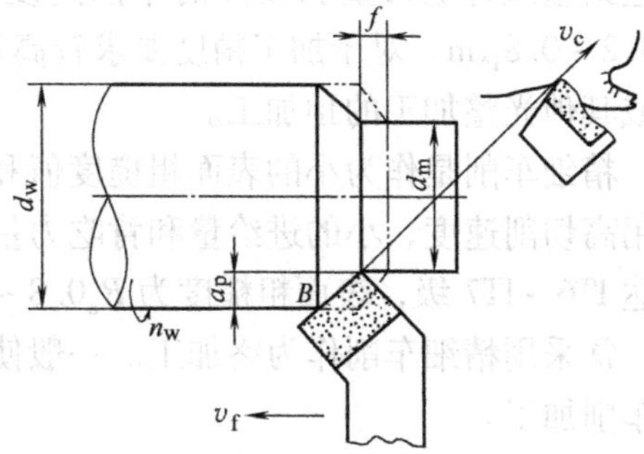

图 3-1　外圆车削

车削加工时，工件以一定的旋转速度旋转，车刀切削刃选定点（如车刀 *B* 点）相对于工件主运动的瞬时速度称为切削速度 v_c，计算公式为

$$v_c = \frac{\pi d_w n_w}{1000} \tag{3-1}$$

式中　d_w——车刀切削刃选定点工件的回转直径（mm）；

n_w——工件（或刀具）的转速（r/min）。

车刀在进给方向上相对于工件的位移量，称为进给量 f(mm/r)；每分钟的进给量称为进给速度 v_f，与进给量的关系为

$$v_f = fn \quad (\text{mm/min}) \tag{3-2}$$

在外圆车削时，车刀切削刃与工件接触长度在同时垂直于主运动和进给运动的方向上的投影值称为背吃刀量 a_p，即工件已加工表面与待加工表面间的垂直距离。上述切削速度 v_c、进给量 f（或进给速度 v_f）和背吃刀量 a_p，统称为切削用量或切削三要素。

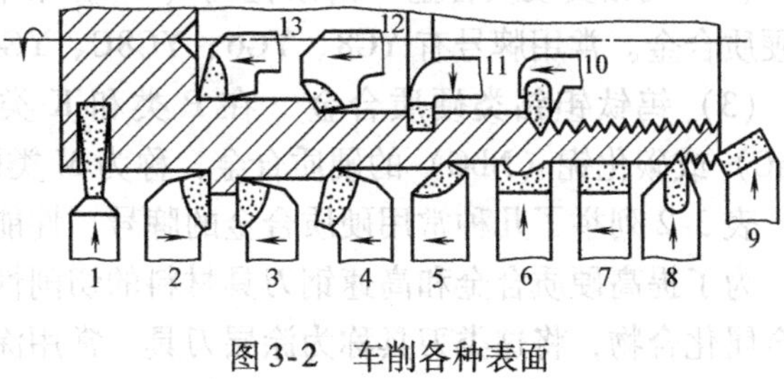

图 3-2　车削各种表面

1—切断　2、3—车轴肩　4、5、7—车外圆　6—车成形表面　8、10—车螺纹　9—车端面　11—车内孔槽　12、13—车内孔

如图 3-2 所示，在汽车零件回转体

表面的车削加工中，广泛进行外圆、内孔、端面、螺纹和内、外回转体成形等表面的加工。

按加工精度和表面粗糙度，车削加工可分为粗车、半精车、精车和精细车。粗车是从毛坯表面上车掉较多的加工余量。为保证粗车的生产率，一般在一次工作行程中尽可能采用较大的背吃刀量和进给量。从毛坯表面进行粗车时，为避免车削量的不均匀而产生车削振动和保证较高的车刀寿命，车削时的切削速度较低。一般粗车时的经济精度为IT12～IT11级，表面粗糙度为R_a12.5～6.3μm。一般可作为低精度表面的终加工，或高精度表面的预加工。

半精车是介于精车和粗车之间的车削加工。半精车的经济精度为IT10～IT8级，表面粗糙度为R_a6.3～3.2μm。可作为中等精度表面的终加工，或作为磨削或其他精加工工序的预加工。

精车一般作为较高精度表面的终加工。为保证获得较高车削质量的表面，一般采用较小的进给量及背吃刀量和较高的车削速度。精车的经济精度为IT7～IT8级，表面粗糙度为R_a3.2～0.8μm。对于加工精度要求较高和表面粗糙度值小的表面，精车也可以作为精细加工或其他光整加工的预加工。

精细车削是作为小的表面粗糙度值和高精度表面的终加工。为保证高的加工质量，一般采用高切削速度、小的进给量和背吃力量，在精密车床上进行车削加工。精细车削加工精度可达IT6～IT7级，表面粗糙度为R_a0.8～0.2μm。对于磨削加工性不好的有色金属零件的加工，常采用精细车削作为终加工。一般使用立方氮化硼（CBN）、金刚石等超硬材料车刀进行车削加工。

汽车零件切削加工中使用的刀具材料有高速钢、硬质合金、立方氮化硼、陶瓷和金刚石等。常使用的有高速钢、硬质合金和立方氮化硼等几类刀具材料。目前车刀材料主要有硬质合金和硬质合金涂层刀片。硬质合金是用高硬度、难熔的金属碳化物（WC、TiC、TaC、NbC等）粉末和金属粘结剂（Co、Ni、W等），在高温下烧结而成的粉末冶金制品。与高速钢刀具材料相比较，它的特点是硬度高（89～93HRA），热硬性好（760℃时硬度仍保持在77～85HRA），耐磨性高，刀具寿命提高几倍至几十倍，在相同刀具寿命条件下，切削速度可提高几倍。但它的缺点是强度和韧性较差，承受切削振动和冲击能力较低。在我国汽车工业生产中常用的硬质合金刀片材料主要有三类。

（1）钨钛钴类硬质合金　由碳化钨（WC）、碳化钛（TiC）和粘结剂钴（Co）组成的硬质合金，称为P类硬质合金。常用牌号有YT5、YT14、YT15和YT30等。

（2）钨钴类硬质合金　由碳化钨（WC）和粘合剂钴（Co）组成的硬质合金，称为K类硬质合金。常用牌号有YG8、YG6、YG8C、YG6X和YG3X等。

（3）钨钛钽钴类硬质合金　在P类和K类硬质合金中加入少量稀有金属的碳化钽（TaC）或碳化铌（NbC）的硬质合金，称为M类硬质合金。常用牌号有YW1和YW2等。

表3-2列举了几种常用硬质合金的牌号、性能及其使用范围。

为了提高硬质合金和高速钢刀具材料的切削性能，在刀具基体上涂覆一层耐磨性高的难熔金属化合物，将这类刀具称为涂层刀具。常用涂层材料有氮化钛（TiN）、碳化钛（TiC）、氧化铝（Al_2O_3）等。涂层刀具可显著提高刀具的切削性能。硬质合金涂层刀具通常可提高切削速度30%，或在同等切削条件下提高刀具寿命2～3倍。加工材料的硬度越高，涂层刀具的效果越好。

表 3-2　常用硬质合金牌号、性能及其使用范围

类　型	牌号	物理力学性能		使用性能			使用范围		相当的ISO牌号
		硬度（HRA）	抗弯强度/GPa	耐磨	耐冲击	耐热	材料	加工性质	
钨钴类（K类）	YG3	91	1.08	↑	↓	↑	铸铁，有色金属	连续切削时精、半精加工	K05
	YG6X	91	1.37				铸铁，耐热合金	精加工、半精加工	K10
	YG6	89.5	1.42				铸铁，有色金属	连续切削粗加工，间断切削半精加工	K20
	YG8	89	1.47				铸铁，有色金属	间断切削粗加工	K30
钨钴钛类（P类）	YT5	89.5	1.37	↓	↑	↓	钢	粗加工	P30
	YT14	90.5	1.25				钢	间断切削半精加工	P20
	YT15	91	1.13				钢	连续切削粗加工，间断切削半精加工	P10
添加稀有金属碳化物类（M类）	YW1	92	1.28		较好	较好	难加工钢材	精加工、半精加工	M10
	YW2	91	1.47		好		难加工钢材	半精加工、粗加工	M20

除了常用的硬质合金刀具材料外，超硬刀具材料——立方氮化硼、人造金刚石和天然金刚石刀具材料也得到了一定的应用。在汽车工业生产中应用较广泛的是立方氮化硼刀具材料。立方氮化硼（CBN）是由六方氮化硼在高温高压下聚合而成的高硬度刀具材料。它的主要特点是硬度仅次于金刚石，一般为3000～4500HV；耐热性高达1200℃左右，在1000℃温度下不与铁、镍和钴等金属发生化学反应。立方氮化硼刀具材料主要用于加工淬硬钢、冷硬铸铁、耐热合金等材料。

上述的刀具材料不仅适合制造车刀，也适合制造其他刀具，如铣刀、钻头、扩孔钻、铰刀和磨具等。

车削时使用的车刀结构主要有整体式、焊接式和机械夹固不重磨可转位硬质合金车刀等。图3-3所示为外圆车削用的机械夹固的可转位硬质合金车刀的组成和硬质合金刀片夹固的两种方式。图b所示为上压式夹固机构，适用于不带孔的刀片的夹固，夹固时由螺钉5和

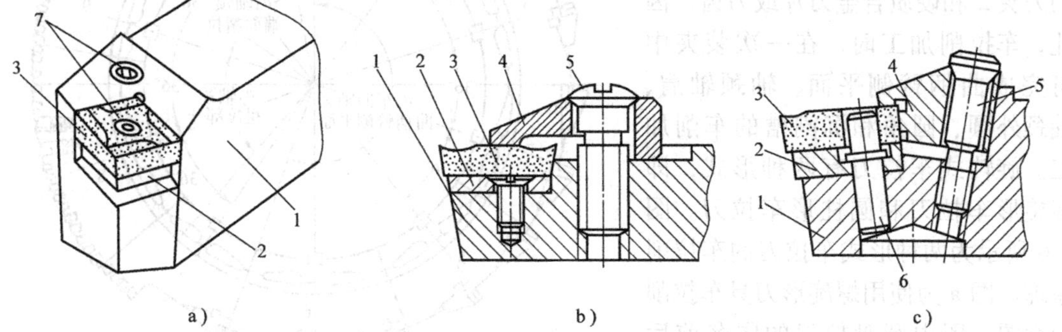

图3-3　机械夹固的硬质合金可转位车刀

a）机械夹固可转位车刀的组成　b）上压式机械夹固　c）综合式机械夹固

1—刀体　2—刀垫　3—刀片　4—压板　5—螺钉　6—圆柱销　7—夹固机构

压板4将刀片3压紧在刀垫2上；图c所示为综合式机械夹固机构，适用于带孔的硬质合金刀片的夹固，夹固时夹紧螺钉5夹紧压板4，产生两个分力，一个分力推动刀片3向左移动，使刀片孔壁紧紧地靠在圆柱销6上，另一个分力使压板4将刀片3压紧在刀垫2上。

随着汽车工业生产中半自动、自动车床和数控车床的广泛使用，机械夹固的硬质合金可转位车刀的使用越来越显示其优越性。图3-3所示硬质合金刀片有两个面各有四个切削刃供使用。使用中，一个切削刃磨钝或损坏时，只要松开夹紧螺钉，将刀片转换一个位置，就可以使用另一个新切削刃，不必卸下车刀。因此，使用这种车刀很方便，刀片定位准确，加工精度有可靠保证，又有利于提高生产率，是汽车零件加工中刀具的发展方向。

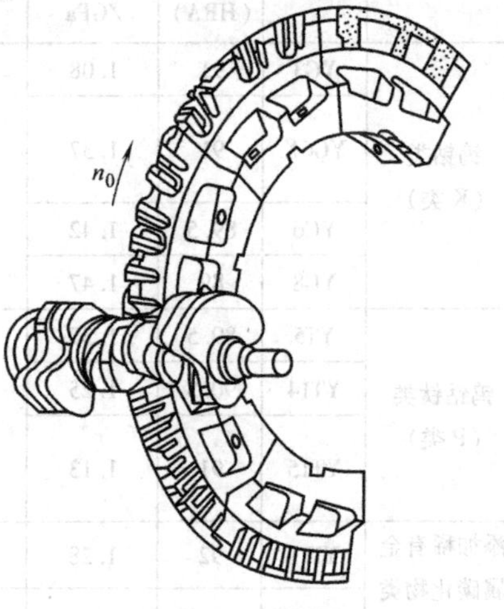

图3-4　曲轴轴颈车拉削加工示意图

（二）曲轴轴颈的车拉削

以上介绍的普通车削都是车刀安装在车床刀架上，车刀随着刀架或溜板一起移动实现进给运动的车削加工。随着汽车制造技术的不断发展，传统的车削曲轴轴颈的加工方法已不能满足汽车工业发展的需要，出现了使用旋转式车拉刀车拉削曲轴轴颈的工艺方法。图3-4所示为应用圆盘形车拉刀对曲轴曲柄臂侧平面和主轴颈外圆等表面进行车拉削加工的示意图。车拉削加工是车削和拉削相组合的一种新工艺。在此基础上，又有一个分支——曲轴车—车拉削加工出现。它们加工的实质都是车削加工。从图中可以看到，车拉削加工时被加工曲轴以高速（$n_w = 300 \sim 800 r/min$）绕被加工轴颈轴线旋转，车拉刀以慢速绕车拉刀具中心旋转。图3-5所示，车拉刀具是一直径为$\phi400 \sim \phi700mm$的圆盘形刀具，在刀具轮鼓1的外圆周上装有多组扇形刀块3，扇形刀块上镶有加工曲轴曲柄臂侧平面、轴颈轴肩、轴颈外圆和沉割的刀夹2和硬质合金刀片或刀齿。因此，车拉削加工时，在一次装夹中可完成曲柄臂侧平面、轴颈轴肩、轴颈外圆、圆角和沉割槽的车削加工。旋转式车拉刀有两种形式，即螺旋形车拉刀和圆柱形车拉刀。图3-6所示为两种形式车拉刀的车拉削原理。图a为使用螺旋形刀具车拉削示意图，图中圆盘拉刀的同名前后刀齿（或刀片）具有一定的半径尺寸差，这个半径尺寸差称为齿升量f_z。因此，装在刀盘刀鼓上的刀片在

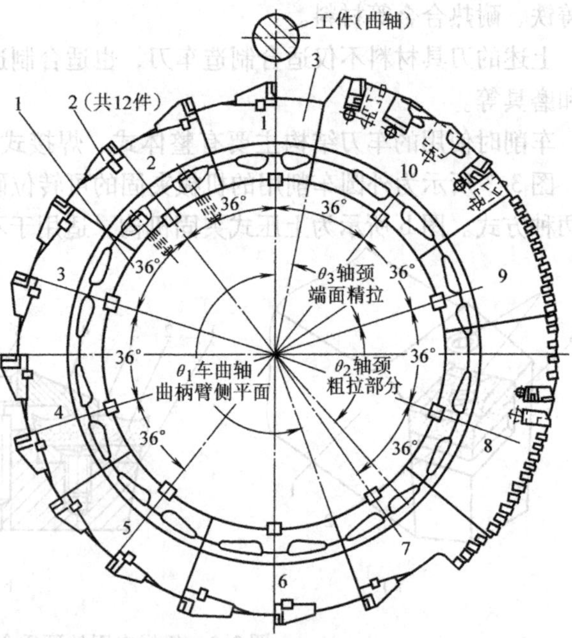

图3-5　车—车拉刀结构
1—刀具轮鼓　2—刀夹　3—扇形刀块

圆周上呈螺旋线布置。车拉加工时，被加工曲轴轴颈与螺旋形刀具的中心距保持不变，其刀具的径向进给是靠刀具旋转时刀齿（或刀片）的齿升量完成的。图 b 所示为圆柱形刀具车拉削示意图，加工时在数控装置控制下，刀具 3 一边慢速旋转，一边沿径向运动 f_z 实现切入进给。如果使用图 3-5 所示的圆柱形车—车拉刀进行加工，则可以使用第 1 ~7 个扇形刀块上的第 1 个刀夹的硬质合金涂层刀片进行车削曲轴曲柄臂侧平面。切削第二个曲轴曲柄臂侧平面时，可以使用第 2 个刀夹的硬质合金涂层刀片，依次使用第 3 个刀夹的刀片……第 7 个刀夹的刀片。使用不同刀夹的刀片轮流车削，可以使刀片得到充分的散热冷却，延长刀具的使用寿命。刀盘第 7 个扇形刀块以后部分至第 9 个扇形刀块的刀片用于粗车拉曲轴轴颈、圆角和沉割，第 10 个扇形刀块的刀片用于精车拉曲轴轴颈及轴肩端面。上述以不同刀片进行加工时，每一时刻都只有一个刀片参加切削，因此切削时的切削力较小，车拉加工后的加工精度较高。

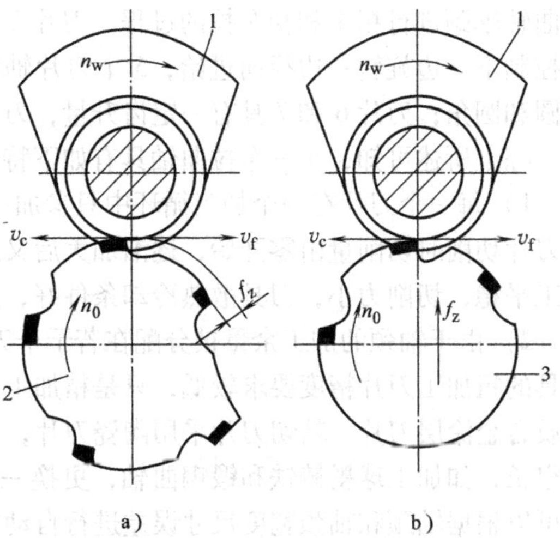

图 3-6　两种车拉刀具车拉加工原理

1—被加工曲轴　2—螺旋形刀具　3—圆柱形刀具

v_f—切向进给速度　v_c—切削速度

图 3-7a 所示为曲轴轴颈外圆的车拉削过程。在数控装置控制下，刀片随刀盘旋转和径向进给，刀片于轴颈外圆 A 点接触进入车削。随着被加工曲轴快速旋转和在数控装置控制下径向进给，刀片车削厚度由零逐渐加大，到达 B 点时，切掉最厚一层金属，然后切削厚度又由最大逐渐减小直至为零，刀片离开刀削区。图 3-7b 所示为由 7 个刀片组成的一组刀片

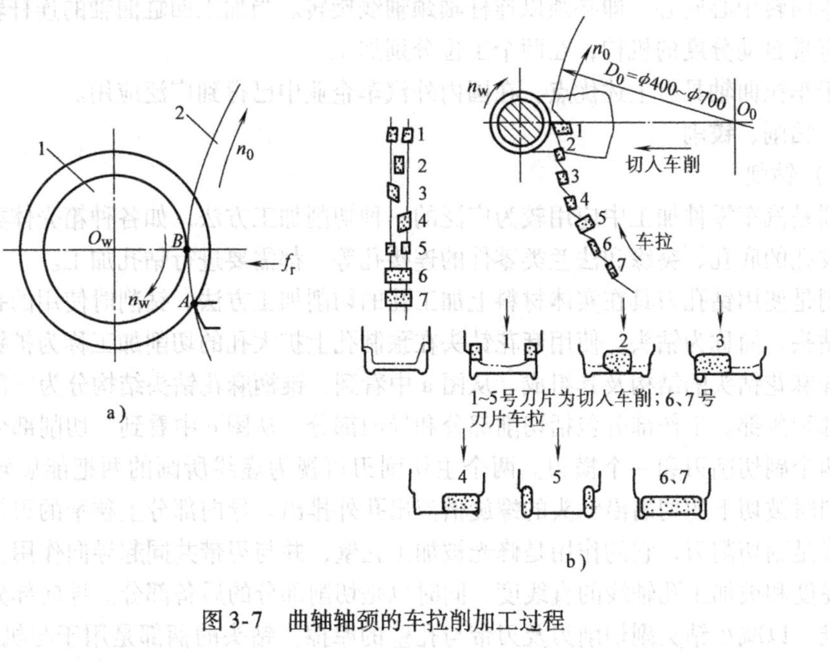

图 3-7　曲轴轴颈的车拉削加工过程

对曲轴轴颈进行粗车和精车拉的过程。刀片 1~5 同为粗车同一直径的刀片，刀具在数控装置控制下一边旋转一边径向进给，5 个刀片轴向错位分布，分别以径向切入式车削沉割槽、外圆和圆角；刀片 6 和 7 具有一定齿升量，刀具在没有径向移动下以宽刀精车拉轴颈外圆。

综上所述可知，车—车拉曲轴具有如下特点：

1）每一个刀片在一个加工循环中只参加一次切削，切削时间短而散热冷却时间长；每一刀片切削时切削量由零开始，逐渐加大后又逐渐减小，直至切削量为零切离切削区。因此加工平稳，切削力小，刀具散热冷却条件好，刀具寿命较长。

2）由于轴颈的加工余量被分配在若干个刀片完成，因此每一个刀片的切削量很小；对刀具的粗加工刀片精度要求较低，只是精加工刀片应具有较高精度；刀具的粗加工刀片采用硬质合金涂层刀片，精切刀片采用陶瓷刀片，可较长时间保持刀具的制造精度，刀具使用寿命很长，如加工球墨铸铁和锻钢曲轴，更换一次刀具可加工 1000~2000 件曲轴。数控装置还可以根据轴颈和轴颈宽度尺寸误差进行自动补偿。

车拉加工曲轴可保证较高的加工精度：轴颈直径尺寸误差为 0.05mm 之内，轴颈宽度尺寸误差在 0.05mm 之内，轴颈径向圆跳动在 0.05mm 之内，表面粗糙度达 R_a0.3~0.8μm。

3）由于车拉加工的精度较高，所以可省去粗磨工序；又因为在一次装夹条件下可加工出曲柄臂侧平面、轴肩、外圆和沉割槽，不需要另外增加车削沉割槽的工序。因此，车—车拉曲轴的经济性也是较好的。

4）生产率高。对多个主轴颈的加工可实现多个刀盘同时加工。对连杆轴颈实现同时车拉加工同相位的两个轴颈时，车拉刀盘只需旋转一周即可完成一个轴颈的加工。每小时可加工约 50~80 根曲轴。

5）对于多品种较大批量轮番生产，车—车拉加工的柔性是很好的，只需对数控程序适当修改和更换车拉刀盘等，在较短时间内就可以变换不同品种曲轴的加工。

车拉加工不仅可以加工主轴颈，也可以加工连杆轴颈。车拉连杆轴颈时，必须使连杆轴颈与机床回转中心同心，即必须以连杆轴颈轴线旋转。当加工四缸曲轴的连杆轴颈时，机床必须具有带自动分度的机构，在两个工位分别加工。

由于车拉曲轴具有上述优点，在国内外汽车企业中已得到广泛应用。

二、钻削、铰削

（一）钻削

钻削是汽车零件加工中应用较为广泛的一种切削加工方法，如各种箱壳体类零件的连接孔及螺纹孔的底孔、突缘和法兰类零件的连接孔等，都需要进行钻孔加工。

钻削是使用钻孔刀具在实体材料上加工孔的切削加工方法。钻削时使用的孔加工刀具称为麻花钻头，简称为钻头。使用麻花钻头在预制孔上扩大孔的切削加工称为扩钻。图 3-8 所示为标准麻花钻头的结构及其组成。从图 a 中看到，锥柄麻花钻头结构分为三部分：工作部分、柄部和颈部。工作部分包括切削部分和导向部分。从图 c 中看到，切削部分有两个主切削刃、两个副切削刃和一个横刃。两个主切削刃可视为虚线所画的两把能旋转的车刀切削刃。钻削时被切下的切屑沿钻头的螺旋槽流出孔外排出。导向部分上狭窄的刃带与螺旋槽的螺旋交线是副切削刃，它的作用是修光被加工孔壁，并与刃带共同起导向作用，保证一定的表面粗糙度和被加工孔轴线的直线度，同时也是切削部分的后备部分。导向部分刃带具有很小的倒锥，以减小钻头副切削刃及刃带与孔壁的摩擦。钻头的柄部是用于与机床主轴联接、传递扭矩和轴向力。小直径钻头为直柄钻头，较大直径钻头为锥柄钻头。

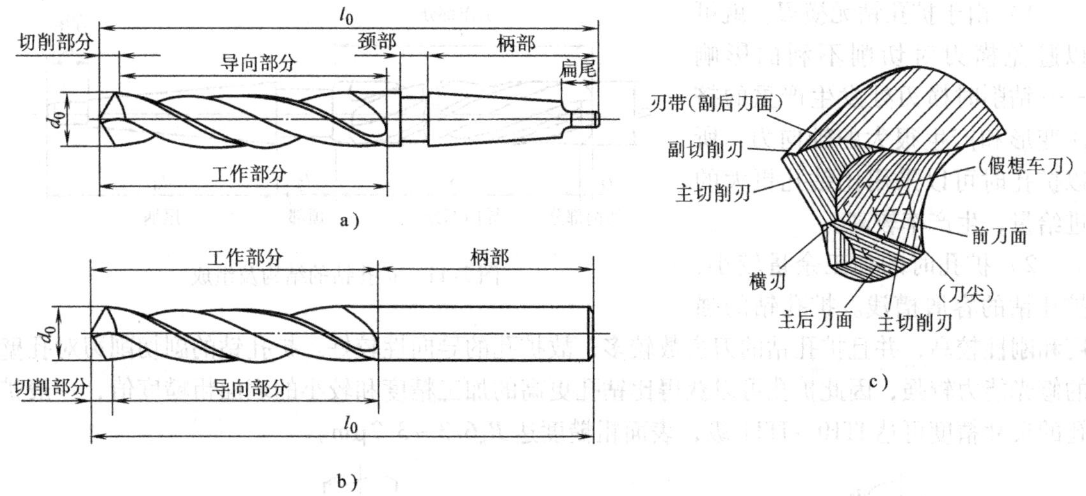

图 3-8　标准麻花钻头结构及其组成

a）锥柄麻花钻头　b）直柄麻花钻头　c）麻花钻头的主副切削刃

钻孔刀具除了麻花钻头外，还有扁钻、中心钻、深孔钻和复合钻等。在大批大量生产时，为了提高钻削阶梯孔和钻孔及孔口倒角的生产率，经常使用图 3-9 所示的复合钻头。图 a 所示为整体高速钢制造的复合钻头，图 b 所示为硬质合金制造的复合钻头。

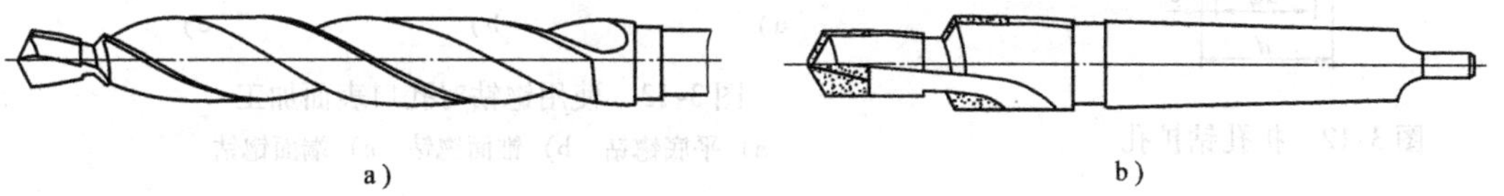

图 3-9　复合钻头

使用钻头钻孔时有两种切削运动方式。一种是如图 3-10a 所示，钻头旋转和轴向进给，如在立式钻床、摇臂钻床、组合钻床和加工中心上钻孔；另一种是图 b 所示工件旋转，钻头轴向进给，如在卧式车床和转塔数控车床上钻孔。以图 a 所示方式钻孔时，当钻头两个主切削刃磨得不对称，或被加工孔口端面与钻头轴线不垂直时，由于钻头刚性较差和定心不准，钻头被引偏而导致孔轴线偏斜。

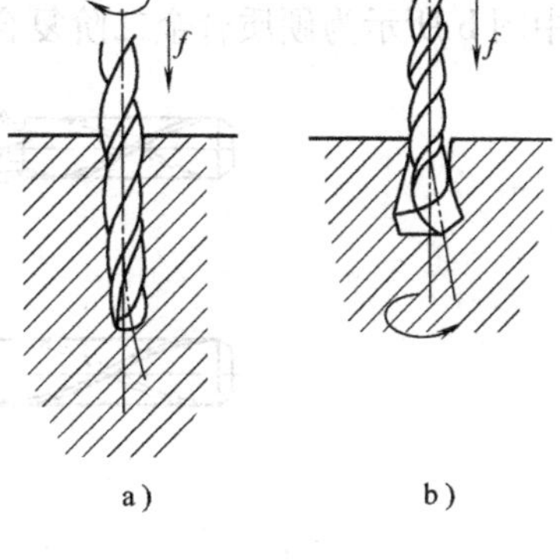

图 3-10　两种切削运动方式的钻孔

钻孔精度较低，一般只能达到 IT12 ~ IT11 级，表面粗糙度达 $R_a 50 \sim 12.5\mu m$。对于加工要求较高的孔，钻孔只是孔的预加工，钻孔后尚需进行扩孔或铰孔等加工。

（二）扩削（扩孔）

扩削使用的刀具称为扩孔钻。**扩孔**是使用扩孔钻对已钻孔、铸孔和锻孔进行孔径扩大的切削加工方法。如图 3-11 所示，扩孔钻也由三部分组成，即工作部分、柄部和颈部。扩孔钻没有横刃，主切削刃（或称刀齿）较多，一般为 3 ~

4 个主切削刃。使用扩孔钻扩孔情况如图 3-12 所示，其特点如下：

1）由于扩孔钻无横刃，就可以避免横刃对切削不利的影响——钻削时横刃处发生严重的挤压变形和产生很大的轴向力，所以扩孔时可以采用比钻孔更大的进给量，生产率较高。

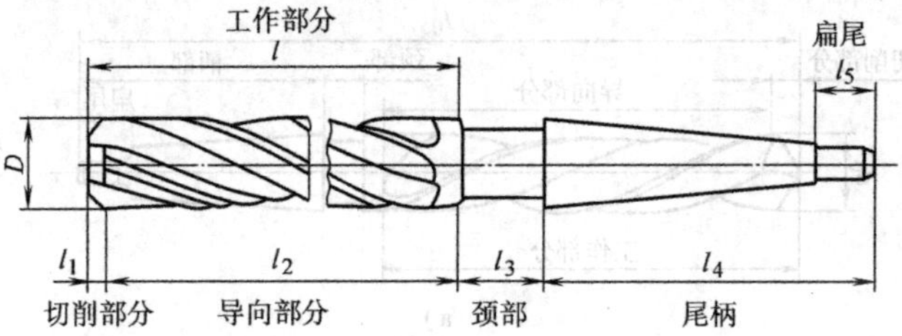

图 3-11　扩孔钻的结构及组成

2）扩孔时的加工余量较小，扩孔钻的容屑槽浅。扩孔钻的强度和刚性较高，并且扩孔钻的刀齿数较多，故扩孔的导向性较好。扩孔钻的副切削刃对孔壁的修光能力较强，因此扩孔可以获得比钻孔更高的加工精度和较小的表面粗糙度值，一般扩孔的尺寸精度可达 IT10 ~ IT11 级，表面粗糙度达 R_a6. 3 ~ 3. 2μm。

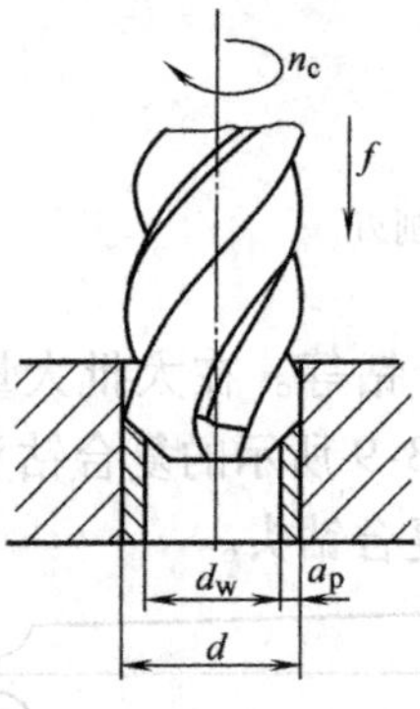

图 3-12　扩孔钻扩孔

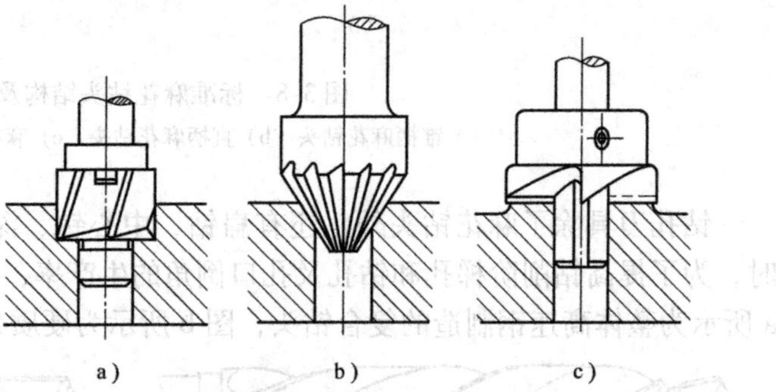

图 3-13　使用锪钻对孔口表面加工

a）平底锪钻　b）锥面锪钻　c）端面锪钻

扩孔钻常用于扩孔外，还可使用图 3-13 所示不同结构的锪钻——平底锪钻、锥面锪钻和端面锪钻对孔口的沉孔、孔口倒角和孔口突台平面进行切削加工。

在大批大量生产时，为提高同轴线多孔表面扩孔的生产率和加工精度，经常使用多阶复合扩孔钻、带导向的扩孔钻和硬质合金扩孔钻。图 3-14 所示为两个带导向的复合扩孔钻，其中图 b 所示为硬质合金二阶复合扩孔钻。

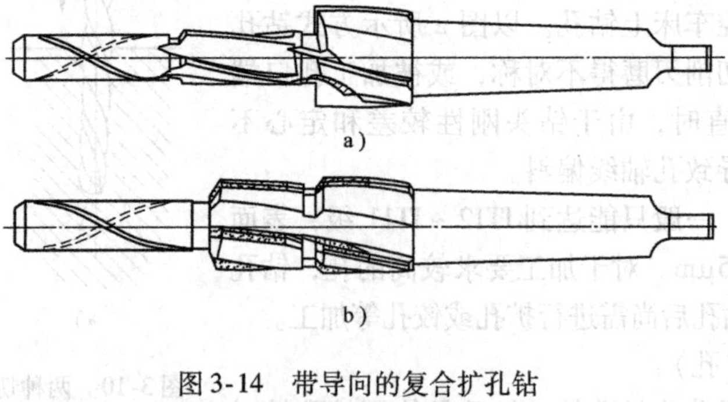

图 3-14　带导向的复合扩孔钻

（三）铰削

如图 3-15 所示，铰削是使用铰削刀具从孔壁上切除较小金属层的切削加工方法。铰削使用的刀具称为铰刀。图 3-16a 所示铰刀为在立式钻床和组合钻床上常使用的机用铰刀，图 c 所示为手用铰刀及其组成。铰刀结构与扩孔钻相似，由工作部分、柄部和颈部组成。铰刀主要用于对中、小孔的半精加工和精加工；使用图 b 所示的锥度铰刀可以加工锥孔。铰刀常用高速钢和硬质合金制造。在变速器箱（壳）体等零件上铰孔，大多使用硬质合金铰刀。

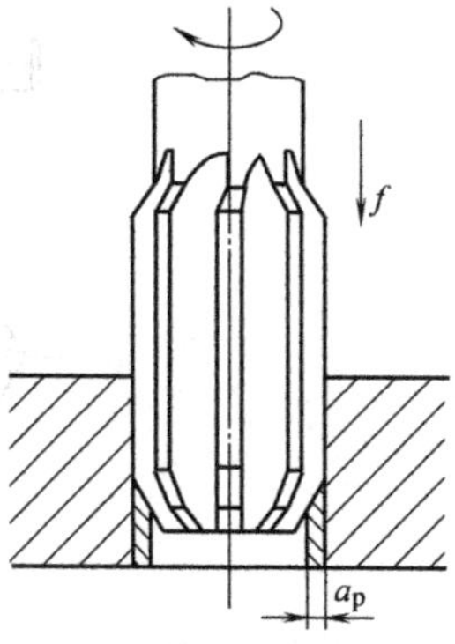

图 3-15　铰削

铰刀齿数较多，如硬质合金铰刀齿数，按不同直径可选择 4 ~8 个齿数，高速钢机用铰刀齿数为 6 ~ 12 个。铰刀的校准部分在铰孔中起修光已加工表面和导向的作用。校准部分由两部分组成：前段圆柱部分保证孔径精度和表面粗糙度；后段为倒锥部分，其作用是减小铰刀与被加工孔壁的摩擦和避免孔径的扩大。机用铰刀的校准部分长度较短。

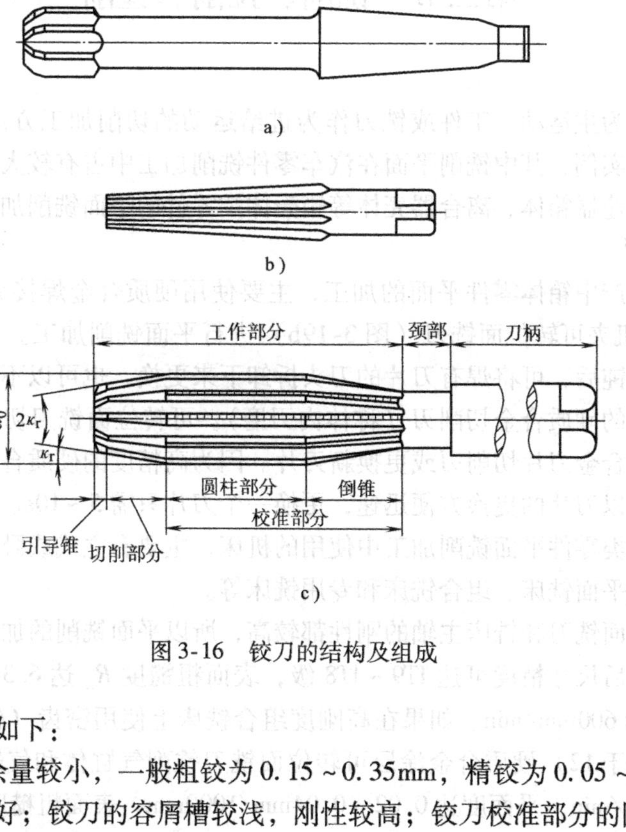

图 3-16　铰刀的结构及组成

铰孔的主要特点如下：

1）铰孔的加工余量较小，一般粗铰为 0. 15 ~ 0. 35mm，精铰为 0. 05 ~ 0. 15mm。铰刀的齿数较多，导向性较好；铰刀的容屑槽较浅，刚性较高；铰刀校准部分的圆柱部分副切削刃起着修光作用，修光作用中不仅有切除少量金属的作用，同时刃带还有挤压作用。铰孔加工精度一般可达 IT7 ~ IT8 级，表面粗糙度达 R_a0. 16 ~ 0. 14μm。汽车变速器箱体等箱壳体上工艺孔的尺寸精度多为 H7 ~ H8 级，常采用钻孔→铰孔工艺方案。

2）铰孔的切削速度较低，以避免在铰削时切削刃上产生积屑瘤而影响表面粗糙度。铰削时的进给量较大，一般为 0. 2 ~ 1. 2mm/r，是钻孔的 3 ~5 倍。

在大批大量生产中，为了提高铰孔的生产率，除常使用硬质合金铰刀外，也使用不同工艺组合的复合刀具——钻、铰复合刀具（图 3-17b）或同工艺组合的复合铰刀（图 3-17a）

进行顺序加工。

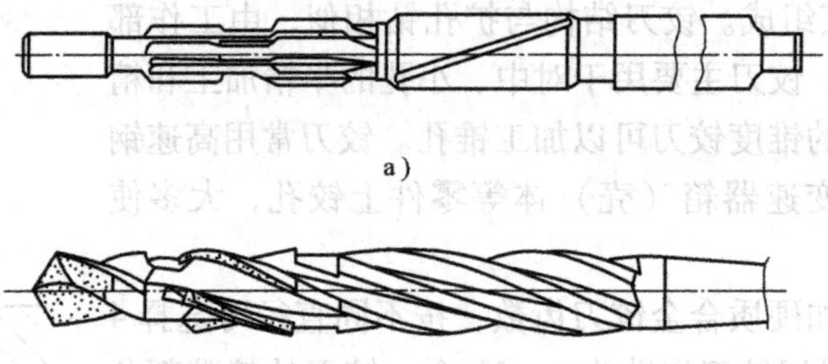

图 3-17　复合孔加工刀具

第二节　铣削、拉削和镗削

一、铣削

以铣刀旋转作为主运动，工件或铣刀作为进给运动的切削加工方法称为**铣削**。图 3-18 所示为铣削的典型实例，其中铣削平面在汽车零件铣削加工中占有较大的比重，主要用于气缸体、气缸盖、变速器箱体、离合器壳体等箱壳体类零件的平面铣削加工中。

1. 平面的铣削

在成批大量生产中箱体零件平面的加工，主要使用硬质合金焊接夹固式面铣刀（图 3-19a）和硬质合金机夹可转位面铣刀（图 3-19b）进行平面铣削加工。在使用中，焊接夹固式面铣刀切削刃磨钝后，可将焊有刀片的刀头拆卸下来更换，也可以不卸下刀头，在刀体上依次刃磨各刀头上的硬质合金切削刃（称体内刃磨）。可转位面铣刀切削刃磨钝后，可直接在刀体上转换硬质合金刀片切削刃或更换新刀片。因为高精度的硬质合金刀片在刀体上能获得准确的定位，所以刀片的更换方便迅速，更换一个刀片只需 5 ~ 10s。

在汽车箱壳体类零件平面铣削加工中使用的机床，主要有立式或卧式升降台铣床、立式单轴及双轴转台式平面铣床、组合铣床和专用铣床等。

由于硬质合金面铣刀和铣床主轴的刚性都较高，所以平面铣削的加工质量较好，生产率也较高。粗、精铣后尺寸精度可达 IT9 ~ IT8 级，表面粗糙度 R_a 达 6.3 ~ 1.6μm。半精铣削时进给速度 v_f 约为 600mm/min。如果在高刚度组合铣床上使用密齿（铣刀刀尖所在圆周直径与刀齿数之比小于 12）硬质合金涂层可转位面铣刀铣削气缸体和气缸盖平面，铣削进给速度 v_f 可达 2 ~ 4m/min，平面度达 0.02 ~ 0.04mm/1000mm，表面粗糙度达 R_a1.6μm。

2. 曲轴轴颈的铣削

发动机曲轴主轴颈和连杆轴颈的传统加工方法是车削加工。因为锻造曲轴毛坯的加工余量较大而不均匀，车削时车刀承受较大的冲击载荷，所以一般使用高速钢车刀以低速加工；同时由于车削曲柄臂侧平面时是断续车削，车削时产生冲击载荷影响车刀的寿命。使用专用曲轴连杆轴颈车床车削连杆轴颈时，机床刀架的刚性较低，连杆轴颈的加工质量欠佳，生产率也很低；更新产品时，要更换机床，生产技术准备时间长，投资成本高，经济性差。

目前，曲轴主轴颈和连杆轴颈的粗加工已广泛采用数控（CNC）曲轴铣床使用硬质合

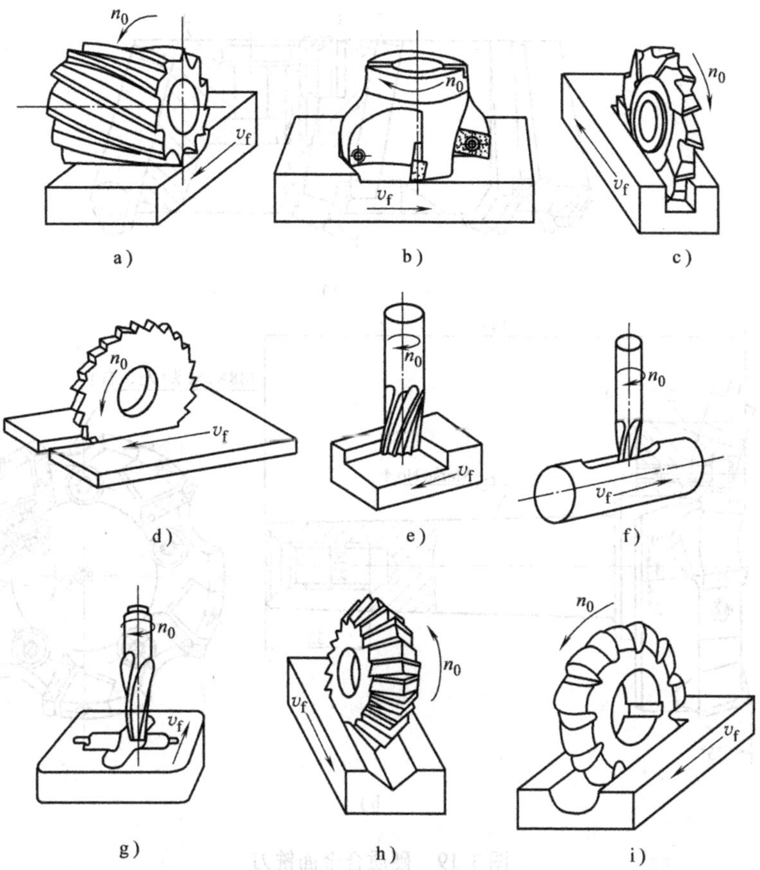

图 3-18 铣削实例

a）圆柱铣刀铣平面 b）面铣刀铣平面 c）槽铣刀铣槽 d）锯片铣刀切断
e）立铣刀铣小平面 f）键槽铣刀铣键槽 g）指状铣刀铣模具槽型
h）角度铣刀铣 V 形槽 i）成形铣刀铣凹槽

金铣刀进行铣削加工。使用硬质合金铣刀加工曲轴轴颈分外铣法和内铣法两类。因为高速外铣法具有较多的优点，所以高速外铣法将可能成为曲轴轴颈粗加工的发展方向。图 3-20a 所示为以外铣法铣削连杆轴颈的外观图。图中使用的硬质合金可转位铣刀简称为铣刀盘。两把铣刀盘分别安装在两个铣刀头架上，同时铣削同方位的两个连杆轴颈。铣削时，被加工曲轴以其主轴颈轴线为回转中心缓慢旋转，铣刀盘则以高速旋转。利用铣刀盘上硬质合金刀片的侧切削刃和顶切削刃，分别对曲柄臂侧平面和轴颈进行加工。图 3-20b 所示为开始铣削时，被加工曲轴在图示位置固定不动，铣刀盘高速旋转，并快速径向进给至接近曲柄 A 点处，然后铣刀盘转为慢速径向进给Ⅰ，以铣刀盘刀片侧刃铣削曲柄臂侧平面。当铣刀盘径向进给接近连杆毛坯轴颈 B 点处时，铣刀盘变为再低的径向进给速度Ⅱ，开始切入铣削轴颈至所要求之直径 C 点处，然后曲轴顺时针慢速旋转，开始铣削整个轴颈外圆，曲轴回转一周完成连杆轴颈外圆的加工。如图 3-21a 所示，随着连杆轴颈绕主轴颈轴线 O_w 顺时针慢速旋转时，装有铣刀盘的刀架必须做相应的径向移动，保持铣刀盘与被加工曲轴主轴颈中心间的相对径向位置。铣刀盘中心相对于曲轴主轴颈中心的径向位置。

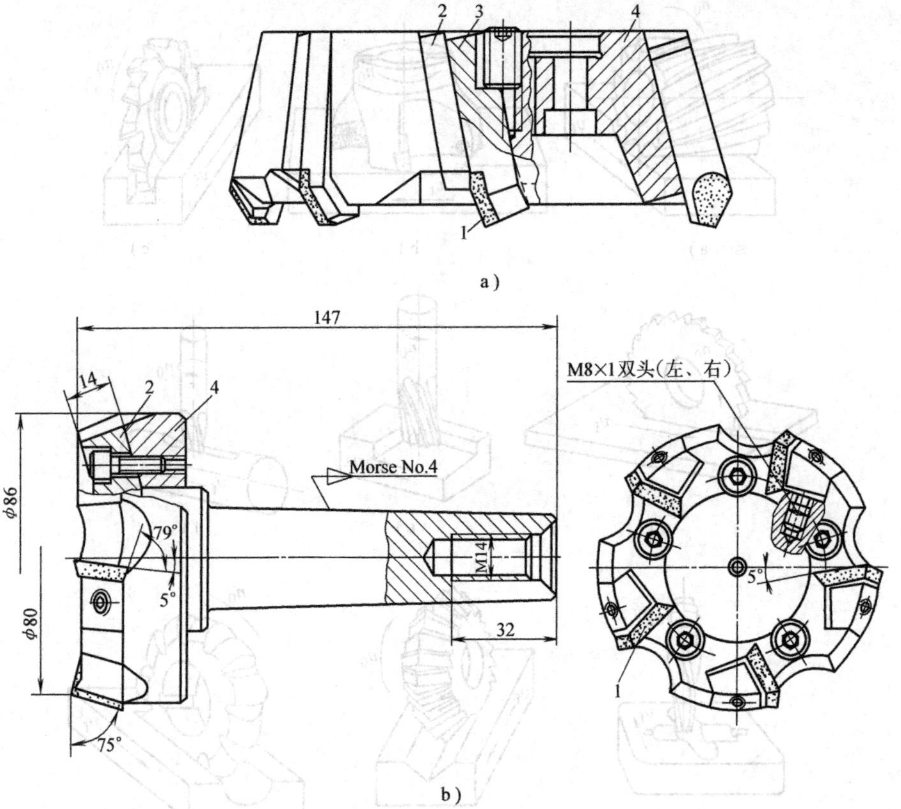

图 3-19　硬质合金面铣刀

a）硬质合金焊接夹固式面铣刀　b）硬质合金机夹可转位面铣刀

1—硬质合金刀片　2—楔块　3—刀头　4—刀体

$$Y = A\cos\theta + \sqrt{(R_0 + R)^2 - (A\sin\theta)^2} \tag{3-3}$$

式中　A——曲柄半径（主轴颈与连杆轴颈中心距离）；

R_0——铣刀盘半径；

R——连杆轴颈半径；

θ——曲轴回转角。

式（3-3）是机床数控系统编制程序的依据。机床运动时的相对位置 Y，是由机床的数控系统和机床进给伺服系统完成的。被铣削曲轴绕主轴颈中心 O_w 回转一周，就完成了连杆轴颈的铣削加工。图 3-21b 显示了曲轴以主轴颈中心 O_w 回转在 1、2、3、4 位置时，连杆轴颈表面加工的情况和铣刀盘中心 O_0（O_{01}、$O_{02,4}$、O_{03}）与曲轴回转中心 O_w 间的关系。铣削完一对同相位的连杆轴颈后，铣刀盘快速退出至原始位置，铣刀盘头架带动铣刀盘横向移动到另一对连杆轴颈的对应位置处，准备下一对连杆轴颈及曲柄臂侧平面的铣削加工。

由于铣削曲轴时被加工曲轴是以缓慢速度旋转的，没有大的惯性力作用于铣刀上，因而避免了因锻造曲轴毛坯加工余量不均匀和断续铣削而带来的切削振动。同时曲轴铣床的刚性远大于曲轴车床的刚性，因此铣削曲轴可获得较高的加工质量。铣削后的曲轴轴颈和宽度尺寸误差可分别控制在 ±0.07mm 和 ±0.05mm 范围内。铣削轴颈后给磨削留下的磨削余量只

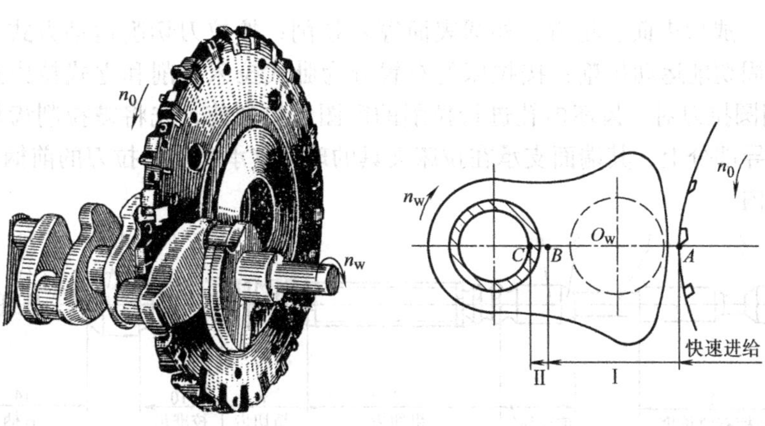

a)　　b)

图 3-20　以外铣法铣削曲轴连杆轴颈

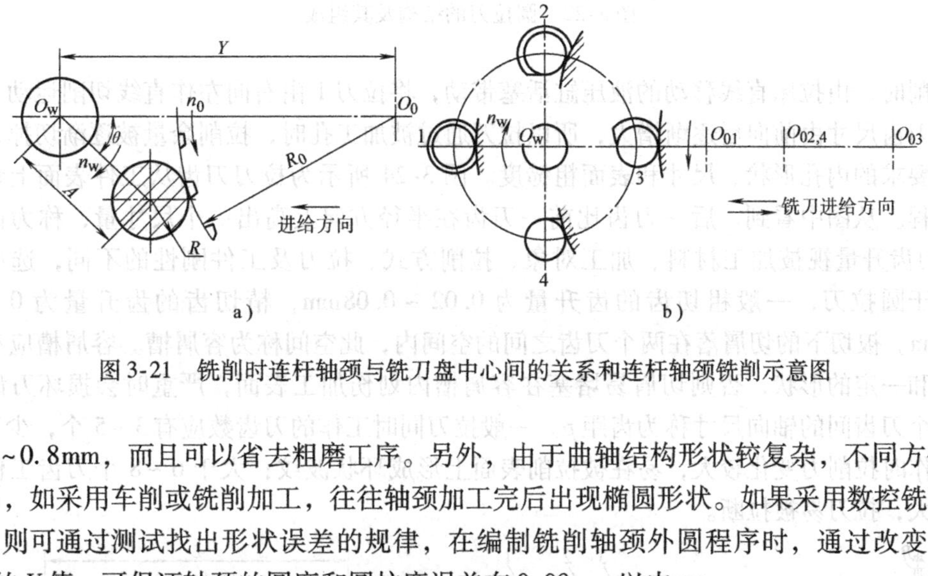

a)　　b)

图 3-21　铣削时连杆轴颈与铣刀盘中心间的关系和连杆轴颈铣削示意图

有 0.6～0.8mm，而且可以省去粗磨工序。另外，由于曲轴结构形状较复杂，不同方位的刚性不同，如采用车削或铣削加工，往往轴颈加工完后出现椭圆形状。如果采用数控铣削曲轴轴颈，则可通过测试找出形状误差的规律，在编制铣削轴颈外圆程序时，通过改变式（3-3）中的 Y 值，可保证轴颈的圆度和圆柱度误差在 0.08mm 以内。

铣削曲轴轴颈时，铣刀盘采用硬质合金可转位铣刀，可进行高速铣削（切削速度达 150m/min）和大的进给量（进给量达 600～800mm/min）。如果铣削一个连杆轴颈直径 ϕ62mm 的外圆，进给速度采用 600mm/min，则铣削一个连杆轴颈只需 20s。由此可知，采用铣削加工曲轴的生产率很高。

由于曲轴铣削采用了 CNC 数控系统，所以便于产品的更新。产品更新时只需更换程序和铣刀盘，并做相应的机床调整即可。因此，CNC 数控曲轴铣床适于成批大量生产曲轴时用来铣削主轴颈和连杆轴颈。

二、拉削

拉削是使用拉削刀具进行加工的一种高生产率的精切削加工方法。拉削时使用的刀具称为拉削刀具，简称为拉刀。拉刀是一种可加工内、外表面的多齿高效刀具。图 3-22 所示为圆拉刀的结构及其组成。拉削可以按被加工表面划分为内表面（圆孔、花键孔等）拉削和外表面（平面、成形表面、轮齿、外圆表面等）拉削；按拉刀切削运动方式分为直线切削运动拉削和圆周切削运动拉削；按拉床的布置分为卧式拉床拉削和立式拉床拉削等。图3-23所示为使用圆拉刀对一齿坯内孔进行拉削的简图。拉削前，先将被拉削齿坯2的内孔套在拉刀1的前导部分上，其端面支承在拉床夹具的球面支承3上，拉刀的前柄部分夹持在拉床主轴夹头4内。

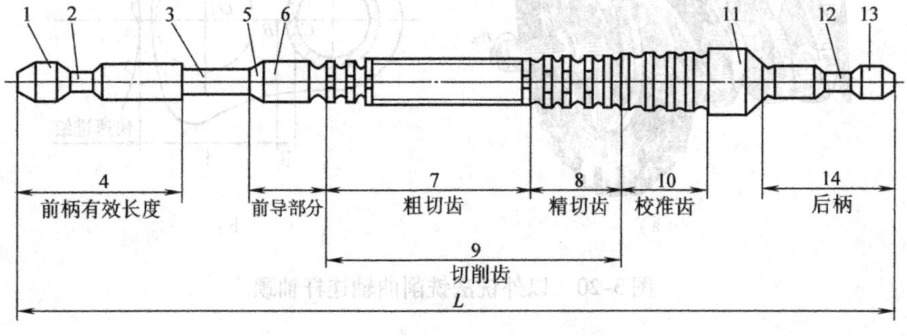

图3-22　圆拉刀的结构及其组成

拉削时，由拉床直线移动的液压缸活塞带动，将拉刀1由右向左作直线切削运动。因为拉刀的刀齿尺寸由前向后逐渐增大，所以拉刀通过被加工孔时，拉削余量被逐渐切掉，从而获得所要求的内孔形状、尺寸和表面粗糙度。图3-24所示为拉刀刀齿从工件表面上切下切屑的过程。从图中看到，后一刀齿比前一刀齿在半径方向上高出一个尺寸量，称为齿升量f_z。拉刀齿升量视被加工材料、加工对象、拉削方式、拉刀及工件刚性的不同，选用不同值。对于圆拉刀，一般粗切齿的齿升量为0.02～0.08mm，精切齿的齿升量为0.005～0.015mm。被切下的切屑落在两个刀齿之间的空间内，此空间称为容屑槽。容屑槽应有足够的尺寸和一定的形状，否则切屑易堵塞在容屑槽内划伤加工表面，严重时会损坏刀齿和拉刀。两个刀齿间的轴向尺寸称为齿距p。一般拉刀同时工作的刀齿数应有3～5个，少于3个刀齿工作时拉削力变化较大，易在被拉削表面上形成环状波纹；大于6～8个刀齿工作时拉削力过大，拉刀易被拉断。

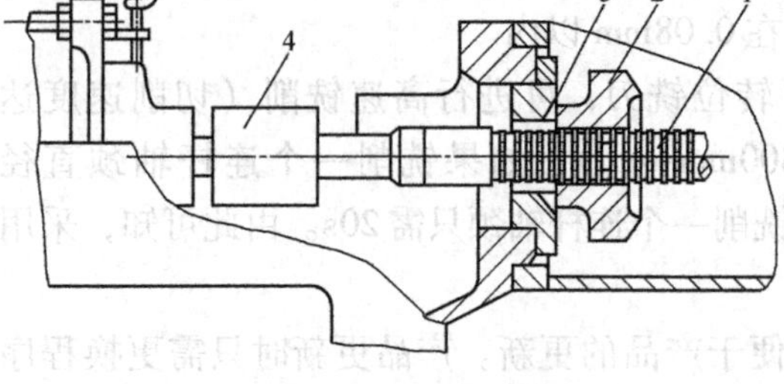

图3-23　拉削圆孔简图

1—拉刀　2—被拉削齿坯

3—球面自位支承　4—拉床主轴夹头

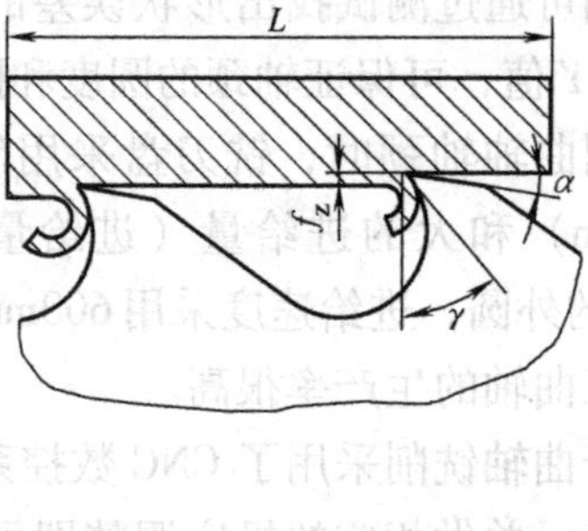

图3-24　拉刀刀齿的切削过程

拉刀结构有整体式、装配式和镶齿式三类。对形状复杂和大型拉刀，刀齿材料可用高速钢或硬质合金制造，用机械方法将刀齿块或刀齿紧固在刀体上，做成图3-25所示的装配式或镶齿式拉刀。装配式和镶齿式拉刀亦称作组合式拉刀。这种拉刀的刀齿可用高速钢或硬质合金制造，而刀体用高强度碳素钢制造，这样可节省刀具材料，简化刀具制造，而且刀齿磨损或损坏后，便于更换和调整。

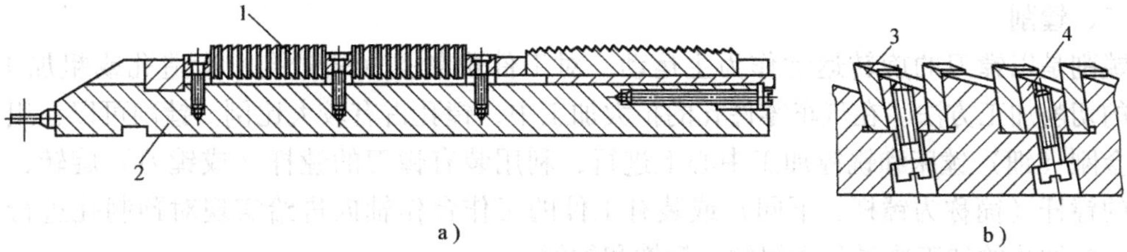

图 3-25　装配式和镶齿式拉刀结构

a) 装配式拉刀　b) 镶齿式拉刀

1—刀齿块　2—刀体　3—刀齿　4—紧固用楔块

拉削时，在拉刀一次工作行程中完成了粗切、半精切和精切加工，被拉孔的尺寸精度可达到 IT7 ~ IT8 级，表面粗糙度达 R_a1.6 ~ 0.4μm。如果在拉刀校准齿后面安装上浮动挤压齿，表面粗糙度可达 R_a0.2μm。拉孔时，工件是以被拉削内孔及其端面定位的。如果内孔定位限制四个自由度，端面限制三个自由度，则属于过定位。若拉削前内孔与端面存在较大的垂直度误差，则拉削时拉刀会承受较大的弯曲力矩，拉刀会被拉断。为了避免这种现象的产生，应使端面只限制一个自由度，拉床夹具的支承元件采用球面自位支承（图 3-23 中件 3）。被拉削孔与其端面间的垂直度公差，一般是拉孔后以孔定位精车端面而保证的。

拉削时拉刀的切削速度，一般为 6 ~ 8m/min，高速拉削的拉削速度可达 18 ~ 20m/min。使用镶硬质合金刀齿的拉刀拉削大平面时，其拉削速度达 25m/min 左右。而使用密齿的硬质合金可转位面铣刀铣削箱体平面的铣削进给速度，只有 2 ~ 3m/min。因此，拉削比铣削具有更高的生产率。

由于拉削具有上述特点，拉削在成批大量生产中得到广泛应用，例如内表面的拉削——圆孔、花键（矩形、渐开线形、三角形）孔、键槽、方孔等异形孔；外表面的拉削——小平面（连杆的侧平面、分离平面、半圆孔等）、大型平面（缸体平面）、成形表面（制动凸轮等）、齿轮轮齿（直齿锥齿轮轮齿、孤齿锥齿轮轮齿等）、曲轴轴颈等。图 3-26 所示为采用不同拉削方式对平面进行拉削的简图。平面拉削时，由于拉削力很大，工件必须定位稳定，夹紧牢固。对于刚性和强度较差的工件，不宜采用拉削加工。拉削时必须使拉刀具有良好的通过性，即在拉刀移动的前进方向上没有障碍表面存在，因此盲孔不能采用拉削加工。拉刀属于定尺寸刀具和成形刀具，一般采用整体高速钢制造。拉刀制造成本较高，不适用于大直径孔的加工，一般以孔径尺寸为 ϕ10 ~ ϕ80mm 为宜。拉削适于对孔深不大于 5 倍孔径的中小零件进行加工。

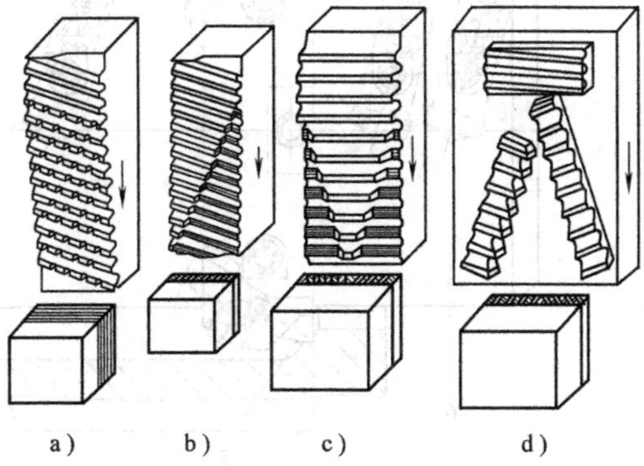

图 3-26　平面拉削方式

以上所述的拉削都是直线切削运动的拉削。在汽车零件表面的拉削加工中，例如锥齿轮轮齿的加工，则应用了圆盘拉铣刀。圆盘拉铣刀是以圆周切削运动方式进行加工的，其加工方法将在本章第六节中介绍。

三、镗削

镗削是以镗刀的旋转运动作为主运动，对工件预制孔（铸造孔、锻造孔或粗加工孔）扩大的切削加工方法。在汽车零件孔的扩大加工中，镗孔占有较大比例。镗削可以在组合镗床、金刚（细）镗床和铣镗加工中心上进行，利用装有镗刀的镗杆（或镗刀）旋转，装有镗刀的镗杆（简称为镗杆，下同）或装有工件的工作台作轴向进给实现对预制孔进行切削加工。按镗孔的加工质量分为粗镗、精镗和细镗。

（一）组合机床上镗孔

在成批大量生产中，汽车箱体类零件轴承孔或轴承座孔的粗、精镗削加工广泛使用组合机床，亦称组合镗床。组合镗床是由系列化、标准化的通用部件和少量专用部件组成的专用镗床。组合镗床镗孔可按镗杆与机床主轴的联结方式，分为刚性主轴镗孔和镗杆与主轴浮动联结的导向镗孔两类。

图 3-27 所示为镗杆与机床主轴刚性联结的镗孔图。图中刚性镗杆 6 上装有 4 组镗刀，分别镗削缸体 3 上的缸套底孔、内止口和孔口倒角。镗刀组 2 的两个镗刀镗削右边的缸套底孔，然后镗刀组 1 的两个镗刀镗削左边的缸套底孔，最后由镗刀 4 和 5 分别镗削内止口和孔口倒角。由于被镗削内孔直径较大，所以镗杆直径大而短，刚性较强，镗杆上的镗刀顺序镗削出左右缸套底孔，容易保证孔直径尺寸和两孔间的同轴度公差要求。这种镗杆结构，在汽车箱体类零件镗孔机床中应用较为广泛。

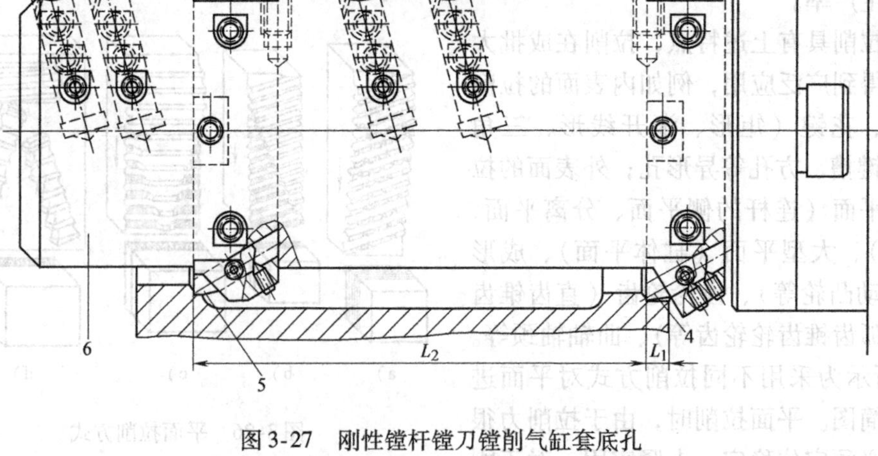

图 3-27　刚性镗杆镗刀镗削气缸套底孔

1—缸套左底孔镗刀　2—缸套右底孔镗刀　3—缸体　4—内止口镗刀　5—孔口倒角刀　6—镗杆

图 3-28 所示为镗杆与镗床主轴浮动联结，在镗模单导向装置中导向镗孔。从图中可看到，镗杆在一内滚式导向装置 3 中旋转并随导向装置 3 一起在导套孔 5 中移动——轴向进给和快速前进或后退。根据被加工箱体零件结构和镗杆悬伸长度等条件，镗杆导向可采用单导

向、前后双导向和前中后导向结构形式。

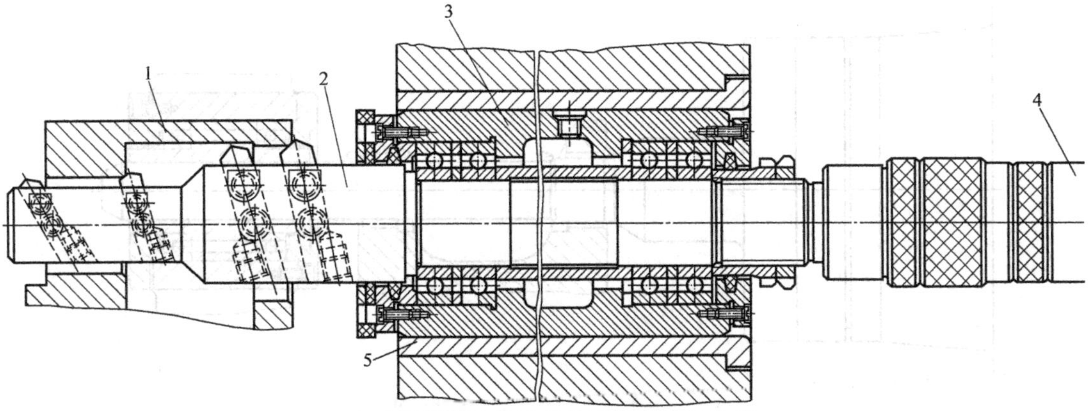

图 3-28　镗杆与主轴浮动联结和导向镗孔

1—工件　2—镗杆　3—导向装置　4—主轴　5—导套孔

在组合镗床上镗孔，可以单轴和多轴单面镗孔，也可以多轴双面镗孔，或多轴多面同时镗孔。多刀、多轴和多面镗孔，由于镗孔时间重叠，大大地提高了生产率。所以在大批大量生产的汽车箱体类零件（缸体、变速器箱体、主减速器壳体等）的粗、精镗孔工序中，组合镗床得到了广泛应用。一般在组合镗床上镗孔时，孔的尺寸精度可保证 IT7 ~ IT8 级；单导向镗孔时同轴线孔的同轴度精度可达 0.02 ~ 0.05mm；孔中心距精度达 ±（0.02 ~ 0.05）mm；表面粗糙度达 R_a1.6 ~ 0.8μm。

（二）细（金刚）镗孔

细镗是使用经过仔细刃磨，几何角度合适的金刚石或硬质合金镗刀，并以高切削速度和细小进给量进行镗孔的加工方法。细镗一般在金刚镗床上进行。由于最初使用金刚石镗刀进行孔的精细加工，所以细镗亦称为**金刚镗**。目前普遍使用硬质合金、聚晶立方氮化硼（CBN）、聚晶（人造）金刚石和陶瓷等超硬材料作为刀具材料。

细镗孔的切削用量特点是高切削速度、小的背吃刀量和进给量，常使用的切削用量为预镗的背吃刀量为 0.2 ~ 0.6mm，终镗为 0.1mm；进给量为 0.01 ~ 0.14mm/r；硬质合金镗刀切削有色金属时的切削速度为 300 ~ 500m/min，加工钢件时为 150 ~ 300m/min，加工铸铁时为 100 ~ 250m/min。如果使用陶瓷材料制做镗刀加工铸铁件，最高切削速度可达 400m/min；立方氮化硼镗刀的最高切削速度可达 800m/min。

细镗孔的另一特点是镗孔的加工质量很高：孔径尺寸精度达 IT7 ~ IT6，表面粗糙度达 R_a1.6 ~ 0.8μm。细镗加工质量高的原因主要有：

1）镗削时的背吃刀量和进给量较小，切削力小和切削热少，因此镗杆受力变形小，工件和镗刀的热变形也小；另外，一般镗杆上前后安装有两把镗刀，在一次镗削工作行程中完成两次切削，有利于减小形位误差和尺寸误差；镗削时的进给量小，可以保证获得较小的表面粗糙度值。

对于孔径较小、镗削同轴线两孔间隔较大的孔，镗杆悬臂长度较大，镗杆刚度差。为保证两孔的同轴度精度，可以增加前导向。图 3-29 所示为悬臂、刚性镗杆镗削传动轴凸缘叉耳孔的情形。为提高镗杆刚性，保证两孔同轴度公差要求，在被镗削的凸缘叉右端（称前端）设置前导向。

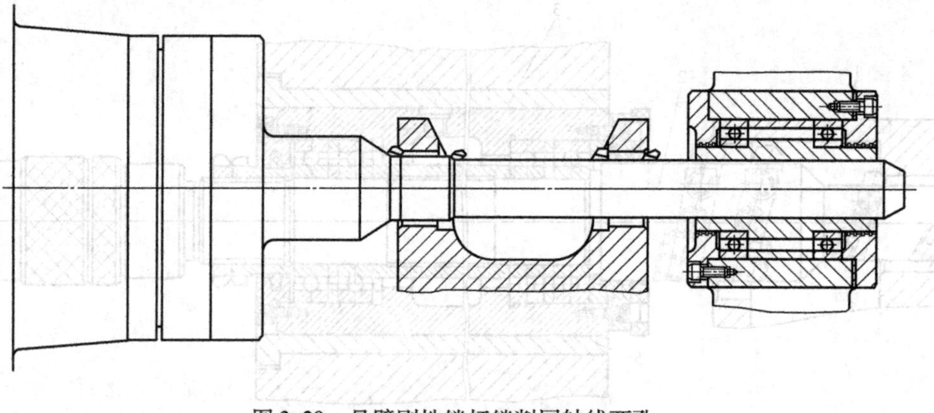

图 3-29 悬臂刚性镗杆镗削同轴线两孔

2）金刚镗床的传动精度高。金刚镗床主轴具有较高的几何精度和刚度，主轴支承常采用精密的角接触球轴承。轴承经预加载荷，消除了轴承的间隙，提高了轴承的支承刚度和旋转精度。主轴部件和机床电动机需经动平衡处理，消除振源。金刚镗床主传动采用 V 带传动，保证主传动的平稳性。机床的进给系统采用液压传动，保证了工作台低速而平稳的进给运动。

镗削小直径孔时，因为镗杆直径小，镗杆刚性较差，对振动较为敏感。为了避免和减小振动，常采用减振镗杆。如图 3-30 所示，在减振镗杆前端的孔内放置一减振块 m。减振块 m 的质量应尽可能大，一般用密度大的材料，如硬质合金、在钢套内灌注铅制成，减振块与前端内孔间有合理的径向和轴向间隙，其间隙内可以空气或油作为介质。利用两种材料零件的碰撞，消耗镗杆振动能量以减小振动。

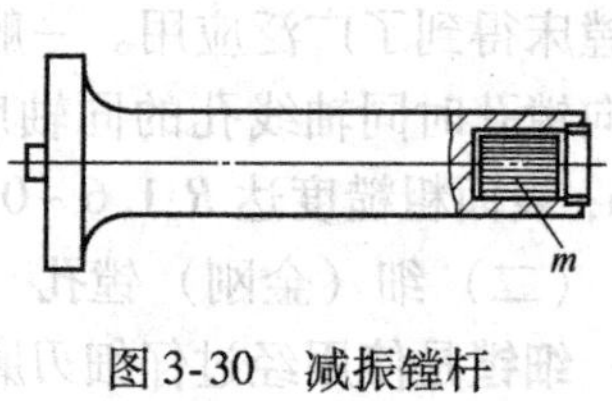

图 3-30 减振镗杆

第三节 磨 削

一般意义上的磨削是指在磨床上用砂轮切削金属的过程。磨削是精加工的主要方法之一，在汽车制造业中，磨床约占 25%。随着毛坯制造方法的不断改进，毛坯精度的日益提高，磨削加工还将获得更广泛的应用。

一、磨削工艺方法

（一）磨削加工的特点

1）砂轮磨料的硬度高，耐热性好，所以磨削能加工一般金属切削刀具所不能加工的硬材料，例如带有不均匀铸、锻硬皮的工件表面，淬硬表面等。

2）磨削加工能切除极薄极细的切屑，切屑厚度一般只有几微米，因此，磨削加工有较强的修正误差能力，加工精度高（IT6 ~ IT5），加工表面粗糙度值小（R_a 可小至 0.1μm）。

3）砂轮的磨削速度可达到 60m/s（约为普通刀具切削速度的 10 倍以上），而采用 CBN 砂轮磨削时，磨削速度已发展到 120 ~ 180m/s。

4）磨削加工切除单位体积金属所消耗的能量大，而这些能量大部分转化为切削热。磨削过程中磨粒切削刃与工件接触点的瞬时温度可达1000℃以上，砂轮与工件接触区的平均温度一般可达500～800℃。因此，磨削表面容易产生残余应力，容易造成烧伤和产生裂纹。

（二）磨削加工的分类

磨削加工按照加工对象的几何形状可分为外圆、内圆、平面以及成形磨削等。

按照工件被夹紧和被驱动的方法，可分为定心磨削和无心磨削。

按照进给方向，可分为纵向进给磨削和横向进给磨削。

按照砂轮的工作表面类型，可分为周边磨削、端面磨削和周边—端面磨削。

（三）磨床的种类

汽车制造业常用的磨床有普通磨床和专用磨床两大类。

普通磨床的通用性好，可适应多种零件的加工。普通磨床主要有外圆磨床、内圆磨床、平面磨床、无心磨床等。

专用磨床是为加工特定零件的特定部位而专门设计的，生产率比较高。汽车制造业使用的专用磨床有凸轮轴磨床、曲轴磨床、十字轴磨床、凸轮轴和曲轴主轴颈无心磨床等。

二、用普通磨床磨削工件

（一）磨削外圆

在普通外圆磨床上磨削外圆时，工件一般在机床的两顶尖上定位，其磨削方法主要有以下两种形式。

1. 纵向进给磨削外圆

如图3-31所示，纵向进给磨削外圆时，工件除了旋转外，还由工作台带动作纵向往复运动，工件每往复一次（或单行程），砂轮横向进给一定磨削深度。经过多次往复磨削，将全部加工余量磨除。在磨削的最后阶段，要在没有横向进给的情况下，再纵向往复运动几次，即所谓的光磨，以消除工件因径向磨削力作用产生的弹性变形的影响。

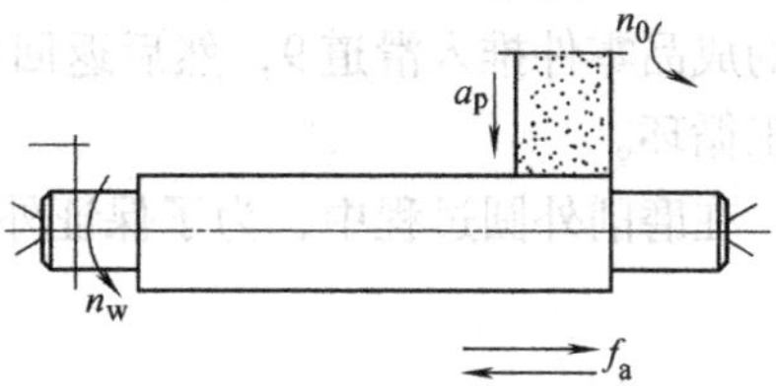

图3-31　纵向进给磨削外圆

纵向进给磨削外圆，因每次往复运动后的磨削深度小，磨削力小，所以加工精度较高，表面粗糙度值较小；但由于工作行程次数多，所以生产效率较低。它主要用来磨削轴类零件的较长外圆表面。

2. 横向进给（切入磨削）磨削外圆

如图3-32所示，横向进给磨削外圆时，砂轮的宽度大于工件的磨削长度，工件除了旋转外，不作纵向往复运动。砂轮的横向进给是连续进行的，横向进给量粗磨时通常为0.008～0.02mm/r，精磨时为0.01～0.012mm/r。磨削的最后阶段也应进行无横向进给的光磨。

横向进给磨削外圆的生产率高，如将砂轮修整成一定形状，还可以磨削成形表面。在专用磨床上安装多片砂轮（有的可安装5～8片），可同时磨削几个轴颈。如曲轴或凸轮轴的多个主轴颈，就可以在功率大、刚性好的专用磨床上用横向进给磨削法同时进行加工。

横向进给磨外圆主要用于加工短而刚性好的零件外圆表面。如果采用宽砂轮，也可以磨削较长的轴颈。宽砂轮专用外圆磨床的砂轮宽度可达300mm。

有些零件，如汽车变速器第一轴、前桥转向节、后桥主动锥齿轮轴等，它们的轴颈对相邻的轴肩端面有较高的垂直度要求，这时可在砂轮斜向安装的端面外圆磨床上（如 MB1632），在一次安装中将端面和外圆同时磨出（图 3-33）。

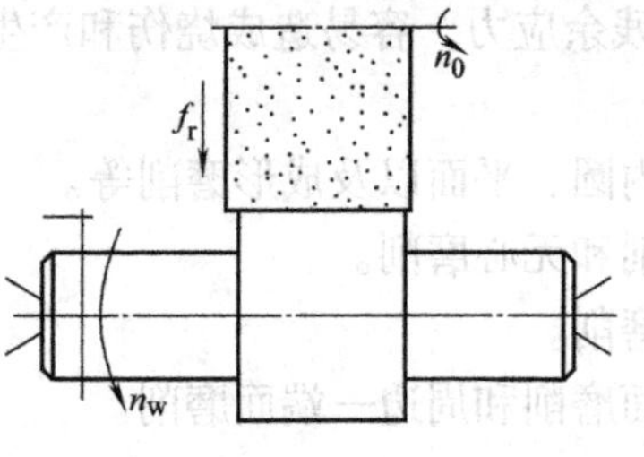

图 3-32　横向进给磨削外圆

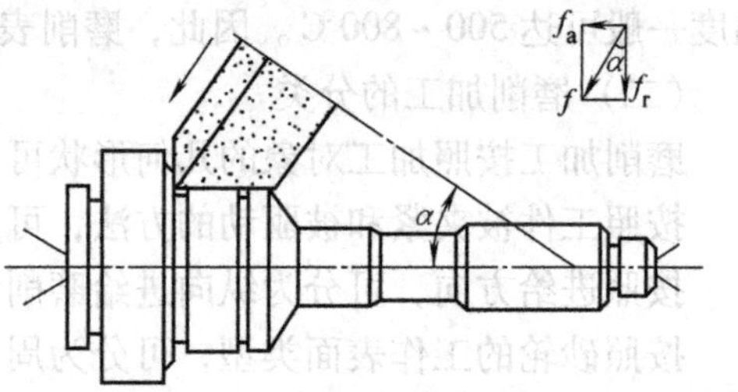

图 3-33　同时磨削外圆和端面

如果以 f_r 和 f_a 分别表示工件每转的横向和纵向进给量，则砂轮安装倾斜角 α 一般为

$$\alpha = \arctan\frac{f_a}{f_r} = \arctan\frac{1}{2} = 26°34'$$

在大量生产中，为了缩短辅助时间和提高生产率，外圆磨削常实现自动化。图 3-34 所示为自动化磨削外圆的工作简图。图中推料杆 3 由气缸带动作间歇往复运动。送料时推料杆 3 将工件 1 自储料器 2 中推出并进入回转送料器 4 的圆槽中。在工件进入送料器 4 圆槽的同时，将槽中已加工完毕的工件推出落入滑道 9，并导入成品料箱中。回转送料器 4 由棘轮 7、棘爪 8 控制作间歇回转运动，将待加工工件送至工作区，此时两顶尖 5 由气缸 6 作用将工件顶住，并开始磨削加工。此时，推料杆 3 又将工件 1 推入回转送料器 4 的另一槽中，并将该槽的成品零件推入滑道 9，然后返回原位。工件磨削完后，回转送料器 4 回转，开始下一个加工循环。

在磨削外圆过程中，为了保证外圆磨削的尺寸精度，需要根据工件在磨削过程中的实际

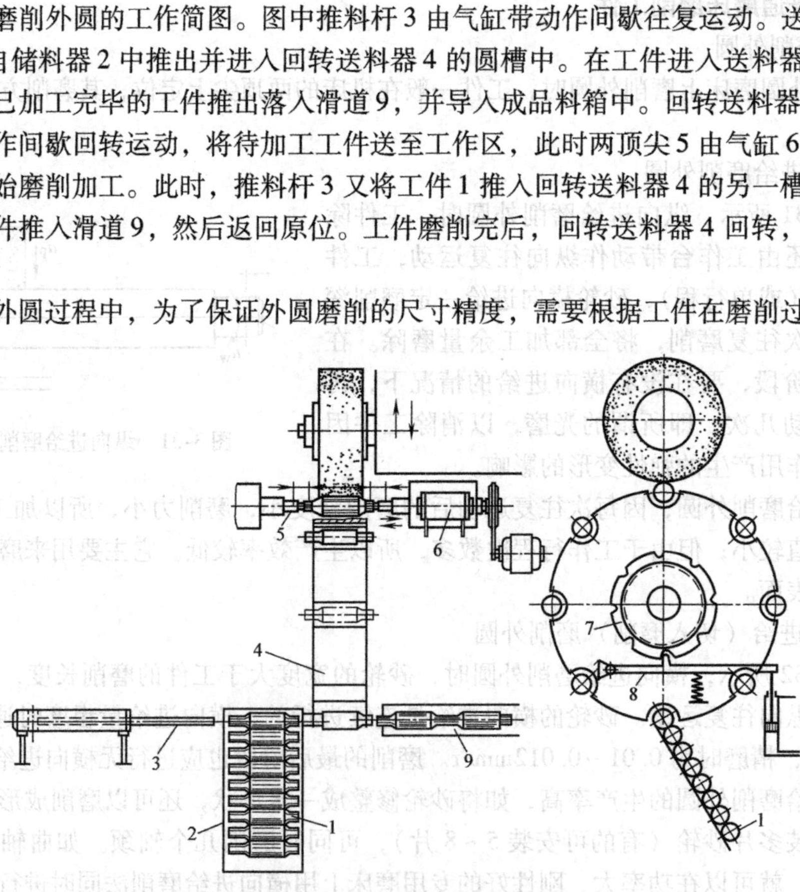

图 3-34　外圆磨削自动工作循环示意图

1—工件　2—储料器　3—推料杆　4—回转送料器　5—顶尖　6—气缸　7—棘轮　8—棘爪　9—滑道

尺寸变化来控制砂轮的径向进给量，即采用在磨削外圆过程中对工件进行主动测量的方法来控制工件的尺寸。图3-35所示为一种磨削外圆主动测量控制装置。磨削时，测量头架移向工件，电感式测量头在加工过程中对工件的尺寸变化进行实时测量，测量结果以电信号的形式输出至控制装置，控制装置根据输入的测量信号及预先设定的程序，控制砂轮架的进给量，自动实现粗磨—精磨—光磨循环。

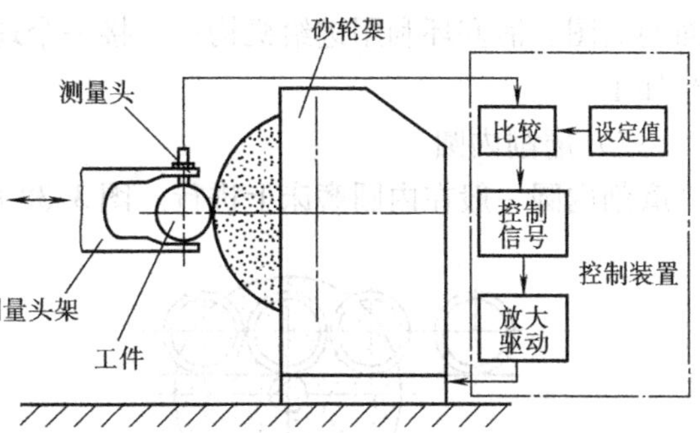

图3-35　外圆磨削尺寸的自动控制

（二）磨削平面

平面的磨削方法主要有两种。

1. 周边磨削法

周边磨削法（图3-36a、b）是用砂轮的圆周表面进行磨削的方法。它的特点是砂轮与工件的接触面小，因此发热少，散热快，排屑和冷却情况良好，可达到较高的加工精度和较小的表面粗糙度值，但效率较低。此方法主要用于加工薄片小件。

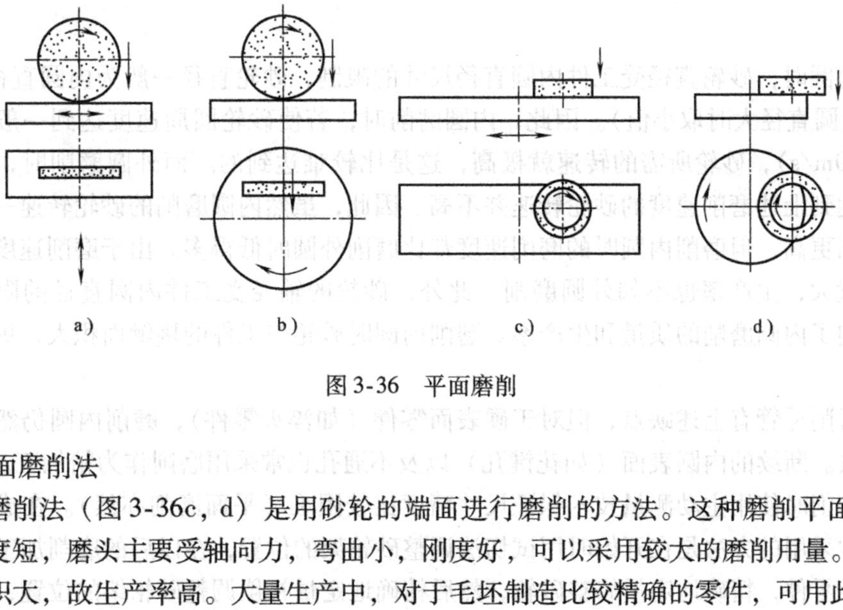

图3-36　平面磨削

2. 端面磨削法

端面磨削法（图3-36c，d）是用砂轮的端面进行磨削的方法。这种磨削平面的方法磨头伸出长度短，磨头主要受轴向力，弯曲小，刚度好，可以采用较大的磨削用量。此外，因为磨削面积大，故生产率高。大量生产中，对于毛坯制造比较精确的零件，可用此方法代替铣削进行粗加工，如连杆两端面、活塞环两端面的粗加工等。

端面磨削法砂轮与工件接触面积大，散热及冷却困难，且砂轮端面各点的圆速度不同，使砂轮磨损不均匀，故加工精度低，表面粗糙度值大。

普通平面磨床多为电磁工作台，工件由工作台的磁力吸紧。对于薄片工件，如果加工前已有挠曲，则工件放在电磁工作台上时，磁力将把它吸平，磨完后工件被松开时，它又恢复挠曲形状。在大量生产中，加工活塞环这样的薄片零件时，采用同时磨削两端面的双端面自动磨床，可避免上述缺点，还可提高生产率。图3-37所示为双端面自动磨床上粗磨活塞环端面的简图。活塞环利用进给机构一个接一个地被推到绕水平轴线回转的两个砂轮端面中间进行加工。

（三）磨削内圆

磨削内圆一般在内圆磨床上进行。图 3-38 所示为内圆磨削的示意图。

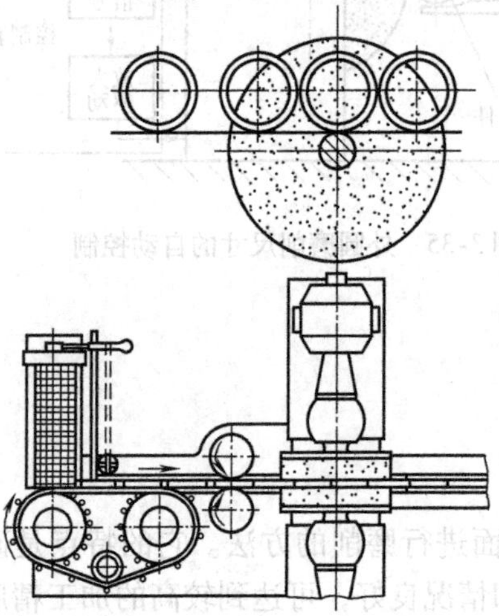

图 3-37　同时磨削活塞环两端面

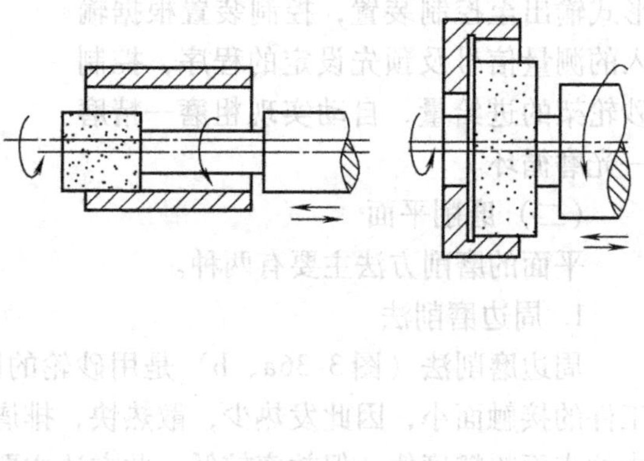

图 3-38　磨削内圆

磨削内圆时，砂轮直径受工件内圆直径尺寸的限制，砂轮直径一般为内圆直径的 0.5～0.8 倍（内圆直径大时取小值）。因此，内圆磨削时，若使砂轮圆周速度达到一般的磨削速度（30～50m/s），砂轮所需的转速就极高，这是比较难达到的。而外圆磨削时，由于砂轮直径大，达到上述磨削速度的砂轮转速并不高。因此，虽然内圆磨削的砂轮转速一般情况下比外圆磨削更高，但磨削内圆时的磨削速度却比磨削外圆时低得多。由于磨削速度低，表面粗糙度值就大，生产率也不如外圆磨削。此外，砂轮的轴径受工件内圆直径的限制，刚性差，也影响了内圆磨削的质量和生产率。磨削内圆时砂轮与工件的接触面积大，更容易发生表面烧伤。

内圆磨削尽管有上述缺点，但对于硬表面零件（如淬火零件），磨削内圆仍然是精加工的主要方法。断续的内圆表面（如花键孔）以及不通孔也常采用磨削作为精加工。

内圆磨削时使用主动测量技术保证尺寸精度比较困难（平面磨削亦然）。在成批大量生产中，经常采用的方法是在开始时用试切法调整砂轮架的位置，在以后的磨削加工中，每磨一个或几个零件，精确地定量修整砂轮，然后精确地定量补偿调整砂轮架的位置，以保证尺寸精度。

三、无心磨削工作原理及其应用

无心磨削时，工件不需要顶尖装夹，只靠工件被加工表面放在砂轮与导轮之间用支承板支承进行磨削，（如图 3-39 所示）。

采用无心磨削时必须满足下列条件：

1）工件和导轮间的摩擦力应足以带动工件旋转；工件和砂轮间应有相对运动以便进行切削。

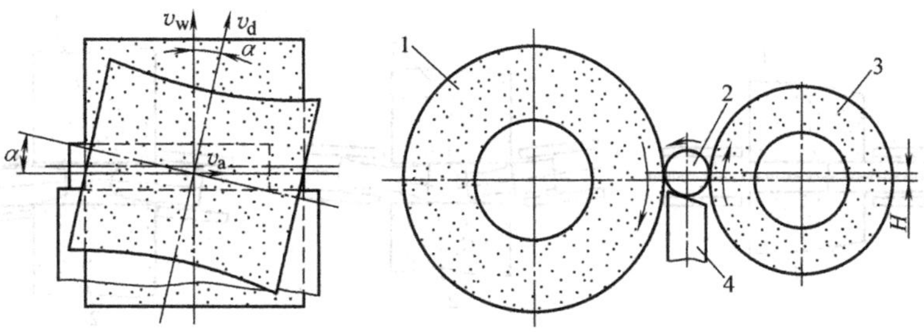

图 3-39 无心磨削示意图

1—砂轮 2—工件 3—导轮 4—支承板

导轮是用摩擦因数较大的橡胶结合剂（有些导轮也用钢、铸铁或其他材料）制作的磨粒较粗的砂轮，支承板的倾斜方向有助于使工件紧贴在导轮上。工件和导轮间的摩擦力大于工件和砂轮间的摩擦力，工件由导轮带动旋转。砂轮和导轮同向旋转，导轮的直径比砂轮小，砂轮的旋转速度比导轮的旋转速度高，这可使砂轮和工件间产生相对运动，砂轮对工件进行磨削。

2）导轮须倾斜 α 角。当导轮以速度 v_d 旋转时，该速度可分解成（见图 3-39）

$$v_w = v_d\cos\alpha$$

$$v_a = v_d\sin\alpha$$

式中 v_w——导轮带动工件旋转的圆周速度；

v_a——导轮带动工件纵向移动的进给速度。

粗磨时 α 取为 3°~6°，精磨时取为 1°~3°。

3）由于导轮倾斜了一个角度，如果导轮仍为圆柱表面，则理论上导轮和工件将是点接触。为了保证工作平稳，导轮和工件应为线接触。为此，导轮表面被修整成双曲线回转体的形状。

4）为使工件被磨成圆形，工件中心应高出砂轮和导轮的连心线，抬高值 H 与工件直径有关。当工件直径 d 为 $\phi8 \sim \phi30$mm 时，$H \approx 1/3d$；当 d 为 $\phi30 \sim \phi70$mm 时，$H \approx 1/4d$。H 值不能过大，否则工作不平稳，容易引起振动。

外圆无心磨削有纵向进给和横向进给两种磨削方式。

1. 纵向进给磨削

不带台阶的零件，如活塞销和衬套等，可以用纵向进给磨削法来加工。纵向进给磨削是连续进行的，工件从一端送进，经过磨削加工，从另一端出来。由于工件是从两个轮的中间通过，故亦称为直通法。如果装有自动送料装置，就可以使磨削工作自动化。

纵向进给磨削时，引导工件移动的导槽必须严格地与砂轮的轴线平行，否则就会将零件磨成如图 3-40 所示的不正确的形状。

纵向进给粗磨直径 $\phi5 \sim \phi75$mm 的零件时，每次工作行程的磨削深度为 0.02~0.15mm，工作行程的次数取决于加工余量。精磨时的工件行程次数视要求的表面粗糙度而定，一般不少于两次，每次工件行程的磨削深度为 0.0025~0.01mm。

2. 横向进给磨削法

当零件为阶梯轴，或有台肩、凸端（如气门、推杆）不能从两个轮中间通过时，可采

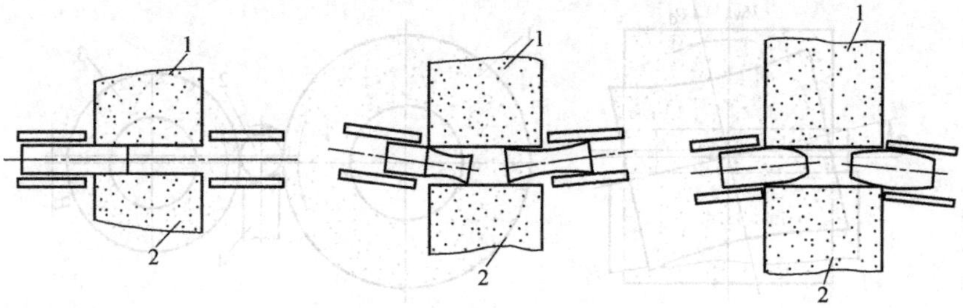

图 3-40　工件导槽必须与砂轮的轴线平行

1—砂轮　2—导轮

用横向进给磨削，图 3-41 所示为横向进给磨削的示意图。横向进给磨削时，工件和导轮以及支承板一起向砂轮作横向进给，当横向进给至终了位置后，还要停留一段时间进行光磨。磨削结束后，导轮后退，工件由推杆推出。这种磨削方法的砂轮宽度应大于被加工部位的长度。

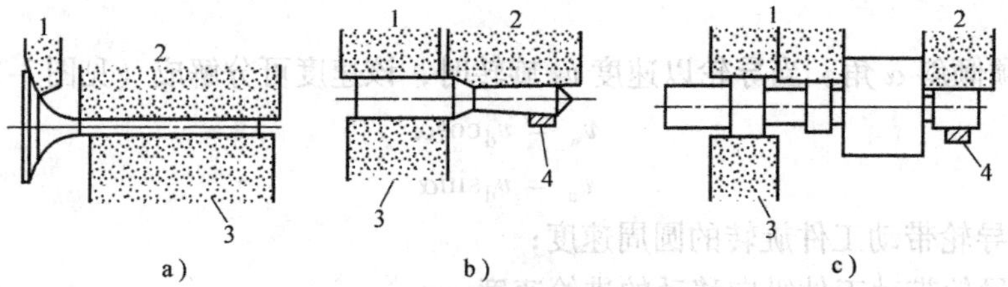

图 3-41　横向进给无心磨削

1、2—砂轮　3—导轮　4—支承板

无心磨削时工件不需装夹，采用纵向进给磨法可以连续进行加工，辅助时间接近于零，且容易实现自动化，因此生产率高。

无心外圆磨削时，由于机床—工具—工件系统刚度高，而且工件不会产生安装在顶尖或夹具上所引起的误差，因此，加工精度高，直径尺寸精度可达 IT6 ~ IT5，表面粗糙度值可达 R_a1. 25 ~ 0. 16μm.

无心外圆磨削时，工件以外圆本身定位，因此不能保证零件外圆表面间的位置精度。

断续表面（如花键轴和有键槽的轴）不能在无心磨床上加工。无心磨削前，工件必须具有一定的形状和位置精度，带有形状误差的工件表面无心磨削后会产生棱柱形。

四、专用磨床磨削

1. 凸轮轴磨床磨削

凸轮轴磨床用于磨削凸轮轴凸轮型面，目前广泛采用的是数控凸轮轴磨床。它用数控装置控制机床主轴作无级变速旋转和砂轮按以凸轮型面的升程数值作横向往复运动以及横向进给（见图 3-42）。

数控凸轮轴磨床的机床主轴由数控装置控制的伺服电动机驱动，实现无级变速传动。它不仅可以实现粗磨和精磨所需要的不同转速，而且在每转内按凸轮不同曲线段进行自动变速磨削，使凸轮型面上每一点的磨削速度、金属切除率和磨削力基本保持一致，可靠地保证了凸轮升程精度。

数控凸轮轴磨床具有较大的柔性，可满足凸轮轴多品种柔性生产的需要。由于数控装置能精确地根据凸轮轮廓外形和砂轮直径的改变自动修正磨削参数，因此消除了在磨削过程中因砂轮直径逐渐减小对凸轮型面精度的影响，能够始终保证正确的凸轮型面。

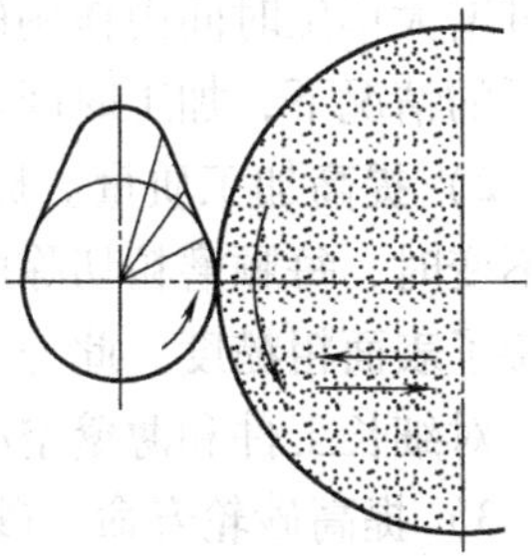

图 3-42　凸轮的磨削

数控凸轮轴磨床也可以磨削凸轮轴的圆柱部分。

2. 曲轴磨床磨削

在曲轴磨床上磨削曲轴轴颈和连杆轴颈时，砂轮架只作切入进给。为防止磨削力和曲轴的自重作用下的弯曲变形，被加工轴颈支承在中心架上。为了避免加工时曲轴的扭曲变形，曲轴磨床一般采用两端同步传动。

磨削曲轴连杆轴颈时，要根据曲柄半径调整机床两端头架卡盘的偏心量，使连杆轴颈的中心与机床主轴的回转中心重合。可通过头架分度的方法磨削不同相位角的连杆轴颈。

在数控曲轴磨床上磨削曲轴的主轴颈或连杆轴颈时，砂轮架进给、头架的分度、中心架支承块的进给均为数字控制，设置容易，磨削精度提高，加工时间缩短。当曲轴的曲柄半径变化时，机床左右头架偏心量的调整也采用数字控制，调整方便。

曲轴主轴颈和连杆轴颈的磨削可以在具有切点跟踪磨削功能的磨床上，经一次装夹磨出。这种方法亦称曲线连续轨迹数控磨削。**切点跟踪磨削法**以主轴颈定位，以主轴颈中心线为回转中心，磨削主轴颈的方式同普通外圆磨削；在磨削连杆颈时，砂轮沿水平方向采用计算机控制砂轮的横向进给和工件的回转，保证砂轮与连杆颈始终相切，从而完成磨削过程。这种磨削法与图 3-21 所示的铣削连杆轴颈类似。

3. 凸轮轴和曲轴主轴颈无心磨床磨削

曲轴主轴颈和凸轮轴轴颈的传统磨削方法是将工件支撑在两顶点之间，单片砂轮跳档依次磨削各个轴颈，或用多片砂轮同时磨削几个轴颈。由于轴细长，刚性差，磨削时很容易发生弯曲变形，所以必须在磨削部位用中心架托住，且须随不同轴颈磨削变换位置，始终紧贴在轴颈上；磨削量也不能太大，这样才能保证精度。

采用无心磨床磨削凸轮轴和曲轴主轴颈时，凸轮轴或曲轴的每一个主轴颈分别支承在与多片组合砂轮相对应的导轮和支撑板之间，凸轮轴或曲轴通过导轮带动旋转，每个轴颈各有一砂轮和导轮进行磨削。有的无心磨床工件放在 V 形托架上，砂轮和导轮相向进给，使工件中心线保持不动。在磨削过程中，工件在全长上被砂轮、导轮和支承板（托架）所包容，克服了刚性较差的凸轮轴或曲轴在传统磨削过程中的弯曲变形和振动现象，能获得较高加工效率、较高尺寸精度和形状精度。

在无心磨床上加工，凸轮轴轴颈可直接从毛坯磨出，曲轴轴颈可先车后磨。粗磨时，磨削余量直径方向可达 3 ~ 5mm，磨削时间仅为 30s 左右。

五、高速及超高速磨削

高速磨削是指磨削速度为 50 ~ 150m/s 的磨削，而磨削速度超过 150m/s 的磨削则称为**超高速磨削**。高速和超高速磨削的优点如下：

1）提高生产率。磨削时的材料切除率（单位时间内磨除材料的体积）等于磨屑平均断面积、磨屑平均长度和单位时间内作用的磨粒数（磨屑数）三者的乘积。高速和超高速磨削可增大单位时间内作用的磨粒数，因此，在与普通磨削的磨屑平均断面积和磨屑平均长度相同的情况下，加工时间可以缩短。

2）提高加工质量。提高砂轮速度后，单位时间通过磨削区域的磨粒数增加，在其他条件不变时，每颗磨粒切除的切屑厚度自然要减小，在工件表面上留下的切痕深度减小，因此改善了表面粗糙度。此外，切屑厚度减小，磨粒作用在工件上的径向力减小，可提高加工精度，对细长工件和薄壁空心管件更为明显。

3）提高砂轮寿命。砂轮速度提高后，每颗磨粒的切削厚度减小，磨粒上承受的切削载荷减小，可延长磨料的耐用时间。与普通磨削相比，高速磨削时砂轮的寿命可提高约一倍。

高速与超高速磨削时，由于砂轮速度提高，则砂轮的离心力增加，要求砂轮有足够的强度。此外，由于切屑变形速度高，磨削区温度增加，加之高速旋转所形成的强大气流使冷却润滑液难于达到磨削区内，工件表面容易烧伤。因此，高速和超高速磨削需要有高速及超高速磨具和磨床、磨削液及其供液系统，以及对磨削过程监控等相关技术作支撑。

六、快速点磨工艺

快速点磨法的加工原理是在磨削外圆时，砂轮与工件是以点接触进行磨削的，砂轮对工件的磨削加工类似于一个微小的刀尖对工件进行车削加工。而传统磨削方法磨削外圆时砂轮与工件为线接触，磨削力和磨削热都非常大。两种磨削方法的比较如图3-43所示。

快速点磨时，要求砂轮轴线与工件轴线之间有一个微小摆角 α（如图3-43b所示 ±0.5°），目的是使砂轮与工件间以一点接触。砂轮轴线转角后要上移或下移，目的是使砂轮端面与工件外圆的接触点和工件轴线等高。快速点磨法在数控装置的控制下进行精确进给。

快速点磨法时，用CBN（立方氮化硼）或金刚石砂轮进行高速磨削，其磨削速度可达150m/s。

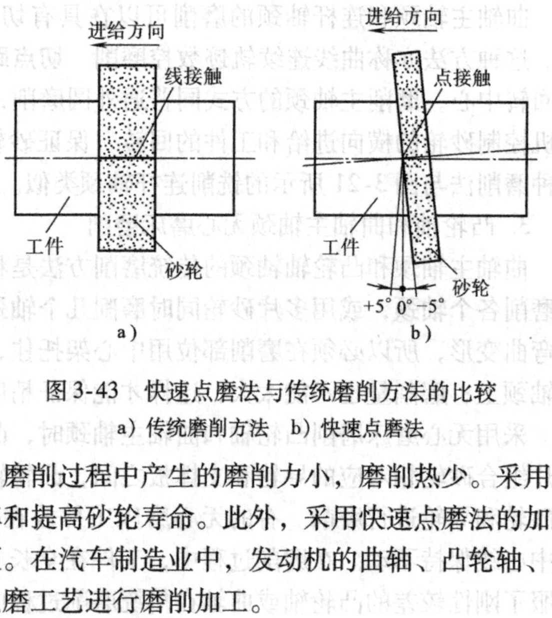

图3-43 快速点磨法与传统磨削方法的比较

a）传统磨削方法 b）快速点磨法

快速点磨法与传统的磨削方法相比较，砂轮与工件接触面积小，磨削速度高，磨削过程中产生的磨削力小，磨削热少。采用快速点磨法可以提高磨削精度，提高磨削效率和提高砂轮寿命。此外，采用快速点磨法的加工表面无进刀痕迹，表面光滑，工件装夹方便。在汽车制造业中，发动机的曲轴、凸轮轴、变速器上的齿轮轴和传动轴等均可采用快速点磨工艺进行磨削加工。

第四节 精整、光整加工

精整、光整加工是精加之后，从工件表面上不切除或切除极薄金属层，用以提高加工表面的尺寸和形状精度，减小表面粗糙度值或用以强化表面的加工方法。汽车发动机气缸套、凸轮轴支承轴颈及凸轮表面、曲轴的主轴颈及连杆轴颈均需经精整、光整加工。

一、珩磨

珩磨是用磨粒很细的油石在一定压力下，以低速对工件表面进行的精整、光整加工方法，多用于加工圆柱孔，早在1929年就在汽车制造业中开始应用。

珩磨孔的工具称珩磨头，其结构有很多种。图3-44所示为一种手动调整的珩磨头。四块油石4（也有三、五、六块的）用粘结剂与垫块6固结在一起，装在磨头体5的槽中。垫块6两端由弹簧8箍住，使油石保持在磨头体5上。当转动螺母1使之下移时，通过调整锥3和顶销7使油石张开以调整磨头的工作尺寸和油石的工作压力。这种珩磨头因油石的磨损和孔径的增大，油石对孔壁的压力不能保持恒定，因此在珩磨过程中需要经常停车转动螺母来调整工作压力，从而影响了生产率。在成批大量生产中，广泛采用气动、液压自动调节工作压力的珩磨头。

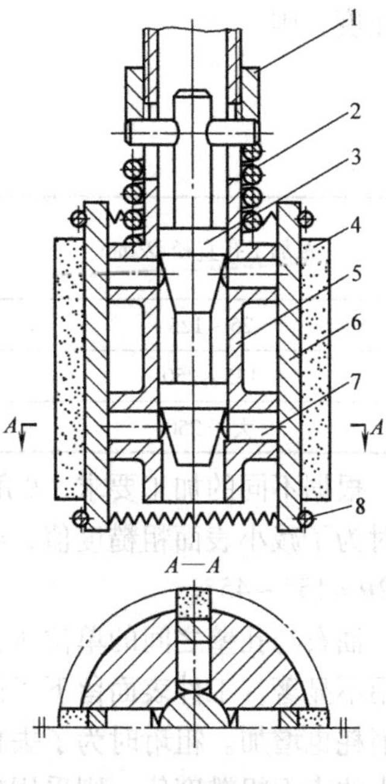

图3-44 珩磨头

1—螺母 2、8—弹簧 3—调整锥 4—油石 5—磨头体 6—垫块 7—顶销

珩磨头工作时有两种运动：旋转运动和轴向往复运动。由于这两种运动的结果，油石上每颗磨粒在工件孔壁上磨出螺旋形的交叉痕迹（图3-45）。为使整个工件表面能均匀地被加工到，油石在孔的两端都要露出一段越程量（约为油石长度的1/5～1/3）。

珩磨时，由于在被加工表面形成螺旋形的交叉痕迹，能获得R_a0.08～0.63μm表面粗糙度值；又由于珩磨头具有很大的径向刚度，因此工作平稳，不会产生振纹。而且由于加工余量很小，冷却润滑充分，因此磨削温度低，有利于获得高的尺寸精度（可达IT6～IT7级）。珩磨时，油石总是对工件表面施有压力，由于油石是用径向弹簧将它保持在珩磨头上的，所以在孔径较小的地方油石的压力大，就会多磨去一些金属；在孔径大的地方油石的压力小，就会少磨去一些金属，最后使加工表面逐渐获得精确的圆柱孔，圆度和圆柱度公差可保证在0.003～0.005mm范围内。

珩磨时，由于加工余量小，为保证切削时加工余量均匀，珩磨头和机床主轴采用浮动连接，所以珩磨不能修正被加工孔轴线的位置误差与直线度误差。

珩磨的应用范围很广，广泛用于发动机气缸孔、气缸套及主轴承座孔、连杆大头孔和各种液压装置的铸铁套和钢套孔等的最终加工。但珩磨不宜加工韧性的有色金属，因为油石容易被堵塞而不能工作。

珩磨作为一种精整、光整加工，珩磨前被加工表面必须经过精细加工。珩磨余量与孔径、珩磨前的加工方法及工件材料的性质有关，大致数值如表3-3所示。

在大量生产中，珩磨前往往进行细镗（金刚镗）。珩磨通常分为粗、精珩两个工步，粗珩去除余量的2/3～4/5，其余的由精珩去除。精珩一般只是去掉或修平粗珩所留下的表面凸峰。

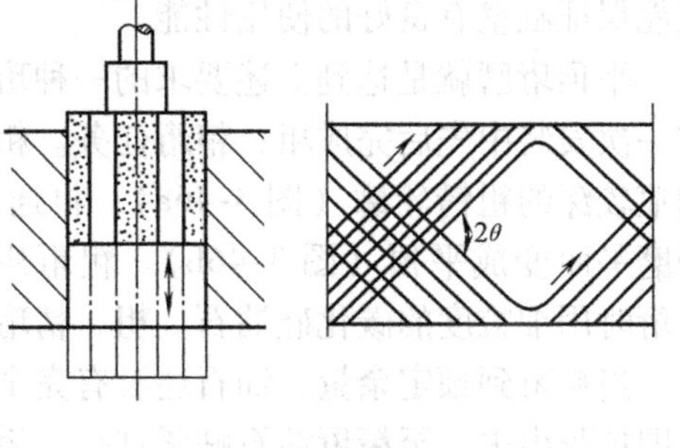

图3-45 珩磨时磨粒的运动轨迹

珩磨头的旋转速度推荐如下：加工铸铁为

1m/s左右，钢为0.5m/s左右，铝青铜和黄铜为1.33～1.5m/s。珩磨头的轴向往复速度为：加工铸铁或青铜时为0.25～0.38m/s，钢为0.2m/s。

提高珩磨头旋转速度，可以减小工件表面粗糙度值；提高珩磨头的往复速度，可以提高珩磨的生产率。

以2θ表示珩磨痕迹的交叉角（见图3-45），以v_a和v_c分别表示珩磨头的往复速度和旋转速度，则

$$\tan\theta = \frac{v_a}{v_c} \tag{3-4}$$

表3-3 珩磨余量

被加工孔直径 D/mm	直径上加工余量 z/mm	
	铸铁	钢
25～125	0.02～0.10	0.01～0.04
125～250	0.06～0.15	0.02～0.05
大于250	0.10～0.20	0.04～0.06

根据不同的加工要求，θ角应有所不同。粗珩时为了提高生产率，应有较大的θ角；精珩时为了减小表面粗糙度值，v_c应大些，因此应有较小的θ角。粗珩时$2\theta = 40° \sim 60°$，精珩时$2\theta = 15° \sim 45°$。

油石与孔壁之间的单位压力对珩磨的生产率和表面质量有很大影响。单位压力小，切削作用不显著，工件表面留下了前道工序的加工痕迹。提高单位压力，可以提高生产率，但油石消耗也增加。粗珩时为了去掉较多的加工余量，应采用较大的单位压力。精珩时为了获得较小的表面粗糙度值，则采用较小的单位压力。一般粗珩时单位压力为0.4～0.5MPa，精珩时为0.3～0.4MPa。

珩磨时，油石与工件的接触面积大，必须大量使用冷却润滑液。被加工表面质量的好坏，在很大程度上也取决于冷却润滑液的使用。珩磨铸铁和钢件时，多采用煤油作为冷却润滑液，因为煤油的粘度小，表面张力小，容易渗入到工件和油石间的缝隙中去，冲洗脱落的磨粒和切屑。精珩时，在煤油中加入10%的全损耗系统用油，能延长冷却润滑液的使用期限，并减小表面粗糙度值。

发动机缸孔表面粗糙度是影响发动机燃油消耗和寿命的重要因素。一般而言，表面粗糙度值小，则燃油消耗低、寿命长。但缸孔表面粗糙度值太小，加工不易获得，且增加加工费用。试验表明，只要在缸孔表面建立合适的加工痕迹及表面状况，则表面粗糙度值不用太小也能保证缸壁有良好的使用性能。

平顶珩磨就是达到上述要求的一种珩磨工艺。加工时，工件在一次安装中先后完成粗、精珩任务。粗珩时在工件表面加工出划痕较深的粗糙轮廓（图3-46a），再通过精珩把这些划痕的尖峰磨平而变成平顶（图3-46b）。粗珩用粗粒度的金刚石油石，精珩时用细粒度的碳化硅油石。粗、精珩油石装在同一个珩磨头上，当粗珩到预定余量，油石还没有完全收缩回来之前，精珩油石即扩张出去，至精珩油石贴紧缸孔，粗珩油石才缩回。此过程可由珩磨头上的双液压缸来实现。

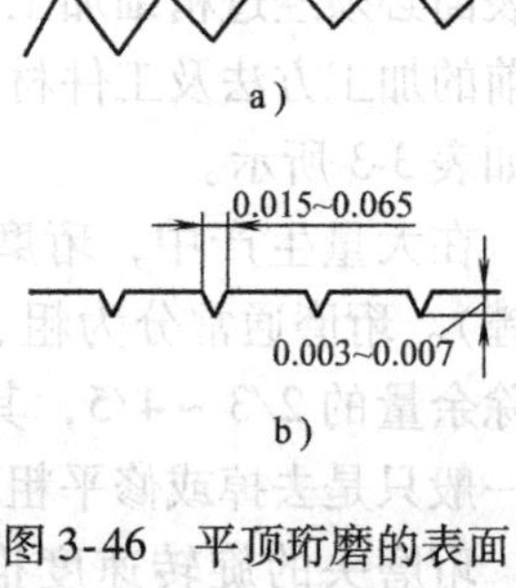

图3-46 平顶珩磨的表面

平顶珩磨的主要特点如下：

1）加工痕迹的交叉角 2θ 为 30°～60°。

2）表面的微观轮廓曲线为宽度不等的平顶与浅沟，平顶表面支承载荷，浅沟则用来储存润滑油。

3）平顶珩磨表面粗糙度一般要求为 $R_a0.5 \sim 1.25\mu m$。

4）平顶面积比率（又称表面支承率）为 50%～80%。

实践证明，具有这样网纹的平顶表面，其承载能力比普通珩磨的表面要大，沟槽有储存足够润滑油的作用，可大大减小缸孔表面的磨损，减少燃油消耗和提高机器零件的使用寿命。

二、超精加工

超精加工是用细粒度（W5～W28）的磨条或砂带进行微量磨削的一种精整、光整加工方法。

外圆表面的超精加工如图 3-47 所示，工件以较低的速度（0.03～0.33m/s）旋转，磨具以 500～800 次/min 的频率左右摆动，摆动幅度为 2.5～4mm，磨粒在工件表面上的加工轨迹为正弦曲线。同时，磨具还以工件每转一转进给 0.1～0.15mm 的进给量作纵向进给运动 f_a。磨具对工件表面施加压力恒定，该压力是靠压缩磨具上面的弹簧来实现的。在加工过程中，要大量使用具有一定黏度的切削液。

超精加工由于上述运动的综合结果，磨具上每个磨粒都在工件表面上刻划出极细微的且不重复的复杂轨迹（图 3-47b），这些轨迹相互交错，使工件表面的凸峰被切掉，留下不明显的凹痕，这就是超精加工能获得很小表面粗糙度值的主要原因。

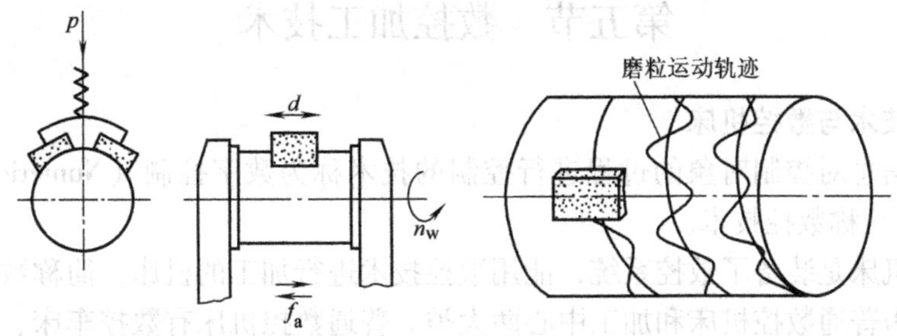

图 3-47　外圆表面的超精加工

超精加工过程中要进行充分冷却，在加工的初始阶段，磨粒仅仅碰到前工序留下的凸峰（图 3-48），这时单位压力大，磨粒切削能力强，凸峰很快被切削掉，切削液的作用主要是冲洗切屑和脱落的磨粒，使切削正常进行。当被加工表面逐渐被磨成光滑状态时，磨具与工件表面的接触面积增加，单位压力减小，切削能力减弱。最后切削液在工件表面与磨具间形成连续油膜，切削作用就自动停止。

超精加工的主要作用是减小工件表面粗糙度值（可达 $R_a0.01 \sim 0.08\mu m$），工件所要求的精度则应由前工序保证。前工序的表面粗糙度值越小，则超精加工后的表面粗糙度值也越小。以淬火钢曲轴轴颈为例，精磨后表面粗糙度为 $R_a0.63 \sim 1.25\mu m$，超精加工后则可达 $R_a0.16 \sim 0.32\mu m$。

超精加工切削余量甚微，而且切削速度和压力都不大，所以切削温度很低，在切去前工序的表面变形层时，不再产生新的变形层。例如磨削后由于塑性变形和磨削热的结果，表面变形层厚度为5~20μm，而超精加工只有0.25μm。

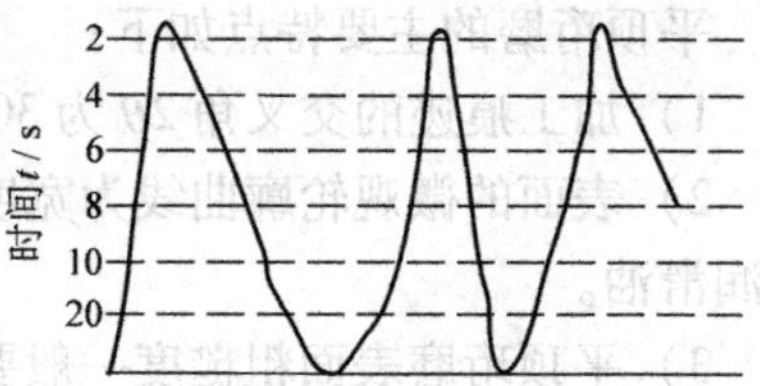

图3-48　超精加工时切除凸峰的过程

超精加工时磨具压力对表面粗糙度有很大影响，压力过大时，切去余量较多，超精加工后的表面粗糙；压力过小时，磨粒不能穿透油膜进行切削，表面残留凸峰不能磨除。单位压力控制在0.1~0.4MPa范围内比较合适。

超精加工过程中，切削液在开始阶段必须冲洗掉接触面间的屑末和脱落的磨粒，以促进切削的进行。加工最后阶段，它必须逐渐形成连续油膜，使切削作用自动停止，以保护已获得的光洁表面。这种作用的实现，除磨具压力的影响外，切削液的粘度也有重要影响。当切削液的粘度过大时，它的清洗能力降低，磨具容易堵塞，切削不能进行；如果粘度过小，则不能形成油膜。超精加工钢和铸铁的切削液一般用煤油（80%）和全损耗系统用油（20%）的混合液，当煤油百分比增加时，切削液的粘度就降低。

超精加工后，零件表面粗糙度值减小，将增加零件配合表面间的实际接触面积。车削所得表面的实际接触面积约为10%，磨削后为20%，超精加工后实际接触面积可达80%。

超精加工在汽车制造业中被用来加工很多零件，如曲轴和凸轮轴的轴颈等。为加工特定零件，有专门设计的机床，如曲轴和凸轮轴超精加工机床等。

第五节　数控加工技术

一、数控技术与数控机床

用数字化信息对控制对象的过程进行控制的技术称为数字控制（Numerical Control，简称NC）技术，简称数控技术。

数字控制机床是装备了数控系统，能用数控技术进行加工的机床，简称数控机床。数控机床按用途分为普通数控机床和加工中心两大类。普通数控机床有数控车床、数控铣床、数控磨床等。它们的工艺范围和普通机床相似，但更适合于加工形状复杂的工件。加工中心是带有刀库和换刀机械手，有些还配备托盘交换装置的数控机床。在数控机床上加工工件时，要把加工步骤、加工参数和加工尺寸等工艺信息和几何信息数字化，按规定的代码和格式编制出数控加工程序，输入计算机。计算机对输入程序进行处理与运算，发出各种指令来控制机床相应的运动和动作，使机床按照给定的程序，加工出所需要的工件。当加工对象改变时，一般只需更换新的加工程序即可。由于数控机床有较大的灵活性，因此特别适用于生产对象经常改变的情况，并能方便地实现对复杂零件的高精度加工。

二、数控机床的加工原理

数控机床的加工过程如图3-49所示。首先在分析零件图样要求的基础上编制加工程序，把人的加工意图转变为数控机床所能接受的信息，然后用适当的方式将此加工程序输入到数控机床的数控装置中。数控装置对输入的信息进行处理和运算后，向机床各坐标轴的伺服系统发出指令信息，驱动机床的执行机构（如刀架、工作台等）按预定的速度和轨迹运动，

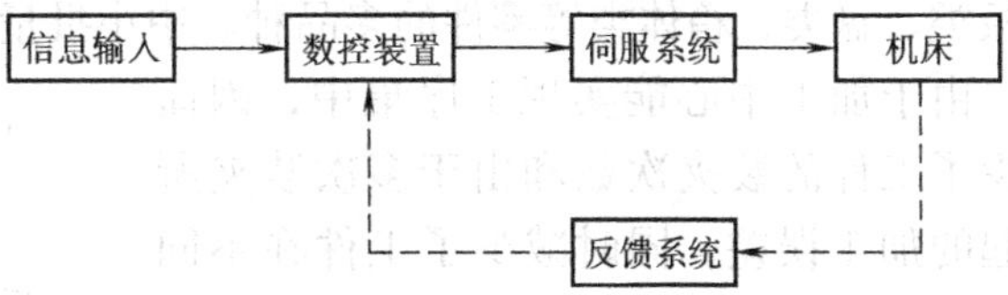

图 3-49　数控机床的加工过程

并控制其他必要的操作（如快速移动、换刀、切削液开停等），从而自动地加工出符合图样要求的工件。图 3-49 中虚线构成闭环控制系统，通过反馈系统将机床的实际位置、速度等参数检测出来，并将这种信息反馈给数控装置。信息输入、数控装置、伺服系统及机床本体是数控机床的基本组成部分。

1. 信息输入

首先把加工过程所需的几何信息和工艺信息用规定的代码和形式表示出来，编制成数控加工程序，再用适当的方式将此加工程序输入到数控装置中。简短的加工程序，可通过机床操作面板上的键盘直接输入到数控装置。用计算机辅助编程系统或 CAD/CAM 系统编制加工程序时，可通过通信接口，将加工程序从编程系统直接传送到数控装置中。

2. 数控装置

数控装置是数控机床的中枢，由它接收输入的加工信息，并对其进行变换和插补运算。在数控加工程序中，往往仅给出加工轨迹的起点和终点坐标。所谓插补，即根据程序信息计算出加工轨迹所需的各个中间点的坐标。这些中间点坐标以前点至后点的位移量的形式输出，控制机床执行机构按规定的速度和方向移动，以完成零件的加工。目前数控机床的数控装置普遍采用通用计算机，称为计算机数控（Computer Numerical Control，简称 CNC）。

3. 伺服系统

伺服系统是数控机床的执行部分，它的作用是将数控装置插补输出的位移信息转换成机床执行机构的运动，使刀架或工作台严格按预期轨迹和速度运动，从而加工出符合图样要求的零件。

4. 机床本体

根据不同的加工方式，数控机床本体可以是车床、铣床、钻床、镗床、磨床及电加工机床等。数控机床本体的整体布局、传动系统、刀具系统及操作机构等方面应符合数控的要求。

三、加工中心

一般的数控机床，如数控车床、数控铣床、数控钻镗床、数控磨床等，只能完成零件的某一类工序的加工。然而，大多数零件必须经过多种工序（例如箱体类零件，要经过钻孔、铰孔、铣平面、镗孔等）。为了更好地发挥数控加工效果，出现了能把多种不同加工内容集中在一台机床上进行，具有刀库和自动换刀机械手，且配备各种类型的不同规格的刀具和检具的数控机床。这种机床通常称作加工中心（Machining Center 简称 MC）。

目前应用最广泛的加工中心为车削加工中心和镗铣加工中心。车削加工中心与一般数控车床的主要区别在于车削加工中心上增设了多种有自己独立驱动装置的自驱动刀具（如铣削头、钻削头等），并对机床主轴的旋转也能进行伺服控制。车削中心不仅具有原来的车削功能，还能对车削后的工件进行铣平面、铣键槽、铣径向螺旋槽以及钻削径向和轴向孔等加工。从而有效地提高了生产效率，进一步扩大了柔性生产自动化的范围。

通常所说的加工中心实际上是指镗铣加工中心。在工件的一次装夹中，它能自动连续地对工件多个表面完成钻孔、扩孔、铰孔、镗孔、攻螺纹、铣削等多工步的加工，适用于复杂的板类、盘类、箱体类等零件的多品种、中小批量加工。

由于加工中心能实现工序集中，因而减少了工件的装夹次数和由于多次装夹所引起的加工误差，同时减少了工件在不同工序间的周转。它在加工的柔性、自动化程度和加工效率方面，也远远超过了一般的数控机床。

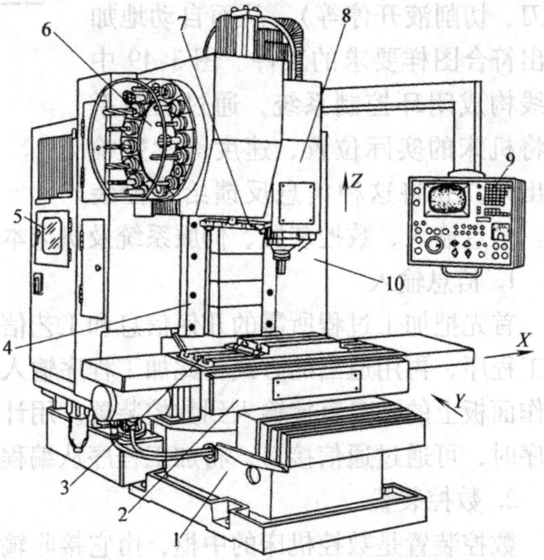

图 3-50　JCS-018 型立式加工中心
1—床身　2—滑座　3—工作台　4—立柱
5—数控柜　6—刀库　7—换刀机械手
8—主轴箱　9—操作面板
10—驱动电柜

图 3-50 所示为我国设计制造的 JCS-018 型立式加工中心的外形及布局。床身 1 上的滑座 2 可作横向进给运动，工作台 3 在滑座上作纵向进给运动；床身的后部装有固定立柱 4，主轴箱 8 可在立柱导轨上作垂直方向进给运动。立柱的左侧前部装有自动换刀装置（包括刀库 6 和换刀机械手 7），左侧后部为数控装置的数控柜 5，右侧是驱动电柜 10，内有电源、伺服驱动装置等，操作面板 9 悬伸在机床前方。

为改善加工中心的功能，在组合机床的基础上又发展了可以自动更换主轴箱的加工中心（见图 3-51）。自动更换主轴箱的加工中心一般有粗加工主轴箱和精加工主轴箱，以便提高加工精度和扩大加工范围。此类加工中心主要适用于中批生产中加工多品种箱体类零件。

四、数控机床加工的特点

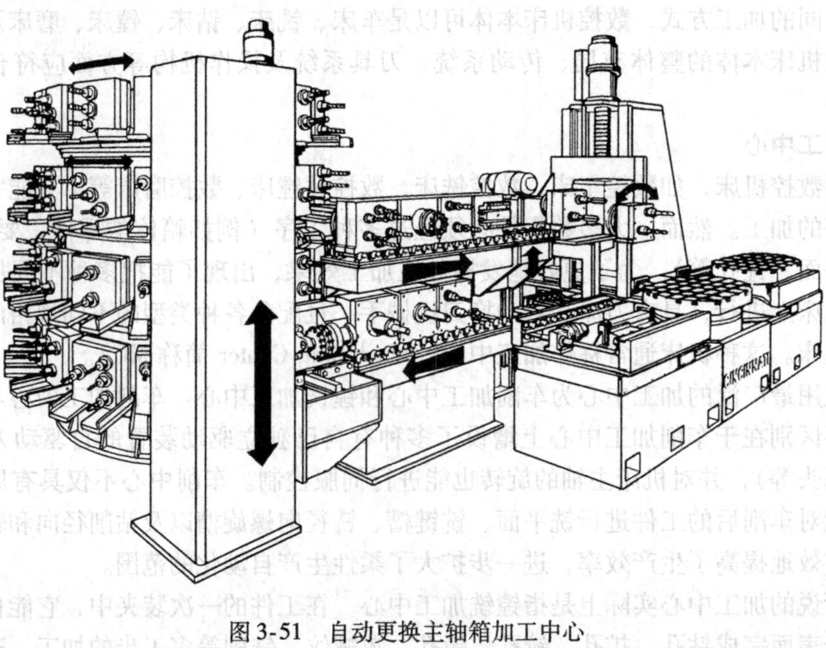

图 3-51　自动更换主轴箱加工中心

数控机床与一般机床相比有如下几方面的特点：

1）工序自动化程度高。在数控机床上加工时，工件与刀具之间的快速移近和移开，进刀和退刀、切削、变换切削用量、换刀、切削液开与关、停车等动作全部自动进行，操作者的工作仅仅是装卸工件、对刀、按动开关及监督加工情况。

2）对加工对象的适应性强。数控机床加工一般不需要很复杂的工艺装备，当加工对象改变时，只需重新编制零件加工程序，输入计算机就可以自动地加工出新的工件，一般不需重新设计工艺装备。这说明数控机床在高度自动化水平的情况下，具有比较大的柔性，更方便地适应多品种零件的加工。

3）加工效率高。数控机床的加工效率高，一方面是由于数控机床具有高度的自动化程序，另一方面，数控机床在加工过程中，由于可以自动控制工件的加工尺寸和精度，只需作首件检验或关键工序尺寸的抽检，一般不需要在加工过程中停机检验，从而使工序时间大为缩短。工件越复杂，这方面的效果越突出。

4）加工质量高和加工质量稳定。由于数控机床本身的制造精度高，又是按照预定的加工程序自动加工，避免了人为操作误差的影响，使数控机床加工出的同一批零件具有较小的尺寸分散范围，加工质量稳定。对于复杂形状的零件，加工精度的提高更为显著。如数控凸轮轴磨床的使用，代替了传统的机械靠模式的凸轮轴磨床，不仅提高了凸轮轴的加工精度，而且产品更换时生产准备周期也大大缩短。

但数控机床的价格较贵，设备投资大，技术复杂，对维修技术要求高。

数控机床主要适用于加工精度要求较高、形状比较复杂、或要求频繁改型的多品种、中小批量生产的零件。近年来，由于汽车产品更新速度的加快，为适应这种变化，在大批量生产中，也较广泛地采用了数控机床，如数控转塔车床、数控曲轴铣床、数控曲轴车拉机床、数控凸轮轴磨床、数控齿轮机床等。

五、数控加工程序的编制

数控机床的加工过程是按照数控加工程序的指令自动进行的。数控加工程序不仅规定了零件的工艺过程，而且还规定了进给路线和工艺参数（如主轴转速、切削速度、进给量等）。因此，编程人员除了要掌握一般机械加工的工艺原则之外，对数控机床的性能、程序指令及代码、刀具系统、切削规范及工件的装夹方法等都要非常熟悉。

数控加工程序的编制可分为如下三个阶段：

1）零件数控加工的工艺分析与工艺设计。在确定零件数控加工工艺过程时，编程人员要根据零件图样对工件的形状、尺寸、技术要求、毛坯等进行详细的工艺分析。其内容包括：零件毛坯的装夹分析、刀具运动的可行性分析、加工余量状况分析、零件图样尺寸标注对数控加工的适应性分析、零件轮廓的几何条件的充分性分析、零件加工要求分析等。

在工艺分析的基础上进行工艺设计，即制定数控加工工艺过程。其内容包括：确定加工方案、划分数控加工工序及确定所需工步、选择定位基准及所需夹具、确定进给路线和工件坐标系、选择刀具及确定合理的切削用量。

2）运动轨迹计算。在完成了工艺分析及工艺设计工作之后，下一阶段需要根据零件的几何形状、尺寸、进给路线及设定的工件坐标系，计算出零件加工各运动轨迹关键点的坐标值，以获得加工时刀具位置数据。对于轮廓比较简单的零件（例如由直线和圆弧组成），仅需计算出轮廓上各几何元素的起点、终点、圆弧的圆心，两几何元素交点或切点的坐标值；

对于轮廓比较复杂的零件（例如由非圆曲线、曲面组成），需要用直线或圆弧段逼近，此时还应根据容差，计算曲线或曲面上各插补点的坐标值。

在此阶段还要确定机床的切削用量变换、换刀、切削液开停、加工暂停等必要的控制功能。

3）编写零件加工程序代码及程序检验。根据已确定的进给路线、刀具参数、切削用量、控制功能等工艺信息及刀具位置数据，按照机床数控系统规定的指令代码及程序段格式，逐段编写加工程序。还应附上必要的加工示意图、刀具布置图及有关的工艺文件，如工序卡、机床调整卡、数控刀具卡、夹具卡等。

程序编完之后，可通过数控机床的输入装置将其输入至数控系统。程序必须经过检验才能正式使用，可通过动态仿真、模拟加工，试切等方法进行。

数控加工程序的编制方法有手工编程和自动编程两种。

数控加工程序编制各个阶段的工作均由人工来完成的为手工编程。对于几何形状较为简单的零件，计算工作量较少，程序较短，用手工编程比较经济及时。对于较复杂的零件，手工编程效率低，通常采用自动编程，即利用计算机自动完成编程的大部分或全部工作。

目前广泛应用的自动编程系统是图形式自动编程系统。图形式编程系统可在计算机上建立被加工零件的几何图形信息（二维或三维实体模型），然后在图形上指定加工部位，并根据工艺分析输入相应的工艺、刀具参数和进给方式，计算机便能自动编制出数控加工程序，并在计算机屏幕上显示出刀具加工轨迹，以及加工过程动态模拟等。一些大型的商业化CAD/CAM软件包（如UG、CATIA、Pro/E、Mastercam等）具有这种功能。

第六节　齿轮轮齿齿面的加工

汽车变速器和驱动桥使用的齿轮，有圆柱齿轮和锥齿轮两大类。它们都用于传递扭矩，其齿廓一般为渐开线形状。

本节重点介绍齿轮轮齿齿面的常用加工方法。花键联接中的外花键和内花键，与齿轮轮齿齿面加工相似，故在圆柱齿轮轮齿齿面加工中也适当作一介绍。

一、圆柱齿轮轮齿齿面的加工

圆柱齿轮轮齿齿面的加工，分为切削加工和无屑加工两类。汽车齿轮轮齿齿面的加工，常采用以下加工方法：

- 齿轮轮齿齿面加工
  - 齿面的切削加工
    - 成形法——拉齿
    - 展成法
      - 滚齿、插齿——预加工
      - 剃齿——热前精加工
      - 珩齿、磨齿、研齿——热后精加工
  - 齿面无屑加工
    - 轧齿（热轧齿、冷轧齿）
    - 冷挤齿（精轧齿）
    - 精密锻造齿轮

滚齿和插齿是齿坯切削加工后的轮齿粗加工，一般称为轮齿的预加工。剃齿和冷挤齿是齿轮热处理前的轮齿齿面的精加工，称为热前精加工。珩齿、磨齿和研齿是热处理后的精加工，称为热后精加工。

一般，切削加工6级精度和7级精度盘状齿轮，多采用的工艺方案为：滚齿或插齿→热处理→精磨定位基面（内孔和轮毂端面）→磨齿。对由于结构的限制不便于磨齿的7级精度齿轮，可以采用滚齿或插齿→剃齿（或冷挤齿）→热处理→精磨定位基面→珩齿工艺方案。

成形法拉齿，是使用成形拉刀拉削内、外齿轮轮齿的切削加工方法。拉削内齿轮轮齿（或内花键），拉刀的切削刃形状与轮齿齿廓（花键齿形）形状相同。拉削外齿轮时，使用筒形拉刀（拉削较小模数，$m \leqslant 2.5$mm）和齿条式拉刀（$m \geqslant 2.5$mm）。图3-52为使用筒形拉刀拉削外齿轮示意图。从图中可以看出，筒形拉刀由多片内刀齿刀圈叠加而成。拉齿时，工件以其外圆表面作为定位基面，与导向套配合实现定位。当推杆4推动工件2上移时，依次通过粗、精切刀圈进行粗、精拉齿。据资料介绍，加工变速器同步器齿轮时，每小时可加工180件。拉齿精度取决于拉刀切削刃精度等因素，一般可达7级精度，齿面粗糙度为$R_a 3.2 \sim 1.6\mu m$。由于拉刀制造较复杂和成本高，故拉齿适用于大量生产同步器齿轮轮齿和内花键齿形的加工。

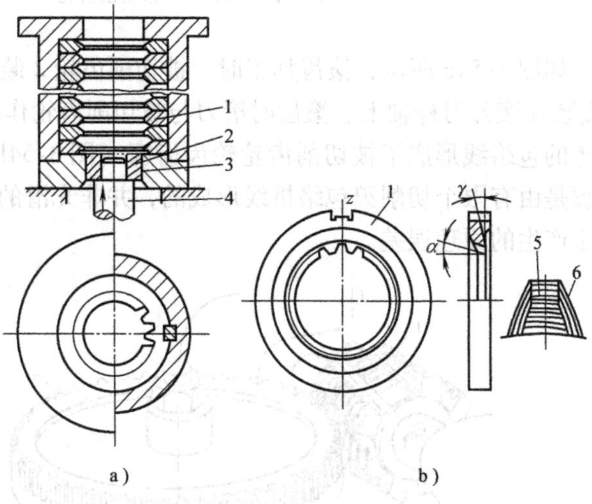

图3-52　使用筒形拉刀拉削外齿轮示意图

a）使用筒形拉刀拉齿示意图　b）齿廓的切削方式——齿厚层剥法

1—刀圈　2—工件　3—导向套　4—推杆

5—粗切径向层剥　6—精切齿廓层剥

展成法切削齿轮轮齿齿面，是利用一对齿轮副啮合原理进行切齿的方法，被加工齿轮轮齿齿廓，是齿轮刀具与被切削齿轮（工件）在展成运动中，由齿轮刀具切削刃连续运动的轨迹包络线形成的。由于一个渐开线齿轮可以与相同模数和压力角、不同齿数的齿轮共轭啮合，所以在展成法加工中使用一把模数、压力角相同的齿轮刀具，可以切削不同齿数的齿轮。另外，它既可以切削标准的直齿、斜齿圆柱齿轮，也可以切削变位齿轮，并获得一定的齿轮精度。因此，在汽车齿轮制造中，采用展成法切削圆柱齿轮轮齿齿面被广泛应用。下面将重点介绍汽车齿轮制造中应用最广泛的展成法切削圆柱齿轮轮齿齿面的切齿方法。

（一）圆柱齿轮轮齿齿面的预加工

1. 滚齿

滚齿是应用一对交错轴斜齿圆柱齿轮副啮合原理，使用齿轮滚刀进行切齿的一种加工方法。如图3-53a所示滚齿示意图中，齿轮滚刀1相当于一个齿数很少（一般齿数为1～4个齿，通常为1个齿）、螺旋角很大的斜齿圆柱齿轮，通常称为渐开线基本蜗杆。齿轮滚刀切削刃位于该基本蜗杆的渐开线螺旋齿面上。从图3-53b中可看出，在渐开线蜗杆上经开槽和在顶刃、侧刃上铲齿、铲磨后，形成了容屑槽 4 和切削刃 3。在实际生产中，由于渐开线蜗杆滚刀制造困难，而采用制造较容易的轴截面为直线齿廓的阿基米德蜗杆滚刀，或法截面为直线齿廓的法向直廓滚刀来代替。前者主要用于模数 10mm 以下的精加工滚刀，后者用于粗加工和大模数滚刀。这两种齿轮滚刀均为近似切齿刀具，滚刀切削刃必定产生齿形误差（属于原理误差）。当滚刀导程角小于 3°时，被切削齿轮所产生的齿形误差很小，不会超过被切削齿轮允许的齿形误差范围。

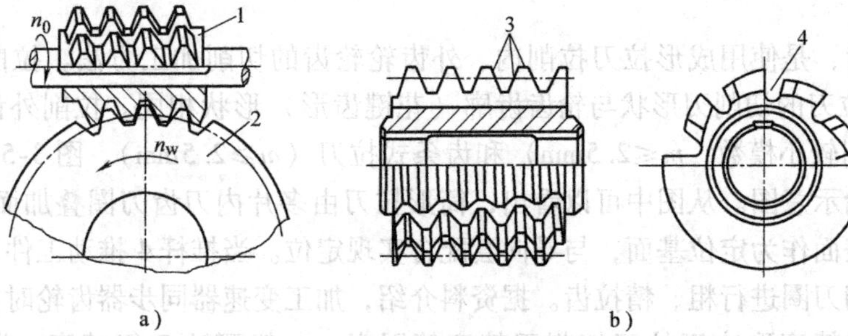

图 3-53　滚齿示意图和齿轮滚刀

a）滚齿示意图　b）齿轮滚刀

1—齿轮滚刀　2—被切削齿轮　3—切削刃　4—容屑槽

如图 3-54a 所示，滚齿加工时，被切削齿轮 2 装夹在回转工作台上的机床夹具中，滚刀 1 安装在滚刀刀杆轴上。滚齿时滚刀与被切削齿轮作啮合展成运动时，滚刀切削刃连续运动轨迹的包络线形成了被切削齿轮轮齿齿廓（图 3-54b）。由图 3-54b 可看到，所形成的轮齿齿廓是由有限个切削刃包络折线形成的，并非光滑的渐开线曲线，其齿形误差属于近似加工方法产生的原理误差。

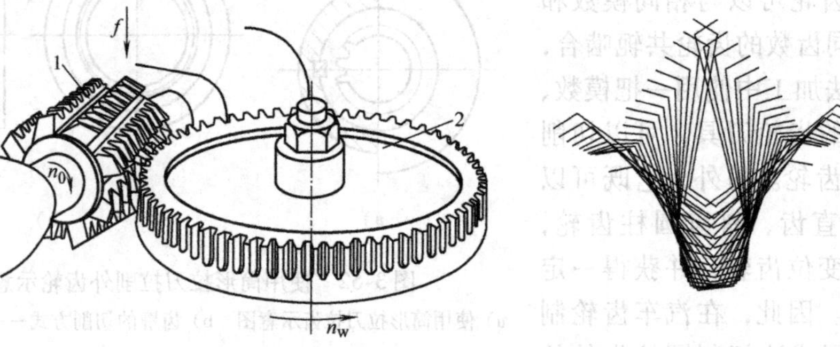

图 3-54　滚齿时的主要运动和齿廓的形成

a）滚齿时的主要运动　b）齿廓的形成

1—滚刀　2—被切削齿轮

滚齿时，滚刀与被切削齿轮间必须保持正确的安装位置。滚刀刀齿的螺旋线方向应调整成与被切削齿轮轮齿齿槽方向一致，即滚刀轴线与被切削齿轮端面形成一定夹角——滚刀安装角 ψ（图 3-55），即

$$\psi = \beta_w \pm \gamma_{0z} \tag{3-5}$$

式中　β_w——被切削齿轮螺旋角；

γ_{0z}——滚刀导程角。

如果两者同旋向取“-”号，反旋向取“+”号。滚刀螺旋方向由被切削齿轮螺旋方向决定。当被切削齿轮螺旋角$\beta_w \leqslant 10°$时，一般滚刀制成右旋方向；当$\beta_w \geqslant 10°$时，滚刀螺旋方向与被切齿轮的螺旋方向相同，此时滚刀安装角$\psi = \beta_w - \lambda_{0z}$，如图3-55b、c左图所示。图3-55b、c右图所示，如果两者螺旋方向相反时，安装角$\psi = \beta_w + \lambda_{0z}$，安装角$\psi$过大，将使滚刀切入端载荷过大，滚刀易磨损，而且加大了切齿时滚刀切入、切出长度，也影响切齿的生产率。

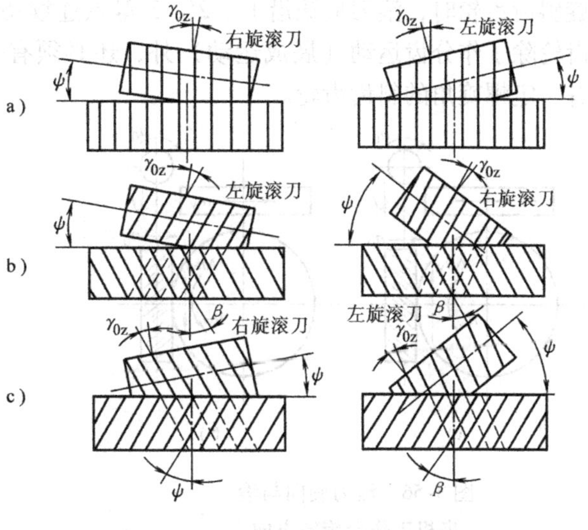

图3-55　滚齿时滚刀的安装角

a）切削直齿齿轮　b）切削左旋斜齿齿轮　c）切削右旋斜齿齿轮

为保证被切削齿轮轮齿不歪斜（即轮齿两齿廓对称），滚刀刀齿或齿槽的对称中心线应该通过滚齿机工作台旋转中心，即滚刀应“对中”，特别是切削齿数较少的齿轮时必须对中。

如图3-54所示，根据滚齿加工原理，滚齿时必须具有以下几种运动：

1）切削运动。滚刀的旋转n_0是滚齿时必需的切削运动。借助滚齿机速度交换齿轮，可以改变滚刀的旋转速度。

2）分齿运动。滚刀与被切削齿轮间的旋转运动，必须严格保持一对交错轴斜齿圆柱齿轮副的啮合传动关系，即

$$i = \frac{n_0}{n_w} = \frac{z_w}{z_0}$$

式中　i——传动比；

n_0、n_w——分别为滚刀和被切削齿轮的转速；

z_w——被切削齿轮的齿数；

z_0——滚刀头数。

滚齿时的分齿运动是连续的滚切运动，亦称为展成运动。展成运动是由滚齿机分齿传动链的交换齿轮强制保证的。因此，滚齿亦称为强制啮合传动的展成法切齿。滚齿时滚刀与被切削齿轮的旋转方向，必须符合一对交错轴斜齿齿轮副啮合转动的旋转方向，如图3-56a、b所示（从被切削齿轮上方向下看的实线箭头方向）。

3）轴向进给运动。为在全齿宽上切削出渐开线齿面，滚刀应该沿被切削齿轮轴线方向进行轴向进给f。通过滚齿机进给交换齿轮的变换，可以改变轴向进给量。

4）附加运动。当滚切斜齿齿轮时，被切削齿轮在实现上述的展成运动的同时，还应该有一个附加的旋转运动Δn_w（图3-56虚线箭头所示）。现以使用右旋滚刀切削右旋斜齿齿轮

（图 3-57 和图 3-56a）为例说明：当滚刀切削直齿齿轮时，被切削齿轮每旋转一周，滚刀轴向进给一个 f 距离，则将沿 1、2、3 等点连续下移切齿，形成直齿；当切削螺旋角为 β_w 的右旋斜齿齿轮时，滚刀应该沿 1′、2′、3′等点连续切齿。为此，滚刀在轴向进给的同时，被切齿轮除了作分齿运动（展成运动）外，还必须有一个附加的旋转运动 Δn_w，才能切削出具有一定螺旋角的斜齿齿轮。

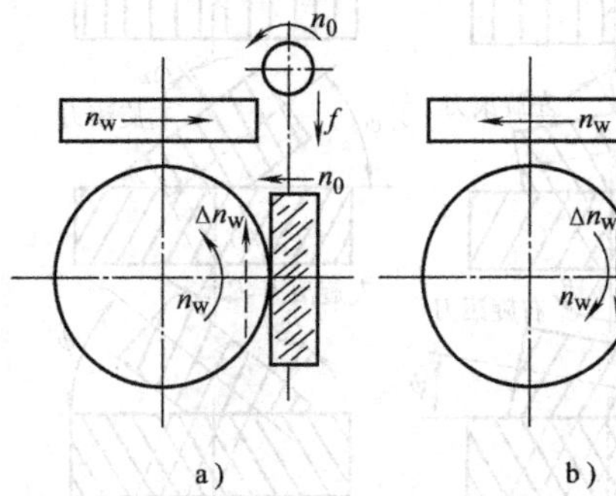

图 3-56　滚刀旋向与滚齿机工作台旋转方向

a）使用右旋滚刀切削右旋斜齿轮

b）使用左旋滚刀切削左旋斜齿轮

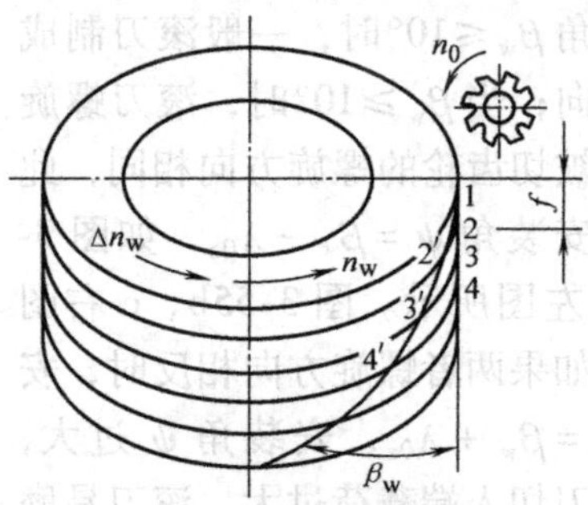

图 3-57　滚切斜齿齿轮时齿向的形成

从上述分析可知，被切削的斜齿齿轮的旋转运动由两种运动合成，即分齿运动 n_w 和附加运动 Δn_w 合成，合成运动为 $n_w \pm \Delta n_w$。当滚刀与被切削斜齿齿轮旋向相同时取"+"号，反向时取"-"号（图 3-56）。被切削斜齿齿轮的附加运动 Δn_w 由滚齿机的差动机构实现。

目前在汽车圆柱齿轮轮齿加工中，已开始使用数字控制滚齿机（CNC）来完成上述运动，机床调整更加简便，齿轮精度较高，产品变换时柔性强。

2. 插齿

插齿是利用一对平行轴圆柱齿轮副啮合原理，使用插齿刀进行切齿的一种加工方法。如图 3-58a 所示，插齿刀 1 是由假想圆柱齿轮 2 演变而来的。为形成切削刃，在假想圆柱齿轮的外圆柱面和轮齿两侧渐开线齿面制成锥面形成后角，在假想齿轮下端面制成内凹锥面形成刀齿切削刃和前刀面（图 3-58c），刀齿切削刃为内凹锥面与渐开螺旋面的交线。插齿刀刀齿侧切削刃在端面上的投影必须是渐开线曲线，为此插齿刀刀齿侧切削刃曲线是经过修正（修形）的。另外，插齿刀切削刃磨钝后需磨削内凹前刀面。刃磨后刀齿齿厚必定变小，与被切削齿轮啮合时必须减小两者的中心距。因此，插齿刀与被切削齿轮的啮合传动，实为变位齿轮副的啮合传动。

插齿时，插齿刀与被切削齿轮间严格保持一对圆柱齿轮的啮合传动关系，插齿刀刀齿的连续运动轨迹包络出被切削齿轮的轮齿齿廓（图 3-58b）。由图中可以看到，与滚齿一样，被切削齿轮轮齿的齿廓是由有限个包络线形成的。包络线数目越多，渐开线曲线越光滑，齿形误差也越小。

插削直齿圆柱齿轮时，从图 3-58a 看到，必须具有以下运动：

1）切削运动。插齿刀安装在插齿机主轴上，插齿时沿其轴线方向快速直线往复运动 v_c，产生切削作用。切削运动以插齿刀每分钟往复运动的次数表示。切削运动速度 v_c 可通

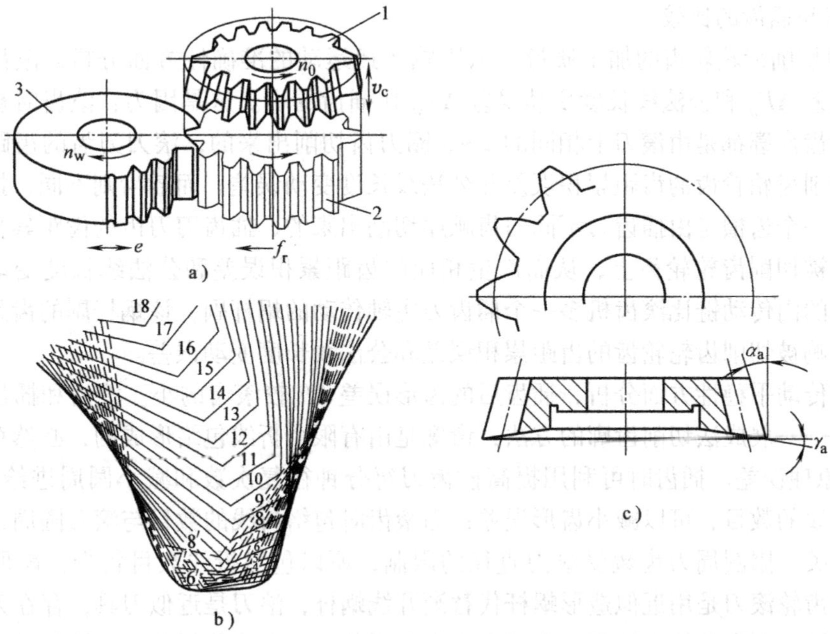

图 3-58　插齿原理和齿廓的形成

a）插齿工作原理　b）插齿时齿廓的形成　c）插齿刀

1—插齿刀　2—假想圆柱齿轮　3—被切削齿轮

过改变插齿机速度交换齿轮来实现。加快插齿刀往复运动速度，可增加形成被切削齿轮轮齿齿廓的包络线数目，使渐开线曲线更加光滑，齿形误差减小。

2）分齿运动。插齿刀与被切削齿轮间强制地保持一对圆柱齿轮副的啮合传动关系，即

$$i=\frac{n_0}{n_w}=\frac{z_w}{z_0}$$

式中　n_0、n_w——分别表示插齿刀和被切削齿轮的转速；

z_0、z_w——分别表示插齿刀和被切削齿轮的齿数。

插齿时的分齿运动亦称为展成运动或滚切运动。展成运动的传动关系是依靠插齿机分齿传动链的分齿交换齿轮实现的。

3）圆周进给运动。插齿刀与被切削齿轮作分齿运动时，在插齿刀每一次往复移动中，在插齿刀与被切削齿轮啮合时的节圆上转过的弧长，称为圆周进给运动。圆周进给运动大小影响插齿的生产率。

4）径向进给运动。为了切削至全齿深，在分齿运动的同时，插齿刀需沿插齿刀与被切削齿轮中心连线方向，作径向进给运动f_r。当切至全齿深时，径向进给自动停止。

5）让刀运动。插齿刀往复运动时，向下移动为切削行程，向上移动是空行程退刀。在空行程退刀时，为避免插齿刀切削刃在切削齿面上摩擦而擦伤已切削齿面和插齿刀切削刃磨损，应该使插齿刀与被切削齿面脱离接触，因此插齿刀在径向方向有一让刀运动e。让刀运动可由装夹被切削齿轮的工作台实现，也可以由插齿刀来完成。插齿刀空行程退刀完成后，工作台或插齿刀再返回原位，以进行下一切削行程。所以让刀运动是在插齿刀一个往复移动行程中，往复一次让刀。

3. 滚齿与插齿的比较

（1）被切削齿轮轮齿的加工质量　从影响传递运动的准确性方面分析，滚齿后轮齿的齿距累积误差 ΔF_p 和公法线长度变动误差 ΔF_w 比插齿的小。这是因为：滚齿时被切削齿轮的每一个轮齿齿廓都是由滚刀上相同的 2~3 圈刀齿切削出来的，滚刀刀齿的齿距累积误差不影响被切削齿轮轮齿的齿距累积误差和公法线长度变动误差；而插齿则不同，插齿时被切削齿轮的每一个齿槽是由插齿刀不同刀齿顺序切削出来的，插齿刀刀齿的齿距累积误差，必然会复映在被切削齿轮轮齿上，从而产生相应的齿距累积误差和公法线长度变动误差。另外，插齿机的内传动链比滚齿机多一个插齿刀主轴传动的蜗杆副，该蜗杆副的齿距累积误差等，也会影响被切削齿轮轮齿的齿距累积误差和公法线长度变动误差。

从影响传动平稳性方面分析，插齿后的齿形误差 Δf_f 较滚齿的小。滚齿和插齿都属于有瞬心包络法——展成法切削齿廓的方法，齿廓是由有限个折线包络形成的，必然存在齿形误差 Δf_f——原理误差。插齿时可利用提高插齿刀每分钟往复次数和减小圆周进给量的大小，增加包络折线的数目，可以减小齿形误差；而滚齿时包络折线的数目与滚刀圆周刀齿数和滚刀的头数有关。因圆周刀齿数受滚刀直径的限制，所以包络折线数目较少，齿形误差就较大。另外，齿轮滚刀是用近似造形蜗杆代替渐开线蜗杆，滚刀是近似刀具，存在刀具齿形误差，复映在被切削齿轮轮齿齿廓上必然产生齿形误差。由上述分析可知，插齿时的齿形误差较小。

滚齿后的齿面粗糙度值比插齿大。如图 3-59a 所示，滚齿时滚刀在齿向上的切削是断续的，在被加工轮齿齿面上形成鱼鳞状刀痕；插齿时插齿刀在齿向上的切削是连续的，如图 3-59b 所示，轮齿齿面上的刀痕是直线，所以插齿时的齿面粗糙度值小。

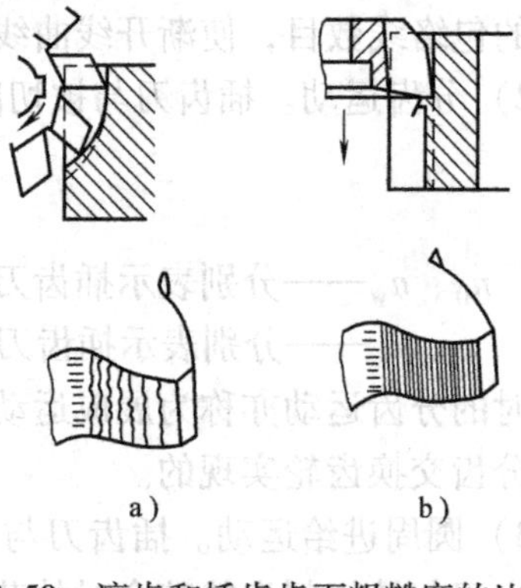

图 3-59　滚齿和插齿齿面粗糙度的比较
a）滚齿齿面　b）插齿齿面

从上述分析可知，滚齿加工的齿轮，其运动精度较高，而齿形误差和齿面粗糙度值都较大。在汽车圆柱齿轮轮齿加工中，滚齿只是作为齿轮轮齿的预加工，可以通过后续精加工工序——剃齿、冷挤齿、珩齿和磨齿等进行精加工，来减小齿形误差和齿面粗糙度值。滚齿的最大优点是滚齿后齿轮的运动精度较高，这对于采用非强制啮合传动进行最终精加工的剃齿、冷挤齿和珩齿非常重要。这几种精加工齿面的特点之一是，精加工后不能减小齿距累积误差和公法线长度变动误差。这种误差只能在轮齿预加工——滚齿时得到保证。这也是一些汽车齿轮生产企业，在切削加工低速传动齿轮轮齿时，采用较低制造成本的滚齿→剃齿（或冷挤齿）工艺方案的原因之一。

根据齿轮机床和齿轮刀具的不同，滚齿一般可以保证 7~9 级精度的齿轮（分别使用 AA、A、B 级精度的滚刀），齿面粗糙度达 R_a2.5~10μm；插齿时使用 AA、A、B 级精度的插齿刀，一般可以保证 6~9 级精度的齿轮，齿面粗糙度达 R_a0.5~1.25μm，但运动精度较低。

（2）齿轮轮齿加工的生产率　如图 3-60a 所示，一般切削小模数薄齿轮时，因滚齿时滚刀的切入长度 ΔL_1 较长，其工作行程长度 L 就长，滚齿生产率较插齿低。但切削中等及中等以上模数齿轮和多个叠加薄齿轮时，因插齿时插齿刀返向空行程损失较大，滚齿生产率比插齿约高 1.5~2 倍。因此中等模数的汽车齿轮轮齿预加工大多使用滚齿加工。为进一步提高滚齿加工的生产率，广泛使用高刚度、高功率的高效滚齿机，和使用刀具经氮化钛涂层处理的多头（2~3 个头）的齿轮滚刀。虽然多头齿轮滚刀会加大被切削齿轮的齿形误差，但可以在后续精加工中予以减小。

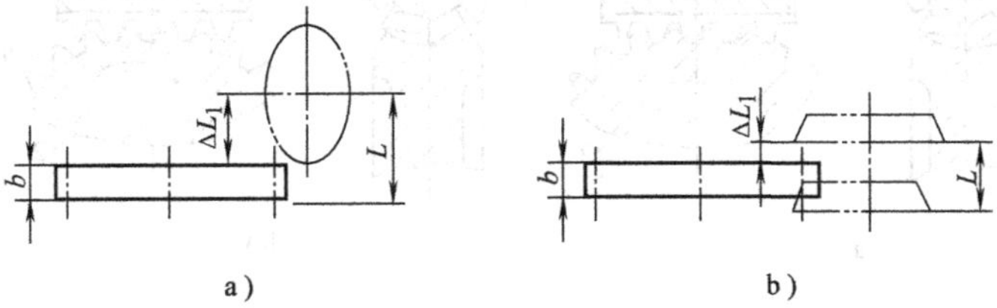

图 3-60　滚齿和插齿时的工作行程长度
a) 滚齿　b) 插齿

（3）应用比较　从前述已知，对于采用非强制啮合传动的最终精加工方法——剃齿、冷挤齿、珩磨，其预加工采用滚齿是最佳工艺方案。汽车传动齿轮多为中等及中等以上模数圆柱齿轮，滚齿的生产率比插齿高。现代汽车变速器多采用同步器变速结构，其圆柱齿轮为常啮合斜齿圆柱齿轮。使用滚齿加工斜齿圆柱齿轮轮齿最为简便。加工不同旋向和螺旋角的斜齿齿轮时，只要改变滚齿机差动机构的变换齿轮，就可以方便地进行加工。而插齿则不然，插斜齿齿轮时需要使用斜齿插齿刀，与被切削斜齿齿轮的啮合相当于一对平行轴斜齿齿轮啮合传动。插齿时插齿刀除直线往复的切削运动和分齿运动的旋转外，还需要有一附加的转动运动，才能切削斜齿齿轮的螺旋齿面。此时，在安装插齿刀的刀架上需要换装上如图 3-61 所示的螺旋导轨副，才能实现插齿刀的附加转动。

如果使用数控（CNC）插齿机加工斜齿轮，则不必使用不同螺旋角的螺旋导轨，使加工变得方便。采用带电子导轨的数控（CNC）插齿机加工不同螺旋角的斜齿轮时，只需输入或调出相应的加工程序即可。

对蜗轮式差速器的蜗轮轮齿的加工，使用滚齿加工也是较为方便的。如图 3-62 所示，加工普通圆柱蜗轮时，使用蜗轮滚刀。蜗轮滚刀与被切削蜗轮的相对位置，与相应的一对蜗杆副啮合状态相同，即蜗轮滚刀轴线与被切削蜗轮对称中心平面相重合。滚切时除了蜗轮滚刀的旋转运动——切削运动和分齿（展成）运动外，还有一进给运动。进给运动有两种方式：径向进给和切向进给。径向进给方式，因进给行程等于齿高，所以生产率高；且滚齿机上不需要有差动传动链，机床调整简单和传动误差小。由于具有上述优点，在生产中常被采用。径向进给方式的缺点是，蜗轮轮齿滚切时，可能在齿根产生根切现象。但是当蜗轮螺旋角小于 6°~8°时，根切并不明显。插齿不能加工蜗轮。

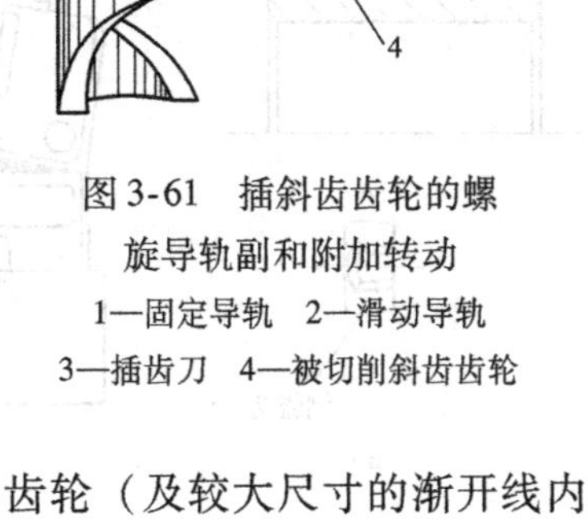

图 3-61　插斜齿齿轮的螺旋导轨副和附加转动
1—固定导轨　2—滑动导轨
3—插齿刀　4—被切削斜齿齿轮

对于多联齿轮的小齿轮（及多联渐开线外花键）和内齿轮（及较大尺寸的渐开线内花键），可以方便地采用插齿加工，而滚齿则不能胜任。如图 3-63 所示，插齿时为避免插齿刀

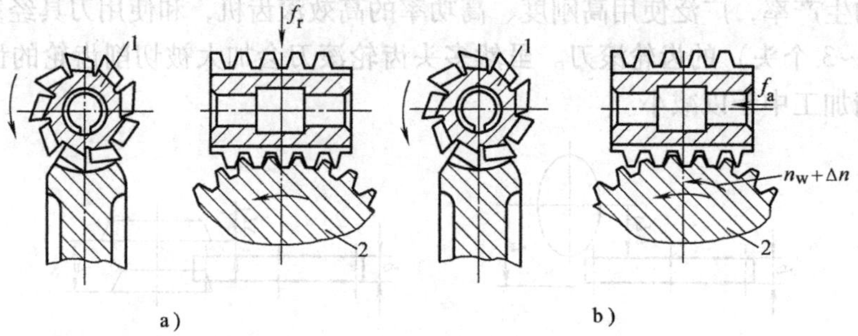

图 3-62 使用蜗轮滚刀滚切蜗轮

a) 径向进给切齿 b) 切向进给切齿

1—蜗轮滚刀 2—被切削蜗轮

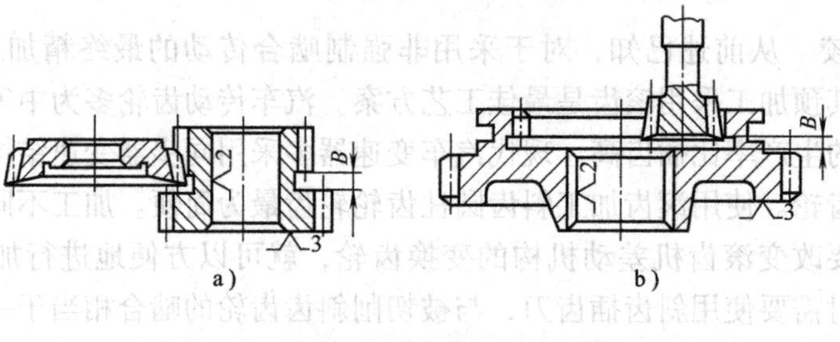

图 3-63 插削双联齿轮和内齿轮轮齿

a) 插削双联齿轮小齿轮 b) 插削内齿轮

在切削行程中与另一个齿轮端面相碰撞，设计齿轮结构时必须留有一定尺寸的空刀槽 B。

在汽车变速器中采用同步器和啮合套换挡的结构中，为防止自动脱挡（脱离啮合），常将接合齿制做成倒锥齿，即将轮齿齿厚制成反向锥度，如图 3-64a 局部视图所示。这种倒锥齿除了可采用冷挤齿方法加工外，还可以采用插齿加工。如图 3-64b 所示，将插齿机主轴刀架倾一定斜角，改变了插齿刀直线往复运动的方向，就可以加工倒锥齿。

汽车齿轮齿条式转向器中的齿条，除了可采用成形铣刀或拉刀加工外，也可以采用插齿

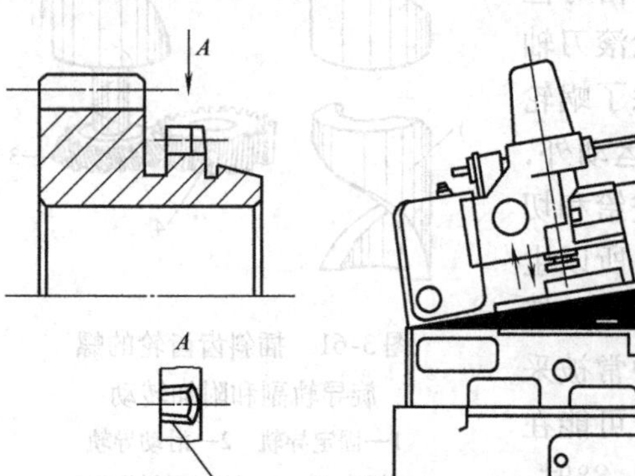

图 3-64 倒锥齿和插削倒锥齿示意图

a) 倒锥齿 b) 插削倒锥齿示意图

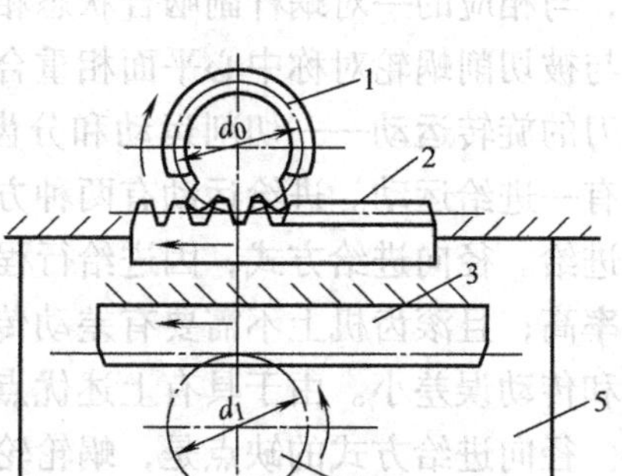

图 3-65 插削齿条示意图

1—插齿刀 2—被切削齿条 3—传动齿条 4—传动齿轮 5—工作台

加工。图 3-65 所示为在插齿机上安装有插齿条的特殊机构（或夹具）插削齿条的示意图。传动齿轮 4 与固定在工作台下方的传动齿条 3 啮合，传动齿轮 4 旋转时使传动齿条 3 移动，从而带动装夹有被切削齿条的工作台 5 做同步直线移动。插齿刀与被切削齿条保持严格的传动比作无侧隙的展成运动，即可插削出所需要的齿条。

从上述滚、插齿三个方面的比较可知，汽车传动圆柱齿轮轮齿的预加工，广泛采用滚齿加工。虽然滚齿加工时存在缺陷，如齿形误差和齿面粗糙度值较大，但是可以通过后续精加工得到减小。插齿加工只是作为滚齿的一个补充，用于不便或不能采用滚齿加工的场合。

（二）圆柱齿轮轮齿齿面的精加工

1. 剃齿

汽车传动用圆柱齿轮轮齿经预（粗）加工后，尚需进一步精加工。热处理前的精加工轮齿（称热前轮齿精加工）有剃齿和冷挤齿。

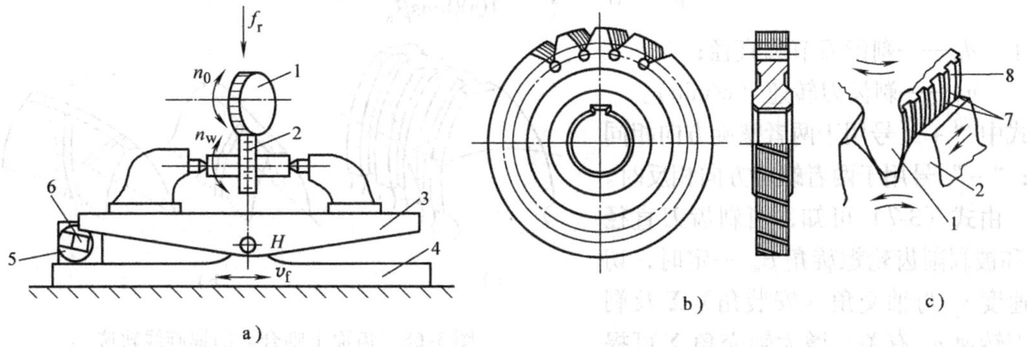

图 3-66　剃齿原理及剃齿刀

a）剃齿运动　b）剃齿刀

1—剃齿刀　2—被剃削齿轮　3—摆动工作台　4—轴向移动工作台

5—靠模盘　6—导销　7—切削刃　8—容屑槽

剃齿是使用剃齿刀，利用交错轴斜齿圆柱齿轮副啮合原理，对圆柱齿轮轮齿进行高效精加工的一种切削加工方法。如图 3-66a 所示，斜齿轮 1 为剃齿刀，与被切削齿轮 2 作交错轴斜齿齿轮副啮合。剃齿刀是一高精度的变位斜齿圆柱齿轮。中等模数的剃齿刀，在齿面上沿渐开线齿廓方向开有若干条容屑槽 8，形成了剃齿刀的切削刃 7（图 3-66b、c）。剃齿刀装在剃齿机主轴上，被剃削齿轮通过机床夹具心轴装在工作台上的两顶尖间。从图 3-67a 看到，剃齿刀 1 与被剃削齿轮 2 轴线间形成一个轴交角 Σ，亦称为安装角 Σ，其值

$$\Sigma = \beta_w \pm \beta_0 \qquad (3\text{-}6)$$

式中　β_w、β_0——分别表示被剃削齿轮和剃齿刀节圆处的螺旋角。

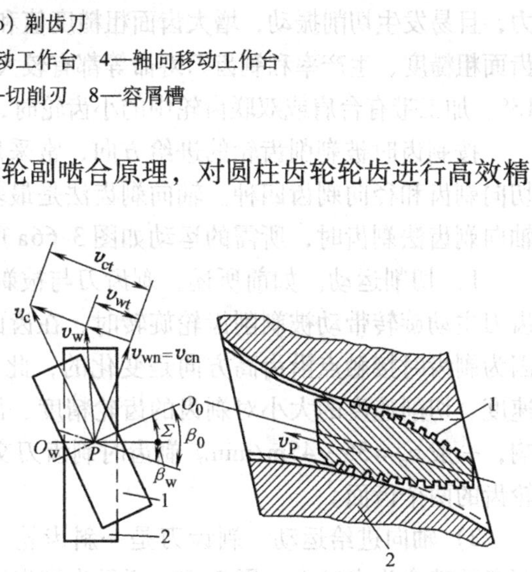

图 3-67　齿剃时的切削速度和剃齿刀切削齿面情况

a）剃齿时切削速度分析　b）剃齿刀切削齿面情况

两者螺旋方向相同时取“+”号，反向时取“-”号。

剃齿时，剃齿刀与被剃削齿轮之间，在一定的径向压力作用下，剃齿刀主动旋转带动被剃削齿轮旋转，形成无侧隙的自由或非强制啮合传动，因此将剃齿称为自由或非强制啮合传动的展成法剃齿。根据交错轴斜齿齿轮副啮合传动特点，理论上它们之间是点啮合（或点接触），在剃齿刀和被剃削齿轮齿面上形成的接触点的运动轨迹为一螺旋线（图3-68）。在图3-67a中，被剃削齿轮2为右旋，剃齿刀1为左旋（一般，两者螺旋方向相反），在啮合节点P处啮合时，剃齿刀和被剃削齿轮的旋转速度分别为v_c和v_w，它们可分解为法向分速度v_{cn}、v_{wn}和切向分速度v_{ct}、v_{wt}。在啮合点P处的切向分速度不相等，即在齿面上产生相对滑动速度——切削速度v_p，剃齿刀从被剃削齿轮齿面上切削掉一层如同头发丝一样的切屑。从齿轮啮合原理中推导出切削速度v_p为

$$v_p = v_{ct} \pm v_{wt} = \frac{\pi d_0 n_0}{1000\cos\beta_w}\sin\Sigma \tag{3-7}$$

式中　d_0——剃齿刀节圆直径；

n_0——剃齿刀转速（r/min）。

上式中“+”号用于两者螺旋方向相同时；“-”号用于两者螺旋方向相反时。

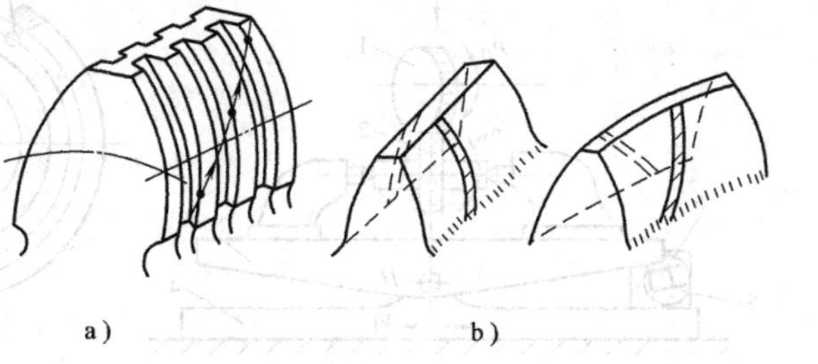

图3-68　齿面上啮合点的螺旋线轨迹

由式（3-7）可知，当剃齿刀直径d_0和被剃削齿轮螺旋角β_w一定时，切削速度v_p与轴交角（安装角）Σ及剃齿刀转速n_0有关。增大轴交角Σ可提高切削速度，增大切削能力，但会使啮合时剃齿刀的导向能力变坏，削弱了修正齿向误差的能力，且易发生切削振动，增大齿面粗糙度值和降低齿轮精度。因此，轴交角Σ对剃齿的精度、齿面粗糙度、生产率和剃齿刀寿命等都有较大的影响，一般适宜的轴交角为10°或15°，常使用15°。加工带有台肩或双联齿轮中的小齿轮时，选用较小的轴交角，一般$\Sigma=5°$。

按剃齿时被剃削齿轮的进给方向，常采用的剃齿方法有轴向（纵向）剃齿、对角剃齿、切向剃齿和径向剃齿四种。轴向剃齿法是最基本的。下面以轴向剃齿法为主作一介绍。采用轴向剃齿法剃齿时，所需的运动如图3-66a所示：

1）切削运动。如前所述，剃齿刀与被剃削齿轮属交错轴斜齿齿轮自由啮合传动。由剃齿刀主动旋转带动被剃削齿轮旋转时，在齿面上产生的相对滑动速度v_p为剃齿的切削速度。因为剃齿时接触点沿齿高方向是变化的，此处所指的切削速度是啮合节点P处的相对滑移速度。切削速度的大小对剃齿的齿轮精度、齿面粗糙度、生产率和剃齿刀寿命等都有一定影响，一般$v_p=35\sim45$m/min。剃齿时剃齿刀交替地正反两个方向高速旋转，剃削被剃削齿轮轮齿的两个齿面。

2）轴向进给运动。剃齿刀是一斜齿轮，可与被剃削的直齿和斜齿圆柱齿轮啮合传动，两者的啮合为点啮合。图3-68a所示为剃齿刀齿面上形成的啮合点的运动轨迹，为与剃齿刀端面倾斜的一条曲线。剃齿时，如果没有轴向进给运动，在被剃削齿轮轮齿齿面上只有一条啮合点的运动轨迹，如图3-68b所示。如果被剃削的齿轮为直齿齿轮时，啮合点运动轨迹为一条与该齿轮端面平行的曲线（图3-68b左图）；如果被剃削齿轮为斜齿齿轮时，啮合点运动轨迹为一条与该齿轮端面倾斜的曲线（图3-68b右图）。因此，为了剃削被剃削齿轮的整

个齿宽齿面，使啮合点运动轨迹布满整个被剃削轮齿齿面，图 3-66a 所示的剃齿机工作台 4 必须带动被剃削齿轮 2 一起作轴向往复进给运动 v_f。当工作台进给到一端时，换向返回行程，与此同时剃齿刀也变换旋转方向。此时工作台的轴向工作行程长度应该大于被剃削齿轮的齿宽长度。

3）径向（垂直）进给运动。工作台每轴向往复行程一次或单向轴向行程一次，被剃削齿轮或剃齿刀沿两轴线连线方向进行一次径向进给 f_r，剃齿刀与被剃削齿轮轮齿齿面间产生一定压力，以逐步剃削掉全部剃齿余量。

剃齿时工作台轴向往复进给行程分切削行程和光整行程。切削行程剃削掉全部剃齿余量，在每一次切削行程终端位置，径向进给一次。一般切削行程次数为 4 ~ 6 次，每一次径向进给量由大逐步减少，直至将全部剃齿余量剃削掉。然后进入 2 ~ 4 次的光整行程。光整行程是在无径向进给条件下进行的，其目的是减小齿面粗糙度值、齿形误差和齿向误差。

从上述分析可知，采用轴向剃齿法剃齿时，工作台的轴向移动长度必须大于被剃削齿轮的齿宽。为提高剃齿生产率，大量生产的汽车圆柱齿轮剃齿，较多采用径向剃齿法，其生产率较其他剃齿法高。图 3-69b 所示的径向剃齿法剃齿时，只有剃齿刀相对于被剃削齿轮的径向进给而无轴向进给。剃削一个圆柱齿轮一般只需 90 余秒钟，比轴向剃齿法的生产率高 2 ~3 倍。径向剃齿时为了进行全齿宽齿面的剃齿，增加剃齿刀与被剃削齿轮齿面齿长方向的接触范围，就必须对剃齿刀的齿向进行必要的修正。

因为剃齿是自由啮合传动的展成法加工，所以它不能修正剃齿前存在的齿距累积误差 ΔF_p 和公法线长度变动误差 ΔF_w，但可以较好地修正齿形误差 Δf_f 和齿向误差 ΔF_β。对剃齿前存在的齿圈径向圆跳动误差 ΔF_r，也可以得到部分修正，但也会有部分误差转化为公法线长度变动误差。因此，为保证齿轮的运动精度，在剃齿前的轮齿预加工时，应该控制齿圈径向圆跳动误差；在剃齿时应该控制剃齿刀和被剃削齿轮装夹的几何偏心。由此可知，采用剃齿作为轮齿的最终精加工工艺方案，在剃齿前的预加工时，必须保证齿轮的齿距累积公差和公法线长度变动公差要求。这是剃齿前多采用滚齿作为预加工的主要原因之一。在滚齿时，为减小齿圈径向圆跳动误差和齿距累积误差，广泛使用高精度的内胀式心轴，消除了齿轮定心内孔与心轴间的配合间隙，避免产生几何偏心。剃齿前滚齿的齿形误差和齿向误差，可以比剃齿后的要求低一级。为减小滚齿时的展成运动传动误差的影响，已开始使用数控（CNC）滚齿机床。

如图 3-68a 所示，采用轴向进给法剃齿时，在剃齿刀齿面上形成的啮合点轨迹为一条倾斜的曲线，剃削作用完全由这条曲线上的切削刃来承担。因为剃齿刀切削刃的后角为 0°，所以切削刃在剃齿过程中，后刀面与被剃削轮齿齿面将产生挤压。由此可知，剃齿过程是切削和齿面挤压的综合过程。剃齿刀的磨损只发生在这条啮合点轨迹上的切削刃及齿面上，因此切削刃后刀面的齿面受到相对滑移产生的挤压磨损较为严重。剃齿刀切削刃及齿面的磨损不均匀，将对被剃削齿轮轮齿的齿形误差的修正和剃齿刀的寿命产生不良影响。

为了克服轴向剃齿法剃齿时剃齿刀磨损的不均匀性，在汽车圆柱齿轮的大批大量生产中，还使用了一种“对角剃齿法”。如图 3-69a 所示，对角剃齿法时剃齿刀的进给（v_f）方向与被剃削齿轮的轴线（O_w）方向偏斜成一定角度 γ。因为剃齿刀与被剃削齿轮的啮合节点在剃齿过程中沿着剃齿刀轴线（O_0）方向 AB 移动，所以剃齿刀切削刃磨损较均匀，延长了剃齿刀的使用寿命，并且剃齿时也缩短了工作台的移动长度 L，提高了剃齿的生产率，其生产率随 γ 角度的增加而提高。一般 γ 角度取 30°~60°。

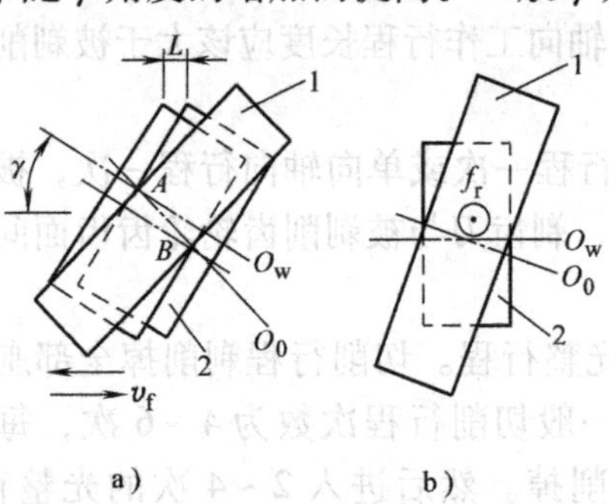

图 3-69　对角剃齿和径向剃齿法

a）对角剃齿　b）径向剃齿

1—剃齿刀　2—被剃削齿轮

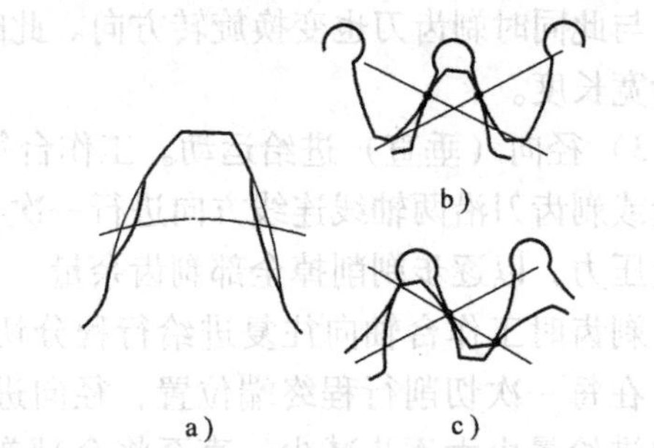

图 3-70　剃齿时出现的齿廓中凹及原因分析

a）齿廓中凹　b）两个接触点　c）三个接触点

生产实践表明，采用理论的渐开线齿廓的剃齿刀，并不能剃削出准确的渐开线齿廓的齿轮轮齿。如图 3-70a 所示，被剃齿后的轮齿在节圆附近常出现中凹齿廓，其凹入深度约为 0.01~0.03mm，通常称为齿廓中凹。剃齿时产生齿廓中凹的原因主要有两点：

1）剃齿刀与被剃削齿轮在啮合线上的接触点就是切削点。在无侧隙自由啮合传动的过程中，同时相啮合的接触点的对数是变化的，如图 3-70b、c 所示。图 b 所示为在节圆附近啮合时，只有两对接触点；在其他位置啮合时，如图 c 所示接触点有 3 对。如果剃齿时，剃齿刀与被剃削齿轮间的径向压力不变，则接触点为两对时，作用于齿面上的压强就大，剃削量就大些而产生齿廓中凹。

2）剃齿时在节圆附近的相对滑移速度较小，这意味着切屑变形和切削力传递时间加长，剃齿刀就多剃削掉一些金属而产生齿廓中凹。

为避免由于齿廓中凹而产生传动不平稳引起振动和噪声，在磨削剃齿刀齿面时对齿廓必须进行修形。

剃齿余量大小及其分布对剃齿的精度、生产率和剃齿刀的寿命等都有一定的影响。在大批大量生产的汽车齿轮剃齿中，轮齿齿廓的剃齿余量分布多采用图 3-71a 所示的形式。这种剃齿余量分布的特点是，在被剃削齿轮齿根处有沉削 4，沉割深度 k 一般为 0.01~0.03mm，可使剃齿刀齿顶不触及被剃削齿轮齿根，避免了剃齿刀齿顶处加速磨损和断裂。在被剃削齿轮齿顶处有修缘 1。所谓修缘，就是在齿顶处对齿廓形状加以修削，这样可在剃齿后齿顶处不产生毛刺和避免角接触，提高传动的平稳性。为了留给这样分布的剃齿余量，相应地采用如图 3-71b、c 所示的剃前滚刀和剃前插齿刀切削刃形状。

由于变速器箱体轴承座孔间的平行度误差和装配误差等因素的影响，装配后的汽车变速器齿轮轮齿有可能向一侧偏斜接触，如图 3-72a 所示。为克服这一缺陷，常将一对齿轮副中的一个或两个齿轮的轮齿齿面剃削成图 3-72b 所示的鼓（桶）形齿，鼓形量一般为 0.01~0.03mm。如图 3-66a 所示，在轴向进给的普通剃齿机上都设置有能剃削鼓形齿的工作台摇摆机构。被剃削齿轮装夹时，剃齿刀与被剃削齿轮轴线交汇点对准摇摆工作台摆动中心 H 点。当使用轴向进给法剃削鼓形齿时，在轴向移动工作台 4 做直线往复移动的同时，摆动工

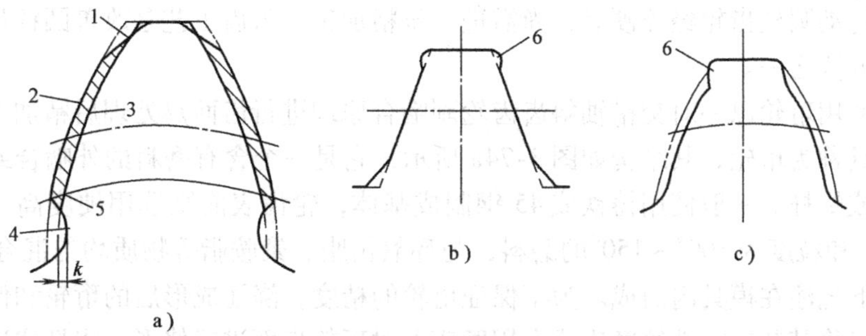

图 3-71　剃齿余量分布和剃前滚刀及剃前插齿刀刀齿切削刃形状

a）剃齿余量分布　b）剃前滚刀刀齿　c）剃前插齿刀刀齿

1—齿顶修缘　2—剃前齿廓　3—剃后齿廓　4—齿根沉割

5—有效齿廓起点　6—剃前齿轮刀具触角

作台 3 左端上的导销 6 沿靠模盘 5 的凹槽滑动，使摆动工作台 3 绕摆动中心 H 摆动，从而改变了图 3-73 所示的剃齿刀与被剃削齿轮间的中心距，在被剃削齿轮两端多剃削一些，这样就形成了轮齿的鼓形齿。采用径向剃齿法剃削鼓形齿时，使用沿剃齿刀齿长方向修正成反鼓形的剃齿刀进行剃齿。

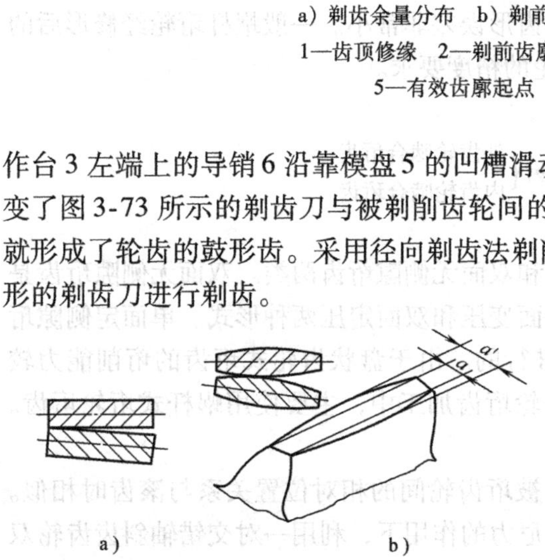

图 3-72　鼓形齿

a）齿轮偏斜后轮齿的接触

b）鼓形齿的接触和鼓形齿

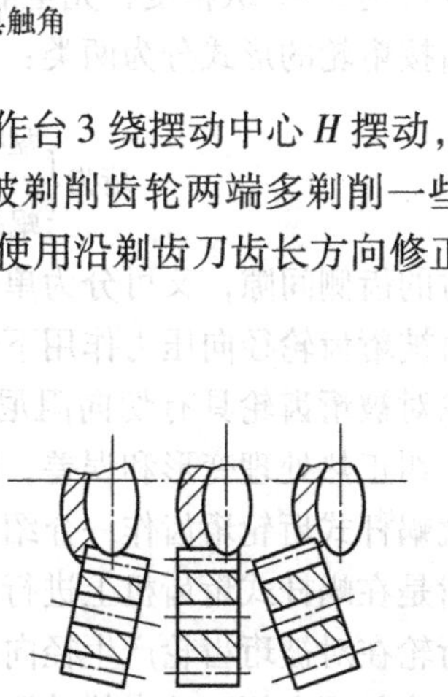

3-73　剃削鼓形齿时剃齿刀

被剃削齿轮间中心距的变化

剃齿主要是对滚齿或插齿后的、未经淬硬的直齿、斜齿圆柱齿轮，以及双联齿轮中的小齿轮和带凸肩的不宜磨齿加工的圆柱齿轮进行轮齿精加工，并且可获得鼓形齿轮齿。

剃齿时，使用 A、B 等级的剃齿刀，可以将被剃削齿轮的精度提高 1 ~ 2 级，获得 7 ~ 6 级精度的齿轮。但是影响齿轮传动准确性的齿距累积误差 ΔF_p 和公法线长度变动误差 ΔF_w，应在剃齿前的预加工（滚齿）时得以保证。剃齿的齿面粗糙度达到 R_a0. 40 ~ 1. 25μm。

2. 珩齿

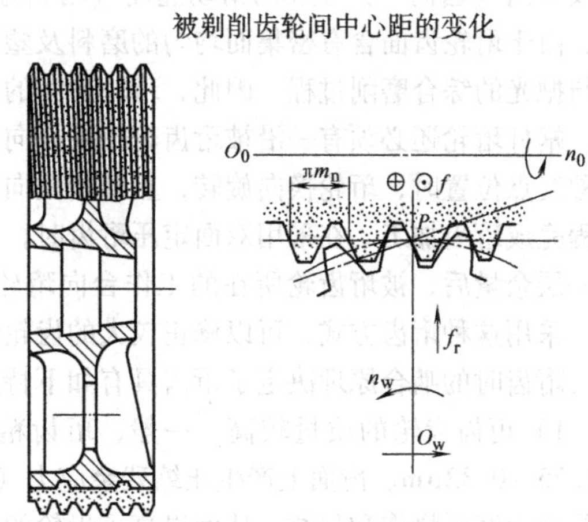

图 3-74　蜗杆式珩轮及珩齿时的运动

a）蜗杆式珩轮　b）珩齿的运动

变速器传动圆柱齿轮经淬硬后，尚需进一步精加工。珩齿工艺是改善圆柱齿轮热处理后轮齿质量的方法之一。

珩齿是使用珩轮以一对交错轴斜齿齿轮副啮合原理进行齿面热处理后精加工的方法。珩齿使用的工具称为珩轮，其结构如图3-74a所示，它是一个含有磨料的外啮合或内啮合的盘状圆柱齿轮或蜗杆。一般使用铸铁或45钢制成基体，轮齿表面则选用硬度高、韧性大的白刚玉（WA）和粒度为100# ~150#的磨料，与环氧树脂、聚胺脂等物质均匀混合后，在70 ~80℃的恒温下浇注在模具内而成。为了保证珩轮的精度，浇注成形后的珩轮和使用中磨损的珩轮，都可以将其装夹在螺纹磨床或专用磨床上对珩轮齿面进行修形。蜗杆式珩轮修形成法截面为法向直廓的蜗杆。因此这种近似蜗杆必然具有齿形误差。但是由于蜗杆珩轮直径较大（一般为ϕ300mm），其螺旋角β_0接近于90°，其齿形误差非常小。一般蜗杆珩轮经修形后的齿轮精度可达5 ~6级精度，完全能满足被珩齿轮的精度要求。

珩齿按珩轮的形式分为两类：

- 珩齿
  - 盘状斜齿齿轮式珩齿
    - 外齿轮啮合珩齿
    - 内齿轮啮合珩齿
  - 蜗杆式珩轮珩齿

按啮合时的齿侧间隙，又可分为单面定侧隙珩齿和双面无侧隙珩齿两类。双面无侧隙珩齿是在珩轮对被珩齿轮径向压力作用下进行的，有双面变压和双面定压两种形式。单面定侧隙珩齿是珩轮对被珩齿轮具有切向阻尼力的作用下进行的。由于盘状齿轮式珩齿的珩削能力较低，难以纠正热处理变形和误差，因此在汽车齿轮珩齿加工中，主要使用蜗杆式珩轮珩齿。下面仅就蜗杆式珩轮珩齿作一介绍。

珩齿是在蜗杆式珩齿机上进行，蜗杆珩轮与被珩齿轮间的相对位置关系与滚齿时相似。珩齿时珩轮在对被珩齿轮产生径向压力或切向阻尼力的作用下，利用一对交错轴斜齿齿轮双面无侧隙或单面定侧隙啮合传动原理进行珩齿。珩轮以较高速度正反方向交替旋转，并按传动比$i=n_0/n_w=z_w/z_0$带动被珩齿轮进行自由啮合传动。与剃齿一样，在啮合点处沿螺旋线切线方向（齿向）产生相对滑动速度（珩齿速度）v_p进行自由啮合展成法珩齿。所不同的是，由于珩轮齿面含有密集而均匀的磨料及塑料，珩齿过程是啮合点运动轨迹为一连续的磨削与抛光的综合磨削过程。因此，珩轮齿面的磨损较为均匀。为珩削被珩齿轮的整个齿宽齿面，蜗杆珩轮还必须有一沿被珩齿轮轴线方向的轴向进给运动f。每当珩轮轴向进给至工作行程终点位置时，珩轮换向旋转，且开始反向轴向进给。一般，需要2 ~3次往复轴向进给行程完成珩齿加工。在采用双面定压珩齿时，每一次轴向进给工作行程终了，即珩磨轮齿齿面一层余量后，被珩齿轮所在的工作台向珩轮自动径向进给f_r，以保持一定的珩齿径向压力。采用这种珩齿方式，可以修正较大的齿轮误差。

珩齿时的啮合原理决定了珩齿具有如下特点：

1）珩齿齿轮的质量较高。一般，珩齿精度可以达到7 ~6级精度，齿面粗糙度达到R_a1.25 ~0.32μm。齿面上产生压缩残余应力（$-\sigma$），有利于提高齿面的耐疲劳强度，而且不易产生磨削烧伤和裂纹，从而提高了齿轮的使用寿命。

因为珩轮与被珩齿轮间的啮合属于自由啮合传动，且珩轮齿面具有一定的弹性，所以珩齿对被珩齿轮各项误差的修正能力是不相同的。修正传递运动准确性误差的能力较差，而对传动平稳性误差和载荷分布均匀性误差的修正能力较强。因此，珩齿前被珩齿轮的齿距累积

误差 ΔF_p、公法线长度变动误差 ΔF_w 和齿圈径向圆跳动误差 ΔF_r 应该严格控制，不低于齿轮设计精度要求，而珩齿前被珩齿轮的基节误差 ΔF_{pb} 和齿形误差 Δf_f 可以低一级。珩齿对齿向误差 ΔF_β 具有一定的修正能力，但对不同齿宽齿轮的修正能力有一定的差异，一般要求珩齿前被珩齿轮的齿向误差可低半级。

由上述分析可知，珩齿前必须控制影响传递运动准确性的误差和热处理的变形。为此，珩齿前齿轮轮齿的预加工，多采用滚齿加工。热处理前不采用剃齿加工。圆柱齿轮制造工艺方案采用：滚齿→热处理→定位基面精加工→珩齿。

2）珩齿生产率较高。珩齿的切削速度 v_p 较高，一般达 20 ~ 30m/s。珩齿时的工作行程只需 2 ~ 3 次。当珩轮磨损后，可通过轴向移动（轴向窜动）珩轮的方法，提高珩轮的使用寿命。

与磨齿相比较，珩齿的生产率较高，成木低，经济性好。如果使用工作台摆动机构，也可以加工鼓形齿。在成批生产中，珩齿是加工 7 级精度硬齿面圆柱齿轮经济而有效的工艺方法。

3. 磨齿

磨齿是对高精度、淬硬汽车圆柱齿轮轮齿齿面精加工的主要方法。**磨齿**是用砂轮按展成法或成形法磨削齿轮轮齿齿面的精加工方法。

磨齿按被磨齿轮轮齿齿廓的形成方法，可分为两大类，即成形法磨齿和展成法磨齿。

- 磨齿
  - 成形法磨齿（图 3-75e）
  - 展成法磨齿
    - 单分齿
      - 锥形砂轮磨齿（图 3-75a）
      - 碟形砂轮磨齿（图 3-75b）
      - 大平面砂轮磨齿（图 3-75c）
    - 蜗杆砂轮磨齿（图 3-75d）——连续分齿

图 3-75a、b、c 所示的展成法磨齿，是应用假想齿条与被磨齿轮啮合传动原理进行磨齿的。磨齿时，砂轮的运动轨迹形成假想齿条的一个或两个轮齿的齿面（图中用双点画线表示），在与被磨齿轮进行的展成运动中，砂轮形成的假想齿条的运动轨迹包络出被磨齿轮的渐开线齿廓和齿面。这三种磨齿方法均是展成运动与分齿运动分离的，称为单分齿磨齿，即磨好一个或两个轮齿的齿面后，利用磨齿机的分齿机构进行分齿，然后再磨下一个轮齿齿面，因此生产率较低，只适用于单件和中小批生产中磨削高精度圆柱齿轮。在大批大量生产中，广泛使用蜗杆砂轮磨齿和成形砂轮磨齿。下面介绍这两种磨齿法的原理及其特点。

蜗杆砂轮磨齿（图 7-75d）与蜗杆式珩齿一样，蜗杆砂轮与被磨齿轮是一对交错轴斜齿齿轮副啮合传动。蜗杆砂轮是由一个头数（齿数）很少（一般为单头或一个齿）的斜齿齿轮演变的蜗杆。理论上蜗杆砂轮应该是由渐开线蜗杆制成，其端面轮齿齿廓是渐开线形状，而在轴剖面的齿廓为一曲线形，其法向基节等于被磨齿轮的法向基节。由于砂轮的直径很大，蜗杆砂轮头数一般为单头，所以蜗杆砂轮的导程角非常小。此时的蜗杆砂轮的轴截面及法截面的齿形角和齿距都非常接近，而且蜗杆砂轮在分度圆柱附近的轮齿齿廓非常接近于直线。因此，为了制造和修整方便，通常将蜗杆砂轮轴截面修整成直线形，即将蜗杆砂轮修整成阿基米德蜗杆。这样修整的蜗杆砂轮，虽然其齿廓存在齿形误差，但误差非常小，完全能满足一般圆柱齿轮精度的要求。为提高磨齿生产率，也可以使用双头蜗杆砂轮，其磨齿生产率较单头蜗杆砂轮提高 40%。但这种砂轮不适合于磨削偶数齿数的齿轮。使用双头蜗杆砂

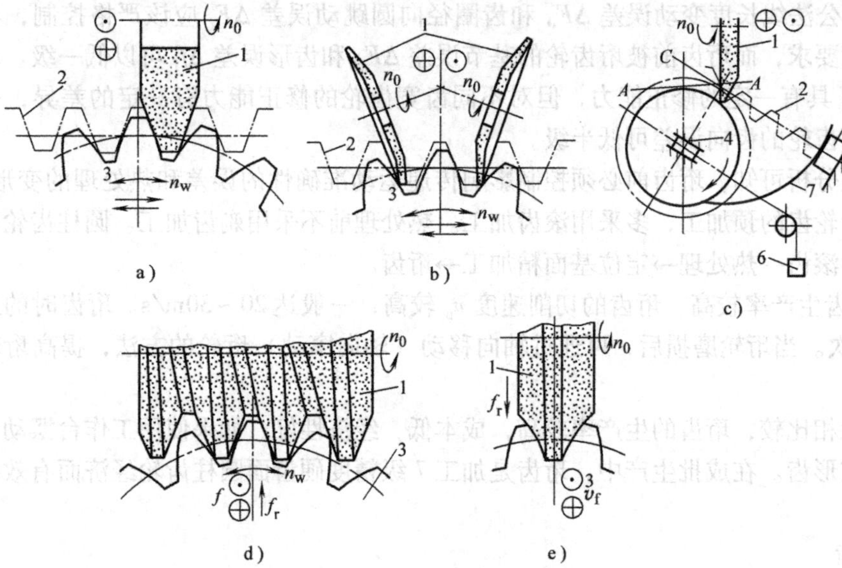

图 3-75　不同磨齿方法的磨齿原理图

a）锥形砂轮磨齿　b）碟形砂轮磨齿　c）大平面砂轮磨齿　d）蜗杆砂轮磨齿　e）成形砂轮磨齿

1—砂轮　2—假想齿条　3—被磨齿轮　4—头架导轨　5—挡块　6—配重　7—靠模

轮磨齿，可以稳定保证 6 级精度的圆柱齿轮。

如图 3-75d 所示，使用蜗杆砂轮磨齿时有以下运动：

1）磨削运动。蜗杆砂轮绕其自身轴线的旋转运动，产生磨齿切削速度 v_c。

2）展成运动。磨齿时，蜗杆砂轮与被磨齿轮间严格保持着一定的传动比关系，即 $i=n_0/n_w=z_w/z_0$。展成运动亦称为分齿运动。在展成运动中，蜗杆砂轮的齿面包络出被磨齿轮轮齿齿廓。普通磨齿机的展成运动，由磨齿机的精密传动的传动链保证它们间的传动关系。磨齿的精度主要取决于磨齿机传动链的精度和蜗杆砂轮的修形精度。随着汽车技术的发展和性能的不断提高，要求传动齿轮具有更大的承载能力和高精度、低噪声、长寿命的性能，就必须提高传动齿轮的精度和齿面硬度等。目前较先进的磨齿机已采用计算机控制（CNC）蜗杆砂轮与被磨齿轮间的传动关系，可以磨削 3 级的高精度齿轮。

3）轴向进给运动。为磨削整个齿宽的齿面，被磨齿轮沿其轴线方向需要有一轴向进给运动 f。

4）径向进给。为磨削轮齿齿面的全部余量，被磨齿轮还需作径向进给 f_r。

蜗杆砂轮的修整是保证磨齿精度和生产率的关键条件之一。砂轮的修整可以在专用的修磨机床（一般称为辅机）上进行。修整时需要卸下砂轮，安装在专用的修磨机上用金刚石笔进行修磨（图 3-76a）。这样修整，既影响磨齿生产率，又影响磨齿精度。有的

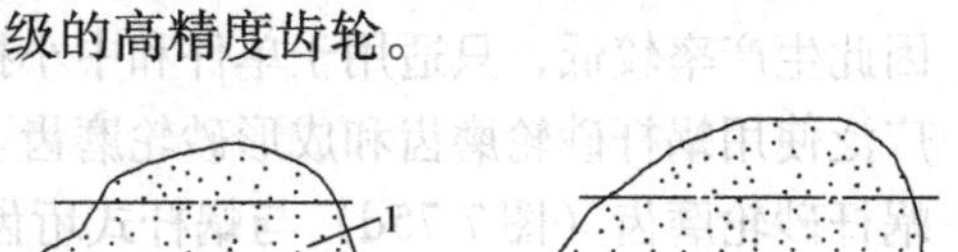

图 3-76　蜗杆砂轮的修整

a）使用金刚石笔修整　b）使用滚轮修整器修整

1—蜗杆砂轮　2—金刚石笔　3—滚轮

磨齿机的蜗杆砂轮的修整，是在磨齿机上进行的。修整时将砂轮架回转 180°，使用磨齿机上的修整器的金刚石笔或单片、双片式滚轮修整。使用图 3-76a 所示的金刚笔修整时，每次修整时间约 20 ~ 25min，每经一次修整可磨削 50 件齿轮。使用图 3-76b 所示的金刚石滚轮用成形法修整时，可将修整时间缩短至 3 ~ 5min。一个滚轮可修整 300 次砂轮，滚轮用钝后可再次喷镀金刚石。采用这种在磨齿机上修整砂轮的方法，可提高磨齿生产率和降低磨齿成本，适合于在大批大量生产中使用。

成形砂轮磨齿是将砂轮修整成一定形状，对齿槽渐开线齿面逐个进行磨齿的方法（图 3-75e）。在磨削直齿圆柱齿轮时，砂轮轴线垂直于被磨齿轮轴线，砂轮截形的对称中心线与被磨齿轮齿槽对称中心面相重合，砂轮轴向截形与被磨齿轮齿槽相同，砂轮外圆修整成相应的凹圆弧形状或以直线代替。磨削斜齿齿轮时，采用无瞬心包络法磨齿，砂轮的轴向截形不同于被磨齿轮齿槽的法向截形，而是用“无瞬心包络法”形成的一条较复杂的曲线截形。

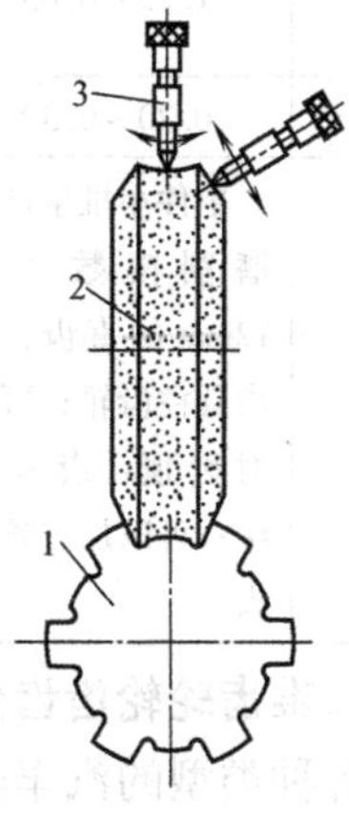

图 3-77　成形磨削花键轴小径和键槽侧面

1—被磨花键轴　2—成形砂轮　3—修整砂轮用金刚石笔

在使用成形砂轮磨齿时，因没有展成运动，机床运动简单，生产率高。但是磨齿时，砂轮与被磨齿槽齿面接触面积大，砂轮磨损不均匀，容易产生齿面烧伤和影响齿轮精度。除此，齿轮的加工精度还取决于：砂轮截形修整的正确性、砂轮与被磨齿轮间相对位置的准确性和砂轮径向进给的深度等。因此，成形砂轮磨齿的齿轮精度和表面质量受到一定的影响。

成形法磨齿除了磨削圆柱齿轮轮齿齿面外，对内径定心矩形和渐开线花键的花键轴，也可以采用成形砂轮磨削。如图 3-77 所示，在花键磨床上使用砂轮金刚石笔修整砂轮的凹圆弧小径和两侧面，成为成形砂轮。磨削时，调整好砂轮对称中心平面与键槽和花键轴轴线的轴平面重合。

成形砂轮磨齿不仅可以磨削直齿、斜齿外圆柱齿轮，也可以磨削较大直径的内圆柱齿轮，这是其他磨齿法不能相媲美的。

现代汽车制造技术的不断发展，国外已使用了由计算机控制（CNC）的和使用立方氮化硼（CBN）镀层砂轮的成形砂轮磨齿机。因使用的立方氮化硼镀层成形砂轮的设计制造截形精度高，使用中不需对砂轮修整，因此使用寿命长，同时也提高了被磨削齿轮的精度。而且可以将被磨齿轮叠加成串磨齿，磨齿机配备了自动上下料装置，因此生产率是各种磨齿方法中最高的。但是磨削不同齿轮时，需配备一个专门设计制造的立方氮化硼镀层砂轮，其制造成本较高。这种磨齿方法只适合于在大量生产中采用。

磨齿与其他圆柱齿轮轮齿精加工方法相比较，具有以下特点：

1）磨齿加工质量高。磨齿能纠正齿轮预加工中产生的各项齿轮误差，也可以消除热处理产生的变形，从而可获得高精度的齿轮。目前，对 3 ~ 6 级汽车传动的淬硬齿轮，磨齿是最有效的精加工方法。

2）磨齿加工生产率较低和成本高。虽然磨齿具有这一缺点，但是对于高精度、淬硬圆柱齿轮，磨齿仍是惟一有效的加工方法。所以在汽车传动圆柱齿轮制造中，对高精度、淬硬圆柱齿轮，广泛采用滚齿—磨齿工艺方案。

表 3-4 所示为不同磨齿方法的比较。

表 3-4　不同磨齿方法的比较

磨齿法	锥形砂轮磨齿	碟形砂轮磨齿	大平面砂轮磨齿	蜗杆砂轮磨齿	成形砂轮磨齿
磨齿精度	5～6 级	3～5 级	3～4 级	3～5 级	5～6 级
齿面粗糙度 $R_a/\mu m$	1.25～0.63	0.63～0.20	0.20	0.63～0.20	1.25～0.63
相对生产率	0.20～0.30	0.10～0.20	0.20～0.30	1	0.80～2.00
应　用	单件小批生产中磨削模数 1～12mm 的直齿、斜齿圆柱齿轮；可以对齿顶、齿根修缘；可以加工鼓形齿	中小批生产中磨削模数 1～12mm 的直齿、斜齿圆柱齿轮；可以对齿顶、齿根修缘；可以加工鼓形齿	中小批生产中磨削模数 1～12mm 的直齿、斜齿圆柱齿轮；可以对齿顶、齿根修缘；可以磨削剃齿刀和插齿刀	中、大批大量生产中磨削模数小于 7mm 的直齿、斜齿圆柱齿轮	大批大量生产中磨削模数 2～12mm 的直齿、斜齿圆柱齿轮；可以对齿顶、齿根修缘；可以磨削内齿轮；可以磨削内径定心的花键轴小径和键侧面

二、锥齿轮轮齿齿面的加工

在各种类型的汽车驱动桥中，广泛地使用着锥齿轮传动机构。常用的锥齿轮有：

锥齿轮
- 按轴交角及轴线位置
  - 正交锥齿轮副：轴交角 $\Sigma=90°$，两轴线相交（图 3-78a）
  - 准双曲面锥齿轮副：轴交角 $\Sigma=90°$，两轴线偏置（图 3-78b）
- 按齿高
  - 收缩齿锥齿轮副：轮齿从大端向小端的齿高逐渐缩小（图 3-79a）
  - 等高齿锥齿轮副：轮齿大小端齿高相等（图 3-79b）
- 按齿线
  - 直齿锥齿轮：轮齿齿线为直线，且通过锥顶（图 3-80a，c）
  - 弧齿锥齿轮：轮齿齿线为弧线的一部分。对于收缩齿锥齿轮，轮齿的齿线为椭圆弧线的一部分；对于等高齿锥齿轮，其齿线为圆弧的一部分（图 3-80b，d）
  - 摆线锥齿轮副：轮齿齿线为延伸外摆线的一部分（图 3-80e）

在汽车差速器中的锥齿轮副，广泛采用正交收缩齿直齿锥齿轮副，并且锥齿轮副的齿顶间隙为等顶隙（图 3-78a）。

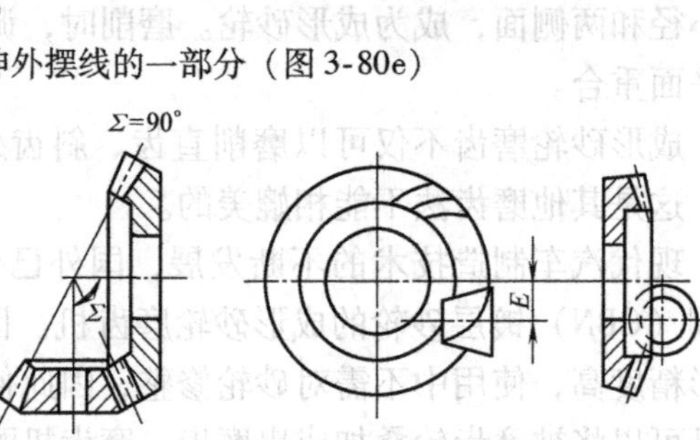

图 3-78　正交锥齿轮副和准双曲面锥齿副

a）正交锥齿轮副　b）准双曲面锥齿轮副

主减速器中的锥齿轮副，主要采用收缩齿弧齿锥齿轮副。在中型载货汽车的主减速器中，多采用正交收缩齿弧齿锥齿轮副传动。切削加工这种类型锥齿轮轮齿时，切齿铣刀顶刃与被切削锥齿轮根锥母线相切，在根锥切平面上的齿线为一段圆弧，而在收缩齿的节平面上的投影为接近于圆形的一段椭圆弧，称为准弧线锥齿轮，通常称为收缩齿弧齿锥齿轮。在轿车驱动桥和部分中、重型载货汽车主减速器中使用的锥齿轮副，多采用主动锥齿轮的轴线相对于从动锥齿轮轴线向上或向下偏置。这类曲线齿锥齿轮轮齿齿线也为弧线，其锥齿轮也为弧齿锥齿轮，通常称为准双曲面锥齿轮。只有等高齿锥齿轮轮齿齿线才是一段圆弧线。下面将介绍的直齿和弧齿锥齿轮轮

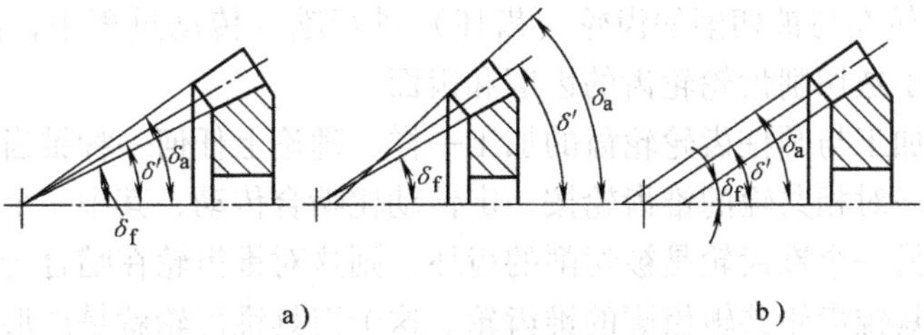

图 3-79　收缩齿锥齿轮副和等高齿锥齿轮副

a）收缩齿锥齿轮副　b）等高齿锥齿轮副

δ'—节锥角　δ_a—顶锥角　δ_f—根锥角

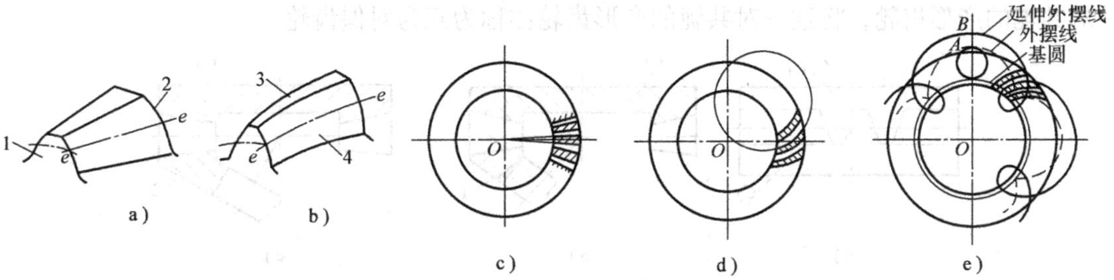

图 3-80　直齿及曲线齿锥齿轮

a）直齿轮齿　b）曲线齿轮齿　c）直齿锥齿轮　d）弧齿锥齿轮　e）摆线锥齿轮

ee—齿线　1—小端　2—大端　3—凸齿面　4—凹齿面

齿的加工，只介绍收缩齿的直齿和弧齿锥齿轮轮齿的切削加工。

（一）产形齿轮的概念及锥齿轮轮齿的切齿特点

汽车驱动桥主减速器和差速器中的锥齿轮轮齿的加工方法主要有两类：①包络法。它又可分为有瞬心包络法，即展成法（或滚切法）和无瞬心包络法。②成形法。

在采用展成法加工原理中，要应用到产形齿轮的概念及其切齿原理，下面将就相关的内容作一介绍。

由齿轮啮合原理知，一对相啮合的齿轮副，以一定传动比传递运动时，两个齿轮的齿廓必定是共轭齿廓。具有共轭齿廓的齿轮在相啮合传动中，两个渐开线共轭齿廓应该是相互包络的齿廓曲线。在圆柱齿轮轮齿加工中已知道，如果将一个齿轮渐开线齿廓制造成具有高硬度的齿轮刀具的切削刃（或砂轮），则在以一定传动比啮合传动中，在相啮合的另一齿轮（齿坯）上就形成了一系列包络曲线，即形成了共轭的渐开线齿廓。如再给予齿轮刀具一定进给运动，就形成了被切削齿轮的轮齿齿面。通常将这个刀具齿轮称为产形齿轮。因此，所谓的产形齿轮，就是一个用于展成法加工齿轮的刀具齿轮。本书在圆柱齿轮轮齿加工中介绍的滚齿、插齿、剃齿、珩齿和磨齿等切齿方法，都是应用了产形齿轮原理进行切齿的实例。作为产形齿轮，可以是实际存在的刀具（或工具）齿轮，也可以是假想的刀具（或工具）齿轮。例如滚刀、插齿刀、剃齿刀和蜗杆砂轮等均属于实际存在的产形齿轮；而在展成法磨齿中使用的锥形砂轮、碟形砂轮和大平面砂轮，由运动轨迹所形成的齿条则是假想的产形齿轮（齿条）。这几种砂轮在磨齿过程中，其运动轨迹形成了或模拟了一个假想的产形齿轮

（齿条）。假想的齿轮在与被切削的齿轮（齿坯）进行啮合传动过程中，由砂轮运动轨迹的一系列包络线形成了被切削齿轮轮齿的齿廓和齿面。

锥齿轮轮齿的加工与圆柱齿轮轮齿的加工一样，理论上任何一种锥齿轮都可以作为产形齿轮。例如，如果一对相共轭的锥齿轮按一定传动比啮合传动，其中一个锥齿轮制造成高硬度的刀具锥齿轮，另一个锥齿轮是被切削的齿坯，则这对锥齿轮在啮合传动过程中，在齿坯上就形成了能与刀具锥齿轮共轭齿廓的锥齿轮。这个刀具锥齿轮就是产形齿轮。在展成法切齿加工中，常应用的产形齿轮有平面产形齿轮、平顶产形齿轮和锥面产形齿轮。例如，图3-81a 所示，有一对共轭的节锥角等于90°的产形平面齿轮 C_1 和 C_2。如果一个产形齿轮 C_1 加工出共轭小齿轮 1（图 b），产形齿轮 C_2 加工出大齿轮 2（图 c），则小齿轮 1 与大齿轮 2 必定是共轭的，可以相互啮合传动。由此可知，欲切削加工一对共轭的锥齿轮，应该相应地有一对共轭的产形齿轮，将这一对共轭的产形齿轮亦称为互为对偶齿轮。

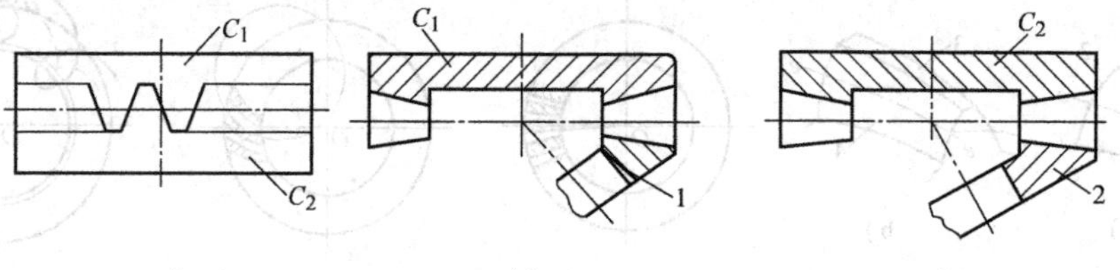

图 3-81　产形齿轮加工原理

）一对共轭的平面产形齿轮　b）产形齿轮 C_1 加工小齿轮 1　c）产形齿轮 C_2 加工大齿轮 2

下面结合锥齿轮轮齿的加工原理，介绍平面（产形）齿轮（简称平面齿轮）和平顶（产形）齿轮（简称平顶齿轮）的有关概念及其特点。

1. 平面齿轮

平面齿轮是节锥角 δ' 等于90°的锥齿轮，亦称为寇轮，如图 3-82 所示。从图中看到，平面齿轮的节锥面 POP_1 为一圆环平面，与它相垂直的背锥 3 为一圆柱体。平面齿轮的轮齿为一收缩齿的圆齿条。若将背锥展开，则在背锥（锥齿轮大端面）上的收缩齿圆齿条轮齿展开，就变成了收缩齿的直线齿廓的齿条（侧视图所示）。背锥展开的齿轮的当量圆柱齿轮（齿条）的节圆半径 r_v 为

$$r_v = \frac{r_c}{\cos\delta_c'} = \frac{r_c}{\cos 90°} \to \infty$$

式中　r_c——节锥半径。

圆环齿条或直线齿条的轮齿齿廓是直线形。所以，应用平面齿轮原理切削锥齿轮的刀具切削刃，就可以制造成直线切削刃，刀具制造既简单又精确，制造成本也较低。

从图 3-82 中还可看到，平面齿轮的顶锥面是一内凹锥面，其顶锥角 δ_a 大小与被切削锥齿轮的齿根角 θ_f 大小有关，即

$$\delta_a = 90° + \theta_f$$

如果应用平面齿轮原理切削直齿或弧齿锥齿轮轮齿时，加工直齿锥齿轮轮齿的展成刨刀 5 切削刃（图中双点划线所示）的运动方向，沿着被切削锥齿轮槽底（根锥母线）方向往复运动；或者铣削弧齿锥齿轮轮齿的切齿铣刀 4 顶刃的旋转轨迹——圆平面，与被切削锥齿轮槽

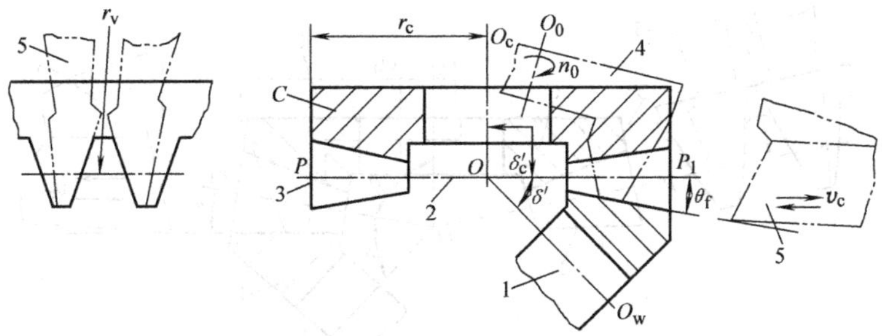

图 3-82 平面（产形）齿轮

—平面齿轮 1—被切削锥齿轮 2—节锥 3—背锥面 4—切齿铣刀 5—展成刨刀

底（根锥母线）相切。由于被切削锥齿轮的齿根角 θ_f 不同，必定要求切齿机床的刀架上应具有能相应地改变展成刨刀运动方向的装置，或改变切齿铣刀轴线方向的装置。这样就使得切齿机床上安装切齿刀具的装置——刀架结构复杂，刀架装置的刚度降低，将会影响被切削锥齿轮的精度和表面粗糙度等。

平面齿轮原理被广泛应用于等高齿锥齿轮轮齿的加工中。

2. 平顶齿轮

平顶齿轮是顶锥角 δ_a 等于 90° 的锥齿轮，如图 3-83 所示。从图中可以看到，平顶齿轮的顶锥面 2 为一圆环平面，而节锥面 $P'OP'_1$ 为一圆锥面，其背锥 3 为一圆锥体。如果将背锥展开，如图所示当量圆柱齿轮的节圆半径 r_v 为

$$r_v = \frac{r_c}{\cos\delta'_c} = \frac{r_c}{\cos(90° - \theta_f)}$$

由于被切削锥齿轮的齿根角 θ_f 很小，所以当量圆柱齿轮的半径 r_v 很大，平顶齿轮的轮齿齿廓不是直线，而是渐开线曲线形，但是十分接近于直线形。如果不同锥齿轮的齿根角 θ_f 不同，则轮齿渐开线齿廓形状就不同。因此，应用平顶齿轮原理切削不同齿根角的锥齿轮轮齿时，切齿刀具的切削刃就必须制造成不同形状的渐开线曲线的切削刃，这将导致切削刃种类繁多，不仅使切齿刀具切削刃制造精度的保证有一定难度，而且制造成本也将增加。在实际生产中，为了便于制造和降低制造成本，切齿刀具的切削刃仍按直线切削刃制造，即用近似形状的直线切削刃代替准确的渐开线曲线形切削刃。使用直线形的切齿刀具的切削刃加工锥齿轮轮齿的齿廓，将产生齿形误差 Δf_f——原理误差。

从图 3-83 中还可看到，应用平顶齿轮原理切齿时，展成刨刀 5 将沿被切削锥齿轮的根锥母线（槽底）方向往复移动，该方向与平顶齿轮 C 的轴线相垂直；切齿铣刀 4 的轴线 O_0 与平顶齿轮的轴线相平行。上述两种切齿刀具的运动方向，都不受被切削锥齿轮齿根角大小的影响。因此切齿机床上安装切齿刀具的刀架装置就不必具有改变切齿刀具运动方向的调整装置，将使切齿机床刀架结构简单，机床刀架的刚度得以提高，有利于保证锥齿轮轮齿的制造精度。

平顶齿轮原理被广泛应用于收缩齿锥齿轮轮齿的加工中。

（二）直齿锥齿轮轮齿的加工

汽车差速器中的直齿锥齿轮轮齿的加工，按齿廓的形成原理，主要有：有瞬心包络法和无瞬心包络法两类。

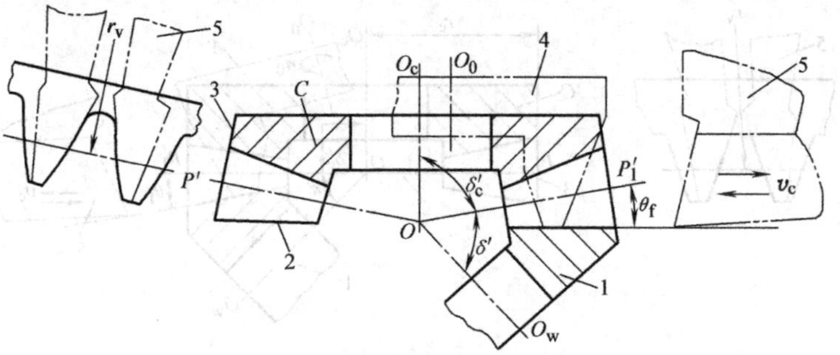

图 3-83　平顶齿轮

C—平顶齿轮　1—被切削锥齿轮　2—顶锥面　3—背锥面　4—切齿铣刀　5—展成刨刀

有瞬心包络法亦称为展成法或滚切法。该方法是利用假想的平面齿轮或平顶齿轮啮合原理进行切齿的。在汽车差速器的直齿锥齿轮轮齿的展成法加工中，常采用双展成刨刀刨齿和双展成铣刀铣齿两类。无瞬心包络法切齿采用圆盘拉铣刀拉铣齿。

下面仅就在汽车生产中应用较为广泛的双展成刨刀刨齿和圆盘拉铣刀拉铣齿作一介绍。

1. 双展成刨刀刨齿

汽车差速器锥齿轮通常采用收缩齿直齿锥齿轮，在成批生产中其轮齿的加工较多地采用平顶齿轮原理切齿。

图 3-84 所示为采用平顶齿轮原理双展成刨刀刨齿示意图。在刨齿机床的摇台 1 上安装有能使成对的两把展成刨刀作直线往复移动的刀架装置。展成刨刀 4 的切削刃制成直线形。使用这种近似切削刃的刨刀切齿，被切削直齿锥齿轮轮齿齿廓必定产生齿形误差 Δf_f。因为齿形误差很小，所以能够满足锥齿轮传动的要求。刨齿时，成对的两把刨刀沿着被切削锥齿轮的根锥母线（槽底）向锥顶方向作直线移动（切削运动），刨刀切削刃的运动轨迹，形成了直线齿廓平顶齿轮一个齿槽的两个齿廓和齿面。将这两个齿面称为产形面。如果摇台绕其轴线 O_c 旋转，则摇台上形成了只有一个齿槽的假想的直齿平顶齿轮。因此，采用平顶齿轮原理切削直齿锥齿轮轮齿时，刨齿机床并不存在真实的有完整轮齿的直齿平顶齿轮，而是由两把展成刨刀的切削刃，在摇台刀架上作直线移动的运动轨迹，形成了假想的一个齿槽的两齿面，称为假想平顶齿轮的产形面。由于双展成刨刀往复移动的方向始终与刨齿机摇台轴线（平顶齿轮轴线 O_c）方向垂直，与被切削锥齿轮的齿根角 θ_f 无关，所以摇台上的刀架装置无调整机构，刀架结构简单，刨齿机刀架调整简便，刀架刚性也得到提高。

图 3-85 所示为双展成刨刀在刨削一个轮齿时，两把刨刀与被切削锥齿轮的一个轮齿进行无侧隙啮合传动的过程。在啮合过程中两把刨刀切削刃包络出一个轮齿的齿廓和齿面。

如图 3-84 所示，在刨齿加工时，刨齿机床具有以下运动：

1）切削运动。两把展成刨刀交替地沿被切削锥齿轮根锥母线方向，且通过锥顶作直线往复移动，其移动速度即为切削速度。两把刨刀切削刃切削运动的轨迹形成或描绘了平顶齿轮一个齿槽的两个齿面，即假想的平顶齿轮的产形面。由于刨刀直线往复移动速度具有惯性作用，所以刨齿的切削速度较低。

2）展成运动。刨刀直线往复运动和摇台的旋转运动所形成的平顶齿轮的一个齿槽，与被切削锥齿轮的一个轮齿，以一定传动比（亦称为滚切比）进行无侧隙啮合的展成运动，

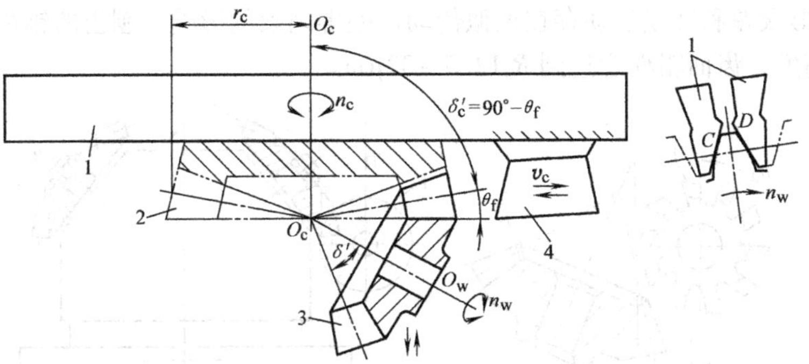

图 3-84　采用平顶产形齿轮原理刨齿示意图

1—摇台　2—假想的平顶齿轮　3—被切削锥齿轮　4—展成刨刀

其传动比为

$$i = \frac{n_w}{n_c} = \frac{z_c}{z_w} = \frac{\sin(90° - \theta_f)}{\sin\delta_w} = \frac{\cos\theta_f}{\sin\delta_w} \tag{3-8}$$

式中　n_c、n_w——分别表示平顶齿轮和被切削锥齿轮的转速（r/min）；

z_c、z_w——分别表示平顶齿轮和被切削锥齿轮的齿数；

δ'——被切削锥齿轮的节锥角。

如图 3-85 所示，在切齿过程中刨刀只与被切削锥齿轮的一个轮齿啮合进行切齿。当刨刀与被切削轮齿向下啮合切齿到达脱离啮合位置时，表示第一次粗切或半精切齿完毕。然后反向啮合，对该轮齿进行第二次精切齿。因此，被切削轮齿的切齿过程中，摇台在一定的摆动运动范围内对一个轮齿进行两次切齿。摇台摆动范围称为摇台的摆角。由上述可知，刨齿过程并不是摇台代表的平顶齿轮与被切削锥齿轮始终按一个旋转方向进行啮合切齿的。

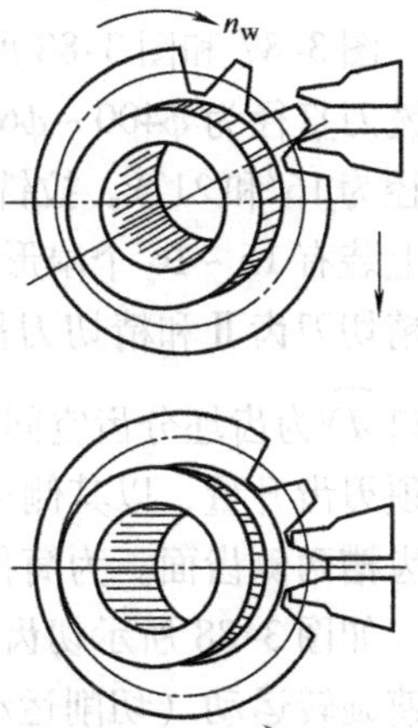

图 3-85　刨削一个轮齿的过程

3）分齿运动。摇台在摆角范围内只刨削一个轮齿。当摇台经一次摆动返回原位，准备切削下一轮齿时，装夹被切削锥齿轮（齿坯）的床鞍将沿摇台轴线方向退离刨刀，被切削锥齿轮附加转过一个轮齿或几个轮齿（跳跃分齿），称为分齿运动。

4）切入切出运动。在分齿时，必须使被切削锥齿轮退离刨刀，分齿完成后再次返回原来的切削位置。

双展成刨刀在机床上的刨齿过程，与其他普通切齿机床一样，除被切削齿轮的装夹和卸下工作由人工完成外，切齿过程是按自动工作循环进行的。由于双展成刨刀的直线往复移动速度较低，所以刨齿的生产率较低。刨齿加工直齿锥齿轮轮齿，主要用于中小批生产直齿锥齿轮轮齿的加工。为了进一步提高刨齿生产率，可采用图 3-86 所示预先在双工位开槽铣床上使用成形铣刀铣出全部齿槽，然后再送至刨齿机床上完成半精和精刨齿加工。刨齿加工可以加工模数 3～20mm、锥距小于 900mm 的直齿锥齿轮轮齿。由于刨刀切削刃具有齿形误差和展成运动存在近似传动误差等因素的影响，刨齿的锥齿轮精度一般只达到 7 ~ 8 级精度，齿面粗糙度达到 R_a12.5 ~ 32μm。

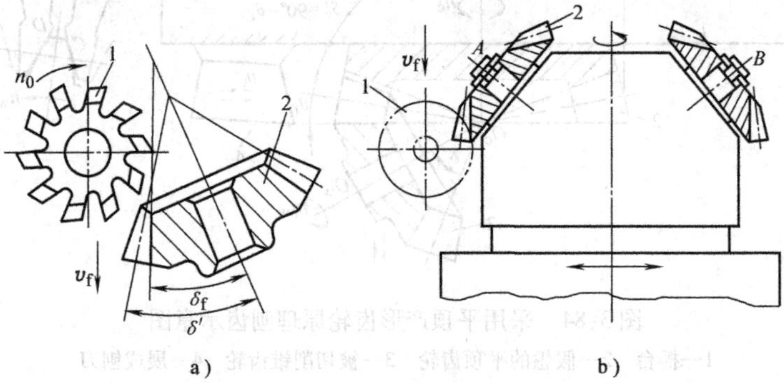

图 3-86　使用成形铣刀铣齿槽

a）成形铣刀铣齿槽　b）双工位铣齿槽

1—成形铣刀　2—被切削锥齿轮齿坯

2. 圆盘拉铣刀切齿

在大批大量生产的汽车制造企业中，差速器直齿锥齿轮轮齿的切齿，广泛使用圆盘拉铣刀加工。这种切齿方法，是当前生产率最高的一种切齿方法。

图 3-87 和图 3-88 所示为圆盘拉铣刀结构及切齿示意图。圆盘拉铣刀采用装配式结构，拉铣刀直径为 φ400 ~ φ600mm（美国格里森公司的№724 和№726 拉铣切齿机床使用拉铣刀直径为 16″和 21″）。拉铣刀结构由刀盘体和刀块两部分组成。图 3-87 中，在刀盘体 1 的外圆周上装有 15 ~ 16 个扇形刀块 2，每个刀块上有 4 ~ 5 个刀齿。扇形刀块的刀齿分粗切齿 Ⅰ、半精切刀齿 Ⅱ 和精切刀齿 Ⅲ 三部分。其上有两个缺口：缺口 K 处装有锥齿轮大端倒角刀，缺口$\widehat{MN}$为齿坯分齿空间。粗切刀齿以其顶刃作层剥切削，刀齿顶刃有齿升量；半精切刀齿无顶刃齿升量，以其侧刃和顶刃来修整齿槽两侧齿面和槽底；精切刀齿的侧刃有齿升量，切削齿槽两侧齿面。为简化制造和降低刀具成本，拉铣刀刀齿采用近似凹圆弧形状。

如图 3-88 所示切齿时，圆盘拉铣刀绕自身轴线作等速旋转运动（切削运动），与此同时由进给凸轮 5 控制，被切削锥齿轮 1 沿其根锥母线方向作直线进给移动。粗切和半精切齿时，进给由小端切向大端，精切时进给方向相反。当图 3-88a 中的进给凸轮旋转处于点 A 位置时，拉铣刀 2 的中心 O_0 恰好处于图 3-88b 所示的 A′点位置。第一个粗切刀齿 Ⅰ 顶刃与被切削锥齿轮 1 上的最高点 K′点相接触，开始进入粗切齿。当进给凸轮旋转由 A 点至 B 点时，拉铣刀中心从 A′点加速移动到 B′点，拉铣刀相应地切削到齿坯齿宽中点位置。进给凸轮从 B 点旋转到 B_1 点，凸轮$\widehat{BB_1}$段为等半径圆弧，拉铣刀停留在 B′点处旋转，拉铣刀顶刃不断加深齿槽的切削，直至切削齿槽全深

图 3-87　圆盘拉铣刀结构及切齿示意图

1—刀盘体　2—扇形刀块

（图3-88c）。当进给凸轮由 B_1 点旋转到接近 C 点时，拉铣刀从 B' 点加速移动到接近 C' 点，即从齿槽中点移动到大端由拉铣刀刀齿Ⅱ进行半精切齿——修整齿槽底和轮齿两侧齿面（图3-88d）。此后，进给凸轮旋转到接近 C 点时，拉铣刀旋转到缺口 K 处，倒角刀对轮齿大端进行倒角，直到 C' 为止。当进给凸轮从 C 点开始旋转到 D 点时，拉铣刀开始反向等速进给，由精切刀齿Ⅲ进行精切齿面，每个刀齿的侧刃在被切削锥齿轮轮齿齿面上拉铣出一条刀痕线轨迹。拉铣刀中心到达 D' 点时，完成一个齿槽的两个齿面的精切。轮齿齿廓及齿面就是拉铣刀在相对运动中由拉铣刀刀齿侧刃运动轨迹包络成形的，故称为无瞬心包络法切齿。当进给凸轮由 D 点旋转到 A 点时，被切削锥齿轮进行分齿，完成一个齿槽齿面加工的工作循环。拉铣一个齿槽时间只需1.6~5s。

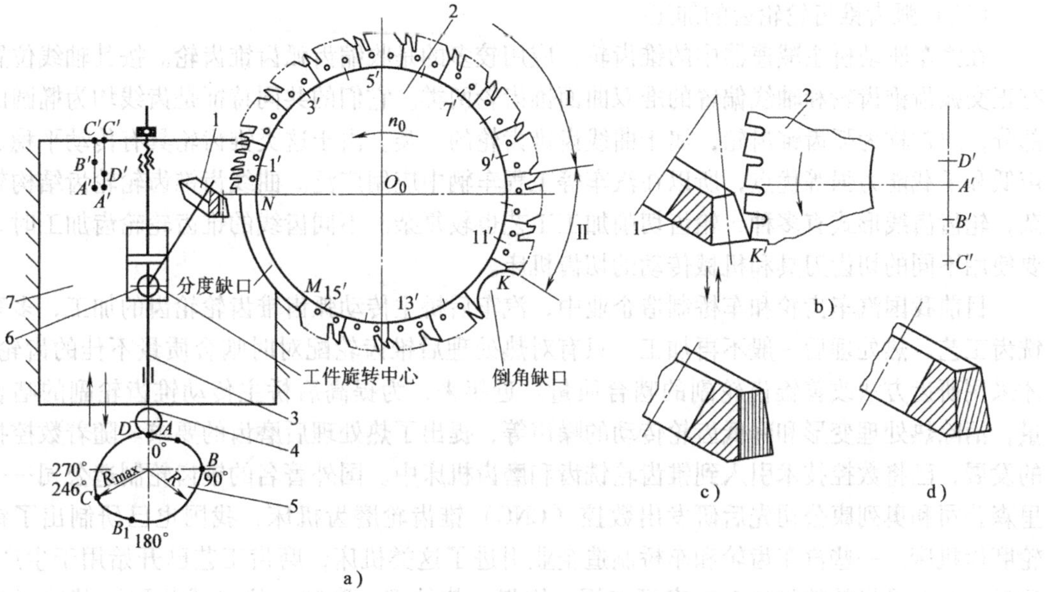

图3-88 圆盘拉铣刀的切齿过程

a）拉铣刀及被切锥齿轮间的运动控制 b）拉铣刀的切齿过程 c）切削齿槽 d）切削齿面

1—被切削锥齿轮 2—圆盘拉铣刀 3—活塞杆 4—滚柱 5—进给凸轮 6—液压缸 7—滑板

从上述分析可知，采用圆盘拉铣刀切削直齿锥齿轮轮齿齿廓并非渐开线形状，而是近似圆弧形，故齿廓存在齿形误差。在设计拉铣刀时，合理选择刀齿圆弧曲率半径，可以使被切削的齿廓在齿顶修缘和齿根修根，能保证锥齿轮副传动时平稳而无噪声。由于拉铣刀切齿时没有展成运动，对少齿数的锥齿轮轮齿加工时不会产生根切现象，因此可提高轮齿的抗弯曲强度达20%。采用拉铣刀切削加工的直齿锥齿轮，不能与双展成刨刀加工出的锥齿轮互换啮合，这是因为它们的齿廓不共轭。除此，拉铣刀切齿加工的直齿锥齿轮，对装配误差较为敏感，影响正确的啮合传动质量。

采用拉铣刀切齿的锥齿轮精度可达8~9级，齿面粗糙度达 R_a12.5~3.2μm。

采用圆盘拉铣刀切齿的生产率，在切削直齿锥齿轮的轮齿加工方法中是最高的，比双展成刨刀刨齿高7倍以上。对模数小于5mm的直齿锥齿轮，可以从齿坯上直接拉铣完成全深齿槽的加工。为提高拉铣刀切齿的生产率和降低加工成本，可以先在图3-86b所示使用成形铣刀的双工位开槽铣床铣出齿槽，然后再在拉铣切齿机床上进行半精切和精切齿。可以采用生产率更高的双工位自动拉铣切齿机床（如美国格里森公司的№724 和№726 等拉铣切齿机床）进行全工序的自动拉铣轮齿。

由于圆盘拉铣刀结构复杂，加工不同锥齿轮时，需要对拉铣刀进行复杂的设计计算，并且在刀具制造时还需采用专用机床和专用工夹具等，拉铣切齿机床的进给凸轮也需重新进行设计制造，所以圆盘拉铣刀切齿主要用于大批大量生产差速器中等模数（$m \leqslant 6$mm）的直齿锥齿轮。

由于差速器中的半轴锥齿轮和行星锥齿轮的旋转速度较低，所以对其精度要求也较低。一般采用双展成刨刀刨齿或圆盘拉铣刀切齿，热处理后不再对锥齿轮轮齿进行加工。

（三）弧齿锥齿轮轮齿的加工

在汽车驱动桥主减速器中的锥齿轮，应用较多的是收缩齿弧齿锥齿轮。按其轴线位置分有正交弧齿锥齿轮和轴线偏置的准双曲面锥齿轮两类。它们的共同特征是齿线均为椭圆的一部分，通常称为弧齿锥齿轮，属于曲线齿锥齿轮的一类。由于这类锥齿轮具有传动平稳、噪声低和承载能力强等优点，所以在汽车等工程车辆中应用广泛。曲线齿锥齿轮轮齿结构较复杂，轮齿齿线形式有多种，轮齿切削加工工艺也较复杂。不同齿线的锥齿轮轮齿加工时，需要使用不同的切齿刀具和机械传动的切齿机床。

目前我国汽车齿轮和车桥制造企业中，汽车后桥主传动弧齿锥齿轮轮齿的加工，多采用铣齿工艺，热处理后一般不再加工。只有对热处理后锥齿轮配对时啮合质量不佳的齿轮副，才采用研齿方法改善锥齿轮副的啮合质量。近年来，为提高后桥主传动锥齿轮副的啮合质量，消除热处理变形和降低齿轮传动的噪声等，提出了热处理后磨齿的要求。随着数控技术的发展，已将数控技术引入到锥齿轮铣齿和磨齿机床中。国外著名的锥齿轮制造公司——格里森公司和奥列康公司先后研发出数控（CNC）锥齿轮磨齿机床，我国也已研制出了锥齿轮磨齿机床。一些汽车齿轮和车桥制造企业引进了这类机床，磨齿工艺已开始用于生产中。后桥主传动锥齿轮轮齿加工方案可采用：铣齿→热处理→磨削定位（或装配）基面（主动锥齿轮的轴颈和轴肩，从动锥齿轮的内孔及端面）→磨齿。弧齿锥齿轮轮齿磨齿将成为今后的发展方向。

下面仅就汽车后桥中应用较为广泛的收缩齿弧齿锥齿轮轮齿的切齿加工内容作一简单介绍。目前使用的切齿机床有两类。一类是使用传统的机械传动的切齿机床；另一类是数控（CNC）切齿机床。由于数控（CNC）切齿机床切齿原理与传统的机械传动的切齿机床切齿原理基本相同，因此下面所介绍的内容，以机械传动切齿机床的切齿原理为主，适当介绍数控（CNC）切齿机床的切齿内容。

1. 弧齿锥齿轮轮齿的切齿原理

对于收缩齿弧齿锥齿轮轮齿的加工，通常采用平顶齿轮原理进行切齿。图 3-89 所示为机械传动的切齿机床采用平顶齿轮原理加工收缩齿弧齿锥齿轮轮齿示意图。切齿铣刀 3 安装在切齿机床摇台 2 的刀座心轴上，切齿铣刀轴线 O_0 与摇台轴线 O_c 相平行，因此在切齿机床的摇台上无需备有调整切齿铣刀轴线位置的机构。在切齿机床摇台上的切齿铣刀旋转，切削刃形成的运动轨迹曲面，代表（或描绘）着假想的弧齿平顶齿轮的一个轮齿。当切齿铣刀和摇台绕着各自轴线旋转（自转和公转）时，代表着只有一个轮齿的假想平顶齿轮 1 的旋转。这个假想平顶齿轮与摇台同轴线，假想平顶齿轮见图 3-89 中双点划线所示。当这个假想平顶齿轮的一个轮齿与被切削锥齿轮以一定传动比进行展成（滚切）运动时，代表假想平顶齿轮一个轮齿的切齿铣刀便形成一系列连续运动轨迹的包络线，切削出被切削弧齿锥齿轮的共轭齿廓和齿面。

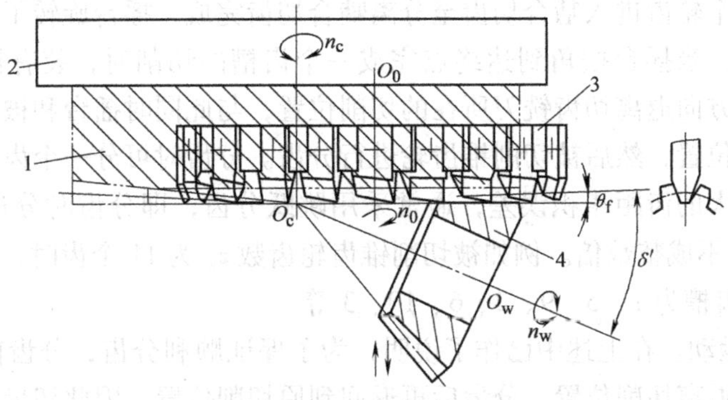

图 3-89　平顶产形齿轮原理切齿示意图

1—假想的平顶齿轮　2—摇台　3—切齿铣刀　4—被切削锥齿轮

图 3-90 所示为利用平顶齿轮原理切齿使用的机械传动的弧齿锥齿轮铣齿机床外观图。弧齿锥齿轮切齿机床切齿时，应具有图 3-89 所示的以下运动。

1）切削运动。切齿铣刀绕自身轴线 O_0 的旋转运动，称为切削运动。切齿铣刀切削刃在旋转中所形成的运动轨迹，为假想的平顶齿轮的一个轮齿，将与被切削锥齿轮的一个齿槽的两个齿面或一个齿面进行啮合传动。因此，切齿铣刀的切削运动是切削被切削锥齿轮轮齿齿面的运动。

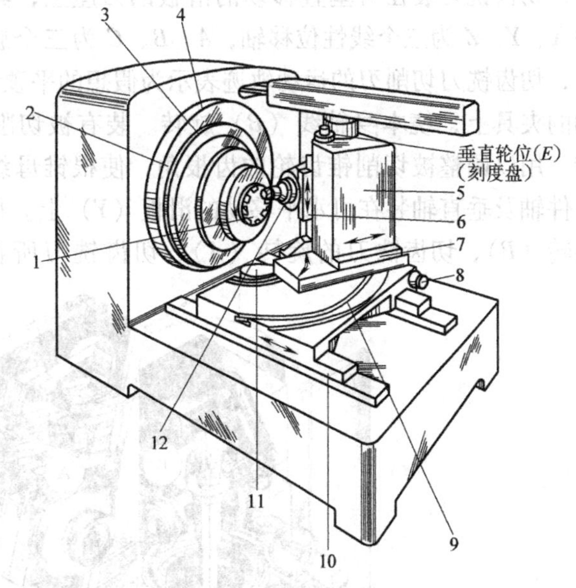

图 3-90　机械传动的弧齿锥齿轮铣齿机床外观图

1—切齿铣刀　2—摇台　3—偏心角　4—摇台角　5—分齿齿轮箱　6—垂直轮位（E）　7—水平轮位（X_p）　8—床位（X_B）刻度　9—工件安装角（δ_f）　10—床鞍　11—机床中心　12—被切削锥齿轮及装夹用心轴夹具

2）展成（滚切）运动。切齿铣刀和摇台的旋转运动，代表（或描绘）平顶齿轮一个轮齿的旋转运动，它在与被切削锥齿轮以一定传动比作展成（滚切）运动中，切齿铣刀切削刃连续运动轨迹的包络线切削出被切削锥齿轮的共轭渐开线齿廓和齿面。切齿时，切齿铣刀的切削速度越高所形成的包络线数目也越多，所形成的轮齿齿廓曲线越光滑，齿形误差就越小，齿面粗糙度值也越小。由于切齿时采用了近似的加工方法、近似刀具和近似传动，故所切削出的轮齿存在齿形误差和齿距累积误差——原理误差。展成法切削弧齿锥齿轮轮齿，亦称为滚切法切齿，展成运动亦称为滚切运动。

3）分齿运动。由上述已知，切齿铣刀与摇台的旋转运动只代表平顶齿轮的一个轮齿，它与被切削锥齿轮一个齿槽的齿面进行啮合传动。假想的平顶齿轮一个轮齿与被切削锥齿轮的一个齿槽啮合切齿后，必须转换与另一齿槽啮合切齿，即需要有一分齿运动（称为单分齿）。与双展成刨刀刨齿一样，展成运动是摇台在一定范围内的摆动运动，从切齿铣刀所代表的平顶齿轮的一个轮齿进入啮合切齿至分离啮合切齿完成，摇台旋转了一定的角度，这个角度称为摇台摆角。当摇台摆角到达终点完成一个齿槽的切削时，装有被切削锥齿轮的床鞍，将沿摇台轴线方向退离切齿铣刀所在的切削位置，与此同时摇台和被切削锥齿轮反向旋转返回到原始切削位置，然后被切削锥齿轮进行分齿。分齿时可分一个齿槽或几个齿槽。为减少切齿时产生过大的齿距累积误差，通常采用跳跃分齿，即分齿时分过的齿槽数 z_i 与被切削锥齿轮齿数 z_w 不成整数倍。例如被切削锥齿轮齿数 z_w 为 11 个齿时，如果跳跃分齿数 z_i 为 4，则依次切削齿槽为 1、5、9、2、6、10、3 等。

4）切入切出运动。在上述中已作了说明，为了保证顺利分齿，分齿前被切削锥齿轮必须沿摇台轴线方向退离切削位置，分齿后再返回到原切削位置。因此切齿机床床鞍需带动被切削锥齿轮实现切出切入运动。

数控（CNC）切齿机床的切齿原理与机械传动的切齿机床基本相同。对收缩齿弧齿锥齿轮轮齿的加工也是采用平顶齿轮原理切齿的。图 3-91 所示为奥列康公司生产的一数控（CNC）切齿机床外观图，其结构与传统的机械传动的切齿机床有较大变化：机床没有摇台，切齿铣刀装在可垂直移动的滑板的刀座上，其垂直移动构成 *Z* 轴。切齿机床有六轴，即 *X*、*Y*、*Z* 为三个线性位移轴，*A*、*B*、*C* 为三个旋转轴。切齿铣刀绕本身轴线（*A*）旋转时，切齿铣刀切削刃的运动轨迹表示为假想的平顶齿轮的一个轮齿。被切削锥齿轮装在工件轴的夹具上，绕本身轴线（*B*）旋转。装有被切削锥齿轮的工件轴，可绕垂直轴（*C*）回转，用以调整被切削锥齿轮的齿根角，使根锥母线与切齿铣刀（或平顶齿轮）轴线垂直。工件轴及垂直轴装在可水平移动的滑板（*Y*）上。切齿时，由数控装置控制被切削锥齿轮的旋转（*B*）、切齿铣刀的旋转（*A*）、切齿铣刀所在滑板的移动（*Z*）和工件滑板的移动

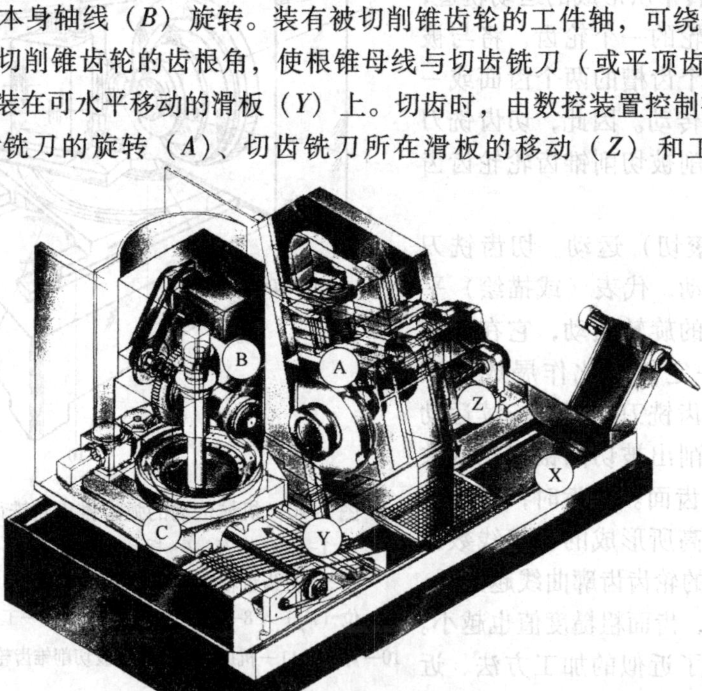

图 3-91　数控（CNC）切齿机床外观图

(Y)。切齿铣刀旋转运动 A 和两个相互垂直滑板的位移 Y、Z 的三轴联动，代表（描绘）假想平顶齿轮一个轮齿的旋转运动。如果该平顶齿轮一个轮齿与被切削锥齿轮一个齿槽以一定传动比进行啮合展成运动，即 A、Y、Z 及 B 四轴联动，则由切齿铣刀的切削刃包络出与之共轭的轮齿齿廓和齿面。装有切齿铣刀和垂直滑板的床鞍可垂直于 Y 轴移动（X），用以调整切削轮齿齿深和单分齿时使切齿铣刀退离切削，分齿后再返回原切削位置。

数控（CNC）切齿机床的特点是，去掉了传统切齿机床的摇台和简化了机床传动机构的传动链，机床的刚度得到加强；更换产品时省去了交换齿轮的计算及其调整；尤其是机床的柔性更强，产品变换时机床调整更简便。切齿机床还可与网络系统联接，形成闭环控制系统。如图 3-92 所示，切齿机床按锥齿轮设计数据调整后加工出首件弧齿锥齿轮，经齿轮测量中心检测，得到被切削锥齿轮齿面形貌实测数据和理论正确的齿面形貌数据比较图，并据此齿面形貌误差数据计算出切齿机床再调整（亦称修正反调）的参数修正量，通过网络将修正反调软件传输到切齿机床中进行再次加工，一般经 1 ~2 次修正反调，就可以获得符合啮合质量标准的锥齿轮轮齿齿面。

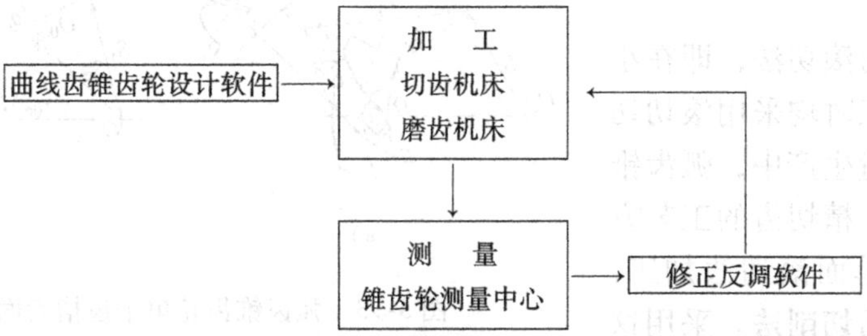

图 3-92　弧齿锥齿轮加工闭环系统

由上述可知，与机械传动的切齿机床比较，数控（CNC）切齿机床除具有上述特点外，切齿精度较高，机床的刚度高，机床调整方便，生产率也较高。

这里还要指出，汽车后桥主传动曲线齿锥齿轮主要有两类：收缩齿弧齿锥齿轮和等高齿延伸外摆线锥齿轮。使用传统的机械传动的切齿机床加工这两类锥齿轮，需要分别采用格里森公司的单分齿切齿机床和奥列康公司的连续分齿切齿机床。由于数控技术的发展，这两家公司所研发的切齿机床对格里森齿制和奥列康齿制曲线齿锥齿轮的切齿加工实现了通用。

2. 弧齿锥齿轮轮齿齿面的切削方法

收缩齿弧齿锥齿轮轮齿的加工工艺较为复杂，其切齿工艺分锥齿轮单个齿槽齿面的加工和锥齿轮副轮齿的加工。

（1）锥齿轮单个轮齿齿槽的加工　收缩齿弧齿锥齿轮轮齿齿槽齿面的加工有两种方法：双面切削法和单面切削法。

如图 3-93a 所示，如果使用具有内、外切削刃的双面切齿铣刀，同时切削弧齿锥齿轮轮齿齿槽的凸、凹齿面，称为**双面切削法**。采用这种切削法形成的齿槽槽底，是由同一圆心 O_0 的两个同心圆弧$\overset{\frown}{CD}$和$\overset{\frown}{AB}$所形成的，根锥齿槽宽度相等，而轮齿齿厚由小端向大端增厚。这种切削方法的缺点是不能根据啮合质量要求分别对凸、凹齿面进行修正。其优点是生产率较高。双面切削法主要用于大、小锥齿轮（一般对主、从动锥齿轮简称为小、大轮，下同）轮齿的粗切和大锥齿轮轮齿的精切。

如图 3-93b 所示，如果使用只有外切削刃或内切削刃的单面切齿铣刀，分别切削弧齿锥齿轮的凹齿面或凸齿面，称为**单面切削法**。从图 b 中可看到，齿槽的凸齿面$\overset{\frown}{C_1D_1}$由切齿铣刀的内切削刃加工而得，其切齿铣刀中心为 O_{0i}，铣刀半径为 r_{0i}；齿槽的凹齿面$\overset{\frown}{A_1B_1}$由切齿铣刀外切削刃加工而得，其切齿铣刀中心为 O_{0e}，铣刀半径为 r_{0e}。因此，弧齿锥齿轮轮齿凸、凹齿面是由两把切齿铣刀，在两次不同刀位调整（铣刀中心 O_{0i} 及 O_{0e} 相对于摇台中心 O_c 的位置 S_i 及 S_e 称为刀位）中分别加工出来的。单面切削法的生产率较低，但根锥齿槽由小端向大端变宽。这种切削法可以按一对锥齿轮副的齿面啮合质量要求，对铣刀中心位置，即对刀位进行必要的调整。单面切削法主要用于精切小轮的凸、凹齿面。

（2）弧齿锥齿轮副的轮齿齿面的加工　在汽车驱动桥中的收缩齿弧齿锥齿轮副轮齿的加工中，常采用的切齿方法有展成法和半展成法。

展成法亦称为滚切法，即在小轮和大轮轮齿加工时均采用滚切切齿法。在大批大量生产中，弧齿锥齿轮副轮齿的粗、精切齿的工艺方案，常用双面—单面滚切法加工，简称为**双面—单面切削法**。采用这种切齿方法时，大、小轮轮齿的粗切齿分别使用两把双面粗切切齿铣刀，同时切削凸、凹齿面，并给精切齿留出一定的精切余量；大轮轮齿精切齿时，另使用一把双面精切切齿铣刀，同时切削出凸、凹齿面；小轮轮齿精切齿时，分别使用两把单面精切切齿铣刀，在两道工序（或切齿机床）中分别切削出凸、凹齿面。在两道工序中精切小轮轮齿凸、凹齿面时，根据一对锥齿轮副啮合的接触质量，需对切齿机床等进行必要的修正调整。为了提高切齿的生产率，可将上述五道工序的切齿，固定在五台切齿机床上分别进行，将这样的双面—单面切削法，称为**固定安装双面—单面切削法**，简称为**固定安装法**。

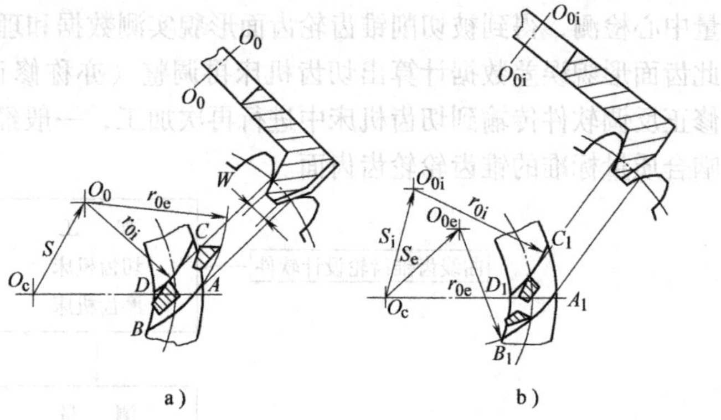

图 3-93　弧齿锥齿轮单个齿槽齿面的加工

固定安装的双面—单面切削法的特点是，生产率较高，锥齿轮副轮齿的切齿质量较高。这是因为在小轮精切齿时，根据锥齿轮副啮合的质量要求对切齿机床进行了必要的修正调整，所以锥齿轮副轮齿齿面得到了较高的接触精度。

半展成法亦称为半滚切法。在大批大量生产时，对于传动比大于 2.5~3 的弧齿锥齿轮副轮齿齿面的切齿加工，如果采用上述的双面—单面切削法，则大轮轮齿切齿的生产率过低，在采用固定安装法切齿时，五道工序的生产率就不均衡。因此，为了提高大轮轮齿切齿的生产率，在双面—单面切削法的基础上，发展了一种称之为半滚切法切齿的工艺方案。因为锥齿轮副传动比大于 2.5~3 时，大轮轮齿齿廓近似于直线齿廓，这样就可以使用切齿铣刀为直线的切削刃，以成形法切齿。采用成形法切削大轮轮齿凸、凹齿面时，切齿机床就不需要展成运动，可以缩短切齿时间，提高了大轮轮齿切齿的生产率。如图 3-94 所示，如果大轮轮齿 1 的齿廓加工成直线齿廓 4，与之相啮合的小轮轮齿 2 的齿廓形状必须进行修正，才能正常地啮合传动，即小轮轮齿齿廓修正成更大一点的曲率4。为此，在精切小轮轮齿时，必须使用具有滚切修正机构（亦称为滚比变性修正机构）的切齿机床。这种切齿机床在展成运动时，在加工小轮轮齿的齿顶和齿根处，摇台能够产生一加速或减速运动，就可以在小轮轮齿齿顶和齿根处多切削一点，形成图示的小轮轮齿齿廓形状4。这种修正的齿廓称为变性渐开线齿廓。采用**半滚切法**切齿时，大轮轮齿粗、精切齿分别使用两把双面粗、精切切齿铣刀，在两道工序中，以成形法进行粗、精切齿；小轮轮齿的粗切齿，使用一把双面粗切切齿铣刀同时粗切轮齿的凸、凹齿面，精切齿时使用两把单面精切切齿铣刀，在具有滚切修正机构的切齿机床上，在两道工序中分别切削小轮轮齿齿廓为变性渐开线的凸、凹齿面。

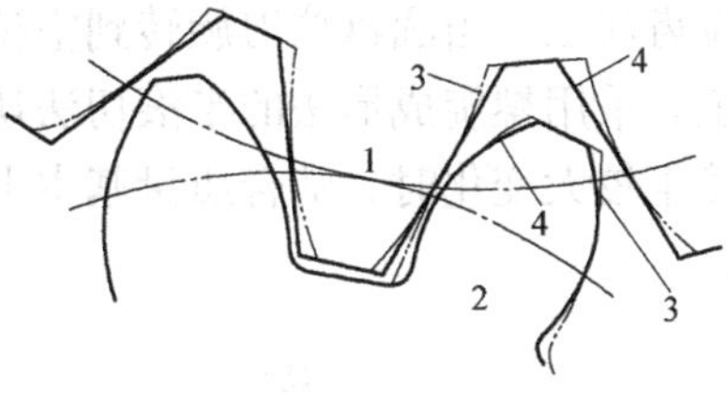

图3-94　半滚切法切削大、小轮齿廓
1—大轮轮齿　2—小轮轮齿　3—正常齿廓（以双点划线表示）　4—半滚切法切削出的齿廓（以实线表示）

在数控（CNC）切齿机床上切齿，可以采用展成法对大轮和小轮进行切齿，也可以用成形法切削大轮齿槽。采用半展成（滚切）法精切小轮时，对小轮齿廓的修正切齿，则要靠切齿机床的数控装置予以控制实现。

大轮轮齿精切齿，除可以使用上述双面精切切齿铣刀，以成形法精切齿外，也可以在专用的拉齿机床上使用图3-95所示单循环法切齿的圆盘拉刀进行成形精拉齿。在使用圆盘拉刀以成形法进行精拉齿时，圆盘拉刀旋转一周切削完一个齿槽，然后被切削锥齿轮进行分齿，顺序精切其余各齿槽，直至全部齿槽切削完毕。

在半滚切法精切大轮轮齿时，为提高锥齿轮副的啮合接触质量，在单循环成形法拉齿的基础上，发展出现了螺旋成形法切齿。采用**螺旋成形法**精拉大轮轮齿时，使用的切齿刀具与图3-95所示的单循环法使用的双面圆盘拉刀相同，但需要在具有能使圆盘拉刀进行螺旋运动的专用拉齿机床上切齿。如图3-95所示，在12″以下直径的螺旋成形法双面圆盘拉刀刀体上装有8个刀齿，内、外切削刃的刀齿相间隔排列，即各有4个内、外切削刃刀齿，其中$a \sim c'$刀齿为半精切齿刀齿，最后2个刀齿d及d'为精切齿刀齿。在其后相当于两个刀齿的空位处为一个齿槽切削完毕后进行分齿的位置。每个后面的同名刀齿切削刃较前面一个刀齿切削刃在径向方向有齿升量。

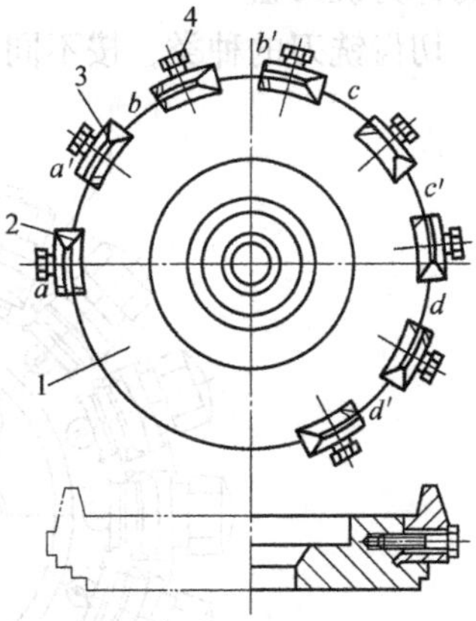

图3-95　单循环法和螺旋成形法的双面圆盘拉刀
1—刀体　2—内切刀齿　3—外切刀齿　4—紧刀螺钉

图3-96所示为采用螺旋成形法切齿时，圆盘拉刀刀齿切削刃运动轨迹的展开图。从图3-96b中看到，拉齿时圆盘拉刀轴线O_{02}处于垂直于被切削大轮顶锥母线，与切削小轮的切齿铣刀轴线O_{01}相平行。从图3-96a看到，半精和精拉大轮轮齿时，每个刀齿切削刃以切削速度v_c旋转，同时又以v_{ca}速度沿其轴线轴向移动，刀齿切削时以合成速度v_e沿被切削大轮的根锥母线方向，从A点移动到B点，刀齿切削刃在空间形成直线齿廓的渐开螺旋面；然后刀齿切削刃快速退离至C点，完成一个齿槽的一个齿面的拉齿后，再准备下一刀

齿切削刃对该齿槽的另一齿面的拉齿，直至8个刀齿切削刃交替地完成一个齿槽的两个齿面的拉齿加工。当圆盘拉刀旋转到空位处时，被切削大轮进行分齿，准备下一齿槽的双面拉齿加工。采用螺旋成形法的半滚切法切削大、小轮轮齿，可以得到正确的啮合质量。并且当载荷发生较大变化时，啮合质量基本上不受影响，齿轮副的装配误差对啮合质量的影响也不敏感。

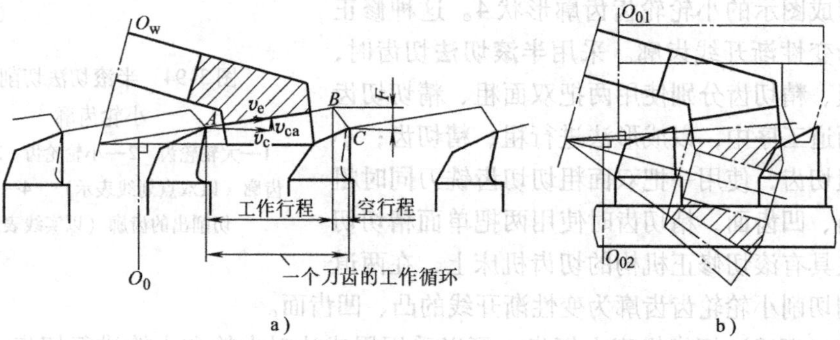

图3-96　螺旋成形法圆盘拉刀刀齿切削刃的运动轨迹和圆盘拉刀轴线位置

a）圆盘拉刀刀齿切削刃的运动轨迹　b）切齿铣刀轴线位置

上述弧齿锥齿轮副轮齿的切齿方法的特点汇总如表3-5所示。

3. 弧齿锥齿轮轮齿加工时使用的切齿刀具

（1）切齿铣刀的种类　切削加工弧齿锥齿轮轮齿使用的切齿铣刀，俗称端铣型铣刀盘，或简称为铣刀盘。

切齿铣刀的种类，按不同分类方法，可称之为不同名称的切齿铣刀。例如按轮齿的加工

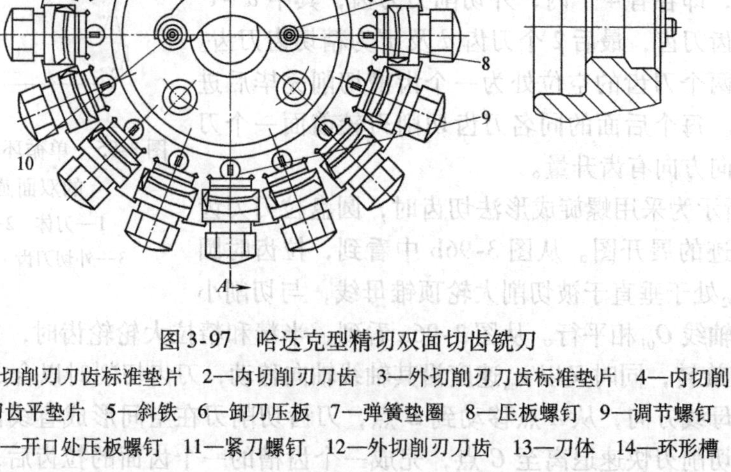

图3-97　哈达克型精切双面切齿铣刀

1—内切削刃刀齿标准垫片　2—内切削刃刀齿　3—外切削刃刀齿标准垫片　4—内切削刃刀齿平垫片　5—斜铁　6—卸刀压板　7—弹簧垫圈　8—压板螺钉　9—调节螺钉　10—开口处压板螺钉　11—紧刀螺钉　12—外切削刃刀齿　13—刀体　14—环形槽

质量，可以称为粗切切齿铣刀和精切切齿铣刀。图 3-97 所示为较先进的哈达克型精切双面切齿铣刀。它的特点是，刀体 13 圆周上安装有较多的刀齿数 2、12，可以缩短切齿时间，提高生产率；刀体采用优质工具钢材料，经热处理和定性处理提高了硬度，增加了刀体的强度和尺寸的稳定性；切齿铣刀前端装有卸刀压板 6，方便拆卸切齿铣刀；在刀体的后端面有形成薄壁锥孔的环形槽 14，可使切齿铣刀与机床铣刀主轴锥形表面配合更加紧密，切齿铣刀定心准确，也减少了铣刀主轴的磨损等。

表 3-5　弧齿锥齿轮副轮齿的切齿方法及其特点

切齿方法		加工特性				所需机床数	所需切齿刀具数	加工特点	应用范围
		大齿轮		小齿轮					
		粗切	精切	粗切	精切				
双面—单面切削法	展成（滚切）法 双面—单面切削法	双面切削	双面切削	双面切削	单面切削	5 台切齿机床（固定安装法）	5 把切齿铣刀 大轮粗切双面切齿铣刀 大轮精切双面切齿铣刀 小轮粗切双面切齿铣刀 小轮外切削刃精切单面切齿铣刀 小轮内切削刃精切单面切齿铣刀	啮合质量——接触区较好；生产率较高；需要 5 台切齿机床和 5 把切齿铣刀	大批大量生产中用于加工啮合质量要求较高的弧齿锥齿轮轮齿齿面
	半展成（滚切）法 双面—单面切削法	成形法双面切削	成形法双面切削	展成法双面切削	齿廓滚切修正的单面切削	5 台切齿机床 大轮精切除使用成形铣齿机床外，也可使用专用拉齿机；小轮精切使用具有滚切修正机构的铣齿机床或数控切齿机床	5 把切齿铣刀 大轮粗切成形双面切齿铣刀 大轮精切成形双面切齿铣刀（或大轮精切单循环双面圆盘拉刀） 小轮粗切双面切齿铣刀 小轮外切削刃精切单面切齿铣刀 小轮内切削刃精切单面切齿铣刀	啮合质量——接触区较好，生产率高；需要 5 台切齿机床和 5 把切齿刀具	大批大量生产中用于加工传动比大于 2.5 以上的弧齿锥齿轮轮齿齿面
	半展成（滚切）法 双面—单面切削法	成形法双面切削	螺旋成形法双面切削	展成法双面切削	齿廓滚切修正的单面切削	5 台切齿机床 大轮精切使用具有螺旋运动的专用拉齿机；小轮精切使用具有滚切修正机构的齿机床或数控切齿机床	5 把切齿刀具 大轮粗切成形双面切齿铣刀 大轮精切螺旋成形法双面圆盘拉刀 小轮粗切双面切齿铣刀 小轮外切削刃精切单面切齿铣刀 小轮内切削刃精切单面切齿铣刀	啮合质量——接触区好；生产率高；需要 5 台切齿机床和 5 把切齿刀具	大批大量生产中用于传动比大于 2.5 以上的收缩齿弧齿锥齿轮轮齿齿面的加工

根据轮齿齿面的切削方法，分为单面切齿铣刀和双面切齿铣刀。图 3-97 所示为由若干个外切削刃刀齿和内切削刃刀齿间隔地紧固在刀体外缘刀槽内，一般用来进行双面切削的双

面切齿铣刀。刀齿的外切削刃和内切削刃分别切削轮齿的凹齿面和凸齿面。双面切齿铣刀有粗切和精切切齿铣刀之分。在单件小批生产时，也可以使用双面精切切齿铣刀进行单面切齿，在两次刀位调整中，分别进行轮齿的凸、凹齿面的加工。单面切齿铣刀是在刀体外缘的刀槽内只紧固有外切削刃刀齿或内切削刃刀齿，进行单面切削的精切切齿铣刀。外切削刃刀齿的单面精切切齿铣刀用于小轮轮齿凹齿面的加工；内切削刃刀齿的单面精切切齿铣刀用于小轮轮齿凸齿面的加工。

切齿铣刀还可按其旋转方向分为右旋和左旋切齿铣刀。

（2）切齿铣刀的公称直径 D_0　切齿铣刀的尺寸，按其公称直径称谓。双面切齿铣刀的**公称直径** D_0 是指以切齿铣刀轴线为中心，并大致通过被加工弧齿锥齿轮齿槽中点的假想圆的直径。图 3-98 所示双面精切齿铣刀为一旧式切齿铣刀，外切削刃刀齿刀尖直径为 D_{0e}，内切削刃刀尖直径为 D_{0i}，其平均值 D_0 称为公称直径。单面精切切齿铣刀只有一个外切削刃刀尖或内切削刃刀尖所形成的直径，以其刀尖直径靠近某一双面精切切齿铣刀的公称直径来称呼它的直径。通常切齿加工一对弧齿锥齿轮副的切齿铣刀的公称直径 D_0 相同。为满足弧齿锥齿轮副的啮合质量要求，可在一定尺寸范围内调换精切切齿铣刀刀槽中的刀齿调整垫片厚度。标准切齿铣刀的公称直径有½″、1⅒″、1½″、2″、3½″、6″、7½″、9″、12″、18″共十种规格。其中公称直径在2″及以下的切齿铣刀制成整体结构；3½″及以上的制造成镶齿结构。在大批大量生产中，为适应被切削弧齿锥齿轮的参数和质量要求，还使用4½″、5″和16″等公称直径规格的切齿铣刀。

切齿铣刀公称直径的选择，主要取决于被切削弧齿锥齿轮的锥距、齿面宽度、全齿高、螺旋角和切削条件等。通常可按有关工艺资料所列的切齿铣刀公称直径选择表格预选，并且在一定公称直径范围内选择较小公称直径的切齿铣刀。这是因为使用较小公称直径的切齿铣刀切削出的弧齿锥齿轮，具有对重载荷及锥齿轮装配误差不敏感，齿轮副啮合的接触区变化小，而且齿面曲率大，轮齿强度增强和传动噪声较小等优点。切齿铣刀公称直径选定后，锥齿轮除齿宽中点以外，齿线上其他各点的螺旋角 β_x 也随之确定。图 3-99 所示，表示了齿宽中点 m、大端 e、小端 i 和任意点 x 处的螺旋角。从图中和式（3-9）都显示出，除齿宽中点 m 处的螺旋角 β_m 是设计的定值处，齿线上其余各点处的螺旋角 β_x 将随着锥距 R_x 和切齿铣刀公称直径 D_0 的改变而变化。齿线上任意点处的螺旋角 β_x 可按下式计算

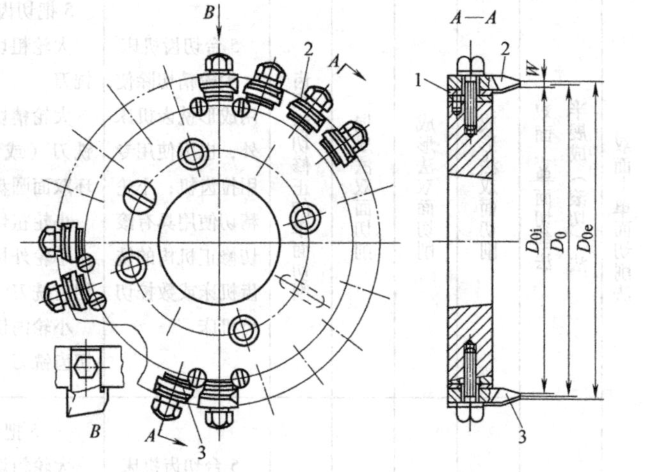

图 3-98　双面精切切齿铣刀参数

1—调整垫片　2—外切削刃刀齿　3—内切削刃刀齿

$$\sin\beta_x=\frac{1}{D_0}\left[R_x+\frac{R_m(D_0\sin\beta_m-R_m)}{R_x}\right] \tag{3-9}$$

式中　R_m——齿宽中点 m 处的锥距，$R_m=R_e-b/2$；

R_e——齿宽大端处外锥距；

b——齿宽。

齿线上大端 e 和小端 i 处的螺旋角 β_x 和 β_i 分别为

$$\sin\beta_e = \frac{1}{D_0}\left[R_e + \frac{R_m(D_0\sin\beta_m - R_m)}{R_e}\right] \quad (3\text{-}10)$$

$$\sin\beta_i = \frac{1}{D_0}\left[R_i + \frac{R_m(D_0\sin\beta_m - R_m)}{R_i}\right] \quad (3\text{-}11)$$

由于齿线上除中点 m 外其他各点的螺旋角与 D_0、R_x 有关，所以该点处轮齿的弦齿高和弦齿厚也将随之发生改变。

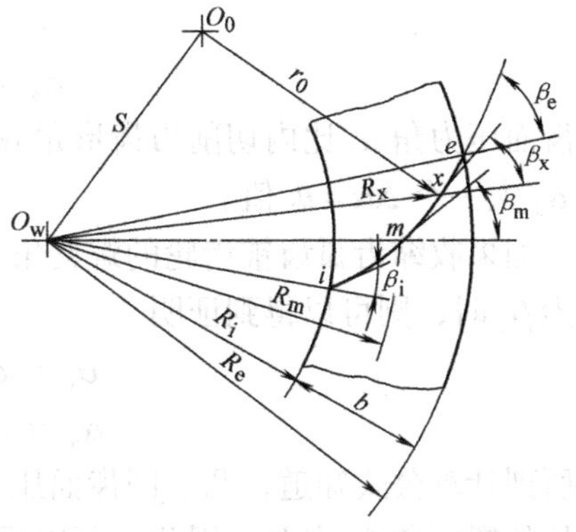

图 3-99　弧齿锥齿轮轮齿齿线上不同点处的螺旋角

（3）刀尖距 W_2　对于双面精切切齿铣刀，外切削刃刀尖所形成的直径 D_e 和内切削刃刀尖所形成的直径 D_i 之差值的一半，称为双面精切切齿铣刀的**刀尖距** W_2。刀尖距 W_2 的值是决定弧齿锥齿轮齿根处槽底宽度的参数。对于采用固定安装法的双面—单面切削法精切大轮的双面精切切齿铣刀，刀尖距 W_2 的计算值为

$$W_2 = \frac{R_m}{R_e}(S_1'\cos\beta_m - 2h_{f2}\tan\alpha) \quad (3\text{-}12)$$

式中　S_1'——锥齿轮副中小轮的节圆弧齿厚；

h_{f2}——齿轮大端的齿根高。

刀尖距 W_2 数值已标准化，设计时应按计算的刀尖距，在标准系列中选取最接近的数值作为实际采用的刀尖距。从上述计算公式知，刀尖距 W_2 的改变将影响锥齿轮副轮齿相关参数的尺寸，如小轮节圆的弧齿厚、大小轮的法向弦齿厚和弦齿高等参数。

（4）切齿铣刀刀齿的齿形角及刀号制度　收缩齿弧齿锥齿轮轮齿的压力角是在节锥齿线的法向测量的。汽车主减速器的弧齿锥齿轮轮齿压力角，一般轿车规定为 14½°、16°，载货汽车为 20°、21½°及 22½°。从理论上要求，一对齿轮副轮齿的压力角应该相等，才能正确地啮合传动。对于收缩齿弧齿锥齿轮也应该如此，即在轮齿齿线上齿宽中点及其他各点处的压力角应该相等。

采用平顶齿轮原理切削收缩齿弧齿锥齿轮轮齿时，切齿铣刀轴线垂直于被切削锥齿轮的根锥母线。因为轮齿的压力角是在节锥轮齿的法向测量的，所以切齿铣刀刀齿切削刃的齿形角，将对轮齿凸、凹齿面的压力角产生影响。

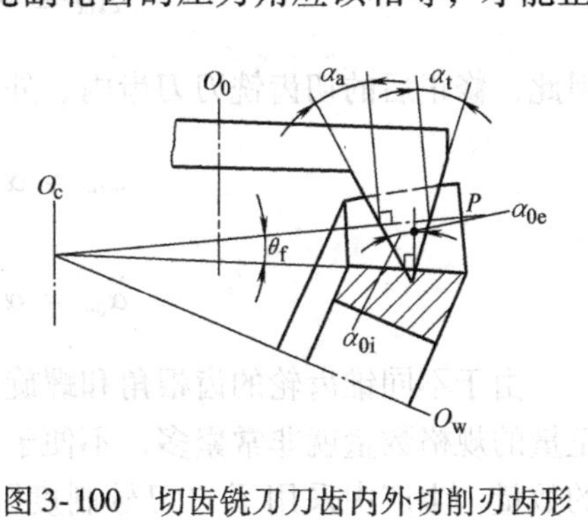

图 3-100　切齿铣刀刀齿内外切削刃齿形角对弧齿锥齿轮轮齿压力角的影响

O_0—切齿铣刀轴线　O_w—被切削锥齿轮轴线

O_c—切齿机床摇台（平顶产形齿轮）轴线

α_t—凸齿面压力角　α_a—凹齿面压力角

θ_f—被切削锥齿轮齿根角

为便于说明上述的影响，现先以螺旋角近于 90°的收缩齿弧齿锥齿轮（这种锥齿轮在现实中并不存在）为例作一分析。如图 3-100 所示，如果切齿铣刀刀齿内、外切削刃齿形角 α_{0i}、α_{0e} 制成相等值，则被切削锥齿轮轮齿凸、凹齿面的压力角将不相等，轮齿将向一边方向歪斜。凸、凹齿面压力角分别为

$$\alpha_t = \alpha_{0i} - \theta_f = \alpha_{0i} - \Delta\alpha$$
$$\alpha_a = \alpha_{0e} + \theta_f = \alpha_{0e} + \Delta\alpha$$

凸齿面压力角 α_t 比内切削刃齿形角 α_{0i} 小一个 $\Delta\alpha = \theta_f$ 值，凹齿面压力角 α_a 比外切削刃齿形角 α_{0e} 大一个 $\Delta\alpha = \theta_f$ 值。

如果收缩齿弧齿锥齿轮的螺旋角不近于90°，而为一任意值，在齿线上某一点处的螺旋角为 β_x 时，则可以得到证明

$$\alpha_t = \alpha_{0i} - \theta_f \sin\beta_x = \alpha_{0i} - \Delta\alpha \tag{3-13}$$
$$\alpha_a = \alpha_{0e} + \theta_f \sin\beta_x = \alpha_{0e} + \Delta\alpha \tag{3-14}$$

从所列计算公式知道，凸、凹齿面压力角的变化与被切削锥齿轮的齿根角 θ_f 和齿线上某一点处的螺旋角 β_x 有关。因此，可以得到如下结论：应用平顶齿轮原理切削收缩齿弧齿锥齿轮轮齿时，如果使用内、外切削刃齿形角相等的切齿铣刀切齿，将会产生：

1）同一锥齿轮轮齿齿线上同一点处的凸、凹齿面的压力角将不相等，凸齿面压力角减小，凹齿面压力角增加。

2）同一锥齿轮轮齿齿线上不同点处的凸齿面或凹齿面的压力角也不相等，凸齿面大端处的压力角减小得多，小端处的压力角减少得少；而凹齿面恰好相反，凹齿面大端处的压力角比小端处增大得多。

3）一对锥齿轮副的两个锥齿轮，因为它们的齿根角 θ_f 不相等，即 $\theta_{f1} \neq \theta_{f2}$，在齿线上对应点处的凸齿面与凹齿面的压力角也不会相等；即使在齿宽中点处的螺旋角相等，当一锥齿轮的凸齿面与另一锥齿轮的凹齿面相啮合时，它们在齿宽中点处的压力角也不会相等，因此它们不能正确啮合。

为了使一对锥齿轮副轮齿的凸齿面与凹齿面能正确啮合，必须对切齿铣刀刀齿的内、外切削刃齿形角进行修正。虽然无法保证除齿宽中点以外对应点的轮齿齿面压力角相等，但可以通过对切齿铣刀刀齿内、外切削刃齿形角的修正，来保证锥齿轮副轮齿齿宽中点 m 处的凸、凹齿面压力角相等。切齿铣刀刀齿内、外切削刃的修正量 $\Delta\alpha$ 取平均值，即

$$\Delta\alpha = \frac{\Delta\alpha_1 + \Delta\alpha_2}{2} = \frac{\theta_{f1} + \theta_{f2}}{2}\sin\beta_m \tag{3-15}$$

因此，修正后的切齿铣刀刀齿内、外切削刃的齿形角分别为

$$\alpha_{0i} = \alpha + \Delta\alpha = \alpha + \frac{\theta_{f1} + \theta_{f2}}{2}\sin\beta_m \tag{3-16}$$

$$\alpha_{0e} = \alpha - \Delta\alpha = \alpha - \frac{\theta_{f1} + \theta_{f2}}{2}\sin\beta_m \tag{3-17}$$

由于不同锥齿轮的齿根角和螺旋角各不相同，因而切齿铣刀刀齿内、外切削刃齿形角修正量的规格数量就非常繁多，不便于制造和生产管理。为减少刀齿切削刃齿形角修正量规格的数量，生产中采用了“刀号制度”。即将切齿铣刀刀齿切削刃的修正量划分成若干级差——号数，每一级差间隔为10′，称为**刀号**，并用符号 N 表示。刀号 N 按下式计算

$$N = \frac{\Delta\alpha}{10} = \frac{\theta_{f1} + \theta_{f2}}{20}\sin\beta_m \tag{3-18}$$

刀号已经标准化，我国工具厂的标准刀号有：0、½、1、1½、2、…20½，每个刀号相隔½。如果计算的刀号值与标准值不等，应该选取最靠近的标准刀号。此时，切齿铣刀刀齿切

削刃的齿形角分别为

$$\alpha_{0i} = \alpha + 10N \tag{3-19}$$

$$\alpha_{0e} = \alpha - 10N \tag{3-20}$$

通常，加工一对收缩齿弧齿锥齿轮的切齿铣刀，采用相同的刀号，但是也可以采用不相同的刀号。此时，应该在精切小轮轮齿时采用滚切修正或利用改变铣刀座刀倾角的办法进行补偿。粗切切齿铣刀的刀号一般选用6号刀号；也有选用与精切切齿铣刀相同的刀号，这样可使精切齿时齿面余量均匀。

采用了刀号制度以后，大、小轮轮齿齿宽中点处的凸、凹齿面压力角相等，并接近于设计的标准值。但是，因为齿线上各点螺旋角 β_x 不相等，所以不能保证齿线上除中点外各点的压力角相等，这将对锥齿轮的啮合质量产生影响——产生如图3-101所示的“对角接触”。因此，产生对角接触是采用平顶齿轮原理切削收缩齿弧齿锥齿轮轮齿的固有缺陷。但这种缺陷可以在精切小轮轮齿时，通过对切齿机床的调整参数进行必要的补充调整加以消除。

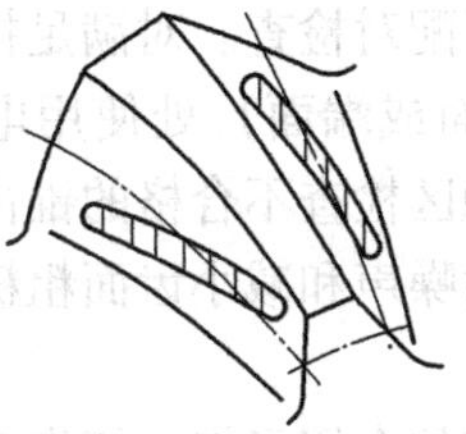

图3-101 对角接触

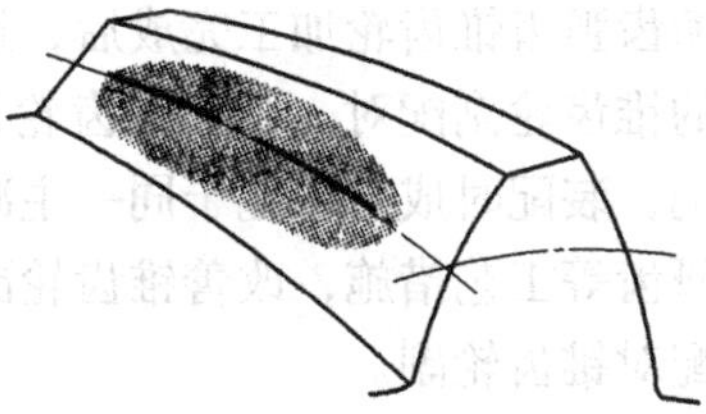

图3-102 弧齿锥齿轮轮齿齿面的接触区

由于在采用刀号制度时计算的刀号与实际采用的刀号不同，将使被切削锥齿轮轮齿的螺旋角发生改变，实际的螺旋角 β'_m 将变为

$$\sin\beta'_m = \frac{20N}{\theta_{f1} + \theta_{f2}}$$

由于锥齿轮轮齿螺旋角发生了改变，大端及小端的螺旋角（β'_e 及 β'_i）、大端的弦齿高及弦齿厚等齿轮参数将随之发生改变。

4. 弧齿锥齿轮副轮齿齿面接触区

弧齿锥齿轮副轮齿齿面的接触区是评定弧齿锥齿轮副啮合传动质量的最有效和实用的一种方法。所谓轮齿齿面的**接触区**，就是在正常啮合条件下，一对锥齿轮副轮齿齿面上实际接触的部分（图3-102）。接触区检验时，将一对锥齿轮副按理论安装距安装在滚动检查机上，在其中一个锥齿轮轮齿齿面上涂以着色剂（红丹粉与少量润滑油混合的固体块状物），在一定的轻载荷作用下进行正反方向滚动几秒钟，被涂有着色剂的锥齿轮轮齿齿面上，因轮齿齿面接触而出现被抹掉着色剂的痕迹（光亮部分），而在另一锥齿轮轮齿齿面上出现着色剂的痕迹，这种接触痕迹就是实际的接触区。它是在锥齿轮副啮合传动中轮齿齿面实际接触线的集合。在锥齿轮精度标准中，接触区的形状、位置和大小是评定锥齿轮副啮合传动质量的一个重要精度指标。图3-102所示正确的接触区，椭圆长轴方向位于齿长方向，且分布在节锥齿线两侧，偏向小端，且应有一定的宽度和长度，轮齿齿面的齿顶和齿根部分不参与啮合传动。在接触区检查时，也可检验锥齿轮副的齿侧间隙和传动的噪声。接触区的形状、位置和大小的分布对锥齿轮副啮合传动的平稳性、噪声和使用都有着直接影响。

在弧齿锥齿轮轮齿切齿过程中，对于使用机械传动的切齿机切齿，接触区的检查通常有三次，即轮齿切齿后的配切检查、热处理后的检查和锥齿轮副的配对检查。

弧齿锥齿轮轮齿切齿后配切检查和热处理后的检查，是根据轮齿切齿后的锥齿轮和热处理后发生轮齿变形的锥齿轮，与标准锥齿轮啮合传动所形成的接触区形状、位置及大小，来确定补充调整切齿机床的调整参数，以便保证所切削的锥齿轮轮齿达到满意的接触区。由于在收缩齿弧齿锥齿轮轮齿切削时采用了平顶齿轮切齿原理、轮齿齿线各点螺旋角的变化和使用了近似的切齿刀具等因素的影响，不可避免地会产生切齿误差，使得锥齿轮副不能获得满意的接触区，如产生内、外对角接触，大小端接触，齿根齿顶接触等缺陷。针对不同的接触区缺陷，在补充调整切齿机床时，适当改变切齿机床的滚切比、水平（轴向）轮位（X_p）、床位（X_B）和径向刀位（S）等参数，修正接触区达到满意的要求。

对于数控（CNC）切齿机床的补充调整，是通过修正反调软件将补充调整数据输入到切齿机床中，由数控装置控制相关参数得到修正。

收缩齿弧齿锥齿轮加工完成后，还需进行第三次接触区配对检查。对满足接触区和噪声等要求的锥齿轮副配对，并在锥齿轮适当位置（如轴颈表面或端面）处使用电火花笔写上配对标记，装配时成对装配于同一主减速器总成上。对接触区检查不合格的锥齿轮副，可以通过互研齿等工艺措施，改善锥齿轮副的接触区，降低传动噪声和减小齿面粗糙度值，并组成新的配对锥齿轮副。

通过上述对收缩齿弧齿锥齿轮轮齿的切齿加工相关内容的介绍可知，切齿工艺是相当复杂的，切齿工艺与锥齿轮的设计也是密切相关的。由于切齿原理及切齿刀具等的近似性，切齿误差也是较大的。因此，在切齿时需要进行配切和对切齿机床进行补充调整，而且切齿完成的锥齿轮副还需配对装配，所以配对锥齿轮副不具有互换性。在汽车维修中，也必须成对更换锥齿轮副。在主减速器总成装配时，为保证主、从动锥齿轮副的正确啮合，必须使其装配位置与配对时位置一致，为此在装配时使用了固定调整垫片（一组不同厚度的冷轧薄垫片）调节锥齿副接触区和齿侧间隙。

5. 弧齿锥齿轮轮齿的磨齿

为提高后桥主传动锥齿轮副的啮合质量，国内外汽车车桥企业已开始采用磨齿工艺。

磨齿原理与切齿原理相似，也是应用平顶齿轮原理进行磨齿加工的。图 3-103 所示为格里森公司的锥齿轮磨齿机床结构简图。磨齿机床没有摇台，砂轮 1 装在可沿两个方向线性位移（X、Y）的导轨滑板的砂轮架上。磨齿时扩口杯形砂轮 1 旋转（C）形成的轨迹代表假想的平顶齿轮的一个轮齿。由数控装置控制的两个导轨滑板的线性位移（X、Y）和砂轮的旋转（C）代表了具有一个轮齿的平顶齿轮绕其轴心线的回转。当这个假想的平顶齿轮轮齿与被切削齿轮 2 以一定传动比啮合旋转时，代表了这一锥齿轮副的展成（滚切）运动。由砂轮的旋转（C）运动和展成运动，砂轮的运动轨迹——平顶齿轮轮齿在被磨削锥齿轮上包络

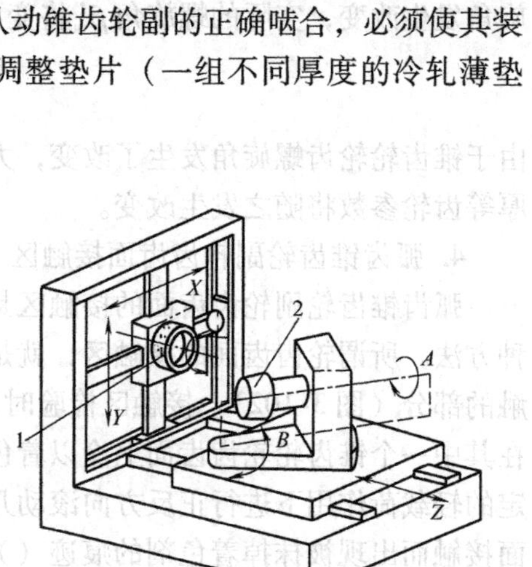

图 3-103 磨齿机床结构简图

1—砂轮 2—被切削齿轮

出共轭的齿廓和凸、凹表面。通过单分齿逐一地磨削出各齿槽的凸、凹齿面。

磨齿机床可用滚切（滚切）法磨齿，也可以用成形法磨齿。利用磨齿机床与齿轮测量中心组成的闭环控制网络系统，可以保证磨削出高精度的齿轮。由于数控（CNC）磨齿效率大幅提高，使磨齿工艺能够在汽车车轿制造企业中得到应用。

思 考 题

一、解释下列名词术语

车削、钻削、铰削、拉削、镗削、细镗（金刚镗）、磨削、高速及超高速磨削、快速点磨法、精整及光整加工、珩磨、超精加工、滚齿、插齿、剃齿、珩齿、磨齿、平面齿轮、平顶齿轮、单面切削法、双面切削法、双面—单面切削法、固定安装法、半滚切（展成）法、切齿铣刀公称直径、接触区、刀号。

二、思考题

1. 车削外圆表面时有哪几个切削运动？
2. 车削加工中，可用于加工哪些表面？
3. 按加工精度和表面粗糙度，可划分为哪几种车削？各有哪些特点？
4. 硬质合金刀具材料有哪几类？各用于何种零件材料的加工？
5. 何谓立方氮化硼（CBN）刀具材料？它具有哪些主要特点？
6. 简述车拉削加工曲轴轴颈。它有哪些主要特点？
7. 简述麻花钻头的组成和主、副切削刃的作用。
8. 简述麻花钻头与扩孔钻的区别。扩孔有哪些主要特点？
9. 简述铰孔的主要特点。
10. 简述采用数控（CNC）曲轴铣床铣削曲轴连杆轴颈的主要特点。
11. 为何在拉床上拉削盘类零件内孔时，拉床夹具上要采用球面自位支承对工件端面定位？
12. 为什么说拉削加工是高生产率的加工方法？
13. 简述在汽车零件加工中拉削常用于加工哪些表面？
14. 在汽车箱体类零件轴承座镗孔中，常采用哪几种镗孔方式？各有何主要特点？
15. 简述细镗（金钢镗）孔的主要特点。
16. 磨削加工有哪些主要工艺特点？
17. 磨削加工是如何分类的？
18. 简述无心磨削的工艺特征和应用范围。
19. 有哪些精整及光整加工方法？简述其工艺特点和应用范围。
20. 平顶珩磨的表面是如何形成的？有哪些主要特点？
21. 快速点磨法与传统磨削方法比较有哪些主要特点？
22. 为何超精加工能获得很小的工件表面粗糙度值？
23. 简述超精加工的磨削过程。
24. 数控机床由哪些基本组成部分构成？数控机床加工有哪些主要特点？
25. 汽车圆柱齿轮轮齿加工中常用哪些切齿方法？
26. 简述滚齿和插齿的加工原理。
27. 试比较滚齿和插齿在加工质量和生产率方面各有何特点？
28. 简述滚齿和插齿加工时需要哪些运动？
29. 传统的滚齿和插齿加工时各应用于何种场合？
30. 简述剃齿的加工原理和轴向剃齿时需要哪些运动？
31. 简述剃齿的主要特点和应用场合。

32. 简述蜗杆式珩轮珩齿的加工原理及其珩齿的主要特点。
33. 简述蜗杆砂轮磨齿的原理及磨齿加工的特点。
34. 锥齿轮轮齿的加工有哪几类加工方法?
35. 简述应用平面齿轮和平顶齿轮原理加工锥齿轮轮齿的特点。
36. 简述双展成刨刀刨齿的加工原理和工艺特点。
37. 简述用圆盘拉铣刀加工直齿锥齿轮轮齿的加工原理和工艺特点。
38. 简述弧齿锥齿轮轮齿的铣齿原理。
39. 简述用双面切削法和单面切削法加工弧齿锥齿轮轮齿齿槽的特点。
40. 简述用双面—单面切削法加工弧齿锥齿轮副轮齿时，大、小轮轮齿是如何加工的?
41. 简述用半滚切（展成）法加工弧齿锥齿轮副大、小齿轮轮齿时有何加工特点?
42. 应用平顶齿轮原理加工弧齿锥齿轮轮齿时，为什么切齿铣刀切削刃齿形角要采用刀号制度?
43. 应用平顶齿轮原理加工弧齿锥齿轮副轮齿时，为何会产生对角接触?

第四章　汽车零件的机械加工质量

任何机械产品，例如汽车，都是由若干个相互关联的零件装配而成的。影响汽车产品质量的因素包括零件的材料、零件的制造、产品的装配和调试等，其中，汽车零件的制造质量影响产品的性能、寿命、可靠性等质量指标，是保证产品质量的基础。机械加工是目前汽车零件制造的主要手段，因此汽车零件的机械加工质量是本课程研究的主要问题之一。

第一节　机械加工质量

经过机械加工的汽车零件质量包括两个方面。

一、加工精度

加工精度是指零件加工后的实际几何参数（尺寸、形状及各表面间的相互位置等参数）与理想几何参数的接近程度。实际值越接近理想值，加工精度就越高。实际加工时，由于种种原因，加工后的实际几何参数与理想值总存在一定的偏差，这种偏差称为加工误差。加工误差的大小从另一方面反映了加工精度的高低。

零件存在一定程度的加工误差是允许的，只要这些误差在设计规定的公差范围内，就认为是保证了加工精度。

加工精度的具体内容是：

1）尺寸精度。**尺寸精度**是指零件的直径、长度和表面间距离等尺寸的实际值和理想值的接近程度。

2）形状精度。**形状精度**是指零件表面或线的实际形状与理想形状的接近程度，国家标准中规定用直线度、平面度、圆度、圆柱度、线轮廓度和面轮廓度作为评定形状精度的项目。

3）位置精度。**位置精度**是指零件表面或线的实际位置和理想位置的接近程度，国家标准中规定用平行度、垂直度、同轴度、对称度、位置度、圆跳动和全跳动作为评定位置精度的项目。

零件尺寸精度的获得与加工过程中的调整、测量有关，也与刀具的制造和磨损等因素有关。零件的形状主要依靠刀具和工件作相对成形运动来获得，所以形状精度取决于机床成形运动的精度，有时也取决于切削刃的形状精度（用成形刀具加工时）。零件的位置精度则受机床精度以及工件装夹方法等因素的影响。通常，加工中的形状误差应小于位置误差，位置误差应小于尺寸误差。

二、表面质量

表面质量是指机械加工后零件表面层的状况，具体内容有以下两个方面。

（一）表面微观几何形状特征

加工表面的几何形状特征包括如下四个部分，如图 4-1 所示。

1）表面粗糙度。**表面粗糙度**是加工表面的微观几何形状误差，其波距与波高的比值一般小于50。

2）波度。波距与波高之比值等于50～1000的几何形状误差称为**波度**，它主要是由机械加工中的振动引起的。

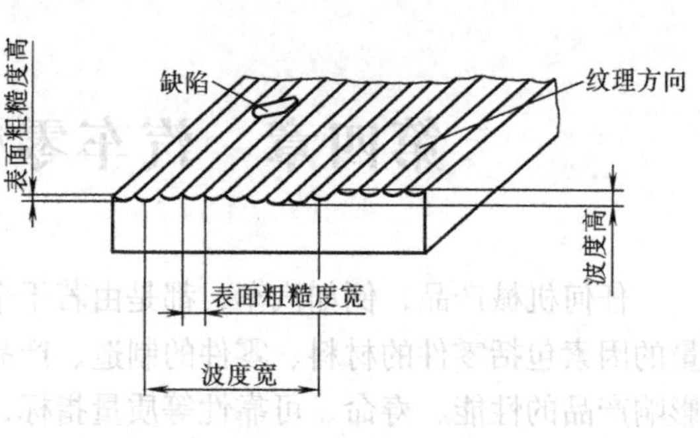

图4-1 加工表面的几何形状特征

波距与波高的比值大于1000的几何形状误差为宏观几何误差，如圆柱度误差、平面度误差等，它们属于加工精度范畴。

3）纹理方向。纹理方向是指切削刀痕的方向，它取决于所采用的加工方法。图4-2中列出了几种纹理方向及其代表符号。运动副或密封件表面常常对纹理方向有要求。

4）缺陷。缺陷是在表面个别位置上随机出现的，包括砂眼、夹杂、气孔、裂痕等。

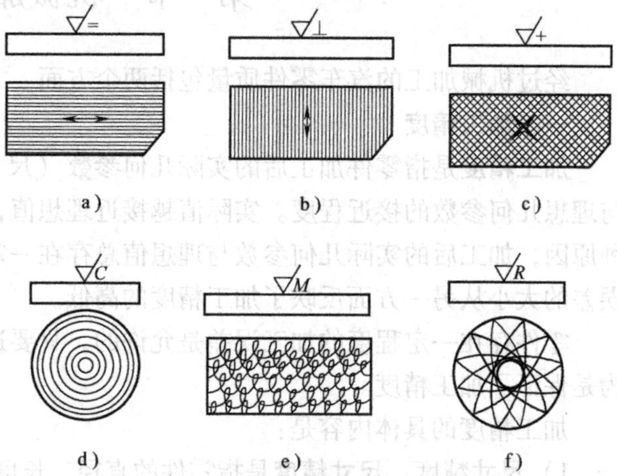

图4-2 加工纹理方向及其符号标注

a）纹理平行标注代号的视图平面 b）纹理垂直标注代号的视图平面 c）纹理呈交叉形 d）纹理呈近似同心圆 e）纹理呈多方向 f）纹理呈近似放射状

（二）表面层的物理力学性能和化学性能

机械加工过程中，在切削力和切削热的作用下，表面层的物理力学性能和化学性能将发生一定的变化，主要体现在以下三个方面：

1）表面层因塑性变形引起的强化（冷作硬化）。

2）表面层中的残余应力。

3）表面因切削热引起的金相组织变化。

随着汽车等机械产品性能的不断提高，一些在高应力、高速、高温等条件下工作的重要零件，对其表面质量的需求也不断提高，因此出现了表面完整性的概念。表面完整性是指经加工后的零件，其表面层状态或性能无任何损伤甚至有所提高。表面完整性除包括上述三个方面外，还外括表面层杂质、裂缝、再结晶、晶粒间腐蚀等。

第二节 影响机械加工精度的主要因素

机械加工中，零件实际几何参数的形成取决于工件和刀具在切削过程中的相互位置关系。而工件装夹在机床夹具中，机床夹具安装在机床上，工件和刀具要受到夹具和机床的约束。因此，在机械加工时，机床、机床夹具、刀具和工件形成了一个完整的加工系统，称之为**工艺系统**。工艺系统不可避免地存在着种种误差。例如：工件装在机床夹具上可能产生定位误差；机床夹具装在机床上可能产生机床夹具安装误差；因对刀（导向）元件的位置不准确将产生对刀误差；因机床精度、刀具精度、工艺系统各环节的受力变形和热变形等将引起其他加工误差。所有这些误差都将直接影响工件加工后的精度。

有关定位误差、机床夹具制造误差、安装误差和对刀误差已在第二章中介绍过，本节将介绍其他影响加工精度的主要因素。

一、机床误差

机床是由许多零件组成的，这些零件在制造时都会产生一定的误差，如床身导轨的直线度误差、主轴支承轴颈的圆度误差等。在装配好的机床上还会存在零件间的相互位置误差，如车床主轴旋转轴线与床身导轨的平行度误差和主轴旋转轴线的径向圆跳动等。机床在使用过程中的磨损也会引起各种机床误差。机床的这些误差都会影响工件的加工精度。这些误差对加工精度的影响，可通过一些分析计算来确定。现以车床为例说明如下。

（一）机床导轨的直线度

机床导轨是机床移动部件运动的基准。机床导轨的直线度误差影响机床移动部件的运动精度，从而影响加工精度。机床导轨在不同平面内的直线度误差对加工精度的影响程度视不同机床而异。以卧式车床为例，如果导轨在水平面内有直线度误差 Δy（图 4-3），则在纵向切削过程中，刀尖的运动轨迹相对工件轴线之间的距离会发生变化，引起工件半径上的尺寸变化，即产生圆柱度误差 $\Delta R = \Delta y$。该方向导轨的直线度误差引起的加工误差方向为加工表面的法线方向，由于该方向的误差对加工精度的影响最大（以 1∶1 的关系转化为加工误差），一般把加工表面切削点处的法线方向称为误差敏感方向。

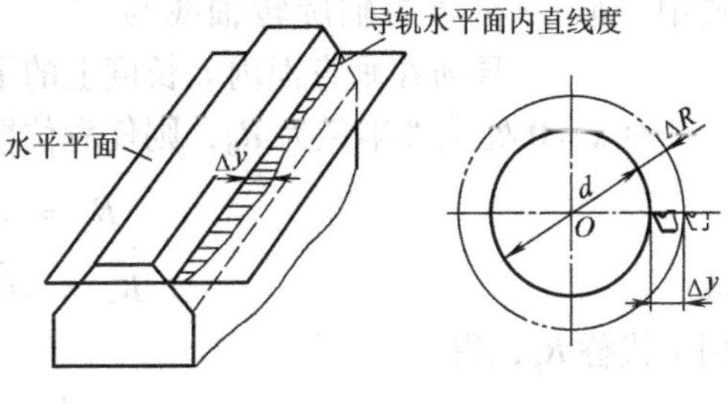

图 4-3　车床导轨在水平面内的直线度误差对加工精度的影响

如果车床导轨在垂直面内存在直线度误差 Δz（图 4-4），在纵向切削中则会引起刀尖产生相应的切向位移 Δz，导致工件沿轴向在半径上产生尺寸误差 ΔR。由图 4-4 可知

$$\left(\frac{d}{2} + \Delta R\right)^2 = \left(\frac{d}{2}\right)^2 + \Delta z^2$$

化简，并忽略 ΔR^2 项，得

$$\Delta R = \frac{\Delta z^2}{d}$$

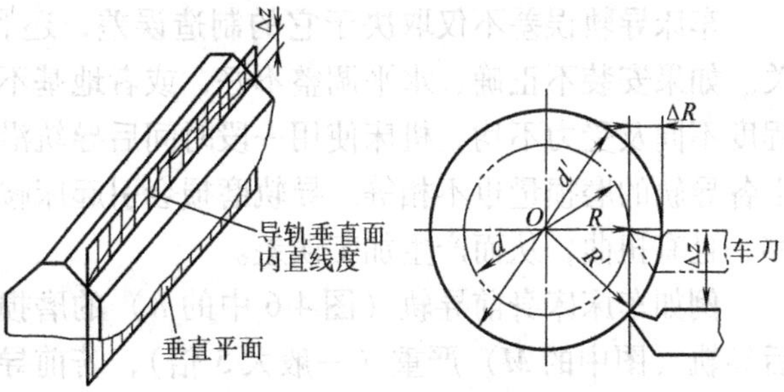

图 4-4　车床导轨在垂直面内的直线度误差对加工精度的影响

由于 Δz 很小，所以 Δz^2 更小。例如，$d = 100\text{mm}$，$\Delta z = 0.3\text{mm}$ 时，则由 Δz 引起的误差

$$\Delta R = \left(\frac{0.3^2}{100}\right)\text{mm} = 0.0009\text{mm}$$

因此，如果车床导轨在垂直面内有直线度误差，对加工精度的影响甚微，可忽略不计。因此在国家标准中，对车床导轨在水平面内的直线度公差较垂直面内的值规定得更小些。

（二）机床主轴旋转轴线与导轨的平行度

如果车床主轴旋转轴线与导轨在水平面内不平行，工件被加工成锥体。若此项平行度误差在长度 L 上为 a，则被加工表面的锥度为

$$k = \frac{2a}{L}$$

如果车床主轴旋转轴线与导轨在垂直面内不平行，则工件表面被加工成双曲面回转体，如图 4-5 所示。图中 OX 为工件轴线，AC 为刀尖运动轨迹，它与 XOY 面的倾斜角为 β，则

$$\tan\beta = \frac{b}{L}$$

式中　b——机床主轴旋转轴线与导轨在垂直面内 L 长度上的平行度误差。

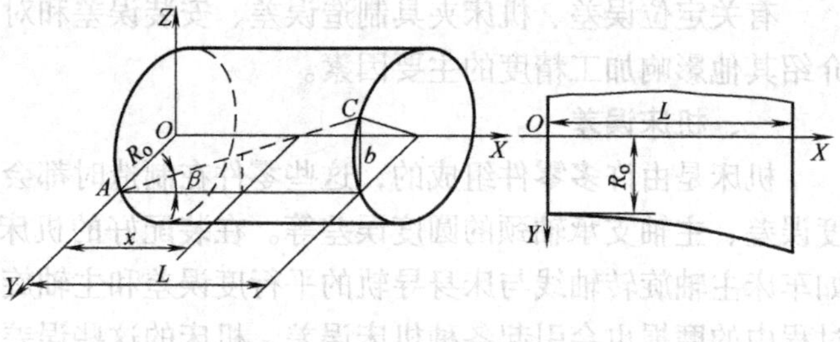

图 4-5　车床主轴旋转轴线与导轨在垂直面内不平行对加工精度的影响

令 $x=0$ 处工件半径为 R_0，则任意位置 x 处的半径为

$$R_x = \sqrt{{R_0}^2 + x^2\tan^2\beta}$$

或

$$R_x = \sqrt{{R_0}^2 + (x^2b^2/L^2)}$$

用 y 代替 R_x，得

$$\frac{y^2}{{R_0}^2} - \frac{x^2}{\left(R_0\dfrac{L}{b}\right)^2} = 1$$

这是双曲面方程式。任意位置 x 处半径上的增量为

$$\Delta R_x = \sqrt{R_0^2 + \frac{x^2b^2}{L^2}} - R_0$$

车床导轨误差不仅取决于它的制造误差，还和机床的安装误差及使用过程中的磨损有关。如果安装不正确、水平调整不好，或者地基不良，都会造成导轨弯曲等变形。由于使用程度不同及受力不均，机床使用一段时间后导轨沿全长上各段的磨损量不等，并且在同截面上各导轨的磨损量也不相等。导轨磨损会引起床鞍沿导轨移动时在水平面和垂直面内发生位移，且有扭曲，从而产生加工误差。

例如车床床身前导轨（图 4-6 中的 K）的磨损要比后导轨（图中的 M）严重（一般大 5 倍），若前导轨在车床长度上某处磨损成一个深度为 Δ 的凹坑，而后导轨还是平直的（图 4-6），床鞍在沿床身导轨移动时将发生偏斜，使刀尖相对工件产生偏移，从而使工件产生形状误差。从图 4-6 可知，刀尖相对工件在水平方向产生的偏移量

$$\Delta y = H\frac{\Delta}{B}$$

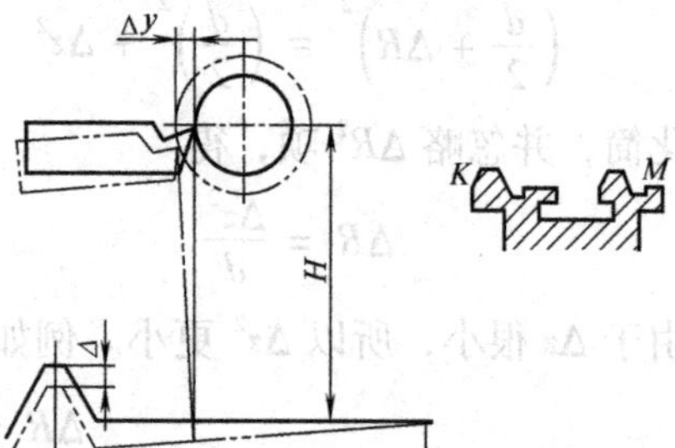

图 4-6　车床床身导轨扭曲对加工精度的影响

式中　H——车床的中心高；

　　Δ——床身前后导轨扭曲量；

　　B——床身前后导轨的距离。

该偏移量最终反映到工件上，工件直径将增加约 $2\Delta y$。

由上述分析可知，在机床零件的制造、装配过程中都会存在一定的制造误差，在用户

处，机床安装不当和使用中的磨损也会降低机床的精度，从而影响工件的加工精度。为了保证工件的加工精度，各种机床在制造时，国家标准都规定了若干项目的检测精度标准。使用中，机床精度超出标准时，应进行必要的修理。

二、刀具误差

刀具误差包括制造和磨损两个方面。

当切削刀具决定工件的最终尺寸及形状时，刀具的制造误差将直接影响工件的加工精度。用定尺寸刀具（如钻头、铰刀、圆孔拉刀等）加工时，刀具的尺寸误差将直接影响工件的尺寸精度；用成形刀具（如成形车刀、成形铣刀、成形砂轮等）加工时，刀具的形状误差直接影响工件的形状精度；用展成法刀具（如齿轮滚刀、插齿刀等）加工时，切削刃的几何形状及刀具有关尺寸精度会直接影响工件的形状精度。对于一般刀具（如普通车刀、单刃镗刀、面铣刀等），刀具的制造误差对加工精度无直接影响，但刀具的刃磨质量和加工过程中的磨损对加工精度有很大的影响。

任何切削加工刀具在使用过程中都不可避免地要产生磨损，并由此使工件的尺寸和形状产生误差。特别是在精加工过程中，刀具的磨损引起的加工误差要占整个加工误差的很大比重。通常把沿加工表面法向（误差敏感方向）切削刃的磨损量称为刀具的**尺寸磨损**，即图4-7中的 NB。刀具在这个方向的磨损不仅影响工件的尺寸精度，还影响工件的形状精度。例如在车长轴或镗深孔时，随着刀具的逐渐磨损，就可能使工件出现锥度，用静调整法加工一批工件时，刀具的磨损会扩大工件的尺寸分散范围。

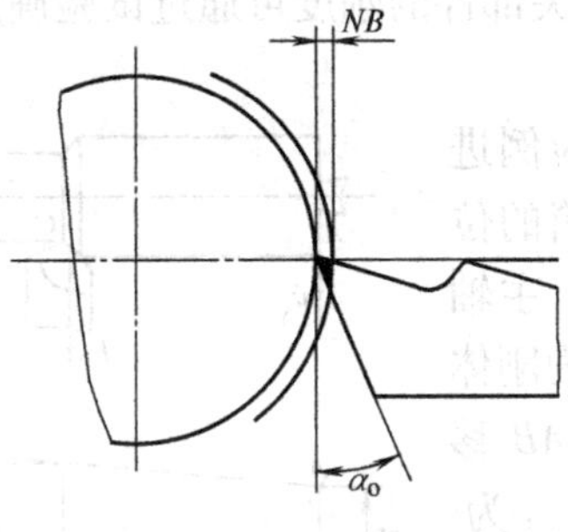

图 4-7　刀具的尺寸磨损

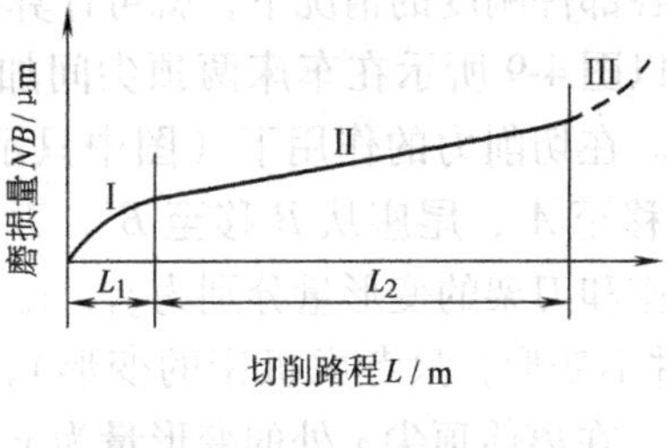

图 4-8　刀具的磨损过程

刀具的磨损过程有三个阶段，如图4-8所示。第一个阶段（Ⅰ）时间短，磨损剧烈，称为初期磨损阶段。第二阶段（Ⅱ）磨损量与切削路程成正比，称为正常磨损阶段，刀具绝大部分工作应在这个阶段内进行。第三个阶段（Ⅲ）刀具磨损迅速，刀具将在很短时间内损坏，称为急剧磨损阶段。

刀具的不断磨损还会引起切削力沿加工表面法线方向分力的逐渐增大（可增至1.5～2倍），导致工艺系统受力变形增大，工件尺寸、形状因而产生额外的变化。在工艺系统刚性不足的情况下，这种由于切削力增大产生的变形而引起的加工误差，会比刀具本身尺寸磨损引起的加工误差更为严重。

三、工艺系统的受力变形（压移）

（一）工艺系统刚度的概念

在机械加工过程中，由机床、机床夹具、刀具和工件组成的工艺系统是弹性系统，在外力（主要是切削力，其次为夹紧力、传动力、离心力等）的作用下工艺系统会产生变形。

这种变形亦称为压移，它包括工艺系统各组成部分本身的弹性变形，以及各组成部分配合（或接合）处的接触变形、间隙等。工艺系统的受力变形程度除了取决于外力的大小外，还取决于工艺系统抵抗外力的能力。在外力作用下，工艺系统抵抗变形的能力称为**工艺系统刚度**。

加工过程中，工艺系统在外力作用下，将在各个受力方向上产生变形。但只有沿加工表面法线方向（误差敏感方向）的变形对加工精度影响最大。考虑到误差敏感方向及一般刚度概念中的力与位移方向的一致性，工艺系统刚度 k_s 定义为：作用在加工表面法线方向上的切削分力 F_p（称为背向力）与工艺系统在该方向上的变形量（即切削刃在此方向上相对于工件的位移）y 的比值，即

$$k_s = \frac{F_P}{y}$$

与一般刚度概念不同的是，上式中变形量（或位移）y 是综合性的，它是三个切削力：F_c（切削力）、F_p、F_f（进给力）同时作用的综合结果。

如果引起工艺系统变形的作用力是静态力，则由此力和变形关系所决定的刚度称为静刚度。如果作用力是随时间变化的交变力，则由该力和变形关系所确定的刚度称为动刚度。工艺系统的动刚度关系到系统的振动情况。本节只研究工艺系统的静刚度及其对加工精度的影响。

（二）机床的刚度及其对加工精度的影响

机床的刚度取决于机床各有关部件的刚度。而各有关部件的刚度可通过试验确定。在已知机床各部件刚度的情况下，就可计算出机床的刚度。

现以图 4-9 所示在车床两顶尖间加工光轴的情况为例进行分析。在切削力的作用下（图中只示出 F_p），主轴箱的位置从 A 移至 A'，尾座从 B 移至 B'，刀架从 C 移至 C'。主轴箱、尾座和刀架的变形量分别为 y_t、y_w、y_d。假定工件为刚体（即工件不变形，只考虑机床的变形），则工件轴线由 AB 移至 $A'B'$，在离前顶尖 x 处的变形量为 y_x。机床的变形量 y_j 为

$$y_j = y_x + y_d \tag{4-1}$$

而

$$y_x = y_t + \frac{x}{L}(y_w - y_t) \tag{4-2}$$

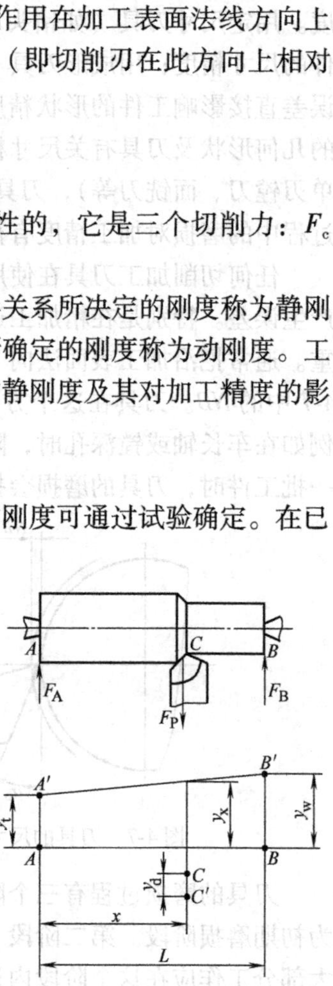

图 4-9 车床刚度的计算

设 F_A、F_B 分别为由背向力 F_p 在主轴箱和尾座处引起的作用力，则有

$$F_A L = F_p(L - x)$$

$$F_B L = F_p x$$

或

$$F_A = F_p\left(\frac{L - x}{L}\right)$$

$$F_B = F_p\left(\frac{x}{L}\right)$$

因为

$$y_t = \frac{F_A}{k_t}$$

$$y_w = \frac{F_B}{k_w}$$

所以

$$y_t = \frac{F_p}{k_t}\left(\frac{L-x}{L}\right)$$

$$y_w = \frac{F_p}{k_w}\left(\frac{x}{L}\right)$$

代入式（4-2），并整理，得

$$y_x = \frac{F_p}{k_t}\left(\frac{L-x}{L}\right)^2 + \frac{F_p}{k_w}\left(\frac{x}{L}\right)^2 \tag{4-3}$$

将式（4-3）及 $y_d = F_p/k_d$ 代入式（4-1）得

$$y_j = \frac{F_p}{k_t}\left(\frac{L-x}{L}\right)^2 + \frac{F_p}{k_w}\left(\frac{x}{L}\right)^2 + \frac{F_p}{k_d} \tag{4-4}$$

故离前顶尖任意点 x 处的车床刚度 k_j 为

$$k_j = \frac{F_p}{y_j} = \frac{1}{\frac{1}{k_t}\left(\frac{L-x}{L}\right)^2 + \frac{1}{k_w}\left(\frac{x}{L}\right)^2 + \frac{1}{k_d}} \tag{4-5}$$

由式（4-5）可知，机床的刚度并不是一个常值，而是车刀切削点位置 x 的函数。一般取切削点位于工件中点处的刚度来代表车床的刚度，即以 $x=L/2$ 代入式（4-5），得

$$k_{j(L/2)} = \frac{1}{\frac{1}{4}\left(\frac{1}{k_t}+\frac{1}{k_w}\right)+\frac{1}{k_d}} \tag{4-6}$$

在式（4-5）中令 $dk_j/dx=0$，可求证在 $x = Lk_w/(k_t+k_w)$ 处刚度有最大值

$$k_{jmax} = \frac{1}{\frac{1}{k_t+k_w}+\frac{1}{k_d}} \tag{4-7}$$

由上述分析可知，机床的刚度不是一个常值，而是切削点位置 x 的函数。因此，在车床上加工轴类工件时，沿工件轴向方向的受力变形是不一致的。由于受力变形大的位置处工件被切除的金属层薄，受力变形小的位置处工件被切除的金属层厚，工件加工后的形状为鞍形，如图 4-10 所示，产生圆柱度误差。

车床部件的刚度除了与其结构尺寸有关外，还与制造和装配的质量有关，现分述如下。

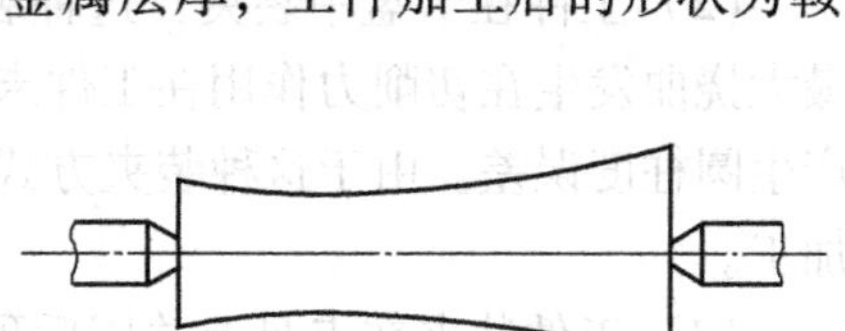

图 4-10　车床刚度对工件几何形状精度的影响

（1）配合零件的接触刚度　所谓**接触刚度**，是指零件接触表面抵抗因受外力而产生变形的能力。机械加工后的零件表面，并非理想的平整，装配后零件间的实际接触面积只是其理想接触面积的一部分（图 4-11），而且只在个别突出点相接触，实际接触面占理想接触面的多少，主要与该表面的加工方法及其表面粗糙度有关。在外力作用下，全部载荷都由这一小部分面积来承受，所以变形很大。

为了提高机床零件接合部位的接触刚度，装配时常配刮或配研某些接合面，以增大接触面积。有时在配合零件间预加载荷以造成一定的过盈，即把表面上的凸峰压平，增大接触面

积以提高接触刚度。尽量减少配合零件的数目，从而减少接合面的数量，也是提高机床刚度的有效途径。

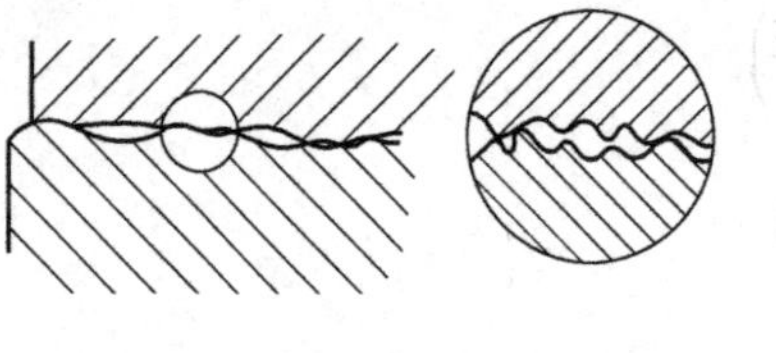

图 4-11　零件实际接触面积

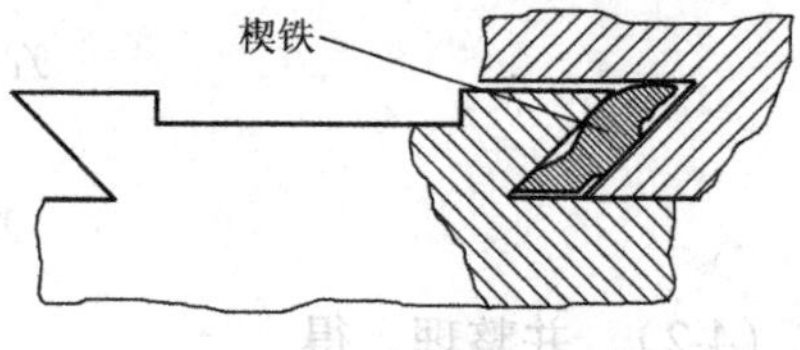

图 4-12　机床部件的薄弱环节

（2）机床薄弱零件的刚度　机床上个别薄弱零件常会大大降低整个部件的刚度。例如机床燕尾槽导轨中用来补偿间隙用的楔铁（图 4-12），由于其薄而长，本身刚度差，且制造不可能绝对准确，因此接触不良，在外力作用下会产生很大的变形，导致部件的刚度降低。在刀架结构中，应将楔铁设置在燕尾槽导轨不受进给力 F_f 作用的一侧。

（3）联接件的刚度　机床零件间常用螺栓联接，如果外力小于螺栓压紧力产生的摩擦力时，结构相当于一个整体，刚度很高。当外力超过螺栓压紧力产生的摩擦力后，被联接零件间将会发生错动而使刚度明显降低。

（4）零件的间隙　零件间的间隙也影响机床刚度。在切削加工前，先将机床空转一段时间，使零件发生热膨胀，以减小间隙，从而提高机床刚度。机床装配时也可采取一定措施来减小间隙，以提高刚度，例如对滚珠丝杠副和滚动轴承进行预紧。

（三）工件的刚度及其对加工精度的影响

工件的刚度及受力变形可根据工件的受力情况及装夹方式建立适当的力学模型来进行计算。现以车床上常见的加工情况为例进行说明。

（1）工件在两顶尖间装夹　这种装夹方式近似于支承在两个支点上的梁，在切削力的作用下，如果工件是一根光轴，则最大挠度发生在工件的中间位置。在纵向工作行程中，车刀所切下的切屑厚度将不相等。如不考虑车床刚度的影响，在工件中点处，即挠度最大的位置处切屑最薄，而两端切屑最厚，最后加工出的零件形状如图 4-13 所示的腰鼓形，产生圆柱度误差。

（2）工件在卡盘中装夹　这种装夹方式近似悬臂梁，如果工件是刚度较小的光轴，则最大挠曲发生在切削力作用在工件末端时，加工后的零件形状如图 4-14 所示，为喇叭口形，产生圆柱度误差。由于这种装夹方式工件的受力变形较大，因此一般用于长径比不大的工件加工。

（3）工件装夹在卡盘上并用后顶尖支承　这种装夹方式属于静不定系统，加工后的零件形状如图 4-15 所示。

图 4-13　工件在车床顶尖间装夹

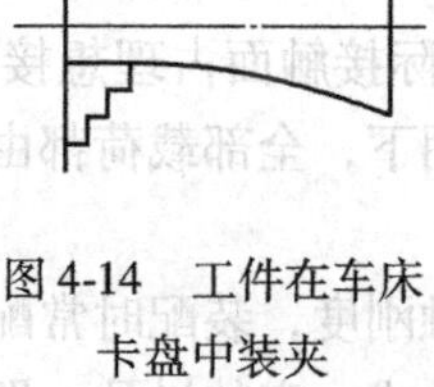

图 4-14　工件在车床卡盘中装夹

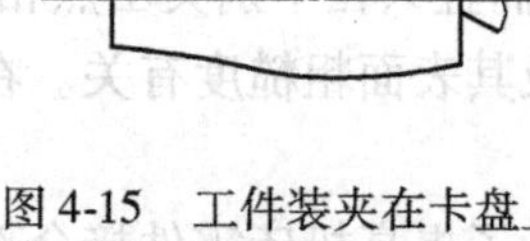

图 4-15　工件装夹在卡盘上并用后顶尖支承

对于轴类工件的各种装夹方式，工件的刚度都与工件的长度有关，工件的刚度及其变形在全长上也是变值。加工如凸轮轴、曲轴等细长轴时，常采用中间支承，以减小工件的弯曲变形。

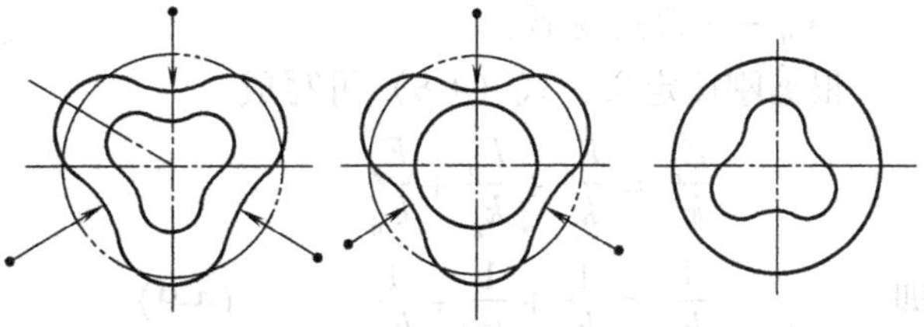

图 4-16 薄壁件的夹紧变形引起的误差

对于薄壁筒形工件，其径向刚度很差，当被夹紧在机床夹具中时，在径向夹紧力的作用下，工件会发生变形，它对加工精度的影响甚大。图 4-16 所示为三爪自定心卡盘装夹薄壁套筒形工件的情况。图 4-16a 为三点夹紧后的工件形状；图 4-16b 为将内孔加工完毕后的形状；图 4-16c 为工件卸下后夹紧变形恢复的形状，这时已加工孔的形状产生了圆度和圆柱度误差。因此，加工如气缸套、活塞等薄壁零件时，夹紧力应在工件圆周上均匀分布，如采用液性塑料夹具，或者将夹紧力作用于刚性较强的轴向位置处。

（四）刀具刚度及其对加工精度的影响

一般刀具，例如外圆车刀、面铣刀等，其本身在误差敏感方向的刚度很大，这类刀具的受力变形对加工精度的影响很小。

钻头的径向刚度很低，钻孔时钻头受力后引起轴线弯曲、偏斜，将导致被加工孔的尺寸、形状、相互位置产生误差。

汽车零件常用的镗孔方式如图 4-17 所示。在图 4-17a 中，镗刀杆与机床主轴为刚性联接，镗杆的刚度可按悬臂梁近似计算；在图 4-17b 中，镗刀杆与机床主轴也为刚性联接，但采用了后导向装置，此时镗刀杆的刚度仍可按悬臂梁近似计算；在图 4-17c 中，镗刀杆与机床主轴为柔性（浮动）连接，采用了前、后双导向装置，镗刀杆的刚度可按自由支承在两个支点上的梁近似计算。在上述三种镗孔方式中，进给运动可由组合机床动力头带动镗刀杆或由机床工作台带动工件来实现。

在镗孔过程中，不同的镗孔方式因镗刀杆受力变形引起的误差是不同的。对于图 4-17a 所示的镗孔方式，镗刀杆悬伸长度 L 不变，刀尖因镗刀杆受力变形产生的位移在孔的全长上是相等的，镗刀杆的受力变形只影响孔的尺寸精度，而对孔的轴向形状精度无影响；对于图 4-17b、c 所示的镗孔方式，镗刀杆的悬伸长度 L（图 4-17b），或刀尖至支承点间的距离 L（图 4-17c）是变化的，镗刀杆的受力变形也是变化的，镗刀杆受力变形不仅影响孔的尺寸精度，还影响孔的轴向形状精度（孔呈喇叭口形）。但由于采用了导向支承，产生的误差较小。

工艺上提高刀具刚度的措施有：钻孔时采用钻套以提高钻头的刚度；镗孔时采用导向支承或专用镗模来提高镗刀杆的刚度等，如图 4-17c 所示。

（五）工艺系统的刚度及其对加工精度的影响

工艺系统各组成部分在外力作用下都会产生变形，工艺系统在切削力作用点处沿工件表面法向的总变形量 y_s 是各组成部分在该处、该方向变形量的叠加，在使用通用机床夹具的情况下，可将夹具的变形纳入机床的变形，此时

$$y_s = y_j + y_g + y_{dj} \tag{4-8}$$

式中 y_s——工艺系统变形；

y_j——机床变形；

y_g——工件变形；

y_{dj}——刀具变形。

根据刚度定义，式（4-8）可写成

$$\frac{F_p}{k_s}=\frac{F_p}{k_j}+\frac{F_p}{k_g}+\frac{F_p}{k_{dj}}$$

即
$$\frac{1}{k_s}=\frac{1}{k_j}+\frac{1}{k_g}+\frac{1}{k_{dj}} \tag{4-9}$$

在不同的情况下，工艺系统各组成部分对工艺系统刚度的影响是不同的。在车床顶尖间车外圆时，通常只考虑机床及工件的变形，而认为车刀的变形可忽略不计，这时，工艺系统就可看作机床—工件系统；相反，在镗床上加工时，由于镗刀杆是在悬臂状态下工作的，它的变形对加工精度影响极大，而工件的变形可忽略不计，因此，工艺系统就变为机床—刀具系统。

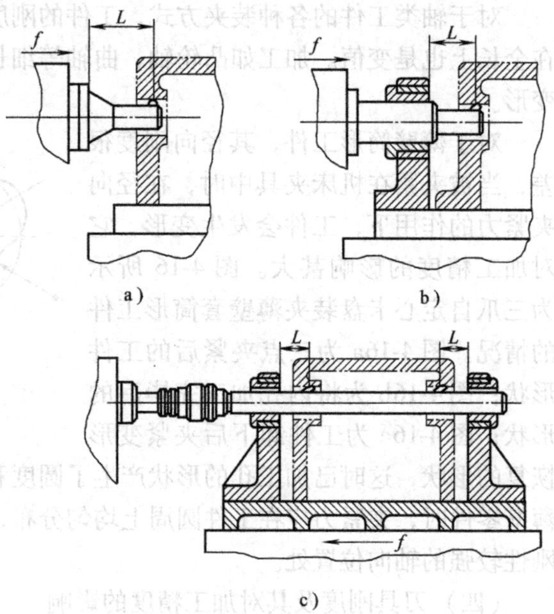

图 4-17 不同的镗孔方式

a）镗刀杆无导向 b）镗刀杆后导向 c）镗刀杆前、后双导向

根据前面的分析，对车床而言，由于车床刚度和工件刚度在工件全长上都是变值，故工艺系统的刚度在工件全长上也是一个变值。因此，加工后工件各个横截面上的直径尺寸各不相同，工艺系统的刚度在工件全长上差别越大，则零件的几何形状误差也越大。

在车床上用成形车刀横向进给切削，或者纵向加工短轴，工艺系统的刚度在工件全长上变化不大的情况下，工艺系统的刚度可近似地看作一个常量，而工艺系统的变形量只与切削力大小有关。这时，如果毛坯的加工余量不均匀（例如有形状或位置误差），或力学性能不一致（例如材料硬度不均匀），加工时切削力的大小就会有变化，工艺系统的变形也会随着切削力的变化而变化，因而引起加工误差。下面以车削一偏心（有位置误差）的毛坯为例来作进一步的分析。

如图 4-18 所示，在车床上加工具有偏心的毛坯，毛坯转一转时，背吃刀量从最小值 a_{p2} 增至最大值 a_{p1}，然后再降至最小值 a_{p2}，切削力也相应地由最小增至最大，又减至最小。与此同时，工艺系统各部件也相应地产生位移，切削力的变化与位移变化成比例，切削力大时位移大，切削力小时位移小，所以偏心毛坯加工后得到的表面仍然是偏心的，即毛坯误差被复映下来了，只不过误差减小了很多，这称为**误差复映规律**，这个规律还可以推广到毛坯的其他形状和相互位置误差中去。当成批加工毛坯表面时，由于毛坯存在较大的尺寸误差，用静调整法获得工序尺寸时，加工后的工序尺寸将有一定程度的分散。

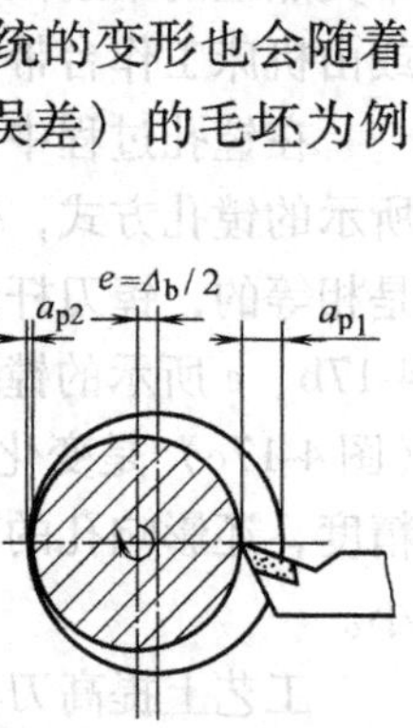

图 4-18 车削偏心毛坯

工件半径上的加工误差 Δ_w 可确定如下

$$\Delta_w=y_1-y_2=\frac{F_{p1}}{k_s}-\frac{F_{p2}}{k_s} \tag{4-10}$$

式中 y_1、y_2——背吃刀量为 a_{p1}、a_{p2}时工艺系统的位移；

F_{p1}、F_{p2}——背吃刀量为 a_{p1}、a_{p2}时的背向力。

根据切削原理，背向力 F_p 与切削力 F_c 有如下关系

$$F_p = \lambda F_c$$

对外圆纵车、横车

$$F_c = C_{F_c} a_p f^{0.75}$$

式中 λ——主要与刀具几何角度有关的系数，一般取 0.4 ~0.5；

f——进给量；

a_p——背吃刀量；

C_{F_c}——与工件材料、刀具几何角度等有关的系数。

将 F_p 值代入式（4-10）得

$$\begin{aligned}\Delta_w &= \frac{\lambda F_{c1}}{k_s} - \frac{\lambda F_{c2}}{k_s} \\ &= \frac{\lambda}{k_s}(C_{F_c} f^{0.75} a_{p1} - C_{F_c} f^{0.75} a_{p2}) \\ &= \frac{\lambda}{k_s} C_{F_c} f^{0.75}(a_{p1} - a_{p2}) \\ &= \frac{\lambda}{k_s} C_{F_c} f^{0.75} \Delta_b\end{aligned}$$

式中 $\Delta_b = a_{p1} - a_{p2}$，为毛坯的半径误差。

从上式可知，当毛坯偏心 $e = \Delta_b/2$（或其他形状位置误差）一定时，工艺系统的刚度越大，加工后的偏心 $e' = \Delta_w/2$（或其他形状位置）越小，即加工后工件的精度越高。

为了表示工件加工后精度提高的程度，引入误差复映系数，以 ε 表示为

$$\varepsilon = \frac{\Delta_w}{\Delta_b} = \frac{\lambda}{k_s} C_{F_c} f^{0.75} \tag{4-11}$$

ε 值越小，表示加工后零件的精度越高。

当表面分几次加工时，第一次的误差复映系数 ε_1，第二次的误差复映系数 ε_2，第三次的误差复映系数为 ε_3，…，则该表面总的复映系数为

$$\varepsilon = \varepsilon_1 \varepsilon_2 \varepsilon_3 \cdots \varepsilon_n = \prod_{i=1}^{n} \varepsilon_i \tag{4-12}$$

因为每个误差复映系数均小于 1，故总的误差复映系数 ε 将是一个很小的数值。这样，经过几次工作行程的加工后，工件误差逐渐减小，从而达到所要求的加工精度。因此，精度要求高的表面，需通过粗、精和精整加工等几道工序完成加工。

对于具有一定尺寸、形状和位置精度要求的表面加工，除了在工艺过程安排上需经过多工步或多工序加工外，还可以通过提高毛坯的精度、提高工艺系统的刚度和采用小的进给量等工艺措施，保证和提高加工精度。

工艺系统除了切削力、夹紧力的作用外，有时还要考虑其他外力如传动力、惯性力、工件重力等对加工精度的影响。

四、工艺系统的热变形

（一）工艺系统的热源

机械加工过程中，工艺系统要产生热量，热的来源主要有以下三个方面：

1）切削热。切削热是被加工材料切削层的弹性、塑性变形以及前、后刀面与切屑、已加工表面的摩擦产生的热量。由于热的传导，它主要对工件和刀具有较大的影响。

2）摩擦热和传动热。它是机床运动零件的摩擦（齿轮、轴承、导轨等）产生的热量，液压传动（液压泵、液压缸等）和电动机的温升等产生的热量，这类热量主要是对机床有较大的影响。

3）外部热源。以上两部分热源，都是在加工过程中产生的，属内部热源。外部热源主要是指周围环境温度的变化和阳光、照明以及取暖设备的辐射热等。这类热对精密机床、精密零件的加工与测量有较为显著的影响。

工艺系统在各种热源作用下会产生相应的热变形，从而破坏工件与刀具间正确的几何关系和运动关系，造成加工误差。在精密加工中，热变形引起的加工误差占总加工误差的40%～50%；在自动化加工中，热变形会使加工精度不稳定。

由于作用于工艺系统各组成部分热源的发热量、位置和作用时间各不相同，各部分的热容量、散热条件也不一样，处于工艺系统不同空间位置上的各点在不同时间其温度也是不等的。当工艺系统的温升达到某一数值时，单位时间内传入的热量和散发的热量相等，工艺系统各组成部分的温度就会稳定在一定数值上，即处于热平衡状态。当分析加工过程中工艺系统各组成部分的热变形及其对加工精度的影响时，要考虑两个不同的阶段，第一阶段是从开始加工至达到热平衡，第二阶段是从热平衡开始至加工结束。

（二）机床热变形引起的加工误差

机床由于受热而产生热变形的情况，视机床类型而异。

车床类机床工作时，热源主要由主轴箱中轴承和齿轮在运转中的摩擦引起。由于主轴箱受热变形，主轴位置要升高，在水平方向也产生位移，而影响加工精度较大的是水平方向（误差敏感方向）的位移。图4-19表示主轴箱发热导致车床主轴产生垂直和水平方向位移的情况。图中位移在最初增加较快，随后逐渐减慢，4～5h后达到热平衡，位移就停止。热平衡后如让机床停止工作，它就冷却下来，但冷却时间却长达20h左右。图中主轴在垂直方向的最大位移达0.049mm，在水平方向为0.011mm。主轴位移的大小与主轴的转速有关，转速越高则位移越大。

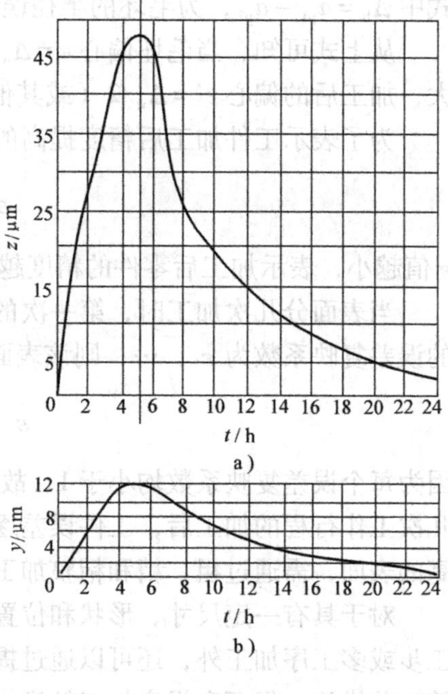

图4-19 车床主轴的热变形
a）垂直方向 b）水平方向

为减少机床热变形的影响，一般在工作前开动机床，让它空转一段时间后，使热变形稳定了再工作。对精密机床，还需特别注意外部热源的影响，有的精密机床（如坐标镗床）要置于恒温室内，室内温度一般情况下保持在20℃±1℃。

磨床类机床工作时，液压传动系统和高速旋转的磨头及切削液是磨床的主要热源，它们产生的热量常使机床各部分结构受热不均匀。

图4-20所示外圆磨床因床身壁板1和2受热不均匀而使工作台偏转，工件从实线位置

移到双点划线位置。床身壁板受热不均匀的原因，来自液压系统的输油管路和输送切削液的液压泵，以及位于床身右方的油箱3和切削液箱4。比壁板1更靠近热源的壁板2还要受热空气流的影响，因此壁板2伸长较多。为此，有些机床将液压油箱、切削液箱和电动机等置于床身之外，以减少温升的影响。

图4-21表示由端面磨床砂轮架电动机和主轴轴承的热作用，磨床立柱前壁的温度较立柱其他部位高（温差可达10℃），导致立柱热变形，它使砂轮主轴与工作台面不垂直，从而影响加工精度。如用一金属软管把热空气从砂轮磨削区引到立柱后壁，使前后壁温度均匀，减小热变形，可使砂轮主轴对工作台面的垂直度误差大大减小。

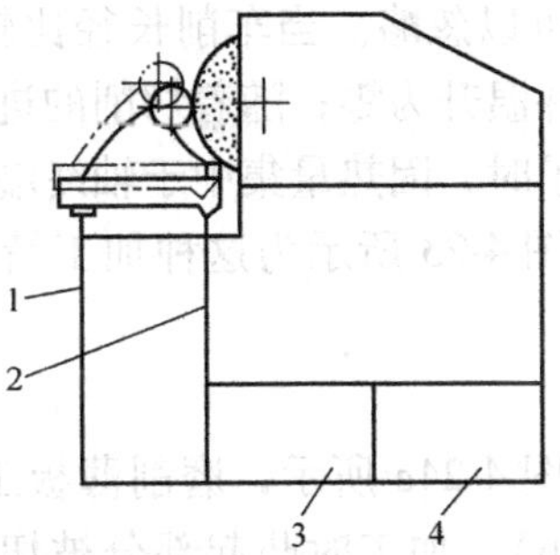

图4-20　外圆磨床床身壁板受热不均匀使工作台偏转
1、2—床身壁板　3—油箱　4—切削液箱

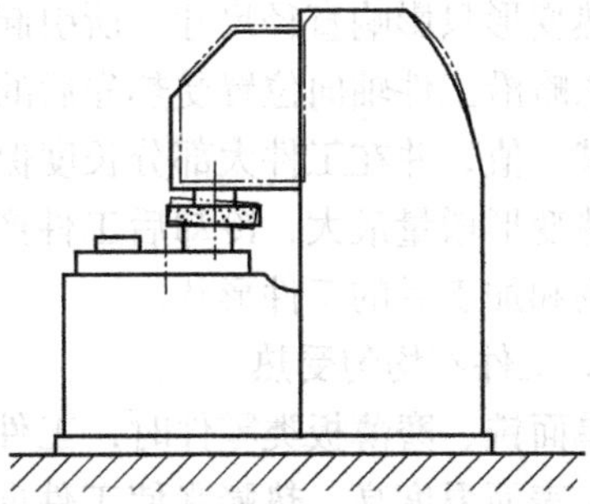

图4-21　端面磨床立柱的热变形

（三）工件热变形引起的加工误差

一般情况下，使工件产生热变形的热源主要是来自切削区域的切削热（如前面所述，当加工精密零件时，加工环境温度的变化也会产生明显的影响）。车削、铣削、平面拉削时，大部分热量被切屑带走，工件仅吸收小部分热量。而磨削和钻削时，大部分热量传入工件。图4-22所示为车削时切削热在车刀、工件、切屑中的分布情况。由图4-22可知，切削速度增加时，传给工件的热量降低。当切削速度达8m/s以上时，切削热几乎全部被切屑带走。切削过程中工件的热变形可以归纳为两种情况：均匀受热和不均匀受热。前者一般只引起工件的尺寸变化，而后者还会影响工件的形状精度。

1. 工件均匀受热

一些形状简单、对称的零件（如轴、套筒等），加工时（如外圆车削、钻削、外圆磨削）切削热比较均匀地传入工件，传给工件的热量Q可按下式估算

$$Q = F_c v t k$$

式中　F_c——切削力；

v——切削速度；

t——切削时间；

k——切削热传入工件的百分比。

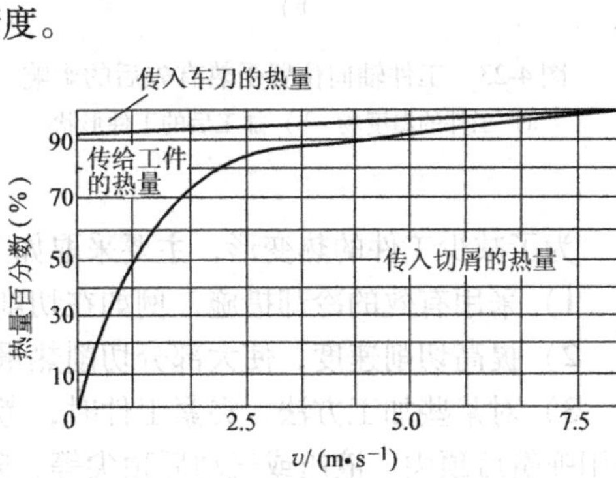

图4-22　切削热的分布

工件因吸收热量而引起的温度升高为

$$\Delta t = \frac{Q}{c\rho V}$$

式中 c——工件材料的比热容；

ρ——工件材料的密度；

V——工件的体积。

由此引起工件的热变形量为

$$\Delta L = \alpha_e L \Delta t$$

式中 α_e——工件材料的线膨胀系数；

L——工件在热变形方向的尺寸。

加工长径比很小的盘类、套类零件时，可以忽略工件沿轴向受热先后的影响，可以认为工件热变形只影响直径尺寸，所引起的工件纵向误差可以忽略。当车削长径比较大的轴时，不能忽略沿工件轴向位置受热先后的影响。开始时工件温升为零；随着切削的进行，热变形达到某一值，并在工件大部分长度保持不变；切削终了时，因热量集中于轴终端，故工件直径的热变形增量最大，冷却后工件产生圆柱度误差。图 4-23 所示为这种加工情况下工件的温度场和加工后的工件形状。

2. 工件不均匀受热

单面铣、磨薄板类零件时，工件不均匀受热。如图 4-24a 所示，磨削薄板工件上平面，被加工表面温度高，热膨胀使工件向上凸起（图 4-24b），加工时凸起部分被切去，冷却后工件变成下凹，造成形状误差（图 4-24c）。

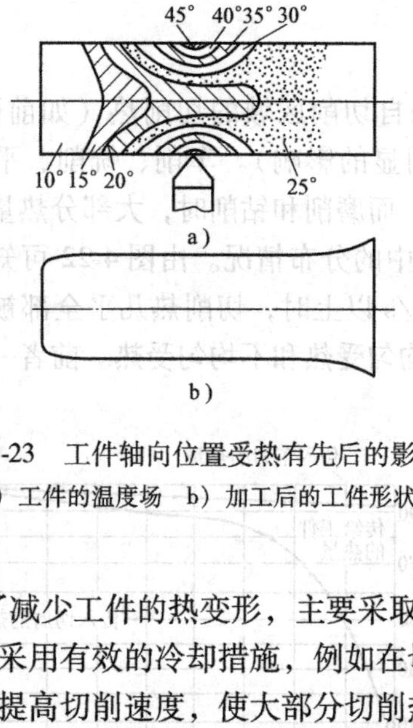

图 4-23 工件轴向位置受热有先后的影响

a）工件的温度场 b）加工后的工件形状

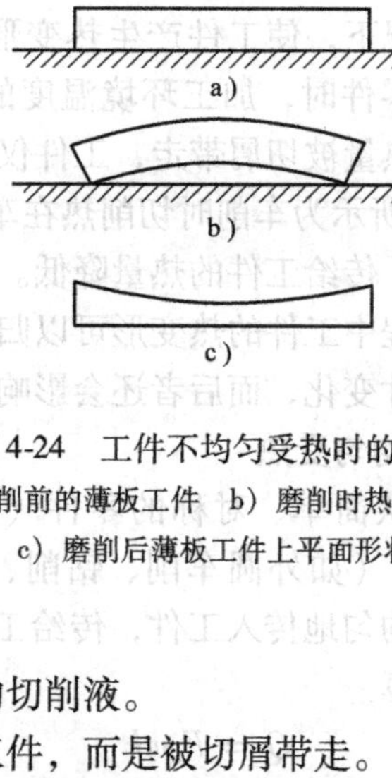

图 4-24 工件不均匀受热时的变形

a）磨削前的薄板工件 b）磨削时热膨胀形状

c）磨削后薄板工件上平面形状

为了减少工件的热变形，主要采取如下措施：

1）采用有效的冷却措施，例如在切削区给以充足的切削液。

2）提高切削速度，使大部分切削热量来不及传给工件，而是被切屑带走。

3）对某些加工方法，夹紧工件时，考虑对其热变形的补偿。例如在外圆磨床、车床上采用弹簧后顶尖、液压或气动后顶尖等，防止工件热变形伸长受阻而被顶弯等。

（四）刀具热变形引起的加工误差

刀具热变形的热源主要是切削热。虽然切削热传给刀具的比例较少，但由于刀具体积小，热容量小，所以刀具工作面上的温度还是很高的。例如车削时，高速钢车刀的工作表面温度达 700～800℃，而硬质合金刀具可达 1000℃以上。

图 4-25a 所示为连续切削时车刀的热变形伸长 ξ 与切削时间 t 的关系曲线。在开始切削

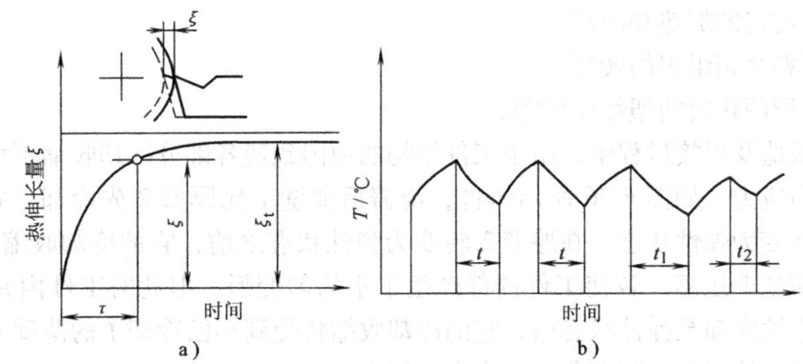

图 4-25　车刀热变形伸长与切削时间的关系
a）连续切削　b）继续切削

时，刀具的热变形增加很快，随后变得比较缓慢，一般连续工作约为 16～20min 便可达到热平衡状态，此后热变形的变化量就非常小。达到热平衡时，车刀的热变形一般在 0.03～0.05mm 左右。

在车削加工一批短轴时，由于车刀加工完一件后停止加工，待装夹好另一个工件后再进行加工，车刀受热时间短，散热时间也短，车刀的升温曲线如图 4-25b 所示呈锯齿形。如果间歇时间在每个加工循环中相等（例如全为 t），车刀热变形对每个工件尺寸的影响相同；如果间歇时间不等（$t \neq t_1$，$t_1 \neq t_2 \cdots$），则在每个加工循环中车刀的热变形是变化的，将会引起整批工件的尺寸分散。

刀具的热变形与切削用量、刀具的几何参数、刀具材料及冷却润滑条件等有关，以车削为例：

1）提高切削用量中的任何一项，都能使车刀的热伸长增加，但影响程度有所不同。

2）车刀热伸长量与刀杆横截面尺寸近似地成反比。

3）硬质合金刀片越厚，车刀的热伸长量越小。

4）车刀的热伸长量与被加工材料的强度极限近似地成正比。

5）加强刀具的冷却时，车刀的热伸长量可大为减小。

五、工件内应力（残余应力）

工件在没有外力的作用下或去除外力后工件内部存留的应力称为**内应力**（或**残余应力**）。内应力总是拉伸应力和压缩应力并存，且处于平衡状态。但这种平衡状态是一种不稳定的状态，当外界条件发生变化，如温度改变或工件被切除一层金属，则原来的内应力平衡状态将被破坏，形成新的平衡状态，工件将发生形状变化。这个新形成的平衡状态的过程称为内应力重新分布。即使在温度不变的情况下，工件内应力经过一个时期后也会自发地逐渐消失，同时引起工件形状的变化。这是内应力的一个特点，即存在内应力工件的内部组织总是有恢复到一种稳定的没有内应力状态的倾向。

内应力是由于材料内部相邻宏观组织（例如表层和里层）或微观组织（例如晶粒之间和晶粒内不同区域之间）发生了不均匀的变形（体积变化）而产生的。其中平衡于相邻宏观组织的内应力对加工精度的影响较大。

在工艺过程中，工件材料内部不均匀的变形来源于：

1）工件不均匀的加热和冷却。

2）工件材料金相组织的转变。

3）表面变形硬化时的塑性变形等。

在铸造、锻造及焊接过程中，由于工件结构的原因致使各部分冷却收缩不均匀，在毛坯内部就会产生内应力。如图4-26所示铸件，浇铸后薄壁1比厚壁2先冷却，并先于厚壁2由热塑性状态转变为弹性状态。在厚壁2转变为弹性状态之前，它的冷却收缩比薄壁1慢，因此厚壁2被薄壁1压缩，致使工件内部产生了不均匀变形。但此时工件内并不产生内应力。当厚壁2继续冷却至弹性状态后，它的冷却收缩将受到早已冷却了的薄壁1的阻碍，结果在厚壁2中产生拉应力，而在薄壁1中产生压应力。

壁厚不均匀且形状复杂的铸件，由于各部分冷却速度和收缩程度不一致，其内部应力很大，尤其在截面尺寸急剧变化处，内应力甚至会使铸件产生裂纹。发动机缸体、变速器壳体等箱体零件就属于这类零件。

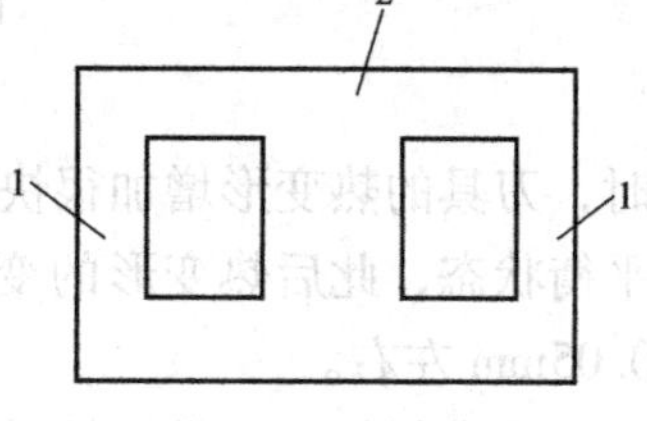

图4-26　不同壁厚的铸件

1—薄壁　2—厚壁

在有内应力的情况下对铸件进行机械加工，由于切去了一层金属，内应力将重新分布而使工件产生变形。因此，加工某些复杂铸件的重要表面（如发动机缸体的缸孔等表面）时，在粗加工后，要经过很多其他工序后才安排精加工，目的就是让工件完成内应力重新分布，待工件变形稳定后再进行精加工。

为了减小复杂铸件的内应力，除了在设计上尽量做到壁厚均匀外，还可采用自然时效、人工时效和去应力退火等。自然时效就是将零件在室内或室外放置较长时间（约6~12个月），使其在自然变化的气温下，让内应力逐渐重新分布，工件充分变形，待工件变形完毕后再进行机械加工。这种清除内应力的方法，只适用于中小批量生产的机床和重型机械等的大件。为了缩短时效处理时间，对于汽车制造企业可采用人工时效。常用的人工时效的方法是将零件在炉内缓慢加热至一定温度，保温几小时后缓慢冷却的热处理方法。人工时效还有特殊的机械方法，就是将小零件放在滚筒内，让它们和一些小铁块或专用零件一起滚动、相互撞击。尺寸较大的零件，可放在专用装置上让它们承受振动或者是挂起来用锤子敲击零件上厚薄过渡区域。

经过表面淬火的零件，也会产生内应力。因为这时表面层的金相组织转变了，即从原来密度比较大的奥氏体组织转变为密度比较小的马氏体组织，因此表面层的金属体积要膨胀，但受到内层金属的阻碍，从而在表面层产生压缩应力，在内层产生拉伸应力。

冷轧或冷拔的棒料毛坯会在表层存在较大的压应力，内部存在较大的拉应力。这是由于冷轧或冷拔时，材料表层的塑性变形要比心部大得多的缘故。当用这样的棒料毛坯加工轴类零件时，如果两端中心孔相对毛坯轴线有偏斜，加工余量将不均匀，使原来的内应力平衡被破坏，加工后会产生变形。

细长的轴类零件如凸轮轴、曲轴等，在加工中容易产生弯曲变形，常用冷校直的方法校正，目的是使后续工序减小加工余量，缩短加工时间。冷校直方法是在常温下将工件放在两个支承（V形块）上，在工件的凸侧加压力 F（图4-27a），使工件反向弯曲以校直工件。

冷校直会在工件内产生内应力。从图4-27b可知，当载荷F加在零件中间部分后，*ab* 段内产生了弹性变形区，按照胡克定律，在此段范围内可用直线表示应力图形。在两侧边缘 *bc*

和 ad 两段内产生塑性变形区，这两段内的应力，将沿着类似拉伸曲线上超过比例极限的那段曲线变化。去掉外力 F 后，工件弹性变形恢复，由于两侧 bc 和 ad 段内残留有塑性变形，工件原有的弯曲度减少或消除，但工件内部却产生了如图 4-27c 所示的内应力。因此，冷校直的零件在进行下一步加工时，一般还处在内应力状态下，当从表面切去一层金属后，内应力的平衡遭到破坏，会引起内应力的重新分布，使零件产生新的变形。因此，在制造像精密丝杠这样细长的零件时，不允许用冷校直的方法。

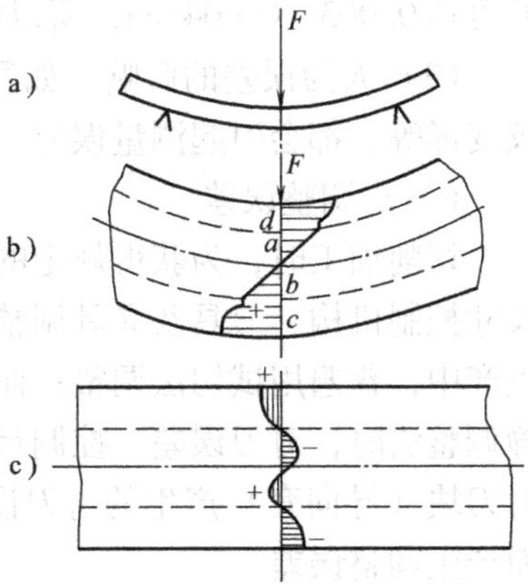

图 4-27　冷校直及产生的内应力状态

机械加工也会在零件表面层引起内应力，这部分内容将在下节介绍。

六、其他原因

（一）原理误差

用近似的加工方法、近似的传动比和近似形状的刀具进行加工时，都会产生加工误差，这种误差称为**原理误差**，也称为理论误差或方法误差。在第三章齿轮轮齿加工中已经知道，滚切渐开线齿廓就是近似加工方法的实例。由于滚刀的圆周齿数是有限的，所以滚切的渐开线不是理想的光滑渐开线，而是多条趋近于该曲线的折线构成。被加工齿轮的齿数越多，滚刀的容屑槽数越多且头数越少时，形成的折线段数就越多，就越接近于理论渐开线。不仅滚齿方法是近似的加工方法，滚刀也是近似形状的刀具，所以也会引起加工误差。

在许多情况下，一些机床的展成运动传动链只能用近似的传动比，近似地得到所需的表面。例如在普通滚齿机上用单头滚刀加工圆柱齿轮，当工件齿数为 21 ~ 142 时，分齿挂轮架的传动比 u_x 的计算公式为 $u_x = 24/z$。如果 u_x 具有几位小数，则因为挂轮的齿数是固定的，所以选择任何挂轮组合也得不到精确值，只能使用近似的传动比，从而产生齿距误差。

应当指出，当包括原理误差在内的加工误差总和不超过规定的工序公差时，就可以采用近似的加工方法。近似的加工方法和刀具往往比理论上精确的方法和刀具简单，也有利于简化机床结构，降低加工成本和提高生产率。

（二）测量误差

测量误差是指工件实际尺寸与量仪表示出的尺寸之间的差值。加工一般精度的零件时，测量误差可占工件公差的 1/5 ~ 1/10，而加工精密零件时，测量误差可占工件公差的 1/3 左右。

测量误差通常由下述原因产生：

（1）测量器具本身误差的影响　测量器具误差主要是由示值误差、示值稳定性、回程误差和灵敏度等方面综合起来的极限误差。所用的测量器具不同，测量误差的变动范围不同，所以必须根据零件被测尺寸的公差值选择适当精度的计量器具。

（2）测量环境的影响　温度、湿度、气压、振动、电磁场等环境因素的变化会引起测量误差，其中以温度的影响最大，因此规定测量的标准温度为 20℃。例如直径为 ϕ100mm 的钢轴在加工完毕后，工件表面温度可达 60℃，如果立即测量，由于材料热膨胀的原因，直径尺寸比温度为 20℃时将增大 0.048mm。即使在常温条件下，车间内的温度也不是固定的，其变动范围可达 3 ~ 4℃，对于钢件，在此温度变动范围内，100mm 尺寸上产生测量误差可达 0.003～0.004mm，所以精密测量要在恒温室内进行，以消除温度变化引起的误差。

(3) 人为误差的影响　如测量时读数的误差，测量过程中因用力不当引起的量具、量仪变形等，都会引起测量误差。

(三) 调整误差

切削加工时，为获得规定的尺寸，就必须对机床、刀具和夹具进行必要的调整。机床的尺寸控制机构、刀具及夹具调整位置不准确而产生的加工误差称为**调整误差**。在单件、小批生产中，普遍用试切法调整；而在大批大量生产中，则常用静调整法调整刀具的位置。采用静调整法时，对刀误差、控制尺寸的定程机构（挡块、行程开关等）的调整误差、样件或对刀块（导向套）产生的对刀误差和夹具在机床上的安装误差等都影响调整的准确性，从而产生调整误差。

七、加工误差的统计分析

(一) 加工误差的性质

从以上分析可知，影响加工精度的因素是很多的。被加工表面出现的加工误差是由上述产生加工误差的因素综合作用的结果。如果从加工一批工件时误差出现的规律来看，加工误差可分为系统性误差和随机性误差两类。

1. 系统性误差

在顺序加工一批工件时，其大小方向都保持不变，或按一定规律变化的误差统称为**系统性误差**，前者称为常值系统性误差，后者称为变值系统性误差。例如，车床主轴旋转轴线与导轨不平行，将引起被加工零件的形状误差；定尺寸刀具尺寸偏大时，零件加工后的尺寸也将增大相应的数值；用定程挡块控制工件加工尺寸，挡块位置有调整误差时，零件加工后也产生相应的尺寸误差。上述误差对一批工件而言，其大小和方向基本不变，因此都属常值系统性误差。由于刀具磨损引起的误差和机床、刀具、工件等在热平衡前的热变形引起的误差等，都是随加工时间而有规律变化的，属于变值系统性误差。

2. 随机性误差

在顺序加工一批工件时，其大小和方向呈无规律变化的加工误差称为**随机性误差**，或者称为偶然性误差。例如，因材料硬度不均匀、加工余量不均匀、毛坯表面有缺陷等原因导致的切削力变化所造成的误差和因内应力重新分布所引起的工件变形等，都属于随机性误差。

对于不同性质的加工误差问题，可采用不同的方法来解决。对于某些常值系统性误差，在查明其大小和方向后，可通过重新调整或人为地加入一个大小相等、方向相反的常值误差来补偿。对于变值系统性误差，在掌握其变化规律后，也可通过自动连续或周期性补偿来消除。对于随机性误差，因无明显规律可循，一般不能消除，只能通过分析一批工件的加工误差的总体规律，查出误差的根源，在工艺上采取相应措施，使其对加工精度的影响降至最低。随着现代制造技术的发展，某些随机性误差也能被控制。例如采用自适应控制系统的机床，在毛坯加工余量、硬度不均匀变化时，能自动调节切削用量，保持切削力不变，控制了由于毛坯余量和硬度不均匀而带来的随机性误差。

(二) 加工误差的分析方法

1. 计算法

该方法用理论公式、实验公式或适当的数学、力学模型将各单个因素引起的加工误差都确定出来，然后按一定的规则把它们合成，即得到加工总误差。

用计算法确定总的加工误差是比较困难的，它需要许多原始资料和复杂的计算。目前可借助一些专业的计算机软件（如有限元分析软件）来完成。在大批大量生产中，可用计算法来确定主要零件关键工序中主要因素所产生的加工误差。

2. 统计分析法

该方法是通过对生产现场实际加工出的一批工件进行测量，然后用数理统计的方法对测量结果进行处理和分析。统计分析的结果一般不能提示产生加工误差的具体因素，但可从中找出误差出现的规律，从而找出解决问题的途径。该方法广泛用于大批大量生产中的加工误差分析。在由计算机控制的自动化生产过程中，测量装置可对工艺过程质量指标进行在线测量，控制装置可实时对测量结果进行统计分析，并根据统计分析的结果对工艺过程及时进行控制。

机械加工中，经常采用的统计分析法主要有分布曲线法和点图法两种。

（三）分布曲线法

分布曲线法是通过测量在一定生产条件下加工的一批工件的实际尺寸或加工误差（或其他工艺过程质量指标），根据测量结果作出该批工件的尺寸或加工误差的分布曲线，然后按该曲线来分析判断加工误差的一种方法。现举例说明如下。

在调整好的机床上加工一批轴类零件，逐个测量其直径尺寸。将测得尺寸的分散范围适当划分成若干个相等的尺寸间隔，每个尺寸间隔内包含一组一定数量的工件。以工件实际尺寸为横坐标，以每个尺寸间隔内工件数与工件总数之比（称频率）为纵坐标，画出折线如图 4-28 所示，称为实际分布折线。测量的工件数量越多，尺寸间隔越小，折线越接近一条平滑的曲线。图 3-28 中距离 ab 为该批零件的尺寸分散范围，它相当于所测量尺寸的最大值和最小值之差。要使加工不出废品，必须使尺寸分散范围 $\Delta = b - a$ 不超出规定的公差范围。

根据测量值得出的实际分布折线的形状在很大程度上取决于被测量一批工件的数目，并与划分的尺寸间隔的数目有关。根据这样的曲线来得出一个关于加工误差具有一般意义的规律性推论有时是困难的。因此，在进行分析研究时，常用某些理论曲线来代替实际分布折线。

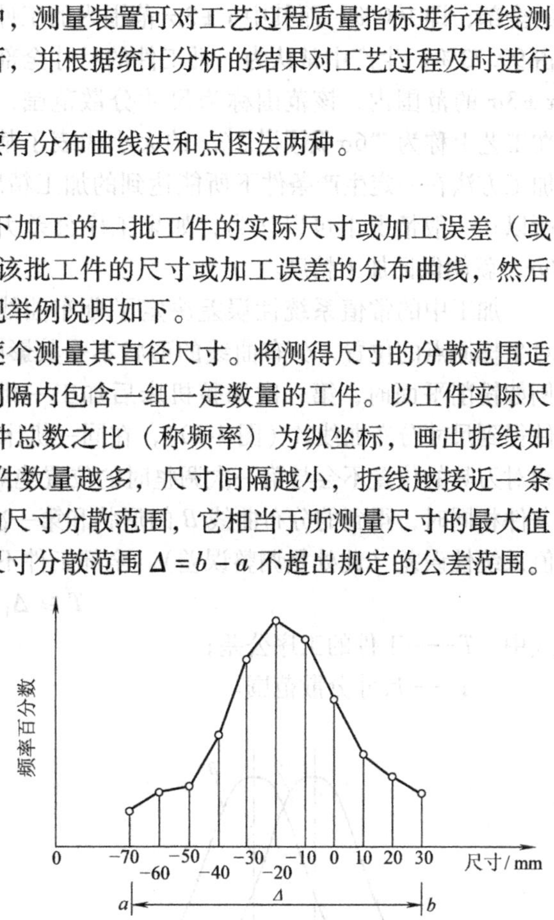

图 4-28　工件加工尺寸实际分布折线

在调整好的机床上连续对一批工件进行机械加工时，若无变值系统性误差，也无起决定性作用的随机性误差，则其尺寸误差（或形状、位置误差）是由许多相互独立的随机误差综合作用的结果。根据概率理论，加工后的工件尺寸近似服从正态分布规律。

正态分布曲线的形状如图 4-29 所示，其概率密度函数为

$$y = \frac{1}{\sigma\sqrt{2\pi}} e^{-\frac{(x-\bar{x})^2}{2\sigma^2}} \qquad (-\infty < x < +\infty, \sigma > 0)$$

式中　y——分布的概率密度；

x——工件尺寸；

$\bar{x}$——一批工件的平均尺寸，$\bar{x}=\dfrac{1}{n}\sum_{i=1}^{n}x_i$，它表示加工尺寸分布中心；

σ——一批工件的标准差（均方差）

$$\sigma=\sqrt{\frac{1}{n-1}\sum_{i=1}^{n}(x_i-\bar{x})^2}$$

式中 n——一批工件的数量（样本容量）。

分布曲线与 x 轴之间的面积代表了一批工件的全部，即100%，而其中 $\bar{x}\pm3\sigma$ 范围内的工件数占99.73%。生产中常认为一批工件的尺寸全部在 $\bar{x}\pm3\sigma$ 的范围内，该范围称为尺寸分散范围，这在工艺上称为“6σ 原则”。6σ 的大小代表了某种加工方法在一定生产条件下所能达到的加工精度，所以在一般情况下可以认为，如果工序公差大于 6σ，就能保证加工精度。

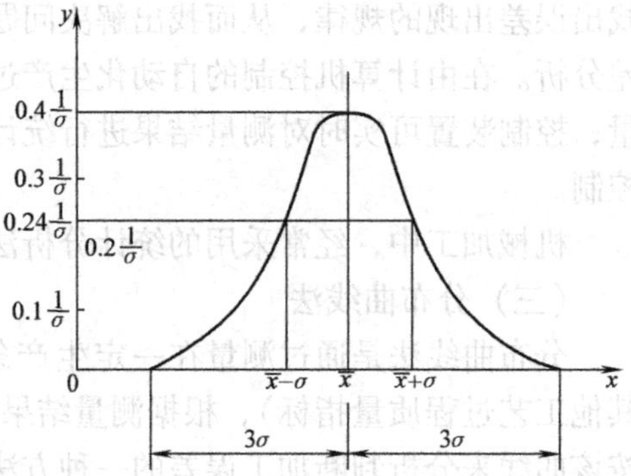

图 4-29 正态分布曲线

加工中的常值系统性误差决定了分布曲线相对坐标原点的位置，分布曲线的形状不受其影响。例如铣削平面时，第一次调整机床后加工一批工件得到尺寸分布曲线 A（图 4-30），在同一机床上重新调整后再加工另一批工件时，工作台相对刀具的位置不会与第一次调整时的位置绝对一致。如果尺寸比第一次大了一些，当其他条件相同时，得到的分布曲线 B 的形状和第一次的一样，但是它向右移动了 Δ_L，Δ_L 即为常值系统性误差（此处是调整误差）。全部工件不出废品的条件为

$$T\geqslant\Delta_L+\Delta$$

式中 T——工件的工序公差；

Δ——尺寸分散范围。

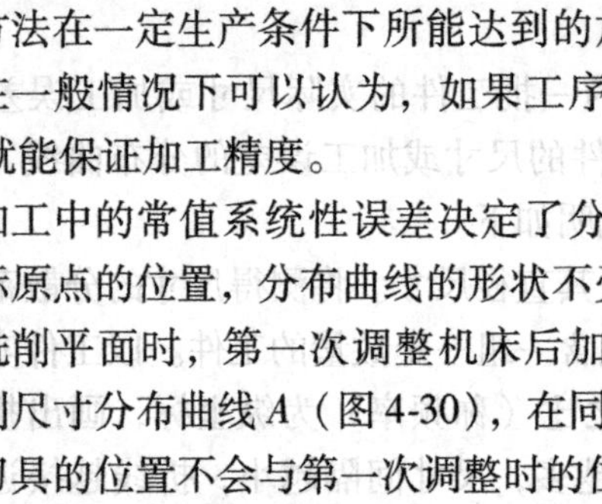

图 4-30 常值系统性误差的影响

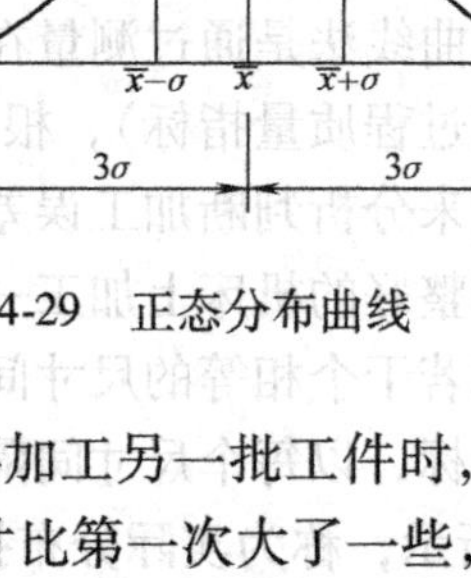

图 4-31 不同 σ 的分布曲线

加工中的随机性误差的影响程度决定了分布曲线的形状和尺寸分散范围。随机误差越大则 σ 也越大，曲线形状越平坦，尺寸分散范围越大，加工精度越低（图4-31）。这一结论还可由图 4-32 进一步说明。图 4-32 所示为某孔在不同加工阶段直径尺寸的分布曲线，曲线 1、2、3、4 分别为钻孔工序、扩孔工序、粗铰孔工序和精铰孔工序的尺寸分布曲线。很明显，

在图中 $\sigma_1>\sigma_2>\sigma_3>\sigma_4$，即每个工序的加工精度都要高于前面工序的加工精度。另外，从图 3-32 中还可以看出，为了避免出废品，x_4-x_3、x_3-x_2、x_2-x_1（各工序间的加工余量）的值应该足够大，使各分布曲线的分散范围至少不重叠。

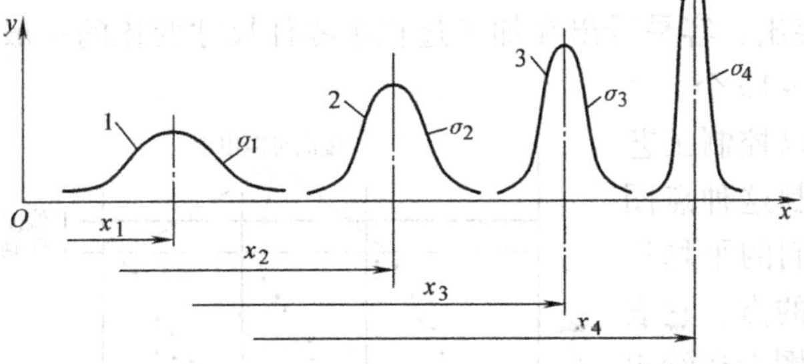

图 4-32　孔在不同加工阶段直径尺寸的分布曲线

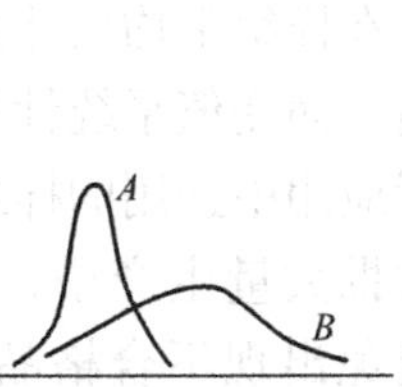

图 4-33　不同加工条件下的分布曲线

如果在两种加工条件下，存在着使总加工误差产生很大差别的因素，则分布曲线的形状或位置将会发生变化，有时两者都有变化。如图 4-33 所示，有两种切削液，要比较它们对铰削孔径的影响。在其他条件不变的情况下，利用切削液 *A* 加工一批零件得分布曲线 *A*，利用切削液 *B* 加工一批零件得分布曲线 *B*。由图可知，使用切削液 *A* 时，孔径增大的平均值和尺寸分散都会减小。

（四）点图法

应用分布曲线法分析工艺过程误差的前提是工艺过程必须是稳定的，即在时间历程上保持分布曲线均值 $\bar{x}$ 和标准差 σ 稳定不变。如果工艺过程不稳定（例如变值系统误差影响较大），继续采用分布曲线分析工艺过程的误差就失去意义。此外，分布曲线只能在一批工件加工后进行分析，不能在加工过程中及时控制废品的出现，也不能把变值系统性误差和随机性误差区别开来。点图法可以弥补分布曲线法的上述缺点。

如果在横坐标上标出顺序加工的零件号，而纵坐标表示这些零件的尺寸，则能把整批零件的加工结果以图形表示出来（图 4-34a）。这是单个零件点图。

为了缩短点图的长度，可将零件分成若干组，每组内包含若干个顺序加工的零件，横坐标标出组的顺序，把每组零件尺寸标在同一垂直线上。这样的点图如图 4-34b 所示，图中点的分散表征尺寸的分散。

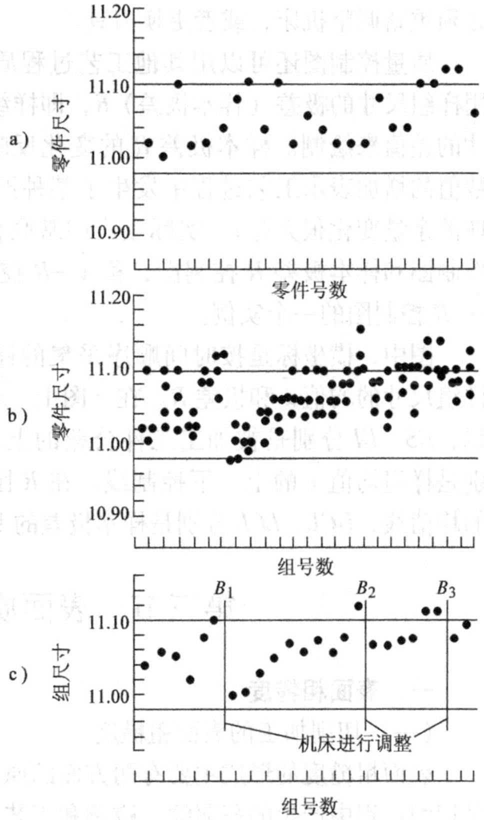

图 4-34　点图的各种形式

上述点图，由于数值分散很大，很难看出零件在顺序加工过程中尺寸变化的一般趋向。如果把每组零件的平均尺寸绘在点图上，就是所谓的样组平均尺寸点图（图 4-34c）。从这个图中可明显看出零件尺寸随时间改变的趋向。

在单个零件尺寸点图中，由于各个偶然因素的影响，零件尺寸很分散，因此点图是杂乱无章的。在样组平均尺寸点图中，由于在各样组范围内各种偶然性因素引起的作用已局部地互相抵消，而变值系统性误差则更加突出，容易看出在加工过程中零件尺寸变化的一般趋向。实际应用中选用的样组零件数为 5 ~ 10 个。

在大批大量生产中，利用点图可以控制工艺过程，避免出现不合格品或废品。绘制这种点图时，定期地测量一组工件，并求出它们的平均尺寸 $\bar{x}_i$，在图上绘出相应于平均尺寸值的点，它表示出工艺过程的进行情况（图 4-35）。图上还绘出了两条相当于工序公差带的直线，另外还绘出两条控制用的直线（图中的虚线），该直线的尺寸范围稍小于工序公差带。这种点图称为质量控制图。图 4-35 说明，车削外圆时，刀具在开始工作时受热伸长，随后刀具达到热平衡不再伸长，而磨损随后成为影响工序尺寸的主要因素，故样组平均尺寸 $\bar{x}_i$ 随时间逐渐增大。当接近上控制线时，就预告可能会因为尺寸超差而产生不合格品，必须重新调整机床，或者更换刀具。

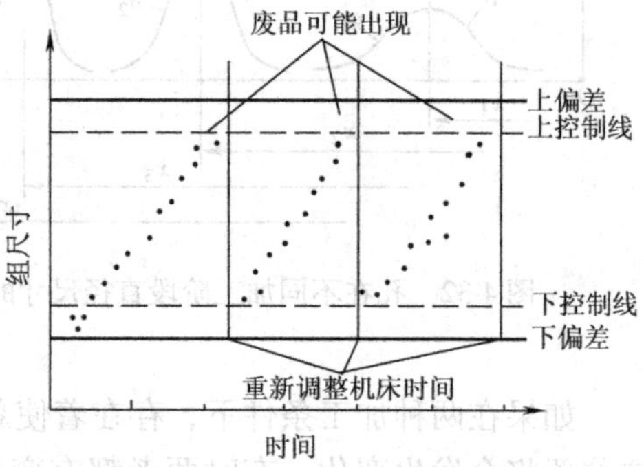

图 4-35　控制生产过程的点图

质量控制图还可以用其他工艺过程质量指标来绘制，例如用样组尺寸的极差（样本极差）R，即样组中最大尺寸与最小尺寸的差值来绘制。样本极差 R 的变化反映了尺寸分散程度，R 数值的增加表示工艺过程中发生了某种严重干扰现象（例如毛坯的余量变化很大等）。实际生产中常联合使用样组平均尺寸 $\bar{x}$ 控制图和样本极差 R 控制图，称 $\bar{x}$—R 控制图。图 4-36 所示为 $\bar{x}$—R 控制图的一个实例。

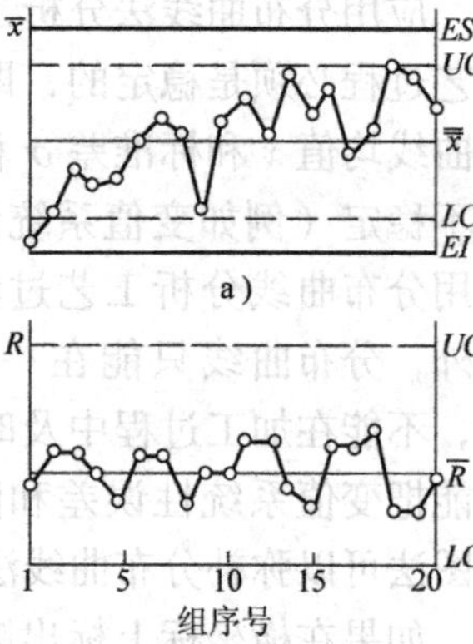

图 4-36　$\bar{x}$—R 控制图

图中，横坐标是按时间顺序采集的样本组序号，纵坐标为样组尺寸的均值 $\bar{x}$ 和极差 R。在 $\bar{x}$ 图上，$\bar{\bar{x}}$ 是样组平均值的均值线，ES、EI 分别是被加工工件公差的上、下限，UCL、LCL 分别是样组均值 $\bar{x}$ 的上、下控制线。在 R 图上，$\bar{R}$ 是样本极差 R 的均值线，UCL、LCL 分别是样本极差的上、下控制线。

第三节　表面质量的形成及影响因素

一、表面粗糙度

（一）切削加工的表面粗糙度

表面粗糙度的形成主要有两方面的原因：一是几何原因，另一是物理原因。而物理原因是切削过程中产生的积屑瘤、鳞刺和工艺系统的振动。

1. 切削的残留痕迹

切削的残留痕迹与不同加工方法的刀具相对于工件的运动有关，如车削时刀具的刀尖在工件表面上残留的痕迹，如图4-37所示。工件每转一转，刀尖轴向移动一个进给量f（切削轨迹为一螺旋线），在工件表面上留下残留面积m，其大小和形状取决于进给量f和刀具切削刃的形状。图4-37a是用尖刀（刀尖圆弧半弧$r_\varepsilon=0$）切削的情况，切削残留面积的最大高度为

$$R_y=\frac{f}{\cot\kappa_r+\cot\kappa_r'}$$

式中　κ_r、κ_r'——分别为车刀的主、副偏角。

当刀尖圆弧半径$r_\varepsilon\neq0$，且残留面积完全由刀尖圆弧部分构成时（图4-37b），切削残留面积的最大高度为

$$R_y\approx\frac{f^2}{8r_\varepsilon}$$

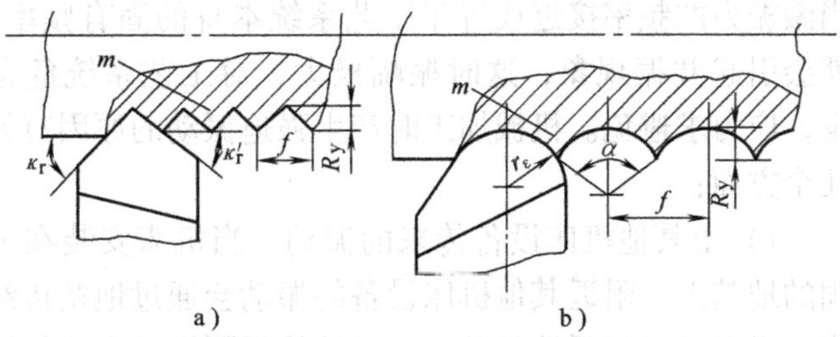

图4-37　车削的残留痕迹

a）尖刀切削　b）圆弧刀切削

从上述分析可知，采用小的进给量f和改变车刀几何参数（κ_r，κ_r'，r_ε）均可以减小表面粗糙度值。这也是在精加工时采用小的进给量f的原因之一。

上述切削的残留痕迹是理论上的表面粗糙度。除此之外，表面粗糙度的大小还受积屑瘤、工件表层塑性变形、振动等因素的影响，实际加工表面的微观几何形状及高度并不是单纯的由切削残留痕迹所形成的。

2. 积屑瘤的影响

在中、低切削速度切削塑性金属材料时，由于高温、高压和摩擦阻力的原因，与前刀面接触的切屑底层流动缓慢，成为滞流层。在一定条件下，滞流层停滞不前，脱离切屑粘附在前刀面上形成积屑瘤（图4-38）。积屑瘤塑性变形严重，结晶组织已完全改变，所以硬度很高，能代替切削刃进行切削。但由于积屑瘤形成的形状不规则，沿切削刃方向上高低不平等原因，在加工表面上形成一些与切削速度同方向深浅和宽度不一的犁沟状划痕，使表面粗糙度值增大。当积屑瘤增大到一定程度，在切削力的作用下，积屑瘤破碎脱落，一部分积屑瘤随切屑流出，另一部分粘附在工件切削表面上形成毛刺，进一步增大了表面粗糙度值。

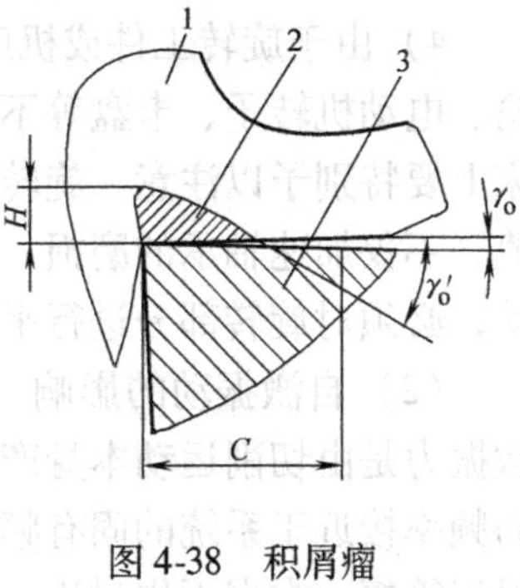

图4-38　积屑瘤

1—工件　2—积屑瘤　3—刀具

H—积屑瘤高度

除了积屑瘤的形成影响表面粗糙度外，在较低的切削速度下切削塑性材料时，已加工表面还会形成鳞片状的毛刺，称为鳞刺，它的形成严重地影响了已加工表面的粗糙度。图4-39描述了鳞刺形成的四个阶段。

3. 工艺系统振动的影响

机械加工中工艺系统的振动，是指刀具相对于工件产生周期性的位移，在加工表面上形成波纹状的振痕。当振动频率较高时，加工表面粗糙度值增大；在频率较低时，会产生波度。不仅如此，振动还会使刀具很快磨损或崩刃，机床联结特性将遭到破坏，也限制了切削

用量的进一步提高，影响生产率。当振动严重时，切削过程就不能继续进行。机械加工中产生的振动主要有强迫振动和自激振动两种类型。

(1) 强迫振动的影响　由外界具有一定频率的周期性变化的激振动力所引起的振动称为强迫振动。其特征是振动的频率与激振力的频率一致，它不会自行衰减消失。当激振力的频率接近或等于工艺系统本身的固有频率时，就会引起共振现象，这时振幅极大，对工艺系统危害严重，应力求避免。机械加工时产生强迫振动的原因有如下几个方面：

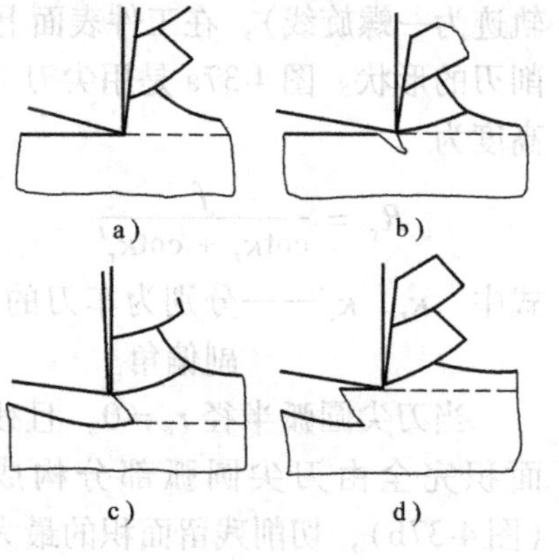

图 4-39　鳞刺的形成

a) 抹拭阶段　b) 导裂阶段

c) 层积阶段　d) 刮成阶段

1) 由其他机床设备传来的振动。当机床安装在不坚固的地基上，附近其他机床设备的振动会通过地基传给机床。可以通过加强地基并采用弹性垫板隔振的方法加以防止。

2) 机床传动件制造和装配误差引起的振动。如齿轮的齿距误差、齿形误差或齿圈径向圆跳动都将引起周期性的激振力，从而使机床振动。要消除它，必须提高传动件的制造精度和装配精度。液压传动中的液压冲击等，也会引起强迫振动。

3) 由于断续切削产生切削力周期性变化引起的振动。如铣削时，各切削刀轮流切入工件或从工件切出，会发生由于周期性冲击而引起的强迫振动。要消除这种振动，可增强工艺系统刚度，或在铣刀杆上安装飞轮，使转速均匀。

4) 由于旋转工件或机床转动部分不平衡产生离心力而引起的振动。如带轮、齿轮、飞轮、电动机转子、卡盘等不平衡引起的离心力。由于该力与角速度的平方成正比，在高速机床上要特别予以注意。旋转零件的不平衡，使轴承增加额外的径向力，有时会达到很大的数值，不仅加速轴承的磨损，也使轴承受到周期性的脉动载荷而引起机床振动。要防止这类振动，必须对旋转部分进行平衡。

(2) 自激振动的影响　没有外界周期性激振力时所产生的振动称为自激振动。这时，激振力是由切削运动本身产生的，它的特征是切削过程停止，激振力也随之消失。自激振动的频率接近于系统的固有频率，它不会自行衰减。有关自激振动的原因有各种不同的观点，限于篇幅，本书不作讨论，请读者参看有关文献。

减轻或消除自激振动的措施如下：

1) 提高工艺系统的刚度。

2) 正确选择刀具的几何参数和切削用量。

3) 采用特殊的消振装置，如各种摩擦式消振器、冲击式消振器等。

4. 工艺因素对表面粗糙度的影响

(1) 刀具的几何参数　从前述由几何关系推出的残留面积高度 R_y 的计算公式可知，减小进给量和刀具的主、副偏角，或增大刀尖的圆弧半径，都能减小残留面积高度。因此，用 $\kappa_r'=0°$ 的宽刃精车刀及宽刃精刨刀可获得较小的表面粗糙度值。

(2) 切削速度　加工塑性材料时，切削速度对表面粗糙度的影响主要是通过形成积屑瘤和鳞刺来影响的。以积屑瘤的形成为例，积屑瘤的成长与切削速度有关（图 4-40 曲线

1)。低速时切削区温度低，切屑底层金属的内摩擦力大，而它与前刀面的外摩擦力小，这时不易形成积屑瘤。当切削速度高时，温度增高，切屑变软，切屑底层金属的内摩擦力小，而它与前刀面粘结加强使外摩擦力增大，滞流层就停滞不前而形成积屑瘤。对30钢、40钢、50钢而言，此切削速度为0.33～0.5m/s。当切削速度继续提高时，切削温度更高，切屑底层金属与前刀面间产生氧化层或呈微熔状态，使外摩擦力小，不易形成积屑瘤。在积屑瘤易形成的速度范围内，工件表面粗糙度值也相应增大（图4-40中曲线2）。

综上所述，加工钢时，低速和高速切削对减小表面粗糙度值有利，所以精加工时应采用低速或高速切削以避免积屑瘤的产生。如铰精密孔（IT7，$R_a=0.63\sim2.5\mu m$）时，一般用低速 $v=0.033\sim0.08m/s$，并加切削液以减小摩擦。拉削时也是低速（$v=0.017\sim0.08m/s$）。而在精车时，采用高速切削（$v>1.33m/s$）。金刚镗时，切削速度可达到 $v=2.5\sim5m/s$。

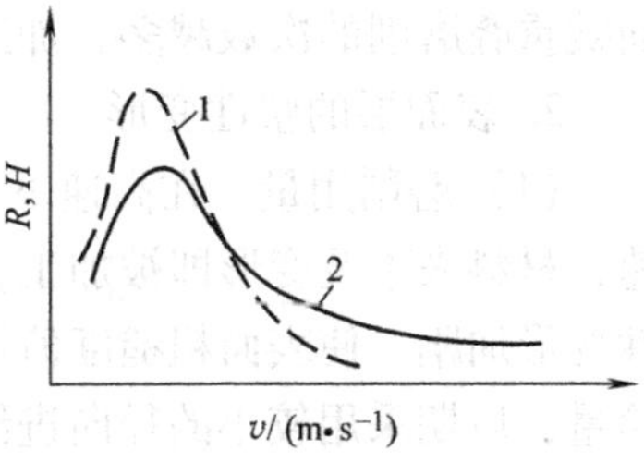

图4-40 切削速度对积屑瘤和表面粗糙度的影响

加工脆性材料如铸铁时，切屑成碎片状（崩碎切屑），一般不会形成积屑瘤和鳞刺。但碎片状切屑是杂乱地从加工表面挤裂脆断而脱落下来的，因此加工表面出现高低不平。当切削速度提高时，切削温度增加，切屑形态向带状切屑转化，从加工表面上杂乱脱落下碎片切屑的现象减弱，这时加工表面比较光滑。

（3）切削液　切削液的冷却润滑作用，可降低切削区的温度，减小摩擦，带走切屑和磨损的微粒，不易产生积屑瘤和鳞刺，因而总的效果是减小表面粗糙度值。

（4）被加工材料　表面粗糙度与工件材料的塑性和硬度有关。切削低碳钢、低碳合金钢等材料时，材料塑性大，容易形成积屑瘤，增大表面粗糙度值。工件材料硬度大时，切屑底层金属与前刀面间的摩擦因数较小，不易产生积屑瘤，容易获得低粗糙度值的表面。但是，当 $v>2.33m/s$ 时，各种材料的硬度对表面粗糙度的影响差别不大，因为在该切削速度条件下，工件切削区的温度很高，原来硬度不同的各种材料的力学性能趋近一致了。为了减小工件表面粗糙度值，在加工低碳钢、低碳合金钢等材料时，可预先进行正火热处理，以降低材料塑性。铰孔前的扩孔工序使加工表面冷硬，若铰孔余量小于扩孔后留下的冷硬层，则铰孔后表面粗糙度值就会小些。

（二）磨削加工的表面粗糙度

与切削加工时表面粗糙度的形成过程一样，磨削加工表面粗糙度的形成也是由几何因素、表面层的塑性变形和振动等物理因素决定的。

1. 几何因素的影响

磨削是由砂轮上磨粒形成的微刃进行切削的过程。磨削加工表面是由大量微刃刻划出来的极细的刻痕形成的。单纯以几何因素分析，单位面积上的刻痕越多（即通过单位面积的磨粒越多）、刻痕深度越均匀，表面粗糙度值就越小。

（1）砂轮粒度和砂轮的修整　磨粒越细，砂轮单位面积上的磨粒越多，磨削表面上的刻痕就越细密，表面粗糙度值就越小。

修整砂轮除了使砂轮有正确的几何形状之外，更主要的是使砂轮表面形成锋利的微刃，使砂轮具有良好的磨削性能。砂轮修整后的表面粗糙度将直接影响工件的表面粗糙度。用金刚石笔修整砂轮时的纵向进给量对磨削表面粗糙度的影响较大，纵向进给量越小，砂轮表面磨粒的等高性越好，被加工表面的粗糙度值就越小。

（2）磨削用量　砂轮转速越高，单位时间内通过被磨削表面的磨粒就越多，表面粗糙度值就越小；工件线速度大，通过被加工表面的磨粒数相对减少，使表面粗糙度值增大。一般情况下，砂轮线速度 v_c 与工件线速度 v_w 的比值 v_c/v_w 越大，表面粗糙度值越小。砂轮宽度 B 与磨削时的纵向进给量 f_a 之比 B/f_a，可用来表示加工表面上同一点被重叠磨削的次数。而被重叠磨削的次数越多，加工的表面粗糙度值越小。

2. 表面层的塑性变形

（1）磨削用量　在高速下，塑性变形的传播速度有可能小于磨削速度，提高砂轮的转速，材料来不及变形即被加工，故表面粗糙度值减小。增大磨削深度和工件线速度，将使塑性变形加剧，使表面粗糙度值增大。为提高磨削效率，一般是磨削开始时采用较大的径向进给量，后期采用较小的径向进给量或无进给量磨削，以减小表面粗糙度值。

（2）砂轮的粒度与硬度　单纯考虑几何因素，砂轮粒度越细，磨削表面粗糙度值越小。但磨粒太细，砂轮容易被磨屑堵塞，若此时导热情况不好，会在加工表面产生烧伤等现象，使表面粗糙度值增大。常用砂轮的粒度为 36# ~ 80#。

砂轮的硬度是反映磨粒在磨削力作用下从砂轮上脱离的难易程度。砂轮太硬，磨粒不易脱落，磨钝的磨粒不能及时被新磨粒替代，使表面粗糙度值增大。砂轮太软，磨粒易脱落，砂轮表面的磨粒间隔大，加工表面粗糙。砂轮硬度通常在中软范围内选取，在一般情况下，工件表面硬，砂轮就选得软些，反之要硬些。

二、工件表面层的力学性能和化学性能

（一）表面强化

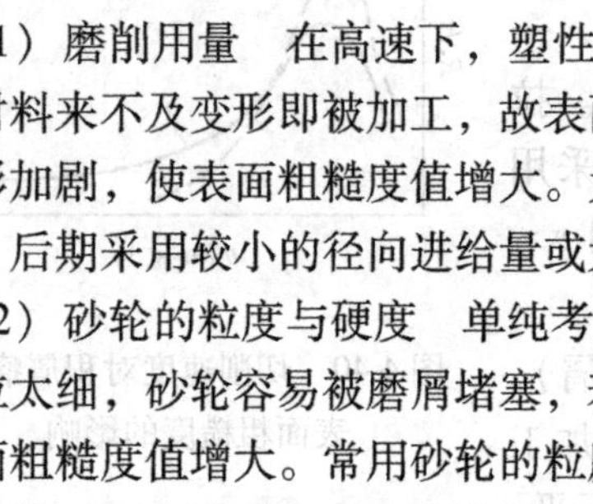

图 4-41　切削状态

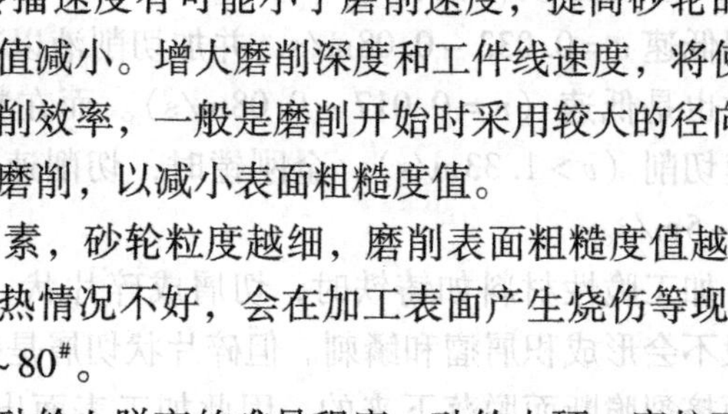

图 4-42　加工表面的强化

切削过程中，切削刃总会存在一定的圆角半径 r_n，因此，加工表面的形成并不是沿着图 4-41 中的 bb 线，而是沿着 oc 线进行的。这时，金属层 Δa 受到刀尖圆角的强烈挤压，刀具切离后，由于这层金属的弹性恢复 H，后刀面与已加工表面产生强烈的摩擦，这种摩擦既包括后刀面（特别是已磨损的后刀面）与已加工表面间的外摩擦，又包括已加工表面表层金属晶粒间的内摩擦，因此，表面层塑性变形严重，结果使表面层的显微组织受到破坏，晶粒被拉伸，晶粒破碎，位错密度增加，这些均使晶粒滑移困难，所以表面层由于塑性变形的结果其强度和硬度提高，塑性和韧性降低，从而在工件表面形成一定深度的硬化层，这种现象称为**表面强化**（冷作硬化或简称冷硬）。图 4-42 所示为已加工表面的强化情况。图中的组织破坏层和变形硬化层的硬度都比基体金属高，而组织破坏层的硬度更高。机械加工方法一般

都产生表面强化，例如对钢件的磨削，表面硬度平均值可达原工件硬度的 1.2 ~ 2 倍，强化层深度平均值可达 0.02 ~ 0.06mm；手工研磨时，表面仍有 3 ~ 7μm 的硬化层，其显微硬度比基体金属高 12% ~ 17%。

综上所述，表面强化主要是切削过程中金属发生塑性变形的结果。只要有塑性变形，就会产生表面强化现象，塑性变形越大，表面强化就越严重。

另外，切削过程中伴随有切削热，它使加工表面温度提高，当温度达到某一数值时，变形、扭曲的晶格自行复原，其力学性能也部分地恢复至原来的数值（如硬度和强度降低、塑性增加）。若温度很高，则发生再结晶现象，这时表面强化完全消失，这种现象称作弱化。由于塑性变形和切削热是同时产生的，所以表面强化和弱化同时存在。一般在温度不高的情况下，表面强化占主要地位。金属的塑性越大，导热性越好，则加工后的强化现象越严重。

（二）残余应力

在机械加工过程中，被加工表面层中产生残余应力的原因如下：

（1）切削力的影响　在切削过程中，工件表面层受切削力的作用，金属晶体发生塑性变形，位错、空位等晶体缺陷大为增加，使晶格中的一部分原子偏离其平衡位置造成了晶格畸变，破坏了原来晶格中原子最紧密的排列，导致金属密度下降，体积增加，因受到基体材料的限制，而产生“表压内拉”的应力。此外，切除切屑时，表面层金属的晶粒被拉长，与后刀面的摩擦又助长了这种拉伸作用，产生伸长塑性变形，但此时基体金属仍处于弹性变形状态。刀具切离后，基体金属的弹性恢复受已产生塑性变形的表面层金属的限制，结果也会产生“表压内拉”的应力。

（2）切削热的影响　切削过程中产生的热作用在不引起相变的情况下，使工件表面层产生拉伸残余应力，而里层产生压缩残余应力。残余应力的形成过程如图 4-43 所示。图中 t_p 是工件具有很高塑性时的温度，t_H 是室温。

在切削过程中（图 4-43a），最外面的第 1 层金属的温度在 t_p 以上，往下的第 2 层金属的温度在 $t_p \sim t_H$ 之间，里层第 3 层金属的温度为常温。第 1 层金属的温度很高，处于完全塑性状态，没有残余应力。第 2 层金属受热作用而膨胀，但受到第 3 层处于室温状态冷金属的阻碍，结果在第 2 层金属内产生瞬时压缩应力，在第 3 层金属内形成瞬时拉伸应力。

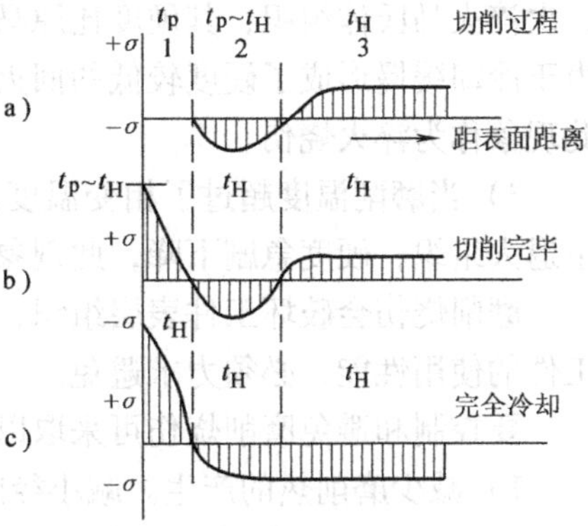

图 4-43　切削热引起的残余应力

当切削过程完毕（图 4-43b），第 1 层冷却到 $t_p \sim t_H$ 之间，从完全塑性状态向正常状态转化，并产生收缩，但受到下面已经冷却的第 2 层金属的限制，因此在第 1 层形成拉伸残余应力，在第 2 层形成压缩残余应力。

当工件完全冷却完毕（图 4-43c），工件各层金属的温度一致，第一层继续收缩，但它受到下层金属的阻碍，拉伸残余应力增加，下面的第 2、3 层则均匀地产生压缩残余应力。

（3）金相组织变化的影响　加工淬火钢时，由于切削区温度高，工件表层还可能产生金相组织的变化。因为马氏体的密度比托氏体、奥氏体的密度小，故当淬硬钢表面磨削加工后表层组织回火，转变为回火托氏体或回火索氏体时，表面层密度增大（体积缩小），但受到里层的阻碍，结果在表层产生残余拉伸应力，而在里层产生残余压缩应力。残余拉应力的数值随托氏体、索氏体所占的比例和回火层深度的增加而增加。反之，如果磨削后马氏体占较大比例，而回火层的深度不大时，则在表面层产生残余压缩应力，而在里层产生残余拉伸应力。

实际上，机械加工后工件表面层的残余应力是上述三方面综合作用的结果，应力状态主要取决于上述因素中哪个起主导作用。切削加工时，起主要作用的往往是切削力引起的冷态塑性变形，表面层常产生残余压缩应力；磨削加工时，起主要作用的通常是切削热引起的热态塑性变形或金相组织变化，表面层常产生残余拉伸应力。

（三）表面层的金相组织变化

机械加工中所消耗能量的大部分都转变为热量，使加工表面温度升高，当温度升高到超过金相组织变化的临界点（相变温度）时，就会发生金相组织变化。对于普通的切削加工，温度一般不会达到如此高的程度，但对于磨削加工而言，大部分切削刃为负前角，切削力大，磨削速度又高，因此切除金属的功率消耗远远大于其他加工方法。在磨削加工所消耗功率转化为切削热中，有60%～80%传给工件，使工件表面具有很高的温度（瞬时温度可高达800～1200℃，超过金属相变温度），引起工件表面层金相组织的变化，强度和硬度降低，并使工件表层氧化而显现出不同的氧化膜颜色，这种现象称为磨削烧伤。

磨削淬火钢时，由于磨削区温度及磨削条件的不同，可能产生以下三种金相组织的变化：

1）当磨削区的温度超过马氏体的转变温度（中碳钢为300℃左右），但未超过淬火钢的相变温度（碳钢的相变温度为727℃）时，工件表层组织由原来的马氏体转变为硬度较低的回火组织（索氏体或托氏体），此现象称为回火烧伤。

2）当磨削区的温度超过了相变温度，再加上随后切削液的急冷作用，表层金属会产生二次淬火马氏体组织，其硬度比原马氏体高，但二次淬火层很薄，只有几微米。在它下层，由于冷却缓慢形成了硬度较低的回火组织。因为二次淬火层极薄，表层总的硬度是降低的，此现象称为淬火烧伤。

3）当磨削温度超过了相变温度，而磨削过程无切削液（或冷却效果不好），则表层产生退火组织，硬度急剧下降，此现象称为退火烧伤。

磨削烧伤会破坏工件表层组织，严重时还会产生裂纹，使工件表面质量恶化，严重影响工件的使用性能，必须力求避免。

要控制和避免磨削烧伤可采取以下两方面的措施：

1）减少磨削热的产生。减小径向进给量f_r，选取较软的砂轮，减少工件和砂轮的接触面积（例如在端面磨削时，采用图3-33所示的砂轮斜向安装、斜向进给的方式，使砂轮与端面为线接触），根据磨削要求合理选择砂轮的粒度（砂轮粒度号低些不易烧伤，粒度号太高易烧伤），经常保持砂轮在锋利条件下磨削，以及选择适当的切削液以减少磨粒与工件之间的摩擦等。

2）加速磨削热散出。除适当提高工件速度和轴向进给量外（可使工件与砂轮的接触时间减少），还应采取有效的冷却方法。为了提高冷却效果，可采用喷雾冷却、高压冷却和切削液通过砂轮内部直接进入磨削区的内冷却等方法。

第四节　表面质量对机器零件使用性能的影响

机器零件的破坏，一般是从表面层开始的，这说明零件的表面质量至关重要。零件表面质量虽然只反映表面的几何特征和表面层特征，但它对零件的耐磨性、疲劳强度、耐腐蚀性、配合性质等使用性能都有不同程度的影响。

一、表面质量对零件耐磨性的影响

机器上相配合的零件相对运动时要产生摩擦。摩擦一方面消耗能量（如汽车发动机在满负荷下工作时，大约有20%的功率消耗在摩擦上），另一方面会引起零件的磨损。汽车很大一部分零件工作时都在作相对运动，为保证汽车的使用寿命，零件要具有一定程度的耐磨性。零件的耐磨性与润滑、摩擦副的材料及热处理等有关，但在上述条件确定的情况下，起主导作用的就是表面质量。

加工后的表面是粗糙不平的，两配合表面只是在凸峰顶部接触，实际接触面积比名义接触面积小得多。如在图4-44中，当零件1和零件2接触时，它们不是在全长L上接触，而是在局部小段上（l_1，l_2，…，l_n）接触。这时，接触面积小，压强大，当两个零件作相对运动时，在接触的凸峰处就会产生塑性变形及剪切现象，因此凸峰很快被压平磨去，这个阶段称为初期磨损阶段。这个阶段的磨损很快，在轻度和中等的摩擦条件下，将使表面粗糙度值减小65%～75%。此后接触面积增大，压强减小，磨损缓慢而趋于稳定，即处于稳定磨损阶段或正常磨损阶段。

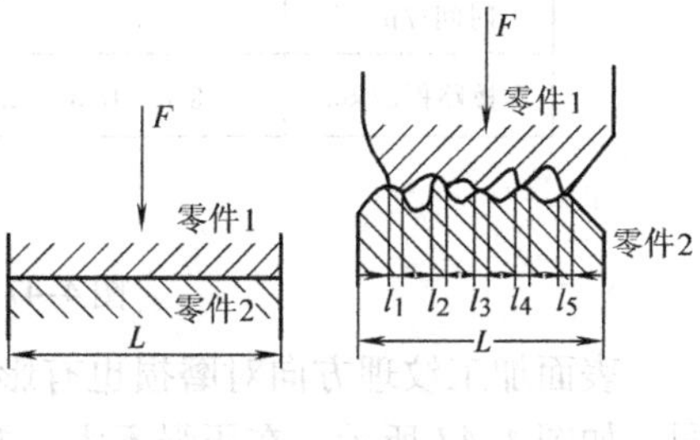

图4-44　两表面接触情况

由试验得知，对于车削、铣削、铰削的表面，实际接触面积为15%～25%；经过精磨的表面为30%～50%；经超精加工、珩磨、研磨的表面为90%～97%。可见，如果表面粗糙度值小，则零件间接触面积增加，压强小，可减小磨损的速度，这意味着较小的表面粗糙度值可提高零件的耐磨性，从而延长零件的使用寿命（图4-45）。

但对耐磨性来说，并不是表面粗糙度值越小越好，在一定摩擦条件（摩擦因数、摩擦速度及压力、润滑性质等）下，零件表面有一个最合适的表面粗糙度值（一般由试验确定）。表面粗糙度值太小，由于表面间接触紧密，不易形成润滑油膜，而且两表面分子间的亲和力增加，反而使磨损剧烈增加。图4-46表示发动机活塞销最合适的表面粗糙度值，这时的磨损最小。

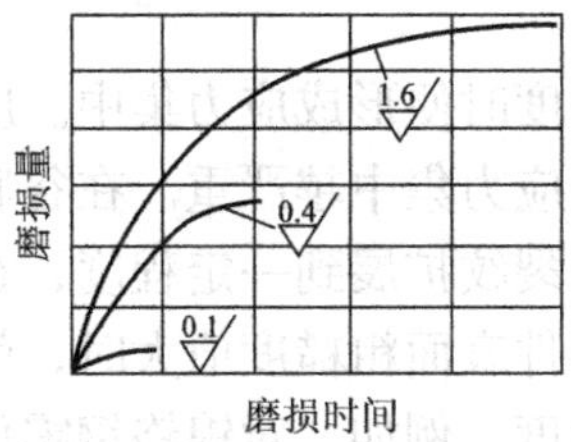

图4-45　表面粗糙度对磨损的影响

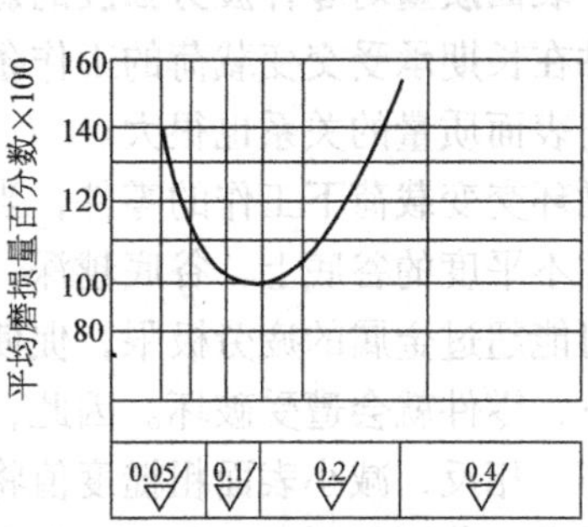

图4-46　发动机活塞销最合适的表面粗糙度值

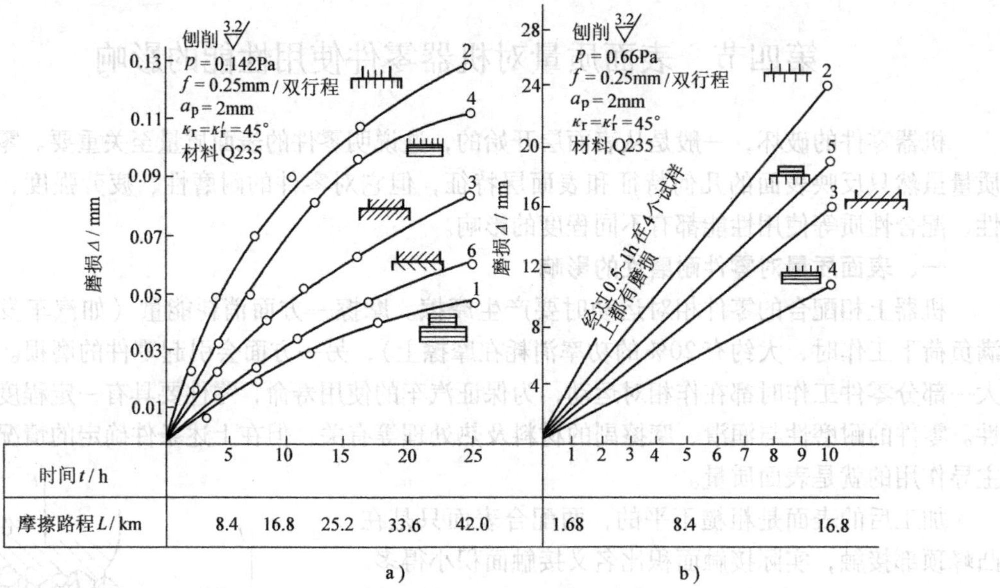

图4-47　加工纹理方向与磨损的关系

表面加工纹理方向对磨损也有影响，它随摩擦形式、摩擦条件和表面粗糙度的不同而不同，如图4-47所示。在压强不大，并有充分润滑的条件下（图4-47a），当两摩擦面的加工纹理方向都与摩擦运动方向平行时，磨损最小（曲线1）。当加工纹理方向都与摩擦运动方向垂直时，磨损最大（曲线2）。这是因为两个摩擦表面在相互运动时，切去了妨碍运动的凸峰，所以磨损剧烈。当压强增加（图4-47b），加工纹理方向都与摩擦运动方向平行时，磨损就大，当加工纹理方向相互垂直时，咬合的危险最小，因而磨损最小。发动机曲轴轴颈是在充分润滑条件下工作的，因此轴颈和轴瓦的加工纹理都应平行于摩擦运动的方向。

上述分析表明，为了提高耐磨性，必须使摩擦副表面具有符合摩擦条件的加工纹理方向。因此，对于机器零件的主要表面，除规定表面粗糙度参数值外，还应规定最后工序的加工方法及加工纹理方向。

零件表面层的强化程度和强化深度也对耐磨性有影响。表面层显微硬度的提高，增强了表面层的接触刚度，减少了摩擦表面发生塑性变形及咬合的现象。但硬度也不能过高，否则会降低金属组织的稳定性，使金属表面变脆。在摩擦过程中，有较小的颗粒脱落就会使磨损增大。

二、表面质量对零件疲劳强度的影响

零件在长期承受交变载荷的工作条件下，其疲劳强度除了与零件材料的物理力学性能有关外，与表面质量的关系也很大。

在循环交变载荷下工作的零件，当表面上有微观不平度时便形成应力集中。应力集中主要发生在不平度的谷底上，谷底越深，谷尖半径越小，则应力集中越严重。在谷底出现的应力数值可能超过金属的疲劳极限，促使裂纹逐渐扩展。当裂纹扩展到一定程度，在偶然的超载冲击下，零件就会遭受破坏。因此，承受循环载荷的零件表面粗糙度值大时，就容易发生疲劳破坏。相反，减小表面粗糙度值将有助于提高疲劳强度。例如，对镍铬钢零件表面进行磨削和抛光，分别得到 $R_a=0.16\sim0.32\mu m$ 和 $R_a=0.02\sim0.04\mu m$ 的表面粗糙度值，结果后者的疲劳极限比前者提高了 25%。

表面粗糙度对疲劳强度的影响，通常用一个表面系数 β 来表示。若光滑表面（如表面经过抛光）的疲劳强度为 σ_{-1}，而其他加工情况下表面的疲劳强度为 σ'_{-1}，则

$$\beta = \sigma'_{-1} / \sigma_{-1}$$

β 一般小于 1。经过强化处理的表面，β 也可能大于 1。

图 4-48 所示为用不同的方法加工一批塑性金属试件后，所得到的材料强度极限与表面系数 β 的关系。从图中可以看出，不同的加工方法，即不同的表面粗糙度对疲劳强度的影响是显著的。对于承受较大交变载荷的汽车零件，例如曲轴、转向节轴颈及圆角、变速器齿轮齿面等都规定了较小的表面粗糙度值，以提高这些零件的疲劳强度。从图中还可看到，随着材料强度的提高，表面状态对疲劳强度的影响也随之加大。因此，当零件材料选用高强度合金钢时，在相同的工作条件下，应该要求承受交变载荷零件的表面具有更小的表面粗糙度值，否则，高强度钢的承载能力，特别是疲劳强度将显著降低。例如航空发动机的主连杆体，虽然它的外表面不是配合表面，但必须进行精细抛光，就是这个原因。

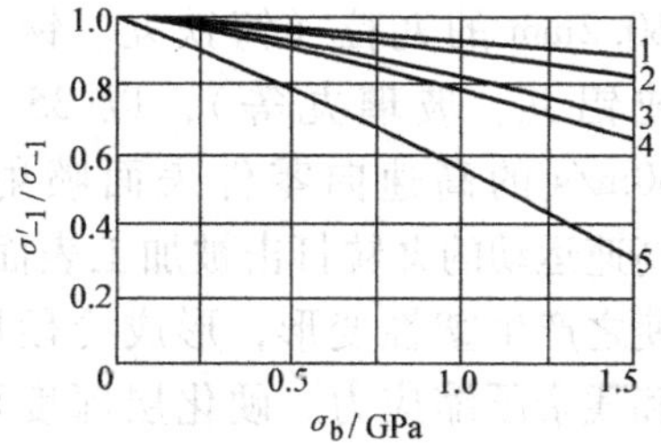

图 4-48　σ'_{-1}/σ_{-1} 与材料强度的关系

1—超精加工　2—精磨　3—粗磨

4—车削　5—铣削

铸铁和有色金属对应力集中不敏感，所以表面粗糙度值的大小对零件的疲劳强度影响不大。

金属的表面强化有助于提高零件疲劳强度，这是因为经过强化的表面层能阻碍疲劳裂纹的出现。强化过的表面层还可以显著地消除外部缺陷和表面微观不平度的有害影响。但冷硬层过大时，金属变脆，又容易产生裂纹，因此要求把冷硬层控制在合理的范围内。

疲劳强度还与零件表面的残余应力的性质有很大关系。表面层内有压缩残余应力时，将提高零件的疲劳强度；表面层内有拉伸残余应力时，将降低零件的疲劳强度。这是因为零件的疲劳破坏常常是由于反复的拉伸应力作用的结果，如果预先在零件的表面层中造成压缩应力，就可以抵消在循环交变载荷下所产生的拉伸应力的作用。

为提高零件的疲劳强度，可采用表面强化工艺，人为地在零件表面层造成压缩残余应力。表面强化工艺是通过冷挤压的方法使工件表面产生塑性变形，从而提高其表面层的硬度、强度，并形成残余压缩应力的工艺。在冷挤压过程中，表面微观凸峰被压平，从而也减小了表面粗糙度值。适当的表面强化不仅提高了零件的耐磨性，更重要的是提高了承受循环交变载荷零件的疲劳强度。

汽车零件常用的表面强化工艺有滚挤压加工和喷丸强化。

1. 滚挤压加工

图 4-49 所示的加工方法是汽车零件制造中常见的滚挤压加工方法。滚挤压加工，按工具对工件表面施力的机构不同，可分为刚性（图 b、c、d、e）和弹性施力机构（图 a）两种。滚挤压加工不仅可减小表面粗糙度值（从 R_a6.3 ~ 3.2μm 减小至 R_a1.6 ~ 0.05μm），而且强化了零件被滚挤压表面，使表面产生残余压应力，减小了切削加工时留下的切削痕迹等表面缺陷，从而降低了应力集中程度，疲劳强度一般可提高 10% ~ 20%。承受较大交变应力的轴类零件圆角经滚挤压后，疲劳强度可提高 60% 以上。目前滚挤压曲轴轴颈圆角已成

为曲轴工艺过程中的重要工序之一。

2. 喷丸强化

喷丸强化一般是利用压缩空气，将大量直径为 $\phi0.4\sim\phi0.2$mm 的丸粒（铸铁丸、钢丸或铝丸、玻璃丸等），以 35 ~ 50m/s 的高速向零件表面喷射。高速运动的丸粒打击被加工表面，使之产生塑性变形，形成冷硬层和残余压缩应力。硬化层深度可达 0.7mm，表面粗糙度值可由 $R_a2.5\sim5\mu m$ 减小到 $R_a0.32\sim0.63\mu m$。

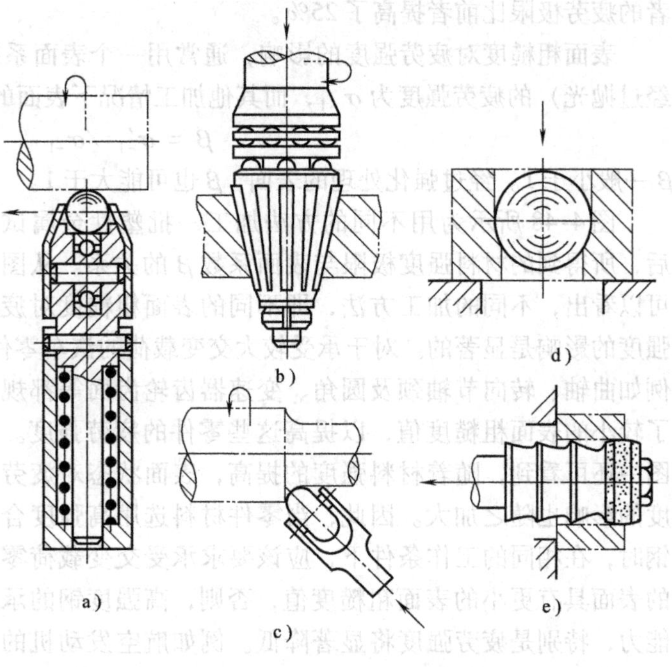

图 4-49 滚挤压加工示意图

喷丸强化常用的钢丸粒是切成相当短的钢丝（使用一段时间后，自然变成球状）。对于小零件或表面粗糙度值较小的零件，用较细的丸粒。对于铝制零件，为避免喷丸加工后在表面残留铁质微粒引起电化学腐蚀，应使用铝丸或玻璃丸。

喷丸加工主要用于强化形状复杂的零件。喷丸强化后汽车零件使用寿命将得到很大提高，如表 4-1 所示。

表 4-1 喷丸加工对汽车零件使用寿命的影响

零件名称	使用寿命提高百分比（%）	零件名称	使用寿命提高百分比（%）
齿　轮	400	半　轴	1900
板弹簧	600	曲　轴	2900
连　杆	1000	螺旋弹簧	5500

喷丸强化对于在腐蚀性环境中工作的零件，特别是淬火以后的零件，其增强耐腐蚀性、提高疲劳强度的效果更显著。

3. 表面质量对零件耐腐蚀性的影响

腐蚀性介质凝聚在金属表面，会对金属表层产生腐蚀作用。例如燃料在发动机中燃烧后的废气中含有酸性物质，它凝结在气缸壁上，使气缸壁发生腐蚀，加速了气缸的磨损。机械加工后表面产生凹谷或显微裂纹，腐蚀性物质就会积聚在凹谷和裂纹处，如图 4-50 所示，并按箭头方向产生侵蚀作用，逐渐渗透到金属内部，使金属断裂而剥落下来，然后形成新的凹凸表面。以后腐蚀作用再由新的凹谷向内扩展，如此重复继续下去。腐蚀的程度和速度与零件表面粗糙度有很大关系，表面粗糙度值越大，凹谷越

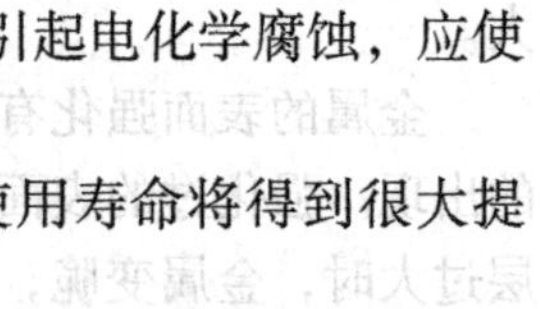
图 4-50 表面腐蚀过程

深，则越容易发生腐蚀。

在零件表面层造成压缩残余应力和一定程度的强化，将有助于提高零件的耐腐蚀性。

有些零件按其在机器中的作用，并不要求小的表面粗糙度值，但由于工作环境的原因，要求它有较高的耐腐蚀能力，此时，零件的表面必须经过抛光等精整、光整加工。

4. 表面质量对零件配合性质的影响

在间隙配合中，如果零件的配合表面很粗糙，则在工作过程中将会很快磨损，使配合间隙增大，从而改变了所要求的间隙配合性质。在过盈配合中，如果零件的配合表面很粗糙，则在配合时，表面的凸峰被压平，使有效过盈量减少，从而降低了过盈配合的联接强度。此外，在过盈配合中，如果表面强化现象严重，则强化层的金属在配合压力下很可能与内部金属脱离，从而破坏了配合性质。

思 考 题

一、解释下列名词术语

加工精度、加工误差、表面质量、尺寸精度、形状精度、位置精度、波度、纹理方向、刀具的尺寸磨损、工艺系统、工艺系统刚度、接触刚度、误差复映规律、原理误差、调整误差、测量误差、系统性误差、随机性误差、变值系统性误差、常值系统性误差、积屑瘤、表面强化、磨削烧伤、表面强化工艺。

二、思考题

1. 评定机械加工质量包括哪几方面内容?

2. 机械加工精度包括哪些内容? 试举例说明它们的概念。

3. 机械加工表面质量包括哪些内容?

4. 刀具制造误差及其在使用中的磨损，在哪些场合会直接影响加工精度? 试举例说明。

5. 影响机床刚度的因素有哪些? 提高机床部件刚度有哪些主要措施?

6. 何谓误差复映规律? 如何运用这一规律解释:

1）为何加工要求高的表面需经多次加工?

2）为什么用静调整法加工一批工件时会产生尺寸分散?

3）为什么精加工时采用小的进给量?

7. 有哪些热源会使工艺系统产生热变形? 工件和刀具产生热变形的热源有哪些?

8. 试分别说明下列加工条件对加工精度的影响有何不同:

1）刀具的连续切削与断续切削。

2）加工时工件均匀受热与不均匀受热。

3）机床热平衡前与热平衡后。

9. 一批零件加工时的加工误差性质分哪几种形式? 试举例说明它们产生的原因。

10. 何谓分布曲线法? 点图有哪几种形式? 各有何特点?

11. 影响切削和磨削加工表面粗糙度的因素有哪些? 如何减小切削和磨削加工的表面粗糙度值?

12. 何谓表面强化和残余应力? 如何控制?

13. 工件表面在磨削加工中产生残余应力的原因和性质与切削加工是否相同? 为什么?

14. 何谓磨削烧伤? 如何控制和避免?

15. 机械加工表面质量对机器零件的使用性能有何影响?

16. 何谓表面强化工艺? 为什么表面强化工艺能改善表面质量?

17. 试分析在车床上用两顶尖装夹车削细长光轴时，出现图 4-51a、b、c 所示三种误差的主要原因，并指出可分别采取什么方法来减小或消除。

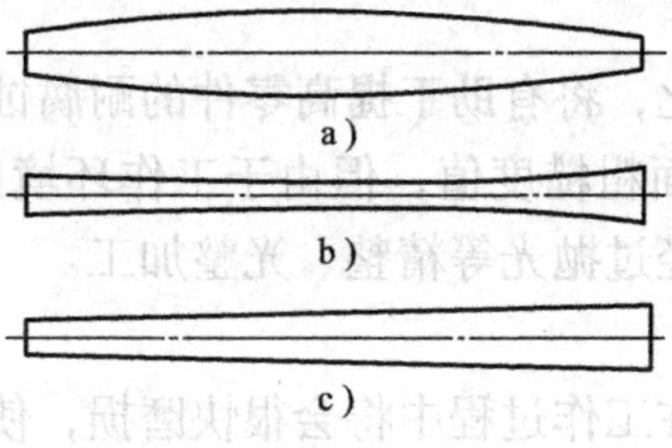

图 4-51 车削时产生的三种误差

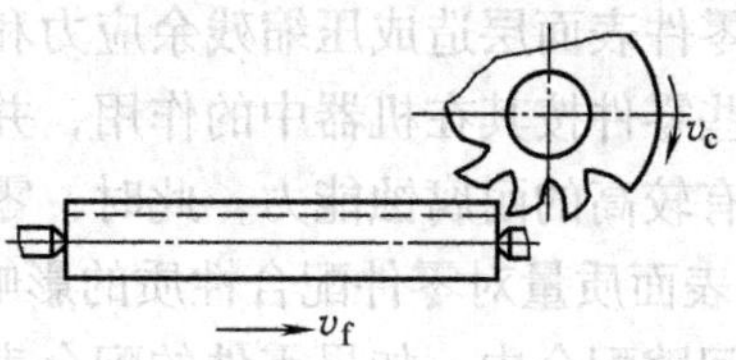

图 4-52 铣键槽时产生的尺寸误差

18. 在卧式铣床上铣削键槽（图 4-52），加工后经测量发现各处深度尺寸都比预先调整的小，并且靠工件两端处深度尺寸大于中间，试说明产生这一现象的原因。

19. 冷校直时工件内的残余应力是如何产生的？经冷校直后的轴再从表面上切去一层金属后会产生何种变形？

20. 在机械加工中，在什么条件下加工一批零件时，加工尺寸的分布曲线为正态分布？该曲线有何特点？表征曲线的特征参数有哪些？这些特征参数对分布曲线有何影响？

21. 磨削外圆表面时，为什么同时提高砂轮和工件的速度，既能减轻磨削烧伤，又不会增大表面粗糙度值？

第五章　尺寸链原理与应用

在汽车等机械产品设计过程中，设计人员根据某一部件或总成的使用性能要求，规定必要的装配精度（装配技术要求）。装配精度的保证、装配精度与零件设计尺寸及其极限偏差的合理标注，以及零件设计尺寸与零件制造过程中的工序尺寸间的关系等，都必须借助于尺寸链原理来解决。因此，尺寸链原理是汽车等机械设计人员和零件制造工艺人员必须掌握的工艺基础理论。

本章将结合汽车零、部件或总成，阐述尺寸链的基本概念、计算方法、装配尺寸链的建立、装配精度的保证方法，以及用工艺尺寸链确定零件制造过程中的工序尺寸及其极限偏差等的相关内容。

第一节　尺寸链的基本概念

一、尺寸链的定义及其组成

1. 尺寸链的定义及尺寸链图

在汽车等机械装配或零件加工过程中，由相互连接的尺寸形成封闭的尺寸组，称为**尺寸链**。图5-1a所示为汽车变速器倒挡装置图，图中所示轴向间隙A_0，取决于壳体内壁间轴向尺寸A_1、止推垫片厚度尺寸A_2、A_4和倒档中间齿轮轮毂间宽度尺寸A_3，尺寸A_0、A_1、A_2、A_3和A_4按一定尺寸顺序形成了一个封闭尺寸组，即为尺寸链。

图5-2a所示为内燃机活塞图，尺寸A_1和A_2为活塞轴向设计尺寸，与未标注的尺寸A_0构成了封闭尺寸组，而尺寸A_0的值由尺寸A_1和A_2决定。这个由零件相关尺寸构成的封闭尺寸组，称为尺寸链。尺寸A_1'和A_3'是零件制造中的工序尺寸，A_0'是由A_1'、A_3'直接保证后而间接获得的尺寸，A_1'、A_3'和A_0'组成一尺寸链。

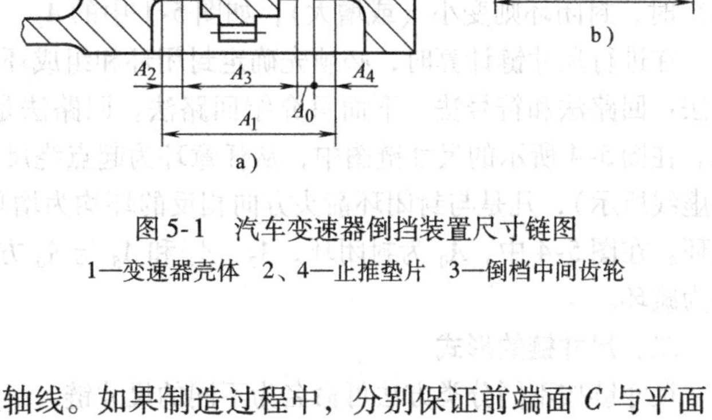

图5-1　汽车变速器倒挡装置尺寸链图
1—变速器壳体　2、4—止推垫片　3—倒档中间齿轮

图5-3所示为汽车变速器壳体图，图中C为变速器壳体前端面，Ⅰ和Ⅱ分别为一轴、中间轴轴承座孔轴线。如果制造过程中，分别保证前端面C与平面B间的垂直度α_1以及平面B与一轴轴承座孔轴线Ⅰ间的平行度α_2，则前端面C与一轴轴承座孔轴线Ⅰ间的垂直度α_0被间接获得，α_1、α_2和α_0在加工中形成了由位置公差构成的尺寸链。

上述三例构成的尺寸链中，图5-1所示为装配单元上构成的装配尺寸链，图5-2左侧所示尺寸链为零件尺寸链，图 5-2 右侧和图 5-3 所示尺寸链为零件制造中构成的工艺尺寸链。

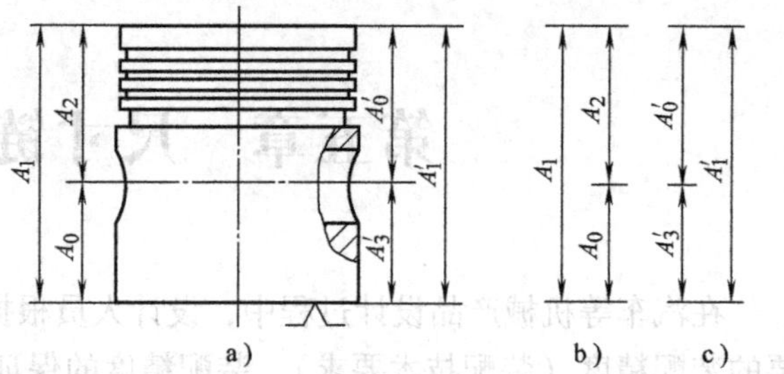

图 5-2　内燃机活塞尺寸链图

由上述可知，尺寸链具有以下三个特征：

1）具有封闭性。组成尺寸链的各尺寸是按一定顺序排列的封闭尺寸图形。

2）具有尺寸关联性。尺寸链中都存在一个尺寸 A_0 或 α_0，其值由其他尺寸决定或受其他尺寸影响。

3）尺寸链至少由三个尺寸或位置公差构成。

图 5-1b、图 5-2b、c 和图 5-3b 所示为尺寸链图。在研究尺寸链时，为了方便，各尺寸只需保持连接关系，不必严格按比例绘制尺寸链图形。

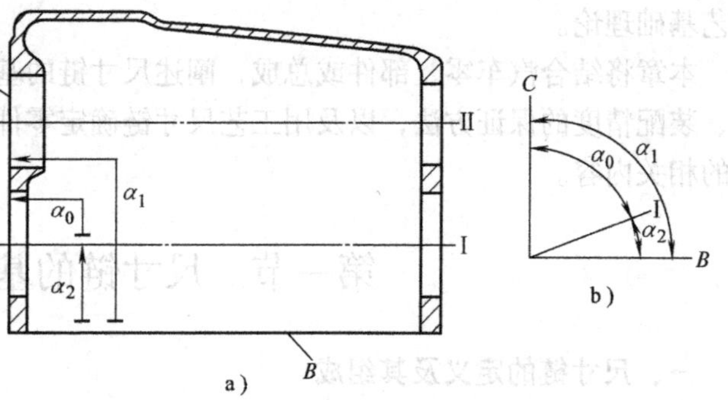

图 5-3　变速器壳体尺寸链图

2. 尺寸链的组成

尺寸链中的每一个尺寸或位置公差，简称为**环**。尺寸链的环因其形成的特点不同，分为封闭环和组成环。封闭环是在装配和加工过程中间接获得的环，如图 5-1、图 5-2 和图 5-3 中的 A_0 和 α_0。一个尺寸链中只有一个封闭环。**组成环**是对封闭环有影响的全部环，亦即尺寸链中除封闭环以外的环都是组成环。根据组成环对封闭环的影响，组成环又可分为增环和减环。**增环**是指该环的变化引起封闭环作同向变化的组成环，即该环增大（或减小）时，封闭环也随之增大（或减小），如图 5-1、图 5-2a 中的 A_1，图 5-2c 中的 A_1'环。**减环**是指该环的变化引起封闭环作反向变化的组成环，即该环增大（或减小）时，封闭环则变小（或增大），如图 5-1 中的 A_2、A_3 和 A_4，图 5-2 中的 A_2 和 A_3'。

在进行尺寸链计算时，必须先确定封闭环和组成环中的增、减环。判别增、减环有两种方法：回路法和符号法。下面只介绍回路法。回路法是按尺寸链图中尺寸的连接顺序判别的。在图 5-4 所示的尺寸链图中，从任意环为起点绕尺寸链回路连接顺序画出单向箭头（图中虚线所示），凡是与封闭环箭头方向相反的环均为增环，与封闭环箭头方向同向的环均为减环。在图 5-4 中，A_0 为封闭环，A_2、A_4 和 A_5 与 A_0 方向相反为增环，A_1、A_3 与 A_0 方向相同为减环。

二、尺寸链的形式

尺寸链按不同分类方法可命名为不同的尺寸链。

1. 按尺寸链各环的几何特征和所处空间位置的不同分类

（1）直线尺寸链　**直线尺寸链**是指全部组成环平行于封闭环的尺寸链。它是尺寸链中最基本的、最常见的一种尺寸链。因为它的几何量是线性尺寸，故亦称为线性尺寸链。图 5-1、图 5-2 和图 5-4 所示尺寸链均为直线尺寸链。

（2）角度尺寸链　**角度尺寸链**是指全部环的几何量均为角度尺寸的尺寸链。图 5-5 所示尺寸链为具有公共角顶的由纯角度几何量形成的角度尺寸链。图 5-3 所示尺寸链是由位置公差所形成的角度尺寸链，平行度可视为 0°或 180°角度，垂直度视为 90°角度。

（3）平面尺寸链　**平面尺寸链**是指全部组成环位于一个或几个平行平面内，但某些组成环不平行于封闭环的尺寸链。如图 5-6 所示由上、下两箱体组成的组件图，B 和 C 代表相啮合齿轮的两个轴承座孔中心，B 与 C 间的中心距为 A_0，B 孔与 C 孔中心坐标尺寸分别为 A_1、A_2 与 A_3、A_4，它们与 A_0 构成平面尺寸链（图 5-6b）。平面尺寸链可用投影的方法将各组成环向封闭环所在方向投影，转换成直线尺寸链，即由 A_1'、A_2'、A_3'、A_4' 及 A_0 构成的直线尺寸链。在汽车箱体类零件中经常遇到平面尺寸链。

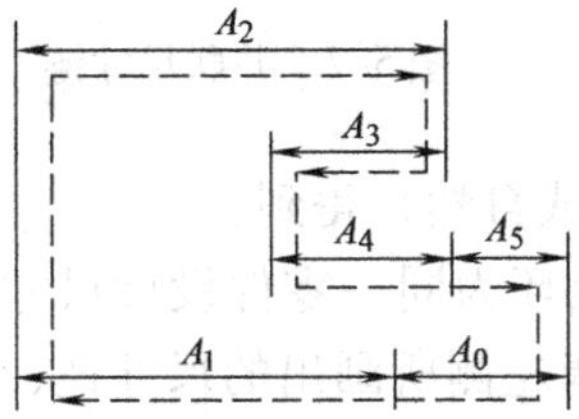

图 5-4　增、减环的回路判别法

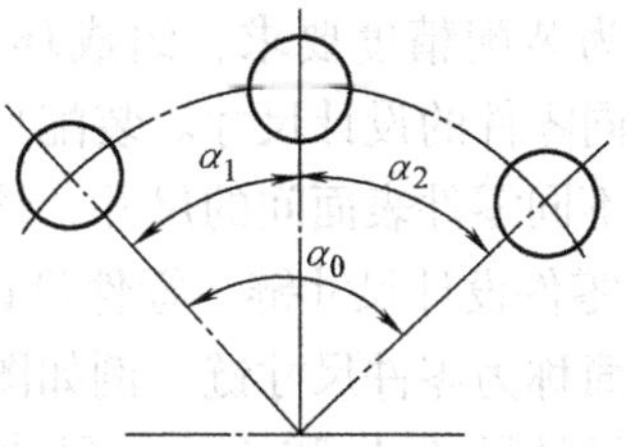

图 5-5　角度尺寸链

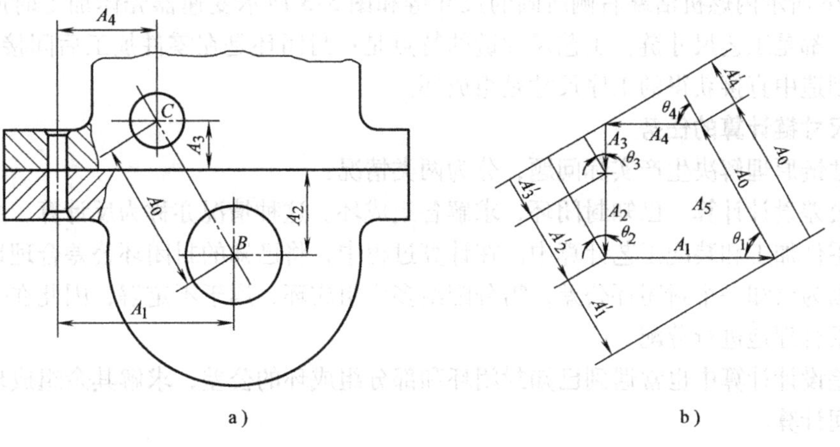

图 5-6　平面尺寸链

（4）空间尺寸链　**空间尺寸链**是指组成环位于几个不平行平面内的尺寸链。可通过投影的方法，先将空间尺寸链转换成平面尺寸链，然后再转换成直线尺寸链求解。

2. 按尺寸链相互关系分类

（1）独立尺寸链　**独立尺寸链**是指所有组成环和封闭环只属于该尺寸链，不参与其他尺寸链组成的尺寸链。

（2）并联尺寸链　**并联尺寸链**是指由若干个尺寸链联结在一起，尺寸链间互相有影响的尺寸链。若干尺寸链构成并联尺寸链时，其中一个或几个环共属于两个或两个以上的尺寸链，这些环称为公共环。公共环可为一尺寸链的组成环，也可为一尺寸链的封闭环作为另一尺寸链的组成环。例如图 5-7 所示，由三个尺寸链并联，A 尺寸链中的组成环 A_4 又是 B 尺寸链的组成环 B_1，即通过公共环 $A_4=B_1$，将两个尺寸链并联；B 尺寸链中的封闭环 B_0 又是

C 尺寸链的组成环 C_2，即这两个尺寸链通过公共环 $B_0=C_2$ 相联系。在研究并联尺寸链时，可将一个较复杂的尺寸链转换成两个或数个较简单的尺寸链，也可以将几个简单的尺寸链转换成一个较复杂的尺寸链。例如以图 5-7 为例，B、C 尺寸链转换成一个较复杂尺寸链时，尺寸链变为 B_1、B_2、B_3、B_4、B_5、C_1、C_0。

3. 按尺寸链的应用范围分类

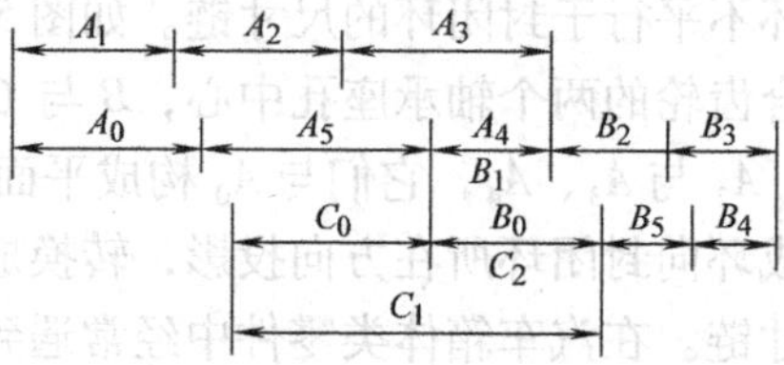

图 5-7　并联尺寸链

（1）装配尺寸链　**装配尺寸链**是指全部组成环为不同零件设计尺寸所形成的尺寸链。图 5-1 所示为装配尺寸链，封闭环 A_0 是变速器壳体与止推垫片间的轴向间隙，是装配后间接（或自然）形成的尺寸，亦称为装配精度要求；组成环 A_1、A_2、A_3、A_4 分别为不同零件的设计尺寸。装配尺寸链的特点为：封闭环是不同零件表面间的尺寸，该尺寸在装配后间接（或自然）得到。

（2）零件设计尺寸链　**零件设计尺寸链**是指全部组成环为同一零件设计尺寸所形成的尺寸链，简称为零件尺寸链。例如图 5-2b 所示内燃机活塞左侧所画出的尺寸链，零件图样上标注有设计尺寸 A_1 和 A_2——尺寸链组成环，未标注的尺寸 A_0——封闭环。

（3）工艺尺寸链　**工艺尺寸链**是指全部组成环为同一零件工艺尺寸所形成的尺寸链。例如图 5-2c 所示内燃机活塞右侧所画的尺寸链和图 5-3 所示变速器壳体加工时所形成的角度尺寸链，都是工艺尺寸链。工艺尺寸链的特点是：封闭环是在零件加工后间接（或自然）得到的，制造中直接获得的工序尺寸是组成环。

三、尺寸链计算的任务

用尺寸链原理解决生产实际问题，分为两类情况：

（1）公差设计计算　已知封闭环，求解各组成环。这种情况亦称为反计算，主要用于产品设计、零件加工和装配工艺计算中。在计算过程中，将已知的封闭环公差合理地分配给各组成环。因为已知一个封闭环公差，需分配给多个组成环，属于不定解，因此在分配时要考虑多个因素合理地进行分配。

在公差设计计算中也常遇到已知封闭环和部分组成环的公差，求解其余组成环公差，一般称为中间计算。

（2）公差校核计算　已知组成环，求解封闭环。这种情况亦称为正计算，主要用于校核封闭环的公差和极限偏差，其计算所得的解是唯一的。工艺人员经常利用公差校核计算来验证产品设计人员确定的相关零件设计尺寸、公差及极限偏差的正确性，和装配方法选择的合理性。

第二节　尺寸链计算的基本公式

汽车等机械产品的零件尺寸，一般采用基本尺寸及其上、下偏差来表达。在尺寸链计算中，封闭环与组成环之间的基本尺寸、公差和极限偏差的关系，必须按照不同的公式进行计算。本节内容将介绍在不同生产条件下所采用的尺寸链计算公式。

一、直线尺寸链的计算

下面将以直线尺寸链计算为例，重点介绍直线尺寸链的计算方法和计算公式。角度尺寸链的计算方法和计算公式与直线尺寸链的计算相同。平面尺寸链可以利用投影的方法转换成直线尺寸链，然后再利用直线尺寸链的计算方法和计算公式进行计算。

尺寸链公差和极限偏差计算有两种方法：极值法和统计法（亦称概率法）。计算封闭环与组成环基本尺寸之间关系的公式，称为尺寸链方程式。

（一）封闭环基本尺寸的计算

封闭环与组成环基本尺寸之间的关系，可以用尺寸链方程式进行计算。图5-8a所示为一典型的含有 $n-1$ 个组成环的直线尺寸链，封闭环基本尺寸 A_0 可按下式计算

$$A_0 = \sum_{z=1}^{k} A_z - \sum_{j=k+1}^{n-1} A_j \qquad (5\text{-}1)$$

式中 A_z——增环 A_1、$A_2 \cdots A_k$ 的基本尺寸；

A_j——减环 A_{k+1}、$A_{k+2} \cdots A_{n-1}$ 的基本尺寸；

k——增环环数；

n——尺寸链环数。

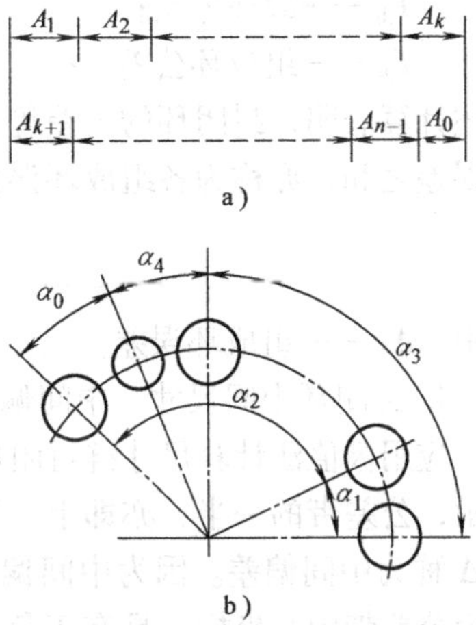

图5-8 典型的尺寸链图

图5-8b所示为角度尺寸链，封闭环基本角度 α_0 可按下式计算

$$\alpha_0 = \sum_{z=1}^{k} \alpha_z - \sum_{j=k+1}^{n-1} \alpha_j \qquad (5\text{-}2)$$

式中 α_z——增环基本角度；

α_j——减环基本角度。

（二）极值法计算封闭环极限尺寸、公差及极限偏差

极值法是按组成环均处于极限尺寸条件下，对封闭环极限尺寸、公差进行计算的方法。

1. 封闭环极限尺寸的计算

封闭环最大极限尺寸 A_{0max} 和最小极限尺寸 A_{0min} 按以下两个公式进行计算

$$A_{0max} = \sum_{z=1}^{k} A_{zmax} - \sum_{j=k+1}^{n-1} A_{jmin} \qquad (5\text{-}3)$$

$$A_{0min} = \sum_{z=1}^{k} A_{zmin} - \sum_{j=k+1}^{n-1} A_{jmax} \qquad (5\text{-}4)$$

式中 A_{zmax}、A_{zmin}——分别为增环的最大、最小极限尺寸；

A_{jmax}、A_{jmin}——分别为减环的最大、最小极限尺寸。

2. 封闭环上、下偏差的计算

封闭环上、下偏差 ES_{A0} 和 EI_{A0} 可由式（5-3）、式（5-4）减去式（5-1）得到

$$ES_{A0} = \sum_{z=1}^{k} ES_{Az} - \sum_{j=k+1}^{n-1} EI_{Aj} \qquad (5\text{-}5)$$

$$EI_{A0} = \sum_{z=1}^{k} EI_{Az} - \sum_{j=k+1}^{n-1} ES_{Aj} \qquad (5\text{-}6)$$

式中 ES_{Az}、EI_{Az}——分别为增环的上、下偏差；

ES_{Aj}、EI_{Aj}——分别为减环的上、下偏差。

3. 封闭环的公差和误差的计算

封闭环的公差 T_{A0} 可由式（5-3）减去式（5-4），或式（5-5）减去式（5-6）得到

$$T_{A0}=A_{0\max}-A_{0\min}=\sum_{z=1}^{k}T_{Az}+\sum_{j=k+1}^{n-1}T_{Aj}=\sum_{i=1}^{n-1}T_{Ai} \tag{5-7}$$

或

$$T_{A0}=ES_{A0}-EI_{A0}=\sum_{z=1}^{k}T_{Az}+\sum_{j=k+1}^{n-1}T_{Aj}=\sum_{i=1}^{n-1}T_{Ai}$$

式中 T_{Az}——增环公差；

T_{Aj}——减环公差；

T_{Ai}——组成环公差。

上述计算表明，封闭环的公差等于各组成环公差之和。同理，封闭环的误差 Δ_{A0} 等于各组成环误差之和，亦称为各组成环误差的累计，即

$$\Delta_{A0}=\sum_{i=1}^{n-1}\Delta_{Ai} \tag{5-8}$$

式中 Δ_{Ai}——组成环误差。

4. 封闭环中间尺寸、中间偏差和极限偏差

应用极值法计算尺寸链封闭环上、下偏差，也可以应用中间偏差来进行计算。如图 5-9 所示，公差带的一半，亦即上、下偏差平均值对应于零线的坐标值 Δ_i 称为中间偏差。因为中间偏差对零线表示，所以中间偏差亦称为公差带中心坐标，具有正负号。最大极限尺寸与最小极限尺寸的平均值 A_{im} 称为中间尺寸，亦即中间偏差处对应的尺寸。封闭环的中间尺寸 A_{0m} 等于

$$A_{0m}=\sum_{z=1}^{k}A_{zm}-\sum_{k+1}^{n-1}A_{jm} \tag{5-9}$$

式中 A_{zm}——增环的中间尺寸；

A_{jm}——减环的中间尺寸。

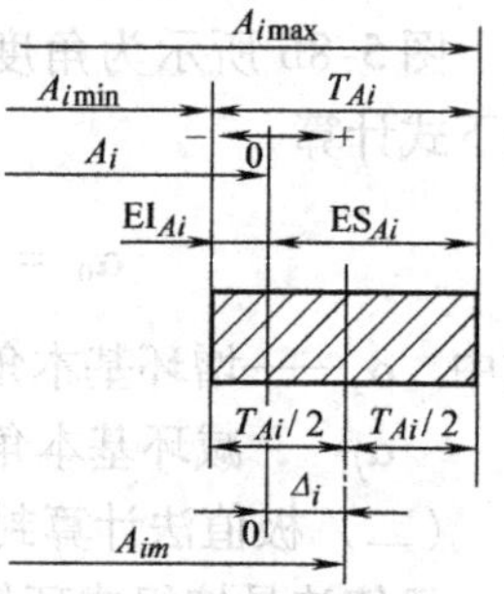

图 5-9 尺寸与极限偏差关系图

封闭环的中间偏差 Δ_0，可由式（5-9）减去式（5-1）得出

$$\Delta_0=\sum_{z=1}^{k}\Delta_z-\sum_{j=k+1}^{n-1}\Delta_j \tag{5-10}$$

式中 Δ_z——增环的中间偏差；

Δ_j——减环的中间偏差。

通过封闭环的中间偏差，也可以计算出封闭环的上、下偏差。组成环和封闭环的上、下偏差为

$$ES_{Ai}=\Delta_i+\frac{T_{Ai}}{2} \tag{5-11}$$

$$EI_{A_i}=\Delta_i-\frac{T_{Ai}}{2} \tag{5-12}$$

$$ES_{A0}=\Delta_0+\frac{T_{A0}}{2} \tag{5-13}$$

$$ES_{A0}=\Delta_0-\frac{T_{A0}}{2} \tag{5-14}$$

通过上述的计算可以知道，极值法计算尺寸链的特点是简便和可靠性高，即使组成环均按极值尺寸或极限偏差进行加工，也能可靠保证封闭环的极限尺寸或极限偏差。但是在封闭环公

差较小、组成环环数较多时，对组成环必须规定较小的公差，使零件加工困难，加工成本增加。因此，极值法计算尺寸链主要应用于封闭环公差要求较小，组成环环数也较少的尺寸链；或者封闭环公差要求较大，组成环环数稍多的尺寸链，即组成环平均公差较大的尺寸链。

（三）统计法计算封闭环极限尺寸、公差及极限偏差

统计法是应用概率论原理进行尺寸链计算的方法。

在大批大量生产一批工件时，在正常生产条件下，被加工零件的工序尺寸将按一定规律分布（例如正态分布），工序尺寸获得极限尺寸的可能性是很小的。根据概率乘法定理知道，多环极限尺寸重合的概率等于各组成环出现极限尺寸概率的乘积。组成环环数越多，组成环极限尺寸相遇的概率越小。因此，在大批大量生产时，在组成环环数较多的条件下，应用极值法计算尺寸链显然是不合理的。此时应该应用统计法计算尺寸链。

应用统计法计算尺寸链，封闭环与组成环基本尺寸的关系仍然应用式（5-1）进行计算。

从概率论与数理统计知道，在大批大量生产时，在正常生产条件下，零件工序尺寸或加工误差一般都按正态分布，如图 5-10 所示。正态分布曲线由两个特征参数表达，即平均尺寸（算术平均尺寸）$\overline{A}_i(\overline{A}_0)$ 和均方根偏差（标准差）$\sigma_i(\sigma_0)$。如果工序尺寸 A_i 基本都在 $A_i \pm 3\sigma_i$ 范围内，超出此范围的工序尺寸只有 0.27% 的概率。当加工误差 $\Delta_{Ai} = T_{Ai}$ 时，则 $T_{Ai} = 6\sigma_i$。

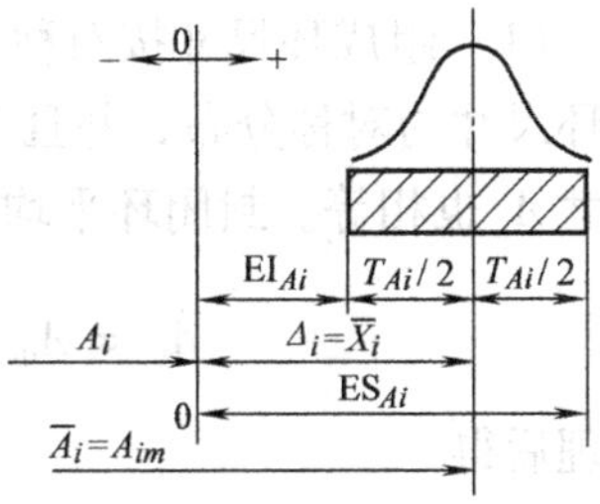

图 5-10　组成环为正态分布时的公差带

当加工中某些因素起主导影响时，零件工序尺寸或加工误差就不按正态分布。表 5-1 列出了几种常见的尺寸分布曲线。

表 5-1　不同分布曲线的相对分布系数 k_i 和相对不对称系数 e_i

分布特征	正态分布	三角分布	均匀分布	平顶分布	瑞利分布	偏态分布	
						外尺寸	内尺寸
分布曲线	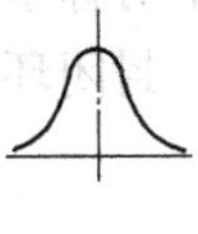	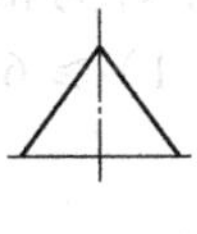	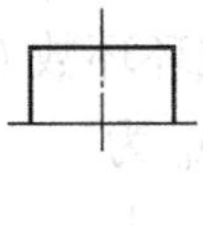	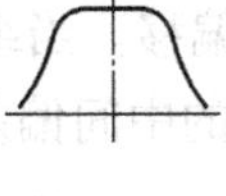	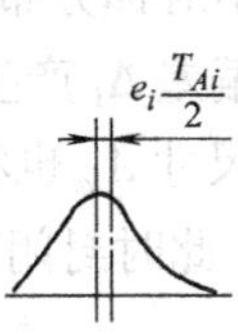	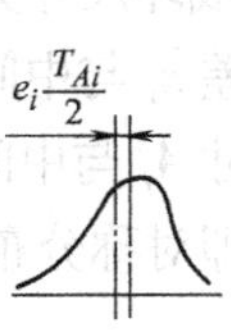	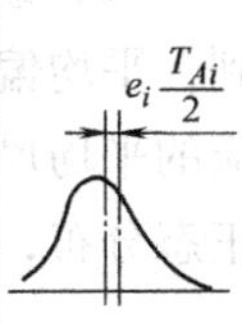
k_i	1	1.22	1.73	1.1 ~ 1.5	1.14	1.17	1.17
e_i	0	0	0	0	−0.28	0.26	−0.26

图 5-11 所示为一种偏态分布——非对称分布，图中表示出基本尺寸、平均尺寸和中间尺寸间的关系。

1. 封闭环的公差

（1）组成环尺寸按正态分布时封闭环公差的计算　从概率论理论知道，当多环组成环尺寸均为正态分布时，封闭环尺寸也为正态分布。从概率论可以推导出，封闭环公差等于组成环公差平方和的平方根，即

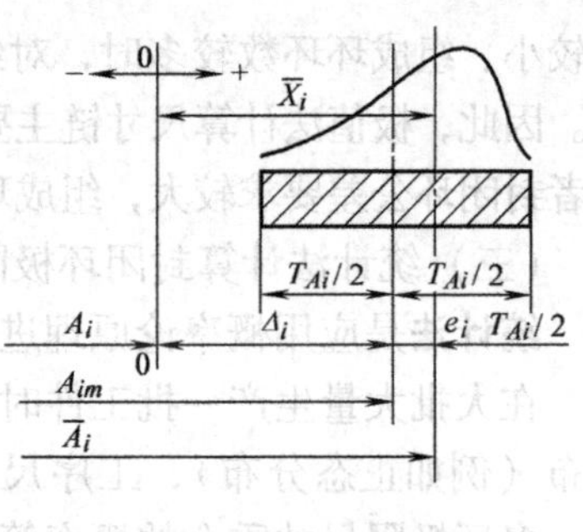

图 5-11 组成环为非对称分布时的公差带

$$T_{A0} = \sqrt{\sum_{i=1}^{n-1} T_{Ai}^2} \tag{5-15}$$

(2) 组成环尺寸不符合正态分布时封闭环公差的计算

如果组成环尺寸不符合正态分布时，根据概率论理论可知，只要组成环数目足够大，如组成环数 $(n-1) \geqslant 6$，且各组成环尺寸分布范围相差不大时，封闭环尺寸分布仍接近于正态分布。此时，封闭环公差 T_{A0} 为

$$T_{A0} = \sqrt{\sum_{i=1}^{n-1} k_i^2 T_{Ai}^2} \tag{5-16}$$

式中 k_i——相对分布系数（参见表 5-1）。

2. 封闭环的上、下偏差

封闭环的上、下偏差计算，需要通过中间偏差来进行。

(1) 组成环尺寸按对称分布 且中间偏差与平均偏差重合的情况 如图 5-10 所示，组成环尺寸为对称分布，并且中间偏差 Δ_i 与平均偏差 $\bar{X}_i$ 相等时，对应的中间尺寸 A_{im} 与平均尺寸 $\bar{A}_i$ 也相等。封闭环平均尺寸

$$\bar{A}_0 = A_{0m} = A_0 + \Delta_0 = \sum_{z=1}^{k} (A_z + \Delta_z) - \sum_{j=k+1}^{n-1} (A_j + \Delta_j)$$

整理后得

$$\Delta_0 = \sum_{z=1}^{k} \Delta_z - \sum_{j=k+1}^{n-1} \Delta_j$$

上式与式（5-10）完全相同。封闭环的上、下偏差按下式计算

$$\mathrm{ES}_{A0} = \Delta_0 + \frac{T_{A0}}{2}$$

$$\mathrm{EI}_{A0} = \Delta_0 - \frac{T_{A0}}{2}$$

(2) 组成环尺寸为不对称分布情况 当组成环尺寸为不对称分布时，从图 5-11 可以看到，平均偏差 $\bar{x}_i$ 与中间偏差 Δ_i 产生偏离，其偏移量为 $e_i T_{Ai}/2$，e_i 为相对不对称系数。相对应的平均尺寸 $\bar{A}_i$ 与中间尺寸 A_{im} 也将偏移。当组成环环数 $(n-1) \geqslant 6$ 时，封闭环仍接近于正态分布，即对称分布。此时封闭环的中间偏差 Δ_0 为

$$\Delta_0 = \sum_{z=1}^{k} \left(\Delta_z + e_z \frac{T_{Az}}{2}\right) - \sum_{j=k+1}^{n-1} \left(\Delta_j + e_j \frac{T_{Aj}}{2}\right) \tag{5-17}$$

封闭环上、下偏差可按式（5-13）和式（5-14）计算，即

$$\mathrm{ES}_{A0} = \Delta_0 + \frac{T_{A0}}{2}$$

$$\mathrm{EI}_{A0} = \Delta_0 - \frac{T_{A0}}{2}$$

通过上述应用统计法进行尺寸链的计算可知，在大批大量生产时，尺寸链为多环（如 $n-1 \geqslant 6$）条件下，统计法计算的合理性很高；在公差设计计算时，可以获得比极值法计算确定的更大的组成环平均公差。例如，有一尺寸链环数 $n-1=6$，封闭环设计要求的公差为

$T_{A0}=0.12\text{mm}$，分别用两种计算方法求出组成环平均公差。应用极值法求出组成环平均极值公差 $T_{\text{av,L}}$ 为

$$T_{\text{av,L}}=\frac{T_{A0}}{n-1}=0.02\text{mm}$$

应用统计法求出组成环平均平方公差 $T_{\text{av,Q}}$ 为

$$T_{\text{av,Q}}=\frac{T_{A0}}{\sqrt{n-1}}\approx 0.049\text{mm}$$

反之，如果进行公差校核计算，即已知各组成环公差，求解封闭公差，统计法计算得到的封闭环公差值比极值法计算的小，即封闭环精度高。统计法计算尺寸链的缺点是计算较为复杂，并且必须已知组成环尺寸的分布规律。

在汽车零件生产中，由于都属丁大批大量生产，并且零件加工中影响尺寸分布的随机因素较为稳定，可以认为零件尺寸分布为正态分布，可取 $k_i=1$，$e_i=0$。这给统计法计算带来很大的方便。

统计法计算尺寸链适合于在大批大量生产中解算多环（$n\geqslant 7$）尺寸链时应用。

二、平面尺寸链的计算

平面尺寸链在汽车箱体类零件中较为常见。在上节中已指出，平面尺寸链可用投影的方法转换为直线尺寸链进行计算。例如，图 5-6 所示实例，可用投影的方法将平面尺寸链转换为直线尺寸链 A_1'、A_2'、A_3'、A_4' 和 A_0，其中 $A_1'=A_1\cos\theta_1$；$A_2'=A_2\cos\theta_2$；$A_3'=A_3\cos\theta_3$；$A_4'=A_4\cos\theta_4$，$\cos\theta_i$ 称为传递系数（或传递比）。传递系数是表示转换后的组成环对封闭环影响的程度和方向。它具有正、负号，增环为正号，减环为负号，并用 ξ 表示。对于直线尺寸链，增环 $\xi_z=+1$，减环 $\xi_j=-1$。

1. 封闭环基本尺寸的计算

平面尺寸链的尺寸链方程式是表明封闭环与组成环间尺寸关系的方程式。封闭环基本尺寸为

$$A_0=\sum_{z=1}^{k}\xi_z A_z+\sum_{j=k+1}^{n-1}\xi_j A_j=\sum_{i=1}^{n-1}\xi_i A_i \tag{5-18}$$

式中 ξ_z、ξ_j——分别表示增、减环的传递系数。

2. 封闭环公差的计算

对式（5-18）进行全微分，得到用极值法计算封闭环公差的关系式

$$T_{A0}=\sum_{i=1}^{n-1}\left|\frac{\partial A_0}{\partial A_i}\right|T_{Ai}=\sum_{i=1}^{n-1}|\xi_i|\,T_{Ai} \tag{5-19}$$

式中 $\dfrac{\partial A_0}{\partial A_i}$——封闭环对组成环 A_i 的偏导数，即传递系数 ξ_i。

计算实例可参看本章第五节中的“孔系坐标尺寸的计算”。

第三节 装配尺寸链的建立

在汽车总成或部件的设计阶段，根据装配精度和汽车总成或部件的结构，建立相应的装配尺寸链，并决定采用相应的保证装配精度的方法，正确地计算装配尺寸链，以期合理地标

注零件设计尺寸及极限偏差等。在进行装配工艺准备中，工艺人员也需要根据装配精度要求和相关零件的设计尺寸及其极限偏差等资料，对装配尺寸链进行计算，核算相应零件设计尺寸及其极限偏差规定的正确性。进行以上设计计算工作，都需要首先建立装配尺寸链。建立装配尺寸链的依据是装配精度。

一、装配精度

为了保证汽车总成或部件的使用性能，产品设计人员在产品设计时，都规定了许多装配精度。所谓**装配精度**，是指机械产品或装配部件在装配后不同零件表面间形成的几何参数（尺寸、位置公差）及工作性能与理想值的接近程度。装配精度就是装配尺寸链的封闭环，是通过控制装配尺寸链的封闭环予以保证的，因此装配精度是建立装配尺寸链的依据。直接影响装配精度的那些零件的设计尺寸及形状、位置公差，都是装配尺寸链的组成环。

汽车总成或部件为保证其具有良好使用性能，都规定了许多装配精度。在汽车总成或部件中常见的装配精度，可以归纳为以下一些形式：

1）轴与孔配合的间隙或过盈量。

2）旋转体零件与固定不动零件间的轴向间隙。如图 5-12 所示的曲轴 1 轴肩与止推垫片 4 间的间隙 A_0 和图 5-1 所示汽车变速器倒挡装置中止推垫片 4 与齿轮 3 轮毂端面间的轴向间隙 A_0 等。

3）为避免零件间互相碰撞，须在不同旋转速度零件间设置轴向间隙。参见图 5-17a 所示第一轴 4 与四、五速固定齿座 5 间的轴向间隙 A_0。

4）某些零件在机构中需要轴向定位而规定一定的轴向间隙。如凸轮轴、曲轴在缸体中应该具有一定的轴向位置，采用轴颈轴肩作为轴向定位。图 5-12 所示曲轴最末端主轴颈在轴承座中轴向定位须规定一定的轴向间隙 A_0。

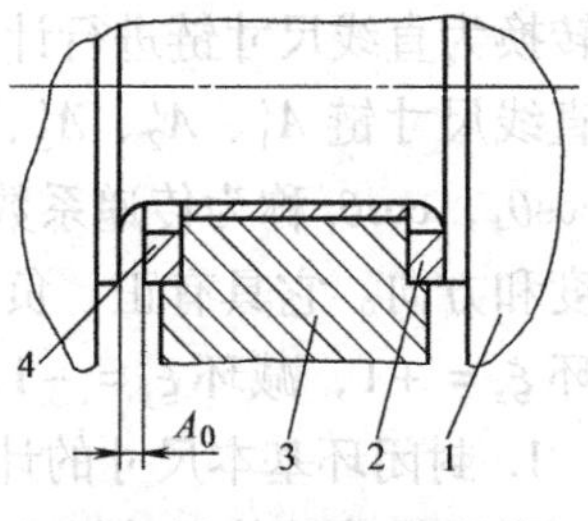

图 5-12　曲轴的轴向间隙
1—曲轴　2、4—止推垫片
3—气缸体轴承座

5）使用轴用或孔用弹性挡圈固定零件的轴向位置和锁环，为便于装于槽中而规定一定的轴向间隙。参见图 5-17a 中前轴承 3 安装在第一轴 4 的轴颈上，用轴用弹性挡圈予以固定，弹性挡圈右端面与轴承内圈左端面间具有一定轴向间隙；图 5-18a 所示用前轴承外圈 3 槽中的锁环 4 对轴承进行轴向定位，锁环与前轴承外圈槽间的轴向间隙 F_0。

6）为保证齿轮正常啮合传动，对圆柱齿轮副和蜗杆副中心距极限偏差提出的要求。

7）为保证蜗杆副正确啮合接触，对蜗杆副提出蜗轮中间平面对蜗杆回转中心的偏移（称为蜗杆副中心平面偏移）B_0 要求（参看图 5-53）。

8）为保证锥齿轮副的正确啮合传动，对锥齿轮齿圈提出齿圈轴向位移极限偏差 $A_0' = \pm f_{AM}$ 要求，如图 5-13 所示。如果不考虑节锥角变化的影响，也可将此项要求转换为对节锥顶点位移 $A_0 = \pm f_{AM}$ 的要求。这个要求是一个锥齿轮节锥顶点相对于与之相啮合齿轮回转轴线的位移，节锥顶点的位移量就是装配精度 A_0。

9）为保证活动件运动自如，活动件相对于固定件间应留有一定的间隙值。参见图 5-26a 所示的转向节 1 相对于前轴 3 之间规定一定的间隙值 A_0。

10）汽车传动装置中使用了多种滚动轴承，如角接触球轴承、圆锥滚子轴承、深沟球轴承和推力球轴承等。它们在安装时须预先给予适当的轴向预加载荷，使轴承滚动体和内、外圈间产生一定的预变形，以保持轴承内、外圈处于压紧的负游隙状态，即进行滚动轴承预紧。其目的是使旋转轴在轴向和径向得到正确定位，提高旋转轴的旋转精度，并提高轴承的支承刚性，减少轴承的振动和噪声等。汽车传动装置中常使用的圆锥滚子轴承必须成对安装使用，才能达到提高轴承支承刚度的目的。在滚动轴承轴向加载时，将使轴承套圈产生一定量的轴向位移，可根据预紧的位移量控制预紧量。如图 5-14a 所示，外圈 2 轴向定位在壳体 1 的轴承座孔左端面上，当对内圈 3 左端施加预紧轴向力 F_a 时，内圈及滚动体将产生轴向位移（图中用双点划线表示），内圈所产生的轴向位移量 A_0' 就是装配精度要求。图 5-14b 中在圆锥滚子轴承标准中标注有 T 和 B 尺寸，外圈和内圈右端面间的尺寸即为封闭环，$A_0 = T - B$。预紧时由于存在一定的预紧位移量 A_0'，相应地内、外圈右端面间尺寸减少了 A_0' 量，所以装配精度也可定为 A_0。

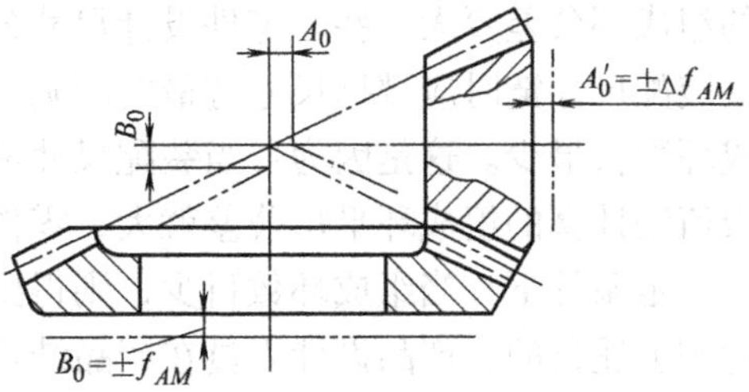

图 5-13　锥齿轮副齿圈端面的位移

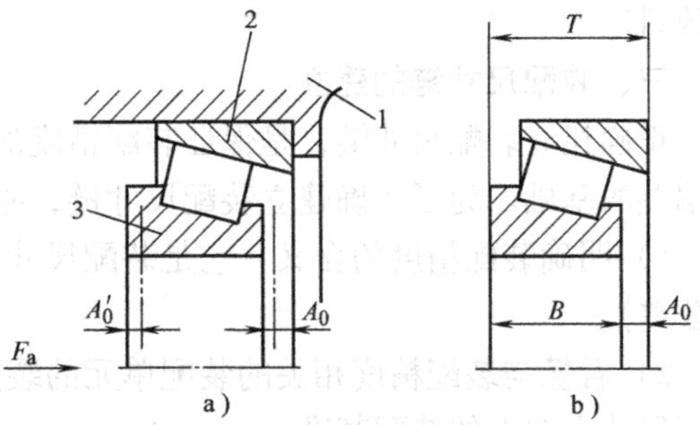

图 5-14　圆锥滚子轴承的预紧位移量
1—壳体　2—轴承外圈　3—轴承内圈

在实际生产中控制轴向预紧位移量有一定困难。可预先测定轴向载荷、轴承轴向预紧位移量与轴承起动摩擦力矩间的关系。在实际装配时，可根据控制起动摩擦力矩来调整预紧量。在装配生产线上，常可见到装配工人对装配完成的装置通过转动传动件的力矩来判断是否满足滚动轴承预紧量的要求。

11）在汽车某些总成中，要求运动的可动件与固定件应保证一定的间隙，并且应具有一定的可调整量。例如图 5-15 所示的离合器分离杆 1 端部与分离轴承 2 间在接合状态下有一定的间隙 A_0，并要求几个分离杆端面应调整在同一个平面上，间隙 A_0 为装配精度。又如发动机气门通过调整，保证气门尾部端面与摇臂间具有一定的间隙（参见图 5-28 中的 A_0）。再如鼓式制动器中制动鼓与制动蹄摩擦片间在工作的原始位置保证一定间隙；盘式制动器中制动盘与制动摩擦块间应保证有一定的间隙，并且具有可调性。

12）产品设计时规定的某些性能参数，如内燃机的压缩比等。

13）往复运动件的行程位置。如内燃机活塞连杆机构中，活塞运动到上止点时活塞顶到气缸套顶平面间的余隙等。

14）总成或部件零件表面的位置公差等。

装配精度是产品设计人员根据产品的使用性能，参照国家或行业标准或有关手册确定的；有的采用类比法结合使用经验确定；也有的通过试验或分析计算确定。

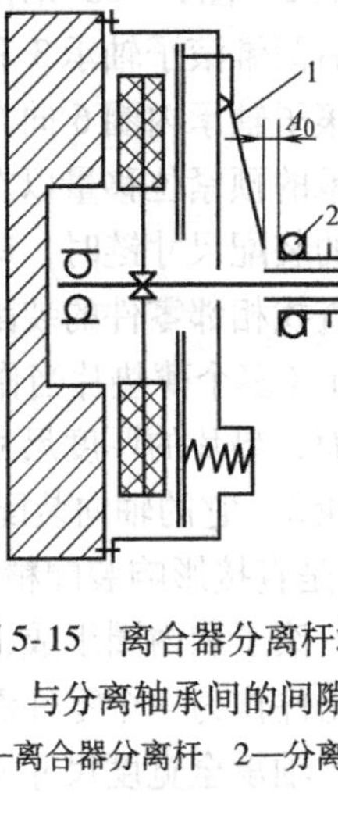

图 5-15　离合器分离杆端部与分离轴承间的间隙
1—离合器分离杆　2—分离轴承

二、尺寸链最短原则

在装配精度要求一定的条件下进行公差设计计算时，希望得到的组成环公差要大一些。零件设计尺寸公差大，零件加工就容易，经济性就好。为此，在建立装配尺寸链时应遵循尺寸链最短原则。所谓**尺寸链最短原则**，就是装配尺寸链所包含的组成环数目最少。这是因为：当装配尺寸链封闭环公差一定条件下，如果组成环数目少，则按极值法计算的组成环平均公差就大，零件加工就容易，加工成本就低；反之，如果组成环公差一定条件下，当组成环数目少，则得到的装配尺寸链的封闭环公差就小，装配精度高。为达到上述目的，产品设计人员在产品结构设计时，应使产品结构简单，即影响装配精度的零件数目要少；影响装配精度的零件只能有一个尺寸作为组成环参加该装配精度所建立的装配尺寸链。因为零件在装置中的位置是由其装配基准决定的，所以参加装配尺寸链组成环的零件，应该是两个相邻零件装配基准间的尺寸，它是直接影响装配精度的零件尺寸，也是该零件影响装配精度惟一的一个尺寸。装配尺寸链中组成环的数目等于影响装配精度相关零件的数目。

三、装配尺寸链的建立

正确建立装配尺寸链，是保证装配精度的基础，也是合理确定零件设计尺寸公差及其极限偏差的基础。为了正确建立装配尺寸链，必须做到：

1）明确装配精度的含义，它是装配尺寸链的封闭环，是装配后间接得到的尺寸（或位置公差）。

2）看懂与装配精度相关的装配单元的装配图样，明了零件的装配关系和相关零件沿封闭环尺寸方向上的装配基准。

3）掌握建立装配尺寸链的规律。凡是直接影响装配精度的那些零件的尺寸和位置公差，都是装配尺寸链的组成环。查找组成环时，从封闭环两端的那两个零件开始，沿着装配精度要求的尺寸方向，以相邻零件的装配基准间的联系为线索，分别由近到远地去查找影响装配精度的联系零件装配基准间的零件尺寸。这样一环接一环地查找，直至查找到同一基础零件的两个装配基准；然后用一个尺寸联系这两个装配基准，形成一个封闭的尺寸图形。这个封闭的尺寸图形，就是以尺寸链最短原则建立的装配尺寸链。所有直接影响装配精度的零件尺寸和位置公差，都是装配尺寸链的组成环。

下面以汽车总成实例说明装配尺寸链建立的规律及过程。

例1 图5-16a所示为汽车主减速器主动锥齿轮轴承座总成装配图。主动锥齿轮2装在前、后圆锥滚子轴承3和5上。产品设计要求：利用紧固螺母9，推动突缘8和垫片7，使圆锥滚子轴承内圈6向右移动，使圆锥滚子轴承3和6产生预紧位移量。左、右两个圆锥滚子轴承的预紧位移量以左端轴承的内、外圈5与6右端面间的尺寸A_0表示。建立以A_0为封闭环的装配尺寸链时，应从封闭环两端的零件为起点，沿封闭环尺寸方向，分别依次向两个方向查找相邻零件的装配基准。如果先从封闭环左端开始查找，则查找的第一个零件是调整垫片1（多个薄垫片当作一个零件），它的装配基准为其与主动锥齿轮2的轴肩端面K接触的平面，垫片的厚度尺寸A_1是直接影响装配精度的组成环。依次查找的第二个零件是主动锥齿轮2，它的轴向装配基准为与圆锥滚子轴承3内圈接触的轴肩面G，主动锥齿轮2的尺寸A_2是直接影响装配精度的组成环。再依次查找到圆锥滚子轴承3。圆锥滚子轴承虽然由外圈、滚子和内圈组成，但它是由轴承制造企业以一套组件供应给汽车制造企业的，可以把轴承组件作为一个零件看待，查找它的装配基准。圆锥滚子轴承3的轴向装配基准为外圈左端面，轴承全宽度尺寸A_3是直接影响装配精度的组成环。下一零件是轴承座4。轴承座4是

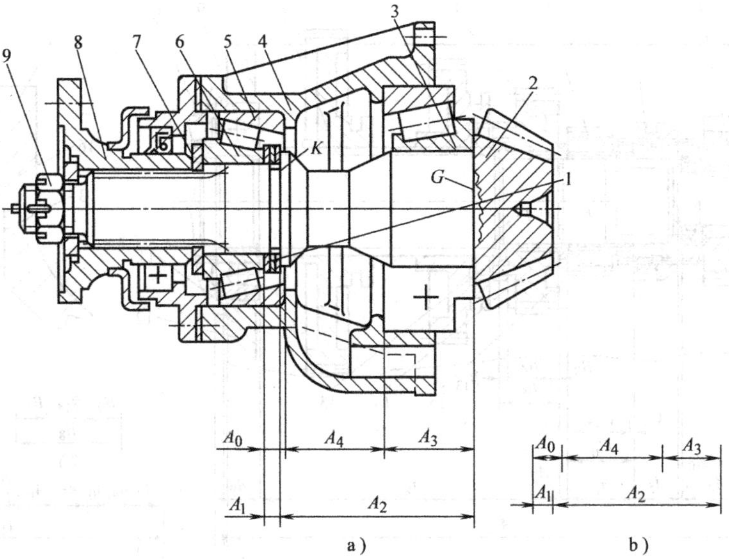

图 5-16　主减速器主动锥齿轮轴承座

1—调整垫片　2—主动锥齿轮　3—圆锥滚子轴承　4—轴承座　5—圆锥滚子轴承外圈　6—圆锥滚子轴承内圈　7—垫片　8—突缘　9—紧固螺母

基础件，从封闭环左端开始的查找暂告一段落。然后再从封闭环右端开始查找。封闭环右端为圆锥滚子轴承外圈 5 的右端面，这个端面的右侧零件也是基础件——轴承座 4 的表面。至此，从封闭环两端为起点的查找，都查找到同一个基础件的两个表面，最后用一个尺寸 A_4 将基础件两端表面联系起来。这个封闭的尺寸图形就是以 A_0 为封闭环的装配尺寸链，其尺寸链图见图 5-16b 所示。经上述查找所建立的装配尺寸链遵循了尺寸链最短原则，影响装配精度的零件，只有一个尺寸参加装配尺寸链。列出尺寸链方程式为

$$A_0 = A_1 + A_2 - (A_3 + A_4)$$

例 2　图 5-17a 所示为汽车变速器第一轴及第二轴的组件装配图，图中有多个装配精度要求。试建立第一轴 4 右端连接齿右端面与固定齿座 5 左端面间装配精度 A_0 的装配尺寸链。装配精度 A_0 是为保证第一轴 4 连接齿右端面与固定齿座 5 左端面不产生碰撞而规定的。当第一轴和第二轴受到传动的轴向力作用而使前、后轴承外圈端面分别紧靠在前、后盖（2、10）止口平面 G 上（图 5-17b 所示只显示出前轴承外圈端面紧靠在前盖止口平面 G 上）。从装配精度 A_0 为封闭环的两端为起点，沿封闭环尺寸方向分别向两个不同方向依次由近及远查找相关零件的装配基准，联系两零件装配基准间的零件尺寸——组成环。首先从封闭环左端零件——第一轴开始查找，第一轴轴向装配基准是与前轴承 3 内圈接触的轴肩端面，第一轴连接齿右端面至装配基准轴肩端面间尺寸 A_4 为组成环。依次查找下一零件——前轴承 3 的装配基准是其外圈左端面（与前盖止口平面 G 接触），前轴承宽度尺寸 A_3 为组成环。依次查找下一零件——前盖 2 的装配基准为与前纸垫 1 接触的端面，前盖 2 上尺寸 A_2 为组成环（由于与前盖装配基准接触的纸垫在前盖的右侧，所以应该调头向右查找）。再下一零件是纸垫 1，它的装配基准为其右侧（与变速器壳体前端面接触），纸垫厚度尺寸 A_1 为组成环。这样依次由近及远地查找出组成环 A_4、A_3、A_2、A_1，查找到基础件——变速器壳体 12

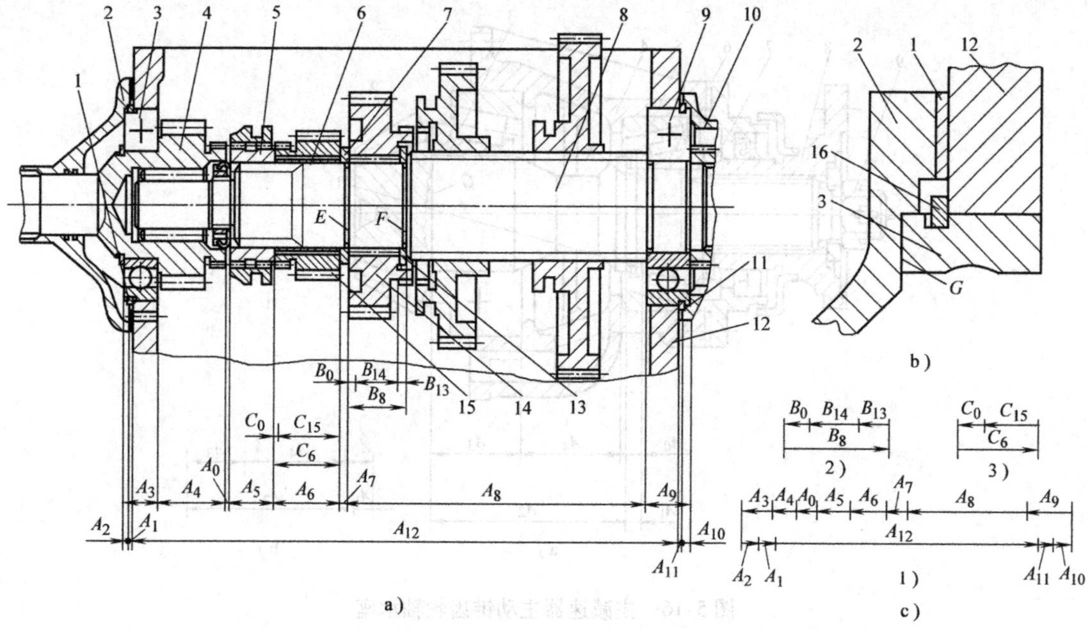

图 5-17　变速器第一轴及第二轴的组件装配图及装配尺寸链

1—前纸垫　2—前盖　3—前轴承　4—第一轴　5—四、五速固定齿座　6—衬套　7—五速齿轮止推环　8—第二轴　9—后轴承　10—后盖　11—后纸垫　12—变速器壳体　13—三速齿轮止推环　14—三速齿轮　15—五速齿轮　16—锁环

的前（左）端面，至此从封闭环左端开始的查找暂告一段落。然后，再从封闭环右端四、五速固定齿座 5 开始查找。四、五速固定齿座的装配基准为与衬套 6 接触的固定齿座右端面，A_5 为组成环。以下依照查找装配尺寸链的方法和规律，依次查找相关零件的装配基准，查找出五速齿轮止推环 7 的宽度尺寸 A_7、第二轴 8 两台阶轴间长度尺寸 A_8、后轴承 9 的宽度尺寸 A_9、后盖 10 上的尺寸 A_{10} 和后纸垫 11 厚度尺寸 A_{11} 都是直接影响装配精度 A_0 的组成环。这样查找也查找到同一基础件——变速器壳体 12 的后（右）端面。最后用变速器壳体前、后（左右）端面间的尺寸 A_{12} 将上述建立的各组成环连接起来，形成封闭尺寸图形，这就是以装配精度 A_0 为封闭环建立的装配尺寸链，其中 A_1、A_2、A_{10}、A_{11} 和 A_{12} 为增环；A_3、A_4、A_5、A_6、A_7、A_8 和 A_9 为减环。装配尺寸链的方程式为

$$A_0 = A_1 + A_2 + A_{10} + A_{11} + A_{12} - (A_3 + A_4 + A_5 + A_6 + A_7 + A_8 + A_9)$$

应用上述建立装配尺寸链的方法和规律，还可以建立图 5-17a 所示的以装配精度 B_0 和 C_0 为封闭环的装配尺寸链。见图 5-17c 中的图 2 及 图 3。

例 3　图 5-18a 所示为变速器第一轴上轴承外圈、锁环和前盖等的局部图。图上有如下三项装配精度要求：

1）为防止润滑油泄漏，规定前盖 2 上的 H 面与锁环 4 间必须留有间隙 D_0。

2）为防止润滑油泄漏，当前轴承外圈锁环槽左侧靠在锁环 4 侧面上时，前盖 2 止口面 G 与轴承外圈 3 左端面间应存在间隙 E_0（亦称为外圈的轴向窜动量）。

3）为在前轴承外圈 3 的锁环槽内方便地装入锁环 4，锁环槽与锁环间应存在一定间隙 F_0。

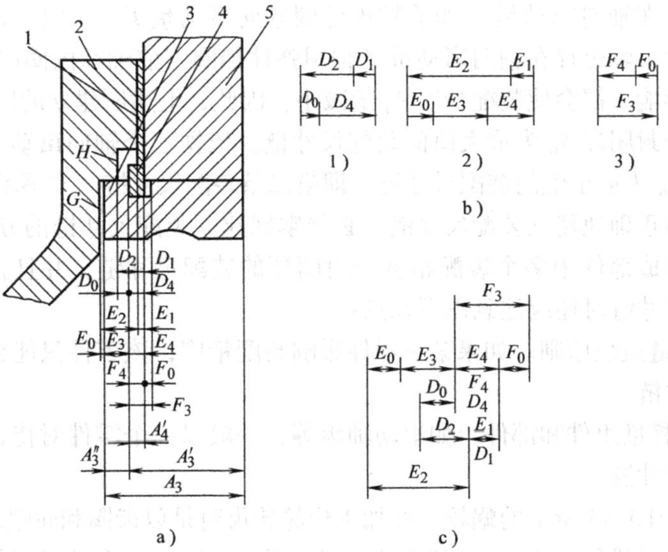

图 5-18 变速器第一轴上前轴承外圈、锁环和前盖等局部图及其装配尺寸链

1—前纸垫 2—前盖 3—前轴承外圈 4—锁环 5—变速器壳体

首先，建立装配精度 F_0 为封闭环的装配尺寸链。如图 5-18a 及 b 图中图 3 所示，可以容易地建立起三环装配尺寸链。尺寸链方程式为

$$F_0 = F_3 - F_4$$

然后，建立装配精度 D_0 为封闭环的装配尺寸链。从图 5-18a 中，较容易地建立一个四环装配尺寸链，如图 5-18b 中图 1 所示。尺寸链方程式为

$$D_0 = D_1 + D_2 - D_4$$

式中 D_1——前纸垫 1 的厚度尺寸；

D_2——前盖 2 平面 H 至装配基准平面间尺寸；

D_4——锁环 4 的宽度尺寸。

最后，建立装配精度 E_0 为封闭环的装配尺寸链。从图 5-18a 中，建立起一个五环的装配尺寸链，如图 5-18b 中图 2 所示。尺寸链方程式为

$$E_0 = E_1 + E_2 - E_3 - E_4$$

式中 E_1——前纸垫 1 的厚度尺寸；

E_2——前盖 2 止口面 G 至装配基准平面间的尺寸；

E_3——前轴承外圈 3 左端面至锁环槽左面间的尺寸；

E_4——锁环 4 的宽度尺寸。

上述建立的三个装配尺寸链为一并联尺寸链，如图 5-18c 所示。在 D、E、F 并联尺寸链中，公共环 $D_4 = E_4 = F_4$；在 D、F 并联装配尺寸链中，公共环 $D_1 = E_1$。在对并联装配尺寸链计算时，先对组成环平均极值公差小的装配尺寸链进行计算，然后再对其他装配尺寸链进行计算。

在例 1 中对装配精度 A_0 所建立的装配尺寸链的条件是，前、后轴承在传动轴向力的作用下，前、后轴承外圈紧靠在前、后盖 2 和 10 的止口面上（如前盖止口面 G 上）。但是，

前、后轴承外圈存在轴向窜动量（如前轴承外圈轴向窜动量 E_0），内、外圈间存在有窜动量，内圈相对于第一轴也存在轴向窜动量（轴用弹性挡圈与前轴承内圈间的间隙），受这三个轴向窜动量的影响，都会使装配精度 A_0 值减小。因此，上述所建立的以 A_0 为封闭环的装配尺寸链，是一个封闭环 A_0 为最大值的装配尺寸链。依据三个轴向窜动量的影响，还可以建立一个封闭环 A_0 为最小值的装配尺寸链，即第二条装配尺寸链。本书不再延伸赘述。

综上所述，为正确地建立装配尺寸链，必须掌握建立装配尺寸链的方法和规律。此外，还要逐一地建立总成部件中多个装配精度为封闭环的装配尺寸链，并且找出它们之间的联系。在建立装配尺寸链时还应注意以下几点：

1）满足尺寸链最短原则。如果某一零件影响装配精度，该零件只能允许一个尺寸参加所建立的装配尺寸链。

2）对外购的标准组件和部件，如滚动轴承等，一般以一个零件对待，以标准组件或部件尺寸参加装配尺寸链。

3）如习题中图 5-53 所示的蜗轮，在加工蜗轮轮齿时是以齿圈和轮毂装配后整体进行加工的（即以合件形式进行加工）。在建立装配尺寸链时，对于以合件进行加工的，应以一个零件对待，用合件尺寸参加装配尺寸链。

4）按独立原则标注的形位公差，应以一个组成环参加装配尺寸链。

第四节　保证装配精度的方法和装配尺寸链的解算

根据汽车总成或部件的结构特点和某一装配精度的要求，在不同生产条件下，选择不同的保证装配精度的方法，以达到最佳的技术经济效果。在汽车制造中，常用的保证装配精度的方法有完全互换装配法、不完全互换装配法、分组互换装配法和修配装配法等多种方法。相应地有多种解算装配尺寸链的方法，即完全互换法、大数（统计）互换法、分组互换法、调整法和修配法。在汽车总成和部件设计时，解算装配尺寸链的目的是，根据设计确定的装配精度要求、产品结构特点和生产条件等合理地选择保证装配精度的方法，并正确地确定相关零件的尺寸公差和极限偏差。

一、完全互换装配法

汽车总成或部件中相关零件的尺寸均按零件图样规定的公差及极限偏差进行加工。装配时相关零件不需挑选、调整和修配，就能达到规定的装配精度要求，称为**完全互换装配法**。即只要装配尺寸链中各组成环尺寸在极限偏差范围内，都可以保证装配精度要求。完全互换法采用极值法解算装配尺寸链。

在产品设计时，为满足装配精度要求，应满足两个条件：装配尺寸链各组成环的公差之和不得大于封闭环规定的公差；封闭环的极限偏差在允许的极限偏差范围内。即

$$\sum_{i=1}^{n-1} T_{Ai} \leqslant T_{A0}$$

$$\mathrm{ES}'_{A0} \leqslant \mathrm{ES}_{A0}$$

$$\mathrm{EI}'_{A0} \geqslant \mathrm{EI}_{A0}$$

式中　T_{A0}——封闭环规定的公差值；

ES_{A0}、EI_{A0}——设计要求的封闭环上偏差和下偏差。

1. 公差的设计计算

在公差的设计计算时，应根据给定的封闭环公差和极限偏差，来确定组成环的公差和极限偏差。

（1）组成环公差的确定　由于组成环数目（$n-1$）$\geqslant 2$，按极值法式（5-7）确定的组成环公差为不定解。在生产中，确定组成环公差有多种方法，常采用相等公差修正法。

相等公差修正法是按封闭环设计要求的公差 T_{A0} 求出组成环的极值平均公差 $T_{av,1}$，然后根据各组成环的加工难易程度进行适当修正。组成环的极值平均公差为

$$T_{av,1} = \frac{T_{A0}}{n-1} \tag{5-20}$$

式中　n——尺寸链环数。

对各组成环公差修正时，应考虑组成环尺寸的大小和加工的难易程度等因素。公差修正时应考虑：

1）标准件的尺寸公差应按标准规定。

2）组成环尺寸大的，加工难度大的，取较大的公差，反之取较小的公差，并应取标准公差值。为保证经济加工，一般零件尺寸公差取 IT9 或低于 IT9 级。

3）在组成环中选择一个协调环。协调环是其他组成环公差按上述方法确定后，最后确定公差的组成环。协调环公差 T_{Ax} 为

$$T_{Ax} = T_{A0} - \sum_{i=1}^{n-2} T_{Ai} \tag{5-21}$$

协调环选择原则是：不使用定尺寸刀具获得的尺寸；易于使用通用量具测量的尺寸；它不是诸多尺寸链的公共环。

（2）组成环极限偏差的确定　组成环的极限偏差可按下述原则确定：

1）标准件的极限偏差按标准的规定确定。

2）除协调环及标准件以外的组成环的极限偏差，按“偏差注向体内”原则标注，即外尺寸（被包容尺寸）按 h、内尺寸（包容尺寸）按 H、孔中心距按对称偏差确定极限偏差。

（3）协调环极限偏差的确定　协调环的极限偏差按式（5-5）、式（5-6）或式（5-11）、式（5-12）计算确定。

例 4　图 5-17a 和图 5-19 所示的 B 尺寸链中，为保证空套在第二轴滚针轴承上的三速常啮合齿轮 14 旋转灵活，规定装配精度：轴向间隙 B_0 为 0.10 ~ 0.35mm。已知相关零件设计尺寸 $B_8=39$mm，$B_{13}=4$mm，$B_{14}=35$mm。试确定各组成环的公差和极限偏差。

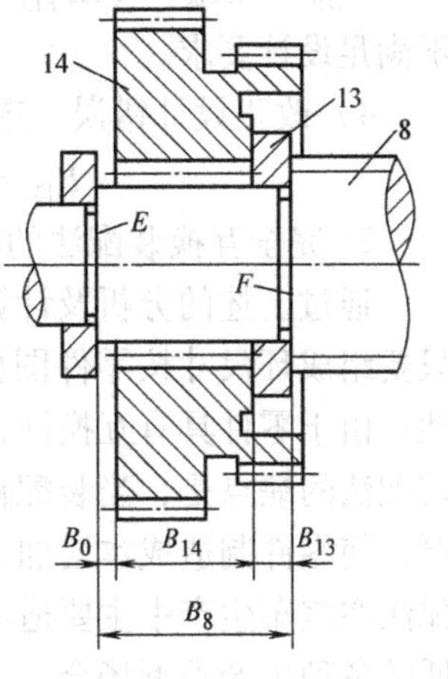

图 5-19　常啮合三速齿轮组件图及装配尺寸链

解

1）计算封闭环基本尺寸、公差及极限偏差。按式（5-1）得

$$B_0 = B_8 - (B_{13} + B_{14}) = 0$$

$$T_{B0} = B_{0max} - B_{0min} = 0.35 - 0.10 = 0.25\text{mm}$$

所以　$$B_0 = 0^{+0.35}_{+0.10}\text{mm}$$

2）确定组成环公差。按式（5-20）得

$$T_{av,1} = \frac{T_{B0}}{n-1} = \frac{0.25}{3}\text{mm} = 0.083\text{mm}$$

选择 B_8 为协调环，对其他组成环公差进行适当修正。取 $T_{B13} = 0.03\text{mm}(\text{IT9})$；$T_{B14} = 0.10\text{mm}(\text{IT10})$，按式（5-21）计算协调环 B_8 的公差

$$T_{B8} = [0.25 - (0.03 + 0.10)]\text{mm} = 0.12\text{mm}$$

（3）确定组成环极限偏差。按偏差注向体内原则确定

$$B_{14} = 4_{-0.03}^{\ 0}\text{mm}(\text{h9});\ B_{14} = 35_{-0.100}^{\ 0}\text{mm}(\text{h10})$$

协调环 B_8 的极限偏差按式（5-5）和式（5-6）确定

$$\text{ES}_{B8} = \text{ES}_{B0} + (\text{EI}_{B13} + \text{EI}_{B14}) = [0.35 + (-0.03 - 0.100)]\text{mm} = 0.22\text{mm}$$

$$\text{EI}_{B8} = \text{EI}_{B0} + (\text{ES}_{B13} + \text{ES}_{B14}) = [0.1 + (0 + 0)]\text{mm} = 0.1\text{mm}$$

$$B_8' = 39_{+0.100}^{+0.220}\text{mm}$$

例 5　图 5-19 所示 B 尺寸链，产品设计人员规定：装配精度 $B_0 = 0.1 \sim 0.35\text{mm}$；相关零件设计尺寸 $B_8 = 39_{+0.12}^{+0.24}\text{mm}$；$B_{13} = 4_{-0.03}^{\ 0}\text{mm}$；$B_{14} = 39_{-0.100}^{\ 0}\text{mm}$。试校核计算设计人员确定的设计尺寸公差及极限偏差的正确性。如果规定得不正确，给予改正。

解

1）计算封闭环基本尺寸及极限偏差

$$B_0 = B_8 - (B_{13} + B_{14}) = 0$$

$$B_0 = 0_{+0.100}^{+0.350}\text{mm},\ T_{B0} = 0.25\text{mm}$$

2）校核封闭环公差。封闭环实际公差

$$T_{B'0} = T_{B8} + T_{B13} + T_{B14} = (0.12 + 0.03 + 0.10)\text{mm} = 0.25\text{mm}$$

满足设计要求。

3）校核封闭环实际的极限偏差

$$\text{ES}_{B'0} = \text{ES}_{B8} - (\text{EI}_{B13} + \text{EI}_{B14}) = [0.240 - (-0.030 - 0.100)]\text{mm}$$
$$= 0.37\text{mm} > \text{ES}_{B0} = 0.35\text{mm}$$

不满足设计要求。

$$\text{EI}_{B'0} = \text{EI}_{B8} - (\text{ES}_{B13} + \text{ES}_{B14}) = [0.02 - (0 + 0)]\text{mm} = 0.02\text{mm} < \text{EI}_{B0} = 0.1\text{mm}$$

不满足设计要求。

4）改正设计错误　选择组成环 B_8 为协调环，计算结果与例一相同，得

$$B_{13} = 4_{-0.03}^{\ 0}\text{mm};B_{14} = 35_{-0.100}^{\ 0}\text{mm};B_8 = 39_{+0.100}^{+0.220}\text{mm}$$

2. 完全互换装配法的特点及应用

通过上述的分析及计算知，完全互换装配法的优点是，装配精度由零件制造精度保证，只要组成环尺寸按零件图样的规定制造，就可保证装配精度要求，并且零件尺寸具有互换性；由于零件具有互换性，便于组织零部件专业化生产，也易于组织流水式装配。完全互换装配法的缺点是，当装配精度要求较高，装配尺寸链环数目较多时，对零件尺寸公差要求较严，使零件制造成本增加，或者制造时难于采用常规加工方法得以保证。因此，完全互换装配法在汽车生产中主要适用于组成环数目较少，或组成环数目虽然较多，但装配精度要求较低的各种生产类型场合。

二、不完全互换装配法

在大批大量生产及稳定的机械加工工艺系统条件下，零件加工尺寸达到极限尺寸的概率

是很小的，并且所有组成环尺寸均处于极限尺寸进行组合装配的概率会更小。从这一分析看，采用完全互换装配法是不合理的。这时，可以采用不完全互换装配法保证装配精度。采用这种装配方法保证装配精度是以一定的合格率（亦称置信水平）为依据的。

不完全互换装配法是让零件尺寸公差都放大到经济公差大小，装配时零件不需挑选或改变其位置等，就能使绝大多数装配产品达到装配精度要求。不完全互换装配法解算装配尺寸链的方法，称为统计互换法或大数互换法。为说明不完全互换装配法的概念，举一最简单的三环（实际上，这种装配方法适用于组成环数≥6 的多环装配尺寸链）装配尺寸链进行说明。图 5-20a 所示为用完全互换法解算尺寸链的公差关系，$T_{A0}=T_{A1}+T_{A2}$。装配后装配精度 100% 合格。图 5-20b 所示为采用统计互换法解算尺寸链时装配精度与零件尺寸公差间的关系。当组成环尺寸或误差分布均为正态分布时，封闭环尺寸或误差也为正态分布。如果装配精度合格率 $P=99.73\%$ 时，封闭环要求的公差 $T_{A0}=6\sigma'_0$时，不合格封闭环的概率只有 0.27%，此时组成环制造公差为 $T'_{A1}=6\sigma'_1$ 和 $T'_{A2}=6\sigma'_2$，比完全互换法规定的组成环公差放大了$\sqrt{2}T_{\mathrm{av},1}$倍。如果装配精度合格率取为 $P=95.44\%$ 时，封闭环公差仍为 T_{A0}不变，其均方根偏差为 σ''_0；此时组成环的制造公差分别为 $T''_{A1}=6\sigma''_1$和 $T''_{A2}=6\sigma''_2$，零件制造公差被放大更大，加工容易，制造成本更低。

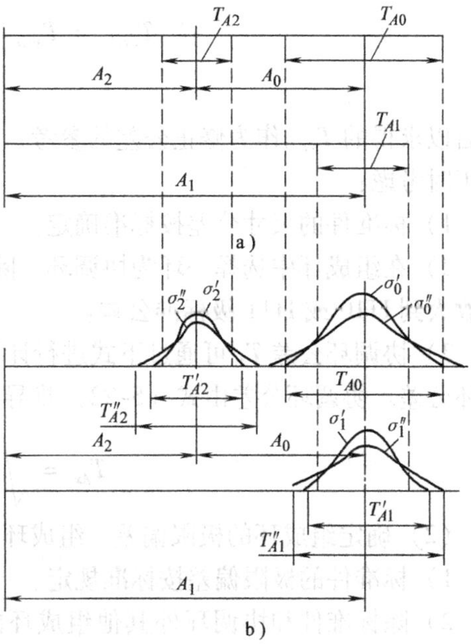

图 5-20　统计互换法封闭环与组成环公差关系

通过上述分析可知，当组成环和封闭环尺寸均为正态分布时，改变装配合格率，组成环制造公差随之发生改变。装配合格率越低，组成环制造公差可以放大得越大，但这是以牺牲装配精度合格率为代价的。不完全互换装配方法的设计计算可按下述步骤进行。

1. 公差的设计计算

公差设计计算时，装配精度已给定，且已知组成环尺寸分布规律。装配精度的合格率 P 一般取为 99.73%。采用不同的合格率，相对分布系数 k 值不同，如表 5-2 所示。

表 5-2　合格率 P 与相对分布系数 k

P	99.73%	99.50%	99%	98%	95.44%	95%	90%
k	1	1.06	1.16	1.29	1.5	1.52	1.82

（1）确定组成环公差　在稳定的工艺系统条件下，组成环尺寸的分布为正态分布，封闭环的尺寸分布也为正态分布。封闭环公差与组成环公差之间的关系为

$$(k_0T_{A0})^2=\sum_{i=1}^{n-1}(k_iT_{Ai})^2 \tag{5-22}$$

式中 $k_i=1$，k_0 值取决于装配精度的合格率。当 $P=99.73\%$ 时，$k_0=1$；$P=95.44\%$ 时，k_0

$=1.5$；一般取 $P=99.73\%$。

组成环公差一般按相等公差修正法确定。首先求出平均统计公差 $T_{av,s}$。当 $k_0=1$，$k_i=1$ 时，平均统计公差亦称为平均平方公差 $T_{av,Q}$。平均平方公差 $T_{av,Q}$ 为

$$T_{av,Q} = T_{av,s} = \frac{k_0 T_{A0}}{\sqrt{\sum_{i=1}^{n-1} k_i^2}} = \frac{T_{A0}}{\sqrt{n-1}} \tag{5-23}$$

然后以求得的 $T_{av,Q}$ 作为修正公差的参考，根据组成环尺寸的加工难易程度等进行适当修正。修正时考虑：

1）标准件的尺寸公差按标准确定。

2）在组成环中选择一环为协调环。除标准件和协调环外其他组成环公差适当放大，一般放大到 IT10 或 IT11 级标准公差。

3）协调环公差 T_{Ax} 可通过下式进行计算，这样计算的目的是，可充分利用设计给定的封闭环公差。协调环公差由式（5-22）推导出

$$T_{Ax} = \sqrt{\left(\frac{k_0 T_{A0}}{k_i}\right)^2 - \sum_{i=1}^{n-2} T_{Ai}^2} \tag{5-24}$$

（2）确定组成环的极限偏差　组成环极限偏差可按如下原则确定：

1）标准件的极限偏差按标准规定。

2）除标准件和协调环外其他组成环的极限偏差按偏差注向体内原则确定，即外尺寸（被包容尺寸）按 h、内尺寸（包容尺寸）按 H、孔中心距按对称偏差确定。

3）确定协调环的极限偏差时，利用式（5-10）和式（5-11）、式（5-12）计算确定。首先求出协调环的中间偏差 Δ_x，然后计算出

$$ES_{Ax} = \Delta_x + \frac{T_{Ax}}{2}$$

$$EI_{Ax} = \Delta_x - \frac{T_{Ax}}{2}$$

例 6　图 5-21 所示为一齿轮传动轴装置图。已知：$A_1=43\text{mm}$；$A_2=A_4=5\text{mm}$；$A_3=30\text{mm}$；$A_5=3\text{mm}$；装配精度 $A_0=0^{+0.350}_{+0.100}\text{mm}$；组成环和封闭环均为正态分布。欲选用不完全互换装配法保证装配精度，装配精度的合格率分别采用 $P=99.73\%$ 和 $P=95.44\%$，试确定组成环的公差和极限偏差。

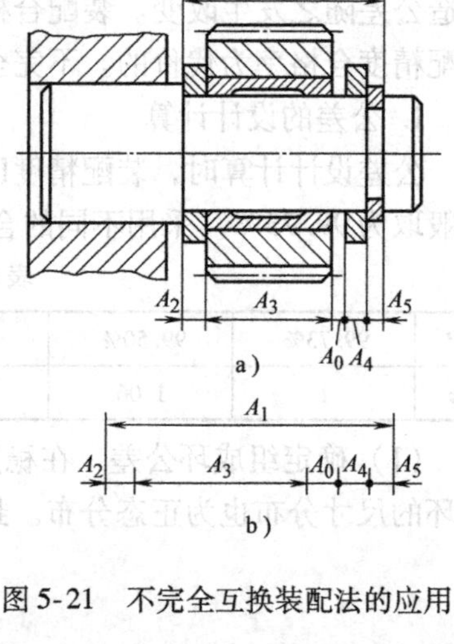

图 5-21　不完全互换装配法的应用

解

1）$P=99.73\%$ 时，$k_0=1$；$k_i=1$。

$$T_{av,Q} = \frac{k_0 T_{A0}}{\sqrt{\sum_{i=1}^{n-1}(k_i)^2}} = \frac{T_{A0}}{\sqrt{n-1}} = 0.1118\text{mm}$$

选择 A_1 为协调环。其他组成环公差分别取为：$T_{A2}=T_{A4}=0.075\text{mm}$（IT11）；$T_{A3}=0.13\text{mm}$（IT11）；$T_{A5}=0.04\text{mm}$（IT10）。

协调环公差

$$T_{A1} = \sqrt{0.25^2 - (2 \times 0.075^2 + 0.13^2 + 0.04^2)}\text{mm} = 0.181\text{mm}(接近 IT11)$$

除协调环外的组成环极限偏差，按偏差注向体内原则确定：

$A_2 = A_4 = 5_{-0.075}^{\ 0}\text{mm(h11)}$；$A_3 = 30_{-0.13}^{\ 0}\text{mm(h11)}$；$A_5 = 3_{-0.04}^{\ 0}\text{mm(h10)}$。

协调环的极限偏差：先计算协调环的中间偏差，然后再计算协调环极限偏差

$$\Delta_1 = \Delta_0 + (\Delta_2 + \Delta_3 + \Delta_4 + \Delta_5) = 0.065\text{mm}$$

$$ES_{A1} = \Delta_1 + \frac{T_{A1}}{2} = \left(0.065 + \frac{0.181}{2}\right)\text{mm} = 0.155\text{mm}$$

$$EI_{A1} = \Delta_1 - \frac{T_{A1}}{2} = \left(0.065 - \frac{0.181}{2}\right)\text{mm} = -0.0255\text{mm}$$

计算结果：$A_1 = 43_{-0.025}^{+0.155}\text{mm}$

2）$P = 95.44\%$时，$k_0 = 1.5$；$k_i = 1$

当$k_0 \neq 1$，$k_i = 1$时，所求组成环平均公差称为平均当量公差$T_{av,E}$，组成环平均当量公差等于

$$T_{av,E} = T_{av,S} = \frac{k_0 T_{A0}}{\sqrt{\sum_{i=1}^{n-1} k_i^2}} = \frac{k_0 T_{A0}}{\sqrt{n-1}} = \frac{1.5 \times 0.025}{\sqrt{6-1}}\text{mm} = 0.1677\text{mm}$$

选择A_1为协调环。修正后的其他组成环公差取为：$T_{A2} = T_{A4} = 0.075\text{mm}$（IT11）；$T_{A3} = 0.21\text{mm}$（IT12）；$T_{A5} = 0.06\text{mm}$（IT11）。

组成环尺寸及其极限偏差为

$$A_2 = A_4 = 5_{-0.075}^{\ 0}\text{mm(h11)}; A_3 = 30_{-0.21}^{\ 0}\text{mm(h12)}; A_5 = 3_{-0.06}^{\ 0}\text{mm(h11)}。$$

协调环公差T_{A1}为

$$T_{A1} = \sqrt{(k_0 T_{A0})^2 - (T_{A2}^2 + T_{A3}^2 + T_{A4}^2 + T_{A5}^2)} \approx 0.286\text{mm}$$

协调环的中间偏差和极限偏差为

$$\Delta_1 = \Delta_0 + (\Delta_2 + \Delta_3 + \Delta_4 + \Delta_5) = 0.015\text{mm};$$

$$ES_{A1} = \Delta_1 + \frac{T_{A1}}{2} = 0.158\text{mm};$$

$$EI_{A1} = \Delta_1 - \frac{T_{A1}}{2} = -0.125\text{mm};$$

协调环计算结果　　$A_1 = 43_{-0.128}^{+0.158}\text{mm}$

2. 不完全互换装配法的特点及应用

不完全互换装配法的优点是，可以放大零件的制造公差，降低零件制造成本。零件制造公差放大值与装配精度合格率有关，合格率越低，零件制造公差放大值越大；零件制造公差放大值与组成环的尺寸分布特征有关。可以证明，组成环尺寸为正态分布时零件制造公差放大值最大。另一优点是装配工作简单，生产效率高。这种装配方法的缺点是，装配后有极少数产品装配精度不合格，但不合格产品可通过装配后的试验、检测剔除，或采取更换零件等方法进行修复。

不完全互换装配法适用于大批大量生产中装配精度要求较高、组成环数又多的场合。

三、选择装配法

在大批大量生产中，会遇到一些汽车总成，虽然装配尺寸链的环数很少，但装配精度要求却很高。在这种情况下，零件的制造公差非常小，用常规加工方法难以保证零件精度要求或加工成本很高，甚至在现时生产条件下无加工方法可保证。在这种情况下，可以采用选择装配法保证装配精度。

选择装配法是，将相配的零件制造公差放大到经济公差大小，装配时挑选合适的零件进行装配，来保证装配精度的方法。选择装配法有直接选择装配法、分组互换装配法和复合装配法三种。在汽车制造中采用较多的是分组互换装配法。少数装配精度采用复合装配法，这种装配方法是分组互换装配法和直接选择装配法的复合，如发动机活塞裙部与气缸孔的配合等。下面重点介绍分组互换装配法。

分组互换装配法是将相装配零件的制造公差放大到经济公差大小，零件加工后按其实际尺寸分成若干组别，装配时相同组别的零件进行装配，以保证同组零件装配具有互换性的装配方法。这种装配方法在内燃机中应用较多，汽车底盘如循环球式转向器中也有应用。

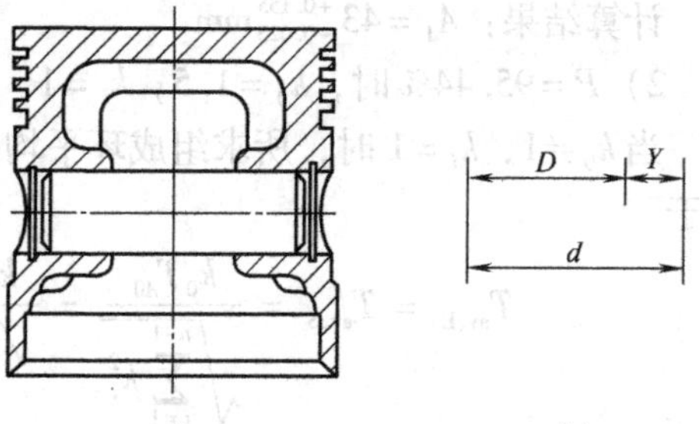

a)　　　　b)

图 5-22　发动机活塞销与活塞销孔的配合

分组互换装配法应用最典型的实例是发动机活塞销与活塞销孔的配合。图 5-22 所示为某汽车发动机活塞销与活塞销孔的配合。活塞销与销孔的配合是一个三环装配尺寸链（图 5-22b）。装配精度要求为在冷态装配时应保证过盈量 $Y=0.0025\sim0.0075\text{mm}$，即

$$Y_{\max} = d_{\max} - D_{\min} = 0.0075\text{mm}$$

$$Y_{\min} = d_{\min} - D_{\max} = 0.0025\text{mm}$$

$$T_Y = T_d + T_D = 0.005\text{mm}$$

若采用完全互换装配法保证装配精度，则两零件配合尺寸公差应为 $0.005/2=0.0025\text{mm}$，对于 $d=D=\phi28$ 的直径尺寸，这样小的制造公差相当于 IT2 级标准公差，加工难以保证，制造成本很高不经济。

在实际生产中，是将活塞销和活塞孔直径尺寸制造公差均放大到 0.01mm（放大 4 倍），即活塞销 $d=\phi28_{-0.01}^{\ 0}\text{mm}$，活塞销孔 $D=\phi28_{-0.015}^{-0.005}\text{mm}$。两零件按上述尺寸制造公差加工后，使用精密量仪对实际尺寸进行测量和分组，按尺寸大小分成四组，并在零件适当位置处涂以不同颜色以示区别。装配时同组别（同颜色）零件配对装配以保证装配精度，见图 5-23 和表 5-3。

表 5-3　活塞销与活塞销孔的分组尺寸

组 别	活塞销直径 d/mm	活塞销孔直径 D/mm	颜色
	$\phi28_{-0.01}^{\ 0}$	$\phi28_{-0.015}^{-0.005}$	
Ⅰ	28.0000 ~ 27.9975	27.9950 ~ 27.9925	浅蓝
Ⅱ	27.9975 ~ 27.9950	27.9925 ~ 27.9900	红
Ⅲ	27.9950 ~ 27.9925	27.9900 ~ 27.9875	白
Ⅳ	27.9925 ~ 27.9900	27.9875 ~ 27.9850	黑

分组互换装配法的公差设计计算可按下述步骤进行。

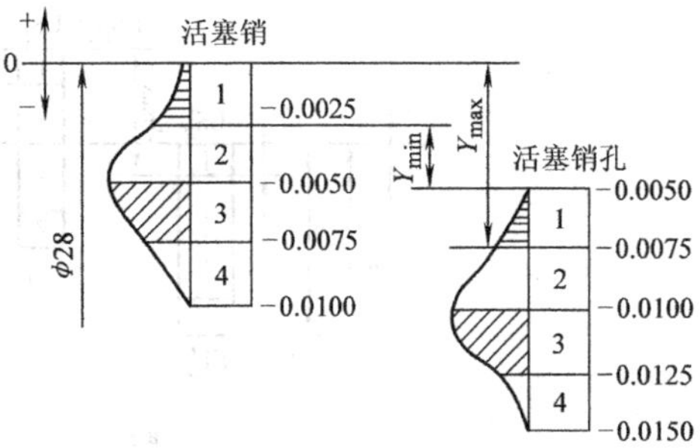

图 5-23 活塞销与活塞销孔分组公差带图

1. 公差的设计计算

分组互换装配法采用极值法解算尺寸链。此处以孔与轴（或销）配合的三环尺寸链为例进行说明。产品设计时有两种不同的配合要求，或者间隙配合或者过盈配合。间隙配合时，设计要求的间隙值为 $X_{\min} \sim X_{\max}$，$X = 0_{X_{\min}}^{X_{\max}}$；过盈配合时，设计要求的过盈值为 $Y_{\min} \sim Y_{\max}$，$Y = 0_{Y_{\min}}^{Y_{\max}}$。

（1）确定组成环分组公差　组成环平均极值公差

$$T_{\mathrm{av},1} = \frac{T_X}{n-1} \quad 或 \quad T_{\mathrm{av},1} = \frac{T_Y}{n-1}$$

组成环分组公差 = 平均极值公差，即

$$T_D = T_d = T_{\mathrm{av},1}$$

配合零件表面的形状公差取决于分组公差，如活塞销外圆和活塞销孔的圆柱度公差，可取分组公差的 1/2。其表面粗糙度值也由分组公差决定。

（2）确定组成环制造公差　由于零件分组公差过小，不便于经济加工，所以应将分组公差放大至经济公差大小。一般将分组公差放大一定的倍数，使其被放大的制造公差 T'_D 及 T'_d 成为经济公差。但放大的倍数又不能过大，放大值受经济加工方法所能达到的形状公差和表面粗糙度的限制。一般放大倍数 Z 取为 3 ~ 5 为宜。轴（或销）和孔的制造公差

$$T'_D = T'_d = ZT_{\mathrm{av},1} \tag{5-25}$$

即

$$T'_D = ZT_D$$

$$T'_d = ZT_d$$

（3）尺寸分组数 Z　零件尺寸分组数 Z 与分组公差放大倍数 Z 相同

$$Z = \frac{T'_D}{T_D} = \frac{T'_d}{T_d} \tag{5-26}$$

（4）确定组成环的极限偏差　首先选择基准制。如果一个轴（或销）与单个孔配合，则选择基孔制，孔为基准孔；如果一个轴（或销）与两个不同孔配合，并且为不同的配合性质，则选择基轴制，轴（或销）为基准轴。基准件确定后，基准件的极限偏差也随之确定。按偏差注向体内原则确定基准件的上偏差或下偏差。基准轴按 h 配合，基准孔按 H 配合，如图 5-24a、c 所示。

然后确定与基准件相配零件的极限偏差。如图 5-24a 所示，对于基轴制的间隙配合，可利用公式计算

$$\mathrm{ES}_X = \mathrm{ES}_{D1} - \mathrm{EI}_{d1}$$

求出孔的上偏差 $\mathrm{ES}_{D1} = \mathrm{ES}'_D$。已知孔的制造公差 T'_D 和 ES'_D，求出孔的下偏差 EI'_D

$$\mathrm{EI}'_D = \mathrm{ES}'_D - T'_D$$

对于基轴制的过盈配合（如图 5-24b 所示），利用公式

$$\mathrm{EI}_Y = \mathrm{EI}_{d1} - \mathrm{ES}_{D1}$$

求出孔的上偏差 $\mathrm{ES}_{D1} = \mathrm{ES}'_D$。已知孔制造公差 T'_D 和 ES'_D，求出孔的下偏差 EI'_D

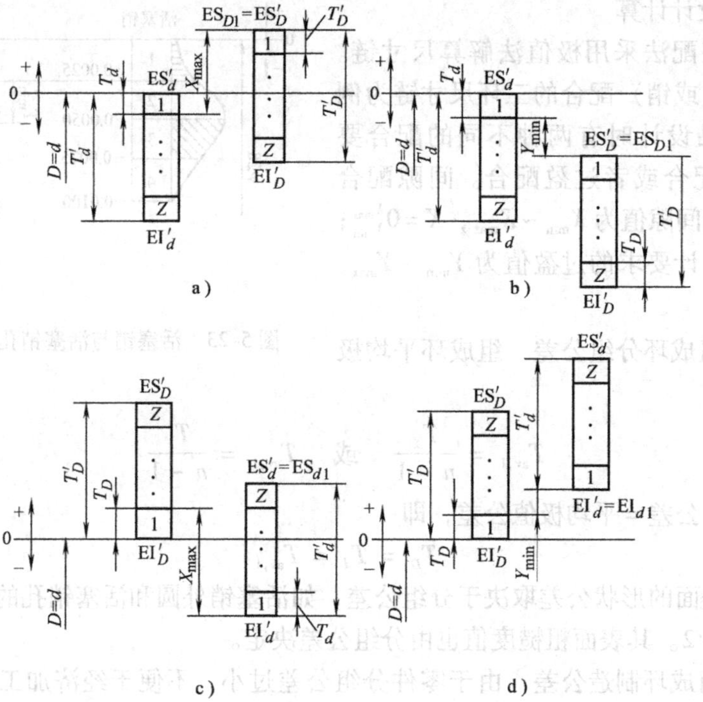

图 5-24　不同基准制配合的公差带图

$$EI'_D = ES'_D - T'_D$$

对于基孔制的不同配合，根据上述基轴制不同配合的计算方法和过程，也可以将两个相配合零件的极限偏差确定下来，参见图 5-24c、d 所示。

2. 分组互换装配法的特点及应用

分组互换装配法的优点是，零件制造精度不高，但却可获得高精度的装配精度。在分组互换装配中装配精度是由零件的制造精度和装配方法共同保证的。值得注意的是，零件尺寸制造公差可以放大，但是零件配合表面的形状公差和表面粗糙度不能放大，仍需按分组公差确定。为了保证各组别零件装配时具有相同的配合性质，对于三环的尺寸链，同组别零件的分组公差应该相等，否则不同组别零件装配时将改变配合性质。采用分组互换装配法装配时，要求各组别相装配的零件数量相等，否则将导致不能完全配套而造成浪费。有的企业采用看板生产方式进行配套生产。这种装配方法的缺点是，零件加工完成后需要使用精密量仪进行测量分组，并分组存储，增加部分制造成本。

分组互换装配法适用于大批大量生产中，装配组成环环数少而装配精度要求很高的少环机器结构。应用最广泛的是轴（或销）—孔—间隙（或过盈）的三环装配尺寸链。

四、调整装配法

在汽车某些总成中，由于要求的装配精度较高且组成环数又较多，特别是一些传动机构，如转向机、主减速器等，它们在使用中因磨损而易丧失装配精度，在这些情况下经常采用调整装配法保证装配精度。

调整装配法是在装置（或总成）中设置一调整件，装配时用改变调整件的位置或选用一合适尺寸的调整件来达到装配精度的方法。调整装配法有两类：可动调整装配法和固定调整装配法。

调整装配法中装配尺寸链的解算用极值法。这种装配方法中的调整件，在装配尺寸链中称为补偿环，亦称为调整环。在产品设计时，除了调整件外的相关零件尺寸（组成环）公差都放大到经济公差大小。对固定调整法，一般将零件尺寸公差放大到IT11或低于IT11级；对可动调整法，一般将零件尺寸公差放大到IT14级左右。这样必然会使封闭环尺寸超差。但可以通过调节补偿环的位置或选用合适尺寸的补偿环，以消除超差的影响来保证封闭环的设计要求。

采用调整装配法时的装配尺寸链的计算，主要是固定调整法的计算。固定调整装配法的公差设计计算可按下述步骤进行。

1. 公差的设计计算

（1）组成环的公差和极限偏差的确定

1）标准件的公差和极限偏差按标准规定。

2）在组成环中确定一补偿环（一般为垫片，称为固定调整垫片），初定尺寸用 A_F 表示，其公差 T_{AF} 一般规定为IT8～IT9级。补偿环在并联尺寸链中应为非公共环。

3）除标准件和调整件外的其他组成环公差，一般取IT11或低于IT11级。极限偏差按偏差注向体内原则确定。

（2）补偿原理　由于组成环公差被放大到经济公差，必使封闭环超差。此时，可以选用一个合适尺寸的补偿环对超差进行补偿，来达到封闭环的设计要求。

1）空隙尺寸及其变化范围。图5-25a所示的 n 环装配尺寸链，在未放入补偿环之前，存在一间隙尺寸 X，称为空隙尺寸。若补偿环 A_F 为减环时，空隙尺寸 X 为

$$X = A_0 + A_F = \sum_{z=1}^{k} Az - \sum_{j=k+1}^{n-2} A_j$$

空隙尺寸的变化范围 X_{max} 和 X_{min} 分别为

$$X_{max} = \sum_{z=1}^{k} A_{zmax} - \sum_{k+1}^{n-2} A_{jmin}$$

$$X_{min} = \sum_{z=1}^{k} A_{zmin} - \sum_{k+1}^{n-2} A_{jmax}$$

空隙尺寸的变化范围 $X_{max} \sim X_{min}$ 是补偿环总补偿范围，如图5-25b所示。

装配时，当出现 $\sum_{z=1}^{k} A_{zmax}$ 和 $\sum_{k+1}^{n-2} A_{jmin}$ 或接近极限值情况时，空隙尺寸达到 X_{max} 或接近 X_{max} 值。此时，为保证装配精度要求，应选用最厚尺寸 A_{F1} 的调整垫片。当 $\sum_{z=1}^{k} A_z$ 和 $\sum_{k+1}^{n-2} A_j$ 在接近上述极限尺寸变化，其空隙尺寸右界线 K 不超出 $(T_{A0} - A_{AF})_{\text{I}}$ 范围，在空隙尺寸中选用的 A_{F1} 都能满足

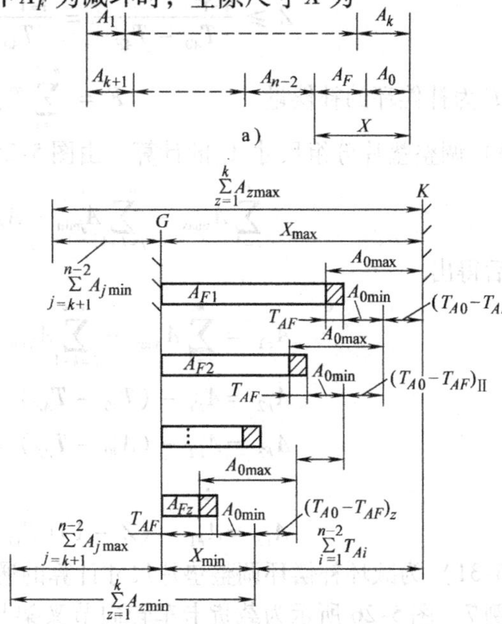

图5-25　补偿环为减环时补偿原理及调整件分组尺寸的计算图解

封闭环的要求。当增环尺寸 $\sum_{z=1}^{k} A_{z\max}$ 减小，减环尺寸 $\sum_{k+1}^{n-2} A_{j\min}$ 增大，使空隙尺寸右界限 K 超出（$T_{A0}-T_{AF}$）$_{\text{I}}$ 而落入（$T_{A0}-T_{AF}$）$_{\text{II}}$ 范围时，可选用垫片尺寸 A_{F2} 来满足封闭环的要求。依此类推。当增环尺寸 $\sum_{z=1}^{k} A_z$ 接近最小极限尺寸，减环尺寸 $\sum_{k+1}^{n-2} A_j$ 接近最大极限尺寸情况下，空隙尺寸右界限 K 落在（$T_{A0}-T_{AF}$）$_z$ 范围时，应选用最薄的调整垫片 A_{Fz} 来满足封闭环的要求。

从上述分析知，各组成环制造公差被放大后，装配时不同组成环尺寸组合时，都可以选用一个相应厚度的调整垫片来满足装配精度要求。这说明了可以用低精度的零件尺寸，用选择合适尺寸的调整件的方法来满足较高的装配精度要求，这就是固定调整法的补偿原理。每一尺寸的调整垫片能补偿组成环误差的能力，称为补偿能力 S

$$S = T_{A0} - T_{AF}$$

2）调整垫片组数 Z 的确定　从图 5-25b 中看到，调整垫片的组数 Z 的计算可由下式推导出

$$X_{\max} - X_{\min} = Z(T_{A0} - T_{AF}) = \sum_{i=1}^{n-2} T_{Ai}$$

$$Z \geqslant \frac{\sum_{i=1}^{n-2} T_{Ai}}{T_{A0} - T_{AF}} \tag{5-27}$$

将式（5-27）变换后为

$$Z \geqslant \frac{\sum_{i=1}^{n-1} T_{Ai} - T_{AF}}{T_{A0} - T_{AF}} = \frac{\sum_{i=1}^{n-1} T_{Ai} - T_{A0}}{T_{A0} - T_{AF}} + 1 = \frac{F}{S} + 1 \tag{5-28}$$

式中 F 为补偿环的补偿量　$$F = \sum_{i=1}^{n-1} T_{Ai} - T_{A0} \tag{5-29}$$

3）调整垫片分组尺寸 A_{Fi} 的计算　由图 5-25b 列出计算式

$$\sum_{z=1}^{k} A_{z\max} - \sum_{j=k+1}^{n-2} A_{j\min} - A_{F1} + T_{AF} - A_{0\max} = 0$$

整理后得出

$$A_{F1} = \sum_{z=1}^{k} A_{z\max} - \sum_{j=k+1}^{n-2} A_{j\min} + T_{AF} - A_{0\max} \tag{5-30}$$

$$\begin{aligned}
A_{F2} &= A_{F1} - (T_{A0} - T_{AF}) \\
A_{F3} &= A_{F2} - (A_{A0} - T_{AF}) = A_{F1} - 2(T_{A0} - T_{AF}) \\
&\vdots \\
A_{Fz} &= A_{F1} - (Z-1)(T_{A0} - T_{AF})
\end{aligned} \tag{5-31}$$

式（5-31）为减环补偿环调整垫片尺寸计算的通式。

例 7　图 5-26 所示为载货卡车转向节叉架与前轴拳部装配图及装配尺寸链。为了保证装配精度和便于使用中的调整，采用固定调整装配法保证装配精度。产品设计要求：转向节 1 叉架上耳下平面 K 与调整垫片 4 间的间隙要求为 0.05～0.25mm。装配尺寸链如图 5-26b 中图 1 所示，转向节 1 叉架上耳下平面 K 与下耳轴承窝端面 H 间尺寸 $A_1 = 112\text{mm}$；止推轴

承 2 高度 $A_2=18$mm；前轴 3 拳部高度 $A_3=92$mm；调整垫片 4 尺寸初定 $A_F=2$mm；制造公差 $T_{AF}=0.025$mm（IT9 级）。

1）确定组成环公差及其极限偏差。

2）计算调整垫片分组数 Z 及分组尺寸 A_{Fz}。

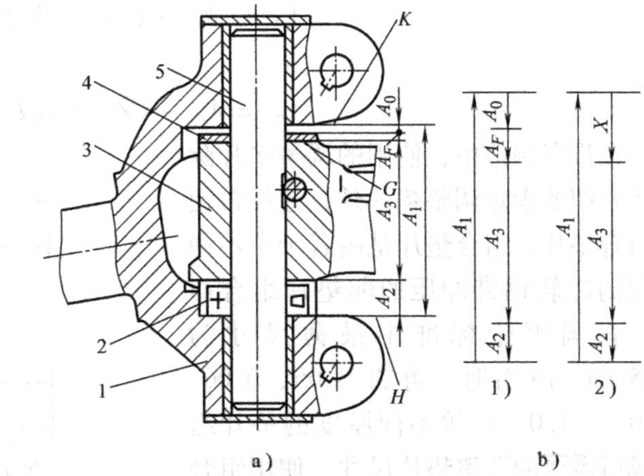

图 5-26　转向节叉架与前轴拳部装配图及装配尺寸链

1—转向节　2—止推轴承　3—前轴　4—调整垫片　5—主销

解

1）确定组成环公差及极限偏差。标准件——止推轴承尺寸公差及极限偏差采用标准规定值，$A_2=18_{-0.20}^{\ 0}$mm；组成环 A_1 及 A_3 的制造公差均放大到经济公差大小；对于固定调整法，一般将制造公差放大为 IT11 或低于 IT11 级。考虑到 A_1 及 A_3 加工的难易程度，取 $T_{A1}=0.35$mm（IT12 级），$T_{A3}=0.22$mm（IT11 级）。按偏差注向体内原则，确定 $A_1=112_{\ 0}^{+0.35}$mm（H12），$A_3=92_{-0.22}^{\ 0}$mm（h11）。

2）计算调整垫片分组数 Z

$$Z \geqslant \frac{\sum_{i=1}^{n-2} T_{Ai}}{T_{A0}-T_{AF}} = \left(\frac{0.35+0.20+0.22}{0.2-0.025}\right)\text{组} = 4.4\ \text{组}$$

取 $Z=5$ 组

3）计算调整垫片分组尺寸 A_{Fz}。按式（5-31）计算，调整垫片分组基本尺寸及极限偏差为

$$\begin{aligned} A_{F1} &= A_{1\max}-(A_{2\min}+A_{3\min})+T_{AF}-A_{0\max} \\ &= [112.35-(17.8+91.78)+0.025-0.25]\text{mm} = 2.545_{-0.025}^{\ 0}\text{mm} \end{aligned}$$

$$A_{F2} = A_{F1}-(T_{A0}-T_{AF}) = (2.545-0.175)\text{mm} = 2.37_{-0.025}^{\ 0}\text{mm}$$

$$A_{F3} = A_{F2}-(T_{A0}-T_{AF}) = (2.37-0.175)\text{mm} = 2.195_{-0.025}^{\ 0}\text{mm}$$

$$A_{F4} = A_{F3}-(T_{A0}-T_{AF}) = (2.195-0.175)\text{mm} = 2.02_{-0.05}^{\ 0}\text{mm}$$

$$A_{F5} = A_{F4}-(T_{A0}-T_{AF}) = (2.02-0.175)\text{mm} = 1.845_{-0.025}^{\ 0}\text{mm}$$

上述介绍的计算是以补偿环为减环时的情况。在汽车主减速器和转向器中，常遇到补偿环为增环的情况。下面仅列出图 5-27 所示的补偿原理图和调整垫片尺寸的计算公式。按图 5-27b 列出尺寸链平衡式

$$\sum_{j=k+1}^{n-1} A_{j\max} + A_{0\min} + T_{AF} = \sum_{z=1}^{k-1} A_{z\min} + A_{F1}$$

整理得出

$$A_{F1} = \sum_{j=k+1}^{n-1} A_{j\max} - \sum_{z=1}^{k-1} A_{z\min} + A_{0\min} + T_{AF} \tag{5-32}$$

$$A_{F2} = A_{F1} - (T_{A0} - T_{AF})$$
$$\vdots$$
$$A_{Fz} = A_{F1} - (Z-1)(T_{A0} - T_{AF})$$

在汽车制造中，使用的调整垫片除上述介绍的固定调整垫片外，还经常使用组合垫片。组合垫片是由若干个不同厚度的冷轧钢带冲压的薄垫片组合而成。我国钢带标准中最薄尺寸为0.05mm。使用时，可将0.05、0.06、0.10、…1.0、…等不同厚度的垫片组合成所需要的调整垫片尺寸。使用组合垫片的优点是垫片制造简单；汽车使用维修时易更换和易重新组合调整。

2. 可动调整装配法

固定调整装配法的不足之处是装配或使用维修时需将某些零件和调整件拆卸下来，影响装配流水线的运行，使用不太方便。可动调整装配法克服了上述不足。可动调整装配法是用调节调整件的位置来补偿组成环公差放大造成封闭环累积误差的影响，来达到装配精度的方法。

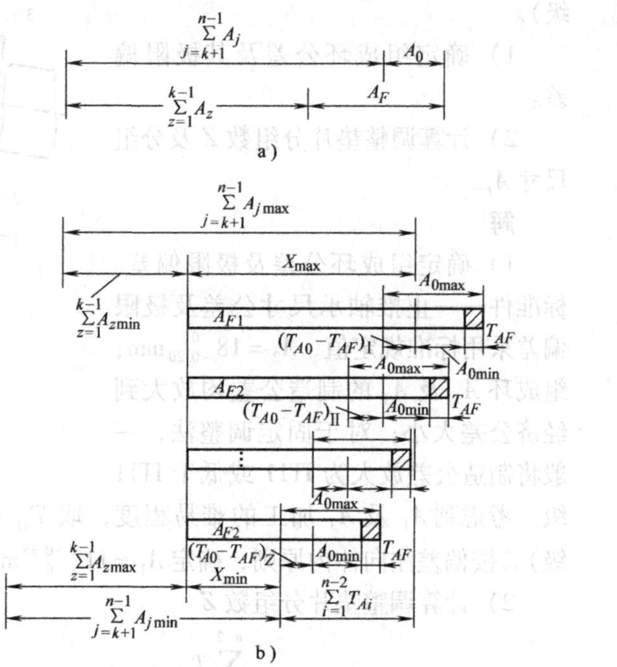

图 5-27 补偿环为增环时的补偿原理及调整件分组尺寸的计算图解

图5-28所示为内燃机气门间隙的可动调整装配法实例。内燃机装配时要求摇臂2右端头部与气门3尾端间应在冷态下有一定间隙值。装配调整时，可通过对调整螺钉1的调节来达到，然后用锁紧螺母紧固。又如图5-29所示汽车主传动减速器从动锥齿轮的轴向位置和圆锥滚子轴承预紧的可动调整装配。在差速器左右壳体3及5上各装有一个圆锥滚子轴承2和7，在圆锥滚子轴承外圈侧面各有一个调整件调整螺母1和6。一般用调整螺母1先调整从动齿轮4的轴向位置，保证主、从动锥齿轮的接触区和齿侧间隙，然后用调整螺母6调节圆锥滚子轴承的预紧。上述两项要求调节后将调整螺母锁紧。

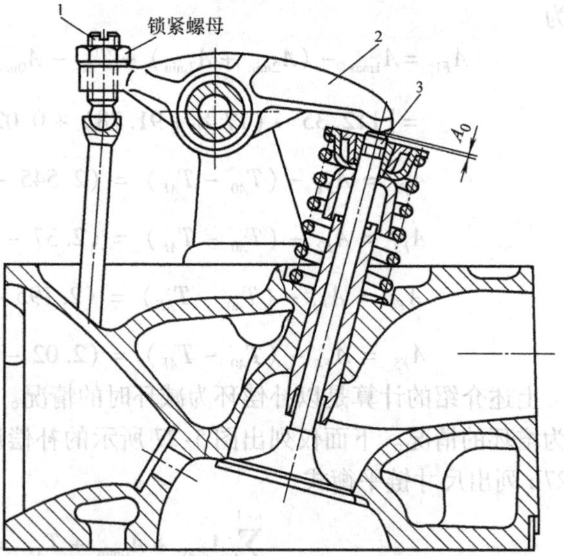

图 5-28 气门间隙的可动调整装配法
1—调整螺钉 2—摇臂 3—气门

采用可动调整装配法时，组成环尺

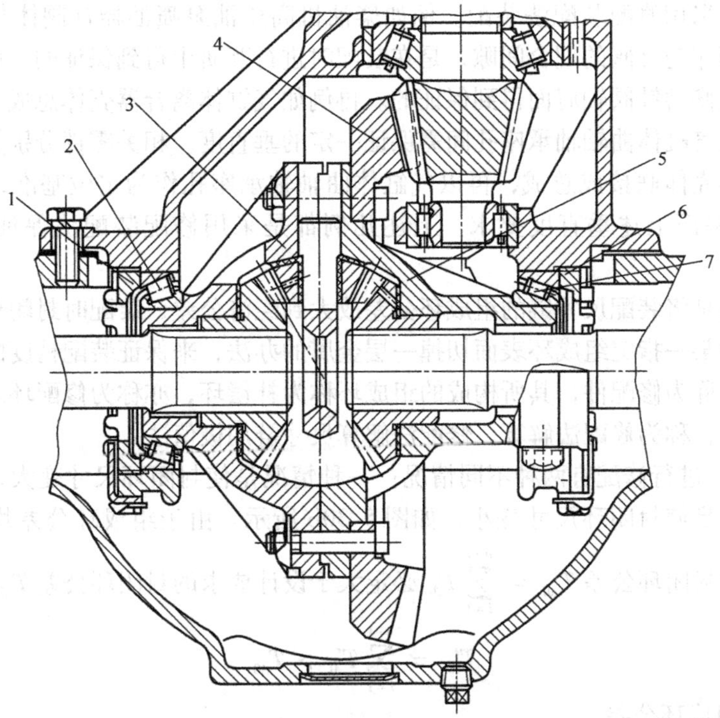

图 5-29　主减速器从动锥齿轮和轴承预紧的可动调整装配
1、6—调整螺母　2、7—圆锥滚子轴承　3、5—壳体　4—从动齿轮

寸公差一般放大到 IT14 级左右，不必进行尺寸链计算，只要调整件调节的范围大于 $\sum_{i=1}^{n-1} T_{Ai} - T_{A0}$ 值就可以，然后通过调节调整件的位置来满足装配精度要求。作为可动调整装配法常使用的调整件有螺母、螺钉、弹性元件（如波形管等）、偏心和斜楔等，调节后应锁紧，以防止汽车运行中调节位置松动。在结构设计时，应将调整件位置尽可能靠近封闭环，以保证调节测量方便。此外，还应注意补偿环不能作为并联尺寸链的公共环。

3. 调整装配法的特点及应用

零件尺寸制造公差可放大到经济公差大小，零件制造成本低。用低精度的零件，通过对调整件的调整，可以获得较高的装配精度。另一优点是，对于使用中易磨损而丧失装配精度的装配尺寸链，可以通过对调整件的重新调节或更换，使其重新恢复装配精度。不足之处是在结构中需增加调整件或调节机构，特别是可动调整装配法。

固定调整装配法主要用于成批大量生产中装配那些装配精度要求较高、组成环环数又多的机器结构中。

可动调整装配法在汽车制造中可用于各种生产类型，装配那些装配精度要求较高、组成环环数又多的机器结构中。

调整装配法尤其适合于因磨损等原因容易丧失装配精度的传动机构中应用。

五、修配装配法

在汽车制造中，对装配精度要求较高时，用上述四种装配精度保证方法进行装配，都有一定困难，可采用修配装配法装配。例如柴油机高压油泵喷油器针阀体与针阀的密封锥面的密封和针阀体与针阀的配合间隙，是在装配时进行互研中得到保证的，而针阀升程是在装配后在磨床上修磨针阀轴肩面得到保证的。再例如气缸体离合器壳体总成，设计要求离合器壳体后端面与气缸体曲轴轴承座孔间需保证一定的垂直度。相关零件分别加工完成后，将气缸体和离合器壳体联接成总成，再以气缸体曲轴轴承座孔作为定位基准，铣削离合器壳体后端面，直接保证上述垂直度要求。上述几例都是采用修配装配法保证装配精度的实例。

修配装配法是将装配尺寸链的组成环公差放大到经济公差，装配时封闭环所累积的误差通过对尺寸链中某一指定组成环表面切掉一层金属的办法，来保证装配精度的方法。被切掉一层金属的零件称为修配件，其所构成的组成环称为补偿环，亦称为修配环。修配装配法装配尺寸链的解算，称为修配法解算。修配法解算尺寸链用极值法。

对修配环 A_F 进行修配有两种不同情况：一种情况是使封闭环尺寸变大，如图 5-30a 所示；另一种情况是使封闭环尺寸变小，如图 5-30b 所示。由于组成环公差均放大为经济公差，实际得到的封闭环公差 $T'_{A0}=\sum_{i=1}^{n-1}T'_{Ai}$ 必定大于设计要求的封闭环公差 T_{A0}，即

$$T'_{A0}=\sum_{i=1}^{n-1}T'_{Ai}>T_{A0}$$

式中　T'_{Ai}——组成环公差。

为了使封闭环达到设计要求的公差值，必须从修配环上切除一定厚度的金属层，因此修配环尺寸须附加一个被切除金属层厚度的尺寸，此时修配环的尺寸称为预加工尺寸。采用修配法装配时必须合理地确定修配环的预加工尺寸，才能达到修配的目的。修配法的装配尺寸链的解算，最主要的任务就是合理地确定修配环的预加工尺寸。

修配装配法公差的设计计算可按下述步骤进行。

1. 组成环公差的设计计算

（1）组成环公差和极限偏差的确定　除修配环外其他组成环公差按下述原则确定：

1）标准件公差及极限偏差按标准规定。

2）除标准件外其他组成环公差都放大为经济公差。一般经济公差为 IT11 级左右。其极限偏差按偏差注向体内原则确定。

图 5-30　修配时对封闭环影响的两种情况

3）在组成环中选择一修配环。选择修配环（或修配件）时应遵守以下原则：①修配件应是易拆卸易修配的零件；②修配件修配表面不需表面处理；③在并联尺寸链中修配环应为非公共环。

（2）修配环预加工尺寸的确定　对修配环修配时既要有足够的修配量，又要使修配量不要太大，这样才能经济地保证装配精度。由于组成环制造公差都放大到经济公差，组成环制造公差之和必然大于装配精度要求的封闭环公差，即有 $\sum_{i=1}^{n-1}T'_{Ai}>T_{A0}$，修配环的修配量（亦称补偿量）

$$F = \sum_{i=1}^{n-1} T'_{Ai} - T_{A0} \tag{5-33}$$

修配环预加工尺寸的计算按以下两种情况分别讨论：

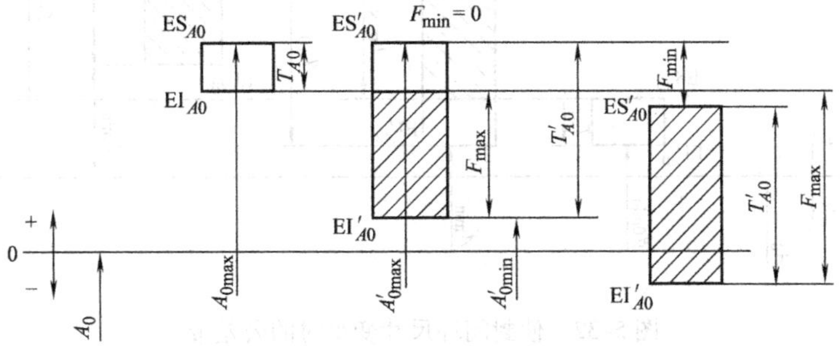

图 5-31　使封闭尺寸变大时的公差带

1）修配时使封闭环尺寸变大的情况。图 5-30a 中修配环 A_F 为减环，由于修配修配环 A_F 时会使封闭环实际尺寸 A'_0 变大，但不能大于允许的 A_{0amx} 值，极限情况应满足 $A'_{0max} = A_{0max}$ 或 $ES'_{A0} = ES_{A0}$，如图 5-31 所示。由此条件可推导出修配环的预加工尺寸 A_F。按 $A'_{0max} = A_{0max}$ 计算得出

$$A'_{0max} = A_{0max} = \sum_{z=1}^{k} A_{zmax} - \left(\sum_{j=k+1}^{n-2} A_{jmin} + A_F - T_{AF} \right)$$

整理得

$$A_F = \sum_{z=1}^{k} A_{zmax} - \sum_{j=k+1}^{n-2} A_{jmin} + T_{AF} - A_{0max} \tag{5-34}$$

按 $ES'_{A0} = ES_{A0}$ 计算得

$$ES_{A'0} = ES_{A0} = \sum_{z=1}^{k} ES_{Az} - \left(\sum_{j=k+1}^{n-2} EI_{Aj} + EI_{AF} \right)$$

整理得

$$EI_{AF} = \sum_{z=1}^{k} ES_{Az} - \sum_{j=k+1}^{n-2} EI_{Aj} - ES_{A0} \tag{5-35}$$

从图 5-31 可看到，当封闭环实际尺寸 A'_0 落在封闭环要求的公差范围内时，就无须对修配环进行修配。当封闭环实际尺寸的最大值 A'_{0max} 恰好等于封闭环要求的最大值 A_{0max} 时，在修配环上无量可修配，此时修配量称为最小修配量为零，即 $F_{min} = 0$。当封闭环实际尺寸为最小值 A'_{0min} 时，修配量为最大值 F_{max}，考虑到修配的生产率，一般取 $F_{max} = 0.15 \sim 0.40$mm。

如果对修配件修配表面有较严格的形位公差要求，则每一件修配件都必须进行修配。此时 F_{min} 必须大于封闭环要求的公差值，即 $F_{min} > T_{A0}$，一般 $F_{min} = 0.05 \sim 0.10$mm。此时最大修配量

$$F_{max} = T'_{A0} - T_{A0} + F_{min} \tag{5-36}$$

上述的修配环预加工尺寸 A_F 的计算，是以修配环为减环时推导的。如果修配环为增环，按上述计算方法也可推导出计算公式，请读者自行推导。

2）修配时使封闭环尺寸变小的情况。如图 5-30b 所示，以修配环 A_F 为增环为例，说明修配环预加工尺寸的计算。由于对修配环 A_F 修配时，会使封闭环实际尺寸 A'_0 变小，但不能

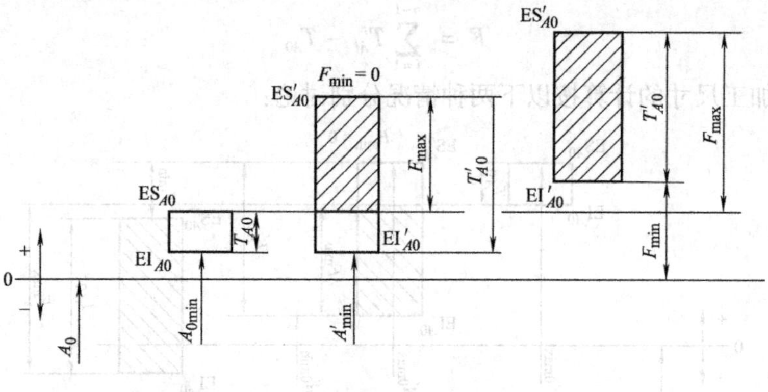

图 5-32　使封闭环尺寸变小时的公差带

小于封闭环允许的最小值 $A_{0\min}$，即应该满足 $A'_{0\min}=A_{0\min}$ 或 $EI'_{A0}=EIA_0$，如图 5-32 所示。以上述条件可推导出修配环的预加工尺寸。按 $A'_{0\min}=A_{0\min}$ 计算得

$$A'_{0\min}=A_{0\min}=\left(\sum_{z=1}^{k-1}A_{z\min}+A_{F\min}\right)-\sum_{j=k+1}^{n-1}A_{j\max}$$

整理得

$$A_F=\sum_{j=k+1}^{n-1}A_{j\max}-\sum_{z=1}^{k-1}A_{z\min}+T_{AF}+A_{0\min} \tag{5-37}$$

按 $EI'_{A0}=EI_{A0}$ 计算得

$$EI_{A'0}=EI_{A0}=\sum_{z=1}^{k-1}EI_{Az}+EI_{AF}-\sum_{j=k+1}^{n-1}ES_{Aj}$$

整理得

$$EI_{AF}=\sum_{j=k+1}^{n-1}ES_{Aj}-\sum_{z=1}^{k-1}EI_{Az}+EI_{A0} \tag{5-38}$$

例 8　图 5-26 所示转向节叉架与前轴拳部结构中，为保证转向灵活，要求转向节 1 叉架上耳下平面 K 与调整垫片 4 间的间隙 $A_0=0.05\sim0.25$mm。装配尺寸链如图 5-26b 中图 1 所示，已知 $A_1=112^{+0.35}_{0}$mm；$A_2=18^{0}_{-0.2}$mm；$A_3=92^{0}_{-0.22}$mm；修配环初定 $A_F=2$mm，制造公差 $T_{AF}=0.10$mm。如要求最小修配量 $F_{\min}=0$，试计算修配环的预加工尺寸 A_F 和最大修配量 $F_{\max}$，并画出封闭环设计要求的公差和封闭环实际的公差带。

解

1）计算封闭环基本尺寸、公差及极限偏差

$$A_0=A_1-(A_2+A_3+A_F)=0\text{mm}$$
$$T_{A0}=A_{0\max}-A_{0\min}=(0.25-0.05)\text{mm}=0.2\text{mm}$$
$$A_0=0^{+0.25}_{+0.05}\text{mm}$$

2）计算修配环预加工尺寸及最大修配量。修配环 A_F 为减环，修配使封闭环尺寸 A_0 变大，由式（5-34）计算得

$$\begin{aligned}A_F&=A_{1\max}-(A_{2\min}+A_{3\min})+T_{AF}-A_{0\max}\\&=[112.35-(17.80+91.78)+0.1-0.25]\text{mm}\\&=2.62^{0}_{-0.10}\text{mm}\\&=2^{+0.62}_{+0.52}\text{mm}\end{aligned}$$

或由式（5-35）计算得

$$EI_{AF} = ES_{A1} - (EI_{A2} + EI_{A3}) - ES_{A0}$$
$$= [0.35 - (-0.2 - 0.22) - 0.25]\text{mm} = 0.52\text{mm}$$
$$ES_{AF} = T_{AF} + EI_{AF} = (0.10 + 0.52)\text{mm} = 0.62\text{mm}$$

修配环预加工尺寸 $A_F = 2^{+0.62}_{+0.52}\text{mm}$

由式（5-33）计算最大修配量

$$F_{\max} = \sum_{i=1}^{n-1} T_{Ai} - T_{A0} = (0.35 + 0.2 + 0.22 + 0.1 - 0.2)\text{mm} = 0.67\text{mm}$$

3）画出封闭环设计要求的公差带和实际的公差带，如图5-33所示。

2. 修配的形式

在汽车制造和汽车维修中，常用如下几种修配形式。

1）专件（单件）修配。如上例中为保证间隙 A_0 而对垫片的修配和为保证喷油器针阀与针阀体的升程而对针阀轴肩面的修磨等。

2）合件修配。如前述气缸体与离合器壳体组合成合件后，精铣离合器壳体后平面，保证合件的离合器壳体后平面对气缸体曲轴轴承座孔的垂直度公差要求。

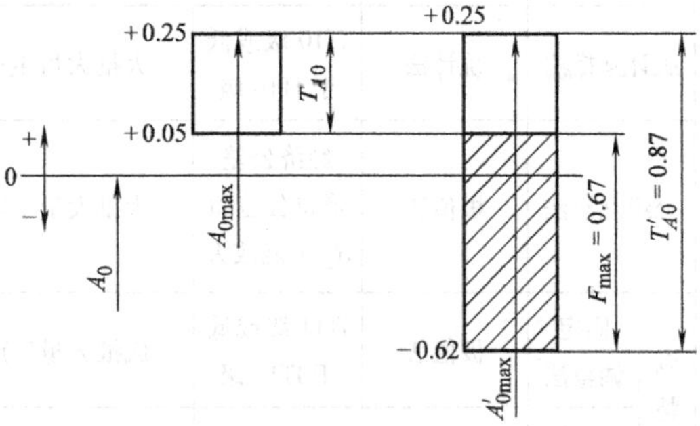

图5-33 封闭环设计要求及实际的公差带图

3）偶件修配。如为保证喷油器针阀与针阀体的配合间隙及密封锥面的密封性而进行的配对互研等。

3. 修配装配法的特点及应用

装配尺寸链的组成环制造公差均放大为经济公差，零件的制造成本低，经修配可获得较高或很高的装配精度。在修配法装配中，装配精度是由零件的制造精度和装配方法共同保证的。修配装配法的缺点是，装配时需修配，增加了修配成本，生产效率低。因为修配时间较长且时间不稳定，所以不适宜在流水装配线上采用，一般将修配工序安排在流水装配线之外进行。修配后的零件不具有互换性。

修配装配法主要应用于单件、中小批生产中，但在汽车制造的大批大量生产中也有应用。适用于装配精度要求较高而采用其他装配方法不易保证装配精度的场合。

上述介绍的五种保证装配精度的方法，在汽车制造中均有应用。在产品结构设计时，选用何种装配方法应根据总成或部件的结构、装配精度要求、装配尺寸链的环数和生产类型等条件决定。

五种装配尺寸链的解算方法可分为互换法和补偿法两大类，即

- 装配尺寸链的解算方法
  - 互换法
    - 完全互换法
    - 统计互换法（不完全互换法）
    - 分组互换法
  - 补偿法
    - 调整法
    - 修配法

在解算并联尺寸链中，如遇有用完全互换法解算尺寸链时，应该先解算平均极值公差小的装配尺寸链；如遇有互换法和补偿法解算装配尺寸链时，应该先解算互换法的装配尺寸链；如遇有完全互换法和统计互换法解算尺寸链时，先解算完全互换法的装配尺寸链。表5-4列出了五种装配法的特点和应用范围，供参考。

表5-4　汽车制造中五种装配方法的特点及应用范围

装配方法			尺寸链计算方法	组成环制造公差	应　用
互换法	完全互换法		极值法	IT9级或低于IT9级	组成环数目较少，或虽数目较多，但装配精度较低的场合，生产类型不限
互换法	统计互换法		统计法	IT10级或低于IT10级	大批大量生产中装配精度较高、多环装配尺寸链
互换法	分组互换法		极值法	经济公差 形位公差和R_a不能放大	大批大量生产中装配精度要求很高的少环装配尺寸链
补偿法	调整法	固定调整法	极值法	IT11级或低于IT11级	成批大量生产中装配精度要求较高的多环装配尺寸链
补偿法	调整法	可动调整法	不计算	IT14级左右	各种生产类型中装配精度要求较高的多环装配尺寸链
补偿法	修配法		极值法	IT11级左右	主要用于单件、中小批生产中，大批大量生产的汽车制造中也有应用，适用于装配精度较高，而用其他装配方法不易保证装配精度的场合

第五节　工艺尺寸链的计算

在毛坯经机械加工成为符合技术要求零件的过程中，其形状和尺寸是不断变化的，工序尺寸只有在工件表面的最终加工工序，且按设计尺寸直接加工的情况下，才与设计尺寸一致。在其他情况下，为了间接保证设计尺寸，或者为了给后续工序留有加工余量，工序尺寸就不同于设计尺寸。确定工序尺寸及公差，需要应用尺寸链原理进行尺寸换算，即需解算工艺尺寸链。

解算工艺尺寸链与解算装配尺寸链的方法和步骤基本相同，首先要建立工艺尺寸链，然后按有关公式进行分析计算。工艺尺寸链要根据零件加工工艺过程来建立，间接保证的尺寸为封闭环。工艺尺寸链的封闭环有两种基本形式：一是以工序尺寸为组成环，间接保证零件某一设计尺寸，此时封闭环就是要间接保证的设计尺寸；二是以工序尺寸为组成环，分析确定加工余量，此时加工余量为封闭环。在任何一个零件的加工过程中，都会同时存在这两种类型的工艺尺寸链，并且往往会形成由某些工序尺寸或加工余量作为公共环的并联尺寸链。

一、工序基准与设计基准重合时工序尺寸的确定

在这种情况下，工件在加工过程中不存在基准转换，同一表面经多次加工而达到设计要求，工序尺寸仅与工序余量有关。外圆、内孔直径尺寸的加工以及某些轴和盘类等零件端面的加工等，多属于这种情况。

下面以活塞顶面的加工为例，说明上述情况下工序尺寸的计算。图 5-34a 中，A_{01}、A_{02} 是零件图样上标注的设计尺寸。保证 A_{01}、A_{02} 尺寸的加工方案之一为：先以活塞底面为工序基准粗车、精车顶面，然后再以顶面为工序基准精镗销孔。

在分析与计算工序尺寸时，为直观地表明各表面加工的先后顺序，方便地找出工序尺寸之间的相互联系，可根据加工顺序将各工序尺寸及各表面形成过程用图表表示出来，如图 5-34b、c 所示。由于工序尺寸所联系的工件两个表面的加工是有先后顺序的，这就使工序尺寸具有方向性，其方向是从先加工过的本工序的工序基准指向被加工表面。为了表明这种方向性，在图表中工序尺寸的一端用圆点表示工序基准，另一端用箭头指向被加工表面。图 5-34b 为用图表表示的各工序尺寸及各表面的形成。从图表中可明显看出，精车活塞顶面时，由于工序基准与设计基准重合，且为表面最终加工工序，工序尺寸及公差 A'_1 就是相应的设计尺寸 A_{01} 及其公差，即 $A'_1=A_{01}=106_{-0.87}^{\ 0}$ mm。

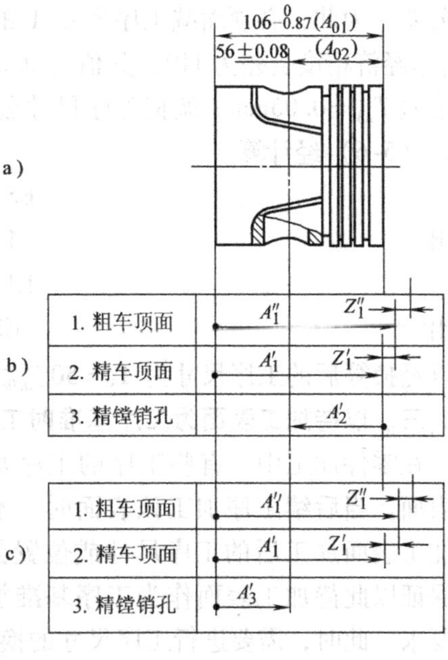

图 5-34　活塞加工时的工序尺寸图表

粗车活塞顶面时，由于工序尺寸 A''_1 与 A'_1 的工序基准相同，只要工序尺寸 A'_1 加上加工余量 z'_1 就可以求出。若已知精车加工余量 $z'_1=0.6$mm，粗车经济精度公差等级为 IT10（0.14mm），则粗车顶面的工序尺寸为 $A''_1=A'_1+z'_1=106.6_{-0.14}^{\ 0}$ mm。

工序尺寸 A''_1、A'_1 及 z'_1 构成了以加工余量 z'_1 为封闭环的工艺尺寸链，必要时可根据此尺寸链校核精车加工余量是否合适。

可见，基准重合时工件表面经多次加工的工序尺寸及公差的确定是比较简单的。最终工序的工序尺寸就是零件图样上要求的设计尺寸，公差就是设计尺寸的公差；中间工序的工序尺寸就是相关工序的工序尺寸加上（对外尺寸）或减去（对内尺寸）工序余量值，公差值按加工方法的加工经济精度选取，极限偏差按偏差注向体内原则确定。

二、工序基准与设计基准不重合时工序尺寸的确定

在图 5-34a 所示活塞加工简图中，A_{02} 是一个重要的设计尺寸，该尺寸直接影响发动机的压缩比，是以活塞顶面为设计基准标注的。保证设计尺寸 A_{02} 的要求有两种不同的工艺方案，上例中已讨论了第一种方案，即以活塞顶面为定位和工序基准精镗活塞销孔。在该方案中，由于基准重合，工序尺寸就是设计尺寸，即 $A'_2=A_{02}=56\pm0.08$mm，设计尺寸 A_{02} 由加工直接保证，不需要尺寸换算。第二种方案是以底面定位，图 5-34c 所示为此方案的工序尺寸图表。从图中可知，此方案中设计尺寸 A_{02} 不再是直接保证的，而是由工序尺寸 A'_1 和 A'_3 间接保证的，设计尺寸 A_{02} 成为工艺尺寸链的封闭环，工序尺寸 A'_1 和 A'_3 是工艺尺寸链的组成环。图 5-35 所示尺寸链为此方案加工活塞销孔时的工艺尺寸链。

在工艺尺寸链中，只有一个尺寸是未知的，一般情况下只需利用前面介绍的尺寸链计算基本公式即可求出。但有些情况下需要对已知的工序尺寸的公差进行必要的调整。例如在本

例中，在精车顶面时，由于工序尺寸 A_1' 的工序基准与设计基准重合，工序尺寸 A_1' 可取设计尺寸 $A_{01}=A_1'=106_{-0.87}^{\ 0}$ mm，但这时仅 A_1' 的公差 T'_{A1} 就大于封闭环的公差 T_{A02}，即使 T'_{A3} 为零也不能保证封闭环 A_{02} 的尺寸公差。为此，必须缩减工序尺寸 A_1' 的公差 T'_{A1} 值，如取 $T'_{A1}=0.1$mm（精车经济精度公差为 IT9，其值为 0.087mm），则可求出工序尺寸 A_3' 的公差 $T'_{A3}=0.06$mm。调整工序尺寸公差后的工序尺寸为 $A_1'=106_{-0.10}^{\ 0}$ mm。根据式（5-5）和式（5-6）经计算

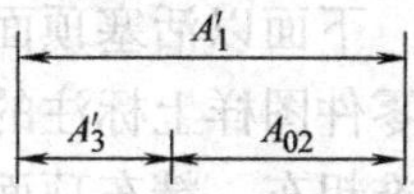

图 5-35　加工活塞销孔的工艺尺寸链

$$\mathrm{ES}_{A02}=\mathrm{ES}_{A'1}-\mathrm{EI}_{A'3}$$

求出

$$\mathrm{EI}_{A3}=-0.08\text{mm}$$

$$\mathrm{EI}_{A02}=\mathrm{EI}_{A'1}-\mathrm{ES}_{A'3}$$

求出

$$\mathrm{ES}_{A'3}=-0.02\text{mm}$$

所以经换算后的工序尺寸为 $A_3'=50_{-0.08}^{-0.02}$ mm。

三、以待加工表面为工序基准时工序尺寸的确定

在零件加工中，有些工序的工序基准是后续工序的加工表面。当后续工序加工该表面时，不仅要保证该工序对待加工表面加工后的工序尺寸或位置公差的要求，而且还要保证以此待加工表面作为工序基准加工的有关表面的设计要求。此时，需要进行工序尺寸的换算。

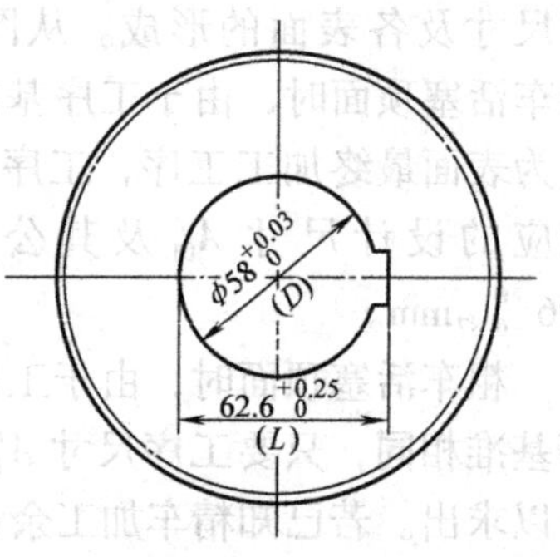

图 5-36　三速齿轮内孔与键槽的设计尺寸

图 5-36 所示为某汽车变速器中间轴第三速齿轮内孔与键槽设计尺寸图，内孔孔径 $D=\phi58_{\ 0}^{+0.03}$ mm；键槽尺寸 $L=62.6_{\ 0}^{+0.25}$ mm。为保证这两个设计尺寸，有关工艺过程为：扩孔→拉孔→拉键槽→淬火→磨孔。内孔加工工序尺寸为：扩孔尺寸 $D_k=\phi56.7_{\ 0}^{+0.12}$ mm；拉孔尺寸 $D_l=\phi57.75_{\ 0}^{+0.025}$ mm；磨孔尺寸 $D_m=\phi58_{\ 0}^{+0.03}$ mm。

图 5-37a 为三速齿轮内孔加工过程中各工序尺寸及加工表面形成图表（图中对称尺寸以对称中心——轴线为工序基准标注）。从图中可看出，设计尺寸 L 不是直接加工保证的，而

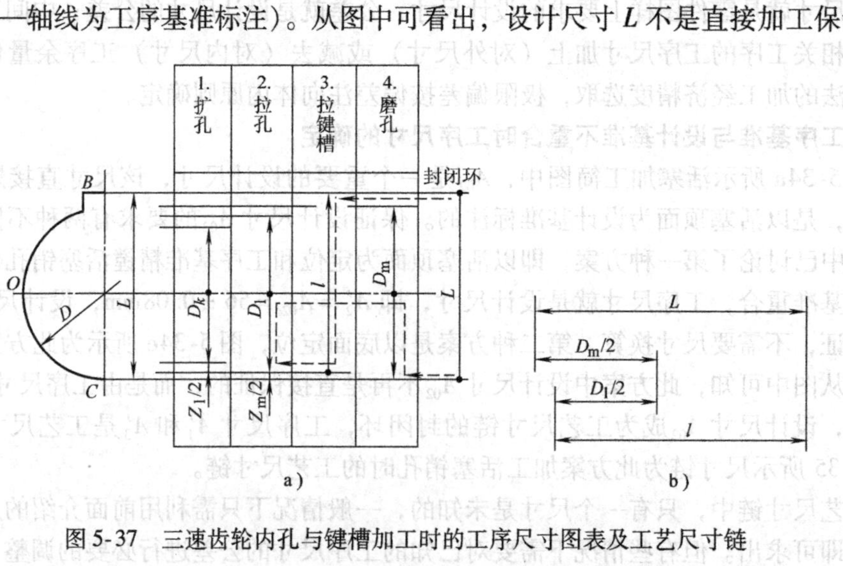

图 5-37　三速齿轮内孔与键槽加工时的工序尺寸图表及工艺尺寸链

是通过加工最后间接形成的，设计尺寸 L 是工艺尺寸链的封闭环。在此例中，工件表面经多次加工，并且还有基准的转换，包含的组成环较多，这种比较复杂的工艺尺寸链，可利用尺寸跟踪法来建立。

分析图 5-37a 可知，作为封闭环的设计尺寸 L 所连接的两个表面（表面 B 及 C），分别是最终磨孔工序尺寸 D_m 和拉键槽工序尺寸 l 所指向的两个表面，而工序尺寸 l 的工序基准又是工序尺寸 D_l 指向的拉孔表面，工序尺寸 D_l 和 D_m 的工序基准 O 重合。因此，尺寸 $D_l/2$、l、$D_m/2$、L 构成了封闭的尺寸联系，形成了以 L 为封闭环的工艺尺寸链（图 5-37b）。

综上所述，尺寸跟踪法建立尺寸链的方法如下：

从封闭环（图 5-37a 中用两端带圆点的尺寸线表示）联系的两个表面开始，沿零件表面引线（虚线）同步向前面的工序尺寸跟踪，查找各组成环。遇到工序尺寸箭头时（说明封闭环的一个表面是在该工序加工的），逆该工序尺寸方向找到其工序基准，再沿该工序基准所在表面引线继续向前工序跟踪（即找出该工序基准是在哪一个工序加工的），直至两跟踪线汇交在同一工序基准为止。图 5-37a 中的虚线箭头表示跟踪过程。图 5-37b 为本例的工艺尺寸链，其中工序尺寸 $D_l/2 = 28.875^{+0.0125}_{0}$ mm；$D_m/2 = 29^{+0.015}_{0}$ mm；l 为未知的工序尺寸，按式（5-1），得

$$L = l + \frac{D_m}{2} - \frac{D_l}{2}$$

所以
$$l = L - \frac{D_m}{2} + \frac{D_l}{2} = (62.6 - 29 + 28.875)\text{mm} = 62.475\text{mm}$$

按式（5-5）和式（5-6）确定工序尺寸 l 的上、下偏差为

$$\mathrm{ES}_l = \mathrm{ES}_L - \mathrm{ES}_{Dm/2} + \mathrm{EI}_{Dl/2} = (0.25 - 0.015 + 0)\text{mm} = 0.235\text{mm}$$

$$\mathrm{EI}_l = \mathrm{EI}_L - \mathrm{EI}_{Dm/2} + \mathrm{ES}_{Dl/2} = (0 - 0.0125)\text{mm} = 0.0125\text{mm}$$

所以
$$l = 62.475^{+0.2350}_{+0.0125}\text{mm} \approx 62.49^{+0.22}_{0}\text{mm}$$

计算中用到的 $D_l/2$ 和 $D_m/2$ 是为保证 $Z_m/2$ 尺寸的有关工序尺寸，又是以 L 为封闭环的工艺尺寸链中的组成环，即 $D_l/2$ 和 $D_m/2$ 为两个尺寸链的公共环，如其不能满足其中任一尺寸链时，需要进行修正。

四、一次加工同时保证多个设计尺寸时工序尺寸的确定

在某些零件的设计图样上，有多个设计尺寸是从零件主要设计基准为共同基准，按坐标方式标注的。如图 5-38a 所示阶梯轴，以端面 D 为设计基准，同时标注有两个设计尺寸 A_{01} 和 A_{02}。如果对该设计基准表面的加工精度要求高，表面粗糙度值要求小，则该表面将安排在最后工序进行加工。在最终加工该基准表面时，只能直接保证其中一个设计尺寸，而另一个设计尺寸是间接保证的。所以当最终加工设计基准，而又需要同时保证多个设计尺寸时，实质上也是属于设计基准与工序基准不重合，必须进行工序尺寸换算。

图 5-38a 所示零件在磨削端面 D 时，要同时保证设计尺寸 $A_{01} = 35 \pm 0.17$mm 和 $A_{02} = 20 \pm 0.07$mm。这时，应选择公差较小的一个设计尺寸 A_{02} 作为直接保证的工序尺寸，而公差较大的另一个设计尺寸 A_{01} 则为间接保证的设计尺寸，这样就需要进行有关工序尺寸的换算。

图 5-38b、c 分别为加工过程中工序尺寸及加工表面形成图表和工艺尺寸链。在工艺尺寸链中，尺寸 A_{01} 为封闭环，A_3 为直接保证的工序尺寸，需要确定工序尺寸 A_2，以保证封闭环 A_{01} 的要求。按式（5-1），工序尺寸 A_2 的基本尺寸为

$$A_2 = A_{01} - A_3 = (35 - 20)\text{mm} = 15\text{mm}$$

按式（5-5）和式（5-6）求出工序尺寸 A_2 的上、下偏差为

$$ES_{A2} = ES_{A01} - ES_{A3} = (0.17 - 0.07)\text{mm} = 0.1\text{mm}$$

$$EI_{A1} = EI_{A01} - EI_{A3} = [-0.17 - (-0.07)]\text{mm} = -0.1\text{mm}$$

所以 $$A_2 = 15 \pm 0.1\text{mm}$$

五、控制加工余量间接保证设计尺寸时工序尺寸的确定

在内、外圆磨床上磨削工件端面时，由于工件的轴向定位误差较大，砂轮磨损也较快，要直接保证工序尺寸，一般情况下只能采用试切法。为提高生产率及避免测量时的不便，在生产中经常采用直接控制加工余量而间接保证工序尺寸的方法。这种方法有两种形式：一种为“靠火花磨削法”，它是由操作者根据砂轮靠磨工件端面时所产生的火花多少，凭经验判断磨去了多少磨削余量，从而使工序尺寸得到间接保证的尺寸控制方法；另一种是在具有自动测量控制装置的磨床上，通过测量被磨削端面装夹时的轴向位置来自动调整砂轮架位置，以及通过加工过程中对砂轮磨损的动态补偿，来直接控制磨削余量而间接保证工序尺寸。

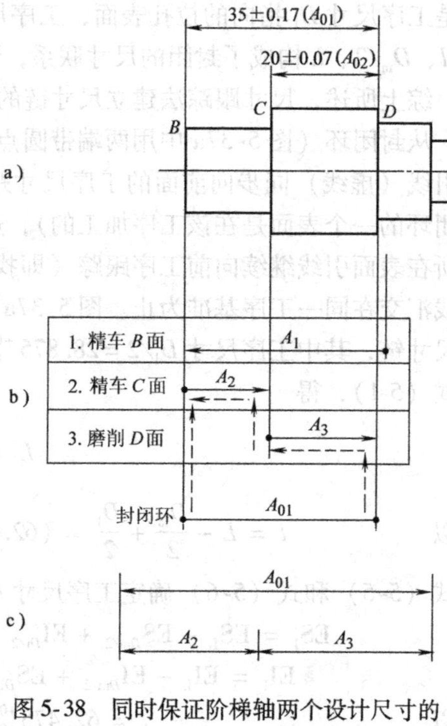

图 5-38　同时保证阶梯轴两个设计尺寸的工序尺寸图表和工艺尺寸链

由于采用控制磨削余量间接保证工序尺寸的方法，其磨去的余量会在一定范围内变动，所以磨削后的尺寸误差会比磨削前的相应尺寸误差有所增大。为保证零件的设计要求，磨削前的工序尺寸公差值应比设计要求还要小。采用这种方法计算工序尺寸，由于磨削余量是加工时直接控制的，所以它是工艺尺寸链的组成环，而磨削后要保证的工序尺寸则是封闭环。图 5-39 所示为采用控制磨削余量磨削法磨削汽车变速器第一轴端面时的工序尺寸图表。加工中有关工序为：

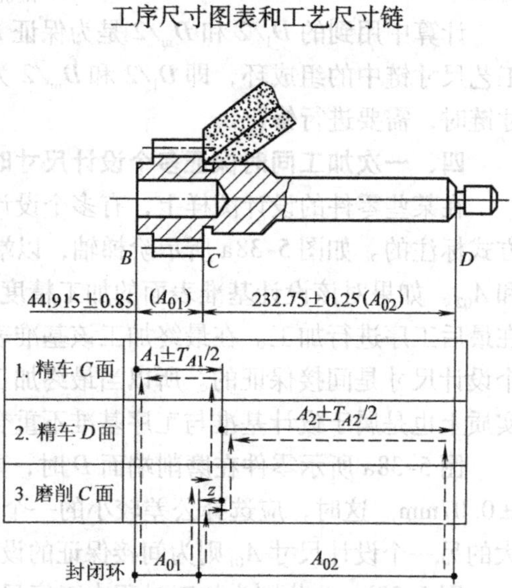

图 5-39　靠火花磨削第一轴端面的工序尺寸图表

1）以精车过的端面 B 为工序基准，精车端面 C，直接保证工序尺寸 $A_1 \pm T_{A1}/2$。

2）以精车过的端面 C 为工序基准，精车端面 D，工序尺寸为 $A_2 \pm T_{A2}/2$。

3）控制磨削余量（靠火花磨削）磨削端面 C，间接保证设计尺寸 44.915±0.085mm（该尺寸可作为磨削加工要求标注在工序图上）和设

计尺寸 232.75 ± 0.25mm。上述加工过程中形成的工艺尺寸链如图 5-40所示。按图 5-40a 所示工艺尺寸链求解工序尺寸 $A_1 \pm T_{A1}/2$，按图 5-40b 所示工艺尺寸链求解工序尺寸 $A_2 \pm T_{A2}/2$。磨削余量及其公差由生产水平而定，本例中取 $z=0.1\pm0.02$mm。按式（5-7）、式（5-11）和式（5-12）计算工序尺寸 A_1 和 A_2 分别为

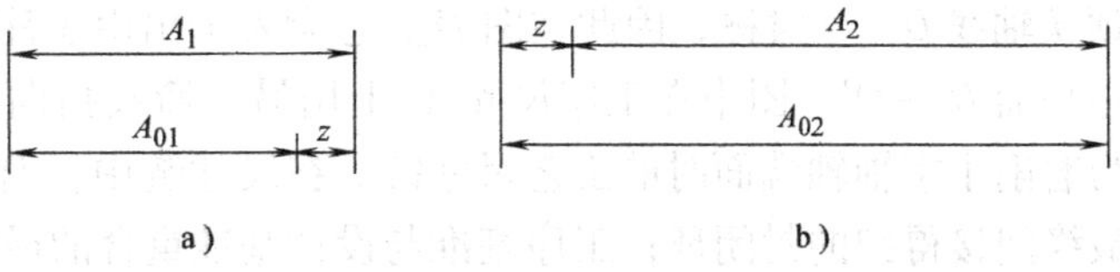

图 5-40　磨削第一轴端面形成的工艺尺寸链

$$A_1 = (45.015 \pm 0.065)\text{mm}$$
$$A_2 = (232.65 \pm 0.23)\text{mm}$$

六、对称度、同轴度为设计要求的有关工序尺寸的确定

当被加工零件采用独立公差原则时，形位公差与尺寸公差相互无关，分别满足各自的要求。此时，形位公差应作为独立的尺寸环列入到尺寸链中。对称度和同轴度公差相对于基准要素对称分布，全值公差带为 t。因此，当用线性尺寸表示对称度和同轴度公差时，它们的基本尺寸为零，极限偏差为 $\pm t/2$，即用 $0\pm t/2$ 来表示。为了便于查找尺寸链，对称度和同轴度用以基准要素为起始端的尺寸线段表示，该尺寸线段标注在基准要素的任何一侧皆不影响计算结果。

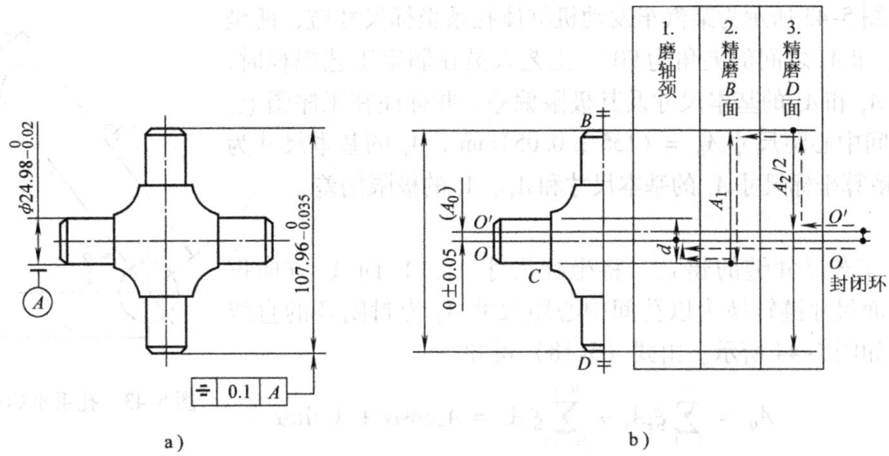

图 5-41　磨削十字轴端面的工序尺寸图表

图 5-41a 所示为在汽车传动轴总成的十字轴上磨削轴端面的设计要求简图。与磨削十字轴端面有关工艺过程为：

1）磨削轴颈，工序尺寸为 d。

2）以轴颈下母线 C 为工序基准，精磨端面 B，工序尺寸为 A_1。

3）以端面 B 为工序基准，精磨端面 D，工序尺寸为 A_2。

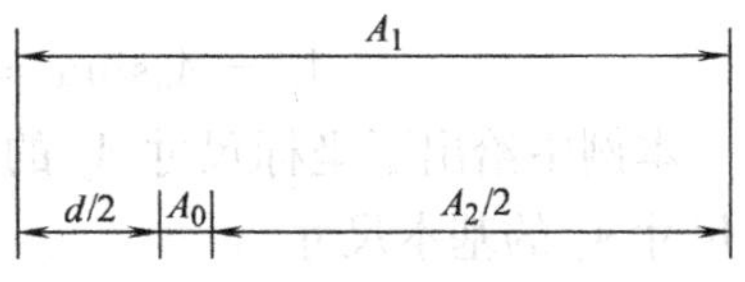

图 5-42　磨削十字轴轴端面时的工艺尺寸链

根据上述工艺过程绘制的工序尺寸图表如图 5-41b 所示。由于设计要求 B、D 两端的对称中心平面 $O'-O'$ 与轴

颈 d 轴线 $O-O$ 对称，因此在图表上还应表示出由工序尺寸 A_2 的二分之一处形成的对称中心平面 $O'-O'$，图中在工序尺寸 A_2 上用另一箭头指向对称中心平面 $O'-O'$。图 5-42 所示为磨削十字轴轴端面时的工艺尺寸链。在尺寸链中，对称度 $A_0=(0\pm0.05)$ mm 是加工后最终间接得到的封闭环；工序基准与设计基准重合的最终工序的工序尺寸 d、A_2 应分别为相应的设计尺寸，即 $d=24.98_{-0.02}^{0}$mm 和 $A_2=107.96_{-0.035}^{0}$mm；而工序尺寸 A_1 要根据尺寸链进行计算。按式（5-1）、式（5-5）和式（5-6）可求得

$$A_1=\frac{A_2}{2}+\frac{d}{2}+A_0=(53.98+12.49+0)\text{mm}=66.47\text{mm}$$

$$ES_{A1}=ES_{A0}+EI_{A2/2}+EI_{d/2}=[0.05+(-0.0175)+(-0.01)]\text{mm}=0.0225\text{mm}$$

$$EI_{A1}=EI_{A0}+ES_{A2/2}+ES_{d/2}=(-0.05+0+0)\text{mm}=-0.05\text{mm}$$

所以 $$A_1=66.47_{-0.0500}^{+0.0225}\text{mm}\approx66.47_{-0.050}^{+0.022}\text{mm}$$

七、孔系坐标尺寸的计算

箱体类零件上的轴承座孔之间的中心距尺寸精度要求较高。在零件设计图样上，设计人员根据齿轮传动精度的要求，往往直接标注孔间中心距尺寸及其极限偏差，再标注一个角度量或一个坐标尺寸。而零件制造时，需要直接根据坐标尺寸（工序尺寸）进行孔系加工，从而间接保证孔间中心距尺寸及公差。因此，工艺上要求将孔间中心距尺寸换算成坐标尺寸。这种孔系坐标尺寸的计算属于解算平面尺寸链的问题。

例 图 5-43 所示为某汽车发动机缸体孔系坐标尺寸链，两坐标尺寸 A_x 和 A_y 之间的夹角为 90°。工艺人员在制定工艺规程时，需要计算 A_x 和 A_y 的基本尺寸及其极限偏差，并标注在工序图上。已知两孔间中心距尺寸 $A_0=(135\pm0.05)$mm，A_x 的基本尺寸为 100mm。解算坐标尺寸 A_y 的基本尺寸和 A_x、A_y 的极限偏差。

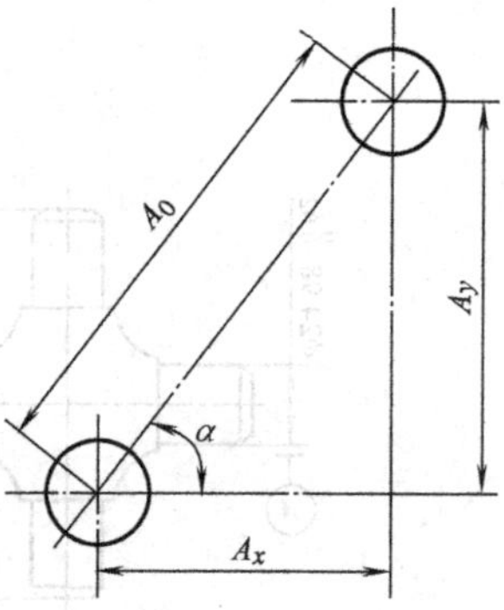

图 5-43　孔系坐标尺寸链

解

（1）工艺尺寸链的建立　将坐标尺寸 A_x、A_y 向 A_0 方向投影，使平面尺寸链转换为以孔间中心距尺寸 A_0 为封闭环的直线尺寸链，如图 5-44 所示。由式（5-18）可知

$$A_0=\sum_{z=1}^{k}\xi_zA_z+\sum_{j=k+1}^{n-1}\xi_jA_j=A_x\cos\alpha+A_y\sin\alpha$$

$$=\frac{A_x^{\ 2}}{A_0}+\frac{A_y^{\ 2}}{A_0}$$

（2）坐标尺寸 A_x、A_y 基本尺寸的确定　坐标尺寸 A_x、A_y 与孔间中心距尺寸 A_0 的关系为

$$A_x=A_0\cos\alpha=\sqrt{A_0^2-A_y^2}$$

$$A_y=A_0\sin\alpha=\sqrt{A_0^2-A_x^2}$$

本例中给出了坐标尺寸 A_x 的基本尺寸，据此可求出另一坐标尺寸 A_y 的基本尺寸

$$A_y=\sqrt{135^2-100^2}\text{mm}\approx90.692\text{mm}$$

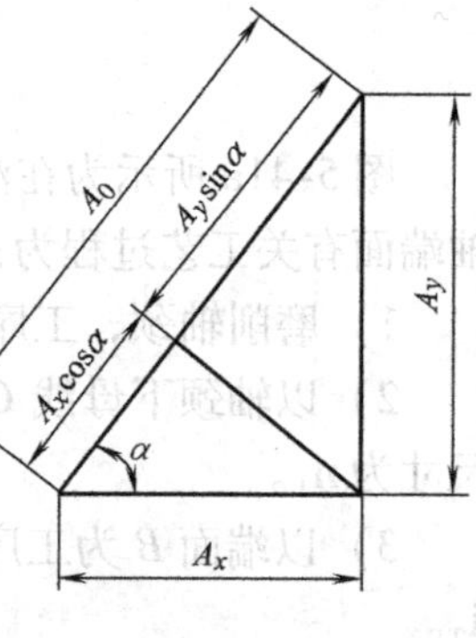

图 5-44　平面尺寸链转换成直线尺寸链

（3）坐标尺寸 A_x、A_y 的极限偏差的计算　根据式（5-19），

封闭环公差 T_{A0} 与组成环公差 T_{Ax}、T_{Ay} 间的关系为

$$T_{A0}=\left|\frac{\partial A_0}{\partial A_x}\right|T_{Ax}+\left|\frac{\partial A_0}{\partial A_y}\right|T_{Ay}=T_{Ax}\cos\alpha+T_{Ay}\sin\alpha=T_{Ax}\frac{A_x}{A_0}+T_{Ay}\frac{A_y}{A_0}$$

在确定坐标尺寸的公差时，可按两种不同情况作出不同的处理：

1）若坐标尺寸 A_x 与 A_y 的值相差不大（在同一尺寸段内），或孔系采用数控机床加工（数控机床的定位精度与工作台或主轴移动距离的大小无关）时，可采用相等公差法确定坐标尺寸的公差大小，即

$$T_{Ax}=T_{Ay}=\frac{T_{A0}}{\cos\alpha+\sin\alpha}=T_{A0}\frac{A_0}{A_x+A_y}$$

本例即属于这种情况。将数值代入上式得

$$T_{Ax}=T_{Ay}=\left(0.1\times\frac{135}{100+90.692}\right)\text{mm}\approx 0.0708\text{mm}$$

将孔间中心距尺寸的极限偏差按对称分布标注，得到两个坐标尺寸分别为

$$A_x=(100\pm0.035)\text{mm}$$
$$A_y=(90.692\pm0.035)\text{mm}$$

最后，验算封闭环极限尺寸 $A_{0\max}$ 和 $A_{0\min}$ 得

$$A_{0\max}=\sqrt{A_{x\max}^2+A_{y\max}^2}=\sqrt{100.035^2+90.727^2}\text{mm}\approx135.050\text{mm}$$
$$A_{0\min}=\sqrt{A_{x\min}^2+A_{y\min}^2}=\sqrt{99.965^2+90.657^2}\text{mm}\approx134.951\text{mm}$$

验算结果表明，上述计算结果符合封闭环 $A_0=(135\pm0.05)$mm 的设计要求。

2）若坐标尺寸值差较大（不在同一尺寸段内），且采用组合镗床或坐标镗床等机床加工时，为使加工难易程度相当，应采用等公差等级法确定各坐标尺寸的公差。在此情况下，首先以相等公差法计算出的极值平均公差作为参考值，然后将两坐标尺寸之一的公差值确定为某一适当公差等级的标准公差值，然后计算出另一坐标尺寸的公差值，使之满足封闭环公差的要求。必要时对所确定的公差值再进行调整，使两坐标尺寸的公差等级相当。

思考题及习题

一、解释下列名词术语

尺寸链、封闭环、增环、减环、直线尺寸链、角度尺寸链、平面尺寸链、空间尺寸链、独立尺寸链、并联尺寸链、装配尺寸链、零件（设计）尺寸链、工艺尺寸链、装配精度、尺寸链最短（路线）原则、完全互换装配法、不完全互换装配法、分组互换装配法、调整装配法、固定调整装配法、可动调整装配法、修配装配法。

二、思考题

1. 尺寸链是如何组成的？如何判断尺寸链的增减环？
2. 在建立装配尺寸链时，为何要遵循尺寸链最短（路线）原则？在产品设计时，如何体现遵循这一原则？
3. 完全互换装配法有何特点？常应用于何种场合？
4. 不完全互换装配法有何特点？与完全互换装配法有何异同？应用于何种场合？
5. 分组互换装配法有何特点？应用于何种场合？
6. 采用分组互换装配法时，为何相配合零件的制造公差及分组公差应该相等？
7. 调整装配法有何特点？应用于何种场合？为何在汽车的传动机构和易磨损的机构中常采用调整装配

法保证装配精度？

8. 修配装配法有何特点？为何在大批量的汽车生产中也得到一定的应用？

三、分析计算题

1. 试分析图 5-45a、b、c 中尺寸链的增减环。

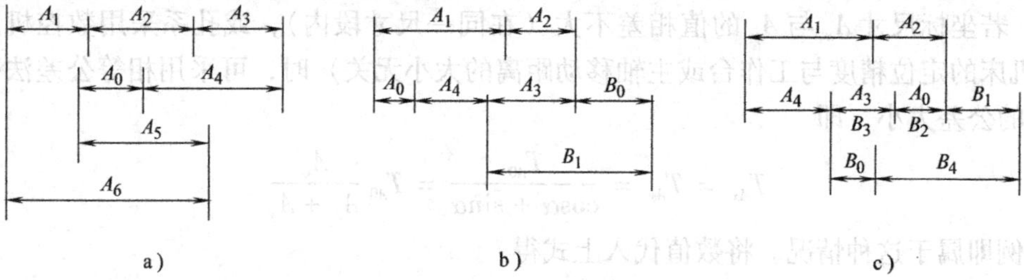

图 5-45　尺寸链增环减环的判断

2. 图 5-46 所示的尺寸链

（1）判断组成环中的增环和减环。

（2）用极值法计算封闭环的基本尺寸、公差和极限偏差。

（3）用统计法计算尺寸链的基本尺寸、公差和极限偏差。

1）各组成环尺寸均按正态分布，且中间偏差与平均偏差相等时。

2）各组成环尺寸均按三角形分布，且中间偏差与平均偏差相等时。

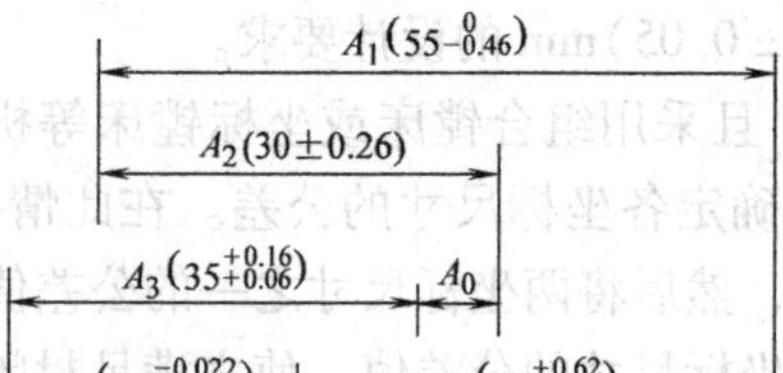

图 5-46　封闭环尺寸及公差的计算

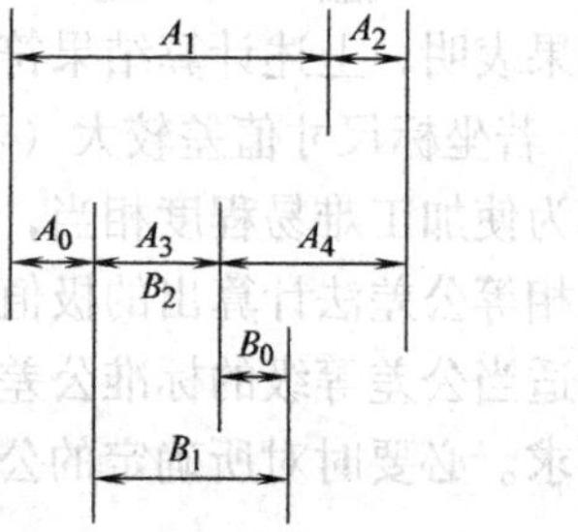

图 5-47　并联尺寸链的计算

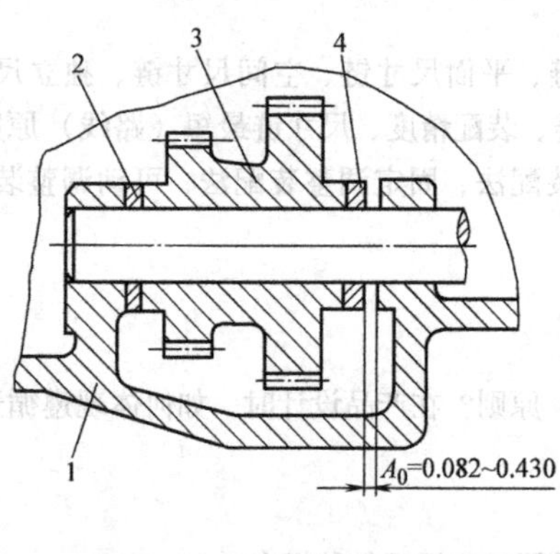

图 5-48　倒挡装置尺寸链计算

1—变速器壳体　2、4—止推垫片

3—双联齿轮

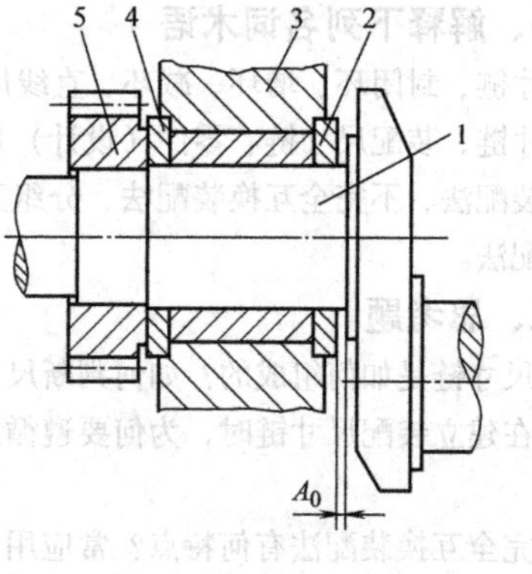

图 5-49　曲轴第一主轴颈宽度尺寸的计算

1—曲轴　2、4—止推垫片　3—缸体主轴承座　5—正时齿轮

3. 图 5-47 所示为一并联尺寸链。A 尺寸链中 $A_0 = 0^{+0.50}_{+0.10}$mm；$A_1 = 35^{+0.24}_{+0.11}$mm、$A_2 = 6^{0}_{-0.075}$mm；$A_3 =$ 16mm；$A_4 = 25^{+0.084}_{0}$mm；B 尺寸链中 $B_0 = 2^{+0.40}_{+0.10}$mm；$B_1 = 18$mm，试计算：

（1）B_1 的公差及极限偏差。

（2）$A_3 = B_2$ 的基本尺寸、公差及极限偏差。

4. 图 5-48 所示为一汽车变速器倒挡装置简图，设计要求装配间隙 $A_0 = 0.082 \sim 0.430$mm。若零件设计图样规定：双联齿轮 3 轮毂两端面间尺寸 $A_3 = 48^{-0.080}_{-0.119}$mm；止推垫片 2 及 4 的厚度尺寸 $A_2 = A_4 = 1.5^{0}_{-0.04}$mm。试用极值法计算变速器壳体 1 的两内平面间尺寸 A_1 的基本尺寸、公差及极限偏差。

5. 图 5-49 所示为汽车发动机曲轴 1 第一主轴颈与缸体轴承座 3 的装配图，设计要求装配间隙 $A_0 = 0.05 \sim 0.25$mm。若两个止推垫片 2 及 4 的厚度尺寸 $A_2 = A_4 = 2.5^{0}_{-0.03}$mm；缸体轴承座 3 的宽度尺寸 $A_3 = 38.5^{0}_{-0.100}$mm。试用极值法计算曲轴 1 第一主轴颈宽度尺寸 A_1 的基本尺寸、公差及极限偏差。

6. 图 5-50 所示为蜗杆转向器装置局部装配图。设计要求单列圆锥滚子轴承 1 与左轴承端盖 2 之间的装配精度 A_0。试建立保证该装配精度 A_0 的装配尺寸链。

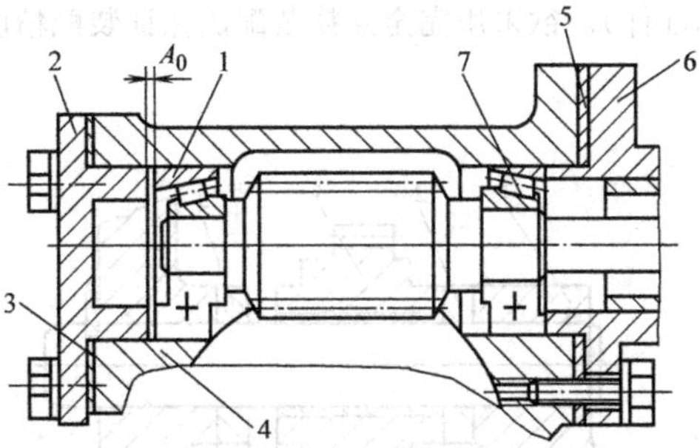

图 5-50　蜗杆转向器局部装配图

1、7—单列圆锥滚子轴承　2—左轴承端盖　3、5—垫片　4—壳体　6—右轴承端盖

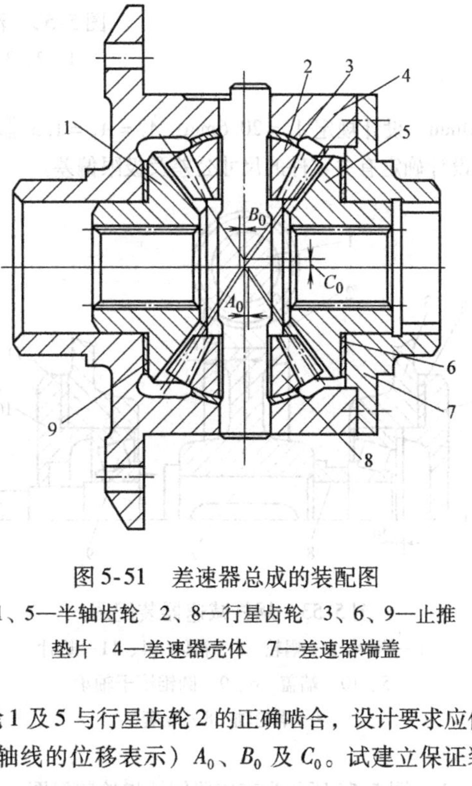

图 5-51　差速器总成的装配图

1、5—半轴齿轮　2、8—行星齿轮　3、6、9—止推垫片　4—差速器壳体　7—差速器端盖

7. 图 5-51 所示为差速器总成装配图。为保证半轴齿轮 1 及 5 与行星齿轮 2 的正确啮合，设计要求应保证锥齿轮齿圈轴向位移（以节锥顶点与相啮合锥齿轮回转轴线的位移表示）A_0、B_0 及 C_0。试建立保证装配精度 A_0、B_0 及 C_0 的装配尺寸链。

8. 图 5-52 所示为汽车主减速器装配图，设计要求需保证装配精度为：

（1）大、小锥齿轮齿圈轴向位移（以节锥顶点与相啮合锥齿轮回轴线位移表示）分别为 A_0 及 B_0。

（2）支承大、小齿轮轴的单列圆锥滚子轴承具有一定的过盈量（预紧度），分别为 C_0 及 D_0。试建立上述四项装配精度要求的装配尺寸链。

9. 图 5-53 所示为一蜗杆减速器装配图。设计要求需保证装配精度：

（1）左端圆锥滚子轴承 6 外圈端面与端盖 5 间具有一定的装配精度 A_0。

（2）蜗轮 2 中间平面对蜗杆 1 的回转中心偏移的装配精度 B_0。

若不考虑相关零件的位置误差，试建立保证上述装配精度 A_0、B_0 要求的装配尺寸链。

10. 图 5-54 所示为汽车倒挡装置图。设计要求倒挡齿轮 3 的轮毂端面与垫片 4 间保证装配间隙 0.5 ~

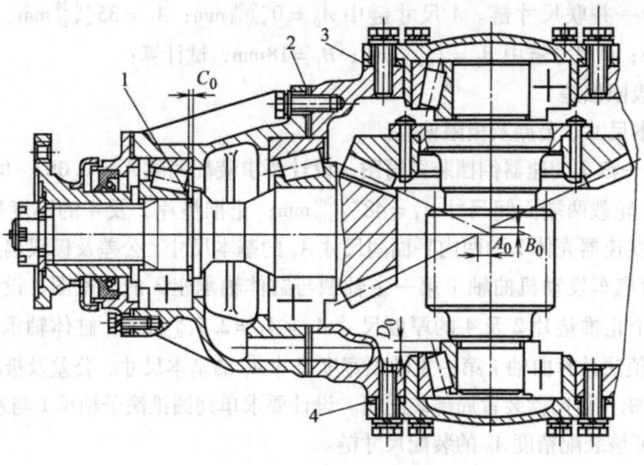

图 5-52　汽车主减速器装配图

1、2、3、4—组合调整垫片

1. 0mm。设计规定 $A_1=20.6$mm；$A_2=A_4=1.3_{-0.04}^{\ 0}$mm（标准件）。欲采用完全互换装配法保证装配精度，试设计确定有关零件的尺寸公差及极限偏差。

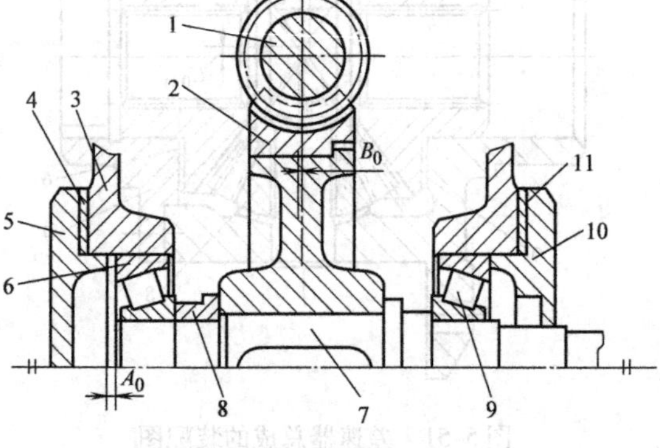

图 5-53　蜗杆减速器装配图

1—蜗杆　2—蜗轮　3—箱体　4、11—垫片

5、10—端盖　6、9—圆锥滚子轴承

7—蜗轮轴　8—隔套

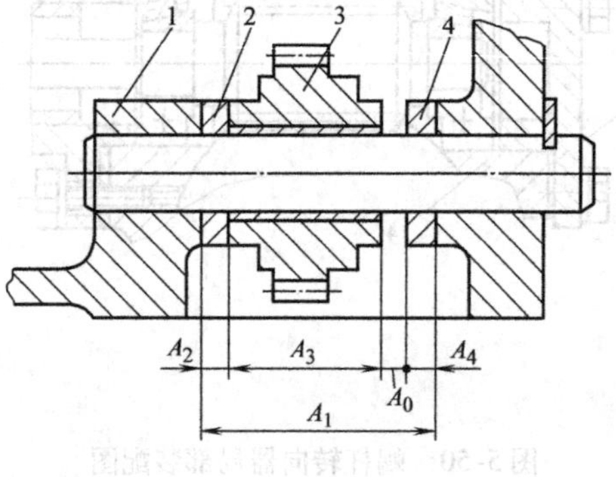

图 5-54　汽车倒挡装置装配图

1—变速器壳体　2、4—垫片　3—倒挡齿轮

11. 图 5-55 所示为变速器倒挡齿轮装置图。设计要求倒挡齿轮 3 右端面与垫片 4 间的轴向装配间隙 $A_0=0.1\sim0.4$mm。若设计规定 $A_1=42.6_{\ 0}^{+0.158}$mm；$A_2=A_4=2.3_{-0.04}^{\ 0}$mm；$A_3=38_{-0.062}^{\ 0}$mm。试通过公差校核计算，检验尺寸公差和极限偏差规定的正确性。若公差设计有错误，试修改原设计的错误。

12. 如图 5-55 所示倒挡齿轮装置，设计规定装配精度 $A_0=0.1\sim0.4$mm；$A_1=42.8_{\ 0}^{+0.16}$mm；$A_2=A_4=2.3_{-0.04}^{\ 0}$mm（标准件）；$A_3=38_{-0.06}^{\ 0}$mm。试通过公差校核计算，检验尺寸公差和极限偏差规定的正确性。若公差设计有错误，试修改原设计的错误。

13. 如图 5-49 曲轴第一主轴颈与轴承座装配图所示，设计要求：第一主轴颈轴肩与止推垫片间的装配间隙为 $A_0=0.05\sim0.25$mm。设计规定：$A_1=43.5$mm；$A_2=A_4=2.5$mm；$A_3=38.5$mm 。欲采用完全互换装配法保证装配精度，试设计确定有关零件的尺寸公差和极限偏差。

14. 图 5-56 所示为齿轮装置图。设计要求：保证装配精度——轴向间隙 $A_0=0.1\sim0.5$mm。设计规定：

$A_1=430\text{mm}$；$A_2=80\text{mm}$；$A_3=100\text{mm}$；$A_4=190\text{mm}$；$A_5=60\text{mm}$。欲采用不完全互换装配法保证装配精度，装配精度的合格率（置信水平）$P=99.73\%$，各组成环尺寸按正态分布，试设计确定有关零件的尺寸公差和极限偏差。

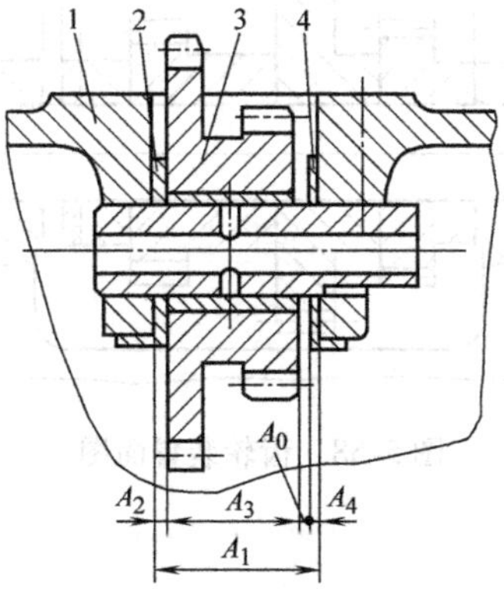

图 5-55 变速器倒挡齿轮装置图

1—箱体 2、4—垫片 3—倒挡齿轮

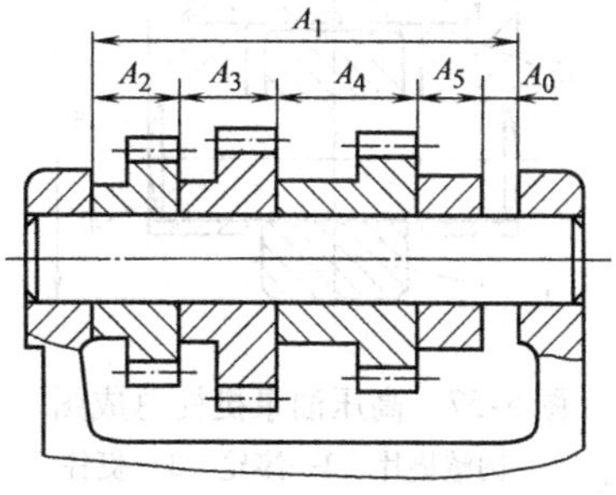

图 5-56 齿轮装置简图

15. 图 5-56 所示的齿轮装置中，装配精度 $A_0=0.1\sim0.5\text{mm}$。设计规定：$A_1=430\text{mm}$；$A_2=80\text{mm}$；$A_3=100\text{mm}$；$A_4=190\text{mm}$；$A_5=60\text{mm}$。欲采用不完全互换装配法保证装配精度，装配精度的合格率（置信水平）$P=95\%$，各组成环尺寸均按三角形分布，试设计确定有关零件的尺寸公差和极限偏差。

16. 一液压系统回油阀阀芯和阀套孔装配间隙要求为 $X=0.006\sim0.012\text{mm}$。阀芯和阀套孔直径为 $\phi10\text{mm}$。欲采用分组互换装配法保证装配精度，并且将阀芯和阀套孔的尺寸制造公差均放大到 0.015mm，试

（1）确定分组公差、分组数 Z 和两零件直径尺寸的极根偏差。

（2）用公差带图表示出两零件各相应组的配合关系。

17. 某汽车发动机活塞销与连杆铜套孔直径尺寸为 $\phi28\text{mm}$。设计要求：配合间隙值为 $X=0.0045\sim0.0095\text{mm}$。欲采用分组互换装配法保证装配精度，并将这两个零件直径尺寸的制造公差放大到 0.01mm，试

（1）确定分组公差、分组数 Z 和两零件尺寸的极限偏差。

（2）用公差带图表示出两零件各相应组的配合关系。

18. 图 5-57 所示为高压油泵挺柱（滚轮）总成装配图。为保证油泵供油角，设计要求：保证调整垫片 1 至滚轮 2 间的装配尺寸 $A_0=21.5\pm0.05\text{mm}$。设计规定：挺柱（滚轮）体 3 平面 E 至销孔轴线间尺寸为 $9\pm0.05\text{mm}$，销孔直径尺寸为 $\phi7\text{mm}$；滚轮 2 外圆柱尺寸为 $\phi17_{-0.027}^{\ 0}\text{mm}$，内孔直径尺寸为 $\phi7$，内孔与外圆柱的同轴度公差为 $\phi0.01\text{mm}$；销轴 4 直径尺寸为 $\phi7\text{mm}$，与滚轮和挺柱体的孔配合均采用 $\phi7\,\frac{\text{H7}}{\text{f7}}\text{mm}$。欲采用固定调整装配法保证装配精度，并初定调整垫片厚度尺寸 $A_F=4\text{mm}$，其制造公差 $T_{AF}=0.02\text{mm}$。试设计计算调整垫片分组数 Z、调整垫片各组尺寸及其极限偏差。

19. 图 5-58 所示为一齿轮装置图，装配精度要求：保证轴向间隙 $A_0=0\sim0.25\text{mm}$。设计规定；$A_1=430_{\ 0}^{+0.25}\text{mm}$；$A_2=80_{-0.12}^{\ 0}\text{mm}$；$A_3=100_{-0.14}^{\ 0}\text{mm}$；$A_4=190_{-0.185}^{\ 0}\text{mm}$；$A_5=58_{-0.12}^{\ 0}\text{mm}$。欲采用固定调整装配法保证装配精度，调整垫片初定为 $A_F=2\text{mm}$，制造公差为 $T_{AF}=0.04\text{mm}$。试计算确定调整片组数 Z、补偿能力 S、调整垫片各组尺寸及极限偏差。

20. 在图 5-56 所示的齿轮装置中，需保证的装配精度要求——轴向间隙为 $A_0=0_{\ 0}^{+0.2}\text{mm}$。设计规定：$A_1=430_{\ 0}^{+0.155}\text{mm}$；$A_2=80_{-0.074}^{\ 0}\text{mm}$；$A_3=100_{-0.087}^{\ 0}\text{mm}$；$A_4=190_{-0.115}^{\ 0}\text{mm}$；$A_5=60\text{mm}$，其制造公差为

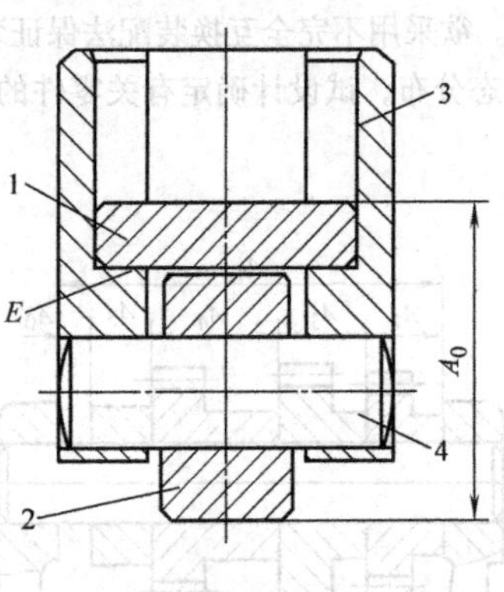

图 5-57　高压油泵挺柱总成图

1—调整垫片　2—滚轮　3—挺柱（滚轮）体　4—销轴

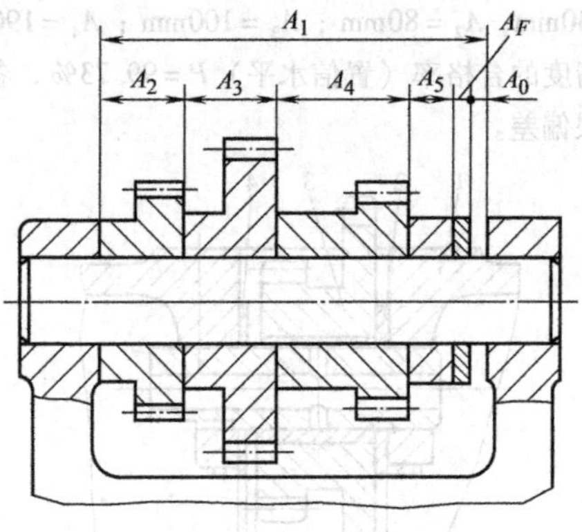

图 5-58　齿轮装置简图

0.074mm。欲采用修配装配法保证装配精度，并确定 A_5 为补偿（修配）环，当最小修配量等于零时，试

（1）画出设计要求的和实际的封闭环公差带图。

（2）计算补偿（修配）环的预加工尺寸、极限偏差和最大修配量。

21. 图 5-49 所示为汽车发动机曲轴第一主轴颈及轴承座装配图，装配精度要求：主轴颈轴肩与止推垫片间的轴向间隙 $A_0=0.05\sim0.15$mm。设计规定：$A_1=43.5^{+0.15}_{+0.05}$mm；$A_2=2.5^{\ 0}_{-0.04}$mm；$A_3=38.5^{\ 0}_{-0.07}$mm。欲采用修配装配法保证装配精度，确定 A_4 为补偿（修配）环，其制造公差为 0.04mm，当规定最小修配量等于零时，试

（1）画出设计要求的和实际的封闭环公差带图。

（2）计算补偿（修配）环的预加工尺寸、极限偏差和最大修配量。

22. 图 5-59a 所示为汽车变速器拨叉轴零件图。设计要求：两个半圆槽深尺寸为 $16.4^{\ 0}_{-0.12}$mm；槽轴向尺寸分别为 35mm 和 26 ± 0.1mm；圆柱外圆直径尺寸为 $\phi19^{\ 0}_{-0.014}$mm。相关工艺过程：①车外圆（图中双点划线所示），工序尺寸为 A_1，留磨削余量 $z=0.4$mm；②铣半圆 R 槽，工序尺寸为 A_2、L_1 和 L_2；③磨外圆，工序尺寸为 $A_3=\phi19^{\ 0}_{-0.014}$mm。试

（1）建立工艺尺寸链，并指出封闭环。

（2）计算各相关工序的工序尺寸、公差和极限偏差。

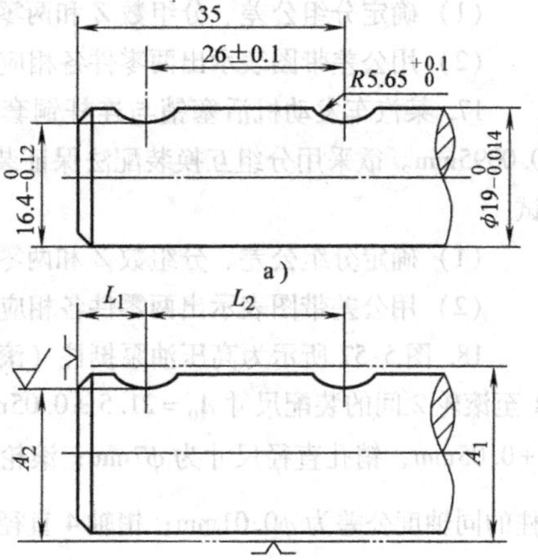

图 5-59　汽车变速器拨叉轴零件图和工序图

23. 图 5-60a 所示为某柴油机体零件图及相关设计尺寸。相关表面加工的工艺过程：①精铣顶平面 P，工序尺寸为 A_1（图 b）；②精镗曲轴主轴承座孔和凸轮轴轴承孔，工序尺寸分别 B_1、B_2（图 c）。试

（1）建立工艺尺寸链，并指出尺寸链间关系和封闭环。

（2）计算工序尺寸 A_1、B_1 及 B_2，公差和极限偏差。

24. 图 5-61 所示为汽车传动轴总成突缘叉机械加工工序图。突缘叉相关工艺过程：①车止口外圆（图 a），工序尺寸为 $A_1=\phi95^{\ 0}_{-0.07}$mm；②以止口外圆下母线和 $\phi39^{+0.027}_{-0.010}$mm 孔定位，磨削耳环上平面 K（图 b），工序尺寸为 A_2；③以耳环平面 K 和 $\phi39^{+0.027}_{-0.010}$mm 孔定位，磨削耳环另一平面 Q（图 c），工序尺寸为 $A_3=18^{\ 0}_{-0.07}$mm，并保证耳环 K、Q 两平面对止口外圆的对称度公差 0.15mm。试

（1）建立工艺尺寸链，并指出封闭环。

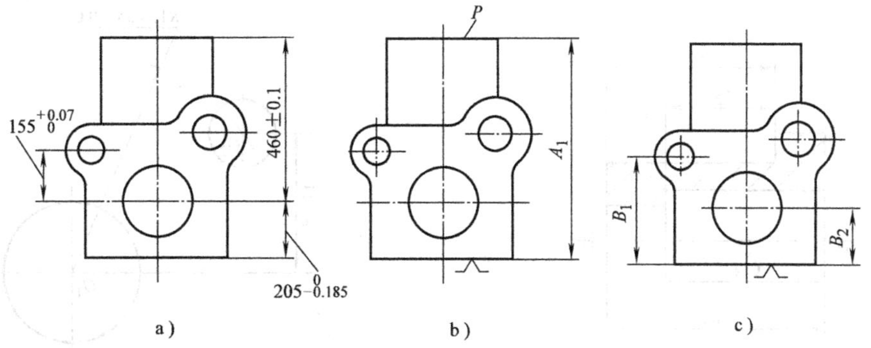

图 5-60　柴油机机体零件图及工序图

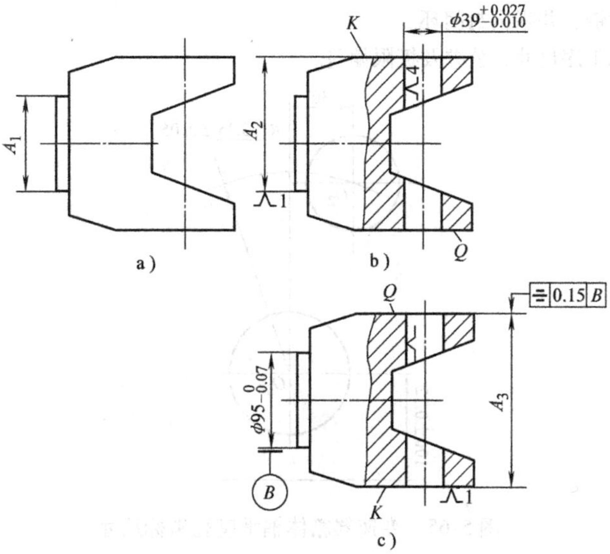

图 5-61　突缘叉工序图

（2）计算工序尺寸 A_2、公差和极限偏差。

25. 图 5-62 所示为一套筒零件图，零件尺寸 $L_1=15\text{mm}$；$L_2=(40\pm0.15)\text{mm}$；$L_3=70^{\ 0}_{-0.15}\text{mm}$。由于尺寸 L_2 不便于测量，所以欲用 L_4 尺寸代替。试

（1）建立工艺尺寸链，并指出封闭环。

（2）计算测量尺寸 L_4、公差和极限偏差。

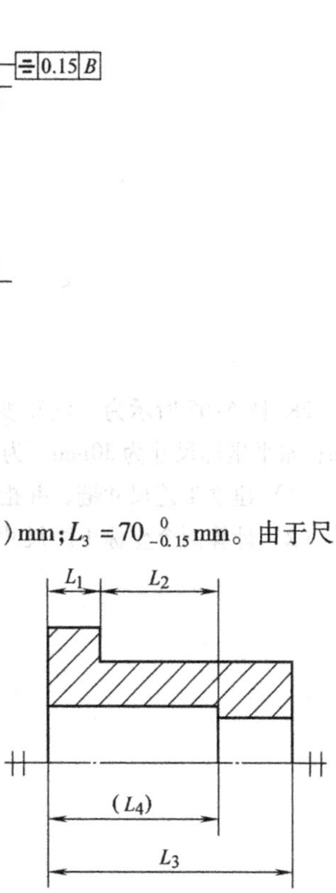

图 5-62　套筒零件尺寸图

26. 图 5-63 所示为一套筒零件图。设计尺寸 $L_1=(48\pm0.05)\text{mm}$；$L_2=30^{+0.25}_{\ 0}\text{mm}$；$L_3=58^{\ 0}_{-0.05}\text{mm}$。其中 L_2 尺寸不便于测量，欲用 A_4 尺寸代替。试

（1）建立工艺尺寸链，并指出封闭环。

（2）计算测量尺寸 A_4、公差和极限偏差。

27. 图 5-64 所示为某气缸体曲轴主轴承座孔与凸轮轴轴承孔简图。设计要求：两孔中心距尺寸为（133.5±0.05）mm，垂直坐标尺寸为 88.44mm。为便于在组合镗床上镗孔，需将中心距尺寸换算成直角坐标尺寸。试

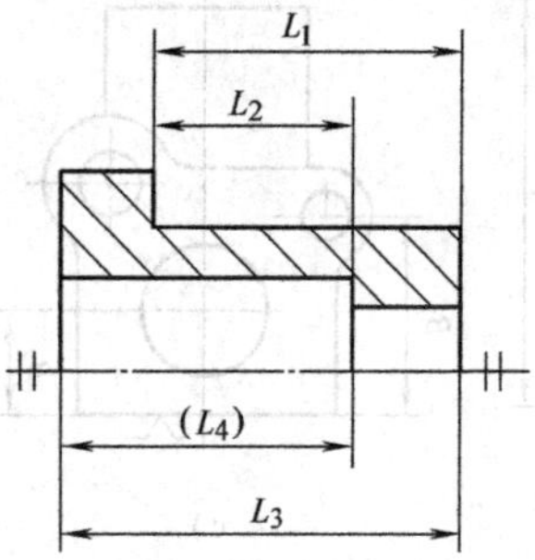

图 5-63　套筒零件尺寸图

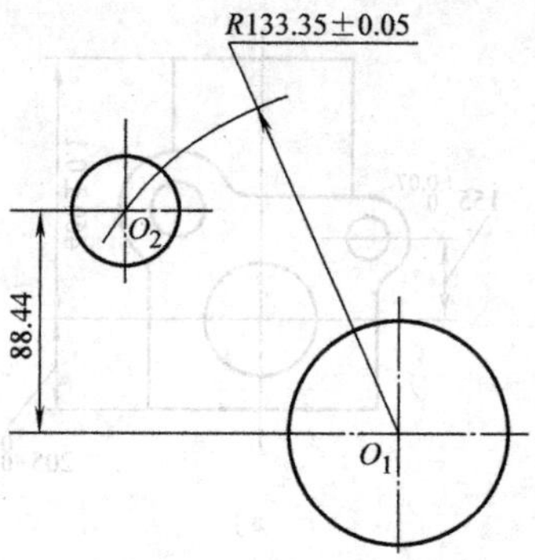

图 5-64　缸体两轴承座孔坐标尺寸

（1）建立工艺尺寸链，并指出封闭环。

（2）计算两个坐标工序尺寸、公差及极限偏差。

图 5-65　变速器箱体轴承座孔坐标尺寸

28. 图 5-65 所示为一汽车变速器箱体轴承座孔系图。两个轴承座孔中心距尺寸为（133.35 ± 0.05）mm；水平坐标尺寸为 30mm。为便于在组合镗床上镗孔，需将中心距尺寸换算成直角坐标尺寸。试

（1）建立工艺尺寸链，并指出封闭环。

（2）计算两个坐标工序尺寸、公差和极限偏差。

第六章　机械加工工艺规程的制定

第一节　概　　述

一、机械加工工艺规程及其在生产中的作用

机械加工工艺规程（简称工艺规程）是规定零件制造工艺过程和操作方法的工艺文件。它是在总结生产实践的基础上，依据工艺理论和必要的工艺试验制定的，是用来指导操作者操作和用于生产管理和工艺管理的技术文件。

机械加工工艺规程要满足技术和经济两方面的要求。在技术方面，要求能够可靠地保证零件设计图样上所规定的全部加工要求；在经济方面，要求以最小的生产成本、最高的设备利用率和用最少的时间来完成工艺过程。工艺规程的制定包括拟定工艺路线和确定各工序具体内容两大部分，前者仅确定各工序的加工方法及顺序，后者则要具体地规定每道工序的操作内容。机械加工工艺规程最终要按一定的格式（通常为表格或图表）和要求描述出来，作为指令性的工艺文件，企业有关人员都必须严格执行。

由于生产类型的不同，工艺文件的形式多种多样，其繁简程度也有很大差别。主要的工艺文件有工艺过程卡片、工序卡片、调整卡片和检验工序卡片等。

（1）机械加工工艺过程卡片　这种卡片简称为工艺过程卡片，亦称工艺路线卡，其格式如表 6-1 所示。它是以工序为单位，简要说明零件工艺过程的一种工艺文件，其内容包括各工序的工序号、工序内容、工艺过程所经过的各个车间和工段，每个工序所使用的机床、工艺装备及时间定额等。

表 6-1　机械加工工艺过程卡片

机械加工工艺过程卡片	产品型号		零件图号			
	产品名称	轻型载货汽车	零件名称	后桥主动锥齿轮	共 4 页	第 1 页

材料牌号	20CrMnTi	毛坯种类	模锻	毛坯外形尺寸		每毛坯可制件数	1	每台件数	1	备注	

工序号	工序名称	工序内容	车间	工段	设备	工艺装备	工时 准终	工时 单件
1	铣	铣端面、钻中心孔			铣端面钻中心孔机床	双工位夹具		6.5
2	车	粗、精车背锥、外圆、端面			液压仿形车床	随机夹具		9.3
3	车	粗、精车面锥			液压仿形车床	随机夹具		5.4
4	铣	铣花键			半自动花键轴铣床	顶尖、卡头		7.5
5	磨	粗磨轴颈			半自动端面外圆磨床	顶尖、卡头		5.8
6	磨	精磨轴颈			半自动端面外圆磨床	顶尖、卡头		5.8
7	滚挤	滚挤螺纹			滚丝机	专用夹具		5
8	钻	钻孔			立式钻床	专用夹具		5.7
9	钻	倒角			立式钻床	专用夹具		5

（续）

机械加工工艺过程卡片				产品型号		零件图号				
				产品名称	轻型载货汽车	零件名称	后桥主动锥齿轮	共4页	第1页	
材料牌号	20CrMnTi	毛坯种类	模锻	毛坯外形尺寸		每毛坯可制件数	1	每台件数	1	备注
工序号	工序名称	工序内容	车间	工段	设备	工艺装备		工时		
								准终	单件	
10J	检验	中间检验								
						设计（日期）	审核（日期）	标准化（日期）	会签（日期）	
标记	处数	更改文件号	签字	日期	标记	处数	更改文件号	签字	日期	

(2)机械加工工序卡片　这种卡片简称为工序卡，是为每道工序所编制的一种工艺文件，其格式如表6-2所示。在卡片上绘有工序简图，图上注明定位基准符号、各加工表面的工序尺寸、表面粗糙度和其他技术要求等，并详细写明各工步的顺序和内容，使用的设备及工艺装备，规定的切削用量和时间定额等。它是用以指导操作工人进行生产的文件。

表6-2　机械加工工序卡片

机械加工工序卡片	产品型号		零件图号			
	产品名称	轻型载货汽车	零件名称	后桥主动锥齿轮	共42页	第6页
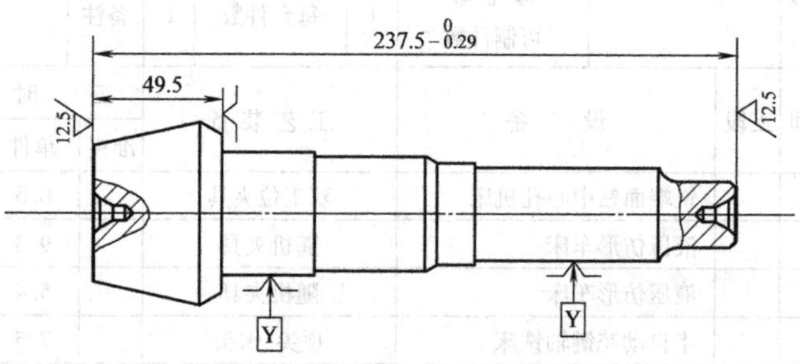	车间	工序号	工序名称	材料牌号		
		1	铣端面钻中心孔	20CrMnTi		
	毛坯种类	毛坯外形尺寸	每毛坯可制件数	每台件数		
	模锻		1	1		
	设备名称	设备型号	设备编号	同时加工件数		
	铣端面钻中心孔机床	Z80108		1		
	夹具编号	夹具名称	切削液			
			乳化液			
	工位器具编号	工位器具名称	工序工时			
			准终	单件		
				6.5		

（续）

工步号	工步内容	工艺装备	主轴转速/r·mm⁻¹	切削速度/m·min⁻¹	进给量/mm·r⁻¹	背吃刀量/mm	工作行程次数	工步工时 机动	工步工时 辅助
1	铣两端面，保证尺寸237.5～237.21及49.5	卡规、卡尺	300	117	0.4				
	表面粗糙度 R_a12.5								
2	在两端面钻带有护锥的B4中心孔，保护锥直径	中心孔量规	895	33	0.1				
	ϕ12.5，表面粗糙度 R_a6.3								

										设计（日期）	审核（日期）	标准化（日期）	会签（日期）
标记	处数	更改文件号	签字	日期	标记	处数	更改文件号	签字	日期				

（3）调整卡片　调整卡片是对自动、半自动机床或某些齿轮加工机床等进行调整用的一种工艺文件。它明确表示出机床、刀具和工件间的相互位置关系，多刀、多工位加工时刀具的排列和布置，工作行程长度及切削参数（刀具参数和切削用量），为调整工调整机床提供依据。调整卡片的格式因机床而异。表6-3所示为汽车弧齿锥齿轮轮齿切齿的调整卡片。

表6-3　弧齿锥齿轮切齿调整卡片

弧齿锥齿轮切齿调整表			齿轮材料	40MnB	齿轮名称	主从动锥齿轮

齿轮基本参数：$z_1=11$(小轮)$z_2=25$(大轮)		
端面模数 m_f/mm	9	9
压力角 α	20°	20°
螺旋角 β_m	35°	35°
外锥距 R_e/mm	122.91	122.91
顶锥角 δ_a	29°26′	69°16′
节锥角 δ'	23°45′	66°15′
齿根角 θ_f	3°01′	5°40′
外径 D/mm	ϕ228.85	ϕ118.26
安装距 A/mm	118±0.1	71.15

刀盘数据：

		切削刃	公称直径 D_0/mm	切削刃齿形角	刀尖形成直径 D_{0e}或D_{0i}/mm
大轮	粗切	外切削刃	228.6		232
		内切削刃	228.6		235.1
	精切	外切削刃	228.6	17°35′	224
		内切削刃	228.6	22°25′	233.2
小轮	粗切	外切削刃	228.6		226.9
		内切削刃	228.6		230.3
	精切	外切削刃	228.6	17°35′	211.56
		内切削刃	228.6	22°25′	245.64

机床调整数据：

切齿方法：固定安装的双面—单面切削法

调整项目	大轮		小轮		
工序内容	粗切	精切	粗切	精切凸面	精切凹面
齿坯安装角 δ_j	60°35′		20°44′		
垂直轮位 E	0	0	0	0	0
水平轮位 X_p	168.0	168.0	121.15	118.17	124.13
床位 X_B	-0.10	0	-0.10	-1.05	+1.05
径向刀位 S	102.5732	102.5732	102.5732	108.40	96.99
摇台角 Q	67°47′	67°47′	292°13′	292°13′	292°13′
刀倾角	0	0	0	0	0
刀转角	0	0	0	0	0
分齿挂轮 i_i					
滚比挂轮 i_g	不滚切	$\frac{43}{69}\ \frac{45}{77}$	$\frac{43}{69}\ \frac{45}{77}$	$\frac{38}{64}\ \frac{47}{77}$	$\frac{47}{65}\ \frac{49}{100}$
切削速度挂轮					
进给挂轮					
摆角挂轮					

备注：

计算		校对		日期	

（4）检验工序卡片　它是对成批大量生产中检验工序作详细说明，指导检验人员对零件进行检验的工艺文件。其中列有检验内容、使用的设备及量检具等，其格式如表 6-4 所示。

表 6-4　检验卡片

检验卡片	产品型号		零件图号			
	产品名称	轻型载货汽车	零件名称	后桥主动锥齿轮	共 4 页	第 1 页

工序号	序号	检验内容	百分比	加工工序号	设备及检具	量具及标准号	量具名称
10J	1	中心孔 B4	6%	1			中心孔量规
	2	背锥角 13°20′～12°40′	6%	2			角度样板
	3	面锥角 16°35′～16°25′	6%	3			角度样板
	4	矩形花键	25%	4			花键环规
	5	轴颈 $\phi45.49 \sim \phi45.47$，$\overset{1.6}{\bigtriangledown}$	100%	5	检验夹具		卡　规
		跳动公差 0.035	25%		百分表		
	6	轴颈 $\phi35.29 \sim \phi35.27$，$\overset{1.6}{\bigtriangledown}$	100%	6	检验夹具		卡　规
		跳动公差 0.035	25%		百分表		
	7	螺纹 M20×1.5-6h	5%	7			螺纹环规

										设计（日期）	审核（日期）	标准化（日期）	会签（日期）
标记	处数	更改文件号	签字	日期	标记	处数	更改文件号	签字	日期				

机械加工工艺规程的主要作用有下述三个方面：

1）新产品投产前进行生产准备和技术准备的依据。例如，要根据工艺规程的规定进行机床（设备）、刀具、专用机床夹具及检验夹具的设计、制造或采购，原材料、半成品及外购件的供应及人员配备等。

2）组织生产和计划管理的重要技术文件。工艺规程是生产加工、检验验收、工时考核、生产调度的主要依据，它对产品的生产周期、质量和生产率都有着直接影响。

3）新建或扩建工厂（车间）的依据。例如设备的添置、车间面积的确定、动力用量、劳动力配置等，都是以工艺规程为依据的。

从上述可知，工艺规程是工厂（车间）设计的基础，对合理地达到设计生产能力，保证产品质量，保证投资效果以及对今后生产发展等许多方面都有着重大影响。

二、机械加工工艺规程制定的步骤和内容

在制定机械加工工艺规程时，必须具备以下原始资料：

1）零件设计图样和必要的产品或部件（总成）装配图样。

2）产品验收的质量标准与交货状态。

3）产品的生产纲领（年产量及品种）。

4）工厂（车间）现有的场地、设备等生产条件。

5）有关的文件与法规，如有关节能、劳动保护和环境保护的文件和法规等。

在制定工艺规程之前，常常根据生产任务要求和生产条件，初步规定一个安排工艺过程的工艺原则，以供制定工艺规程时参考和遵循。其内容包括：初步确定生产类型、投产批量和批次；工艺手段是采用常规工艺，还是采用新工艺及特种工艺；设备是选通用的，还是专用的或者是数控的；是否组成流水线和自动线；对多品种生产是否考虑推行成组技术或柔性制造系统等。工艺原则确定得是否合适，将影响工艺水平、产品质量、生产率和成本。

制定机械加工工艺规程的步骤如下：

(1) 分析研究部件（总成）装配图样和审查零件图样　制定工艺规程时，首先应分析该零件所在部件（总成）的装配图样，了解该零件在部件（总成）中的位置、功能以及对该零件的技术要求，并根据零件的结构形状及技术要求等找出零件的机械加工工艺特点。这些都是制定零件机械加工工艺过程的重要依据，同时也起到对零件进行工艺性审查的作用。

1）分析被加工零件的结构特点。分析被加工零件的结构形状、尺寸大小、刚性及硬度等特点，其目的是明确被加工零件的机械加工工艺特点。在机械加工中，通常将各种零件大致分为轴类零件、盘套类零件、叉杆类零件及箱体类零件等类别。结构特点相同的零件其工艺过程具有相似性。例如汽车中盘套类零件（法兰盘、轴承端盖、盘状齿轮等）的结构特点为：一般长径比小于1，常带有法兰和凸台或内止口，内孔常有油槽、键槽或花键等。其主要机械加工工艺特点是以外圆表面、内孔和端面的加工为主，加工时多以内孔和端面作为定位基准。通常简单的盘套类零件可使用卧式车床、半自动车床加工；复杂的可使用半自动转塔车床、立式多轴半自动车床或数控车床加工；零件上的键槽和花键一般采用拉削。

2）分析零件的各项技术要求。为了保证零件和产品的使用性能与寿命，产品设计人员对零件规定了相应的技术要求。分析零件的各项技术要求，包括分析零件的哪些表面需要加工，分析这些加工表面的尺寸公差等级、形状及位置公差、表面加工质量、零件的热处理、平衡和重量方面的技术要求等。

通过分析零件的各项技术要求，找出其中的主要技术要求，以便在选择表面加工方法及拟定工艺路线时予以重点考虑。

3）审查零件的机械加工工艺性。具有良好结构工艺性的零件，应在满足零件设计要求条件下和在现有的工艺条件下，既能方便制造，又有较低的制造成本。审查零件的机械加工工艺性包括：对零件尺寸及其公差、形状公差和表面粗糙度要求合理性的审查；对零件表面各组成要素和整体结构设计的工艺性审查等。如果在审查中发现了问题，应提出修改意见，与产品设计人员共同研究，进行必要的修改。机械加工工艺性的内容将在第七章中详细介绍。

(2) 毛坯的选择　在零件设计图样上，根据零件在产品中的功能，设计人员指定了毛坯的材料、热处理以及毛坯的种类（是锻造还是铸造或冷轧毛坯）。此处所说的毛坯选择的主要任务是选择毛坯的制造方法。选择毛坯制造方法要考虑毛坯的形状和尺寸、毛坯精度、产量和供货期等，还要从工艺角度（如定位夹紧的需要、加工余量及机械加工工艺性等）对毛坯提出制造要求。

毛坯选择的合理性对零件机械加工工艺过程的经济性有很大影响。材料消耗、工序数目、加工工时等也在很大程度上取决于所选择的毛坯。毛坯质量越高，机械加工的工作量就越少。但要提高毛坯质量往往使毛坯制造困难，需要采用较复杂的工艺和昂贵的设备，增加了毛坯的成本。因此，毛坯制造方法的选择要与毛坯的精度要求相适应，要根据生产类型和具体生产条件来确定。同时应充分注意到采用新工艺、新技术、新材料的可能性，使零件生产成本降低、质量提高。随着精密铸造、精锻、精轧、冷挤压、粉沫冶金等少切削、无切削工艺的推广和异型钢材及工程塑料的应用，很多工件只要经过少量机械加工甚至不加工，就可达到零件的加工要求，这样就可节约金属材料，大大地减少机械加工工作量和提高生产率。

（3）拟定工艺路线　**工艺路线**是零件在生产过程中由毛坯到成品所经过工序的先后顺序。拟定工艺路线，其主要内容包括选择定位基准、定位夹紧方案、各表面的加工方法及其过程，安排零件加工各工序的顺序等。拟定工艺路线是制定工艺规程最关键的一步，一般需要提出几个方案，进行分析比较，从中选择一个最佳方案。

（4）确定各工序所采用的设备及工艺装备。

（5）确定各工序的加工余量，计算工序尺寸及其公差。

（6）确定各工序的切削用量和时间定额。

（7）确定各主要工序的技术检验要求及检验方法。

（8）编制工艺文件。

第二节　工艺路线的制定

工艺路线的制定是工艺规程制定中的关键步骤，包括选择哪些表面作为加工时的定位基准，采用哪些加工方法来保证各表面的技术要求，以及确定零件的加工顺序等。工艺路线的制定直接影响工艺过程的工序数目、设备投资、车间面积、零件加工质量、生产率和生产成本等。因此，制定工艺路线时，必须全面考虑、严谨从事。

一、定位基准的选择

选择工件的定位基准，是制定工艺规程的一个十分重要的问题。定位基准选择得是否合理，将直接影响零件加工质量和专用机床夹具结构的复杂程度。定位基准分为粗基准和精基准。由于粗基准和精基准的作用不同，两者的选择原则也不相同。

1. 粗基准的选择原则

粗基准的选择有两个出发点：一是保证各加工表面有足够且均匀的加工余量；二是保证不加工表面与加工表面间的相对尺寸和位置符合设计要求。粗基准的选择可按照如下原则进行：

1）尽可能选用精度要求高的主要表面作粗基准，这样选择粗基准可保证以后加工主要表面时有足够且较均匀的加工余量。如图 6-1a 所示，变速器壳体采用轴承座孔作为粗基准，在专用机床夹具上用两个同轴线的圆锥销插入工件两端的轴承座孔内，一活动的菱形圆锥销插入另一轴承座孔内作为粗基准进行定位，加工与上盖接合的平面；然后再用该平面和两端轴承座孔等定位（图 6-1b），加工出接合面上的两工艺孔。在后续镗削轴承座孔时，以加工过的接合面和设在该面上的两个工艺孔定位，就可以保证轴承座孔具有足够且较均匀的余量。因此，在镗轴承座孔时，切削力和工艺系统受力变形的变化较小，有利于提高轴承座孔的加工精度及避免产生切削振动。

2）用非加工表面作粗基准，这样选择粗基准可使非加工表面与加工表面间的位置误差最小。例如在活塞加工时，由于它是薄壁零件，必须保证其裙部壁厚均匀，否则会降低活塞的刚度。当毛坯精度较低，特别是内孔与外圆的同轴度误差较大时，应选择活塞的内壁（包括内腔顶面）作为粗基准，其定位情况如图6-2所示。这时，外圆表面的加工余量会不均匀，将会对加工精度产生影响，这可通过后续工序对外圆进行多次加工来解决。

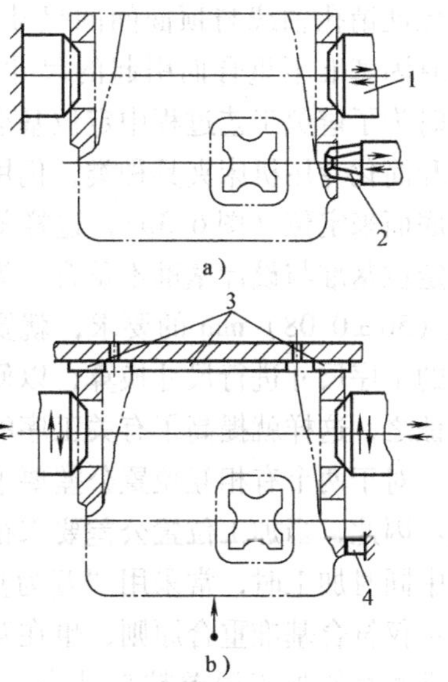

图6-1　变速器壳体的轴承座孔作为粗基准

a）铣削接合面时的定位　b）钻铰接合面上两定位销孔时的定位

1—圆锥销　2—菱形圆锥销　3—支承板　4—支承钉

在大批大量生产时，采用永久型金属模浇铸的活塞毛坯精度较高，壁厚较均匀。这时，可用外圆作为粗基准，这样不但能满足上述两个原则，而且也解决了大批大量生产中的另一矛盾：既能保证产品质量，又能保证操作方便和提高生产率。

上述两个原则在实际应用时，往往难以兼顾，甚至可能出现互相矛盾的情况。此时，要根据具体情况通盘考虑，满足主要要求，而将另一原则置于从属地位。

3）选作粗基准的表面，应尽可能平整。粗基准表面不能有锻造飞边、铸造浇冒口或其他缺陷，以便定位准确，夹紧可靠。

4）粗基准在同一尺寸方向上应尽可能避免重复使用。粗基准是毛坯表面，表面粗糙度值大、尺寸和形位误差大。如果在同一尺寸方向上重复使用，就不能保证重复装夹时的定位位置一致，定位误差很大。因此，粗基准在同一尺寸方向上一般只允许使用一次。但如果毛坯精度高，而相应的加工要求又不高，由重复装夹产生的加工误差在允许的范围之内，则粗基准也可以重复使用。

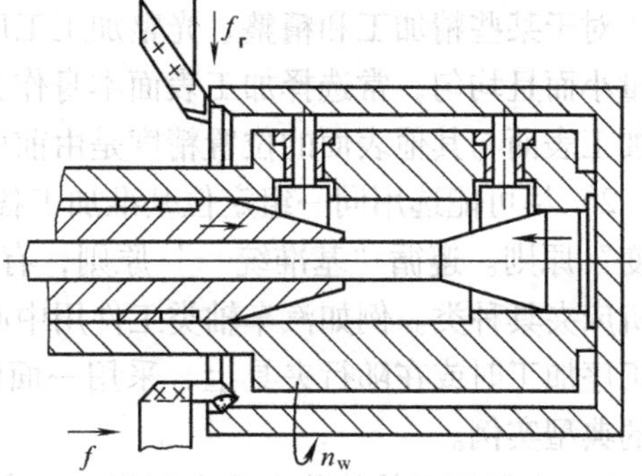

图6-2　以活塞不加工的内腔为定位基准

2. 精基准的选择原则

选择精基准时，主要考虑保证加工表面之间的尺寸、位置精度以及装夹方便、准确，因此精基准的选择原则主要考虑以下几个方面。

1）尽可能选用设计基准或工序基准作为定位基准，这样选择可避免因基准不重合而产生的基准不重合误差，即应遵循“基准重合”原则。在获得零件表面间最终尺寸的工序中，特别是当尺寸或位置公差较小时，一般不应违反这一原则，否则会因基准不重合误差的存在，增大加工难度，甚至无法保证加工表面之间的尺寸、位置精度要求。

图6-3所示为粗镗活塞销孔示意图。为了保证销孔轴线与顶面间的尺寸及公差（56mm ±0.08mm），应选择裙部外圆和顶面作为最后加工销孔的定位基准（图6-3a），这样就能直

接保证销孔轴线与顶面间的尺寸要求，没有因基准不重合而引起的尺寸误差。有时为了避免工艺过程中定位基准的变换和简化专用机床夹具种类，仍用止口和底面来定位（图6-3b），这样就产生了定位基准与设计基准不重合。为了保证（56±0.08）mm的要求，就要对有关的工序尺寸进行尺寸换算，以便间接保证之，这样就提高了有关工序的加工精度要求，增加了加工成本。

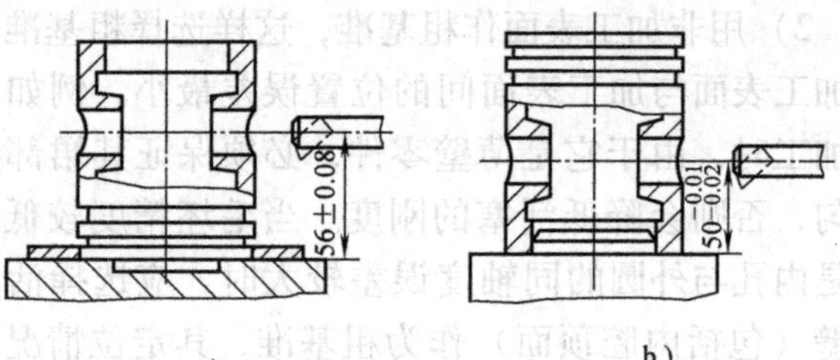

图6-3　基准重合原则的应用

对于两个有相互位置公差要求的表面，可以彼此互为设计基准。因此，当加工位置公差要求很高的表面，且又不便在一次装夹中同时加工时，常采用“互为基准”的办法进行反复加工，这样不仅符合基准重合原则，也在互为基准反复加工过程中，使精基准本身的加工误差越来越小，最后能可靠地保证位置公差要求。例如加工图6-4所示的精密齿轮，齿面高频淬火后必须进行磨齿，为消除淬火后的变形，内孔和齿面都需要磨削。磨削时先以齿廓表面为定位基准磨削内孔，再以内孔为定位基准（基面）磨削齿面。这样，既能保证齿面对内孔的位置精度，又能使轮齿齿面的磨削余量均匀。

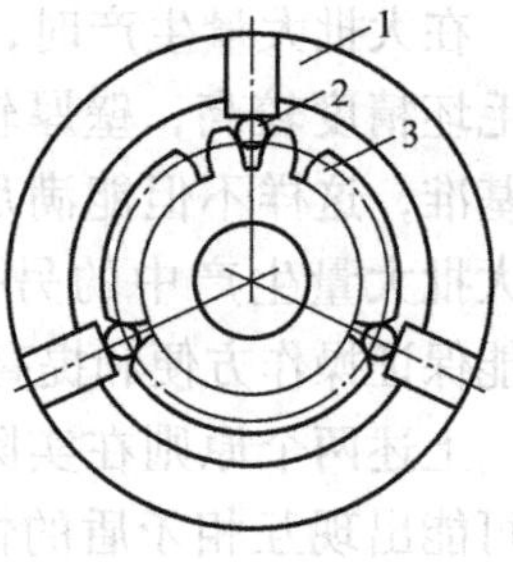

图6-4　齿形表面定位
1—卡盘　2—滚柱　3—齿轮

如果定位基准与设计基准或工序基准重合后使专用机床夹具结构复杂化，或存在定位不稳等缺点时，应考虑重新选择定位基准，同时要进行基准不重合误差的计算。

对于某些精加工和精整、光整加工工序，如珩磨、铰孔、浮动镗孔等，因为要求的加工余量小而且均匀，常选择加工表面本身作为定位基准，即采用“自为基准”的方法。此时，该加工表面与其他表面的位置精度是由前面的工序保证的。

2）尽可能选用同一组定位基准加工各个表面，即遵循“基准统一”原则，亦称“基准不变”原则。遵循“基准统一”原则，有利于保证各表面间的位置公差，而且也减少了专用机床夹具种类。例如汽车轴类工件用中心孔定位车削、磨削各段外圆，汽车箱体类工件不同工序加工时或在随行夹具上，采用一面两孔（工艺孔）定位加工各个表面，都是基准统一的典型实例。

3）应保证工件的装夹稳定可靠，机床夹具结构简单，工件装夹操作方便。精基准应选择尺寸与形状公差较小、表面粗糙度值较小的表面，以保证定位准确。精基准还应具有较大的面积并尽量靠近加工表面，以保证在夹紧力、切削力和工件本身重力的作用下不会引起工件位置的偏移或产生过大的变形。

选择定位基准是个复杂的问题，既要考虑工件的加工精度，又要使工件装夹方便可靠、专用机床夹具结构简单等。上述几条原则在实际应用中有时不能同时满足，例如遵循基准统一原则常常会带来基准不重合的问题。这时应根据实际情况认真分析，决定应主要遵循哪些原则来选择精基准。

二、表面加工方法的选择

一个具有一定加工质量要求表面的加工，一般是由预加工工序和终加工工序，通过适当的加工方法完成的。零件表面的加工方法，主要根据零件的结构及其加工表面的结构特点、加工的技术要求、材料及硬度、生产类型和企业的设备条件等，经分析比较后选择的。一个表面达到同样加工质量要求的加工过程及最终加工方法可以有多个方案，而在不同的方案中，工序间的加工余量、工序尺寸及公差是不同的，因而生产率和加工成本不同。因此，在选择零件从粗到精的加工方法及过程时，要综合考虑各方面的因素。

1）根据加工表面的加工精度和表面粗糙度要求确定最终的加工方法。选择表面加方法时，应根据每个加工表面的技术要求，先选择最终加工方法。所选择的最终加方法的经济精度和表面粗糙度必须能可靠地保证加工要求。一般情况下，最终加工方法对加工前表面的尺寸精度和表面粗糙度有一定的要求，因此，大多数表面在终加工之前需要进行必要的预加工，例如精铰前需要粗铰，而粗铰前一般需要钻、扩。根据有关资料或生产经验，对表面的终加工和预加工可提出几个方案进行分析比较，选择一合理方案。例如加工一直径为 ϕ35H7mm，表面粗糙度 R_a 为 1.6μm 的孔，可有三种方案：①钻孔—扩孔—粗铰—精铰；②钻孔—拉孔；③钻孔—粗镗—半精镗—精镗。可以根据零件及加工表面的结构特点和产量等条件，决定采用哪一种方案。

表 6-5、表 6-6、表 6-7 分别介绍了外圆、内孔和平面常用的加工方案。

表 6-5　外圆表面加工方案的经济精度和表面粗糙度

序号	加工方案	经济精度等级/IT	表面粗糙度 R_a/μm	适用范围
1	粗车	11～13	25～6.3	适用于淬火钢以外的各种金属零件加工
2	粗车→半精车	8～10	6.3～3.2	
3	粗车→半精车→精车	6～9	1.6～0.8	
4	粗车→半精车→精车→滚压（或抛光）	6～8	0.2～0.025	
5	粗车→半精车→磨削	6～8	0.8～0.4	主要用于淬火钢，也用于未淬火钢，但不宜用于有色金属
6	粗车→半精车→粗磨→精磨	5～7	0.4～0.1	
7	粗车→半精车→粗磨→精磨→超精加工（或轮式超精磨）	5	0.1～0.012	
8	粗车→半精车→精车→金刚石车	5～6	0.2～0.025	主要用于要求较高的有色金属加工
9	粗车→半精车→粗磨→精磨→超精磨（镜面磨削）	5 级以上	0.05 以下	主要用于极高精度的外圆加工
10	精车→半精车→精车→精磨→研磨	5 级以上	0.1 以下	

表 6-6　孔加工方案的经济精度和表面粗糙度

序号	加工方案	经济精度等级/IT	表面粗糙度 R_a/μm	适用范围
1	钻	11～13	12.5	未淬火钢及铸铁的实心毛坯，也用于加工有色金属，孔径 <15～20mm
2	钻→铰	8～9	3.2～1.6	
3	钻→粗铰→精铰	7～8	1.6～0.8	

（续）

序号	加工方案	经济精度等级/IT	表面粗糙度 $R_a/\mu m$	适用范围
4	钻→扩	10~11	12.5~6.3	
5	钻→扩→粗铰→精铰	7	1.6~0.8	未淬火钢及铸铁的实心毛坯，也用于加工有色金属，孔径>15~20mm
6	钻→扩→铰	8~9	3.2~1.6	
7	钻→扩→机铰→手铰	6~7	0.4~0.1	
8	钻（扩）→拉	7~9	1.6~0.1	大批大量生产
9	粗镗（或扩孔）	11~13	12.5~6.3	除淬火钢外的各种铸铁及钢材，毛坯有铸出孔或锻出孔
10	粗镗（粗扩）→半精镗（精扩）	8~9	3.2~1.6	
11	粗镗（粗扩）→半精镗（精扩）→精镗（铰）	7~8	1.6~0.8	
12	粗镗（扩）→半精镗（精扩）→精镗→浮动镗刀块精镗	6~7	0.8~0.4	
13	粗镗（扩）→半精镗→磨孔	7~8	0.8~0.2	主要用于加工淬火钢，也可用于未淬火钢，但不宜用于有色金属
14	粗镗（扩）→半精镗→粗磨→精磨	6~7	0.2~0.1	
15	粗镗→半精镗→精镗→金刚镗（细镗）	6~7	0.4~0.05	高精度有色金属加工
16	钻→（扩）→粗铰→精铰→珩磨	6~7	0.2~0.025	加工精度要求很高的孔
17	钻→（扩）→拉→珩磨			
18	粗镗→半精镗→精镗→珩磨			

表6-7　平面加工方案的经济精度和表面粗糙度

序号	加工方案	经济精度等级/IT	表面粗糙度 $R_a/\mu m$	适用范围
1	粗车	10~11	12.5~6.3	未淬硬钢、铸铁和有色金属的端面加工
2	粗车→半精车	8~9	6.3~3.2	
3	粗车→半精车→精车	6~7	1.6~0.8	
4	粗车→半精车→磨削	7~9	0.8~0.2	钢、铸铁的端面加工
5	粗铣	12~14	12.5~6.3	未淬硬材料的平面加工
6	粗铣→半精铣	11~12	6.3~1.6	
7	粗铣→精铣	7~9	6.3~1.6	
8	粗铣→半精铣→精铣	7~8	3.2~1.6	

（续）

序号	加工方案	经济精度等级/IT	表面粗糙度 $R_a/\mu m$	适用范围
9	粗铣→拉	6~9	0.8~0.2	大量生产未淬硬材料的小平面
10	粗铣→精铣→磨削	6~7	0.8~0.2	淬硬或未淬硬的黑色金属件
11	粗铣→半精铣→精铣	5~6	0.4~0.2	
12	粗铣→精铣→磨削→研磨	5级以上	<0.1	

2）选择加工方法应考虑零件的结构、加工表面的特点和材料等因素。零件的结构和表面特点不同，所选择的加工方法是不同的。如箱体零件的平面和盘状零件的端平面，前者通常用铣削加工，后者通常用车削加工。同样，考虑到加工表面的尺寸大小，箱体上的螺栓孔通常用钻孔，而大直径的轴承座孔一般采用镗孔。

3）考虑零件材料及其物理力学性能。零件材料的性质及物理力学性能不同，应采用不同的加工方法。淬硬钢可采用磨削方法进行精加工，而有色金属的加工就不宜用磨削，一般采用金刚镗（细镗）或细车的方法进行精加工。

4）选择加工方法要考虑到生产率和经济性。选择加工方法时，除保证加工质量外，还要满足生产率和经济性的要求。不同的加工方案，其生产率是不同的。采用的设备和刀具不同，经济效果也不一样。例如在大批大量生产中可采用专用的高效生产设备；某些零件的平面和孔加工可采用拉削加工代替铣削平面和镗孔等。

5）考虑企业现有设备状况和技术的发展。应充分利用现有设备和考虑设备的负荷平衡及今后的生产发展。除此之外，还应考虑推广新技术、新工艺，不断提高机械加工工艺水平。

三、加工阶段的划分

当零件的加工质量要求较高时，通常将零件及其表面加工的工艺过程划分为几个阶段，加工时由粗到精，一个阶段一个阶段地顺序进行。一般可划分成粗加工、半精加工和精加工三个阶段。如果零件的加工精度要求特别高，尤其表面粗糙度值要求特别小时，还需要安排精整、光整加工阶段。各阶段的主要任务如下：

1）粗加工阶段。粗加工是从毛坯上切除较大加工余量的加工阶段，因此，在这个加工阶段，需要高效地切除零件主要表面及一些加工余量较大表面上的大部分加工余量。

2）半精加工阶段。半精加工的任务是切除主要表面粗加工后留下的误差，为主要表面的精加工作好准备，并完成一些精度要求不高表面的终加工。在这个阶段中，一般是先进行零件主要表面的半精加工，然后加工次要表面（如键槽、紧固用的螺栓孔及螺纹孔等）。另外，对一些有装合要求的零件（如连杆体与连杆盖），装合面的加工及装合工序也在这一阶段完成。

3）精加工阶段。精加工阶段的任务是保证各主要表面达到零件图样规定的加工质量和技术要求。

4）精整、光整加工阶段。对于加工质量要求很高（尺寸精度IT5以上、表面粗糙度 $R_a \leqslant 0.2\mu m$）的零件，需要安排精整、光整加工阶段。精整、光整加工是精加工后从工件表面上不切除或切除极薄金属层，用以提高加工表面的尺寸及形状精度，减小表面粗糙度值或用以强化表面的方法。例如汽车发动机凸轮轴轴颈及凸轮表面、曲轴轴颈、制动盘端面等均需要经过精整、光整加工。但精整、光整加工一般不能用来提高位置精度。

零件加工需划分加工阶段的原因如下：

1）可以更好地保证加工质量。粗加工时由于加工余量大，切削力及切削热都较大，因而工艺系统的受力变形、受热变形及内应力都很大，粗加工后的加工质量不会很高，要通过后续工序进一步加工，逐渐减少加工误差，最终达到零件的加工质量要求。此外，一些存在内应力的毛坯在粗加工之后，会由于内应力重新分布而产生变形，这种变形过程也需要一定的时间。划分了加工阶段后就可以避免内应力变形对精加工的影响，使内应力变形在后续加工中予以消除。

2）粗加工阶段中切除较大的加工余量，可以及早发现毛坯缺陷，以便及时报废或修补，避免继续加工而造成浪费。

3）可合理使用机床设备。粗加工时可使用功率大、刚度高、普通精度的高效机床；精加工则使用高精度的机床。这样，就充分发挥了不同机床各自的性能，也延长了高精度机床的使用寿命。

需要指出的是，上述加工阶段的划分并不是绝对的。当零件的加工质量要求不高，工件刚性足够，毛坯质量高、加工余量小时，也可以不划分加工阶段。

四、工序的集中与分散（工序的组成）

确定了表面的加工方法，并划分了加工阶段之后，还要考虑每个工序完成多少加工内容的问题。即要进一步考虑这些加工内容是分散在几道工序内、在不同的机床上进行，还是把某些加工内容集中在一道工序内、在一台设备上完成。前者称为**工序分散**，后者称为**工序集中**。

工序集中有如下一些特点：

1）减少装夹次数，便于保证各表面之间的位置公差。工件在一次装夹中加工多个表面，其表面间的位置误差小，位置误差只取决于机床和机床夹具的精度。

2）便于采用高生产率的机床。在大批大量生产汽车零件时，工序集中适合于采用转塔车床、卧式或立式多轴车床、多轴钻、镗和铣等组合机床、加工中心、多轴齿轮加工机床、滚插联合机床等进行加工，大大地提高了生产率。

3）有利于生产组织和计划工作。由于工序集中，减少了工序数目、设备数量、操作工人数和生产面积，因而简化了生产组织和计划工作。

汽车零件机械加工的主要发展方向是工序集中。但高度的工序集中也会带来下列问题：

1）机床设备结构复杂，同时工作的刀具数目增多，降低了机床工作的可靠性，增加了机床停机、换刀的时间损失。

2）机床设备过于复杂，调整和维护都不方便，还往往由于工件刚性不足和热变形等原因影响加工精度。

工序分散的特点与工序集中相反。由于工序简单，所用的机床设备和工艺装备也比较简单，调整方便，调整时间短，而且有利于产品的更新换代，生产准备周期短。但机床设备数量多，总的生产周期较长，占地面积也较大。

由于工序集中与分散各有利弊，在进行工序组成设计时，恰当地确定工序集中与分散的程度，不仅是复杂的，而且是较为困难的。确定时应针对生产类型、零件的结构特点和技术要求等具体情况作具体分析。例如箱体零件各表面上有尺寸及位置公差要求严格的若干个孔组成的孔系加工，不仅精加工应集中在一台设备上（例如组合机床、加工中心），而且粗加工最好也集中在一台设备上进行，这样可以使精加工时加工余量分布均匀，有利于保证孔距尺寸及位置公差。对于批量大、尺寸小、结构形状简单的零件件（例如杆叉类零件等），一般采用工序分散。

五、工序顺序的安排

机械加工工艺路线不仅要经过机械加工工序，对于复杂零件还要经过热处理和检验、去毛刺、清洗、平衡、称重、磁力探伤等辅助工序。因此，在拟定工艺路线时，要根据加工阶段的划分、定位基准的选择、加工表面的特点及主次，把机械加工、热处理和辅助工序综合到一起全面考虑进行安排。

1. 机械加工工序的安排原则

1）先加工基准表面，后加工其他表面。首先安排作为精基准表面的加工，再以加工出的精基准定位，安排其他表面的加工。不但如此，对于精度要求很高的工件，或需要在热处理工序后继续加工的工件，在精加工阶段开始时或热处理工序后，也应首先对精基准进行修整加工，以提高定位精度，保证其他主要表面的精加工和精整、光整加工的加工质量。例如，精度要求较高的轴类零件（如汽车发动机曲轴、凸轮轴等），第一道机械加工工序就是铣端面、钻中心孔，再以中心孔定位完成其他表面的粗、精加工等；精加工开始前，首先要修整中心孔，然后再安排其他表面的精加工、精整及光整加工。

2）先安排粗加工，后安排精加工。当工件需要分阶段进行加工时，如前所述，要按照粗加工—半精加工—精加工—精整、光整加工的顺序依次安排各表面的加工。

3）先加工平面，后加工孔。对于孔和平面均需要加工的工件（如箱体和支架类零件等），通常应先加工与孔有位置精度要求的平面，再以平面为基准加工孔，这样可保证定位准确可靠，装夹、调整方便，有利于保证孔的位置精度。此外，在毛坯表面上钻孔、扩孔或镗孔时刀具不易定心，刀具易磨损、打刀，若先加工平面再加工孔，即可避免上述情况的发生。

4）先加工主要表面，后加工次要表面。主要表面是指工件上加工精度和表面质量要求较高的表面，通常是零件的装配基准（基面）以及主要工作表面。它们的加工质量对整个工件的加工质量影响很大，加工工序也较多。因此，应先安排它们的加工工序，然后再将次要表面（如无配合尺寸的表面、键槽、紧固用的螺栓孔及螺纹孔等）的加工适当地穿插在它们之间（通常安排在主要表面半精加工之后）。当次要表面与主要表面之间有较高的位置精度要求时，须将其安排在主要表面加工之后。

此外，由于某些总成的结构特点，这些工件的最后精加工须安排在总成（合件和组件）装配之后进行。例如，发动机连杆总成要在连杆体与连杆盖装配后精磨两端面，细镗和珩磨大小头孔等。

2. 热处理工序的安排原则

热处理工序应根据其作用和目的，安排在工艺过程的适当位置。

1）为了提高工件材料表面硬度等物理力学性质而进行的各种热处理工序（如各种淬火、调质等），通常安排在工艺过程的半精加工之后，精加工之前。其中渗碳淬火一般安排在切削加工之后，磨削加工之前进行。而高频或中频感应加热表面淬火和渗氮等变形小的热处理工序，允许安排在精加工之后进行。

2）为了改善工件材料的切削性能而进行的热处理工序（如退火、正火和作为预备热处理的调质等），应安排在切削加工之前。

3）为了消除工件内应力而进行的热处理工序，要根据工件的加工精度要求进行安排。对于复杂铸件（例如汽车发动机缸体等），宜采用去应力退火或高温时效。当工件的精度要求不高时，可安排在粗加工之前进行，以节省工序间的运输量；当工件的精度要求较高时，应安排在粗加工之后，精加工之前。对于高精度的复杂铸件，应在精加工之后和半精加工之后各安排一次。

4）为了提高工件表面耐腐蚀性或装饰性的热处理工序或表面处理工序（如镀铬、镀锌、发蓝处理等），一般安排在工艺过程的最后。

3. 辅助工序的安排原则

检验工序是主要的辅助工序。合理安排检验工序是保证零件质量的重要措施之一。检验工序分中间检验和最终检验，其安排原则是：

1）容易产生废品或花费工时较多的工序之后，应安排中间检验，以便及时发现废品，防止继续加工造成浪费。

2）粗加工之后精加工之前，一般应对工序尺寸和加工余量等进行检验。

3）某些特殊的检验项目，如磁力探伤、动平衡、渗漏等，一般安排在精加工之后，精整、光整加工之前进行。

除检验工序外，在相应的工序后面还要考虑安排其他辅助工序。例如，工件切削加工后装配前应把毛刺、锐边去掉，并清洗干净；对易于变形的工件（如发动机曲轴、凸轮轴、半轴等）在粗加工、热处理等工序后要安排校直工序；对于工作中要求运转平稳的工件（如发动机活塞、连杆、曲轴等），在精加工之后，要安排称重、平衡等工序。

第三节 工序设计

工艺路线确定之后，还要确定各工序的具体内容，其中包括：加工余量及工序尺寸、设备与工艺装备、切削用量与时间定额等。

一、加工余量和工序尺寸的确定

1. 加工余量的概念

为保证工件加工质量，需要从加工表面上切除一层金属，这层金属的厚度称为**加工余量**。在工件由毛坯加工成成品的过程中，在某加工表面上切除的金属层的总厚度，即某一表面的毛坯尺寸与零件设计尺寸之差，称为该表面的总余量 z_0。每道工序切除的金属层厚度，即相邻工序的工序尺寸之差，称为该表面的工序余量 z_i。显然，总余量为同一表面各工序加工余量的总和。即

$$z_0 = \sum_{i=1}^{n} z_i$$

式中 n——某一加工表面的工序（工步）数目。

加工余量还有单面和双面之分。对于外圆和内孔，加工余量是在直径方向上对称分布的，如图 6-5a、b 所示，称为**双面余量**；对于平面加工，如图 6-5c 所示，称为单面余量。

由于各工序尺寸都有公差，故各工序实际切除的余量是变化的。工序尺寸极限偏差一般

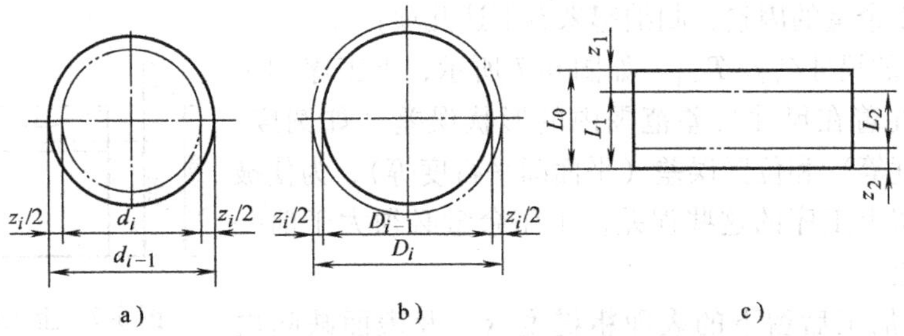

图 6-5 双面和单面余量

a)、b) 加工外圆、内孔时的双面余量 c) 加工平面时的单面余量

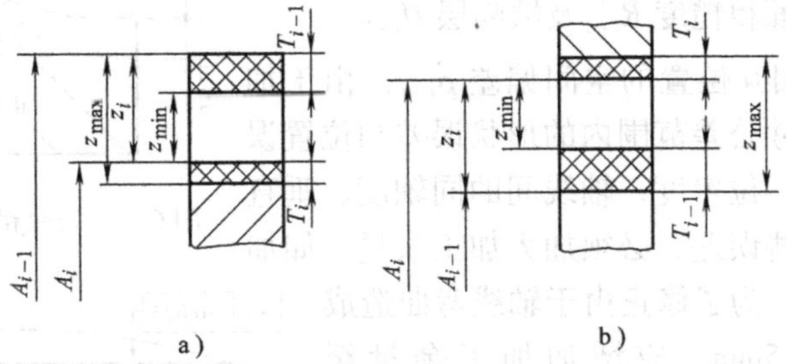

图 6-6 工序尺寸与工序余量间的关系

a) 外表面尺寸 b) 内表面尺寸

规定为“注向体内”方向，即对于轴类等外表面尺寸，工序尺寸极限偏差取单向负偏差（按 h 标注），工序尺寸的基本尺寸等于最大极限尺寸；对于孔类等内表面尺寸，工序尺寸极限偏差取单向正偏差（按 H 标注），工序尺寸的基本尺寸等于最小极限尺寸。但毛坯的制造偏差为双向标注。图 6-6a、b 分别表示加工外表面尺寸、内表面尺寸时的工序尺寸及其按上述规定确定的极限偏差与工序基本余量（工序余量的基本尺寸，简称工序余量）间的关系。若 A_i 表示本工序的工序尺寸，A_{i-1} 为上工序的工序尺寸，则

工序余量 $$z_i = \begin{cases} A_{i-1} - A_i \ (\text{外表面尺寸}) \\ A_i - A_{i-1} \ (\text{内表面尺寸}) \end{cases}$$

最大工序余量 $$z_{\max} = \left.\begin{cases} A_{i-1\max} - A_{i\min} \ (\text{外表面尺寸}) \\ A_{i\max} - A_{i-1\min} \ (\text{内表面尺寸}) \end{cases}\right\} = z_i + T_{A_i}$$

最小工序余量 $$z_{\min} = \left.\begin{cases} A_{i-1\min} - A_{i\max} \ (\text{外表面尺寸}) \\ A_{i\min} - A_{i-1\max} \ (\text{内表面尺寸}) \end{cases}\right\} = z_i - T_{Ai-1}$$

工序余量公差 $$T_{zi} = z_{i\max} - z_{i\min} = T_{Ai} + T_{Ai-1}$$

加工余量的大小及其均匀性对加工质量和生产率有较大影响。加工余量不够，将不足以切除零件上有误差和缺陷的表面，而达不到加工要求，增加了废品率。加工余量过大，不但增加了机械加工工作量，也增加了材料、工具和电力的消耗，从而增加了成本。此外，加工余量不均匀，还会产生误差复映，影响加工质量。因此，应该合理地规定加工余量。

加工余量的确定有经验法、查表法和分析计算法。一般情况下工厂都按经验估计或参考有关手册推荐资料确定。生产经验估计或查表确定加工余量，均不能全面考虑到毛坯的制造和机械加工中影响加工余量的因素。为正确确定出加工余量，就必须根据各种影响因素加以

修正。影响加工余量的因素，归纳起来有下述几项：

1）上工序的尺寸公差 T_{i-1}。如图6-7所示，上工序加工后的表面，存在着在尺寸公差范围内的形状误差（如圆度、圆柱度和平面度等）和位置误差（平面间平行度等），为使被加工表面不残留上工序的这些误差，工序余量必须大于前一工序的尺寸公差。

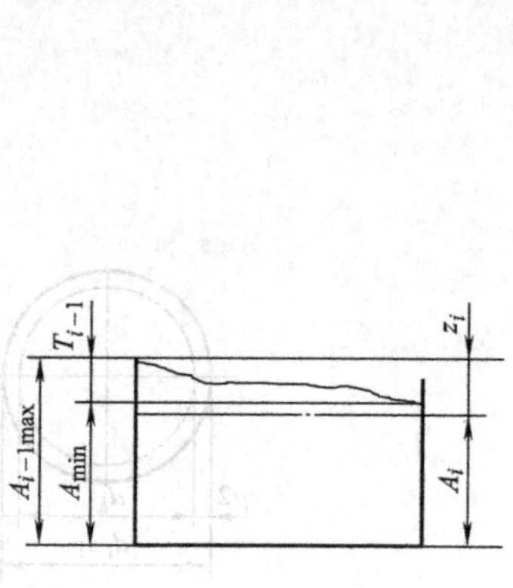

图6-7 上工序尺寸公差 T_{i-1} 的影响

2）上工序加工后留下的表面粗糙度 R_{i-1} 及表面缺陷层（冷硬、脱碳等）深度 H_{i-1}。如图6-8所示，为了使加工后的表面不留下前工序的表面粗糙度和缺陷层，加工余量至少要包括上工序的表面粗糙度 R_{i-1} 及缺陷层 H_{i-1}。

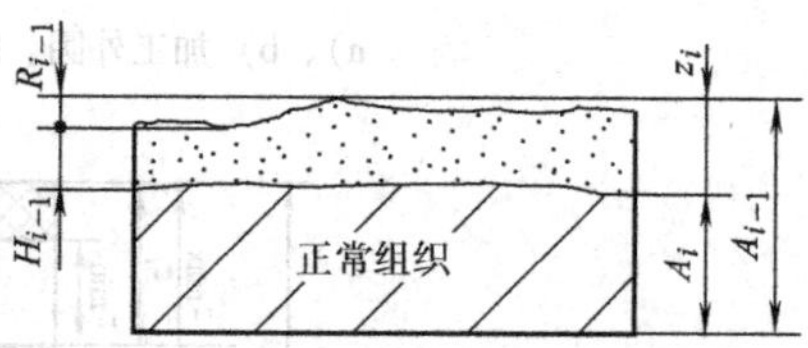

图6-8 表面粗糙度和缺陷层的影响

3）工件各表面相互位置的空间偏差 $\vec{\rho}_{i-1}$。由于加工后存在不包括在尺寸公差范围内的形状误差和位置误差，如轴线的直线度、位置度，轴线间的同轴度、垂直度等误差，为去除这些误差，必须加大加工余量。如加工图6-9所示的外圆，为了修正由于轴线弯曲造成的直线度误差0.025mm，应增加加工余量至0.05mm以上。

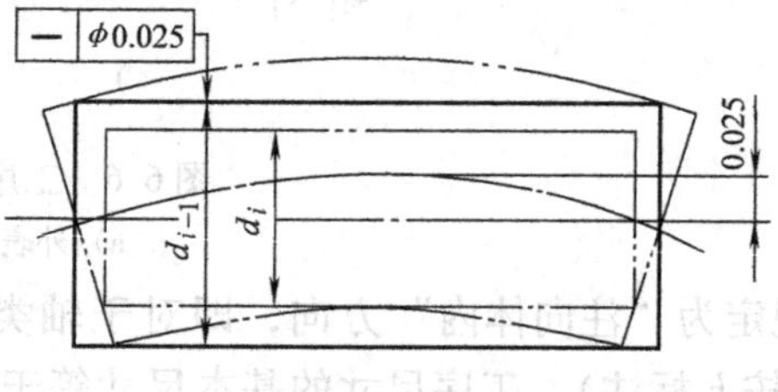

图6-9 轴线的直线度误差对加工余量的影响

4）本工序的装夹误差 $\vec{\varepsilon}_i$。由于存在定位误差和夹紧误差，工序基准的位置将发生变化，这时就需要增大加工余量。

$\vec{\rho}_{i-1}$ 和 $\vec{\varepsilon}_i$ 都是有一定方向性的，因此，当两者同时存在时，它们的合成应为向量和。

综上所述，对于平面加工的单面余量的计算为

$$z_i = T_{i-1} + R_{i-1} + H_{i-1} + |\vec{\rho}_{i-1} + \vec{\varepsilon}_i|$$

对于外圆和内孔的双面余量为

$$z_i = T_{i-1} + 2(R_{i-1} + H_{i-1}) + 2|\vec{\rho}_{i-1} + \vec{\varepsilon}_i|$$

在具体应用上述公式时，应根据具体情况进行修正。如浮动镗刀镗孔和拉孔都是以孔本身导向，不能修正孔偏斜等位置误差，因此，孔加工余量计算公式应为

$$z_i = T_{i-1} + 2(R_{i-1} + H_{i-1})$$

对于研磨、超精加工等光整加工工序，主要任务是减少上工序的表面粗糙度值，其双面余量的计算式为

$$z_i = 2R_{i-1}$$

虽然根据影响加工余量的因素逐项分析计算来确定加工余量比较准确，但计算时需要参考很多有关资料数据，又要花费很多时间去获得有关资料数据，故目前应用很少，仅在大批大量生产中对一些重要的表面才可能用这种方法校核或确定加工余量。

2. 确定工序尺寸及公差

确定工序尺寸及其公差是制定工艺规程的主要工作之一。这里仅就设计基准和工序基准重合情况下，外圆和内孔的工序尺寸及其公差的确定作一介绍。其他情况下有关工序尺寸及其公差的换算，已在第五章第五节“工艺尺寸链的计算”中详细作了介绍。

对于外圆和内孔表面需要进行多次加工时各中间工序尺寸的计算，由于各道工序（工步）加工同一表面时工序基准相同，并与设计基准重合，因此，只需根据工序余量和各工序尺寸的关系就可确定。其主要过程如下：

1）根据毛坯种类、质量和结构尺寸确定加工表面的总余量，再根据工艺过程确定各工序余量，并校核第一道工序的加工余量是否合理。

2）由最终工序开始，即从设计尺寸开始，至第一道工序，逐步推算每道工序的工序尺寸。

3）除最终工序外（该工序应按设计要求确定工序尺寸及极限偏差），根据各工序的加工方法的加工经济精度或企业规定，确定各中间工序的工序尺寸公差。

4）按工序尺寸偏差注向体内原则标注各中间工序的工序尺寸及极限偏差。

例如图6-10所示的某汽车变速器齿轮内孔尺寸，其加工要求为$\phi58^{+0.03}_{0}$mm，毛坯为模锻件。加工方法及其过程为扩孔→拉孔→磨孔。确定工序尺寸时首先根据有关资料，确定孔的加工总余量为8mm，毛坯尺寸偏差为$^{+2.0}_{-1.0}$mm，磨孔时工序余量为0.25mm，拉孔时为1.05mm。计算得扩孔加工余量为8 − 0.25 − 1.05 = 6.7mm。

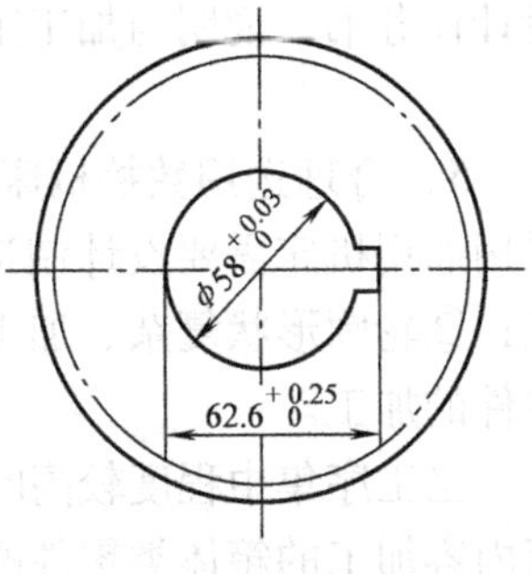

图6-10 汽车变速器齿轮内孔尺寸

磨孔工序的尺寸精度应达到图样要求，因此确定工序尺寸公差为0.03mm。根据加工经济精度及各工序前导工序精度要求，确定拉孔工序尺寸公差为0.03mm（IT7），扩孔工序工序公差为0.12mm（IT10）。由上述数据即可计算出各工序尺寸，并按偏差注向体内原则确定各中间工序的极限偏差。所有计算结果如表6-8所示。

表6-8 工序尺寸及公差的计算

工序名称	工序余量/mm	工序尺寸/mm	工序（毛坯）公差/mm	工序（毛坯）尺寸及公差/mm
磨孔	0.25	58	0.03	$\phi58^{+0.03}_{0}$
拉孔	1.05	58 − 0.25 = 57.75	0.03	$\phi57.75^{+0.025}_{0}$
扩孔	6.7	57.75 − 1.05 = 56.7	0.12	$\phi56.7^{+0.12}_{0}$
毛坯孔	—	50	3	$\phi50^{+2.0}_{-1.0}$

二、机床（设备）及工艺装备的选择

机床（设备）和工艺装备的选择是工艺规程制定中的重要环节之一。机床（设备）和工艺装备是保证工件加工质量和达到一定生产率的基础条件。同时，机床（设备）和工艺装备的选择，对零件加工的经济性也有重要影响。为了合理地选择机床（设备）和工艺装备，必须对各种机床（设备）的规格、性能和工艺装备（尤其是刀具、量具和检具）的种类、规格等有较详细的了解，并准备好必要的技术资料。

1. 机床（设备）的选择

选择机床（设备）时，要综合考虑下列因素：

1）机床（设备）的主要尺寸规格应该与工件的轮廓尺寸或其他相关尺寸相适应。即加工较小的工件时选用较小规格的机床（设备）；加工较大工件时选用较大规格的机床（设备），避免盲目增大机床规格。

2）机床（设备）的加工精度、功率、刚度及切削用量范围应该与工序的加工性质相适应。粗加工工序选择刚度大、有一定功率储备的普通精度的机床（设备）；精加工工序选择主轴转速较高的高精度或精密机床（设备）。

3）机床（设备）的生产率应该与被加工零件的生产类型相适应。单件小批生产时选择通用机床（设备）；大批大量生产时选择高生产率的专用机床（设备）。

4）要充分利用现有的机床（设备）。如果需要改装设备或设计专用机床，则应该提出设计任务书，说明与加工工序内容有关的参数、生产率要求，保证零件加工质量的技术要求等。

5）合理选用数控机床、加工中心等先进制造设备。下列情况要考虑采用数控机床：①采用通用机床需要设计制造复杂的专用机床夹具或加工效率低、手工操作劳动强度大的加工；②轮廓形状复杂、加工精度较高的复杂曲线、曲面的加工；③准备以后多次改型设计的零件的加工。

当工序集中程度较高时，例如对需要在一次装夹中完成钻、镗、铰、锪、攻螺纹及铣削等内容加工的箱体类零件的加工，可以采用加工中心。

2. 工艺装备的选择

机床夹具的选择主要考虑生产类型。由于汽车的生产属于成批、大量生产，各工序所使用的机床夹具，除车床、外圆磨床等少数机床常使用通用机床夹具外，多数为高效的专用机床夹具。在多品种中、小批量生产的情况下，可采用可调机床夹具或成组夹具。

刀具的选择（种类、规格、材料、精度）主要取决于表面的加工方法、加工表面的尺寸、工件材料、切削用量及工序的加工要求等。在选择时应尽量采用标准刀具。在组合机床及其自动线上加工时，由于需要工序集中，可采用专用的复合刀具，如相同工艺的复合刀具（复合扩孔钻等）和不同工艺的复合刀具（钻—扩—铰复合刀具等）。这不仅提高了加工精度和生产率，经济效果也十分明显。

量检具的选择主要是根据生产类型和要求的检验项目及其精度而定。在单件小批生产中，广泛采用通用量具（游标卡尺、千分尺等）；大批大量生产时，多采用极限量规和高生产率的主动检查仪，表面间的位置误差的检测多采用检验夹具等。

三、切削用量的确定

合理地选择切削用量，对提高生产率、保证加工质量和刀具寿命等都有很大意义。根据切削用量对刀具寿命的影响程度，切削用量的选择次序依次为背吃刀量 a_p、进给量 f、切削速度 v_c。

1. 背吃刀量 a_p 的选择

选择背吃刀量主要考虑工件的加工余量和工艺系统的刚度。半精加工、精加工工序的背吃刀量由相应的加工方法所需的加工余量确定，粗加工工序的背吃刀量应尽量将粗加工余量一次切除。如果加工余量太大，不能一次切除时，也应尽量减少工作行程次数，按先多后少的方案分几次切除。

2. 进给量f的选择

粗加工时，进给量的选择主要考虑工艺系统的刚度与强度，如机床进给系统的刚度与强度、刀杆尺寸、刀片厚度及工件尺寸等因素。在工艺系统的刚度和强度允许的情况下，应尽量选取大一些的进给量。精加工时的进给量主要根据工件的加工精度和表面粗糙度要求来选择。

3. 切削速度v_c的选择

在背吃刀量和进给量确定之后，可在保证合理刀具寿命的前提下，确定切削速度。切削速度可根据切削原理的公式计算，或者从根据已知的加工条件得出的标准切削速度表格中选取。

四、时间定额的确定

时间定额是在一定生产条件下，规定完成一道工序所需的时间消耗量，它是安排生产计划、计算零件成本和企业经济核算的重要依据之一。合理确定时间定额能促进工人生产技能和技术熟练程度的不断提高，发挥他们的积极性和创造性，进而推动生产的发展。因此，确定时间定额要防止过紧和过松两种倾向，应该按平均先进水平确定，并随着生产水平的发展而不断修订。

时间定额包括下列组成部分：

（1）基本时间t_m　它是直接用于改变工件的尺寸、形状或表面质量等消耗的时间。对机械加工来说，就是切除加工余量所耗费的时间（包括刀具的切入和切出时间在内），亦称为机动时间。一般可用计算方法确定。如图6-11所示车削外圆工序，基本时间t_m为

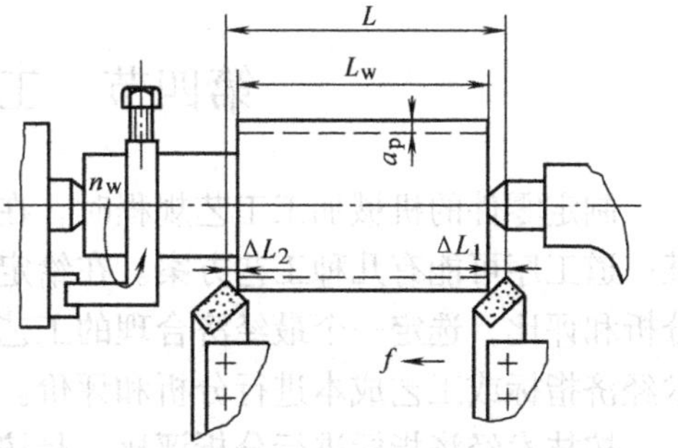

图6-11　车削外圆的基本时间

$$t_m = \frac{L}{v_f} = \frac{\Delta L_1 + L_w + \Delta L_2}{2n_w f}\frac{z}{a_p}$$

式中　t_m——基本时间，单位为min；

v_f——进给速度；单位为mm/min；

n_w——工件转速；单位为r/min；

f——进给量，单位为mm/r；

Z——加工余量（双面），单位为mm；

a_p——背吃刀量，单位为mm；

L——工作行程长度，单位为mm；

L_w——工件加工长度，单位为mm；

ΔL_1、ΔL_2——分别为车刀切入量、切出量，单位为mm。

（2）辅助时间t_a　它是指在一道工序中为实现工艺过程所必须进行的各种辅助动作（如装卸工件、开停机床、改变切削用量、进退刀具、测量工件等）所消耗的时间。基本时间和辅助时间之和称为工序作业时间。辅助时间的确定方法随生产类型不同而异。如在大量生产时，为使辅助时间确定得合理，需将辅助动作分解，再分别查表求得分解动作的时间，或按分解动作实际测时，最后综合得到。在成批生产中，可以按基本时间的百分比进行估算。

（3）布置工作地时间t_s　它是指为使加工正常进行，工人用于照管工作地（更换刀具、

润滑机床、清理切屑、收拾工具等）所消耗的时间。一般可按工序作业时间的百分比 α（一般 $\alpha=2\%\sim7\%$）来估算。

（4）休息与生理需要时间 t_r　它是指工人在工作班内为恢复体力和满足生理上的需要所消耗的时间。一般按工序作业时间的百分比 β（一般 $\beta=2\%$）来估算。

上述四部分的时间之和称为单件工时定额，即大量生产时的单件工时定额为

$$t_p=t_m+t_a+t_s+t_r=(t_m+t_a)\left(1+\frac{\alpha+\beta}{100}\right)$$

成批生产还要考虑准备与终结时间 t_{su}。

（5）准备与终结时间 t_{su}　它是指成批生产中，工人为了生产一批工件而进行的准备和结束工作所消耗的时间。如加工一批工件开始时，需要熟悉工艺文件，领取毛坯材料，安装刀具、机床夹具和调整机床等；加工一批工件结束时，需要拆卸和归还工艺装备，发送成品等。准备与终结时间对一批工件只消耗一次，工件批量 n 越大，分摊到每个工件上的准备与终结时间 $t_{su}=T_{su}/n$ 就越少，所以成批生产的单件计算定额 t_c 为

$$t_c=t_p+\frac{T_{su}}{n}=(t_m+t_a)\left(1+\frac{\alpha+\beta}{100}\right)+t_{su}$$

第四节　工艺方案的经济评比

制定零件的机械加工工艺规程时，在满足被加工零件加工要求的前提下，其工艺过程或某一道工序可能有几种工艺方案。在给定的生产条件下，可以通过对不同工艺方案进行经济分析和评比，选定一个最经济合理的工艺方案。工艺方案经济分析方法一般有两种，即按技术经济指标或工艺成本进行分析和评价。

按技术经济指标进行分析评比，是按规定的一些技术经济指标来分析和评比几种工艺方案，经全面分析和评比后选定一个经济效果好的工艺方案。这些指标一般有：每一产品（零件）所需的工作量（工时或台时）；每一工人的年产量（单位为 t/人或件/人）；每平方米生产面积的年产量（单位为 t/m² 或件/m²）等。

生产成本是制造一台产品或一件工件所需要的一切费用的总和。它包括两类费用：与工艺过程直接有关的费用，称为工艺成本；与工艺过程无关的费用。工艺成本又包括与产量有关的可变费用 V 和与产量无关的不变费用 C 两部分。它们的组成如下：

- 生产成本
  - 第一类费用（工艺成本）
    - 与年产量有关的可变费用 V
      - 材料费及毛坯费
      - 机床工人工资
      - 万能机床和通用夹具维修折旧费
      - 刀具折旧费及电力消耗
    - 与年产量无关的不变费用 C
      - 专用机床、专用夹具和专用刀具的折旧维修费
      - 调整工人工资
  - 第二类费用
    - 行政人员工资
    - 厂房的折旧维修费
    - 照明取暖和通风费等

在不变费用中，因为专用机床和专用机床夹具等是专为某工件的某一工序加工所用的，

故当产量不足或负荷不满时，它只能闲置不用，而其折旧费用是确定的。因此，在这种情况下，专用机床及专用夹具等的费用就与工件（或零件）的年产量无关。

在同一生产条件下，由于不同的工艺方案与工艺过程无关的费用基本上是相等的，所以对生产成本的分析和评比，只需分析和评比工艺成本即可。

若工件的年产量为 N，则全年的工艺成本 S_a 由下式表示

$$S_a = VN + C$$

单件工艺成本 S 为

$$S = V + \frac{C}{N}$$

式中 S_a——全年工艺成本，单位为元；

S——单件工艺成本，单位为元/件；

N——年产量，单位为件；

V——可变费用，单位为元/件；

C——不变费用，单位为元。

两式均可用于计算单个工序的工艺成本。

图6-12及图6-13所示分别为全年工艺成本和单件工艺成本与年产量 N 的关系。

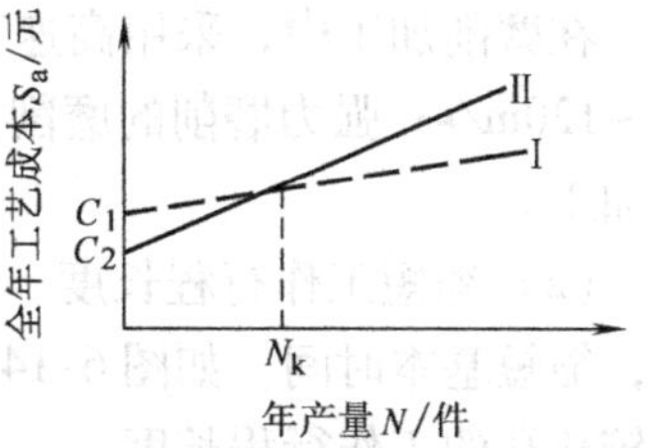

图6-12 工艺成本与年产量的关系

对不同的工艺方案进行经济评比有下述两种情况：

1）各工艺方案基本投资相近，或采用现有设备的条件下，用工艺成本作为衡量各工艺方案经济性的依据。

当产量 N 为一变量时，设有两个工艺方案，分别计算出两个方案的工艺成本，并画出工艺成本图。由图6-13可知，两个方案的经济性取决于计划产量。当年产量 $N < N_k$ 时，宜采用方案Ⅱ，当 $N > N_k$ 时，宜采用方案Ⅰ。N_k 称为临界产量，计算可得

$$N_k = \frac{C_2 - C_1}{V_1 - V_2}$$

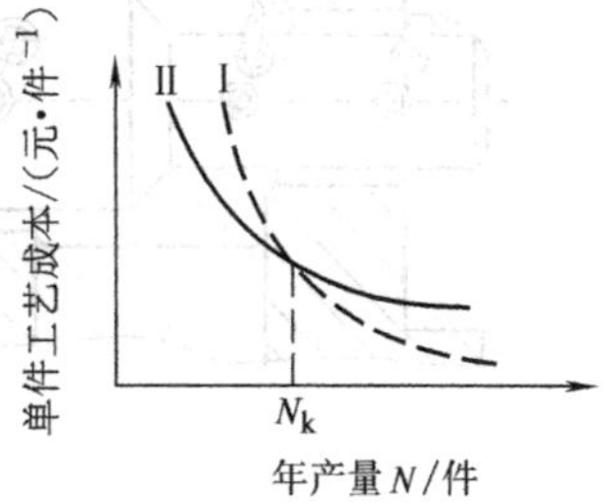

图6-13 两种方案的经济评比

2）各工艺方案的基本投资差额较大时，在考虑工艺成本的同时，还应比较基本投资的回收期。

例如方案Ⅰ采用价格较贵的高效机床及工艺设备，基本投资费用（K_1）大，但工艺成本 S_{a1} 较低；方案Ⅱ采用价格便宜的一般设备，基本投资（K_2）小，但工艺成本 S_{a2} 高。这时若单独比较其工艺成本来评定其经济性是不全面的，还必须同时比较基本投资的回收期。回收期是指方案Ⅰ比方案Ⅱ多花费的投资，需要多少时间才能由于工艺成本降低而收回来。回收期（τ）愈短，经济效果愈好。回收期可由下式计算

$$\tau = \frac{K_1 - K_2}{S_{a2} - S_{a1}} = \frac{\Delta K}{\Delta S}$$

回收期应满足：①小于基本投资设备的使用年限；②小于该产品预定生产的年限；③小于国家规定的标准，例如一般用机床夹具的标准回收期限为2～3年，机床为4～6年。

第五节 提高机械加工生产率的工艺途径

生产率是指一位工人或一台机床（设备）在单位时间内生产出合格产品的数量，它是衡量生产效率的一个综合性技术经济指标。提高生产率不仅是一个工艺问题，还涉及到其他一系列的工作，如产品设计、企业管理与劳动组织、企业员工素质等。本节仅讨论与提高机械加工生产率有关的一些工艺途径。

一、缩短单件计算定额的工艺措施

机械加工的生产率与时间定额互为倒数，因此，缩短单件计算定额中的每一组成部分，对提高生产率都是有效的。一般可从以下几方面考虑。

1. 缩短基本时间

（1）提高切削用量　使用新型刀具材料是目前提高切削用量（主要是切削速度）的主要途径。随着新型刀具材料的出现，切削速度得到了迅速的提高。目前涂层硬质合金刀具的切削速度可达5m/s，陶瓷刀具的切削速度可达10m/s，立方氮化硼和人造金刚石刀具的切削速度则高达10～20m/s。

在磨削加工中，采用高速和强力磨削可大幅度提高生产率。高速磨削的砂轮线速度可达90～120m/s；强力磨削的磨削深度可达6～12mm，已可用来取代铣削等加工方法进行表面粗加工。

（2）缩短工作行程长度　使用多刀同时加工一个表面或多个表面，可缩短工作行程长度，缩短基本时间。如图6-14所示的多刀同时镗削同轴线两孔的加工，工作行程长度为镗削较长孔的工作行程长度。

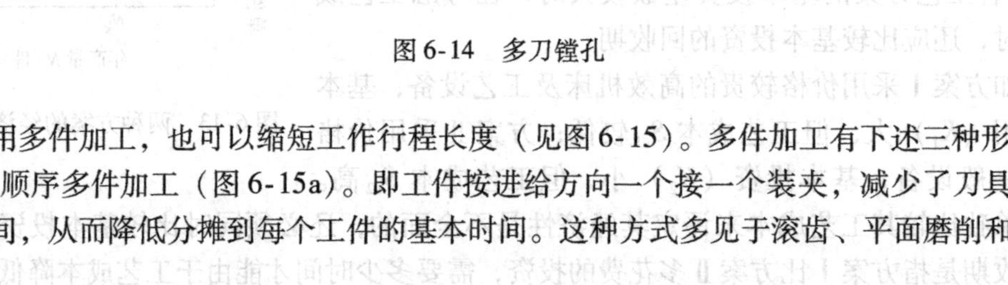

图6-14　多刀镗孔

采用多件加工，也可以缩短工作行程长度（见图6-15）。多件加工有下述三种形式：

1）顺序多件加工（图6-15a）。即工件按进给方向一个接一个装夹，减少了刀具切入和切出时间，从而降低分摊到每个工件的基本时间。这种方式多见于滚齿、平面磨削和各种铣削加工。

2）平行多件加工（图6-15b）。即在一次工作行程中，可同时加工几个并排的工件，多件加工的基本时间重合，从而降低每个工件的基本时间。这种方式多用于铣削、平面磨削等加工。

3）平行顺序加工（6-15c）。即为上述两种方式的综合，适用于工件较小、批量较大的情况，如垫圈等。这种方式多见于立轴平面磨削和铣削加工。

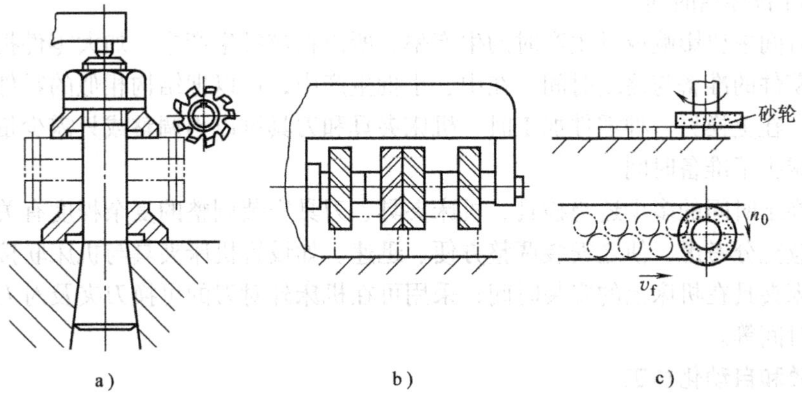

图6-15　多件加工

2. 缩短辅助时间

缩短辅助时间的主要方法是使辅助动作实现机械化和自动化，以及使辅助时间与基本时间部分或全部地重叠起来。

1）采用先进专用机床夹具，可以缩短装夹工件时间。例如在大批大量生产中采用高效的气动、液压夹具；单件小批生产中，推行成组工艺，采用成组夹具和可调整夹具。还可以采用多工位夹具或回转工作台，使辅助时间与基本时间重叠起来。如图6-16所示为两种多工位夹具和连续回转工作台使装卸工件的辅助时间与基本时间重叠的实例。图6-16a所示为使用多工位回转夹具实例。当其他几个工位进行加工的同时，可在装卸工位装卸工件，从而使辅助时间与基本时间重叠。图6-16b所示为采用回转工作台连续加工实例。由于工件连续进给，不仅使机床空行程时间大大缩短，而且装卸工件不需停机，从而显著提高生产率。

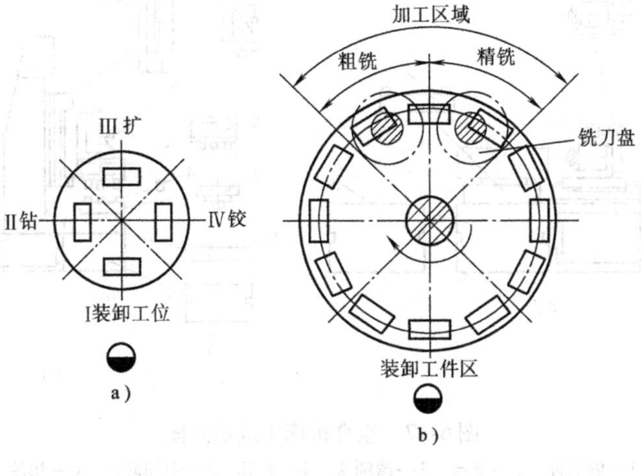

图6-16　辅助时间与基本时间重迭的多工位夹具和回转工作台

2）为减少加工中停机测量的辅助时间，可采用自动测量系统，在加工过程中进行实时测量。该系统在加工过程中自动测量显示工件的实际尺寸，并能根据测量结果控制机床的自动循环，节省了辅助时间。

3. 减少准备终结时间

这部分时间主要影响成批生产时的生产率，所以在成批生产中，加大零件批量可以减少分摊到每个零件的准备与终结时间。在中、小批生产中，可以把结构相似的零件组织到一起来进行加工，在更换另一种零件加工时，机床夹具和刀具可以不调整或只需少量调整，就可进行加工，减少了准备时间。

准备与终结时间的多少还与检具、机床夹具、刀具安装调整的复杂程度有关，在工艺装备设计时，应充分考虑，使之安装调整方便、迅速。如设置机床夹具与机床联接用的定位元件，减少机床夹具在机床上的安装时间；采用可在机床外对刀的可换刀夹及对刀装置，以减少调整刀具时间等。

二、高效和自动化加工

1. 高效机床加工

在汽车零件的成批大量生产中，由于零件批量大，生产稳定，广泛使用各种高效机床进行加工。高效机床与普通机床相比，其主要特点是功率大，可以同时用多把刀具对工件进行多面加工，其效率可相当于多台普通机床。另外，高效机床的自动化程度普遍较高，减少了各种人为因素的影响，加工质量稳定。

实际生产中广泛应用的高效机床包括各种通用自动化机床（例如多轴自动机床，多刀自动、半自动机床，液压仿形机床等），为加工某一类型零件的特定工序而专门设计的专门化机床（例如用于凸轮轴加工的凸轮多刀车床，用于曲轴加工的主轴颈及连杆轴颈多刀车床、曲轴铣床和曲轴车—车拉机床等），以及为加工某种特定零件的特定工序而设计的专用机床等。

在汽车制造企业，一些大型复杂零件，如气缸体（柴油机机体）、气缸盖、变速器箱（壳）体、离合器壳体的成批大量生产等，通常采用多工位或多面组合机床进行加工。

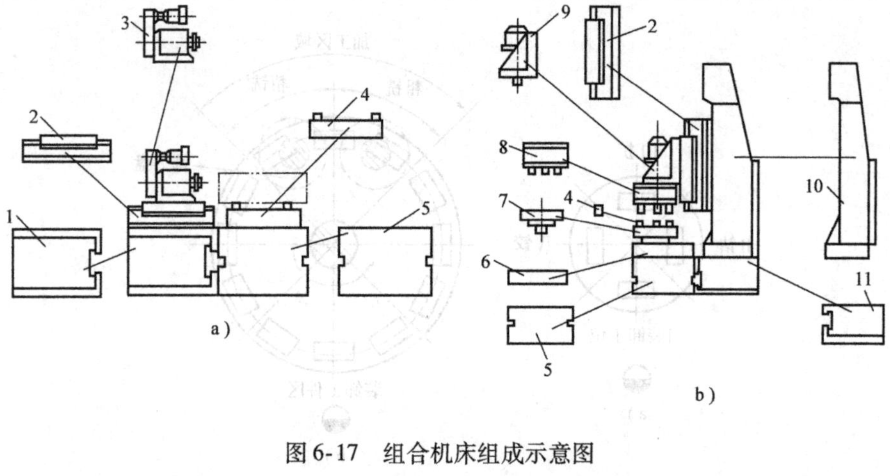

图6-17　组合机床组成示意图

1—侧底座　2—滑台　3—镗削头　4—夹具　5—中间底座　6—垫块
7—回转工作台　8—多轴箱　9—动力头　10—立柱　11—主柱底座

组合机床是由预先按系列化、通用化、标准化设计制造的通用部件，与按被加工零件的结构及加工要求设计制造的少量专用部件组合的一种专用机床。如图6-17所示，它可以组合成从几个方向用多把刀具对工件进行加工的结构形式，能完成钻孔、扩孔、铰孔、镗孔、镗孔车端面、攻螺纹和铣平面等加工。因此，组合机床加工特点是：机床采用多刀、多面、多轴、多工位同时加工，机床的工序集中程度高，生产率高，加工精度也高；与通用机床比较，组合机床部件通用化程度高，机床设计制造周期短、成本低、维修方便。所以组合机床在汽车零件的成批大量生产中得到广泛应用。当产品更换时，组合机床的通用部件可以多次重复使用，只要更换少量的专用部件就可组成适应新产品加工要求的组合机床，有利于产品的更新换代。

2. 自动生产线加工

自动生产线（简称自动线）是用工件自动输送装置及自动控制系统，把按加工工艺过程排列的若干台自动机床（设备）连接起来的流水生产线。操作工人的工作只是装上工件和卸下成品，以及监视机床和自动线工作是否异常。这种生产方式的生产率很高。

自动线在汽车制造业中应用非常广泛。当产量大，被加工零件品种较单一且稳定，不需要可调性和多品种适应性时，多采用由各种高效自动化专用机床组成的组合机床自动线。组合机床自动线一般由组合机床、专用机床夹具、工件输送装置（较复杂的自动线有工件转位或翻转装置）、排屑装置以及控制系统（如电气控制系统、操纵台）等组成。图6-18所示为常见的组合机床自动线的组成形式。该自动线用于钻削箱体零件各面的孔系。

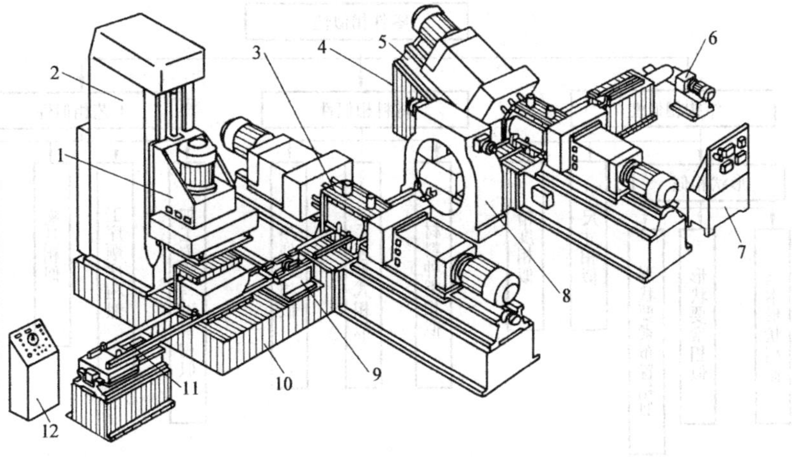

图6-18　组合机床自动线的组成

1—动力头　2—立柱　3—夹具、夹紧液压缸　4—侧底座　5—滑座
6—排屑装置　7—液压站　8—回转鼓轮　9—水平转位台
10—底座　11—工件输送装置　12—操纵台

从图中可以看到，该自动线采用一台立式组合机床、两台卧式双面组合机床、固定式机床夹具及输送工件的步伐式棘爪输送带等组成。为了完成工件各表面上孔的加工，自动线设有水平转位台和回转鼓轮。此外，还设有切屑排出装置。

第六节　成组技术

一、成组技术的概念

随着科学技术的快速发展和市场竞争的日趋激烈，机械工业（包括汽车行业）产品的更新换代越来越快，产品品种增多，而每种产品的批量却越来越少。因此，多品种、中小批量生产在机械工业中的地位日益重要。但是，与大批大量生产相比，多品种、中小批量生产的劳动生产率比较低，生产准备周期长，产品成本高，管理困难。成组技术正是针对这种状况产生和发展起来的一项技术。

成组技术采用“按相似性分组”的原理，使多品种、中小批量生产也能采用大批大量生产的先进工艺、高效设备及生产组织方式，从而改变中小批量生产企业的落后生产状况。在机械制造领域，**成组技术**（Group Technology，简称 GT）可描述为：将企业生产的多种产品、部件和零件，按照一定的相似准则分类编组，并以这些组为基础组织生产的各个环节（生产准备、设备布置、生产计划等），从而实现产品设计、制造工艺和生产管理合理化。

二、机械零件的相似性和零件分类编码系统

1. 零件的相似特征

机械零件的相似特征可反映机械零件之间的相似性。一个零件往往具有许多特征，但主要包括结构、材料和工艺三个方面。这三个方面的特征决定了零件在结构、材料和工艺上的相似性，如图 6-19 所示。

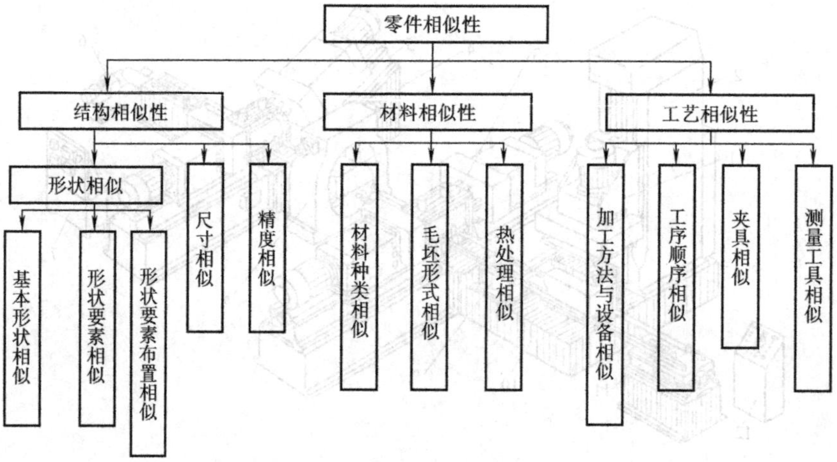

图 6-19　零件的相似性

零件的结构、材料相似性与工艺相似性之间存在密切的关系。结构、材料的相似性决定着工艺上的相似性。例如，零件的基本形状、形状要素、加工精度和表面质量要求等特征以及材料，常常决定应采用的加工方法和机床类型；零件的最大外廓尺寸，则决定应采用的机床规格等。

2. 零件的相似程度

零件的相似程度，是按照零件之间具有的相似特征的多少划分的，它是零件组划分的主要依据。确定组内零件间的相似程度很重要，如果组内零件间的相似程度很高，则批量小不能体现成组效果；如果组内零件间的相似程度太低，将使成组工艺规程、成组夹具和设备的选择难以进行，同样不能取得成组效益。相似程度应根据零件特点、生产批量和设备条件等因素来确定。在分组时，对零件的相似特征及其相似程度作出的明确规定，称为相似准则，

以此准则对零件进行分组。

按照适当的分类编码系统，对零件的相似特征通过编码进行规律性描述，然后依据零件的编码，按一定的相似准则将零件划分成组，是被广泛应用的成组方法。

3. 零件分类编码系统

零件的分类编码系统，就是用数字、字母或符号（总称字符）对零件各有关特征进行描述和识别的一套特定的规则和依据。

目前世界各国制定出的各种分类编码系统已达数十种。我国机械行业于1984年制定了“机械零件分类编码系统（简称JLBM-1系统）”，它是用于我国机械工业行业机械加工推行成组技术的一种指导性的零件分类编码系统。

三、成组工艺过程及生产组织形式

（一）成组工艺过程

成组工艺过程是针对一组零件的全部加工要素而设计的，它适用于工艺相似，并具有某些特定结构要素的一个零件组中的所有零件。因此，它既适用于现有已分组的零件，也适用于包含在该范围内的未来的新零件。

成组工艺过程的设计方法主要有复合零件法和综合路线法两种。

1. 复合零件法

复合零件法是利用复合零件设计成组工艺过程的方法，亦称为样件法。所谓复合零件，通常是指具有同一零件组全部结构特征的零件。它可能是零件组中的一个真实零件，但更多的情况是人为综合而成的虚拟零件。按复合零件设计的成组工艺过程，能够加工零件组内的所有零件。当加工零件组内的某一零件时，只需删除成组工艺过程中该零件不需要的工序和工步，便成为该零件的加工工艺过程。

复合零件法适用于设计形状比较简单的回转体零件的成组工艺过程。表6-9所示为由六个零件组成的零件组的复合零件及其成组工艺过程。

2. 综合路线法

对于一组结构比较复杂的非回转体零件，因绘制复合零件比较困难，可采用综合路线法。此方法是从分析零件组的全部工艺路线入手，从中选择一个工序最多、工艺路线安排合理和具有代表性的工艺路线，以它为基础，逐个比较同组内其他零件的工艺路线，并把它们特有的工序按合理的顺序添加到有代表性的工艺路线上，使之成为工序齐全、适用于同组零件加工的成组工艺过程。图6-20所示为按综合路线法编制成组工艺过程的示意图。

（二）成组加工的生产组织形式

不同的生产类型，有相应的生产组织形式。大批大量生产采用高效机床，组成按工艺路线排列的流水生产线。单件小批生产采用通用设备，按机群式布置。由于成组技术的形成和发展，使具有相似加工要求的零件组可以通过相应的机床组来完成其全部或大部分加工内容，因此出现了成组加工的生产组织形式。

根据零件相似程度和零件组的生产钢领的不同，其生产组织形式有：成组流水线、成组单元和成组单机。

1. 成组流水线

成组流水线是将产量较大，且相似程度高的零件组，按一固定的加工顺序来布置机床组的生产线。它与普通流水生产线的主要区别是，在生产线流动的不是一种固定零件，而是一

表 6-9　套筒类零件成组工艺过程

零件简图	工步									复合件
	车端面 1	车外圆表面 2	车外圆表面 3	钻孔 4	钻孔 5	镗锥孔 6	车外圆表面 7	倒角 8	切断 9	
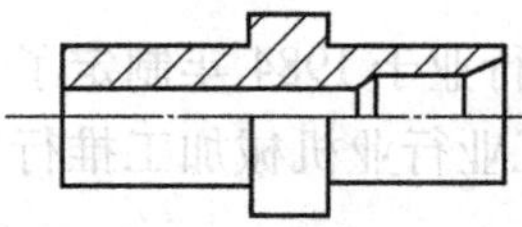	○	○	○	○	○	○	○	○	○	
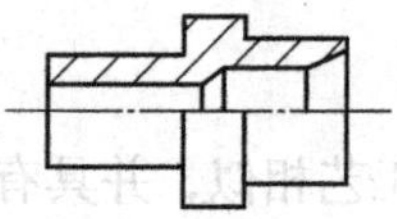	○	○	○	○	—	○	○	—	○	
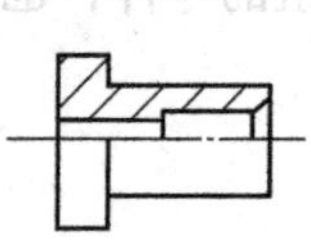	○	○	○	○	○	○	—	—	○	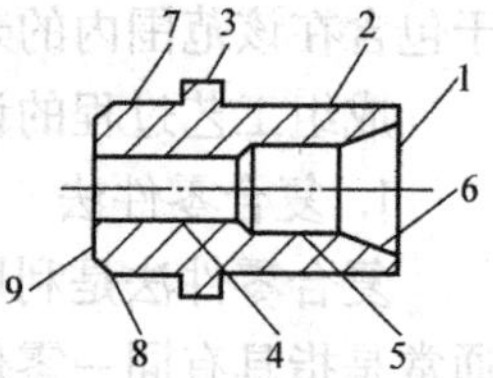
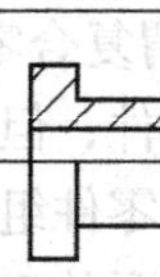	○	○	○	○	—	—	—	—	○	
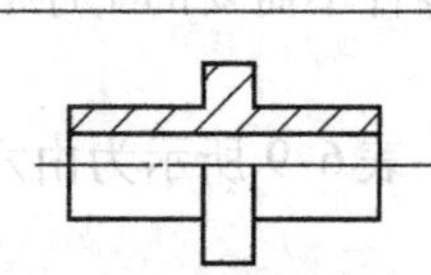	○	○	○	○	—	—	○	—	○	
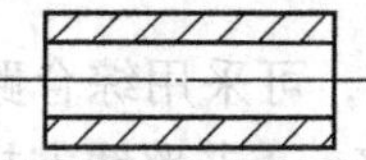	○	○	—	○	—	—	—	—	○	

组（多种）相似的零件。零件组内的零件，可以在成组流水线的不同设备上作单向流动，以适应同组内不同零件的加工。它是成组加工实现工艺过程合理化的高级形式，可以发挥成组技术的最大经济效果。

2. 成组生产单元

成组生产单元是把工艺上相似的零件组（可以是几组）封闭在完成其工艺过程所需要的一组设备上构成的生产系统。同组内的零件在单元内的加工顺序和数目可以不完全相同，以适应同组内不同零件的加工。由于生产单元的设备是按成组工艺路线布置的，零件可以按件而不必按批在工序间输送，这样可以缩短生产周期和减少在制品数量，此外，零件在单元内的运输路线也缩短了。

3. 成组单机

当零件组中的零件工艺过程只有少数的工序相似时，可以将加工工序相同的零件组织在一台成组机床上加工，称为成组单机，其余工序仍由若干普通机床完成。这种组织形式的特点是，不改变车间原有设备的布置，成组单机仍然是机群式布置中的一台设备。这种形式简

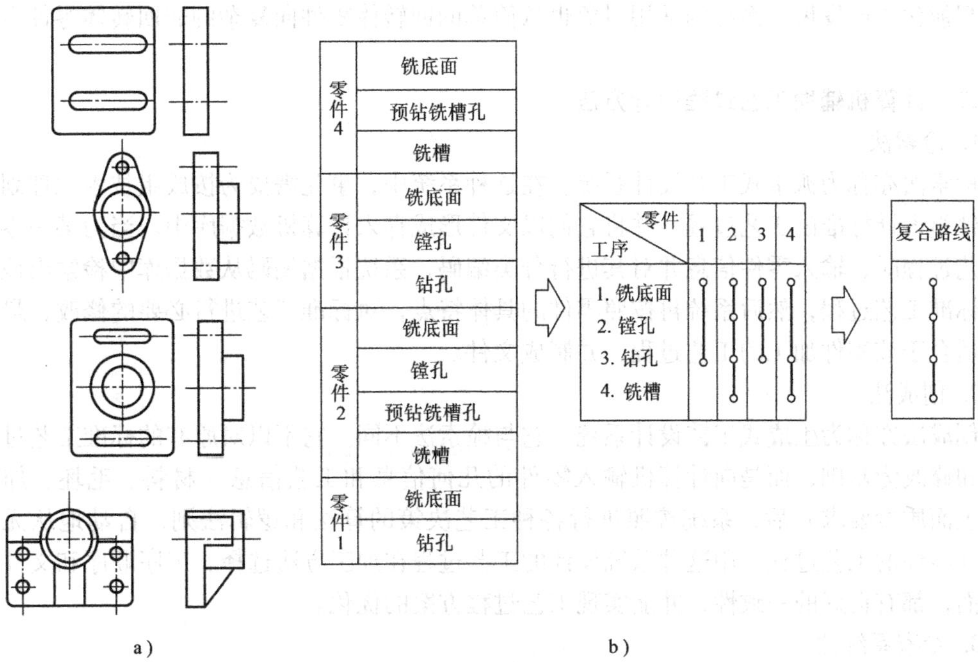

图 6-20　综合路线法编制成组工艺过程
a）零件组　b）复合路线

单易行，但它所取得的经济效果也最差。

第七节　计算机辅助工艺过程设计

一、概述

传统工艺过程设计是由工艺人员手工逐步设计完成的。工艺过程设计面对着大量信息，其中既包括加工对象、原材料的形状与加工性、成品的形状与精度和产量等方面的信息，又包括生产设备和工艺装备等方面的信息。设计工艺过程时，由于必须全面而周密地对这些信息加以分析和处理，加之各种因素之间关系的错综复杂，这就使得手工方式设计工艺过程要花费大量的人力和时间。工艺过程设计的主要工作，是在大量信息的基础上进行选择（加工方法、加工顺序、设备、工具等）、计算（加工余量、工序尺寸及其极限偏差、切削用量、工时等）和工艺文件文档化等工作。计算机能够有效地管理大量数据，进行快速精确计算和进行多种形式的比较、判断与选择。计算机的这些功能，恰恰能适应工艺过程设计工作的需要，于是出现了计算机辅助工艺过程设计（Computer Aided Process Planning，简称CAPP）。

计算机辅助工艺过程设计是利用计算机技术辅助工艺人员设计零件从毛坯到成品的制造方法，是企业的产品设计数据转换为产品制造数据的一种技术。早期开发的 CAPP 系统主要是检索方式，即系统工作时，首先检索出适合一组相似零件的标准工艺，然后通过编辑修改，生成具体零件的工艺过程。随着计算机技术的发展，许多以逻辑决策规则为基础的创成式系统以及以人工智能为基础的专家系统相继被开发出来，使计算机辅助工艺过程设计从传统向智能化方向发展，系统的适用对象也从简单的回转体零件向复杂的非回转体零件方向发展。

二、计算机辅助工艺过程设计方法

1. 检索法

检索法亦称为派生式工艺设计系统。在这种系统中，事先需要为按成组技术原理划分的各零件组设计标准的工艺过程，并将它们以文件形成存入计算机数据库中。当为某一零件设计工艺过程时，输入零件信息并对其进行分类编码，系统根据编码从数据库中检索出该零件组的标准工艺过程，然后系统再按照零件的具体特点，对标准工艺进行必要的修改，最后编辑出适合于该零件加工的工艺过程，并制成文件。

2. 创成法

创成法亦称为生成式工艺设计系统。它与检索法不同。它不以对原有的标准工艺过程的检索和修改为基础，而是向计算机输入零件的几何信息和工艺信息（材料、毛坯、加工精度和表面质量要求）后，系统按照进行各种工艺决策的算法和逻辑法则，自动地从无到有地设计零件的工艺过程。用这种系统设计的工艺过程在加工方法选择、工序顺序和文件格式等方面，都有良好的一致性，并能实现工艺过程方案的优化。

3. 专家系统法

专家系统法是在一定的专业领域内，将人类专家的有关经验和知识，表示成计算机能接受和处理的符号形式，采用专家的推理和控制策略解决该领域内只有专家才能解决问题的方法。专家系统是人工智能的一个发展方向，它是以知识为基础的智能系统。

计算机辅助工艺过程设计专家系统一般由知识库、零件信息输入、推理机、知识获取和人机接口等模块组成。在设计一个零件的工艺过程时，系统根据输入的零件信息，不断地访问知识库，并通过推理机中的控制策略，从知识库中搜索能处理当前状态的规则，然后执行这种规则，并把每一次执行规则得到的结论按先后次顺确定下来，直到零件的全部信息处理完毕。

思 考 题

一、解释下列各词术语

机械加工工艺规程、工艺路线、基准重合原则、基准统一（不变）原则、加工余量、工序余量、时间定额、基本时间、辅助时间、准备与终结时间、生产率、组合机床、自动生产线、成组技术、计算机辅助工艺过程设计（CAPP）。

二、思考题

1. 何谓机械加工工艺规程？它在生产中起何作用？
2. 简述制定机械加工工艺规程的步骤和内容。
3. 简述粗、精基准选择的原则。
4. 图 6-21 所示各零件加工时，如何选择它们的粗、精基准？并简述其理由。
5. 选择背吃刀量、进给量和切削速度时，分别考虑哪些因素？
6. 选择零件表面加工方法时要考虑哪些因素？
7. 零件加工时，为什么在一般情况下要划分加工阶段？各加工阶段的主要任务是什么？
8. 何谓工序集中与工序分散？各有何主要特点？发展趋势是哪一种？
9. 机械加工工序的安排有哪些原则？

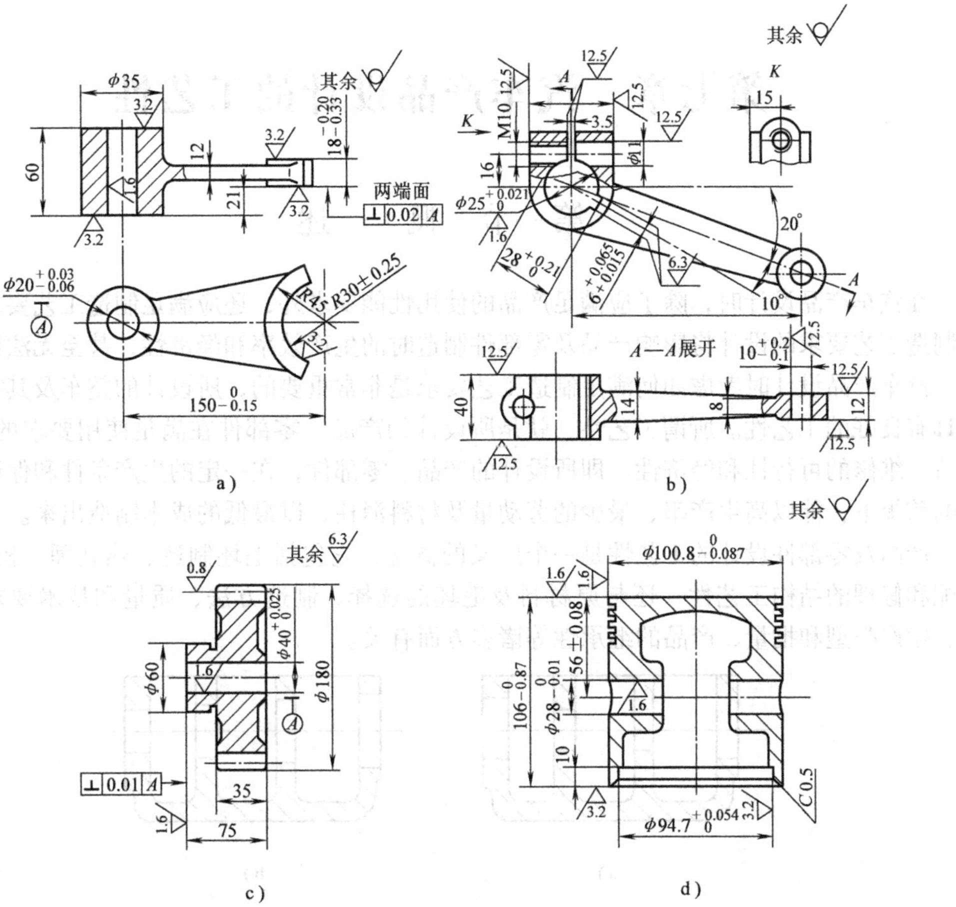

图 6-21　定位基准的选择

a）拨叉（精铸毛坯）　b）转向臂（模锻毛坯）　c）齿轮（模锻毛坯）
d）活塞（精铸毛坯）

10. 什么是加工余量、工序余量和总余量？影响工序余量的因素有哪些？

11. 何谓时间定额？何谓单件工时定额和单件计算定额？如何计算？

12. 何谓生产率？提高机械加工生产率的工艺途径有哪些？

13. 何谓成组技术？为什么成组技术能提高生产效率？

14. 计算机辅助工艺过程设计方法有哪几种？各依据什么原理？

第七章 汽车产品设计的工艺性

第一节 概 述

在汽车产品设计时，除了应满足产品的使用性能要求外，还应满足制造工艺要求，不满足制造工艺要求的设计将影响产品及零部件制造时的生产效率和经济性，甚至无法制造。因此，汽车产品设计时考虑如何满足制造工艺要求是非常重要的，所设计的整车及其零部件都应具有良好的工艺性。所谓工艺性，就是所设计的产品、零部件在满足使用要求的前提下，制造、维修的可行性和经济性。即所设计的产品、零部件，在一定的生产条件和保证使用性能的前提下，能以高生产率、最少的劳动量及材料消耗，以最低的成本制造出来。

产品及零部件设计的工艺性是一个广义的概念，它包括毛坯制造、热处理、机械加工、装配和修理的结构工艺性，还与原材料及毛坯的选择、制造方法、质量和技术要求、标准化、生产类型和批量、产品的继承性等诸多方面有关。

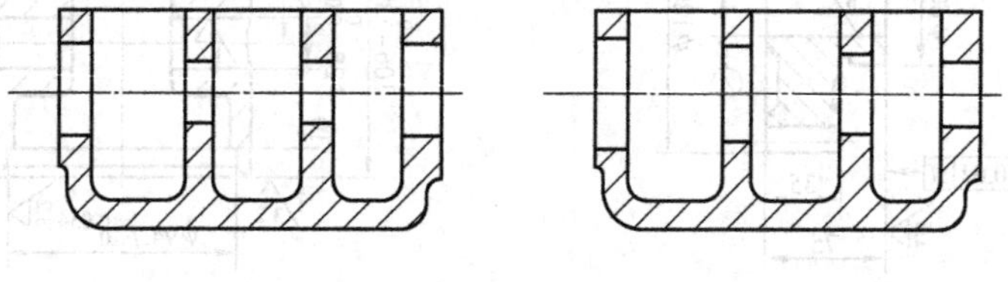

a）　　　　　　　　b）

图 7-1　同轴线多孔的不同结构

设计的工艺性在某种意义上还具有相对性，它是随着生产类型和生产条件的不同，以及科学技术水平的发展而变化的。图 7-1 所示为满足同一使用功能的两种箱体孔结构。如果各孔的同轴度公差较大，在大批大量生产时，为提高生产率，可以采用高生产率的双面专用镗床，从箱体两端向中间进给同时镗出四个孔。在此情况下，图 7-1a 的结构工艺性良好。虽然专用镗床一次性投资费用较高，但若产量大、年产量稳定，分摊到每个零件上的工艺成本很低，在经济上是合理的。当用普通卧式镗床进行单件小批生产时，镗杆从箱体一端伸入镗孔，此时孔径应从一端向另一端递减，图 7-1b 的结构工艺性良好。当同轴度要求高时，不论哪种生产类型，孔径都应设计成图 7-1b 所示的结构形式，并在加工时设置几个支承镗杆的导套，以保证加工要求。

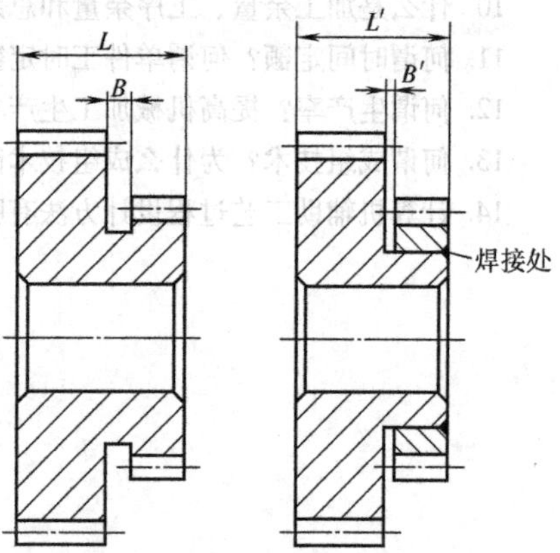

a）　　　　　　　　b）

图 7-2　双联齿轮的两种结构

随着新工艺、新技术、新材料的不断涌现，工艺性的观念也要随之更新。如图 7-2 所示的滑动齿轮，

图 7-2a 所示的结构为整体加工，小齿轮只能用插齿加工。为保证插齿刀能正常工作，两齿轮间在设计时必须留有足够的空刀宽度 B，工艺性才是良好的，但齿轮宽度 L 将增大。当出现了电子束焊接技术后，大、小齿轮可以分解成两件，分别用滚齿加工，然后再将它们焊接在一起。这样，不仅滚齿的生产率和齿轮的运动精度高，而且齿轮的宽度尺寸 L' 也缩小了。因此，图 7-2b 的结构工艺性也是良好的。

设计人员必须对工艺性有足够的认识，特别要重视面向制造和装配的设计（DFMA—Design for Manufacturing and Assembly）的理念，在产品设计的初始阶段就应考虑和审查结构工艺性，并在此后的生产准备和正式生产期间，与工艺人员密切合作，不断修改和完善设计结构，以提高产品设计质量。因此，作为汽车产品设计人员，了解工艺性知识是非常必要的。

第二节　零件的机械加工工艺性

零件的机械加工工艺性主要从两个方面进行分析。一是分析零件的材料及结构的工艺性；另一个是分析零件尺寸及公差标注的工艺性。本节分析零件材料及结构的机械加工工艺性。

审查和评价零件结构的工艺性，可以从以下几个主要方面入手。

一、零件结构要素的标准化

标准化是在经济、技术、科学和管理等社会实践中，对重复性事物和概念通过制定、发布和实施标准，达到统一，以获得最佳秩序和社会效益的一项技术措施。

零件结构要素标准化包括：螺纹、花键、齿轮、中心孔、各种空刀槽（如切削螺纹的退刀槽、插齿空刀槽、砂轮越程槽等）等结构的形状及其尺寸，都应该符合国家标准和行业标准的规定。

零件结构要素标准化了，不仅简化了设计工作，而且使零件在机械加工中可使用标准的或通用的工艺装备（如刀具、量具），也减少了工艺装备的规格；还由于不需要专用工艺装备而缩短了零件的生产准备周期，降低了零件的制造成本。

二、尽量采用标准件和通用件

汽车产品是由大量零件构成的。设计产品时，应尽量采用标准件和通用件。所谓标准件，是指一个企业按照国家标准、行业标准和企业标准制造的零件。所谓通用件，是指在同一类型不同规格的或者不同类型的产品中，部分零件相同，它们彼此可以互换通用的零件。上述两类零件在产品中所占的比重，是评定一个产品标准化程度的一项重要指标。一个产品中，标准件和通用件所占的比例大，不仅可以简化设计，避免重复设计工作，而且也减少了产品中的零件种类，扩大了零件制造批量，这就可以采用高效设备和工艺装备，同时也减少了工艺装备数量，有利于降低制造成本。

三、提高产品的继承性

提高产品继承性能够充分利用原有产品中合理的结构和先进、成熟的技术，也可以充分利用原有的制造工艺、工艺装备和生产设备。因此它是减少产品设计和生产准备工作量，缩短产品开发和生产周期，节约资金，提高设计制造可靠性和产品质量的重要手段。

四、采用切削加工性好的材料

材料的切削加工性是指在一定生条件下，材料切削加工的难易程度和经济性。对材料的切削加工性的要求是：粗加工时能获得较高的生产率；精加工时能获得较高的加工精度和较小的表面粗糙度值。由于不同金属材料的化学成分、金相组织及物理力学性能不同，其切削加工性也不同。材料的切削加工性可根据加工的表面质量、刀具耐磨程度（刀具寿命）、切削力和切屑的排除难易等方面进行衡量。一般而言，材料的硬度越高，其切削加工性越差，硬度过高还会引起刀具崩刃和刀尖烧损；材料的强度越高，切削力越大，切削温度也增高，刀具磨损增加；同类材料强度相同时，塑性大的材料切削力较大，切削温度也较高，切屑易与刀具发生粘结，因而刀具磨损大，加工表面粗糙度值大，所以切削加工性差。

因此，为了正确选择零件材料，产品设计人员在选择材料时，除了要满足使用性能和力学性能要求外，还必须满足材料的切削加工性要求。为此，必须对材料的切削加工性及材料的最新发展有较全面的了解。

五、具有可靠定位用的定位基准和夹紧表面

产品设计者在零件设计时，必须认真考虑零件在机械加工时可能采用的定位和夹紧方案，应该尽可能使定位基准（或基面）与装配基准重合。为保证零件的加工要求，对定位基准（或基面）规定出合理的尺寸和位置公差要求等。有时对定位基准（或基面）所规定的尺寸和位置公差要求比产品设计要求更为严格。如果零件结构上没有合适的装配基准可作为定位基准（或基面），应该考虑在零件的适当位置处设置一个定位基准（或基面）——辅助基准；或在零件上的适当位置处增加一个结构表面加工出定位基准（或基面）——附加基准。在汽车零件机械加工时设置的辅助基准实例很多，如轴类零件两端设置的中心孔、连杆大、小头侧面设置的工艺凸台（参见图 8-18）等。图 7-3 所示为典型的汽车零件上设置辅助基准和附加基准的实例。图 a 所示为发动机活塞下端设置的端面 K 和内止口 P；图 b 所

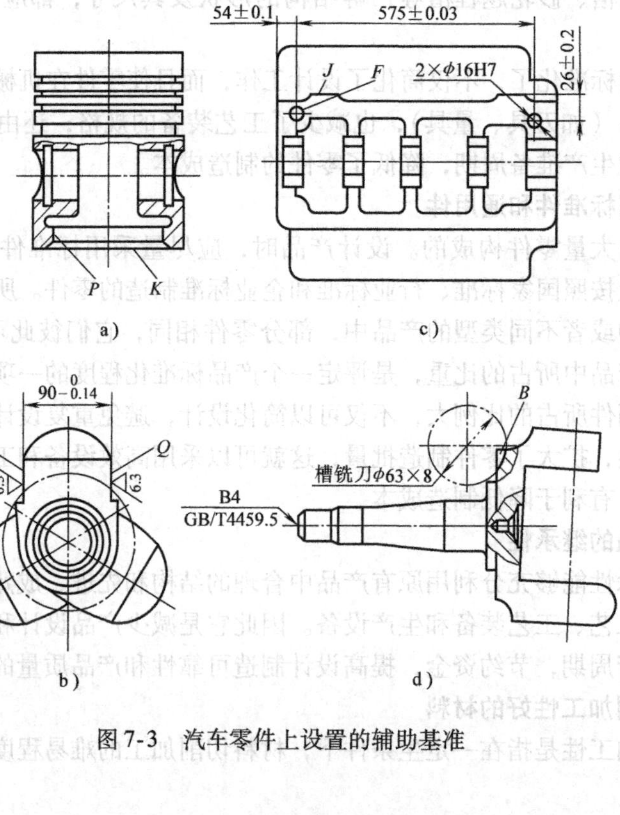

图 7-3　汽车零件上设置的辅助基准

示为加工多缸曲轴连杆轴颈而在曲柄侧面设置的角度定位平面 Q；图 c 所示为加工发动机缸体缸孔、曲轴主轴承孔等而设置的两个工艺凸台 J 和两个工艺孔 F；图 d 所示为加工转向节主销孔而设置的角度定位槽 B 和加工轴颈而设置的中心孔。

综上所述可知，作为汽车产品设计者，只有熟悉零件制造工艺，才能正确地设置定位基准（或基面），并合理地规定定位基准（或基面）的尺寸和位置公差等要求。

六、易于保证零件的加工精度

保证汽车零件的加工要求，不仅仅是制造工艺人员的责任，也是产品设计人员的任务。在很多情况下，由于产品设计者所设计的汽车零件没有充分考虑到零件制造中可能出现的问题，不能可靠地保证零件的加工要求。例如图 7-4a 所示连杆杆身上的螺纹孔入口端，因为毛坯表面圆弧面（双点画线）过大，圆周方向的加工余量不均匀，钻孔时刀具在入口处受力不均匀而发生引偏，所以不能保证螺纹孔轴线对分合面的垂直度要求。如果可以将螺纹孔入口端平面改成加工平面（图中实线所示），则可以减少螺纹孔的垂直度误差。图 b 所示为一盘形齿轮，因为在轮毂端面突出部分做成凹入槽形状（图中双点画线所示），在镗孔或拉孔时外端处的径向刚度较低，加工后孔的左、右端直径尺寸将收缩，所以沿孔轴线方向的孔径不同。如果将左、右端轮毂处径向壁厚加厚（图中实线所示），则可以避免上述缺陷。再如图 7-2a 所示双联齿轮结构，如果小齿轮靠近大齿轮间的轴向尺寸过小，齿轮经淬火处理后则无法进行磨齿加工而不易保证齿轮精度。如果将双联齿轮改为图 7-2b 所示结构，可以将大、小齿轮分别磨齿后再焊接在一起，就可满足齿轮精度的要求。

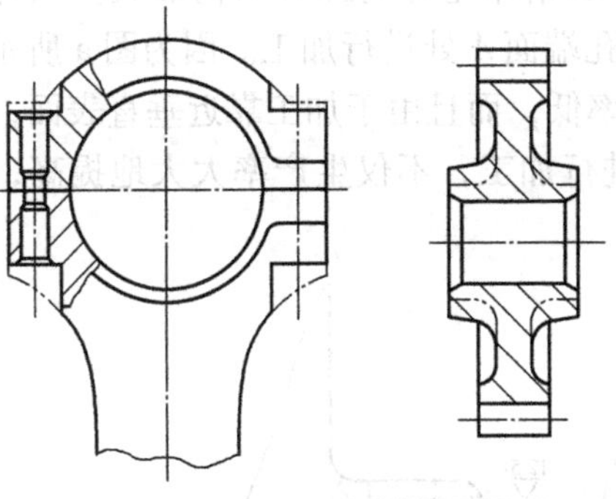

图 7-4　零件结构设计缺陷影响加工精度

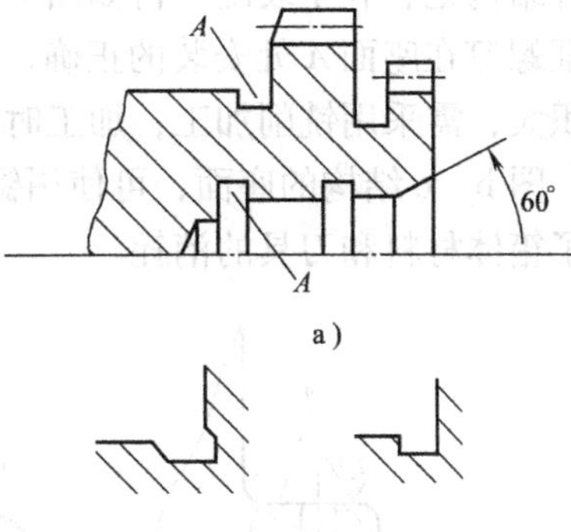

图 7-5　变速器第一轴内、外圆砂轮越程槽的两种结构

七、保证能以高生产率加工

汽车零件结构设计时，应该保证零件能以高生产率进行加工，可以从以下几方面入手。

（1）零件加工表面的形状应尽量简单　尽量采用平面、外圆柱表面和内圆柱孔表面，保证能以高生产率进行加工。如图 7-5 所示汽车变速器第一轴内、外圆砂轮越程槽 A 的结构（图 a），国家标准中规定有三种形式（图 b、c 所示为其中的两种形式）。在大批大量生产时，如果使用液压仿形车床上刀架进行外圆的切削加工，而使用下刀架以横向进给进行端面和槽的加工，则采用图 c 结构的砂轮越程槽，可以方便地进行切削加工；内孔中的砂轮越程槽，采用图 b 所示结构，在数控车床上也能较方便地进行加工，所以此时图 b 结构的砂轮越程槽结构工艺性良好。如图7-6a、b所示两种键槽结构，因为图b所示结构的键槽能使用较高生产率的槽铣刀进行加工，所以结构工艺性较好。

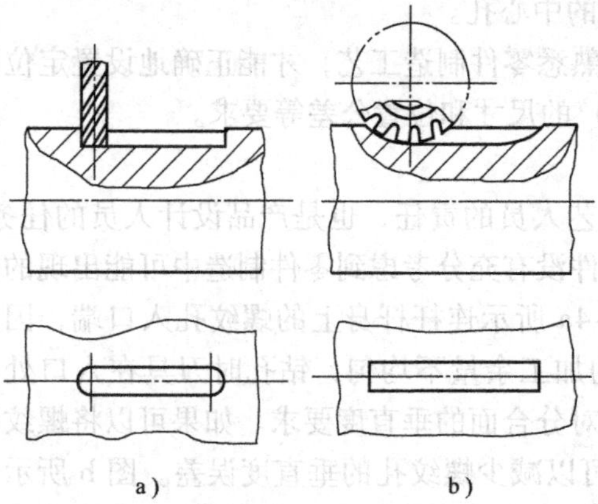

图7-6　两种轴零件键槽的结构

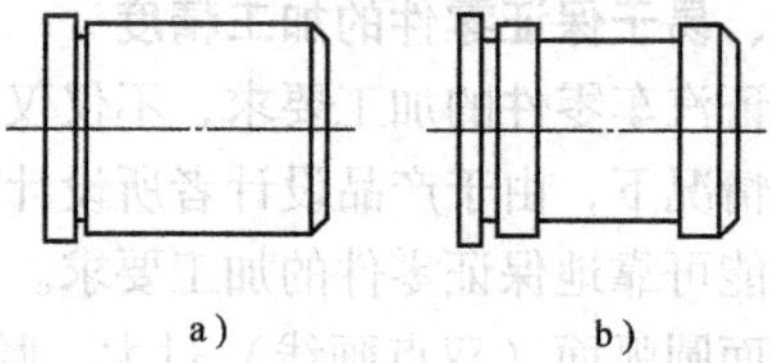

图7-7　气缸套外圆的两种结构

(2) 尽量减少表面的加工面积　图7-7所示为两种结构的气缸套。图b所示结构的工艺性良好。这是因为外圆表面分成两段不等直径的外圆加工时，可以使用两把外圆车刀同时加工，刀具的工作行程短，生产率较高，而且刀具的消耗量也少，有利于降低制造成本。同时，这种结构也有利于装配。再如图7-8a、b、c所示箱体座耳的三种结构形式。三种结构中为保证螺钉在座面A处安装的正确，都需对螺纹孔端面A处进行加工。因为图a所示结构座面面积大，需采用铣削加工，加工时间长，生产率低，而且由于加工靠近垂直表面，不便于加工。图b、c结构的座面，可使用锪钻方便地进行加工，不仅生产率大大地提高，而且又节省了箱体材料和刀具的消耗。

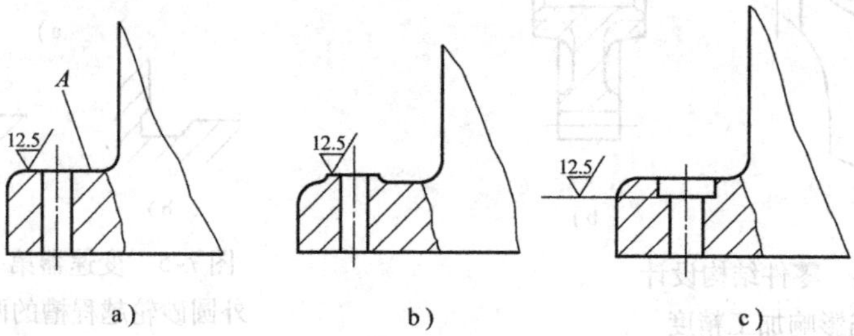

图7-8　箱体座耳的三种结构形式

(3) 减少零件加工时的安装次数　零件在一道工序中需加工多个表面时，应该尽量分布在同一个方向上。如图7-9所示的液压升降机盖螺纹孔的结构，因为螺纹孔A设计在机盖的内部，螺纹孔加工时，需要在两次安装或两个工序中加工出来，生产率较低。如果结构设计允许，可将螺纹孔A改为左上角图示螺纹孔方向，则可以在一次安装中方便地加工，提高了生产率。

(4) 减少加工时的工作行程次数　有的零件的多个加工表面，虽然在同一个方向上，但由于结构的限制，不能在一次工作行程中加工出来，影响了生产率。如图7-10a所示的平

面 *A*、*B*、*C* 分布在不等高的三个平面上，防碍铣刀的顺利通过，只能划分为三个工步分别加工。如果改变结构设计，将三个平面改变成图 b 所示的一个平面，就可以在一次工作行程中加工，提高了生产率。

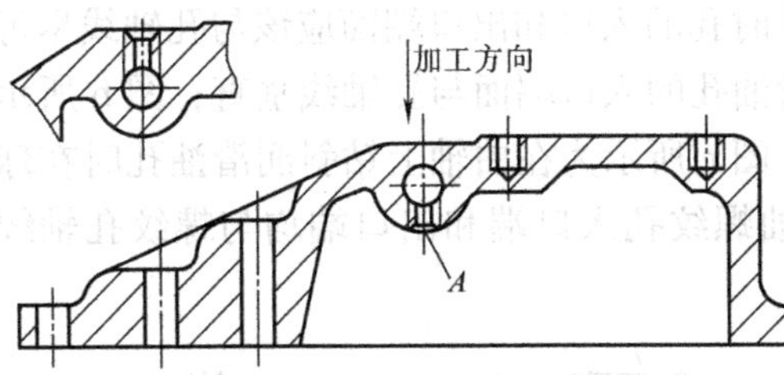

图 7-9　液压升降机盖螺孔的分布

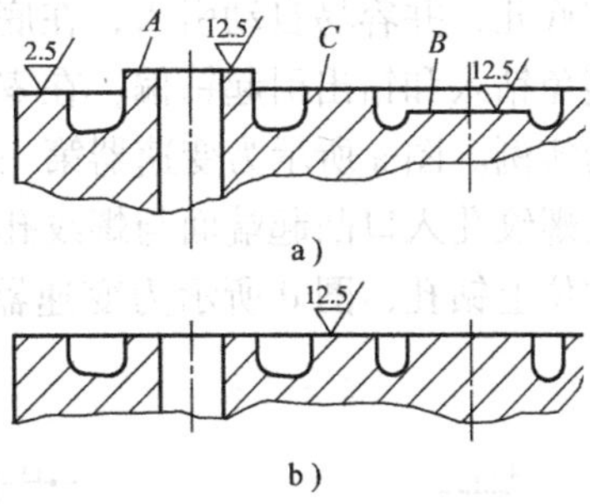

图 7-10　多个同方向上平面的分布

（5）将复杂的零件分解成若干个简单零件　有些汽车零件较为复杂，加工时定位和加工较为困难；有的零件由于结构受限，使其加工的生产率较低。如图 7-11 所示汽车离合器拨叉轴，整体锻造和机械加工的工艺性均较差。如果将分离拨叉分解成拨叉轴和摇臂两体分别加工，然后再焊接在一起，则机械加工既简单，生产率又可提高。又如重型载货卡车的转向节，其结构复杂，机械加工工艺过程较长，加工较复杂（定位和加工精度的保证）。一般将其结构分解成两件——轴和叉架，分别进行机械加工后再组装在一起，经焊接后变成一个整体的转向节，其加工过程既简单，又提高了生产效率。

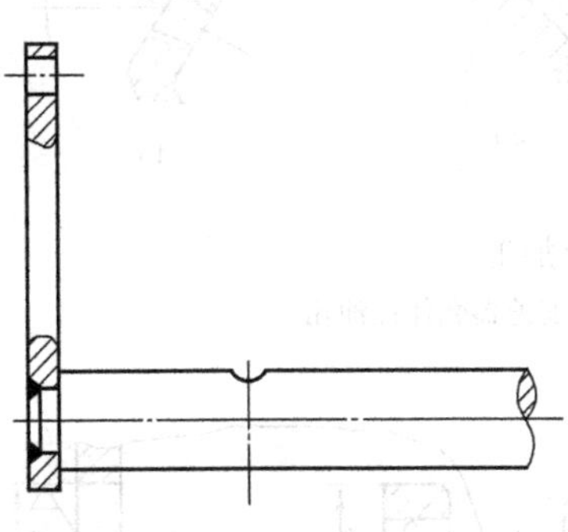

图 7-11　汽车离合器拨叉轴组合结构

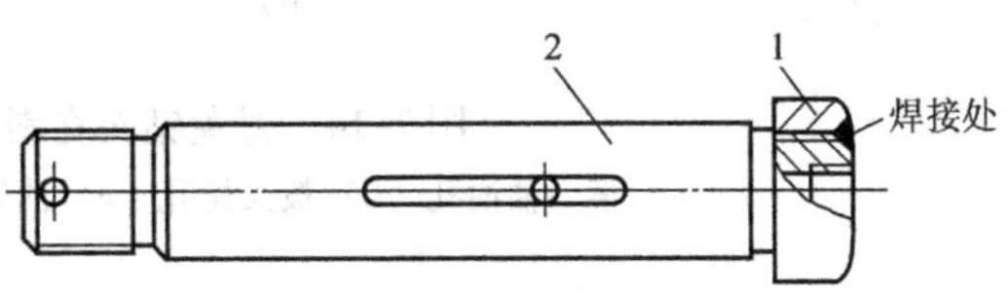

图 7-12　后钢板弹簧悬挂支架销组合结构

1—销头　2—销

图 7-12 所示为汽车后钢板弹簧悬挂支架销。虽然其结构较为简单，可以设计成整体结构，但是在大批大量生产时，如采用圆棒料毛坯，消耗材料过多，增加成本，并且在轴销 2 磨削时，只能采用普通外圆磨床加工，生产率较低。如果将其分解成销头 1 和销 2，销外圆精加工时可采用高生产率的无心磨削，不仅提高了磨削的生产率，而且也节省了材料的消耗。

八、保证刀具能正常工作和改善刀具的工作条件

（1）零件结构应该保证刀具能正常工作　在汽车零件结构设计时，设计人员应考虑某表面采用何种加工方法，使用何种刀具进行加工，在结构上应该给予何种条件方能保证刀具正常工作。如图 7-13a 所示为在车床上使用螺纹车刀车削螺纹时，为避免车刀损坏，必须留

出退刀槽；图 b 所示为在插齿机上使用插齿刀进行小齿轮加工时，为避免插齿刀工作行程终了时碰撞大齿轮端面而损坏插齿刀，必须留有空刀槽；图 c 所示为在内圆磨床上磨内孔时，为避免砂轮损坏而必须留有砂轮越程槽；图 d 所示为箱体螺纹孔加工时，为保证丝锥能容易地对准底孔，并容易自动引入，在底孔入口处均加工出倒角。图 7-14 所示为保证钻头在钻孔时避免钻入和钻出引起钻偏，在零件结构设计时孔的入口和出口端面应该与孔轴线尽可能垂直的实例。图 a 所示为变速器第一轴上钻润滑油孔的入口端面与孔轴线垂直；图 b 所示为拨叉上螺纹孔入口凸起端面与螺纹孔轴线垂直；图 c 所示为在曲轴上钻斜润滑油孔时在球窝径向方位上钻孔；图 d 所示为变速器壳体上注油螺纹孔入口端和出口端均与螺纹孔轴线垂直。

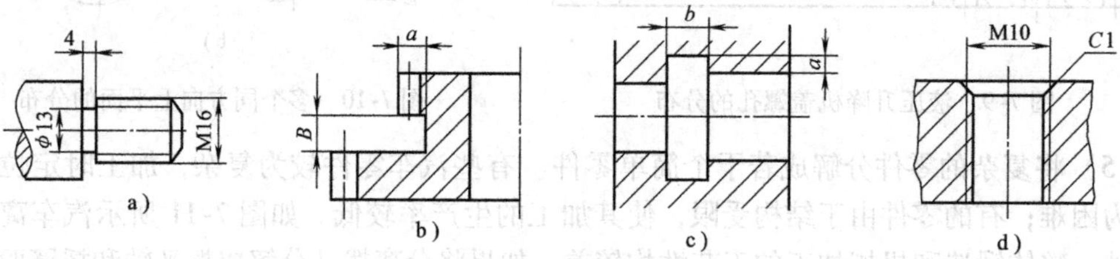

图 7-13　保证刀具正常工作的零件结构

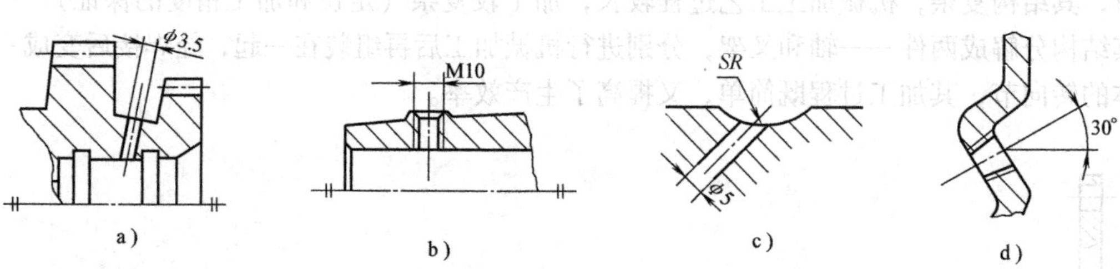

图 7-14　避免钻头在斜面和曲面上加工

a）第一轴油孔　b）拨叉螺孔　c）曲轴油孔　d）变速器壳体注油孔

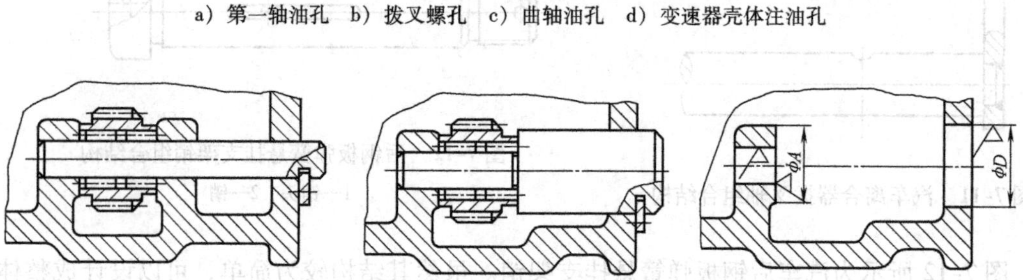

图 7-15　倒挡轴及壳体结构

（2）尽量避免箱壳体内壁平面的加工　由于刀具不便于进入或接近箱壳体内壁平面，应尽可能避免内壁平面的加工或改善其结构。例如图 7-15a 所示变速器壳体倒挡轴结构，齿轮轮毂两端面与变速器壳体相接触的两个内侧端面需要加工。一般在箱壳体侧面均留有窗口，使用专用铣削头从窗口伸入到加工处同时铣削两内侧端平面。如果将结构改变为图 b 所示结构，用倒挡轴轴肩作为齿轮的支承端面，则箱壳体内侧端面的加工就可以简化，镗孔的同时，使用同一镗杆上的刮刀就可以同时加工内侧左端平面。但这种结构应保证孔径尺寸 ϕD 大于内侧左端平面尺寸 ϕA（图 c）。

（3）零件结构应该使刀具具有良好的工作条件　在汽车零件结构中，例如气缸体（柴油机机体）、曲轴、部分连杆、传动轴总成的十字轴等零件上都有润滑油深孔。一般将孔长与孔径之比大于 5 的孔称为深孔。深孔加工是切削加工中较为困难的工序。深孔加工时，钻头细长，刚性差，钻头极易发生引偏；冷却润滑钻头切削刃极为困难，钻头切削刃易被烧伤，失去切削能力；切屑不易排出，使钻削扭矩大增，钻头极易被折断；为了冷却润滑钻头和排出切屑，必须多次退出钻头，降低了钻孔的生产率。因此，在零件结构设计时，应尽可能改善深孔结构或用其他结构代替深孔结构。如图 7-16 所示深孔制造成阶梯孔就可改善上述缺陷，气缸体上润滑油孔和十字轴润滑油孔就设计成这种阶梯孔结构。又如图 7-17a 所示的连杆上连通大、小头孔的润滑油深孔结构，可以改变成图 b 所示的两种结构，在连杆小头顶面处钻一个小孔或铣一窄槽，利用飞溅式润滑方式润滑，避免了深孔加工。

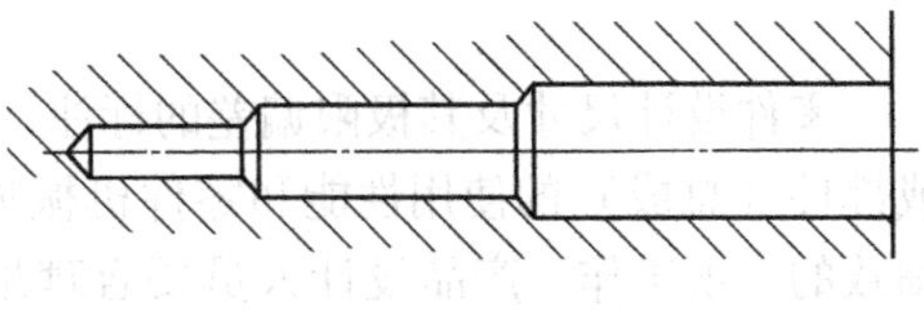
图 7-16　阶梯孔

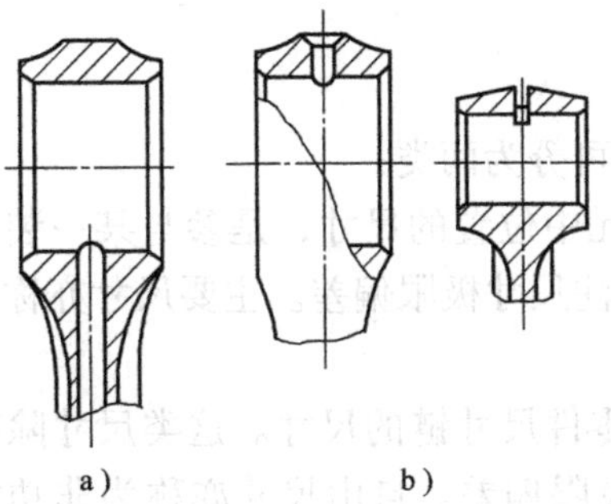

图 7-17　两种润滑连杆小头孔的结构

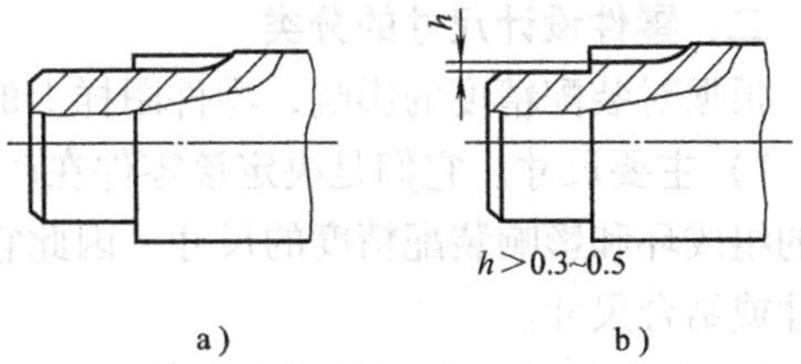

图 7-18　不同要求的表面明显分开

加工要求不同的表面和加工面与非加工表面应该明显分开，以改善刀具的加工条件。如图 7-18a 所示的轴零件，其外圆表面与键槽底表面没有明显分开。铣键槽时，因为外圆表面尚留有磨削余量，铣刀必须从轴端开始进刀，不仅影响生产率，而且切屑很薄，引起铣刀切削刃的磨损，降低了铣刀的使用寿命。如结构改变为图 b 所示结构，键槽底表面高出外圆表面 0.3～0.5mm，则克服了上述的不足。

九、零件加工时应该具有足够的刚性

零件结构具有足够的刚性不仅是产品零件结构设计的要求，也是零件制造过程中的要求。零件切削加工时，由于受到切削力和夹紧力的作用，可能会产生较大的变形，对加工质量和生产率都会产生影响。如图 7-19 所示的拨叉，因结构设计和制造工艺的要求，在板幅上设置有加强肋以提高刚性，保证拨叉平面 F 的加工要求。

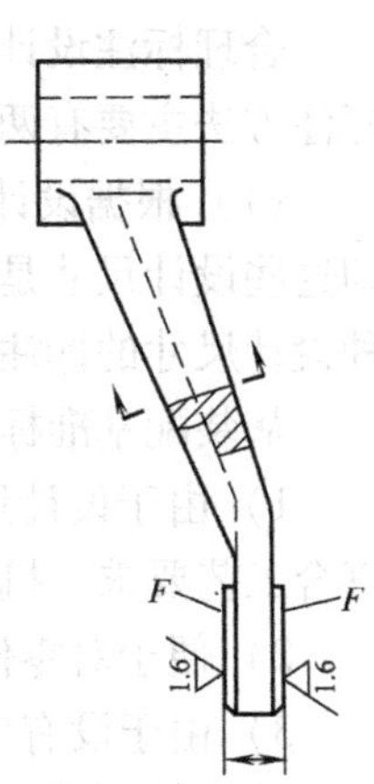

图 7-19　变速器拨叉上设置加强筋

第三节 零件设计尺寸及其极限偏差和表面粗糙度的合理标注

零件设计尺寸及其极限偏差的标注，是产品设计中的重要工作内容之一，它对保证产品或部件（总成）的使用性能和零件机械加工的难易程度都有很大影响。因此，它是复杂而细致的一项工作，产品设计人员要合理地标注零件设计尺寸及其极限偏差。标注的设计尺寸，应该既能满足结构设计要求，又能满足工艺要求，不能人为地提高公差等级。标注的设计尺寸是否合理，反映了产品设计人员工艺水平的高低。

下面就零件设计尺寸标注的步骤和方法，以及在标注时应考虑的一些制造工艺方面的问题加以介绍。

一、对设计尺寸标注的要求

零件图样上标注的设计尺寸及其极限偏差，除应符合相关国家标准外，还应满足以下两点：

1）结构设计要求。根据零件在产品装配单元中的功能及零件间的相互位置关系，零件设计尺寸及极限偏差应满足产品或部件（总成）的装配精度要求。

2）工艺要求。零件设计尺寸及其极限偏差的标注，应使零件机械加工时便于装夹、调整和测量等。

二、零件设计尺寸的分类

根据对装配精度的影响，零件图样上的设计尺寸可分为两类：

1）主要尺寸。它们是决定该零件在产品装配单元中位置的尺寸，是参与某一装配尺寸链的组成环和影响装配精度的尺寸，因此它们都要标注尺寸极限偏差。主要尺寸亦称为功能尺寸或结合尺寸。

2）自由尺寸。它们是不参加任何装配尺寸链和零件尺寸链的尺寸。这类尺寸除有特殊要求（如表面作为定位基准）外，不需要标注尺寸极限偏差。自由尺寸亦称为非功能尺寸或未注公差尺寸。

三、主要尺寸标注的方法

合理标注设计尺寸，首先要选择尺寸标注的基准，即设计基准。零件图样上设计尺寸的标注方法主要有两种：

（1）根据设计要求标注设计尺寸　零件图样上的主要尺寸从该零件的装配基准标注，即这些设计尺寸是以装配精度为封闭环，按尺寸链最短原则形成的装配尺寸链的组成环。这种设计尺寸的标注方法没有考虑到工艺上的要求。

从装配基准标注设计尺寸的特点是：

1）由于设计尺寸是按尺寸链最短原则标注的，设计尺寸的公差较大。如果这些尺寸也符合工艺要求，机械加工就容易。

2）便于对零件尺寸和装配精度进行计算或校核。

3）由于没有考虑到制造工艺的要求，有些尺寸可能不便于调整刀具或测量等。

（2）根据设计和工艺要求标注设计尺寸　按设计要求标注的尺寸，不可能全部满足工艺要求。对其中不能满足工艺要求的尺寸，应按制造要求进行改注，例如改注成从加工时的定位基准，或测量时的测量基准注起。改注时需要用零件尺寸链进行换算，使改注后的设计尺寸既能满足设计要求，也能满足工艺要求。

这里需要指出，设计人员在标注零件的主要尺寸时，满足设计要求是主要的，按工艺要求换算的尺寸，其公差要求比按设计要求直接标注的尺寸要严格，增加了加工难度。因此，不能只考虑工艺要求。

零件图样上的自由尺寸一般应按制造工艺要求标注。

四、尺寸标注的一般方法和步骤

零件尺寸是在完成装配图样后进行零件设计时标注的。现结合图 7-20a 所示的某中央传动主动锥齿轮传动装置，介绍零件尺寸标注的具体步骤和方法。

1. 零件主要尺寸的标注

（1）根据尺寸链最短原则建立装配尺寸链　设计人员在部件（总成）结构设计时，为满足其使用性能，在装配图样上规定了若干个装配精度。这些装配精度就是装配尺寸链的封闭环。根据封闭环，以尺寸链最短原则查找装配尺寸链各组成环，这些组成环的尺寸是直接影响装配精度的尺寸，它们所代表的零件相应部位的尺寸就是零件的主要尺寸。如果装配精度要求较高时，应采用独立原则，将影响装配精度的形位公差也作为组成环考虑。

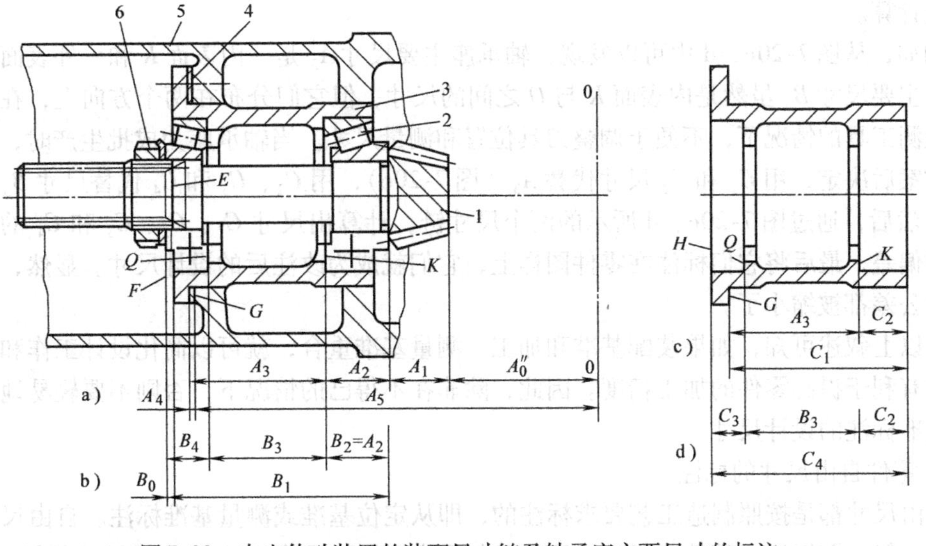

图 7-20　中央传动装置的装配尺寸链及轴承座主要尺寸的标注

a）A 装配尺寸链　b）B 装配尺寸链　c）轴承座尺寸 A_3 的换算　d）轴承座尺寸 B_3 的换算

1—主动锥齿轮　2—前轴承　3—轴承座　4—垫片　5—后桥壳体　6—调整螺母

对于图 7-20 所示的中央传动主动锥齿轮传动装置，其封闭环 A_0'' 的装配尺寸链如图 7-20a 所示，尺寸链方程式为

$$A_0'' = (A_4 + A_5) - (A_1 + A_2 + A_3)$$

当调整螺母 6 预紧前、后轴承时，后轴承内圈左端面 F 与主动锥齿轮轴颈端面 E 之间应存在一定的距离 B_0。这是调整螺母 6 能够预紧轴承所必需的。以 B_0 为封闭环查找的装配尺寸链如图 7-20b 所示，尺寸链方程式为

$$B_0 = (B_2 + B_3 + B_4) - B_1$$

上述两个装配尺寸链中的 $A_1 \cdots A_5$、$B_1 \cdots B_5$ 均为所在零件上的主要尺寸。

（2）确定装配方法，解算尺寸链　在第五章中已叙述过，装配精度是依靠装配方法和零件制造精度共同保证的。本例中，根据产品结构和封闭环公差的大小，采用固定调整法保证 A 装配尺寸链封闭环的尺寸精度 A_0''，用完全互换装配法保证 B 尺寸链封闭环的尺寸精度 B_0。装配方法确定后，就可以根据相应解算装配尺寸链的方法，确定出各组成环的尺寸、公差和极限偏差。上述两个装配尺寸链为并联尺寸链，组成环 $A_2 = B_2$ 为公共环。在此情况下，应先解算组成环平均极值公差小的尺寸链。

这样计算出的各组成环尺寸、公差和极限偏差，就是按结构设计要求确定的有关零件的主要尺寸。如果这些尺寸也能满足工艺要求，就可将它们直接标注在零件设计图样上，成为设计尺寸及其极限偏差。

应该指出，零件图样上的主要尺寸及其极限偏差必须经装配尺寸链计算。

（3）根据制造工艺，修改和最后确定主要尺寸及其极限偏差　产品设计人员应根据零件结构特点、加工表面形状和生产条件等，分析零件可能采取的工艺方案，确定加工时的定位基准和测量基准。当上述确定的主要尺寸不便于加工或测量时，可将其改为从便于加工或测量的工艺基准标注。改注后的主要尺寸，为了能够可靠地保证装配精度要求，应通过零件尺寸链计算。

例如，从图 7-20c、d 中可以发现，轴承座主要尺寸 A_3 是一内表面 K 和一外表面 G 间的尺寸，主要尺寸 B_3 虽然是内表面 K 与 Q 之间的尺寸，但它们分布在两个方向上，在不使用专用检测工具的情况下，不便于调整刀具位置和测量尺寸。当轴承座为成批生产时，经分析加工方案后决定，用 C_1 和 C_2 尺寸代替 A_3（图 7-20c），用 C_2、C_3 和 C_4 代替尺寸 B_3（图 7-20d）。然后，通过图 7-20c、d 所示的两个尺寸链，计算出尺寸 C_1、C_2、C_3 和 C_4 的尺寸及其极限偏差，最后将它们标注在零件图样上，它们就成为改注后的设计尺寸。显然，$C_1 \cdots C_4$ 各尺寸公差都被缩小了。

从以上叙述可知，如果装配基准和加工、测量基准重合，就可以简化设计工作和工艺过程，并有利于提高零件的加工精度。因此，除非在不得已的情况下，否则不要轻易地修改从装配基准标注的设计尺寸。

2. 零件自由尺寸的标注

自由尺寸都是按照制造工艺要求标注的，即从定位基准或测量基准标注。自由尺寸的极限偏差一般不需标注在零件图样上。按公差与配合国家标准中“未注公差尺寸的极限偏差”规定，自由尺寸的公差等级可取为 IT12 ~ IT18。对机械加工表面尺寸公差可取 IT12 ~ IT14，或按企业标准规定。

五、尺寸标注时应考虑的一些工艺问题

产品设计人员在标注尺寸时，在考虑结构设计要求的前提下，也要充分考虑制造工艺要求，设计人员应具备较丰富的制造工艺和生产实践知识，才能合理标注设计尺寸及其极限偏差。下面介绍尺寸标注时应考虑的一些主要工艺问题。

1. 尺寸的标准化及尺寸的统一

零件图样上标注的设计尺寸数值，尤其是安装尺寸、连接尺寸、配合尺寸和产品名义尺寸，都应尽量符合国家标准“标准尺寸”中的规定，并首先在优先数系 R 系列中选取标准数值，这样在零件制造时就可以使用标准尺寸的刀具和量规等工艺装备，可以缩短生产准备周期和降低零件制造成本。

此外，对零件上的一些结构要素，如空刀槽、螺纹、键槽等，如果它们的尺寸相差不大，都应尽可能取统一数值。如图 7-21 所示，当轴上空刀槽、键槽尺寸统一时（图 7-21b），可减少刀具和量具种类，简化工艺过程，因此能降低零件的制造成本。

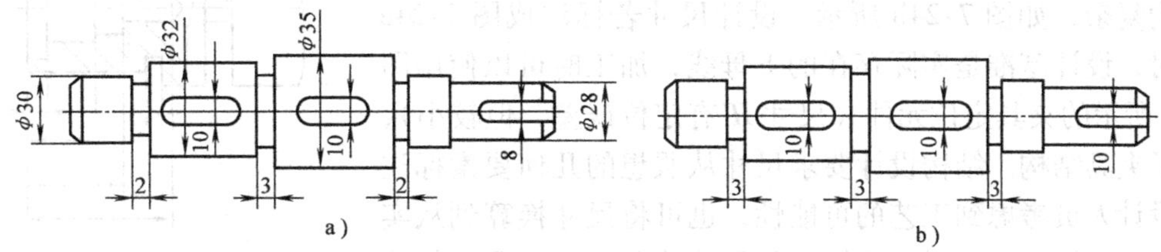

图 7-21　零件结构要素尺寸的统一

2. 考虑加工顺序标注尺寸

零件图上的设计尺寸，一般都是通过机械加工保证的。当这些设计尺寸能顺序地作为工序尺寸时，这些尺寸就能直接获得，也就容易保证其精度。图 7-22a 所示为一齿轮轴，其尺寸 45mm、160mm、40mm、140mm 都是从精磨过的齿轮端面标注的，而这样标注是不合理的。这是因为齿轮的两个端面要经过磨削，而磨削工序是最后的精加工，精磨左端面时，如果直接保证尺寸 45mm，再精磨右端面直接保证尺寸 60mm，则 160mm、40mm、140mm 三个尺寸就是间接保证的，其累积的加工误差较大，有可能超出尺寸公差要求。如将尺寸改为图 7-22b 那样标注，在车削时直接保证 115mm、100mm 和 370mm；精磨端面时，直接保证尺寸 160mm、60mm，则各尺寸精度就容易得到保证。

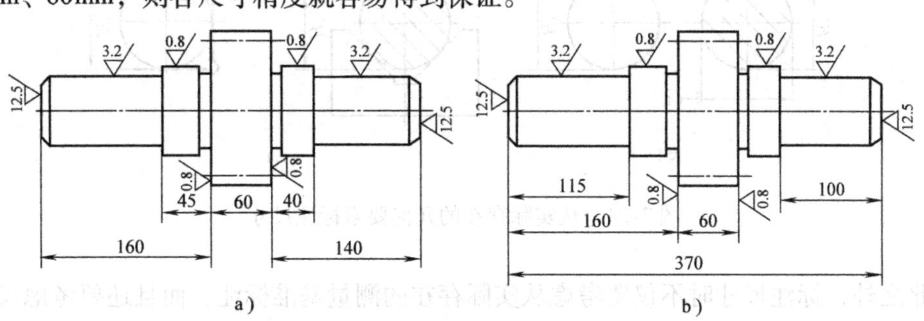

图 7-22　按照加工顺序标注尺寸实例

3. 由定位基准或调整基准标注尺寸

标注零件尺寸时，应该使加工误差尽可能小。为此，尺寸标注的设计基准应该与定位基准重合，还应使刀具调整方便。

例如，当用棒料在转塔车床或自动车床上加工小轴（销）时，棒料从左向右送至定位器定位，棒料送料定位器设置在右端面，因此，零件轴向尺寸应从右端面注起，如图 7-23 所示。

4. 从实际存在的和易测量的表面标注尺寸

零件设计基准与定位基准、测量基准应尽量重合，因此，零件设计基准应尽量是实际存在的几何要素，即设计尺寸应尽量从实际存在的几何要素标注，这样可简化工艺装备，并且容易保证加工精度。如图 7-24a 所示轴零件的键槽，尺寸是从轴线注起的，由于这些尺寸是从假想的几何要素标注的，因此不便于直接测量。加工时如果要使定位基准与设计基准完全重合，必须选择假想的轴线作为定位基准，这就需要使用能对中的定心夹紧机构，使夹具结构复杂，如图 7-24b 所示。设计尺寸若标注成图 7-24c 所示时，设计基准是实际存在的下母线，加工时可以使用图 7-24d 所示的夹具定位元件（尺寸 H' 有定位误差，但较小），简化了夹具结构。结构设计要求尺寸从假想的几何要素标注时，设计人员考虑到工艺的可能性，也可将尺寸换算到从实际几何要素标注。这时，换算后的尺寸公差虽缩小了，但从工艺的方便性来说，仍然是经济的。如果换算后的尺寸公差过小，将造成加工不经济或达不到要求时，尺寸只好仍从假想的几何要素标注，这时只能使用结构较为复杂的机床夹具和检验量具。

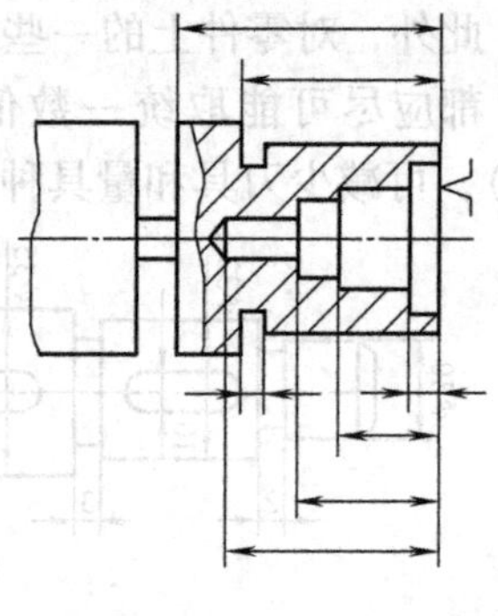

图 7-23 在转塔和自动车床上加工小轴（销）时尺寸标注实例

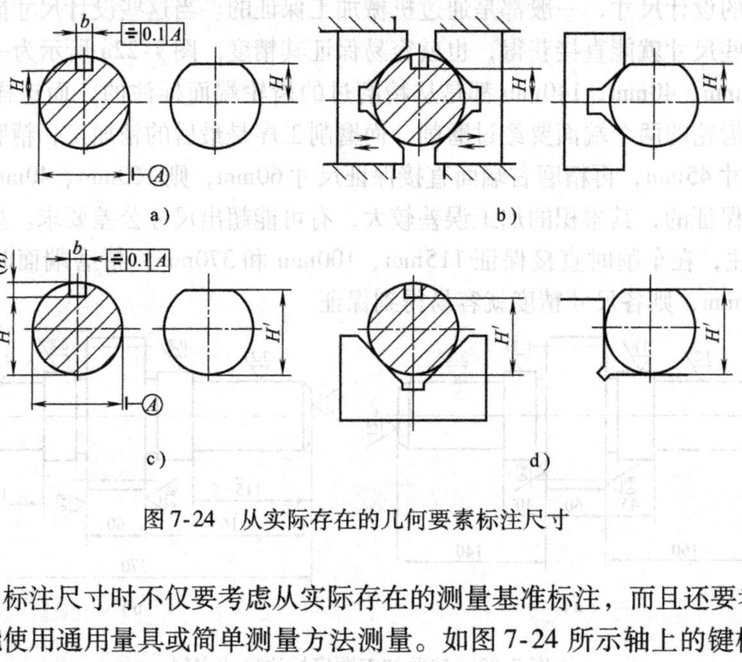

图 7-24 从实际存在的几何要素标注尺寸

除此之外，标注尺寸时不仅要考虑从实际存在的测量基准标注，而且还要考虑尺寸测量的方便性，即能使用通用量具或简单测量方法测量。如图 7-24 所示轴上的键槽，如果键槽位于轴端，键槽深度尺寸可注成 7-24c 所示尺寸 H'；如果键槽位于轴中部，若仍注成图 7-24c 所示的尺寸 H'，就不便于调整刀具的位置和测量键槽深度尺寸。这时可以从上母线标注键槽深度 h。又如图 7-25a 所示的套筒零件，假如结构设计要求标注 10mm、(50 ± 0.1) mm 和 (35 ± 0.1) mm 三个尺寸，虽然这些尺寸是从实际表面标注的，但尺寸 (35 ± 0.1) mm 是不便于使用量具测量的尺寸。为便于测量，可改注成 (10 ± 0.03) mm、(45 ± 0.07) mm 和 (50 ± 0.1) mm 三个尺寸（图 7-25b）。

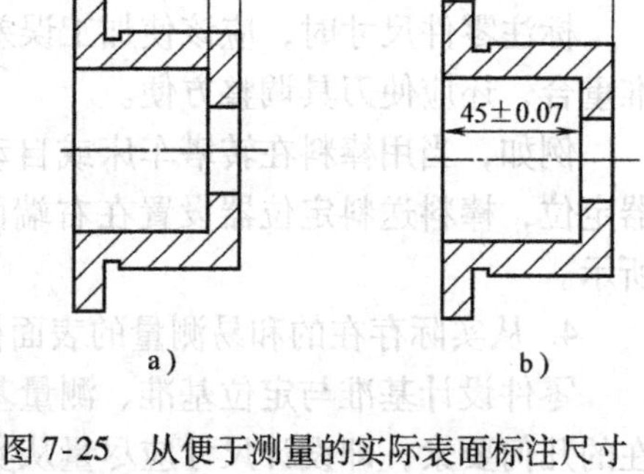

图 7-25 从便于测量的实际表面标注尺寸

5. 箱体及壳体类零件尺寸的标注

变速器（箱）壳体、后桥壳体、离合器壳体一类的箱体及壳体类零件，由于结构较为复杂，往往在某一方向上难以找到一个满足工艺要求的实际存在的表面作为尺寸标注基准。

对于如水泵壳体、差速器壳体和减速器壳体一类的回转型壳体零件，在这种情况下，一般采用加工精度要求较高的主要孔中心线作为尺寸标注基准。如图7-26所示的水泵壳体，图中螺栓孔和螺纹孔位置尺寸就是从主要孔的中心线标注的。

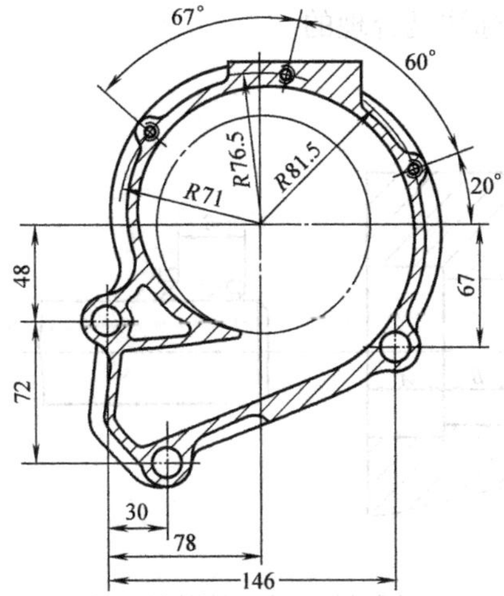

图7-26 从水泵壳体孔中心线标注尺寸

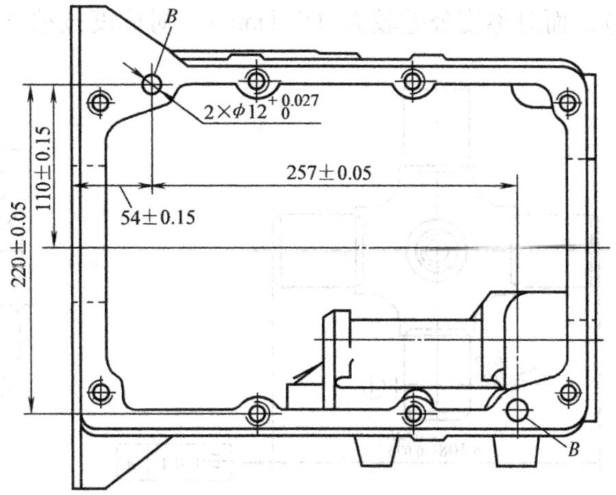

图7-27 变速器壳体从工艺孔标注尺寸

对于变速器壳体、气缸体一类的箱体零件，由于在外形表面上没有合适的定位基准，一般采用辅助基准——工艺孔或工艺凸台作为尺寸标注基准。如图7-27所示的汽车变速器壳体，是采用两个工艺孔 B 作为定位基准的。设计尺寸（54±0.15）mm、（110±0.15）mm就是从工艺孔中心线标注的。在这种情况下，为保证加工表面的位置尺寸精度，工艺孔本身尺寸公差一般规定为H7～H9级，两工艺孔中心距偏差值不大于±0.05mm。

6. 对称表面尺寸的标注

汽车零件中，有不少表面相对基准中心平面（或中心线、轴线）是对称分布的，其对称尺寸的不同标注方法将影响制造工艺和对称度误差。如图7-28所示的支架零件，要求两孔 D_1 的中心距为200mm，极限偏差为±0.2mm，对孔 D_2 的对称度公差为0.2mm。

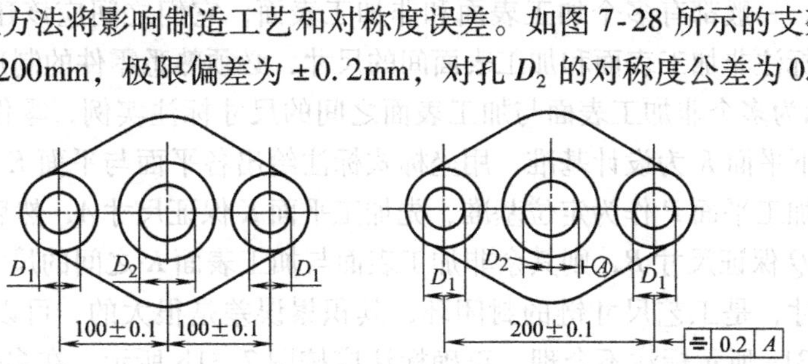

图7-28 对称表面的两种尺寸标注方案

图7-28a所示的尺寸标注方案，如按图示尺寸加工，对称度误差等于0.2mm，能保证对称度要求，也能保证孔 D_1 中心距（200±0.2）mm的要求。但采用这种标注方案，两孔 D_1

与 D_2 的中心距误差对对称度误差是有影响的。例如，若两孔 D_1 的中心距要求为（200 ± 0.1）mm，则两孔 D_1 与 D_2 的中心距就应标注为（100 ± 0.05）mm。而此时对称度误差变成0.1mm，相当于提高了对称度精度。正确的标注方案如图 7-28b 所示，孔中心距公差与对称度公差相互独立。

图 7-29 为汽车传动轴总成的十字轴，该零件两端端面的尺寸公差要求较严（$108^{-0.040}_{-0.075}$ mm），而对称度公差较大（0.1mm），对称度按独立原则标注是合理的。

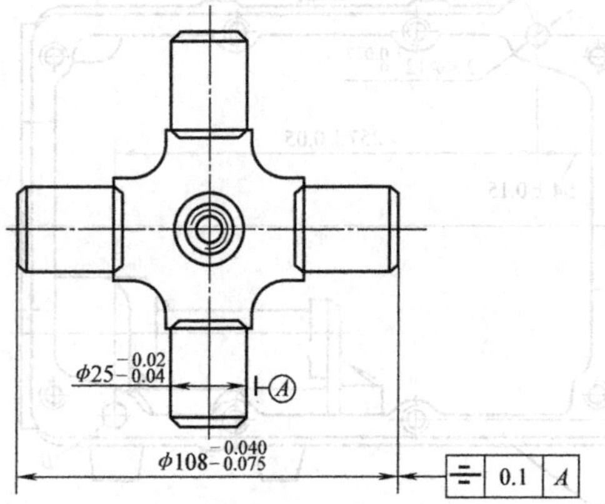

图 7-29　十字轴对称度标注实例

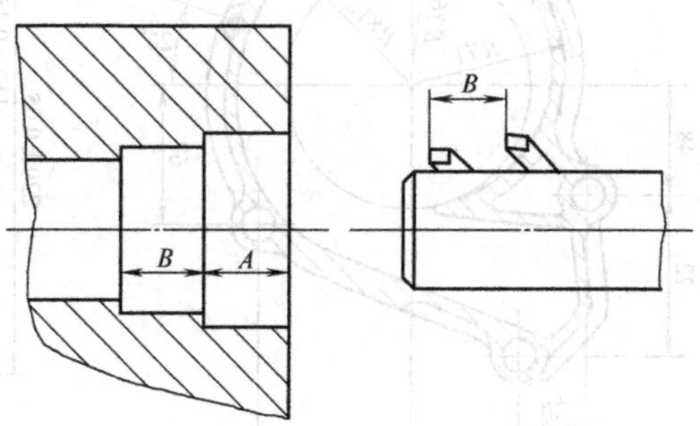

图 7-30　多刀同时加工多表面的尺寸标注

7. 组合刀具同时加工多表面的尺寸标注

在汽车制造中，广泛使用组合刀具（或多刀）同时加工多个表面，如使用复合钻头或复合扩孔钻加工阶梯孔，多刀车削阶梯轴端面和镗阶梯孔，组合铣刀同时铣削多个表面等。这些表面的形状和尺寸都是由刀具直接保证的。在这种情况下，零件有关表面间的尺寸标注应与刀具的相应尺寸相同，并且用零件上的一个加工表面与其定位基准或调整（工序）基准建立联系，以便调整刀具加工终止位置。

图 7-30 所示是用两把镗刀同时加工阶梯孔时，阶梯孔深度尺寸的标注情况。

8. 非加工表面与加工表面之间的尺寸标注

汽车零件中，一般都有多个加工表面和非加工表面，它们之间应该建立合理的尺寸关系。要想合理地标注非加工表面和加工表面间的尺寸，必须熟悉零件的制造工艺过程。

图 7-31 所示为多个非加工表面与加工表面之间的尺寸标注实例，零件毛坯为铸件。在图 7-31a 中，以下平面 K 为设计基准，用坐标式标注给出各平面与平面 K 之间的尺寸关系。如果加工时用非加工平面 P 作为定位基准，先加工平面 K 保证尺寸 A，然后以平面 K 为定位基准加工上平面 Q 保证尺寸 B，则其余非加工表面与加工表面 K 之间的尺寸 C、D 和 E 就成为间接获得的尺寸，是工艺尺寸链的封闭环，其积累误差是很大的，可以超过铸件尺寸公差。因此，图 7-31a 所示标注不合理。正确标注应按图 7-31b 所示，在多个非加工表面中，只采用一个表面（作为粗基准的表面，如平面 P）与加工表面（如平面 K）建立尺寸关系，其余加工表面之间建立尺寸联系，由加工直接保证；其余非加工表面之间建立尺寸联系，由铸造直接保证。

图 7-32 所示为零件多个加工表面与非加工表面间尺寸标注实例，零件毛坯为锻件。在图 7-32a 中，有多个轴向加工平面与同一个非加工平面 P 建立了尺寸关系。加工时，如用非

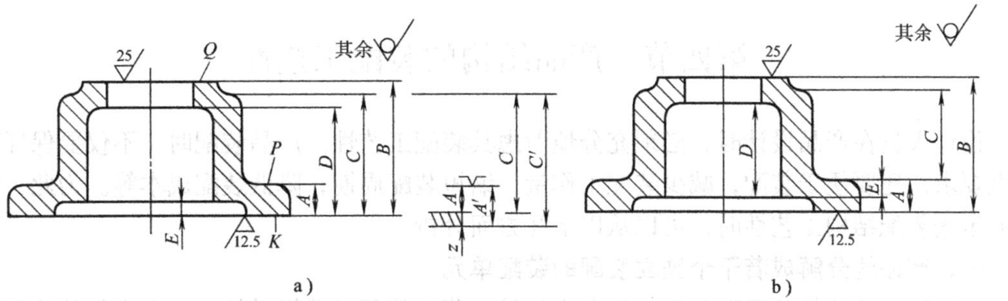

图 7-31　非加工表面与加工表面之间的尺寸标注实例

加工平面 P 作为粗基准，虽然定位基准与设计（工序）基准重合，但由于定位基准是毛坯表面，所以定位精度很低，各加工尺寸误差较大，得不到较高的尺寸精度，因此，这种标注不合理。图 7-32b 所示标注方案是正确的。从图中可以看到，只有一个加工表面 K 与非加工表面 P（粗基准）建立尺寸关系，而其余加工表面之间建立尺寸联系。这样标注尺寸，不仅容易保证加工精度，而且也有利于调整刀具和测量加工尺寸。

六、表面粗糙度的合理选择

在机械加工质量一章中介绍过，零件表面粗糙度对零件使用性能有很大影响。因此，必须合理选择表面粗糙度。一般可根据表面使用功能和工作条件确定，同时还应该考虑表面加工的经济性。因为表面粗糙度值越小，其表面加工工艺越复杂，成本越高。一般可按如下原则选择表面粗糙度：

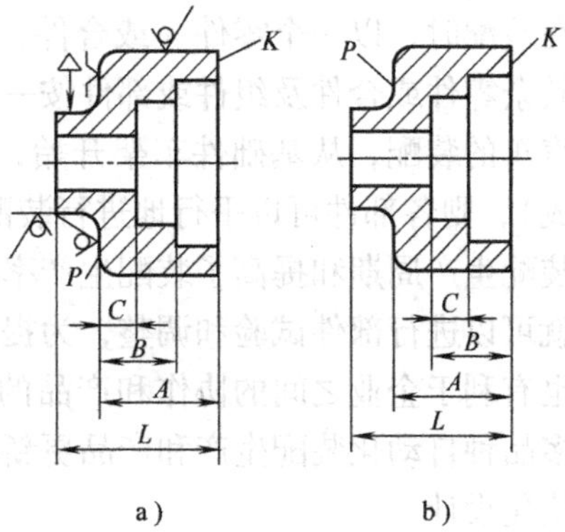

图 7-32　多个加工表面与非加工表面间的尺寸标注实例

1）对于有相对运动的摩擦表面，运动速度高，单位面积压力大的，应该选择较小的表面粗糙度值。

2）对于承受循环交变载荷及容易引起应力集中的表面，应该选择较小的表面粗糙度值。

3）对有配合要求的表面，间隙配合中间隙值小的，过盈配合中要求可靠性及承受重载的，应该选择较小的表面粗糙度值。在相同条件下，小尺寸比大尺寸，外表面比内表面的表面粗糙度值小。

4）在满足表面使用功能要求的前提下，应该尽量选择较大的表面粗糙度值。

在一般情况下，可参考有关资料，根据表面使用功能和上述选择原则合理确定表面粗糙度。同时，表面粗糙度还应与表面形状公差相协调。由于形状公差常与尺寸公差有关，因此，可以按形状公差所占尺寸公差的百分比选择表面粗糙度，如表 7-1 所示。

表 7-1　表面形状公差与表面粗糙度之间的关系

形状公差 t 占尺寸公差 T 的百分比 $\frac{t}{T}\times 100$	表面粗糙度参数占尺寸公差的百分比 $\frac{R_a}{T}\times 100$
约 60	≤5
约 40	≤2.5
约 25	≤1.2

第四节　产品结构的装配工艺性

设计人员在产品设计时，必须充分地考虑其装配工艺性。产品装配时，不仅要保证装配精度要求，还要便于装配，减少装配工作量，缩短装配周期，降低装配成本等。为此，在考虑或审查装配结构工艺性时，可以从以下几方面分析。

一、产品能分解成若干个独立装配的装配单元

从装配工艺性的角度来分析，汽车产品是由若干装配单元组成的，一个产品的装配单元可划分为五级，即零件、合件、组件、部件和产品，它们之间的关系可用图 7-33 表示。其中**合件**亦称为结合件，它一般是由两个或两个以上零件的永久性连接（如焊接或铆接等）结合成的不可拆卸的整体件，如图 7-11 及图 7-12 所示的离合器拨叉轴、悬挂支架销；**组件**是由若干个零件和合件组成的组合件，如连杆体、连杆盖、螺栓等组成的组合体等；**部件**是由若干零件、合件和组件组成的，能完成某种使用功能的组合体，如汽车变速器、发动机等。在汽车结构中，也经常将合件、组件和部件统称为总成。由图 7-33 可知，如果将产品划分成独立装配的装配单元，则除零件外，每一级装配单元在装配时都可以单独进行装配。在装配时，以一个零件（或合件、部件）为基础，这个零件（或合件、部件）称为基础件，其余零件或合件及组件或部件按一定顺序装配到基础件上，成为下一级的装配单元。如载货汽车的装配，从基础件车架开始，分为驾驶室、发动机、变速器、前桥和后桥等部件（总成），则各部件可以平行地进行装配作业，扩大了装配作业面，容易实现流水作业，缩短了装配生产周期和提高了装配生产率。由于在总装配之前可以单独进行部件装配，部件装配后就可以进行部件试验和调整，为提高汽车产品的质量和保证其性能打下了良好的基础。这样也有利于企业之间的协作和产品的配套，易于组织部件（总成）的专业化生产，易于实现多品种自动化装配生产和产品更新换代。在汽车产品设计时，采用这种设计方案，亦称为模块化设计。

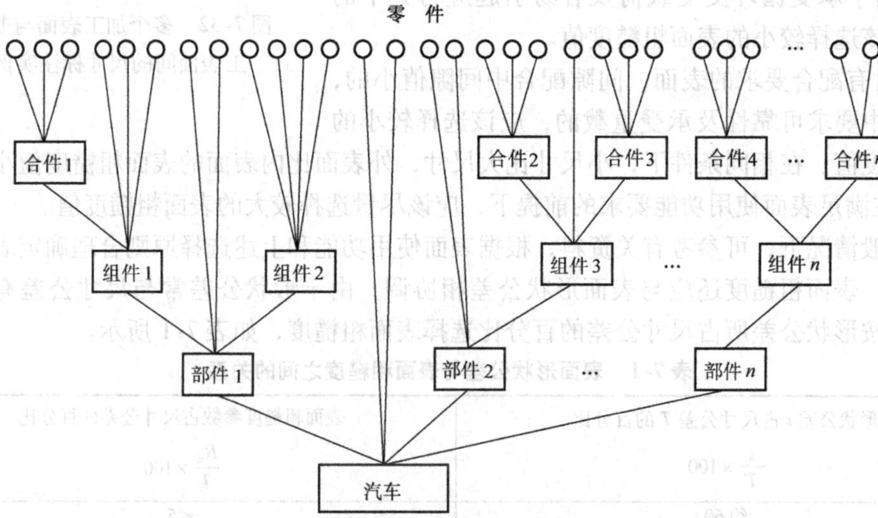

图 7-33　产品装配单元系统图

在制定产品装配工艺规程时，要在装配单元系统图的基础上，结合装配工艺方法及装配顺序，制定出装配工艺系统图。装配工艺系统图是表示零、部件的装配流程和零、部件的相互装配关系的图。在装配工艺系统图上，每一个装配单元用一个长方形框格表示，标明零件、合件、组件和部件的名称、编号及数量。图 7-34 所示为汽车主减速器主动锥齿轮轴承座总成（组件，见图 5-16）的装配工艺系统图。

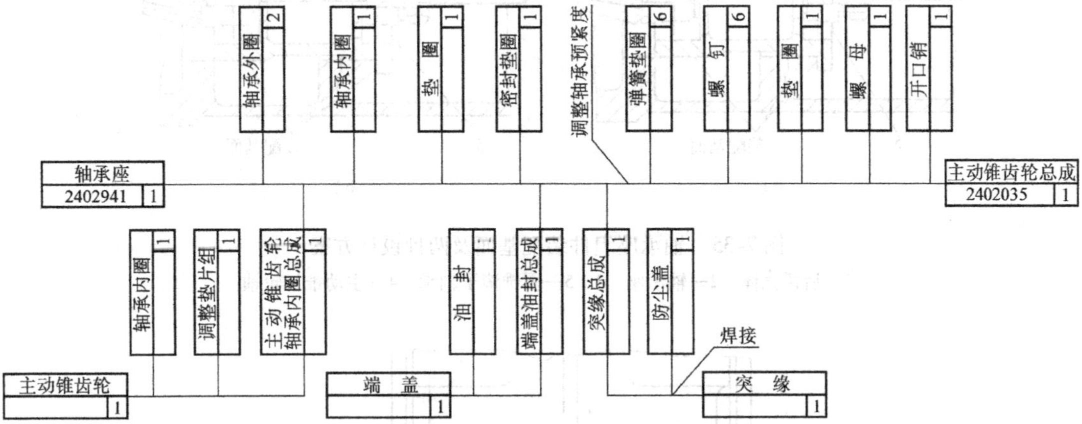

图 7-34　汽车主减速器主动锥齿轮轴承座总成装配工艺系统图

二、有正确的装配基准

与工件在加工时的定位情况类似，零件在装配单元中的正确位置，是靠零件的装配基准（基面）和其他零件相接触或相配合来实现的。因此，为使零件在装配单元中能正确定位，应该有正确的装配基准；要根据零件的使用功能要求限制其必要的自由度，一般不应该出现过定位现象。

图 7-35 所示为主动锥齿轮轴承座组件（总成）装配图。轴承座 2 装配到后桥壳体 1 内时，轴承座的两段外圆和法兰端面为其装配基面。轴承座装配基面与后桥壳体的内孔配合，并与端面接触后，被限制了五个自由度，而绕轴线旋转的自由度不必限制。这样，轴承座在后桥壳体内就正确定位了。

图 7-36 所示为汽车后桥主减速器总成装配图。主减速器及差速器总成装入后桥壳体 3 内时，装配基面为支承端面和外圆柱面（简称外止口）。由于绕止口轴线的转动会影响半轴齿轮的角度位置，从而在工作时增加半轴的附加载荷，所以有些设计中在主减速器壳体和后桥壳体接触端面上用圆柱定位销 1 限制其绕轴线的转动。此时两个壳体定位销孔的尺寸及位置公差都要求比较严格，以保证半轴的装配精度要求。有些设计中没有这个定位销，装配时凭工人的经验把半轴插入半轴齿轮花键孔内来确定主减速器及差速器总成角度位置。这样装配，虽然增加了装配时间，但省去了一个圆柱销和定位孔的加工。半轴齿轮的装配基面是轴颈 d 和端面 T。这两个装配基面确定了半轴齿轮的位置。但同时半轴齿轮还与行星齿轮相啮合，当差速器中有三个行星齿轮时，啮合的接触点也限制了半轴齿轮轴线的位置，出现了过定位现象，这将影响半轴齿轮的装配关系和啮合质量。为克服这一缺点，在某些汽车中，半轴齿轮轴颈 d 不与差速器壳体内孔相配合，而是把它们之间的间隙增加到 1mm 以上，这样就避免了过定位。

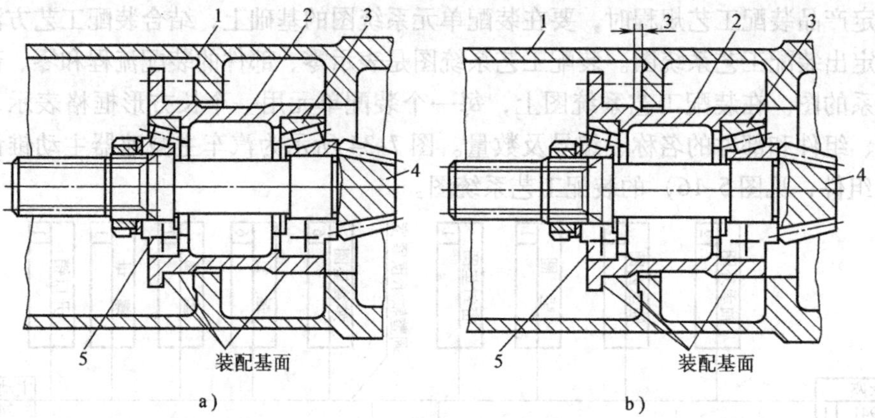

图 7-35　轴承座组件装配基面及两种设计方案

1—后桥壳体　2—轴承座　3、5—圆锥滚子轴承　4—主动锥齿轮轴

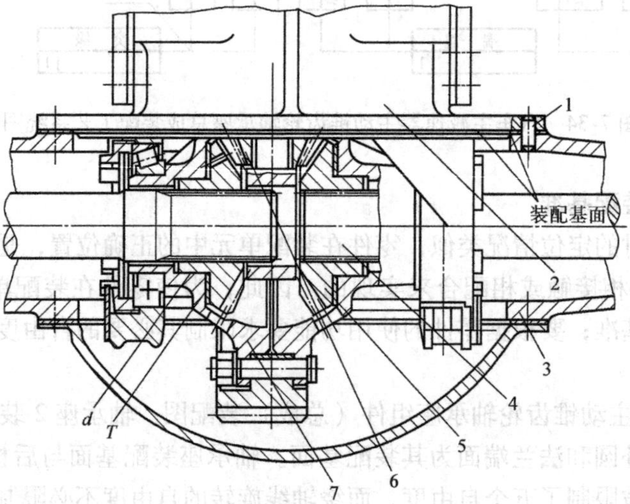

图 7-36　汽车后桥主减速器装配基面

1—圆柱定位销　2—减速器壳体　3—后桥壳体　4—半轴

5—半轴齿轮　6—行星齿轮　7—差速器壳体

三、便于装配和拆卸

产品设计时，要考虑零件结构便于装配和拆卸。在图 7-35 所示的轴承座组件装配中，轴承座以两段外圆表面与后桥壳体孔相配合。若设计成两段外圆表面同时与壳体两孔配合（图 7-35a），由于它们不易同时对准，装入较为困难；而若设计成轴承座右段外圆表面先进入壳体孔内 3mm 后，左段外圆表面再进入壳体孔内（图 7-35b），由于右段外圆与壳体内孔起导向作用，装配就容易。同时，为保证右段外圆表面容易进入壳体内孔，右段外圆前端设计有较小的倒角（一般为 15°~30°）。为减少外圆与内孔装配时的摩擦，轴承座右段外圆直径要略小于左段外圆直径。同样，主动锥齿轮轴两段轴颈的直径也应按这一原则设计。如果由于结构设计上的原因，必须让两段轴颈直径相等，则可以使左段轴颈与轴承 5 内圈孔的配

合选择得较松一点，两段轴颈中间部分直径应做得小一点，以便于装入轴承3的内圈。

图7-37所示为箱体零件用圆柱销定位的局部结构图，圆柱销与下箱体上的销孔为过盈配合。若圆柱销孔设计成盲孔（图7-37a），由于打入圆柱销时会形成密封腔，阻碍了圆柱销顺利进入。因此，除非特殊需要，否则应设计成图7-36b、c所示那样，将箱体定位销孔钻通，或在圆柱销上铣出通气平面或钻通气孔。

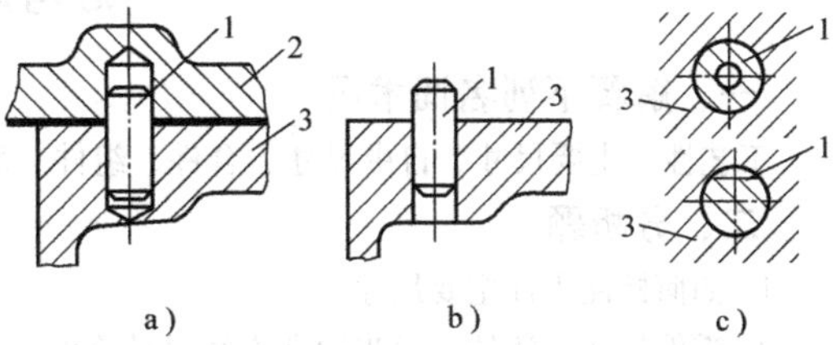

图7-37 两箱体零件用圆柱销定位

1—圆柱销 2—上箱体 3—下箱体

装配工艺性不仅要考虑产品制造时装配的方便性，也要考虑装配中调整、修配和使用维修中拆卸的方便性。图7-38所示为轴承外圈装在轴承座内孔中和轴颈装在轴承内圈孔中的三种结构方案。图7-38a所示结构，轴承座孔肩内径等于轴承外圈内径，而轴承内圈外径等于轴颈轴肩直径，使轴承内、外圈均难以拆卸。若将轴承座孔肩内径扩大到大于轴承外圈内径，轴颈轴肩减至小于轴承内圈外径（图7-38b），或者在轴承座孔肩处做出2～4个缺口（图7-38c），轴承内、外圈就容易拆卸了。

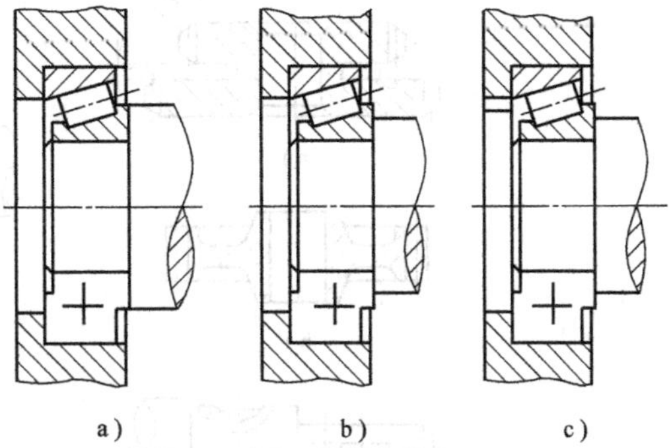

图7-38 轴承座孔肩和轴颈轴肩的结构

四、正确选择装配方法

为保证产品的使用性能，各部件（总成）都规定了若干个装配精度要求。这些装配精度要求是由装配方法和零件制造精度保证的。正确选择装配方法对装配生产率和经济性有很大的影响。

完全互换装配法装配是最简单、生产率最高的一种装配方法，因此，当装配精度要求不高，零件尺寸公差在加工经济精度范围内时，都应采用完全互换装配法。设计人员在设计结构时，应使结构尽量简单，结构中所包含的零件数量尽量少。这样，在保证同样装配精度要求的情况下，装配尺寸链的环数少，有可能采用完全互换装配法。

当装配精度要求较高，或组成环数目较多，用完全互换装配法保证装配精度要求使零件尺寸公差过小时，可考虑使用其他装配方法。在采用补偿法时（包括调整装配法和修配装配法），应合理地选择补偿环。补偿环所处的位置应尽可能便于调节或便于装卸。

五、尽量减少装配时的修配和机械加工

若在装配时进行修配和机械加工，切屑容易掉入产品中，既影响产品的清洁度和产品质量，又难以控制修配和机械加工时间，不易组织流水作业，延长了装配生产周期，也不能保证互换性。因此，装配时应尽量避免修配和机械加工。一般情况，只有合件和组件要求的位置公差（也就是装配精度）很小时，才将合件和组件装配后，用修配装配法保证其精度。通常这样的修配或机械加工都安排在机械加工生产线上进行。例如发动机气门与阀座锥面的密封性精度的保证，就是缸体或缸盖进入总装配之前在机械加工生产线上，先将气门导管和阀座压入缸体或气缸盖中，然后气门和阀座相互研磨。在这种情况下，修配或机械加工后，应仔细清除切屑和其他污物。

思考题及习题

一、解释下列名词术语

工艺性、主要尺寸、自由尺寸、合件、组件、部件、装配工艺系统图。

二、分析题

1. 如何标注零件主要尺寸？

2. 零件尺寸标注的一般步骤和方法是什么？

3. 产品为什么应能分成若干个独立装配的装配单元？

4. 按零件的机械加工工艺性要求，指出图 7-39 所示各零件在成批生产条件下其工艺性存在的问题，并提出改进意见。

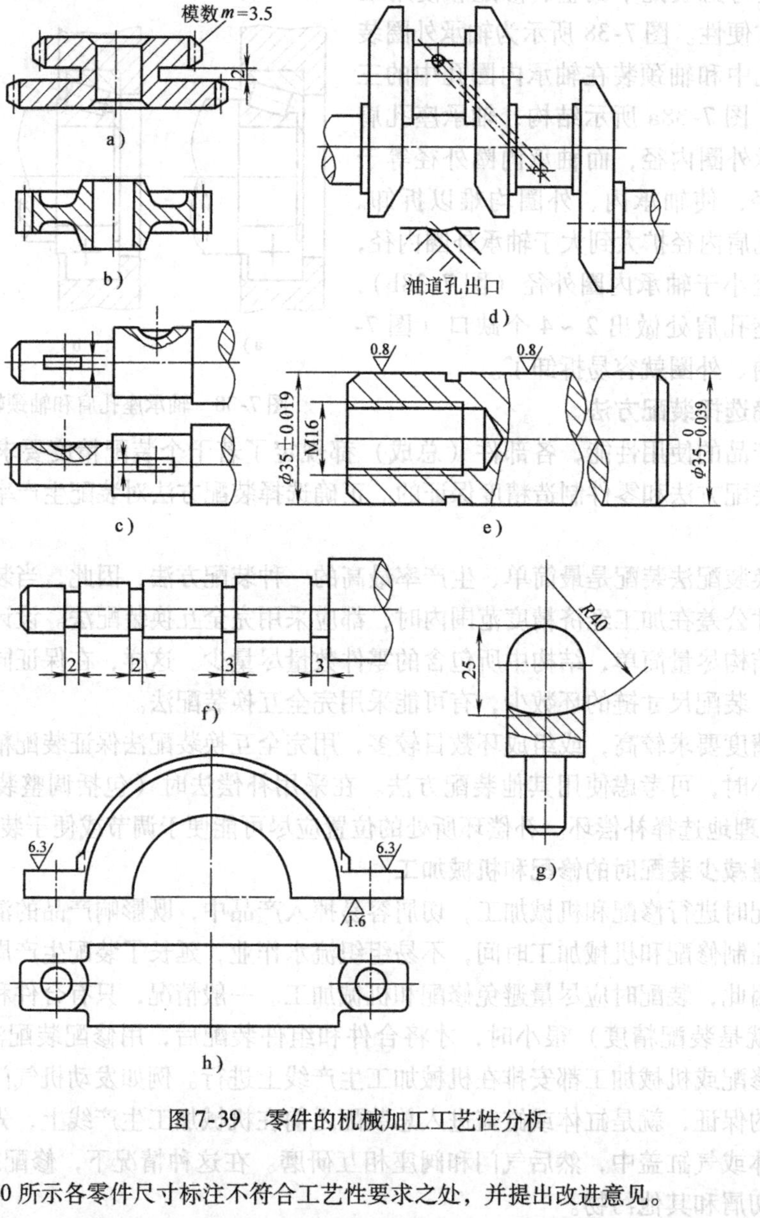

图 7-39　零件的机械加工工艺性分析

5. 指出图 7-40 所示各零件尺寸标注不符合工艺性要求之处，并提出改进意见。

（1）成批生产图 7-40a 所示铸铁材料的齿轮泵前端盖，$\phi55^{+0.046}_{0}$mm 及 $\phi46.5$mm 两孔使用同一镗杆上的两把镗刀同时镗出，上、下平面均经过磨削加工。

（2）成批生产图 7-40b 所示套筒，尺寸 $85^{+0.2}_{0}$mm 是保证装配精度的主要设计尺寸。

（3）图 7-40c 所示的阶梯轴，其轴向设计尺寸如图所示。由于外圆表面 K 及轴肩端面 P 加工要求较高，在热处理后需经磨削加工。

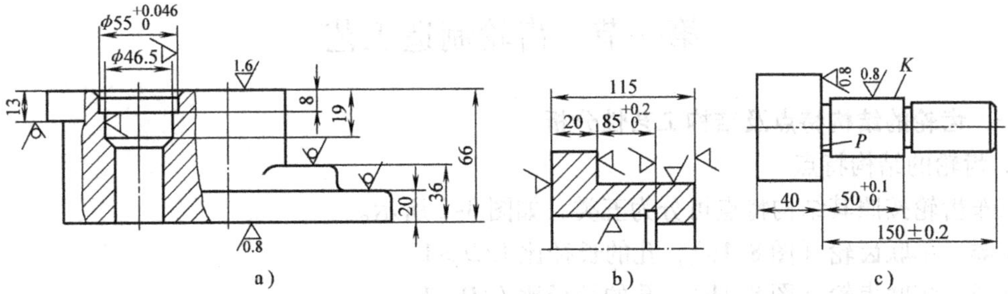

图 7-40　零件尺寸标注的工艺分析

6. 图 7-41a 所示为某车辆最终传动装置装配图。装配要求为：向心球轴承 2 外圈与弹性挡圈 1 之间的轴向间隙为 0～0.8mm；弹性挡圈 1 与壳体 3 上的挡圈槽间的轴向间隙为 0～0.4mm。若两个向心球轴承 2 及 5 的宽度尺寸分别为 $17^{0}_{-0.12}$mm 和 $15^{0}_{-0.12}$mm，弹性挡圈尺寸为 $2.5^{0}_{-0.1}$mm。试按上述设计要求

（1）标注出壳体及齿轮轴 4 的轴向主要尺寸及极限偏差（图 7-41a 比例为 1:4）。

（2）若壳体 3 上的主要尺寸不符合机械加工工艺性要求，试将其标注成符合工艺性要求的设计尺寸。

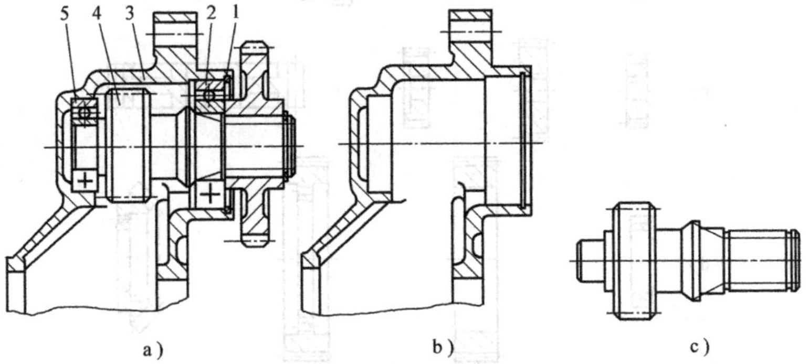

图 7-41　最终传动装置图

1—弹性挡圈　2、5—向心球轴承　3—壳体　4—齿轮轴

第八章　典型零件制造工艺

第一节　齿轮制造工艺

一、齿轮的结构特点及结构工艺性分析

1. 齿轮的结构特点

汽车齿轮按照其结构特点可分为五类，如图 8-1 所示。

Ⅰ类　单联齿轮（图 8-1a），孔的长径比 $L/D>1$。

Ⅱ类　多联齿轮（图 8-1b），孔的长径比 $L/D>1$。

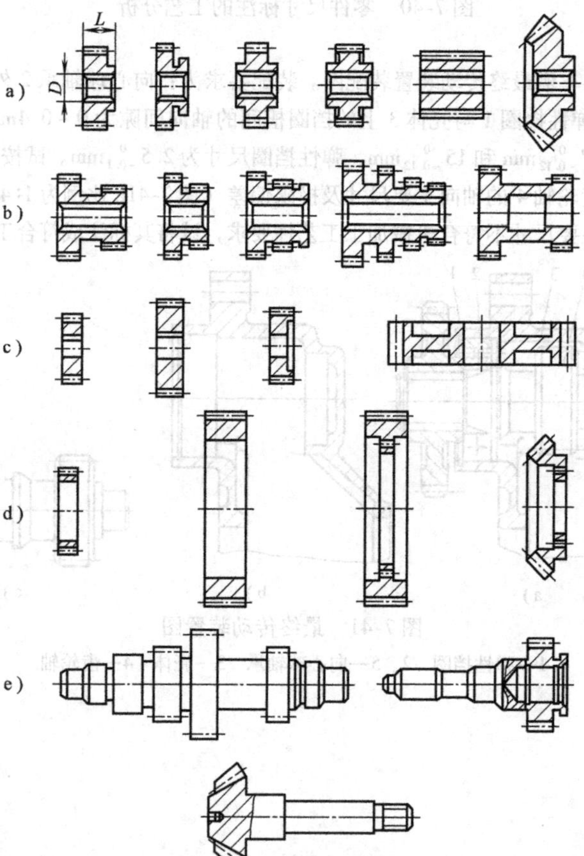

图 8-1　汽车齿轮的结构类型

a）单联齿轮　b）多联齿轮　c）盘形齿轮　d）齿圈　e）轴齿轮

这两种齿轮亦称为筒形齿轮，内孔为光孔、键槽孔或花键孔。

Ⅲ类　盘形齿轮（图 8-1c），具有轮毂，孔的长径比 $L/D<1$。

Ⅳ类　齿圈（图 8-1d），没有轮毂，孔的长径比 $L/D<1$。

这两种齿轮的内孔一般为光孔或键槽孔。

Ⅴ类　轴齿轮（图 8-1e），轴齿轮上具有一个或一个以上的齿圈。

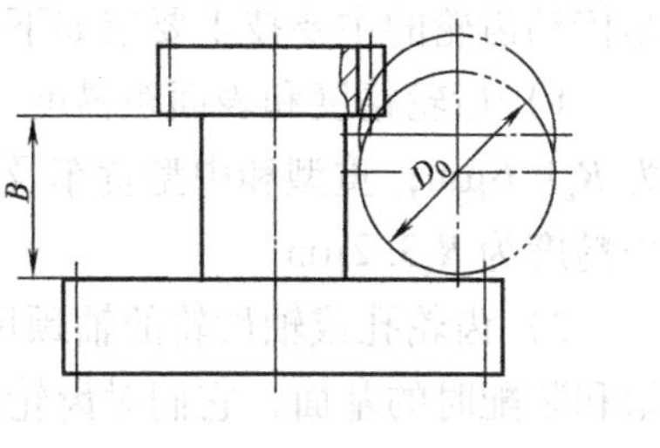

图 8-2　用滚刀加工双联齿轮小齿轮时两轮之间应有足够距离

2. 齿轮结构工艺性分析

齿轮的结构工艺性与齿轮齿面的加工方法有很大的关系。对齿轮机械加工工艺性的分析，除适用第七章对结构工艺性的一般分析方法之外，采用传统的加工方法时，还应考虑以下几方面：

1）用滚刀加工双联齿轮的小齿轮时，大、小齿轮之间的距离 B 要足够大，以免加工时滚刀碰到大齿轮的端面。如图 8-2 所示，B 的大小和滚刀直径 D_0、滚刀切削部分长度及滚刀的安装角等有关。

2）当齿轮较宽时，盘形齿轮的端面形状常做成凹槽的形状（图 8-3a），以减轻质量和减少机械加工量。但当齿轮尺寸较小和齿轮强度不足时，可采用图 8-3b 所示的结构。

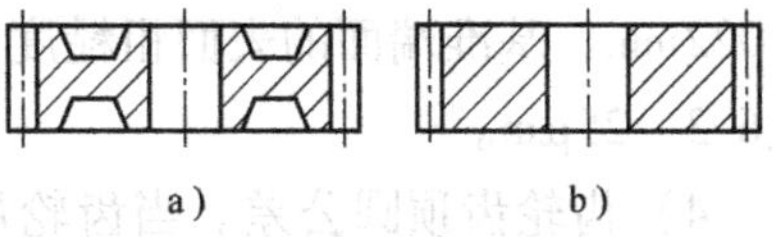

图 8-3　盘形齿轮的端面形式

3）在滚齿机上加工盘形齿轮时，为了提高生产率，常采用多件顺序加工（图 8-4）。这时如果采用图 8-4a 所示的结构，不仅滚齿的生产率提高了，也增强了工件在机床上的安装刚度。而图 8-4b 所示齿轮结构在加工时工件支承刚度差，并增加了滚刀的行程长度，影响生产率的提高。

4）汽车主减速器轴齿轮（主动锥齿轮）的结构，有悬臂式和骑马式两种。悬臂式轴锥齿轮的两个支承轴颈位于齿轮的同一侧（参看图 8-7），骑马式轴齿轮的两个支承轴颈位于齿轮的两侧（图 8-5）。设计骑马式轴锥齿轮时，应注意铣齿时切齿铣刀不应与小头一侧轴颈发生干涉。若如图 8-5 所示，铣刀将切去部分轴颈。

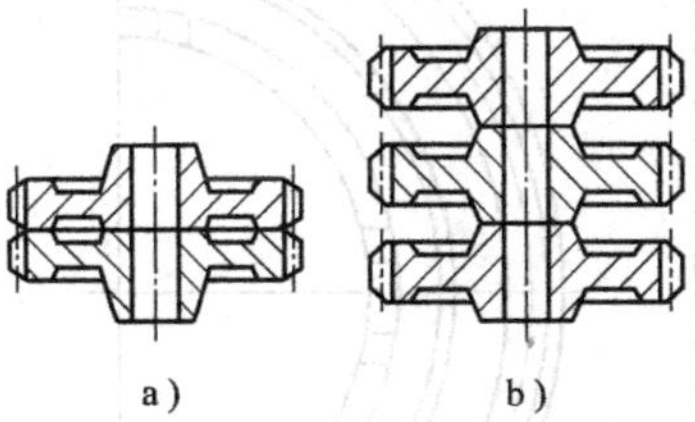

图 8-4　改变齿轮结构形式来提高加工时的支承刚度和生产率

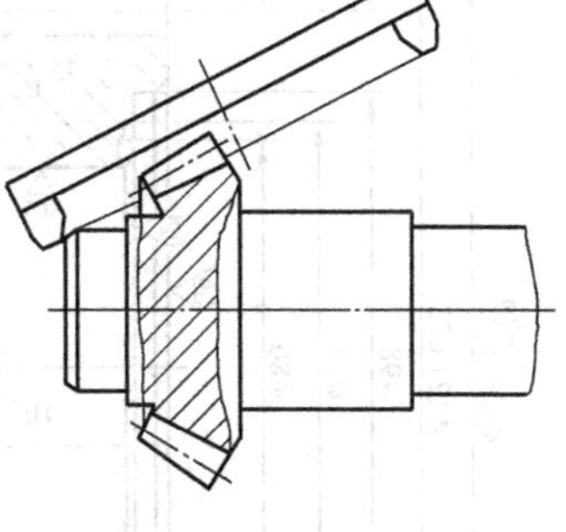

图 8-5　骑马式轴锥齿轮结构工艺性不好的情况

二、齿轮的机械加工工艺

1. 齿轮的主要技术要求

为了保证齿轮正常工作和便于加工，齿轮主要表面的尺寸公差、位置公差和表面粗糙度均须达到一定的标准（GB/T 10095. 1—2001、GB/T 10095. 2—2001 等标准）。归纳起来，汽车传动齿轮的主要技术要求如下：

1）齿轮精度和表面粗糙度。轿车、微型客货车变速器齿轮精度为6～8级，表面粗糙度为R_a1.6μm；重型和中型货车及越野车变速器、分动器、取力器齿轮精度为7～9级，表面粗糙度为R_a3.2μm。

2）齿轮孔或轴齿轮的轴颈尺寸公差和表面粗糙度。齿轮孔或轴齿轮的轴颈是加工、测量和装配时的基面，它们对齿轮的加工精度有很大影响，所以要有较高的加工精度和较小的表面粗糙度值。对于6级精度的齿轮，它的内孔尺寸公差为1T6，轴颈尺寸公差为1T5；对于7级精度的齿轮，内孔尺寸公差为1T7，轴颈尺寸公差为1T6；对基准孔或轴颈的尺寸公差和形状公差应遵守包容要求。表面粗糙度为R_a0.40～0.80μm。

3）端面圆跳动。带孔齿轮齿坯轮毂端面是切齿时的定位基准，端面对内孔的跳动量对齿轮的加工精度有很大影响。因此，对端面圆跳动量规定了较小的公差值。端面圆跳动量的公差视不同的齿轮精度和分度圆直径而异，对于6～7级精度的汽车齿轮规定为0.011～0.022mm。基准端面的表面粗糙度为R_a0.40～0.80μm；非定位和非工作端面表面粗糙度为R_a6.3～25μm。

4）齿轮齿顶圆公差。当齿轮齿顶圆作为加工、测量的基准时，其尺寸公差要求较严，一般为1T8。此外，还应规定齿顶圆对孔或轴颈轴线的径向圆跳动公差。当它不作为加工、测量的基准时，其尺寸公差一般为1T11，但不超过$0.1m_n$（m_n为法向模数）。

5）齿轮的热处理要求。对常用的低碳合金钢材料的汽车齿轮，其热处理要求主要是渗碳淬火的有效硬化层深度、硬度和金相组织。渗碳层深度一般取决于不同车型的齿轮材料、齿轮模数和工艺规范等。如20CrMnTi材料的轻型车齿轮（模数m_n>3～5mm的中等模数），渗碳层深度一般为0.8～1.3mm，齿面淬火硬度为58～63HRC，心部硬度为32～48HRC。对中碳钢或中碳合金钢齿轮经表面淬火后，齿面硬度不低于53HRC。

图8-6所示为汽车同步器变速器第四速齿轮的零件简图，图8-7所示为汽车主减速器主

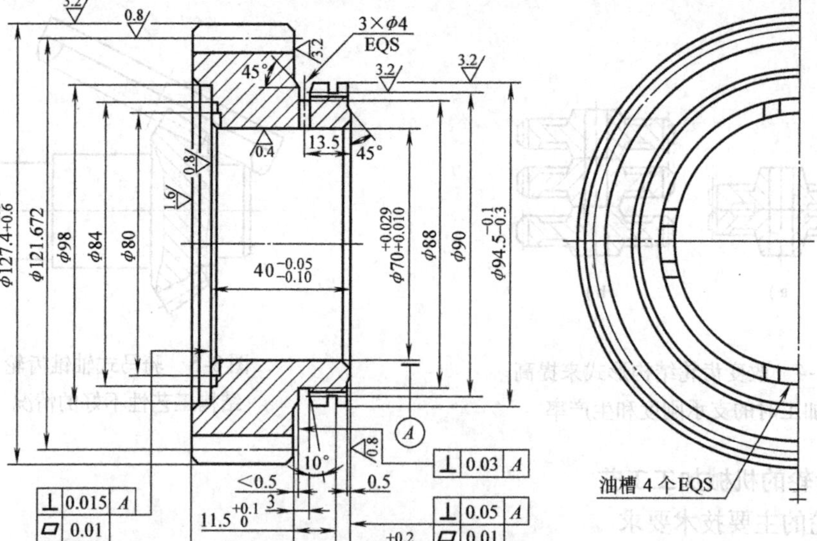

图8-6　汽车同步器变速器第四速齿轮

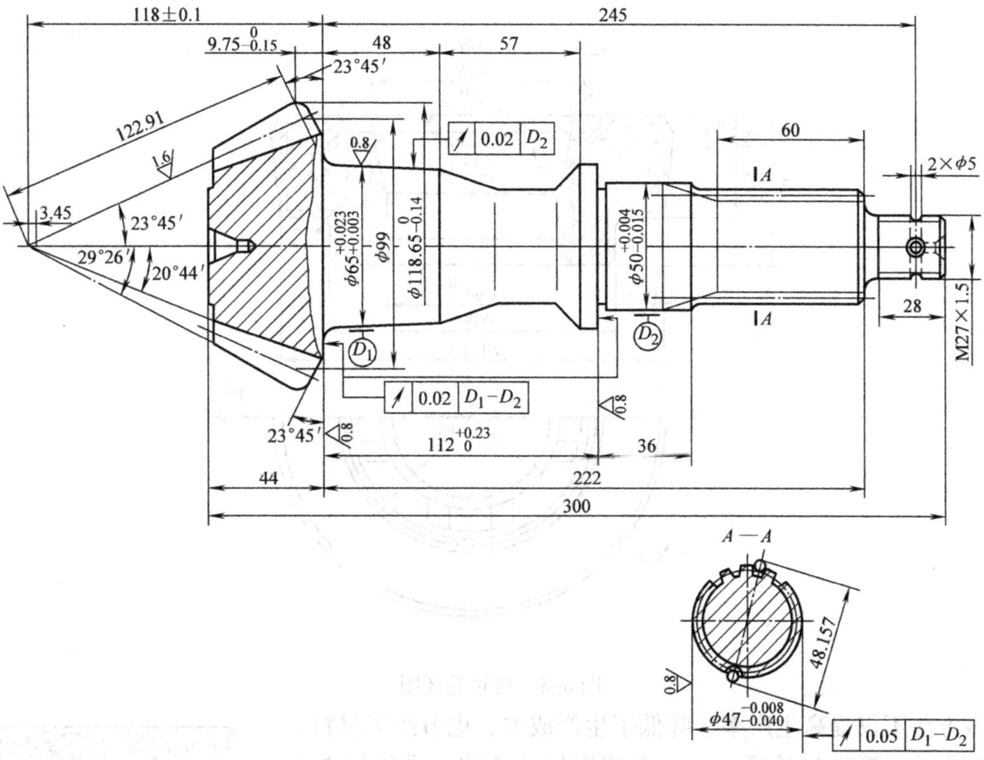

图 8-7 汽车主减速器主动锥齿轮

动锥齿轮零件简图。

2. 齿轮的材料和毛坯

汽车齿轮的材料对其机械加工性能和使用寿命都有直接的影响。汽车用齿轮一般转速较高，齿轮的工作状况也很复杂，这就要求齿轮轮齿表面具有较高的硬度以提高耐磨性，心部具有良好的韧性以承受冲击载荷；又由于承受交变载荷而要求轮齿具有较高的疲劳强度。汽车传力齿轮常用的材料多为低碳合金钢，少量使用低合金中碳钢，如 20CrMnTi、20Cr、20CrMn、20CrMo、20MnVB、20CrNiMo、20CrNi2、40Cr、40MnB 等，非传力齿轮可用不淬火碳钢、铸铁、夹布胶木、尼龙、工程塑料等材料制造。

汽车传力齿轮的毛坯一般均采用模锻件。当孔径大于 25mm，长度不大于孔径的两倍时，内孔一般直接锻出（在卧式锻造机上，还可以锻出孔的长径比大于 5 的深孔）。图 8-8 所示为图 8-6 所示汽车变速器齿轮的毛坯锻件图。钢材经模锻后，内部纤维对称于轴线，可提高材料的强度（图 8-9）。

为了减少被加工齿轮在渗碳和淬火时的变形，要求毛坯的金相组织和晶粒大小应该均匀。所以，锻件毛坯一定要经初步热处理（正火或等温退火），例如对于 20CrMnTi 材料的齿轮，多采用正火处理，以消除锻件的内应力和提高材料的切削加工性。

为了减少机械加工量，对于小尺寸、形状复杂的齿轮可用精密铸造、压力铸造、精密锻造、粉末冶金锻造、塑性成形（热轧、冷轧）等工艺制造出具有轮齿的齿坯。对于精度要求低的齿轮，齿轮精密锻造成形后齿面不需机械加工，只是内孔和端面留有适当的加工余

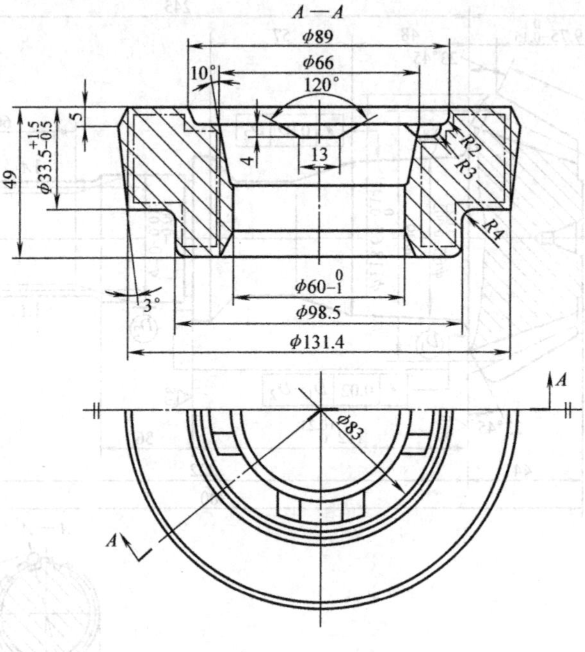

图 8-8　齿轮毛坯图

量。该方法不仅提高生产率、降低了生产成本，也节约了材料。

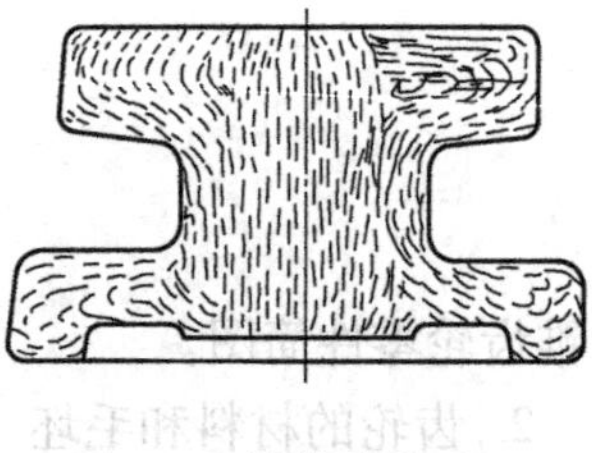

图 8-9　模锻齿轮毛坯材料纤维的排列

粉末冶金锻造齿轮属于少、无切屑加工工艺。采用粉末冶金锻造生产行星齿轮的毛坯，只要模具有足够的尺寸精度（不低于 1T11 级），除了钻油孔、精磨内孔和球形端面之外，轮齿齿面不需要加工就能满足齿轮精度和表面粗糙度的要求。

3. 齿轮机械加工的定位基准

带孔齿轮加工其轮齿齿面时采用齿坯内孔（光孔或花键孔）及端面定位。因为以这些表面作为定位基准（基面）符合基准（基面）重合原则；许多工序，如齿坯和齿面加工等都是采用内孔和端面定位，因此也符合基准统一原则。孔和端面两者以哪一个作为主要定位基准，要根据定位的稳定性来决定。当齿轮孔的长径比 $L/D>1$（图 8-1 a、b 中的Ⅰ、Ⅱ类齿轮），应以孔作为主要定位基面，装在心轴上限制四个自由度、端面只限制一个自由度（参见图 8-10）。此时，孔和心轴间的间隙是引起加工误差的主要原因。因此，作为定位基面的孔尺寸公差要求较严格，一般按 H7 加工。为了消除孔和心轴间的间隙的影响，精车齿坯时，常用过盈心轴或小锥度心轴（锥度为 1/4000 ~ 1/6000）；预加工齿面时，可采用能自动定心的可胀心轴或分组的小间隙心轴。

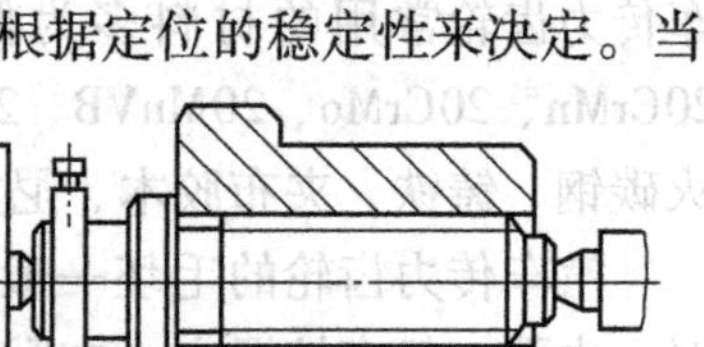

图 8-10　齿轮孔长径比 $L/D>1$ 的筒形齿轮的定位

当齿轮孔的长径比 $L/D<1$（图 8-1 c、d 中Ⅲ、Ⅳ类齿轮）时，应以端面作为主要的定位基准限制三个自由度；内孔则限制两个自由度，如图 8-11a 所示。为使作为定位基面的孔和端面具有较高的垂直度，在加工这两个表面时，应该用外圆和另一端面定位在一次装中加

工出来，如图 8-11b 所示。在数控车床上加工齿坯时，也可以采用外圆及端面作为定位基准（基面）使用三爪自定心卡盘定位夹紧，加工外圆、端面、内孔及沟槽等表面。而加工齿面时采用内孔及端面定位。

对于轴齿轮（图 8-1e），当加工轴的外圆表面、外螺纹、圆柱齿轮轮齿和花键时，常选择轴两端的中心孔定位，把工件安装在机床的前、后（或上、下）两顶尖之间进行加工。如以工件两端中心孔定位不方便或安装刚度不足时，有的工序可采用磨过的两端轴颈定位。例如汽车主动锥齿轮（图 8-7），加工轴端锥齿轮轮齿齿面时，常用两轴颈定位，装在精密的弹性夹头中进行加工。若在轴上钻径向孔、铣键槽等，则常以两轴颈在两个 V 形块上定位夹紧进行加工。

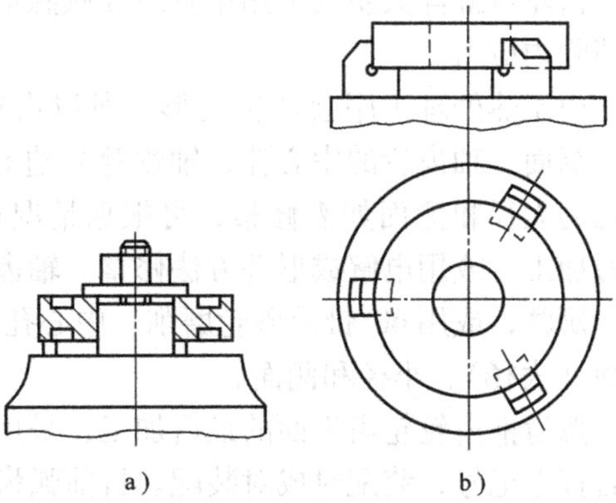

图 8-11　齿轮孔长径 $L/D<1$ 的盘形齿轮的定位

用中心孔在机床两顶尖间定位时，定心精度高；用两轴颈在弹性夹头里定位时，限于夹头结构的精度，定心精度比用中心孔在机床两顶尖间定位低，但夹紧力较大，安装刚度高。

4. 齿轮主要加工表面的工序安排

齿轮的机械加工主要划分为齿坯加工、轮齿齿面加工和热处理后的精加工三个阶段。

齿坯加工主要是为轮齿齿面加工准备好定位基准（基面），如齿轮的内孔和端面、轴齿轮的中心孔、轴颈外圆和端面。此外，还要加工外圆和一些次要的表面，如沟槽、倒角、螺纹以及其他非定位用端面等。因此，确定齿坯的加工方案，主要是确定内孔、外圆、端面等表面的加工方法及其加工顺序。

对于图 8-1a、b 所示的Ⅰ、Ⅱ类齿轮，一般先粗、精加工内孔到 H7 级精度（有时还要加工外端面），然后以内孔在心轴上定位，加工外圆、端面、沟槽和轮齿齿面等。对于图 8-1c、d 所示的Ⅲ、Ⅳ类齿轮，先以毛坯的一个端面和外圆作为粗基准（参见图 8-11b），在车床上加工非基准端面、内孔及外圆、沟槽等，然后调头加工内孔、基准端面、外圆及其他表面，使内孔精度达到 H7 级，并保证端面与内孔轴线的垂直度。

对于图 8-1e 所示的轴齿轮，首先加工作为定位基准的两端中心孔（为保证中心孔的加工质量，应先加工轴的两端面，参见图 8-12），然后以中心孔定位，车削外圆表面、端面等。轴的外圆表面和端面的粗、半精加工可在液压仿形车床和数控车床上加工，然后再加工其他表面，如花键、螺纹、键槽及小孔等，最后对轴颈进行精加工。

轴齿轮的轮齿齿面加工，如需以轴颈外圆及支承端面定位时，则要预先磨削轴颈外圆到 h6 级精度。对于后桥主减速器锥齿轮轴，还要同时磨削轴颈支承端面，以保证轴颈与支承端面间的位置公差的要求。

轮齿齿面的加工方案主要取决于齿轮的精度等级，同时考虑到齿轮的结构特点、生产类型及热处理方法等。

对 6 级和 7 级精度的汽车传力硬齿面圆柱齿轮轮齿齿面加工，广泛采用滚（或插）齿—热处理—磨齿工艺方案，对 7 级和 8 级低速齿轮或双联齿轮中的小齿轮轮齿齿面加工，可采用滚（或插）—剃齿—热处理—珩齿工艺方案。倒角工序在剃齿前进行，倒角时产生的毛刺可在剃齿时去除。但要注意大的毛刺有时会损坏剃齿刀。

钢制齿轮的淬火工序，主要是使齿面具有较高的硬度。而心部要保持一定的韧性。

齿轮局部淬火主要采用中频或高频感应加热，这时齿轮变形小。淬火后的齿轮要回火，以消除内应力。

由于热处理工序会产生变形，所以齿轮热处理后还需对定位基面和装配基准（内孔、基准端面、轴齿轮的中心孔、轴颈等）进行修整。内孔和端面一般使用内圆磨床磨削，花键孔的大径和侧面如需修整，可根据情况用推刀加工，或用电镀金刚石（或立方氮化硼）拉刀加工，或用电解成形等方法修整。轴齿轮中心孔的修整，需采用硬质合金顶尖加上磨料进行研磨，或用60°锥形砂轮磨削。中心孔修整后，再精磨轴颈外圆、支承端面、花键轴的外圆（大径）、小径和侧面。

弧齿锥齿轮轮齿齿面的最后加工，采用主、从动锥齿轮在研齿机上成对地进行对研，对研后打上记号，装配时成对装配。目前弧齿锥齿轮轮齿齿面热处理后的精加工已开始使用数控（CNC）磨齿机进行磨齿。

5. 汽车齿轮机械加工的工艺过程

影响齿轮加工工艺过程的因素很多，其中主要有生产类型、齿轮的精度要求、齿轮的结构形式，齿轮尺寸的大小、齿轮的材质和现有的设备情况等。

齿轮机械加工工艺过程，不同制造企业虽各不相同，但不论产量大小，归纳起来主要由以下几部分组成：定位基面（齿轮内孔及端面或轴齿轮端面及中心孔）的加工；外表面及其他表面的加工；轮齿齿面的粗、精加工；热处理；修复定位基面及精加工装配基准（内孔及端面、轴颈、花键等）；轮齿齿面进行热处理后的精加工。主要工序后，对工件进行清洗、中间检验及最终检验。

在大批大量生产条件下生产图8-6所示汽车同步器变速器第四速齿轮，基本上分为粗加工和精加工两个阶段。其主要工艺过程如表8-1所示。

表8-1　大批大量生产汽车同步器变速器第四速齿轮的工艺过程

工序号	工序内容	设备	工序号	工序内容	设备
1	(1)粗车小端外圆、端面 (2)粗车内孔、倒角	数控车床	6	滚齿	滚齿机
			7	齿端倒角	齿轮倒角机
2	(1)粗车大端外圆、端面 (2)粗车止口 (3)半精车内孔、倒角	数控车床	8	加工小端接合齿	高速插齿机
			9	钻3×ϕ4油孔	立式钻床
			10	清洗	喷淋式清洗机
3	(1)精车小端外圆、端面 (2)车端面空刀槽 (3)车锁环槽 (4)倒角	数控车床	11J	热处理前检查	
			12	热处理(渗碳淬火)	
			13	磨内孔及大端端面	内圆磨床
			14	磨小端端面	卧轴圆台平面磨床
4	(1)精车大端外圆、端面 (2)精车止口 (3)精车内孔 (4)车止口环槽、倒角	数控车床	15	磨齿	蜗杆砂轮磨齿机
			16	清洗	通过式清洗机
			17	对齿面强力喷丸	强力喷丸机
			18	磷化处理	磷化机
5J	中间检查		19J	最终检查	

在大批大量生产条件下加工图 8-7 所示汽车主减速器主动锥齿轮的主要工艺过程如表 8-2 所示。

表 8-2　大批大量生产汽车主减速器主动锥齿轮的工艺过程

工序号	工序内容	设　备
1	铣两端面、钻两端中心孔	铣端面钻中心孔机床
2	车轴颈外圆、背锥及端面	液压仿形车床（或数控车床）
3	车锥面及端面	液压仿形车床（或数控车床）
4	铣渐开线花键	花键铣床
5	精磨轴颈外圆及端面	端面外圆磨床
6	加工螺纹	套丝机
7J	中间检查	
8	粗切轮齿齿面	弧齿锥齿轮铣齿机
9	精切轮齿凸齿面	弧齿锥齿轮铣齿机
10	精切轮齿凹齿面	弧齿锥齿轮铣齿机
11J	中间检查	锥齿轮滚动检验机
12	热处理（渗碳淬火）及校正	
13	精磨轴颈及端面	端面外圆磨床
14J	最终检查	

三、齿轮主要表面的机械加工

1. 齿坯加工

带孔圆柱齿轮的齿坯加工，可在单轴、双轴或多轴数控机床上进行。双轴或多轴数控车床效率高，一般几个工作轴就相当于几台单轴半自动车床，每一轴都可实现多刀切削。

轴齿轮的齿坯是阶梯轴，因此其齿坯加工方法也近似于阶梯轴加工。

轴齿轮的定位基准是两端中心孔。钻中心孔前一般先加工轴的两端面，以防止因锻件的端面不平整使中心孔钻偏或折断中心孔钻头。

加工轴的端面和中心孔的方法，因生产类型和工厂的具体条件而异。小批或成批生产可先车端面或铣端面，然后再钻两端中心孔。大批大量生产时，可在双面铣端面钻中心孔机床上加工，如图 8-12 所示。这种机床是双面的，两面各有一个铣端面和钻中心孔的切削头，工件在夹具上定位夹紧后，装有夹具的工作台带动工件进给，先同时铣削两个端面；铣完端面后工作台在指定位置固定，此时两中心孔钻头的轴线恰好对准工件轴线，两边的切削头同时轴向进给钻出两端中心孔。

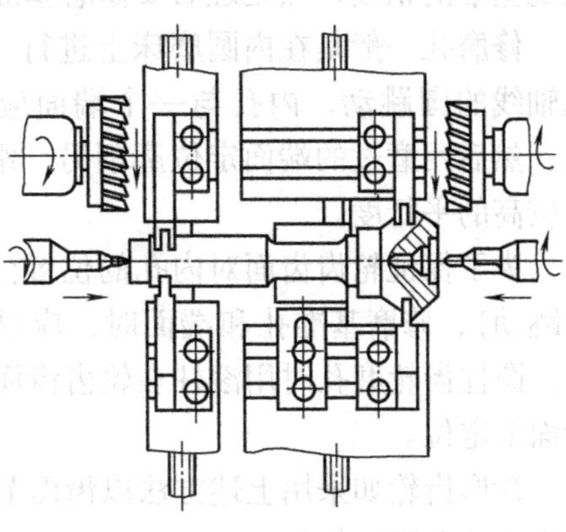

图 8-12　双面铣端面钻中心孔

轴齿轮齿坯外圆表面的加工，根据生产类型和工厂具体条件，可在卧式车床、液压仿形车床或数控车床上加工。

2. 齿端倒角加工

轮齿齿面加工后，还要进行齿端倒角。轮齿齿端倒角的形式有两种：一种是去掉弧齿锥齿轮或斜齿圆柱齿轮轮齿的锐角；另一种是加工变速器中与同步器接合套连接的连接齿齿端圆角。

弧齿锥齿轮和斜齿圆柱齿轮轮齿锐角部分（图 8-13 中 g 部分）的强度很低，齿面经过淬火后很脆，工作中锐角容易折断，故必须预先把锐角去除。图 8-13 所示为在齿轮倒角机上对斜齿圆柱齿轮轮齿倒锐角的简图。该机床在两个刀具主轴上各装一个刀头，同时切削齿轮两个端面上的斜齿锐角。工件连续旋转，刀杆轴按一定传动比连续切削，连续地切去所有的轮齿锐角。

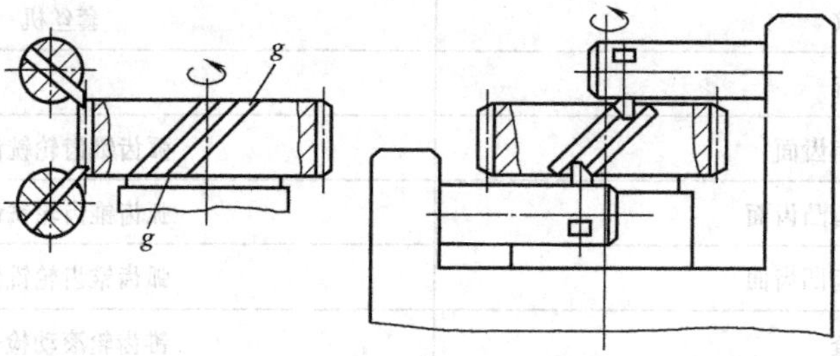

图 8-13　斜齿圆柱齿轮倒锐角简图

汽车变速器换挡时，为了使滑动接合齿轮容易啮合，其齿端要有圆角。常用的齿轮圆角形状如图 8-14a 所示。其加工方法如图 8-14b 所示，指状铣刀在旋转的同时，还作上下运动，工件作均匀旋转运动，两者符合一定的传动比关系。这样，刀具相对工件的运动轨迹为与工件齿数相协调的波浪形（图 8-14c），铣刀便在齿端铣出圆角。

3. 修磨基准孔和端面

作为齿轮定位基面的内孔和端面，热处理后其尺寸和形状都有一定的变化，轮齿的相对位置也有了新的误差。为了保证轮齿齿面最后精加工（如珩齿或磨齿）和装配基准的精度，热处理后要修磨基准孔和端面。

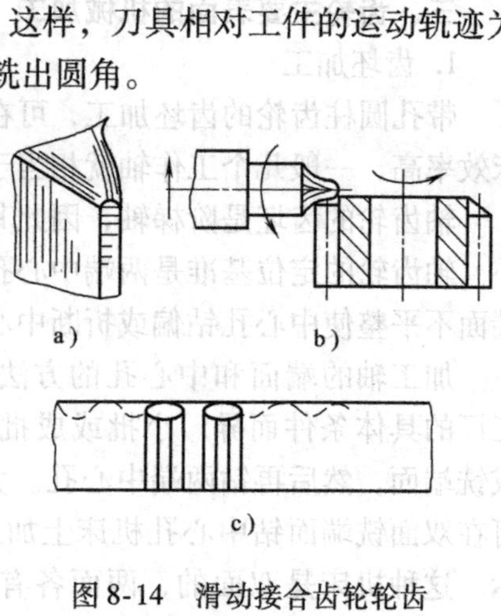

图 8-14　滑动接合齿轮轮齿齿端铣圆角

修磨孔一般是在内圆磨床上进行。为了减小端面对孔轴线的圆跳动，内孔与一个端面应在一次装夹中磨出；然后用磨过的端面定位磨削另一端面，以保证两端有较高的平行度。

为了保证轮齿齿面对内孔的位置公差（齿圈的径向圆跳动），修磨基准孔和端面时，应以齿面定位进行加工。圆柱齿轮磨孔时用滚柱在轮齿齿面上定位（参见图 2-55），锥齿轮磨孔时用钢球在轮齿齿面上定位。

盘形齿轮如采用上述方法以齿面节圆定位磨削内孔和一个端面，另一个端面则采用平面磨床或端面磨床加工。

为提高磨削效率，在大批大量生产中，轴齿轮热处理后外圆表面和轴肩的磨削广泛采用多砂轮磨削，即在一台外圆磨床上同时磨削多个台阶轴颈，且每个砂轮都应具有自动补偿装置。

四、齿轮的检验

在齿轮的加工过程中，一般要进行齿坯加工后的检验、热处理后的检验和最终检验。前两次是针对各项加工项目进行的中间检验，最终检验是对加工完成的齿轮作全面的检验。

齿轮的检验还可分为齿坯检验和切齿后的齿轮轮齿检验。

齿轮齿坯的精度主要是指齿轮基准面的精度，它对齿轮后续加工的加工精度影响很大，通过控制齿坯精度来保证齿轮的加工精度是一项有效的技术措施。齿坯的检验项目主要有齿轮定位基准孔径或轴颈直径的尺寸精度、基准面的径向圆跳动、基准面的端面圆跳动等。

齿轮的轮齿检验可根据齿轮副的使用要求和生产规模，按 GB/T 10095.1—2001 及 GB/T 10095.2—2001 中的规定，在三个公差组中的公差和极限偏差项目中选取其中的一个项目或一组项目来检验。例如可检验齿形误差、齿向误差、齿圈径向圆跳动和公法线长度。比较普通采用的检验方法是单项检验，常用的检验器具有万能齿轮测量机、螺旋线检查仪、齿圈径向圆跳动检查仪、齿轮噪声检查仪等。

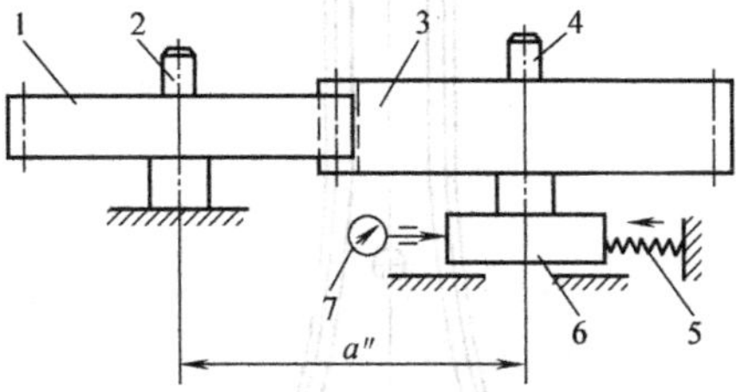

图 8-15 双面啮合综合检查仪工作原理图
1—被测齿轮 2—固定轴 3—测量齿轮 4—滑动轴 5—弹簧 6—滑座 7—指示表

上述单项检验的缺点是效率低。在大批大量生产中，在生产线上广泛采用综合检验。图 8-15 所示为齿轮双面啮合综合检查仪的工作原理图。被测齿轮 1 安装在固定轴 2 上，精密测量齿轮 3 安装在径向滑座 6 的轴 4 上，弹簧 5 使齿轮 1、3 作双面啮合。此时两齿轮中心距称为双面啮合中心距 a''。若被测齿轮在一齿或一周的转动中有误差（主要是径向误差），则此中心距会变动，该变动量可由指示表 7 读出，或由记录器记录。其测量误差综合反映了齿圈径向圆跳动误差、基节偏差和齿形误差。

第二节 连杆制造工艺

一、连杆的结构特点及结构工艺性分析

连杆是汽车活塞式发动机的主要零件之一，它主要由大头、小头和杆身三部分组成。大头为分开式结构，一半为连杆盖，另一半与杆身连为一体，通过连杆螺栓连结起来。连杆大头孔及轴瓦与曲轴连杆轴颈相配合，小头孔及衬套通过活塞销与活塞连接，将作用于活塞上的气体膨胀压力传给曲轴，又受曲轴驱动而带动活塞压缩气缸中的气体。

为了减少活塞销和连杆小头孔的磨损及磨损后便于修理，在连杆小头孔中压入青铜衬套。大头孔内装有轴瓦，以减小连杆大头孔和曲轴连杆轴颈之间的摩擦。为了减轻质量且使连杆又具有足够的强度和刚度，连杆杆身的截面多为工字形，其外表面不进行机械加工。

图 8-16 所示为汽车发动机连杆简图。大多数汽油发动机的连杆都是以垂直于杆身轴线的平面作为连杆体和连杆盖的接合面，称为直剖式或平切口连杆。有些柴油发动机的曲轴，

为满足高强度、刚度和减小轴承比压的需要，增大了连杆轴颈，致使连杆大头的外部尺寸略大于气缸直径，连杆大头不能从气缸孔中抽出。为了便于装卸，将连杆大头的接合面做成与连杆杆身轴线成45°或30°斜面（图8-17b、c、d），称为斜剖式或斜切口连杆。

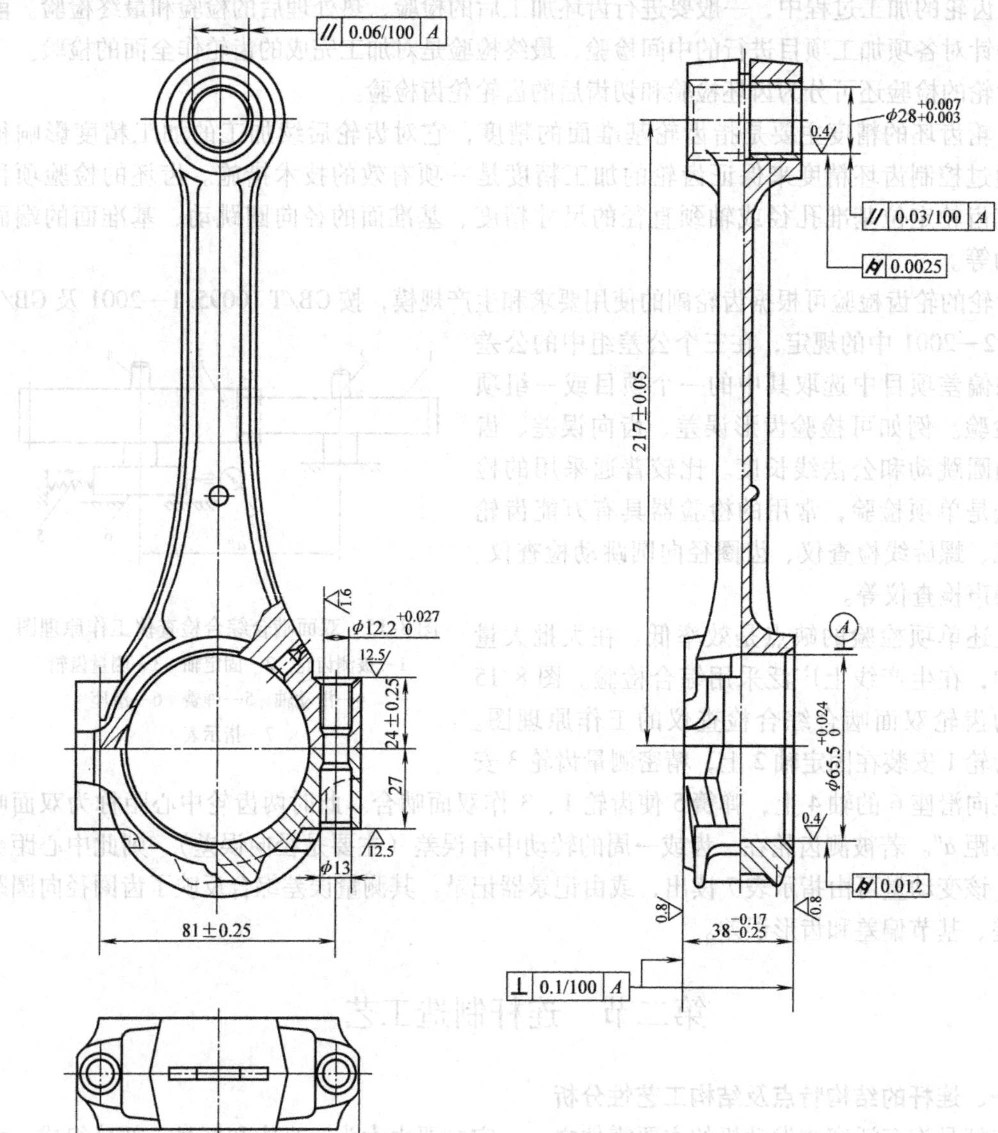

图8-16　汽车发动机连杆简图

连杆的大头和小头的端面一般与杆身对称中心平面对称，有些连杆在结构上设计出工艺凸台、中心孔等，作为机械加工时的辅助基准。

连杆的结构形式直接影响其机械加工工艺的可靠性与经济性。影响连杆结构工艺性的因素，除第七章对结构工艺性的一般分析外，主要有以下几方面：

1）连杆盖和连杆体的连接方式。连杆盖和连杆体的定位，传统的方法主要有连杆螺

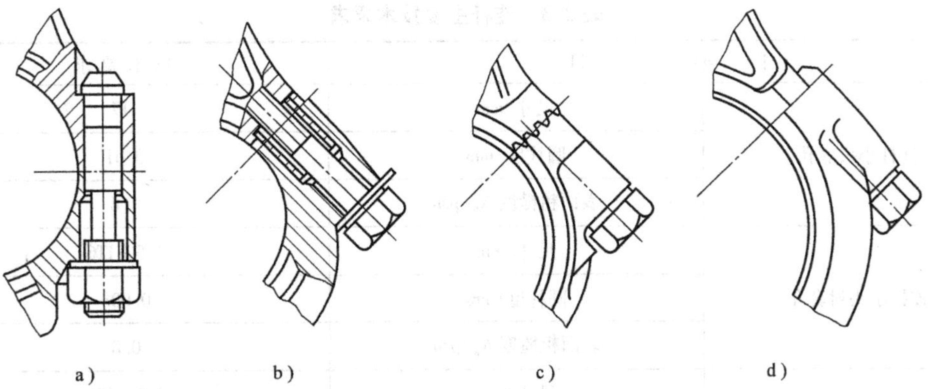

图 8-17　连杆盖和连杆体连接的定位方式

a）用连杆螺栓定位连接　b）用套筒定位连接　c）用齿形定位连接　d）用凸肩定位连接

栓、套筒、齿形和凸肩四种方式，斜切口连杆常用后三种方式，如图 8-17 所示。平切口连杆用连杆螺栓定位，螺栓和螺栓孔的尺寸公差要求都较高。用套筒定位，连杆体、连杆盖与套筒相配合孔的尺寸公差和孔中心距公差要求也都较高。用齿形或凸肩定位，接合稳定性好，制造工艺也简单，连杆螺栓孔为自由尺寸，接合面上的齿形或凸肩可采用拉削方法加工，适于大批大量生产；成批生产时，可采用铣削方法加工。

近些年来，国内外已开始采用裂解（亦称胀断）工艺，利用裂解中在接合面上形成的分离裂痕定位连杆盖和连杆体（详见后叙）。

2）连杆大、小头厚度。连杆大、小头端面对称分布在杆身对称平面的两侧。若大、小头厚度不等，两端面就不在一个平面上，用这样的不等高端面作为定位基准，必定会产生定位误差。因此，考虑到加工时的定位、加工中的运输等要求，连杆大、小头一般采用相等的厚度。对于不等厚度的连杆（小头比较薄），为了加工定位和夹紧的方便，在连杆加工中先按等厚度加工，最后再将连杆小头加工至所需厚度尺寸。

3）连杆杆身润滑油孔。活塞销与连杆小头衬套之间需要进行润滑，有些发动机连杆采用压力润滑。为此，在连杆杆身上钻有油孔，润滑油从连杆大头孔内沿杆身油孔通向小头衬套孔。油孔一般为 $\phi4 \sim \phi8$mm 的深孔。由于深孔加工困难，有些连杆以阶梯孔代替小直径通孔，从而改善了工艺性。大多数发动机连杆可以通过改变润滑方式，以避免深孔加工。例如改压力润滑为重力润滑。当发动机工作时，飞溅在活塞内腔顶部上的润滑油，由于自重落到连杆小头油孔或开口槽内，再经衬套上的小孔或槽流到活塞销的摩擦表面。这种润滑方式只需在连杆小头铣一开口槽或钻一小孔（参见图 7-17），因而避免了深孔加工。

二、连杆的机械加工工艺

1. 连杆的技术要求

目前对发动机连杆的主要技术要求如表 8-3 所示。

2. 连杆的材料和毛坯

发动机连杆的材料，一般采用 45 钢或 45Cr、35CrMo，并经调质处理，以提高其强度及抗冲击能力。也有采用非调质钢如 35MnVS，或采用 55 钢或球墨铸铁制造连杆的。使用非调质钢制造连杆可免去调质工艺，节约了工时和能源。

表 8-3　连杆主要技术要求

主　要　项　目		技术要求
连杆小头底孔	尺寸/mm	IT7
	圆柱度/mm	0.01
	表面粗糙度 R_a/μm	1.6
连杆小头衬套孔	尺寸/mm	IT5 ~ IT6
	圆柱度/mm	0.008
	表面粗糙度 R_a/μm	0.8
连杆大头底孔	尺寸/mm	IT5 ~ IT6
	圆柱度/mm	不超过尺寸公差
	表面粗糙度 R_a/μm	0.8
连杆小头孔中心距/mm		±（0.03 ~ 0.05）
连杆小头孔平行度/mm		0.02/100 ~ 0.06/100
连杆两端面	对大头轴线垂直度/mm	0.06/10 ~ 0.1/10
	厚度公差/mm	0.05 ~ 0.08
	表面粗糙度 R_a/μm	0.8
	平面度/mm	0.05
连杆质量公差/g		±3 ~ ±8

钢制连杆一般采用锻造方法制造毛坯。在大批大量生产中采用模锻。模锻时，一般分两个工序进行，即初锻和终锻，通常在切边后进行热校正。中、小型的连杆，其大、小头端面常进行精压，以提高毛坯精度和减小加工余量。模锻生产率高，但需要较大吨位的锻造设备。有的连杆采用辊锻—模锻工艺，其工艺过程为：辊锻制坯→热模锻（预锻、终锻）→切边、冲孔。20 世纪 80 年代以后，大批大量生产的连杆采用粉末冶金锻造法在汽车发动机上相继使用。粉末冶金锻造连杆的特点是力学性能优良，尺寸精度高，质量较轻及质量偏差很小等。

发动机连杆的毛坯主要有两种类型：连杆体与连杆盖合在一起的整体式锻件和连杆体、连杆盖分开的分开式锻件。分开锻造的连杆，金属纤维是连续的，因此具有较高的强度。整体锻造的连杆要增加切断连杆的工序，切断后连杆盖的纤维是断裂的，因而削弱了强度。但整体式连杆因为具有节材节能、锻造工艺简单且节省锻造模具以及接合面机械加工量小等特点而被广泛采用。尤其是裂解技术被采用后，整体式连杆毛坯得到了更广泛的应用。

3. 连杆机械加工的定位基准

连杆的结构工艺特点是：外形复杂，不易定位；大、小头由细长的杆身连接，刚度差，容易变形；尺寸、形状和位置公差要求很严格，表面粗糙度值小，这给连杆机械加工带来了许多困难。因此，定位基准的正确选择对保证加工精度是很重要的。如为保证大头孔与端面垂直，加工大、小头孔时应该以一固定端面作为定位基准。为区分作为定位基准的端面，通常在非定位端面的杆身和连杆盖上各锻造出一个凸点，作为标记（参见图 8-16）。在连杆加工中，大多数的工序是以大、小头端面，大头孔或小头孔，以及零件图中规定的工艺凸台作为精基准的。不同工艺凸台的连杆结构如图 8-18 所示。

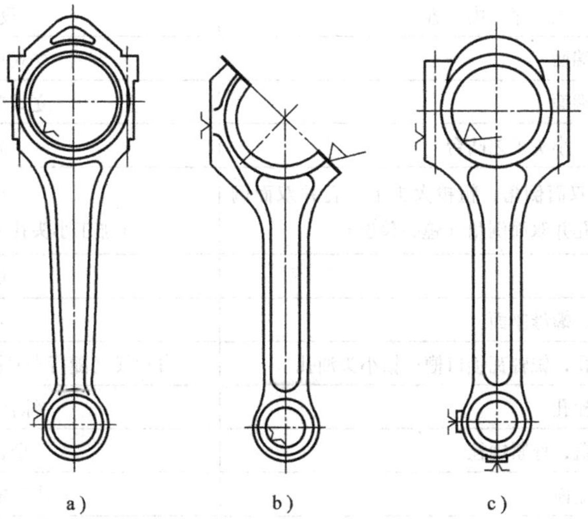

图 8-18　不同工艺凸台的连杆结构

图 8-18a 所示为小头侧面有工艺凸台的连杆，图示是用端面、大头孔和小头工艺凸台作为定位基准加工小头孔。图 8-18b 所示为大头侧面有工艺凸台的连杆，图示是用端面、小头孔和大头工艺凸台作为定位基准加工接合面。图 8-18c 所示为大、小头侧面和小头顶面有工艺凸台的连杆，图示是用端面和大小头工艺凸台作为定位基准加工大头孔（或小头孔），也可以同时加工大、小头孔。这种定位方式便于在自动线上的随行夹具中定位。

4. 连杆主要加工表面的工序安排

连杆的主要加工表面为大头孔、小头孔、端面、连杆盖与连杆体的接合面以及连杆螺栓孔；次要加工表面为油孔、锁口槽等；辅助基准为工艺凸台或中心孔。非机械加工技术要求有探伤和称重、去重。此外，还有检验、清洗、去毛刺等工序。

连杆大、小头两端面的加工一般采用粗铣→粗磨→精磨或粗磨→半精磨→精磨等加工工艺方案。

连杆小头底孔的加工，一般采用钻孔→拉孔→镗孔或钻孔→扩孔→铰孔等加工工艺方案；压入青铜衬套后，多以金刚镗（细镗）衬套内孔作为最后加工。

连杆大头孔的加工，一般采用粗镗→半精镗→精镗→珩磨工艺方案。连杆螺栓孔一般采用钻孔→扩孔→铰孔加工。为保证连杆主要表面的加工精度和表面粗糙度要求，连杆在机械加工时，粗加工、精加工和光整加工工序分阶段进行。

根据连杆的结构特点及机械加工要求，各表面的加工顺序大致可归纳如下：加工大、小头端面，加工定位基准孔（大、小头孔）和工艺凸台；粗、半精加工主要表面（包括大头孔、接合面及螺栓孔等）；把连杆盖和连杆体装配在一起，精加工连杆总成，校正连杆质量，对大、小头孔进行精加工和精整、光整加工。

连杆的加工工艺过程与采用的设备、生产纲领以及技术要求和资金状况有很大关系。表 8-4 所示为某企业采用整体模锻毛坯，在年生产纲领为 30 万件条件下的连杆主要机械加工工艺过程。

表 8-4　连杆的机械加工工艺过程

工序	工序内容	设备
10	磨大、小头第一端面	立式单轴圆台磨床
20	磨大、小头第二端面	立式单轴圆台磨床
30	拉削大头两侧面、小头工艺凸台	立式拉床
40	钻、镗小头孔并双面倒角；粗镗大头上半孔并双面倒角；粗镗大头下半孔并双面倒角（镗头移位）	组合镗床（加工小头孔采用钻镗复合刀具）
50	切断	切断机床
60	同时拉削接合面、螺母座面	立式拉床
70	钻、扩、铰螺栓孔；铣轴瓦锁口槽；钻小头油孔	自动线（随行夹具同时装夹连杆体和连杆盖）
80	测量接合面及螺栓孔	综合自动测量仪
90	装配连杆及连杆盖，拧紧螺栓	全自动拧紧机
100	精磨大、小头两端面	立式双轴圆台平面磨床
110	称重、去重	称重、去重机
120	精镗连杆小头底孔；压铜套、打标记号；同时精镗小头铜套孔及大头孔	三工位组合机床
130	端面、大小头孔及去重块处去毛刺	全自动去毛刺机
140	检查大、小头孔的孔径尺寸、圆度、圆柱度、平行度及大头端面的厚度	综合自动测量仪

三、连杆主要表面的机械加工

1. 连杆大、小头端面的加工

连杆大、小头端面是连杆机械加工中的主要定位基准，应首先加工出该平面。根据连杆毛坯的尺寸精度和加工余量大小，可以采用铣削和磨削加工。在成批生产时，由于毛坯精度较低和加工余量较大，一般采用铣削加工，可以在立式组合铣床和立式圆工作台平面铣床上使用硬质合金可转位面铣刀进行铣削加工。在立式圆工作台平面铣床上加工时，因为连续转动的圆形工作台上可安装多套铣床夹具，铣削是连续的，装夹工件和铣削加工又是同时进行的，所以生产率较高。但是铣削时铣刀切削是间断的，易发生振动，对加工质量有一定影响。

在大批大量生产时，由于连杆毛坯精度高，加工余量较小，所以多采用端面磨削方法直接磨削连杆大、小头端面。连杆大、小头端面的磨削加工有两种方式：

1）在立轴多砂轮圆形工作台平面磨床上磨削。这种平面磨床具有双砂轮或三砂轮或五砂轮布置形式，其圆形工作台上可以安装多套磨床夹具。每套磨床夹具上有两个工件装夹位置。磨削时，以两个端面互为基准，分两个工步进行磨削。第一工步是以无凸点标记的一侧端面（非定位基准面）作为定位基准，加工有凸点标记的一侧端面；第二工步时，连杆翻转180°，以有凸点标记一侧端面定位，加工无凸点标记的一侧端面。磨削时圆形工作台连续回转，被加工连杆随工作台回转两周，经一次翻转，完成大、小头两端面的磨削。因为圆形工作台上装有多套磨床夹具，并且磨削加工与装卸工件时间重合，所以生产率很高。由于这类平面磨床有多个砂轮，一个端面的加工余量经多次顺序磨削；又由于被加工连杆在第二工步磨削的端面，是以磨削过的有凸点标记一侧端面定位的，所以经端面磨削的定位基准端面的加工质量较高。后续工序均用这一侧端面（无凸点标记的）定位，遵循了基准统一原则，有利于保证后续工序的加工精度。图 8-19 所示为立式五轴圆形工作台平面磨床磨削连杆端面的示意图。砂轮 1、2、3 磨削连杆大头端面，砂轮 4 及 5 磨削小头端面。这种磨削可磨削等厚和不等厚大、小头端面。

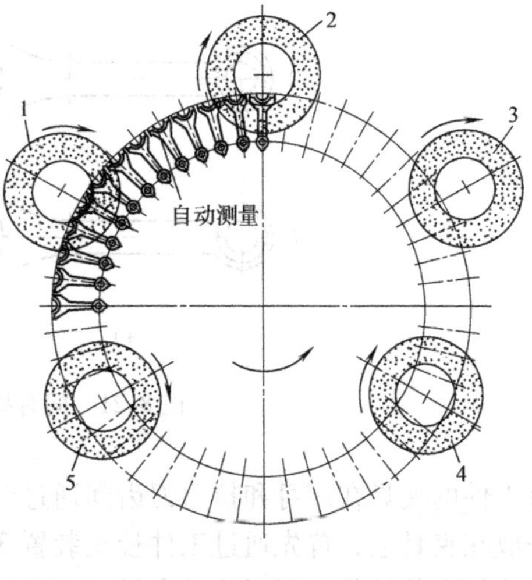

图 8-19　立式五轴圆形工作台平面磨床磨削连杆大、小头端面示意图

2）在卧式对置双砂轮平面磨床上同时磨削连杆大、小头两端面。图 8-20 所示为卧式对置双砂轮同时磨削连杆大、小头两端面的示意图。在这种平面磨床上，中间有一个大直径的轮毂转盘，在轮毂转盘上装有多套磨床夹具。由于被加工连杆在一次装夹中由两边对置的砂轮同时磨削连杆大、小头两端面，并磨削端面与装卸工件时间重合，因此这种磨削具有更高的生产率和两端面间的平行度精度。为保证大、小头两端面对杆身对称中心平面的对称，在磨削端面之前，以连杆杆身定位，加工出中心孔；在磨削大、小头端面时，将已加工中心孔的连杆安装在转盘的磨床夹具上，在接近砂轮时自动夹紧，在接近卸件位置时自动松开。

2. 连杆辅助基准和其他平面的加工

辅助基准主要是指连杆的工艺凸台和连杆侧面。其他平面指的是连杆盖与连杆体的接合面和连杆盖、连杆体上与螺栓头、螺母的支承面等。虽然这些表面的加工面积不大，但其加工部位分散、数量多，因此生产效率是个很重要的问题。这些表面常采用铣削或拉削加工，接合面的精加工一般采用高效磨削。

在拉削中，有在双滑枕立式外拉床和卧式连续式拉床上拉削两种方式。在立式外拉床上拉削时，为提高生产率和保证各加工表面的位置精度，常将几个表面组合起来同时进行拉削。根据连杆结构的不同，有不同的组合加工方式。图 8-21 所示为分开锻造的毛坯，对连杆大头侧面、半圆孔和接合面等表面的组合拉削方式。连杆体侧面、半圆孔、接合面和螺栓头支承面有两种组合拉削方式（图 8-21a、b），每种方式都由两个工步完成。加工上述表面时，是以小头孔、连杆体大小头端面和大头外形表面定位的。

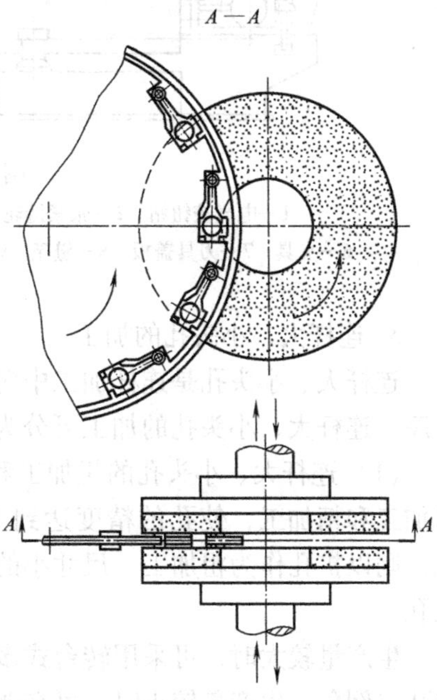

图 8-20　卧式对置双砂轮磨削连杆大、小头端面示意图

图 8-22 所示为卧式连续拉床示意图。电动机 9 通过传动带使主传动链轮 11 旋转，夹具 6 连接在链条 8 上，组合式拉刀安装在刀具盖板 7 内。当链条带动装

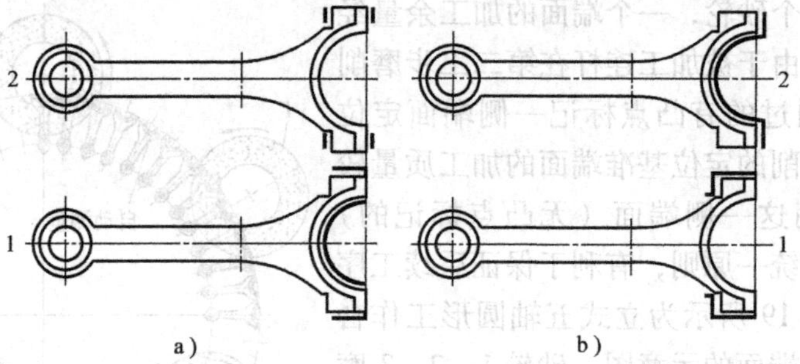

图 8-21　同时拉削连杆体各表面的组合方式

有工件的夹具在床身和拉刀刀齿间通过时，就逐渐地对工件进行拉削。加工时，被拉削的连杆放在夹具上，首先通过工件校正装置 3，校正连杆的位置；然后经过毛坯检验装置 4，如果连杆安装的位置不正确或余量过大，连杆外表面就会碰到毛坯检验装置 4，作用于微动开关，使机床运动停止，以防止拉刀和拉床损坏；夹具通过时，夹紧用撞块 5 使连杆得到夹紧。拉削完毕，夹具碰到松开用撞块 10，将连杆松开，当夹具在翻转状态时，连杆从夹具中脱落，进入下料机构 12。用连续式拉床加工，装卸工件的时间与拉削时间重合，并能实现多工件顺序拉削，所以生产率很高。但连续式拉床的机床导轨易磨损，传动链条易松动，使机床的可靠性受到影响。

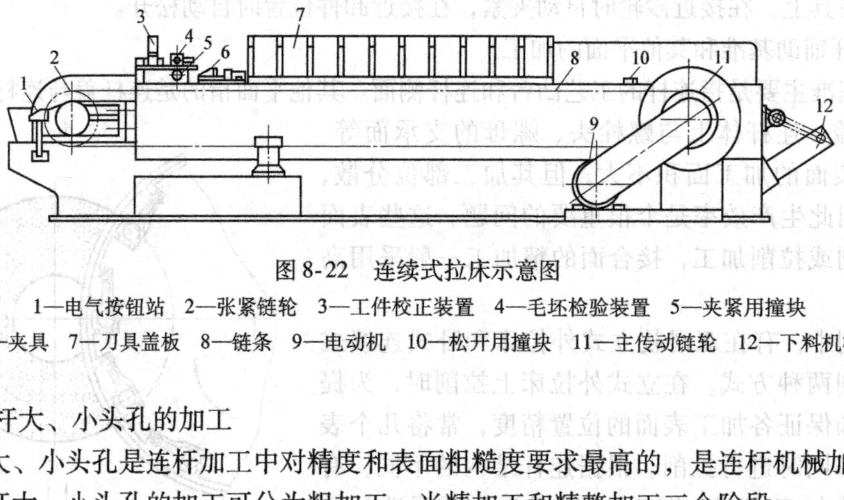

图 8-22　连续式拉床示意图

1—电气按钮站　2—张紧链轮　3—工件校正装置　4—毛坯检验装置　5—夹紧用撞块　6—夹具　7—刀具盖板　8—链条　9—电动机　10—松开用撞块　11—主传动链轮　12—下料机构

3. 连杆大、小头孔的加工

连杆大、小头孔是连杆加工中对精度和表面粗糙度要求最高的，是连杆机械加工的重要工序。连杆大、小头孔的加工可分为粗加工、半精加工和精整加工三个阶段。

（1）连杆大、小头孔的粗加工和半精加工　在连杆的端面加工后，接着进行小头孔的粗加工和精加工，使孔的精度达到 H7 级，以满足作为定位基准的需要。如果毛坯已冲出孔，则以扩孔作为粗加工。尺寸小的连杆毛坯没有预制孔，需要先钻孔、扩孔，然后铰孔或拉孔。

生产量较大时，可采用转台式多工位组合机床完成小头孔的钻孔或扩孔、铰孔或镗孔以及孔口倒角。生产量较小时，可在普通立式钻床上，在一个工序中顺序完成钻、扩、铰孔。加工时，用小头非加工外圆定位以保证孔的壁厚均匀。

对于整体式连杆毛坯，大头孔的粗加工可在切断连杆前或切断连杆盖后进行。若在切断前进行加工，要通过偏心扩孔或偏心镗孔加工出椭圆孔。

多数情况下，大头孔是在切断连杆盖后，并和连杆体合并在一起进行加工。生产量较大时，用多轴镗头和多工位夹具或多工位机床进行加工。大量生产时，可在连杆盖切断后，在连续式拉床上将大头侧面、半圆孔和接合面等一起进行组合拉削；或者在几台连续式拉床上分别拉削大头侧面、螺栓头及螺母的支承面，切断连杆盖和拉削连杆盖、连杆体的接合面、半圆孔。

近年来，加工中心和由加工中心组成的柔性生产线在连杆大、小头孔加工方面的应用越来越广泛，以满足柔性生产的需要。

(2) 连杆大、小头孔的精加工和精整、光整加工　连杆大头孔半精加工、精加工和精整、光整加工是在连杆体和连杆盖组装后进行的；而小头孔因为在组装前已加工到一定的尺寸精度，所以组装后直接进行精加工。

一般小头底孔和衬套孔采用金钢镗（细镗），大头孔多采用金钢镗（细镗）及珩磨加工。此外，有的连杆小头底孔拉削后，不再进行金刚镗孔，仅金刚镗大头孔；有的连杆小头底孔、大头孔均经珩磨；有的则以脉冲式滚压代替珩磨；有的连杆直接利用双轴精密镗床对大、小头孔进行精加工。此类设备带有自动检测、自动补偿系统，可以在一次加工中保证各项精度，比珩磨效率高、废品率低。

连杆大、小头孔的精加工一般有两种方案：

1）大、小头孔同时加工。大、小头孔同时加工可在专用的卧式双轴金钢镗床或精密镗床上进行。加工时连杆以大小头端面、小头孔和大头侧面定位，小头孔内的定位销在工件夹紧后抽出，即可同时对大、小头孔进行加工。这种加工依靠机床和镗床夹具来保证大、小头孔的中心距要求和提高生产率，但对机床镗头的调整有较高的要求。

近年来，在加工中心上同时半精镗、精镗连杆大、小头孔的方法应用越来越广泛。

2）大、小头孔分别加工。这种方法的加工质量在很大程度上取决于镗床夹具的制造精度和定位的准确性。与大、小头孔同时加工相比，该方法机床和夹具的调整较容易；由于是单孔加工，产生的切削力小，引起的工艺系统的振动较小。但由于工件多次定位及工件夹紧变形造成的误差较大。

4. 连杆接合面裂解加工工艺

连杆接合面裂解（亦称连杆胀断）技术是20世纪90年代出现的一种先进的连杆加工新技术，它从根本上改变了连杆的传统加工工艺。

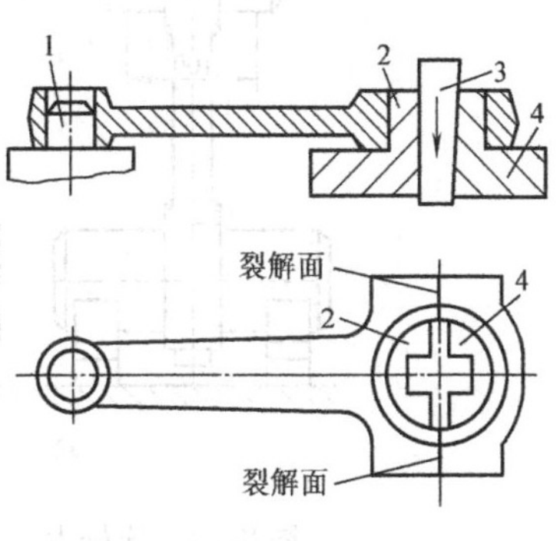

图8-23　连杆结合面的裂解原理图
1—定位销　2、4—裂解套　3—楔形压头

连杆裂解技术的原理是利用人为的初始断裂源（在大头孔内用拉刀加工出V形槽或用激光加工出矩形槽，称为应力集中槽），然后采用一个楔形压头压入连杆大头孔（连杆大头孔与压头之间还有一对半圆裂解套，亦称胀块），当压头向下移动时，初始裂痕由内孔向外不断扩展，直至将大头孔沿裂痕断开，使连杆体与连杆盖分离（图8-23）。然后再利用断裂面凹谷、凸峰交错的特征，将分离后的连杆体与连杆盖精确复位，最后在断裂面完全啮合的条件下，完成定力矩拧紧螺栓工序。加工裂解槽、裂解、定力矩拧紧螺栓，以及压衬套、倒角

可在一台专用的裂解设备上完成。

连杆裂解加工对连杆的材料要求较高，要求其塑性变形小、强度较好、脆性适中。目前用于裂解连杆的主要材料为粉末烧结材料、高碳微合金非调质钢、球墨铸铁及可锻铸铁，其中高碳微合金非调质钢（如 C70S6）和粉末烧结材料应用最广。

采用裂解工艺的连杆毛坯其形状和尺寸与传统工艺的连杆毛坯无太大区别，但为了减少裂解过程中的裂解力及裂解时大头孔的变形，在不影响断裂面啮合准确性的情况下，应尽量减小大头孔中心截面处的断裂截面积。

裂解加工连杆的主要工艺过程为：粗磨连杆两端面→粗镗及半精镗大、小头孔→钻、攻螺纹孔→加工裂解槽→裂解→装配螺栓→压衬套并精整、光整加工衬套→精磨连杆两端面→半精镗及精镗大、小头孔→铰珩小头孔→清洗→检验。

与传统加工工艺相对比，连杆裂解加工能够保证接合面精确地定位相接，以整体加工代替了分体加工，省去了接合面的加工，同时简化了连杆螺栓孔的结构设计，降低了对螺栓孔的加工要求，省去了螺栓孔的精加工和加工设备，并且具有节材省能、产品质量高、生产成本低等优点。

四、连杆的检验

连杆的检验主要分为连杆盖、连杆体和连杆总成的检验。在连杆体的检验中，对连杆小头孔的孔径尺寸用气动量规检验，对小头孔轴线与端面的垂直度、接合面到小头孔的中心距及对端面的垂直度均采用专用检具检验。在连杆总成的检验中，主要检查各主要表面的尺寸及位置精度，例如大、小头孔的直径尺寸（使用气动量规进行检验，并对小头衬套孔尺寸进行分组），大、小头孔的中心距和大、小头孔轴线在两个相互垂直方向的平行度（使用专用检具进行检验）等。图 8-24 所示为连杆大、小头孔轴心线在两个相互垂直方向平行度的常规检验方法。检验前先在连杆大、小头孔内插入检验心轴，然后将插入检验心轴的连杆总成放在高精度的两等高 V 形块上，用图 8-24a、b 所示方法检验大、小头孔中心距和大、小头孔轴线在两个相互垂直方向上的平行度误差。

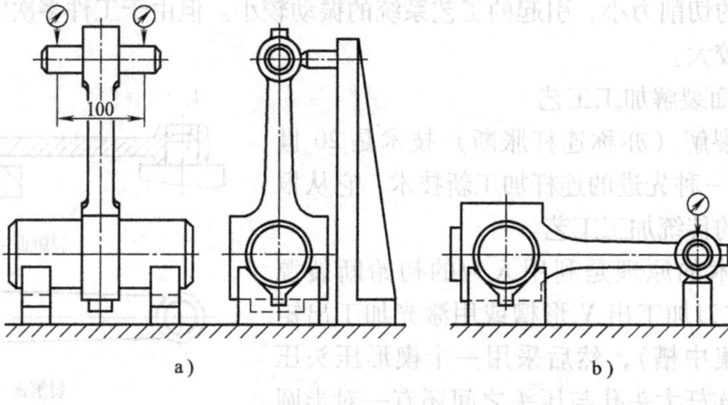

图 8-24　连杆大、小头孔在两个相互垂直方向平行度的检验方法

除了上述传统的生产线外检验方法外，在大量生产的自动化生产过程中，在自动线上设有切削加工的检测工位，在工件未加工前对其测量，按测量的数值不同，采用不同的加工参数进行加工。在关键设备，如连杆精镗、珩磨和平面磨削等设备上采用主动测量、自动补偿装置对加工尺寸进行实时修正，使实际尺寸持久地保持在公差带中心附近。

在大量生产的条件下，连杆在加工完成时采用连杆综合自动检查机进行检测，对连杆关键部位尺寸和形状、位置精度需要进行100%的检测。连杆综合自动检查机检测的特点是可进行多项检测，并且检测精度高，生产率和自动化程度高。

第三节　箱体零件制造工艺

一、箱体零件的结构特点及结构工艺性分析

箱体零件是机器或部件的基础零件，它的功用是把有关零件连接成一个整体，保证这些零件占据正确的相对位置，使之能彼此协调地工作。因此，箱体零件的加工精度将直接影响到有关零件相互位置的准确性，进而影响整机的使用性能和寿命。

箱体零件按其结构形状可分为两大类。一类是带有法兰的回转体型零件，如汽车水泵壳体、差速器壳体、后桥壳体等；另一类是方（平面）型箱体零件，如汽车发动机缸体（柴油机机体）、变速器箱（壳）体等。这些零件共同的主要特点是：结构形状复杂，尺寸较大，壁厚较薄，刚度较低，需要加工多个精度要求较高的平面和孔系。此外，还要加工较多供联接用的螺纹孔等。

本节将着重讨论方型箱体零件的机械加工工艺。

箱体零件的机械加工质量要求高、加工工作量大，因此箱体零件的结构应具有良好的机械加工工艺性，使之能采用既简单又经济合理的机械加工工艺。对于典型的箱体零件而言，需要加工的部位主要是平面和孔系，因此这些平面和孔的结构和配置形式是影响箱体零件机械加工结构工艺性的主要因素。箱体零件的机械加工工艺性，除应符合第七章对结构工艺性的一般要求外，还应注意以下几个方面：

1）箱体零件主要孔的基本形式及其工艺性。箱体零件主要孔的形式如图8-25所示，可概括为通孔（图8-25a～f）、阶梯孔（图8-25g）及不通孔（图8-25h）三大类，通孔最为常见。当孔的长径比 $L/D=1\sim1.5$ 时，为短圆柱孔（图8-25a），这种孔的工艺性最好；当 $L/D>5$ 时为深孔（图8-25b），深孔加工困难，工艺性较差；具有环槽的通孔（图8-25f），因加工环槽需要具有径向进刀的镗杆，所以工艺性较差；阶梯孔（图8-25g）的工艺性与孔径比有关，孔径比相差越小，工艺性越好，若孔径比相差很大，而其中最小的孔径比又很小，则接近于不通孔，工艺性就很差；不通孔（图8-25h）比较少见，其工艺性最差；交叉孔（图8-25c）、轴线与端面不垂直的孔（图8-25d）以及剖分孔（图8-25e，如气缸体主轴承座孔）的工艺性都不好。

此外，在箱体零件上还有许多螺纹孔，如果这些螺纹孔尺寸规格繁多，则会给加工带来不少困难。产品设计时，应尽可能减少螺纹孔的规格，以减少刀具规格和提高汽车零件的标准化程度。

2）箱体上同轴线各孔的工艺性。同轴线上各孔的工艺性，不仅与生产类型有关，而且与加工方案也有关。为了提高生产率，在用组合机床大批大量生产时，各孔在同一次工作行程中能用多把刀具同时镗出，因此，要求相邻孔的毛坯直径能使加工小孔用的镗刀自由通过，如图8-26a所示，否则会给加工带来一定困难和影响生产率的提高。图8-26c所示为各孔直径相同，在成批生产加工时，为提高生产率，机床夹具要采用工件抬起机构和主轴定向机构。设计中应避免图8-26b所示的同轴线上的孔径分布形式。

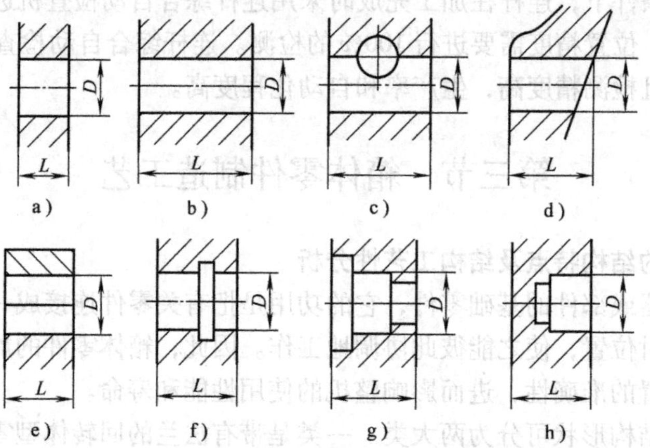

图 8-25　箱体零件主要孔的基本型式

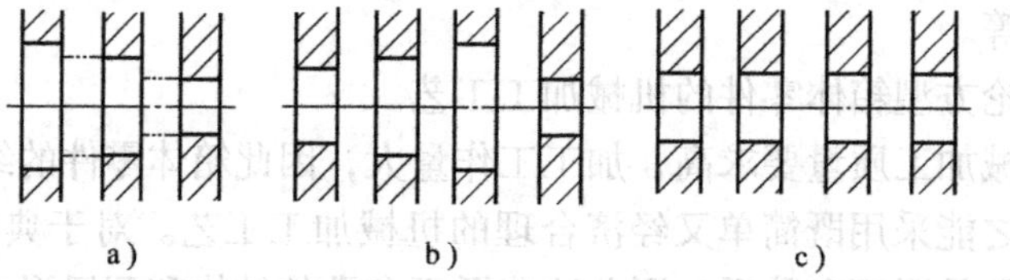

图 8-26　同轴线上孔径大小的分布形式

3）箱体上孔中心距的大小的工艺性。若箱体上各孔是逐个进行加工的，孔中心距离大小不受限制。但用组合机床成批大量生产时，孔中心距就不能太小。这是因为采用组合镗床进行加工时，在同一面上的许多孔，使用在一个多轴主轴箱上装有多把刀具的镗杆在一次工作行程中加工出来。由于布置主轴轴承的需要，中心距离不应太小，如在箱体上同时钻两个直径 10mm 以下的孔，则两孔最小中心距应不小于 24mm 等。

为了保证孔的形状公差，孔中心距的大小也要给予足够重视。如图 8-27 所示为变速器箱体上一要求较高的轴承座孔，其周围分布一些联接用的螺纹孔。由于螺纹孔距轴承座孔边缘太近，所以攻螺纹后因变形影响往往产生轴承座孔表面形状误差。

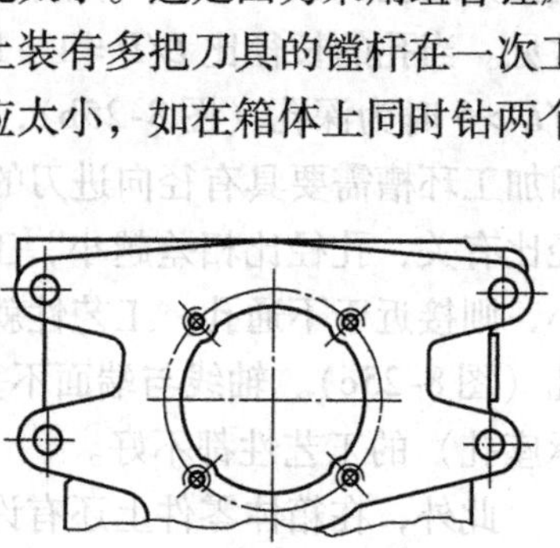

图 8-27　加工螺纹孔影响轴承座孔表面形状误差示意图

4）箱体上孔与平面布置的工艺性。当孔与平面不垂直（图 8-25d）而用定尺寸刀具进行加工时，由于刀具上所受的径向力不均匀，刀具容易发生引偏，从而影响孔的位置精度。因此，孔轴线应该与平面垂直。对于平面型箱体零件，应尽量避免在六面体的各个面上都有要加工的孔，否则，就必须将工件多次装夹或增加机床台数。

箱体零件结构形状应具有足够的刚性和稳定的定位基面，使之容易保证加工精度，也适合于在自动线上进行加工。

二、箱体零件的机械加工工艺

1. 箱体零件的主要技术要求

汽车上箱体零件的技术要求，除了对毛坯进行规定（如铸件的硬度、起模斜度、圆角半径以及对气孔、沙眼、裂纹等毛坯缺陷的限制）外，对主要孔和平面均有较高的技术要求，归纳起来包括：主要孔孔径的尺寸公差、形状公差和表面粗糙度；主要孔之间、主要孔与主要平面的位置公差，包括孔与孔之间的中心距、平行度、同轴度、垂直度以及孔与平面的垂直度公差等；主要平面的尺寸公差、平面度和表面粗糙度。

以图 8-28 所示某汽车变速器箱体零件为例，其主要技术要求如下：

1）主要孔（轴承座孔）的尺寸公差为 1T6；表面粗糙度为 $R_a1.6\mu m$。

2）轴线 *LL* 与轴线 *MM* 之间在水平、垂直两个平面内的平行度公差为 0.04mm。

3）前、后端面 *D*、*E* 的平面度均为 0.08mm，表面粗糙度为 $R_a3.2\mu m$；*D*、*E* 面对 *LL*、*MM* 轴线的垂直度为 0.08mm。

4）主要孔间的中心距公差为 0.07mm。

2. 箱体零件的材料和毛坯

变速器箱体零件受汽车行驶路况的影响，工作条件恶劣，其本身的外部轮廓及内腔形状复杂，因此，载货汽车箱体毛坯材料选用减振性能优良、易成形、切削性能优良、成本低的灰铸铁。一些轿车上的箱体零件，为了减轻质量，用铝合金或镁合金铸造。

灰铸铁毛坯的铸造方法，取决于生产类型和毛坯的尺寸。在单件小批生产中，多采用木模手工造型铸造；在大批大量生产中，广泛采用金属模机器造型铸造，毛坯的尺寸误差和表面粗糙度值较小。铝合金和镁合金箱壳体零件毛坯，广泛采用压力铸造，铸件尺寸精度高，表面光洁，生产率高，加工余量小，铸件质量稳定等。

由于箱体零件结构复杂，毛坯中常有较大的铸造内应力。为了减小铸件内应力对机械加工质量的影响和改善切削性能，毛坯在机械加工之前要进行去除内应力热处理。

图 8-28 所示的变速器箱体的材料为 HT200 灰铸铁，浇铸后在砂型中保温 20 ~ 30min，然后自然冷却消除内应力，最终经过喷丸处理。

3. 箱体零件机械加工的定位基准

加工箱体零件时，粗基准与精基准之间必须有一定的尺寸联系，以保证各轴承座孔的加工余量均匀，并使装入箱体内的全部零件与不加工的箱体内壁有足够的间隙。加工箱体时，精基准要尽可能满足基准重合以及基准统一原则，以减小定位误差和避免加工过程中各工序的误差累积，从而保证箱体的加工精度。

箱体加工的精基准，最常见的有以下两种方案。一种方案是用一个平面和该平面上的两个工艺孔定位，即通常所说的“一面两孔”定位，一般工艺孔的孔径尺寸公差采用 IT7，两孔中心距极限偏差 ±（0.03 ~ 0.05）mm；另一种方案是用三个相互垂直的平面作定位基准，如图 8-29 所示，该方案可避免在工序较多的情况下造成工艺孔损坏，进而影响加工精度。

有些箱体零件没有良好的定位基面，工件上的一些已加工表面由于不便于工件装夹，或不便于按工序集中方法在一次装夹中加工多个表面，这时可在工件上增加工艺凸台或工艺用支承平面，或者将工件固定在专用的定位拖板（随行夹具）上，然后再在机床上定位加工。图 8-30 所示就是气缸体采用专用拖板（随行夹具）上定位的实例。首先将气缸体固定在专用的定位拖板（随行夹具）上，然后将气缸体和定位拖板（随行夹具）一起装夹到各机床夹具上，以定位拖板（随行夹具）底平面及其上的两个销孔进行定位。

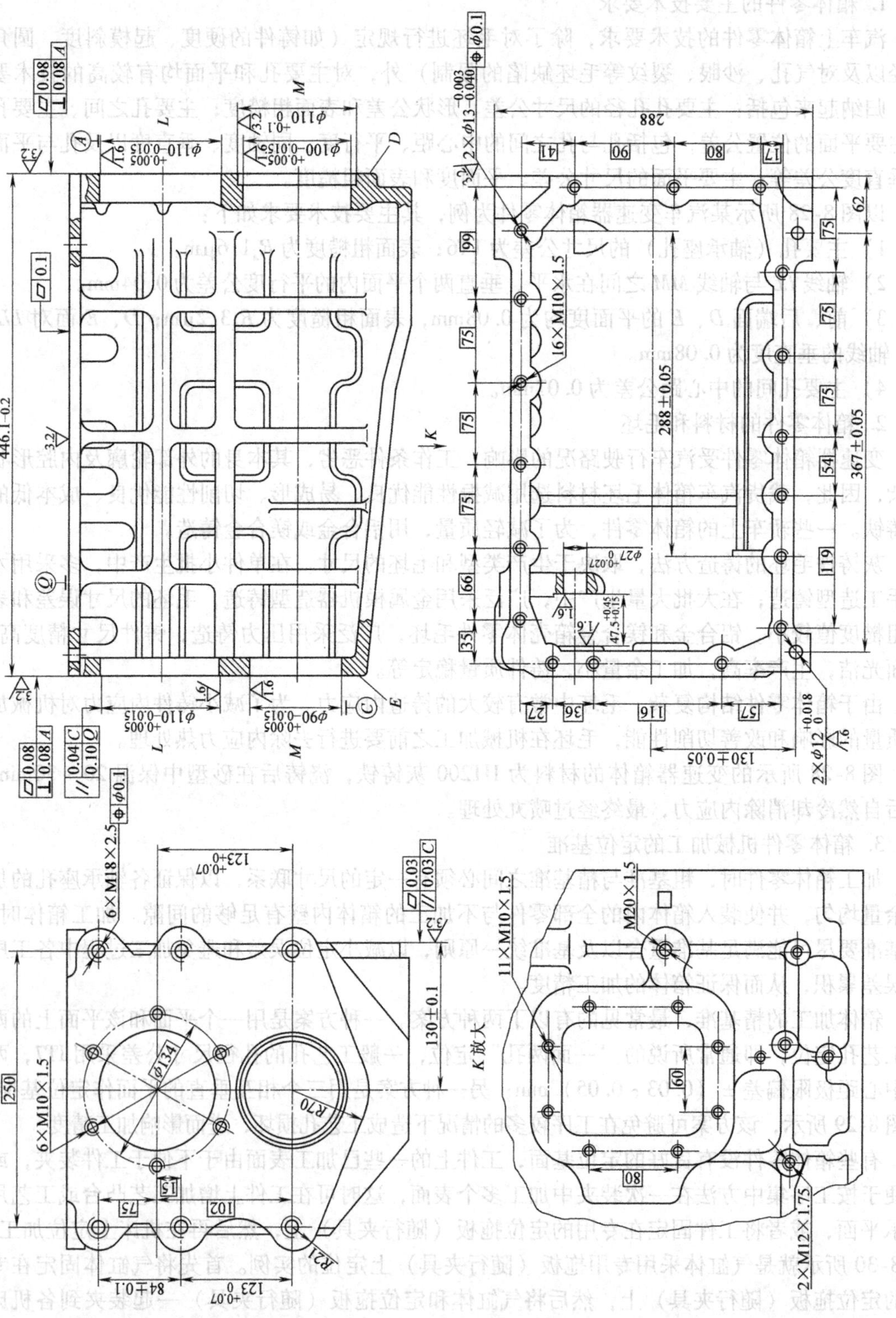

图 8-28 汽车变速器箱体简图

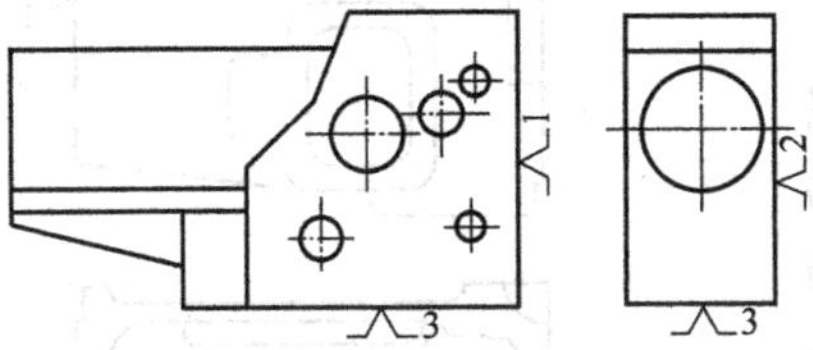

图 8-29 用三个平面作精基准加工箱体零件示意图

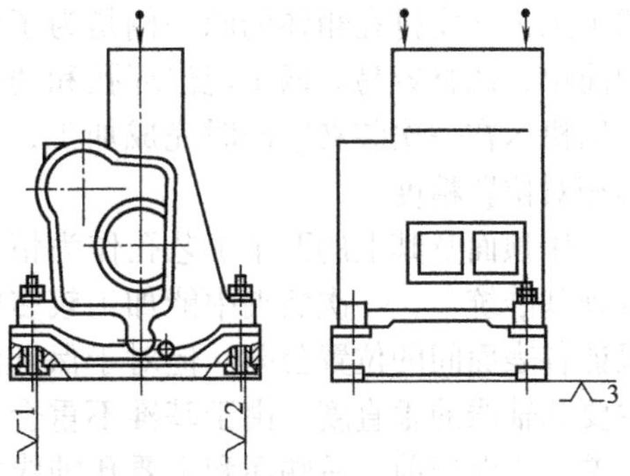

图 8-30 气缸体装在定位拖板（随行夹具）上的定位方法

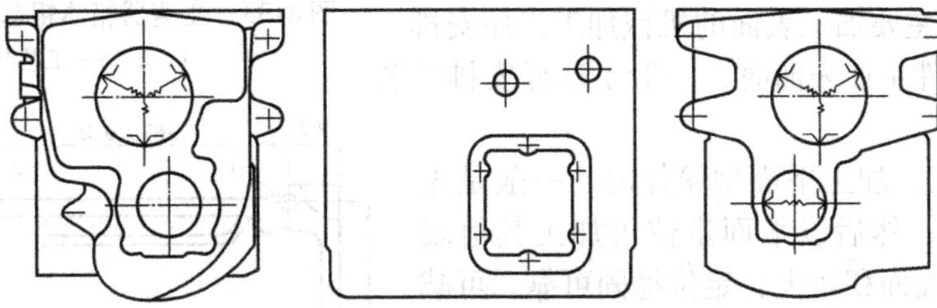

图 8-31 加工变速器箱体顶面的粗基准

汽车变速器箱体粗基准的选择有两种方式。第一种方式是用前、后端面上的两个同轴线轴承座孔和另一轴承座孔为粗基准加工顶面（图 8-31），然后再用变速器箱体内壁作粗基准（以顶面作精基准）加工顶面上的两个工艺孔 E（图 8-32），以后再利用顶面和这两个工艺孔作精基准进行其他表面加工，这样就可以保证轴承座孔的加工余量均匀，以及箱体内的零件与内壁间有足够的间隙。但此方式在加工顶面时夹具结构复杂，装夹不便，工件稳定性差。第二种方式是在变速器箱体的毛坯上铸造出专门的工艺凸台，以该工艺凸台作为加工顶面的粗基准，而加工两工艺孔的定位基准选择同第一种方式。第二种方式要求工艺凸台与主要加工表面的毛坯面之间保证较严公差的尺寸联系。图 8-28 所示箱体的粗基准就是选择的这种方式，如图 8-33 所示。此种粗基准选择方式可保证主要加工平面及轴承座孔有足够且较均匀的加工余量，并且使工件定位稳定及夹紧可靠。

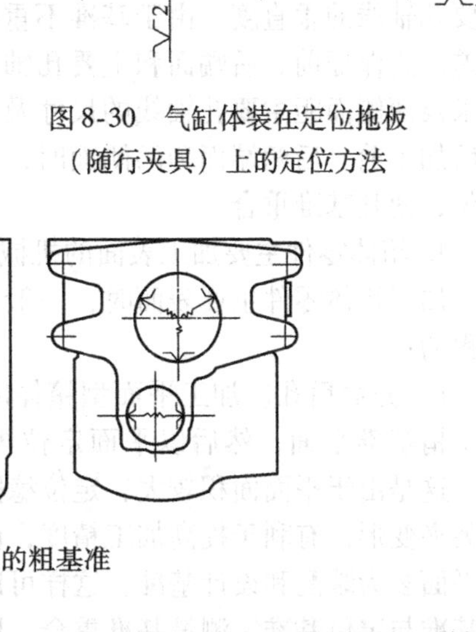

图 8-32 以变速器箱体内壁作粗基准加工顶面上两个工艺孔

图 8-28 所示汽车变速器箱体加工时的精基准为顶面及其面上专门设置的两个工艺孔。顶面上装配上盖时用的两个定位环孔（$2\times\phi13^{-0.003}_{-0.040}$）是箱体轴承座孔的设计基准，按基准重合原则应选择它们作为定位基准。但由于该箱体零件加工生产线较长、工序多，如果利用它们定位进行加工，在多次装夹中容易使两孔丧失精度，造成整个零件报废。因此，在该箱体一侧增设了两个角，在上面专门设置了供加工时定位用的两个工艺孔，如图 8-34 所示。

两个工艺孔安排在箱体的同一侧是为了使机床夹具结构简单，调整容易。两个定位环孔和两个工艺孔利用专用机床在一次装夹中同时完成加工，可保证四个孔的相对位置精度。

用顶面及其上的两个工艺孔作为精基准定位可以做到基准统一，一次装夹中能加工较多的表面，容易保证各表面间的位置公差。但对于保证前、后端面与主要孔轴线的垂直度，由于基准不重合，会产生定位误差。为保证前、后端面和主要孔轴线之间的垂直度要求及两侧面距主要孔轴线的尺寸及平行度要求，在最后加工前、后两端面和两侧面时，最好仍以主要孔定位，使其基准重合。

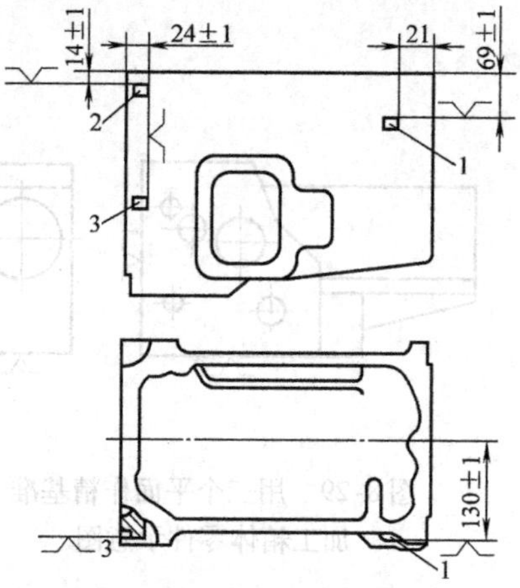

图 8-33　变速器箱体粗基准选择示意图
1、2、3—工艺凸台

4. 箱体零件主要加工表面的机械加工工序安排

加工箱体零件主要表面时，一般是这样安排工艺过程的：

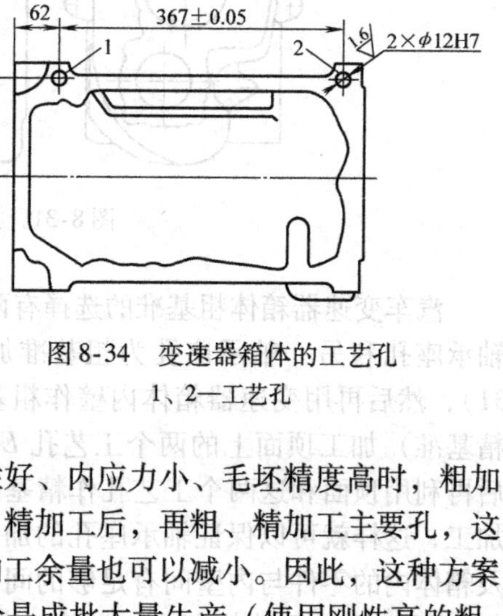

图 8-34　变速器箱体的工艺孔
1、2—工艺孔

1）先面后孔。加工平面型箱体时，一般是先加工精基准平面，然后以平面定位再加工其他表面。这是由于平面面积较大，定位稳固可靠，可减少装夹变形，有利于提高加工精度，而且箱体零件的平面多为装配和设计基准，这样可以使装配和设计基准与定位基准、测量基准重合，以减少积累误差，提高加工精度。另外，平面加工后，钻孔时可避免钻头的偏斜和防止孔加工刀具崩刃。

2）粗、精加工分开。粗、精加工阶段的划分，对箱体零件机械加工的质量影响很大。当工件刚性好、内应力小、毛坯精度高时，粗加工后的变形很小，这时可以在基准平面及其他平面粗、精加工后，再粗、精加工主要孔，这样可以减少工序的数目，使零件的装夹次数少，而且加工余量也可以减小。因此，这种方案的生产率高，而且经济性好，当零件结构合理时，无论是成批大量生产（使用刚性高的粗、精加工机床）或是单件小批生产，都比较合适。但是，当工件刚性差、内应力大、毛坯精度较低时，粗加工后的变形就很大，往往影响加工质量，同时粗加工孔时，可能会破坏精加工后平面的质量。因此，当箱体零件技术要求较高，而粗加工又引起较大变形时，常将平面和孔的加工交替进行，即粗加工平面→粗加工孔→精加工平面→精加工孔。虽然交替加工使生产管理复杂，加工余量大，但较易保证加工精度，也能及早发现毛坯的缺陷。

3）有位置公差要求的表面加工工序适当集中。箱体零件上的平面与平面之间、孔与孔之间、孔与平面之间都有较严格的位置公差要求，因此，有相互位置要求的相关表面最好集中在一个工位或一台机床上进行加工，以保证各表面间的尺寸和位置精度要求。

在成批大量生产的箱体流水生产线上，广泛采用多面、多轴组合机床或其他高生产率专用机床，对零件的若干相关表面同时进行加工。当采用加工中心加工箱体时，工件在一次装夹中，可利用更换刀具（或更换主轴箱）的方法，对零件完成若干相关表面的铣、镗、钻、扩、铰等多种工序内容的加工。

5. 变速器箱体机械加工生产线的方案

箱体零件在大批大量生产时，过去广泛采用由专用机床组成的生产线进行加工，以提高生产率。近年来，在箱体零件的加工中越来越多地使用加工中心或由加工中心组成的柔性生产线进行加工，以快速响应不断变化的市场对产品多样化的需求。

（1）在专用机床生产线上加工　某企业加工图 8-28 所示变速器箱体的生产线采用 U 形平面布置，该生产线由三条自动线、八台专用机床、四台清洗设备组成，箱体零件从毛坯粗铣至最终检验共 31 道工序。生产线前面有四台专用机床，用来加工顶面、两工艺孔和工件输送导向面；第一条自动线用于变速箱体前、后端面及前、后端面上孔的加工；第二条自动线用于加工变速器箱体取力面（见图 8-28 K 向视图）及取力面上孔的加工；第三条自动线用于变速器箱体顶面孔的加工和倒车惰轮轴孔端面的加工；后面四台专用机床用于轴承孔的精镗和前、后端面及取力面的精铣加工。

由专用机床组成的生产线的生产效率高，机床设备简单，但使用机床设备多、工序多、生产线长。而这种生产线最大的缺点是产品固定不变，适应性差，若产品略作修改，则生产线就需要改造，限制了产品的更新换代，不适应多品种、成批量按订单生产模式的需要。

（2）加工中心或柔性生产线加工　箱体零件的加工表面集中，表面加工方法简单，主要包括铣、镗、钻、扩、铰削及攻螺纹加工，很容易在一台加工中心上完成。在加工中心上，以不同的加工程序来适应不同零件几何形状的变化，只要更换机床夹具就可以完成多种箱体零件的加工，具有很大的柔性。加工中心刀库中一般具有数十把乃至上百把不同的刀具，用来完成箱体零件的粗、精铣和镗削加工，以及钻、扩、铰、攻螺纹等加工，有时一台加工中心就相当于一条生产线。在卧式加工中心上，可利用工作台的转动来实现多工位对不同方向表面的加工，节约了机床夹具的使用，更大程度地提高了柔性。

可更换主轴箱的加工中心（见图 3-51）可利用更换主轴箱的方法高效地对箱体零件进行多种工序内容的加工。

在加工中心上加工图 8-28 所示箱体的工艺过程如下：

1）铣削顶面，加工顶面上的螺纹联接孔及定位销孔。

2）其余四个平面及其上轴承座孔、螺纹联接孔的加工。

全部加工可在两台加工中心上完成，也可在一台带交换托盘的加工中心上完成，安排工序内容时也是按“先面后孔”、“先粗后精”的原则进行。为减轻加工中心负荷及提高生产率，可预先在专用机床上对顶面及前、后端面进行粗铣，然后再在加工中心上作进一步加工，由于装夹次数少，因此可直接用零件上的两个定位环孔定位，不必另设工艺孔。

加工中心或由其组成的柔性生产线加工范围广，占用生产面积小，操作工人少，工人劳动强度低；虽然设备昂贵、投资大，但由于节约了产品转型时的重新设资，在多品种成批生产中可发挥巨大的优势。

三、箱体零件主要表面的机械加工

1. 箱体零件的平面加工

箱体零件平面加工的技术要求主要有平面本身的平面度和表面粗糙度、该平面与其他表面间的尺寸精度和相互位置精度。箱体零件平面的加工方法有铣、拉、磨等，采用何种加工方法，要根据零件的结构形状、尺寸大小、材料、技术要求、零件刚性、生产类型及企业现有设备等条件决定。

铣削的生产率高，是加工汽车箱体零件平面的主要方法。铣平面所用的铣刀主要是镶齿硬质合金面铣刀和机夹可转位面铣刀。镶齿硬质合金面铣刀是将楔形的硬质合金刀片镶在刀体的楔形槽里进行加工的，刀齿用钝后可重磨。镶齿硬质合金铣刀的切削速度 v_c 一般为 2m/s 左右，进给速度 v_f 一般为 5mm/s 左右。可转位面铣刀是将多边形的硬质合金刀片用机械夹固的方法夹固在铣刀刀体上，当一个切削刃用钝后，可将刀片转位让另一个切削刃参加工作；刀片上全部切削刃都用钝后，更换新的刀片。密齿可转位面铣刀（刀齿刀尖所在的圆周直径 D 与刀齿齿数 Z 之比 $D/Z<12$）的切削速度 v_c 一般可达 20m/s，粗铣进给速度 v_f 一般为 16.7 ~ 33.4mm/s，精铣一般为 16.7 ~ 50mm/s。

2. 箱体零件的孔和孔系加工

箱体零件孔加工的技术要求主要有以下两个方面：孔本身的尺寸公差、表面粗糙度及孔与其他表面间的中心距和同轴度、平行度、垂直度等位置公差。

箱体零件上孔的加工方法主要有钻孔、扩孔、镗孔、磨孔、珩磨孔等。选择加工方法时，要根据毛坯材料及制造方法、零件的结构特点、孔径尺寸大小、加工精度和表面粗糙度要求、生产类型和生产条件等因素而定。

汽车箱体零件上的孔，按其使用功能和加工精度的要求，可以分为主要孔和次要孔。次要孔如螺纹底孔及油孔等，这类孔公差较大，一般为 IT11 ~ IT12，通常在普通立式钻床、摇臂钻床或多轴组合钻床上加工。主要孔如差速器壳体、减速器壳体以及变速器箱体等零件上的轴承座孔，这类孔公差要求较严，一般为 IT7 ~ IT9。对于变速器等平面型箱体上的轴承座孔，多在镗床类机床（如卧式镗床、组合镗床、加工中心）上加工。

此外，在箱体零件上可能有深孔，如气缸体的油孔。深孔加工比较困难，影响生产率的提高。在大批大量生产中，常使用特殊的刀具和分级进给机构，以改善排屑和刀具冷却的条件。目前在数控深孔钻床上采用枪钻加工深孔，已获得良好的效果。

箱体零件上由多个轴承座孔形成的孔系，它们不仅本身的尺寸公差要求较严，而且各个轴承座孔之间的位置公差要求也较严格，加工时比较难以保证，因此孔系加工是箱体零件加工中最关键的工序。汽车上箱体零件的孔系加工，一般在组合机床、专用金刚镗床和加工中心上进行。

在成批大量生产中，多在组合机床上用钻模和镗模加工孔系，可保证孔系加工的中心距、位置精度和提高生产率。镗模应在保证加工质量的前提下尽可能简单。在组合机床上用镗模加工孔系，其孔的中心距及孔轴线距基准平面间的位置误差可控制在 ±(0.025 ~ 0.05) mm 之间。用镗模加工孔系，其位置误差主要取决于镗模的精度，同时也与工件的加工余量的大小及其均匀性、切削用量等因素有关。用镗模加工孔系如图 8-35 所示。

采用镗模加工，轴承座孔的尺寸精度和位置精度与镗套和镗杆的配合精度有关，镗套和镗杆之间的间隙一般为 0.01 ~ 0.05mm，如果过小，镗套和镗杆容易卡死。因此，该方式不能保证较高的尺寸和位置精度。当孔的尺寸和位置精度要求较高时，采用刚性主轴金刚镗床进行加工，例如在精镗图 8-28 所示箱体的四个轴承座孔和倒车齿轮轴孔时，采用专用的卧式五轴金刚镗床同时加工，孔的位置精度依靠机床本身五个主轴间的相互位置精度保证。

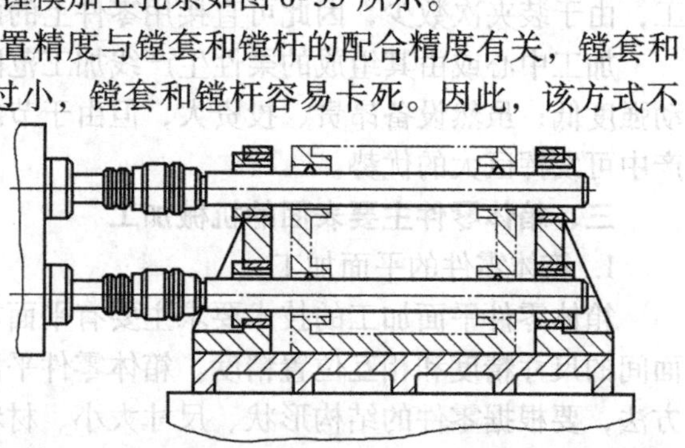

图 8-35 用镗模加工孔系

在加工中心上加工箱体上的孔时，首先

要进行工艺处理，把孔的位置尺寸转换成两个相垂直的坐标尺寸，然后编制数控程序，通过程序控制刀具与工件的相对位移，在所需的坐标位置定位，进行孔加工。加工中心的加工精度高，沿各坐标轴移动的定位精度高，能获得很高的尺寸精度和相互位置精度。在加工中心上加工箱体时，工件在一次装夹后不仅能完成孔系中各孔的粗、半精、精加工，还能完成平面铣削，钻、扩、铰孔，攻螺纹等加工，减少了由于工件多次装夹引起的误差，进一步提高了孔的位置精度。

四、箱体零件位置误差的检测

在箱体零件加工过程中，在完成一定工序后，要对主要技术要求进行全部检测，次要技术要求进行抽检。孔系的位置误差是检测的重点项目之一。

在箱体零件成批大量生产时，在生产线上广泛采用常规的专用检测夹具检测孔系位置误差。被检测工件在检验夹具的定位装置上定位后，利用测量装置对被检测项目进行检测。检测装置的计量器具一般为百分表或千分表。图 8-36、图 8-37 和图 8-38 所示为检测箱体一些主要技术要求的传统的机械式检验夹具。

图 8-36 所示装置为检测箱体轴承座孔中心距误差的检验夹具。将检测心轴插入被测孔内，然后转动安装在心轴上的千分表表架，使千分表指针在检测心轴的圆孤面上滑动，千分表指示值即可表示出被测中心距与标准值的差值，即中心距误差。

图 8-37 所示装置是检验箱体端面对轴承座孔的垂直度（端面圆跳动）的检验夹具。可涨心轴插入基准孔内，利用千分表架绕心轴轴线回转，从千分表读数检测出箱体端面对轴承座孔的圆跳动误差值。

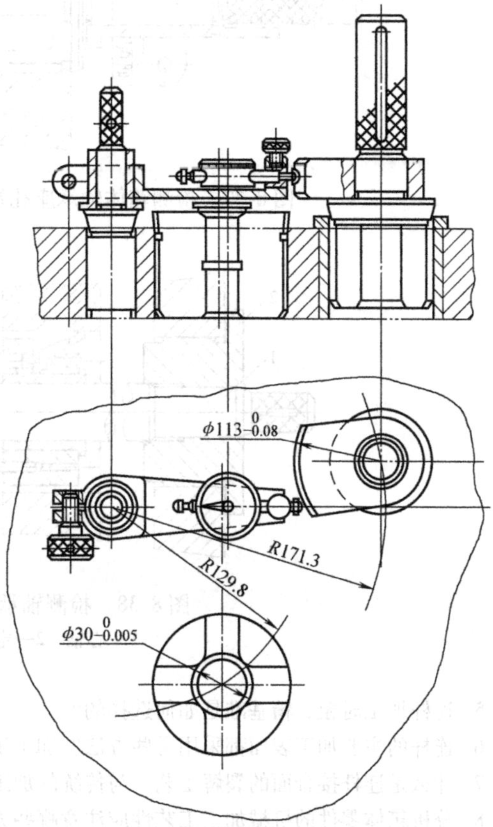

图 8-36　检测箱体孔间距的检验夹具

图 8-38 所示装置是检测箱体上三个同轴线轴承座孔同轴度的检验夹具。两个定位套 2 安放在箱体前后两个轴承座孔内，检验心轴 1 插入定位套 2 孔内，然后将千分表架在心轴 1 上回转，利用与被检测表面接触的测量杆的摆动，检测被测孔的形状误差和同轴度误差。

除使用上述传统的机械式检验夹具对箱体孔系位置精度进行定期抽检外，目前三坐标测量仪已开始在生产中用于对箱体孔系尺寸、形状精度和位置精度的检测。

思　考　题

1. 分析齿轮的机械加工工艺性应考虑哪些方面？
2. 齿轮的主要技术要求有哪些内容？
3. 齿轮的机械加工主要分为哪几个阶段？
4. 齿轮主要表面的机械加工都采用哪些方法？

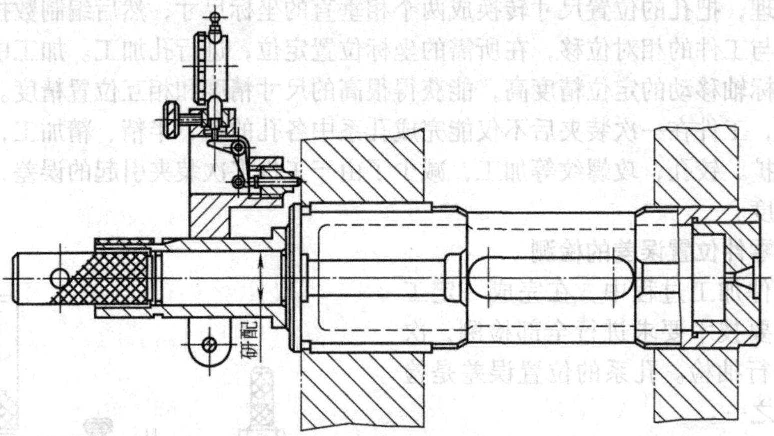

图 8-37　检测箱体轴承座孔端面对孔轴线垂直度的检验夹具

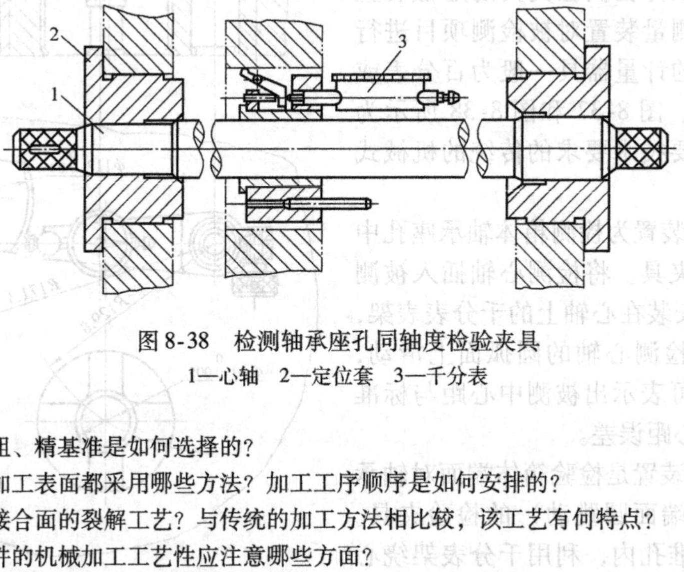

图 8-38　检测轴承座孔同轴度检验夹具

1—心轴　2—定位套　3—千分表

5. 连杆加工时粗、精基准是如何选择的？
6. 连杆的主要加工表面都采用哪些方法？加工工序顺序是如何安排的？
7. 什么是连杆接合面的裂解工艺？与传统的加工方法相比较，该工艺有何特点？
8. 分析箱体零件的机械加工工艺性应注意哪些方面？
9. 箱体零件机械加工时，粗、精基准应如何选择？
10. 箱体零件主要表面的机械加工都采用了什么方法？机械加工顺序是如何安排的？
11. 用专用机床生产线和加工中心或柔性生产线加工箱体零件各有什么特点？

附　　录

附表 1　外圆柱表面加工的尺寸经济精度

加工方法		公差等级（IT）	加工方法		公差等级（IT）
车削	粗车	11～12	磨削	粗磨	8
	半精车	8～10		精磨	6～7
	精车	7～8		精密磨	5～6

附表 2　孔加工的经济精度

加工方法		公差等级（IT）	加工方法		公差等级（IT）
钻孔及用钻头扩孔		11～12	镗孔	精密镗	6～7
扩孔	粗扩	12		金刚镗	6～7
	铸孔或冲孔后一次扩孔	11～12	拉孔	粗拉铸孔或冲孔	7～9
	钻或粗扩后的精扩	9～10		粗拉或钻孔后粗拉孔	7
铰孔	粗铰	9	磨孔	粗磨	7～8
	精铰	6～8		精磨	6～7
	精密铰	6～7		精密磨	6
镗孔	粗镗	10～12	研磨、珩磨		6
	精镗	7～9	滚压、金刚石挤压		6～9
	高速镗	7～8			

附表 3　端面加工的经济精度　　（mm）

加工方法		直径			
		≤50	>50～120	>120～260	>260～500
车削	粗	0.15	0.20	0.25	0.40
	精	0.07	0.10	0.13	0.20
磨削	普通	0.03	0.04	0.05	0.07
	精密	0.02	0.025	0.03	0.035

注：指端面至基准的尺寸精度。

附表 4　齿轮加工的经济精度

加工方法	精度等级	加工方法	精度等级
多头滚刀滚齿（$m=1\sim20$mm）	8～10	直齿锥齿轮刨齿	8
单头滚刀滚齿（$m=1\sim20$mm）	6～8	螺旋锥齿轮刀盘铣齿	8
圆盘形插齿刀插齿（$m=1\sim20$mm）	6～8	蜗轮模数滚刀滚蜗轮	8
圆盘形剃齿刀剃齿（$m=1\sim20$mm）	5～7	热轧齿轮（$m=2\sim8$mm）	8～9
珩齿	6～7	热轧后冷校齿轮（$m=2\sim8$mm）	7～8
磨齿	5～6	冷轧齿轮（$m\leq1.5$mm）	7

附表 5　花键加工的尺寸经济精度　　（mm）

花键的最大直径	轴				孔			
	用磨制的滚铣刀铣削		成形磨		拉削		推削	
	精　度				热处理前精度			
	花键宽	底圆直径	花键宽	底圆直径	花键圆	底圆直径	花键宽	底圆直径
18 ~ 30	0.025	0.05	0.013	0.027	0.013	0.018	0.008	0.012
> 30 ~ 50	0.040	0.075	0.015	0.032	0.016	0.026	0.009	0.015
> 50 ~ 80	0.050	0.01	0.017	0.042	0.016	0.030	0.012	0.019
> 80 ~ 120	0.075	0.125	0.019	0.045	0.019	0.035	0.012	0.023

附表 6　米制螺纹加工的经济精度

加 工 方 法		精度等级	公差带	加 工 方 法	精度等级	公差带
车削	外螺纹	1 ~ 2	4h ~ 6h	用圆板牙加工外螺纹	2 ~ 3	6h ~ 8h
	内螺纹	2 ~ 3	5H、6H、7H	梳形螺纹铣刀	2 ~ 3	6h ~ 8h
用梳形刀车螺纹	外螺纹	1 ~ 2	4h ~ 6h	旋风切削	2 ~ 3	6h ~ 8h
	内螺纹	2 ~ 3	5H、6H、7H	搓丝板搓螺纹	2	6h
用丝锥攻内螺纹		1 ~ 3	4H、5H ~ 7H	滚丝模滚螺纹	1 ~ 3	4h ~ 6h

参 考 文 献

[1] 王宝玺．汽车拖拉机制造工艺学[M].2 版．北京:机械工业出版社,2000.

[2] 于骏一,邹青．机械制造技术基础[M]．北京:机械工业出版社,2004.

[3] 张福润,徐鸿本,刘延林．机械制造技术基础[M].2 版．武汉:华中科技大学出版社,2000.

[4] 王先逵．机械制造工艺学[M]．北京:机械工业出版社,1995.

[5] 戴曙．金属切削机床[M]．北京:机械工业出版社,1995.

[6] 战权理．汽车装试技术[M]．北京:北京理工大学出版社,2000.

[7] 王望予．汽车设计[M].3 版．北京:机械工业出版社,2000.

[8] 陈家瑞．汽车构造:下册[M]．北京:机械工业出版社,2002.

[9] 侯家驹．汽车制造工艺学[M]．北京:机械工业出版社,1991.

[10] 丁儒林,陈家彬．汽车厂实习教程[M]．哈尔滨:哈尔滨工业大学出版社,1989.

[11] И. С. 梭罗宁,С. И. 梭罗宁．装配尺寸链和工艺尺寸链的计算[M]．李纯甫,译．上海:上海科技文献出版社,1986.

[12] 汽车工程手册编辑委员会．汽车工程手册:制造篇[M]．北京:人民交通出版社,2001.

[13] 蔡兰．机械零件工艺性手册[M]．北京:机械工业出版社,1998.

[14] 孟少农．机械加工工艺手册:第 2 卷[M]．北京:机械工业出版社,1991.

[15] 大连组合机床研究所．组合机床设计:第 1 卷[M]．北京:机械工业出版社,1975.

[16] 齿轮手册编委会．齿轮手册:制造篇[M]．北京:机械工业出版社,1990.

[17] 张纪真．机械制造工艺标准化应用手册[M]．北京:机械工业出版社,1997.

[18] 机修手册第 3 版编委会．机修手册第 1 卷:下册[M].3 版．北京:机械工业出版社,1993.

[19] 徐凯．现代轿车曲轴车拉工艺的发展趋势[J]．汽车工艺与材料,1998(11).

[20] 涂贵四．曲轴车拉加工工艺配置及实例分析[J]．汽车工艺与材料,1996(11).

[21] 王正金,陈发勇．汽车曲轴车拉刀的国产化研制[J]．工具技术,2004(10).

[22] 孙鉴荣,张春和．加工曲轴用车拉刀的设计[J]．工具技术,2000(7).

[23] 赵长明．数控车拉工艺及在一汽—大众的应用[J]．组合机床与自动化加工技术,2004(5).

[24] 杨慎华,寇淑清,郑祺峰,等．发动机连杆裂解制造工艺及设备[J]．汽车技术,2005(2).

[25] 吴乃云,螺旋锥齿轮加工闭环控制系统的应用[J]．汽车工艺与材料,2004(4).

[26] 庄中．格里森弧齿锥齿磨齿技术的发展[J]．汽车工艺与材料．2004(9).

信息反馈表

尊敬的老师：

您好！感谢您多年来对机械工业出版社的支持和厚爱！为了进一步提高我社教材的出版质量，更好地为我国高等教育发展服务，欢迎您对我社的教材多提宝贵意见和建议。另外，如果您在教学中选用了《汽车制造工艺学　第3版》（王宝玺　主编），欢迎您提出修改建议和意见。

一、基本信息

姓名：__________　性别：______　职称：__________　职务：__________

邮编：__________　地址：________________________

任教课程：____________　电话：__________（H）__________（O）

电子邮件：____________________　手机：____________

二、您对本书的意见和建议

（欢迎您指出本书的疏误之处）

三、您对我们的其他意见和建议

请与我们联系：

100037　北京百万庄大街22号

机械工业出版社·高教分社　赵爱宁编辑　收

Tel：010－8837 9712（O），6899 4030（Fax）

E-mail：jbszan@mail.machineinfo.gov.cn

aLiningzhao@sohu.com

http：//www.cmpbook.com

http：//www.cmpedu.com

